Pierre Bayle

AF125153

Verschiedene Gedanken über einen Kometen

(Pensées diverses, écrites à un docteur de Sorbonne, à l'occasion de la comète qui parut au mois de décembre 1680)

Pierre Bayle: Verschiedene Gedanken über einen Kometen. (Pensées diverses, écrites à un docteur de Sorbonne, à l'occasion de la comète qui parut au mois de décembre 1680)

Erstdruck: Rotterdam 1683. Der Text folgt der von Johann Christoph Gottsched herausgegebenen Übersetzung durch Johann Christoph Faber: Hamburg 1741.

Veröffentlicht von Contumax GmbH & Co. KG
Berlin, 2010
http://www.contumax.de/buch/
Gestaltung und Satz: Contumax GmbH & Co. KG
Druck und Bindung: Books on Demand GmbH, Norderstedt

ISBN 978-3-8430-6423-1

Inhalt

Pierre Bayle

Verschiedene einem Doktor der Sorbonne mitgeteilte Gedanken über den Kometen, der im Monat Dezember 1680 erschienen ist

(Pensées diverses écrites à un docteur de Sorbonne à l'occasion de la comète qui parut au mois de décembre 1680)

Vorrede des Verfassers

Zwei Ursachen, die mir wichtig zu sein schienen, verbinden mich, diesem Werk eine Vorrede vorzusetzen. Ich habe es für nötig gehalten, meinen Lesern gleich anfangs zu berichten: 1. Warum ich mich in diesem Werk allezeit der Schreibart eines Römisch-Katholischen bedient habe, es mag nun von Sachen, die in die Religion oder in die Staatskunst gehören, die Rede sein. 2. Warum diese dritte Ausgabe nicht so beschaffen ist, wie ich sie versprochen hatte.

Die Erläuterung des ersten Punktes wird man aus folgenden Zeilen sehen, darin ich einige Dinge anführe, die den Ursprung dieses Werkes betreffen.

Da ich öffentlicher Lehrer der Weltweisheit zu Sedan war, so wurde ich bei Gelegenheit desjenigen Kometen, der im Monat Dezember des 1680. Jahres erschien, von vielen neugierigen oder bestürzten Personen beständig mit hundert Fragen geplagt. Ich suchte, soviel möglich, denjenigen Mut zuzusprechen, die sich über dieses sogenannte Unglückszeichen ängstigten, allein durch alle meine philosophischen Schlüsse gewann ich sehr wenig bei ihnen. Man antwortete mir allezeit: Gott zeigte uns diese großen Luftzeichen, um den Sündern Raum zu geben, dasjenige Unglück abzuwenden, was über ihrem Haupt schwebte. Ich hielt es also für sehr undienlich, von der Sache weitläufiger zu handeln, wenn man nicht durch gründliche Folgerungen zeigen könnte, daß es den Eigenschaften Gottes zuwider sei, die Kometen zu einer solchen Wirkung zu bestimmen. Ich dachte der Sache nach und kam gar bald auf den aus der Gottesgelehrtheit genommenen Beweis, den man in dieser Schrift finden wird. Ich besann mich nicht, selbigen in irgendeiner Schrift gelesen oder jemals davon reden gehört zu haben. Dieser Schein einiger Neuigkeit brachte mich auf die Gedanken, von dieser Sache einen Brief zu schreiben, der in den *Mercure galant* eingerückt werden könnte. Ich gab mir alle mögliche Mühe, die Grenzen eines solchen Briefes nicht zu überschreiten, allein der Überfluß dieser Materie erlaubte mir die gehörige Kürze nicht und nötigte mich, ein anderes Mittel zu ergreifen, das heißt meine Schrift als ein Werk anzusehen, welches besonders herausgegeben werden müßte. Nunmehr zwang ich mich zu keiner Kürze mehr, ich ließ mich ohne allen Zwang über jeden Satz aus, dennoch ließ ich den Herrn *Visé*, Verfasser des *Mercure galant*, niemals aus den Augen. Ich entschloß mich, ihm mein Schreiben zu übersenden und ihn zu ersuchen, daß er es seinem Buchdrucker geben und mir entweder die Erlaubnis des Herrn *de la Reinie*, sofern selbige zum Druck meines Werkes ausreichend wäre, wenn nicht, einen Befreiungsbrief des Königs selbst auswirken möchte, wenn es nicht anders sein könnte. Er behielt diese Schrift eine Zeitlang bei sich, ohne den Namen des Verfassers zu wissen, und da man ihn deswegen befragte, so antwortete er: Er wüßte gewiß, daß der Herr *de la Reinie* es nicht wagen würde, die Folgen dieser Sache ganz allein auf sich zu nehmen, und daß man, ehe man um das königliche Privilegium anhalten könnte, zuvor die Genehmhaltung der theologischen Fakultät haben müßte, dieses aber sei eine verdrießliche, langwierige und beschwerliche Sache, daß er die Muße nicht hätte, sich damit einzulassen. Man forderte ihm also die Abschrift ab, und da die Aufhebung der Hohen Schule zu Sedan mich veranlaßte, im 1681. Jahre nach Holland zu gehen, so ließ ich den Vorsatz fahren, mein Werk von den Kometen in Paris drucken zu lassen.

Hier sieht man die Ursache, warum ich mich der Schreibart eines Römisch-Katholischen bedient und bei den Staatsangelegenheiten die Ausdrücke des Herrn *Visé* nachgeahmt habe. Dieses war zu einem Werk, welches in Paris gedruckt werden sollte, unumgänglich notwendig, zumal, so hielt ich dafür, die Nachahmung des *Mercure galant* in einigen Stücken mir entweder die Einwilligung des Herrn *de la Reinie* oder die königliche Freiheit desto eher zuwege bringen würde. Und da ich mir alle mögliche Mühe gegeben, daß ich nicht für den Urheber dieser Gedanken von den Kometen möchte gehalten werden (welche kurz darauf in Holland gedruckt wurden), so änderte ich in oft gedachter Schreibart gar nichts, indem ich glaubte, daß nichts als eben dieselbe vermögen könnte, das Urteil zu verhindern: Diese Schrift sei von einem Menschen verfertigt, welcher der Religion wegen aus Frankreich gegangen wäre.

Diejenigen, die sich die Mühe geben wollen, hierauf achtzugeben, werden unfehlbar alle gewünschte Erklärung finden. Noch eins muß ich sagen: Man schaltete während des Druckes (besonders bei der zweiten Ausgabe) ziemlich viele Sachen ein, welche in dem Manuskript, das man dem Verfasser des *Mercure galant* geschickt, nicht gestanden hatten.

Ich komme jetzt auf den anderen Punkt: Warum ich in dieser dritten Ausgabe nicht alles geleistet, was ich versprochen hatte.

Ich hatte meinen Lesern versprochen, daß diese Ausgabe mit vielen neuen Beweisen und Antworten auf die gemachten Einwürfe vermehrt werden sollte, und gleichwohl ist sie der zweiten ganz gleich. Ich habe nichts hinzugesetzt, nichts weggelassen, kurz, nichts geändert. Dieses ist aus folgenden Ursachen geschehen: Ich dachte, daß dieses Werk, welches ohnedies den Flüssen gleicht, die nur so dahinschleichen, durch einige neue Zusätze notwendig verdrießlich werden müßte. Hierdurch hätte ich meine Leser in ein Labyrinth geführt oder sie auf einen Fluß Mäander eingeschifft, und beides beliebt ihnen nicht. Ich weiß nicht, ob andere Schriftsteller die Geschicklichkeit gehabt haben möchten, ein solches Werk nach Art lebendiger Geschöpfe wachsen zu lassen, das heißt, durch eine gleiche Verteilung der Säfte über den ganzen Leib denselben allenthalben gleich zu vergrößern. Was mich betrifft, so erkenne ich mich dazu für unfähig, und also werde ich derjenigen Art nachahmen, wodurch, wie man sagt, die

Natur die leblosen Körper vergrößert. Sie wachsen, spricht man, *per iuxta compositum*, das heißt durch eine Materie, die sich an ihre äußeren Teile ansetzt. Auf eben diese Weise werde auch ich meine Zusätze zu einem neuen Teil aufsparen, den ich besonders drucken lassen will, sobald ich mit der Arbeit meines kritischen Wörterbuches etwas weiter gekommen sein werde, daran ich noch beständig arbeite. Diesen Aufschub nehme ich mir, weil ich bei genauerer Untersuchung der Einwürfe, die man gegen die Vergleichung des Heidentums mit der Gottesverleugnung machen kann, gefunden, daß man sie alle durch die Grundsätze, die ich vorausgesetzt, und durch diejenigen Antworten, die ich bereits vorgetragen, aufheben kann. Ich kann mir also schon Zeit nehmen. Derjenige Einwurf, der der stärkste zu sein scheint und am meisten verdient, recht weitläufig auseinandergesetzt zu werden, ist derjenige, den ich im 234. Absatz untersuche. Gleichwohl weiß ich nicht, ob ich mich in dem neuen Teil, den ich hier verspreche, gar zu lange dabei aufhalten werde; denn die Sache ist ungemein kitzlig, man kann sie weder recht erläutern noch untersuchen, ohne daß man gewisse Schranken überschreitet, die man lieber gar unberührt lassen muß. Es gibt, ich weiß nicht was für ein Schicksal, daß, je mehr man von den Eigenschaften Gottes, den allerdeutlichsten und erhabensten Begriffen nach, die die Metaphysik nur hat, nachsinnt, man desto mehr einer Menge Schriftstellen gewahr wird, die einem zuwider sind. Ungeachtet, daß dieses nicht in den Sachen selbst, sondern nur in dem Unterschiede der Schreibart gegründet ist, so ist es doch schwer, diesen Widersinn auf eine solche Art zu heben, daß sie allen Gemütern ein Genüge tut. Und überhaupt darf man sich nicht wundern, wenn Leute, die keine andere Schule gehabt haben als die Eingebung und die sich allezeit nach der Fähigkeit des gemeinen Mannes haben richten müssen, was die Begriffe betrifft, die ihre Ausdrücke zu enthalten scheinen, mit solchen Schriftstellern nicht einig sind, die die Regeln der Wortableitung erlernt haben, die selbige beachten und von allen Wörtern eine richtige Erklärung geben, dieselben allezeit in ein und demselben Sinn nehmen, die nur die spekulative Besserung im Sinn haben und ihre Lehren nicht nach der Notwendigkeit einrichten, nach welcher der Pöbel durch grobe Bilder erbaut werden muß. Ich werde in meinem Wörterbuch in dem Artikel Gregorius Arimini etwas mehr hiervon sagen.

Dies ist es alles, was ich hier zu sagen gehabt. Weil aber der Drucker die folgende Seite gern voll haben will, so will ich noch eine Anmerkung hersetzen, die mir sehr geschickt zu sein scheint, den gemeinen Wahn in Hinsicht auf die Kometen zu widerlegen.

Der Krieg, welcher im Okzident vom Jahre 1688 bis ins Jahr 1697 gewährt hat, ist einer der heftigsten und kläglichsten gewesen, die man jemals gesehen. Gleichwohl ist weder kurz vorher noch während seiner Dauer irgendein Komet erschienen, vielmehr hat man im Monat September 1698 einen Kometen gesehen, als Europa schon vom

Krieg befreit und im Begriff war, den Frieden zwischen den Türken und Christen wiederhergestellt zu sehen. Da haben wir also einen Kometen, der sich in derjenigen Zeit gezeigt hat, in der zwei Friedensschlüsse gemacht wurden, welche in allen Ecken von Europa die allgemeine Ruhe herstellten und den Zustand aller Sachen auf einen viel besseren Fuß setzten, einen Kometen, sage ich, der die glücklichen Zeiten wiederbrachte, da der Janustempel wieder zugeschlossen ward. Können wir es schon nicht hoffen, so wollen wir zumindest wünschen, daß selbige Zeiten, nebst einer langen Dauer, die gleichen sein mögen, welche Virgil in dem 1. Buche seiner *Aeneis* im 291. Verse prophezeit:

Aspera tum positis mitescent saecula bellis,
Cana fides, et Vesta, Remo cum fratre Quirinus
Iura dabunt: dirae ferro, et compagibus arctis
Claudentur belli portae. Furor impius intus
Saeva sedens super arma, et centum vinctus abenis
Post tergum nodis fremet horridos ore cruento.

Gegeben den 1. Jun. 1699

10

Erster Teil

1. Die Veranlassung zu dieser Schrift

Darin hatten Sie zwar ganz recht, mein Herr, da Sie mir schrieben: Es würden diejenigen nicht lange warten dürfen, den Kometen zu einer bequemeren Zeit wiederzusehen, welche denselben nicht hatten sehen können, als er zu Ende des Novembers und mit Anfang des Dezembers sehr früh am Himmel stand. Denn er hat sich wirklich den 22. des vergangenen Monats gleich bei anbrechender Nacht wieder blicken lassen. Allein das kann ich nicht begreifen, wie Sie mir zureden können, Ihnen meine Gedanken darüber schriftlich zu eröffnen, und warum Sie mir versprechen, alles dasjenige richtig zu beantworten, was ich Ihnen davon schreiben würde. Vielleicht wissen Sie noch nicht, wieviel ein solches Zumuten zu sagen hat. Ich bin es nicht gewohnt, meine Gedanken von einer Sache ordentlich und gründlich aufzusetzen. Will ich es schon zuweilen tun, so werde ich doch gar bald anderen Sinnes, Ich gerate sehr oft auf Nebendinge. Ich verfalle auf Sachen, da man wohl Mühe haben würde, zu erraten, wie ich darauf gekommen, und es ist mir ganz was Leichtes, die Geduld eines Doktors zu ermüden, der durchgehend alles nach der Schärfe einer philosophischen Lehrart haben will. Sie überlegen es daher wohl, mein Herr, und erwägen mehr als einmal, was Sie mir zumuten. Ich gebe Ihnen vierzehn Tage Zeit, einen endgültigen Entschluß zu fassen. Diese Erinnerung und die Wünsche, die ich bei diesem Jahreswechsel für Ihr Wohlsein abstatte, sind alles, was Sie für diesmal zum neuen Jahr von mir haben sollen. Ich bin Dero

A..., den 1. Jänner 1681

Pierre Bayle

2. Welcher Lehrart man sich hier bedienen wird

Da Sie nach vorhergegangener reiflicher Überlegung doch noch von mir haben wollen, daß ich Ihnen meine zufälligen Gedanken von der Beschaffenheit der Kometen eröffnen soll, und da Sie sich zugleich anheischig machen, dieselben nach der Schärfe zu untersuchen, so kann ich freilich nicht umhin, ich muß Ihnen dieselben aufsetzen. Nur dieses bitte ich mir von Ihnen aus, daß Sie mir erlauben, meine Nebenstunden dazu anzuwenden, und mir alle Freiheit verstatten, so zu schreiben, wie sich die Sachen meinen Gedanken darstellen werden. Sie verlangten zwar, daß ich gleich anfangs einen

Aufriß machen und denselben von Stück zu Stück ausarbeiten soll. Allein das erwarten Sie nur nicht von mir, mein Herr. Das schickt sich wohl für eigentliche Skribenten, die ihre Sachen nach einer ordentlichen und abgemessenen Absicht ausführen müssen. Diese tun wohl, wenn sie sich gleich anfangs einen Entwurf zu ihrer Arbeit machen, alles in Bücher und Kapitel einteilen, sich überhaupt vorstellen, was sie in jedem Kapitel ausführen wollen, und sich in der ganzen Ausarbeitung danach richten. Ich für meine Person aber begehre kein Skribent zu sein. Sie werden mir daher erlauben, daß ich mich dieser Art der Sklaverei nicht unterwerfe. Ich habe Ihnen meine Art gesagt. Sie haben Zeit gehabt, sie zu untersuchen, ob sie Ihnen gefällt oder nicht. Fällt sie Ihnen also künftig beschwerlich, so geben Sie mir nicht die Schuld. Sie haben es so haben wollen. Doch ich schreite zu meinem Vorhaben.

3. Daß die Vorbedeutungen der Kometen auf seichten Gründen beruhen

Ich höre alle Tage viele Leute von der Beschaffenheit der Kometen sprechen, und obwohl ich zwar aus der Astronomie weder mein Handwerk mache noch Wissenschaft genug darin besitze, so bin ich doch gewohnt, alles sorgfältig zu untersuchen, was die geschicktesten Köpfe hiervon geschrieben haben. Soviel aber muß ich Ihnen, mein Herr, gestehen, daß mir darin nichts begründet vorkommt, als was sie dem irrigen Wahn des Pöbels entgegensetzen, der mit Gewalt haben will, daß die Kometen der Welt unzähliges Unglück androhen sollen. Ich kann es daher gar nicht zusammenreimen, wie ein so großer Doktor, als Sie sind, sich vom Strome hat hinreißen lassen, und wie Sie sich, ohne auf die Gründe zu sehen, die der kleine Haufe rechtschaffener Gelehrter für sich hat, mit dem gemeinen Mann einbilden können, daß die Kometen gleichsam Herolde sind, die dem menschlichen Geschlecht im Namen der Gottheit den Krieg ankündigen; da Sie doch die Wiedererscheinung unseres Kometen so richtig vorhergesagt und nur dieser Ursache wegen wissen sollten, daß es Körper sind, die sich nach den ordentlichen Gesetzen der Natur richten, keineswegs aber Wunderzeichen, die ohne Regeln erfolgen. Wenn Sie ein Prediger wären, so wollte ich es Ihnen noch zugute halten, denn dergleichen Gedanken sind ihrer Natur nach sehr geeignet, die prächtigsten und nachdrücklichsten Zierate der Beredsamkeit anzunehmen. Man kann Ehre damit einlegen, wenn man sie geschickt anzubringen weiß, und die Gewissen der Zuhörer werden dadurch stärker gerührt als durch hundert andere Sätze, die noch so überzeugend bewiesen wurden. Allein, da Sie ein Doktor sind, der das gemeine Volk nicht lehren darf und der seinen Verstand nur mit Sätzen der geläuterten Vernunft anfüllen soll, so will es mir gar nicht gefallen, daß Sie in diesem Stück so schlecht bewiesene Meinungen hegen und sich mit Erzählungen und Stellen aus Poeten und Geschichtsschreibern abspeisen lassen.

4. Von dem Ansehen und der Glaubwürdigkeit der Dichter

Man kann gar keinen seichteren Grund haben, als dieser ist. Ich will bei den Dichtern anfangen. Sie wissen, daß dieselben sich fest einbilden, sie müßten ihre Gedichte mit vielen prächtigen Beschreibungen, wie z.B. Beschreibungen der Wunderzeichen, ausschmücken und das Wunderbare in die Begebenheiten ihrer Helden überall mit einflechten, und daß sie, diese ihre Absichten zu erreichen, tausend erstaunliche Dinge voraussetzen müssen. Weit gefehlt demnach, daß ich ihnen auf ihr Wort glauben sollte, daß der Untergang der römischen Republik eine Wirkung zweier oder dreier Kometen gewesen. So würde ich nicht einmal glauben, daß dieselben zu der Zeit erschienen sind, wenn es sonst niemand als sie allein gesagt hätte. Denn man muß sich von einem Menschen, der sich vorgenommen hat, ein Gedicht zu verfertigen, schon einbilden, daß er sich zu gleicher Zeit der ganzen Natur bemächtigt habe. Himmel und Erde bewegen sich nun nicht mehr, weil er es haben will. Es geschehen Sonnen- und Mondfinsternisse oder Schiffbrüche, nur nach seinem Gefallen. Alle Elemente kommen in Bewegung, nachdem er es für gut befindet. In der Luft schweben Armeen, auf Erden wüten Ungeheuer, so viel, wie er haben will. Gute und böse Engel erscheinen, sooft er es befiehlt. Die Götter selbst sitzen auf Maschinen und warten nur, bis er ihre Hilfe nötig hat. Und da er vor allen Dingen Kometen haben muß, weil man schon hinsichtlich ihrer eingenommen ist, so nimmt er auch bei Gelegenheit, soviel er deren in der Historie findet. Trifft er da keine an, so macht er sich einige selber und gibt ihnen eine solche geschickliche Farbe und Figur, daraus man abnehmen kann, auf was für eine besondere Art der Himmel an dem Handel, von dem die Rede ist, teilgenommen. Wer wollte sich alsdann des Lachens enthalten können, wenn man gewahr wird, wie eine sehr große Anzahl von Leuten keine anderen Beweise von der Schädlichkeit dieser neuen Gestirne angibt, als daß sie die Stelle:

Terris mutantem regna cometen,
Kometen ändern oft die Lage ganzer Länder

aus dem *Lucanus,*
Regnorum eversor, rubuit letale cometes,
Der Länder Untergang, dies tödliche Gestirn,
erschien ganz feuerrot

aus dem *Silius Italicus,*
Nec diri toties arsere cometae,
So häufig brannten nie die drohenden Kometen

aus dem *Virgil,*
Nunquam terris spectatum impune cometen,
Wann hat sich ein Komet der Welt umsonst gezeigt

aus dem *Claudian* und andere dergleichen Sprüche der alten Propheten anführen.

5. Von der Glaubwürdigkeit der Historienschreiber

Was die Geschichtsschreiber anbelangt, so gebe ich zwar zu, daß sie sich nicht die Freiheit nehmen, dergleichen außerordentliche Erscheinungen am Himmel vorzugeben. Allein, die meisten lassen doch so viel Belieben an der Erzählung aller der Wunder und Erscheinungen, die die Leichtgläubigkeit der Heiden in Schwang gebracht hat, blicken, daß man gegen die Klugheit verstoßen würde, wenn man ihnen alles glauben wollte, was sie uns in diesem Stück vorschwatzen. Es kann sein, daß sie glauben, ihre Sammlung der Geschichte würde allzu trocken aussehen, wenn sie die nach dem Laufe der Natur vorgefallenen Begebenheiten nicht mit unzähligen Wunderzeichen und übernatürlichen Zufällen vermischten. Oder sie erhoffen vielleicht durch diese, nach dem natürlichen Geschmack der Menschen gewürzte Abwechslung, ihre Leser beständig bei der Lust zu halten, da sie ihnen immer etwas zu bewundern darstellen, oder sie bilden sich wohl gar ein, ihre historische Erzählung würde dadurch bei der Nachwelt ein besonderes Ansehen bekommen, wenn dieselbe dergleichen wunderbare Zufälle darin aufgezeichnet finden würde. Dem sei inzwischen, wie ihm wolle, so kann man doch nicht in Abrede stellen, daß die Geschichtsschreiber nicht eine besondere Neigung haben sollten, alles, was nach Wundern schmeckt, zusammenzutragen.[1] Titus Livius gibt uns hiervon einen starken Beweis in die Hand. Denn ob er zwar ein Mann von großem Verstand und einer der erhabensten Geister war, der uns eine Historie hinterlassen, die der Vollkommenheit ziemlich nahekommt, so hat er doch darin einen Fehler begangen, daß er eine unerträgliche Sammlung der allerlächerlichsten Wunderzeichen zusammengetragen, die der heidnische Aberglaube durch Opfer zu versöhnen gedachte, welches auch nach einiger Meinung[2] die Ursache gewesen, warum St. Gregorius, der Papst, sein Werk zum Feuer verurteilt hat. Welch eine Unordnung erblickt man nicht in den großen ungeheuren Folianten, die die Geschichte aller unserer Mönchsorden enthalten! Scheint es nicht, als ob man sich hier ein Vergnügen daraus gemacht hätte, alles das ohne Überlegung übereinanderzuhäufen, was man sich nur von eingebildeten Wundern vorstellen kann, um nur die Freude zu haben, der Nacheiferung oder vielmehr dem Neide ein Genüge zu tun, den diese Gesellschaften gegeneinander hegen? Doch das sei nur unter uns geredet, denn Sie wissen wohl, mein Herr, dem gemeinen Volk kein Ärgernis zu geben und die Herren Patres nicht böse zu machen, muß man sich in acht nehmen, die Fehler ihrer Jahrbücher zu entdecken, und nur damit zufrieden sein, daß man sie eben nicht lesen muß.

[3]Ich wundere mich, wie diejenigen, welche uns so vieles von der Ähnlichkeit der Poesie und Historie vorreden, die uns auf Ciceros und Quintilians Glauben versichern, daß die Historie eine von der Scansion befreite Poesie sei, und des Lukianus Zeugnis anführen, der da sagt: Es würde das Schiff der Historie schwer und unbeweglich sein, wenn der Wind der Poesie nicht in seine Segel striche; die ferner sagen, daß man ein Poet, sein müßte, wenn man ein guter Geschichtsschreiber werden wollte, und daß der Übergang von der Poesie zur Historie ganz unmerklich sei, obgleich bisher noch niemand denselben hätte wagen wollen; ich wundere mich, sage ich, wie diejenigen, welche uns so viele herrliche Dinge erzählen, ohne zu wissen, daß Agathias[4] erst ein Poet, dann ein Historikus geworden, und daß ihm diese Veränderung ebenso vorgekommen, wie wenn er aus einem Vaterland in das andere reisen müßte, nicht gesorgt haben, den Kritikverständigen Gelegenheit an die Hand zu geben, den Geschichtsschreibern vorzuwerfen, daß sie in der Tat in einer bewunderungswürdigen Sympathie mit den Poeten stünden und ebenso gerne wie diese sich mit der Erzählung von allerhand Wundern und Erdichtungen aufhielten. Glücklich sind jene zwei vortrefflichen Poeten, die an der Historie Ludwigs des Großen arbeiten. Denn da diese voller wirklicher Wundertaten ist, so können sie, ohne zu erdichten, die herrschende Neigung, außerordentliche Dinge zu erzählen, welche den Dichtern und Geschichtsschreibern so eigen ist, vollkommen sättigen.

Bei alledem bin ich doch nicht willens, mein Herr, das Ansehen der Geschichtsschreiber zu schmälern. Ich bin es gar wohl zufrieden, wenn man, ohne auf ihre Leichtgläubigkeit zu sehen, ihnen glaubt, daß wirklich so viel Kometen erschienen, wie sie aufgezeichnet haben, und daß in den darauffolgenden Jahren ebensoviel Unglück sich ereignet habe, wie sie uns berichten. Ich habe wider alles dieses nichts einzuwenden. Allein, das ist auch alles, was ich Ihnen, mein Herr, zugestehe und was Sie vernünftigerweise von mir fordern können. Wir wollen nunmehr sehen, was daraus folgen wird. Bei aller Ihrer Scharfsichtigkeit können Sie doch unmöglich daraus folgen, daß die Kometen entweder die Ursache oder die Vorbedeutung der Unglücksfälle gewesen, die sich nach ihrem Erscheinen zugetragen haben. So beweisen also die Zeugnisse der Geschichtsschreiber nur so viel, daß Kometen erschienen sind und daß darauf viel Unruhe in der Welt entstanden sei. Dadurch aber ist noch lange nicht erwiesen, daß eines von beiden die Ursache oder die Vorbedeutung des anderen gewesen sei, man müßte denn etwa zugeben, daß ein Frauenzimmer, welches auf der St.-Honorius-Gasse wohnt und niemals zum Fenster hinaussieht, da sie nicht einige Karossen vorbeifahren sehen sollte, sich einbilden könnte, sie sei die Ursache, warum Karossen vorbeifahren, oder wenigstens ein gewisses Zeichen für die ganze Gasse, daß, wenn sie am Fenster stünde, bald Karossen vorbeifahren würden.

6. Daß die Geschichtsschreiber gern Abschweifungen machen

Sie werden mir unfehlbar einwenden, die Geschichtsschreiber sagten doch gleichwohl ausdrücklich, daß die Kometen Zeichen oder gar Ursachen der Verheerungen gewesen, die darauf erfolgt sind, und folglich sei ihr Ansehen gültiger, als ich behauptet hätte. Gar nicht, mein Herr. Sie können das, was sie sagen, als eine Anmerkung hinzugesetzt haben. Denn sie lassen ihr Urteil gern mit einfließen und vertiefen sich zuweilen so sehr in moralische Betrachtungen, daß der Leser, dem es zuwider ist, wenn sie die historische Erzählung abbrechen, ihnen gern zurufen würde, wenn er sie nur allemal bei sich hätte: *Riservate questo per la predica, dieses sparet für die Kanzel.* Sie wollen sich auch in solchen Sachen gelehrt erweisen, die eigentlich für sie nicht gehören. Daher geraten sie zuweilen auf unzeitige Abschweifungen. So sagt uns z.B. Ammianus Marcellinus[5] bei Gelegenheit eines Erdbebens, das unter der Regierung des Constantius geschehen, den ganzen Aristoteles und Anaxagoras her, verliert sich in tiefsinnigen Schlußreden, führt Stellen aus Poeten und Gottesgelehrten an. Da er auf die Sonnenfinsternis, unter ebendiesem Constantius, zu reden kommt, so dringt er mit aller Gewalt in die Geheimnisse der Astronomie, erläutert den Ptolomäus und verirrt sich so weit, daß er über die Ursachen der Nebensonnen zu philosophieren anfängt.[6] Daraus folgt aber nicht, daß die Anmerkungen der Historienschreiber der gemeinen Meinung ein Gewicht geben können, denn sie machen diese Anmerkungen bei Sachen, die für einen Geschichtsschreiber eigentlich nicht bestimmt sind. Wäre die Rede von einem Staatsrat, von einer Friedensunterhandlung, von einer Schlacht, von einer Belagerung usw., so könnte das Zeugnis der Historie den Ausschlag geben. Denn das kann wohl sein, daß ihre Verfasser die Archive durchsucht, die geheimsten Dokumente gelesen und aus den reinsten Quellen der Wahrheit geschehener Dinge geschöpft haben. Da aber vom Einfluß der Gestirne, von den verborgenen und unsichtbaren Triebfedern natürlicher Dinge die Rede ist, so haben die Herren Geschichtsschreiber kein Recht mehr, unseren Beifall zu fordern. Man sieht sie nunmehr als Privatpersonen an, die ihre Mutmaßung so hinsetzen, und läßt dieselbe viel oder wenig gelten, je nachdem man etwa weiß, daß der Autor viel oder wenig in der Physik getan hat. Auf solche Art müssen Sie mir, mein Herr, zugeben, daß das Zeugnis der Geschichtsverfasser wenig Gültigkeit übrigbehält, denn sie sind gemeiniglich schlechte Naturverständige.

7. Von dem Ansehen der Tradition

Vermöge dessen, was bereits gesagt wurde, würde es überflüssig sein, wenn ich das Vorurteil der Tradition insbesondere widerlegen wollte. Denn wenn die vorgefaßte Meinung, die man seit undenklichen Zeiten von den Kometen hat, einigen tüchtigen Grund haben kann, so ist es augenscheinlich, daß derselbe bloß auf das Zeugnis ankommen muß, welches die Historienbücher und andere Schriften in allen Jahrhunderten hiervon abgelegt haben. Ist also dieses Zeugnis von keiner Erheblichkeit, wie ich es gezeigt habe und im Folgenden noch deutlicher zeigen will, so wird man die Menge der Stimmen, die darauf gegründet ist, nicht mehr zählen dürfen.

Warum können wir doch das nicht sehen, was in dem Verstand der Menschen vorgeht, wenn sie eine Meinung erwählen? Ich bin überzeugt, wenn das geschehen könnte, so würde man gewahr werden, wie der Beifall so vieler tausend Leute sich nur auf das Ansehen zweier oder dreier Personen bezieht, welche einen Lehrsatz bekanntmachen. Man glaubt, daß sie denselben genau und gründlich geprüft haben. Durch das Vorurteil von ihrer Geschicklichkeit werden andere davon überredet. Diese überreden wiederum andere, die ihrer natürlichen Trägheit halber geneigter sind, alles, was man ihnen vorsagt, zu glauben, als mühsam zu untersuchen. Auf solche Art verstärkt sich von Tag zu Tag die Anzahl leichtgläubiger und nachlässiger Anhänger.[7] Dieses ist ein neuer Antrieb, daß die anderen sich nicht Mühe geben wollen, die Meinung zu untersuchen. Sie sehen, daß dieselbe allgemein ist, und sind so einfältig, daß sie sich einbilden, sie habe nicht anders als durch die Richtigkeit der Gründe so allgemein werden können, dadurch müßte man sie im Anfang bestärkt haben. Endlich treibt uns die Not, daß man das glaubt, was alle Welt für wahr hält, weil man sonst befürchten müßte, man möchte für einen Störenfried gehalten werden, der für sich allein mehr wissen wollte als alle anderen und kein Bedenken trüge, dem ehrwürdigen Altertum ins Angesicht zu widersprechen. Und dieses geht so weit, daß man sich endlich eine Ehre daraus gemacht, daß man nichts mehr untersucht, sondern alles auf die gemeine Sage ankommen lassen habe. Urteilen Sie nur selber, ob etliche Millionen Menschen, die auf beschriebene Art eine Meinung angenommen, dieselbe wahrscheinlich machen können, und ob dieses große Vorurteil, das sein Gewicht von der Menge so vieler Anhänger bekommen hat, wenn man nach der Billigkeit verfährt, sich auf mehr als zwei oder drei Personen gründet, von denen man glaubt, daß sie das untersucht haben, was sie vorgetragen. Erinnern Sie sich nur, mein Herr, gewisser fabelhafter Meinungen, die man zu unserer Zeit abgeschafft, so groß auch die Anzahl der Zeugen war, die sie unterstützten, weil man sich klar bewiesen, daß alle diese vielen Zeugen nur für einen einzigen gerechnet werden müßten, da immer einer das nachgesprochen, was der andere vorgesagt hatte, ohne das weiter zu untersuchen, was ein jeder von ihnen angeführt hätte. Und schließen Sie daraus, obgleich viele Nationen und viele Jahrhunderte den Kometen an all dem Unglück einhellig schuld geben, das nach ihrer Erscheinung auf der Erdkugel erfolgt ist, so kann doch dieses Urteil nicht größere Wahrscheinlichkeit für sich haben, als wenn es von sieben oder acht Personen gefällt worden wäre, weil deren in der Tat kaum mehr sein werden, die es glauben oder geglaubt haben, nachdem sie alles nach richtigen Gründen der Philosophie geprüft hatten.

8. Warum man das Ansehen der Philosophen nicht berührt hat

Sie werden vielleicht noch wissen wollen, warum ich der Philosophen nicht ebenso wie der Poeten und Geschichtsschreiber gedacht habe. Ich habe es deswegen nicht getan, weil ich glaube, daß, wo das Zeugnis der Weltweisen einigen Eindruck bei Ihnen, mein Herr, gemacht hat, die Ursache davon nicht in den Gründen zu suchen ist, darauf es beruht, sondern weil durch den Beitritt der Philosophen die Tradition Ihnen desto allgemeiner vorgekommen ist. Sie sind allzu gewitzt, als daß ein Weltweiser Sie hintergehen sollte, sofern er Sie nur durch Schlüsse angreift, und das Lob muß man Ihnen geben, daß Sie in Sachen, die von der Vernunft ausgemacht werden müssen, sonst niemand als der geläuterten Vernunft folgen. Folglich sind die Philosophen als Philosophen gar nicht schuld daran, wenn Sie, mein Herr, bei dieser Gelegenheit pöbelhaft denken, denn alle die Schlüsse, die jene zur Bestätigung des Einflusses der Gestirne anführen, sind recht jämmerlich. Allein, wollen Sie mir erlauben, daß ich es Ihnen als ein alter guter Freund sagen darf, woher es gekommen, daß Sie dieses Vorurteil des Pöbels angenommen, ohne das Orakel der Vernunft dabei um Rat zu fragen? Sie glauben, es sei in diesen Dingen etwas Göttliches zu finden, wie man solches mit dem berühmten Hippokrates von einigen Krankheiten vorgegeben. Sie bilden sich ein, daß die einhellige Übereinstimmung so vieler Nationen durch alle Jahrhunderte hindurch eine gewisse göttliche Eingebung zur Quelle haben müsse: *Vox populi, vox Dei*, des Volkes Stimme ist Gottes Stimme. Als ein Gottesgelehrter sind Sie es schon gewohnt, die Vernunft beiseite zu setzen, sobald Ihnen ein Geheimnis vorkommt. Diese Behutsamkeit ist auch ganz gut, nur zuweilen geschieht dadurch ein Eingriff in die Rechte der Vernunft, wenn man sie allzu hoch treibt, wie solches der Herr Pascal[8] sehr wohl bemerkt hat. Sie haben endlich ein allzu schüchternes Gewissen, daher glauben Sie leicht, daß die Verderbnis der Menschen den Arm des Höchsten mit den schrecklichsten Pfeilen ausrüste, die aber der gütige Gott doch nicht eher auf die Menschen abdrücken wolle, als bis er, wie ehemals vor der Sintflut, sie gewarnt und gesehen, ob sie sich vielleicht noch bessern möchten. Aus allen diesen Ursachen zusammen entsteht endlich in Ihrem Verstand ein Vorurteil des Ansehens, das Sie nicht verhüten können, so geschickt Sie auch sonst sind, die irrigen Schlüsse der Vernunftlehrer auseinanderzunehmen.

Es würde also vergeblich sein, wenn man sich unterfangen wollte, Ihnen durch philosophische Grundsätze Ihren Wahn zu nehmen. Man muß Sie entweder dabei lassen oder nach Sätzen der Frömmigkeit und Religion mit Ihnen sprechen. Und dieses will ich auch tun, denn ich will nicht gerne, daß Sie mir entwischen sollten. Damit ich mich aber meines Schadens erhole, so will ich Ihnen vorher einige Gründe der gesunden Vernunft zu bedenken geben, die alle beweisen, daß es eine verwegene Meinung ist, die man vom Einfluß der Kometen hegt. Sinnen Sie inzwischen nach (wo Sie können), was das wohl für Sätze der Frömmigkeit sein mögen, die ich für Sie in Bereitschaft habe. Erraten Sie dieselben, sage ich, wo Sie können, bis ich in meinen Nebenstunden mit einer kleinen Vorbereitung fertig bin, die auf bekanntere Grundsätze hinauslaufen wird.

A..., den 15. März 1681

9. Erster Grund, wider die Vorbedeutung der Kometen: Es ist gar nicht wahrscheinlich, daß sie die Kraft haben sollten, auf der Erdkugel etwas hervorzubringen

Hier haben Sie, mein Herr, einige Gründe aus der Weltweisheit. Man kann fürs erste sagen: Es sei sehr ungewiß, ob Körper, die von der Erdkugel so weit entfernt sind wie die Kometen, eine Materie herabschicken könnten, die etwas Großes zu verrichten ge schickt wäre. Denn wenn das die allgemeine Meinung der Philosophen ist, nachdem man gezwungen wurde, die gewöhnliche Meinung von der Materie der Kometen abzulegen, daß die Dunstkugel der Erde oder der ganze Raum, den die ringsum von der Erde aufsteigenden Dünste und Ausduftungen anfüllen, sich nur bis in die mittlere Gegend der Luft höchstens drei oder vier Meilen hoch erstreckte, warum sollte man glauben, daß die Dunstkugel der Kometen sich viele Millionen weit erstrecke? Man würde nicht eigentlich sagen können, warum denn eben die Planeten und Kometen merkliche Veränderungen auf der Erdkugel hervorbringen sollten, da doch diese solches in einer Entfernung von nur dreißig Meilen nicht tun kann.

10. Ob sie außer dem Licht noch sonst etwas herabschicken (I)

Wollte man sagen: Da wir von den Kometen Lichtstrahlen bekämen, so könnten sie uns wohl auch noch was anderes zuschicken, so ist darauf leicht zu antworten. Denn das Licht, das sie uns zuschicken, kommt ursprünglich von der Sonne her, und daß wir dasselbe von ihnen bekommen, rührt daher: Ihre Körper sind dunkel, folglich prallen die Strahlen, die auf sie fallen, auf uns zurück. Man mag also die Fortpflanzung des Lichts erklären, wie man will, entweder nach des Aristoteles oder Epikurs oder nach des Cartesius Lehrsätzen, so wird man allemal mit leichter Mühe begreifen, wie die Kometen uns glänzen können, ohne daß sie ihrerseits etwas wirken und ohne daß sich das geringste von ihrem Wesen ablöst und auf unsere Erde fällt.

11. Ob ihr Licht etliche Stäubchen ablöst (II)

Wollte man sagen: Das Licht sondere viele kleine Stäubchen von dem Körper des Kometen ab und bringe sie in unsere Welt mit herunter, wenn es durch das Zurückprallen zu uns herabfällt, so habe ich keine neue Antwort nötig, wenn man sonst nichts als dieses einwendet. Ich darf nur sagen, daß die Teilchen, die die Sonne von dem Wasser und der Erde aufhebt, mit den gebrochenen Lichtstrahlen nicht weit fortgehen und daß es mit den übrigen Stäubchen, die die Sonne von anderen Körpern ablöst, eine gleiche Bewandtnis habe.

12. Wie groß wohl die Wirksamkeit ihres Lichtes sein kann (III)

Wollte man sagen: Die Lichtstrahlen an und für sich selber, die von den Kometen zurückprallen, vermögen dergleichen wichtige Wirkungen zu verursachen, so ist das ganz unwahrscheinlich. Denn das Licht der Kometen ist ja schon längst verschwunden, wenn die Wirkungen, die man ihnen zuschreibt, erst anfangen. Und überdies ist der Schein von diesem Licht im Hinblick auf uns so schwach, daß eine auf freiem Feld angezündete Lampe ringsherum heller leuchtet und mehr Wärme von sich gibt, als ein Komet jemals tun kann. Wie es also lächerlich sein würde, wenn man dem Schein dieser Lampe außer der Beleuchtung noch die Kraft zuschreiben wollte, große Veränderungen in dem Bezirk ihrer Wirksamkeit hervorzubringen, so ist es gleichfalls lächerlich, wenn man dem Licht der Kometen das Vermögen zuschreibt, unsere Elemente zu verändern und die allgemeine Ruhe zu stören. Ich will nicht einmal sagen, daß, da das Licht der Kometen nichts anderes ist als ein sehr geschwächtes Sonnenlicht, es ebenso abgeschmackt sein würde, wenn man ihnen Wirkungen beimessen wollte, die die Sonne nicht einmal bewerkstelligen kann, als es abgeschmackt sein würde, wenn man sich von einem brennenden Licht, das auf freiem Platz steht, versprechen wollte, daß es alle Einwohner einer großen Stadt erwärmen würde, da ein jeder von ihnen bei einem starken Feuer, das im Ofen brennt, sich der Kälte nicht erwehren kann.

13. Daß die Dünste ebenso schwer sinken wie auf steigen (IV)

Wollte man sagen: Zwischen der Erde und den Kometen sei ein großer Unterschied. Die Dünste könnten zwar von der Erde nicht bis in die Gegend der Kometen aufsteigen, deswegen aber könnte wohl die Kraft der Kometen unsere Erde erreichen, weil es leichter sei herabzufallen als aufzusteigen, und die Dünste von der Erde zu den Kometen aufsteigen müßten, da die Kraft der Kometen nur herabsinken dürfte, so kann auch dieser Einwurf leicht aufgehoben werden. Seine ganze Stärke, sofern er eine hat, kommt darauf an, daß man voraussetzt, die Erde sei der Mittelpunkt der Welt und alle schweren Körper hätten einen natürlichen Trieb, sich diesem Mittelpunkt zu nähern. Da aber nichts so schwer ist, als diesen angenommenen Satz zu beweisen, so ist auch nichts leichter, als alle die Folgerungen zu leugnen, die man daraus herleitet. Woher weiß man denn, daß die Erde im Mittelpunkt der Welt ist? Ist es nicht eine ausgemachte Wahrheit – wer den Mittelpunkt eines Körpers bestimmen will, der muß erst die Oberfläche desselben wissen? Wie will aber der menschliche Verstand erkennen, ob die Erde im Mittelpunkt ruht oder nicht, da er die Grenzen der Welt nicht bestimmen kann? Noch mehr: Wie wollen wir wissen, daß es Körper gibt, die einen natürlichen Trieb zu dem Mittelpunkt der Welt haben? Ist uns nicht vielmehr das Gegenteil davon bekannt, daß nämlich alle Körper, die sich um einen Mittelpunkt bewegen, sich soviel wie möglich von demselben entfernen? Haben nicht die vielfältigen Erfahrungen, die man hiervon hat, die meisten Anhänger des Aristoteles bewegen, daß sie mit dem Cartesius gestanden: Es sei dies eines der allgemeinen Gesetze der Natur? Nichts ist daher abgeschmackter, als wenn man Körper annimmt, die natürlicherweise nach dem Mittelpunkt der Erde zu sich bewegen, und es ist weit vernünftiger, wenn man sagt, daß sie alle bemüht sind, sich von demselben zu entfernen. Diejenigen Körper, welche das Vermögen dazu haben, entfernen sich wirklich von demselben, woher es denn kommt, daß diejenigen, deren Kraft eingeschränkt ist, nach dem Mittelpunkt zu fortgetrieben werden, denn da alles in der Welt voll ist, so ist's unmöglich, daß ein Körper einen Ort verlassen sollte, ohne daß ein anderer denselben nicht einnehmen müßte.

Daraus kann man nunmehr leicht zeigen, wie schändlich sich diejenigen betrügen, welche sich einbilden, die Dünste der Kometen könnten eher auf die Erde herabfallen, als daß die Ausdünstungen der Erde gegen den Himmel zu aufsteigen sollten. Denn man mag ein System annehmen, was für eines man will, so muß man doch allemal zugeben, daß eine nicht geringe Bewegung um einen allgemeinen Mittelpunkt in der Welt vorgeht. Es mag nun diese Bewegung um die Erdkugel geschehen, wie die Scholastiker wollen, oder um die Sonne, wie die Kopernikaner sagen, oder teils um die Sonne und teils um die Erde, wie die Anhänger des Tycho Brahe behaupten, so liegt mir jetzt nicht viel daran. Soviel ist allemal gewiß, daß die Kometen da stehen, wo es Körper gibt, die sich um einen gewissen Mittelpunkt bewegen. Nun bestreben sich aber alle diese Körper, soviel wie möglich von diesem Mittelpunkt wegzukommen, und tun dieses mit stärkerer Gewalt als alle übrigen Körper, die zwischen ihnen und der Erde sind. Folglich kann die Materie, die um die Kometen ist, nicht so leicht auf die Erde fallen, und es ist ihr ebenso schwer, daß sie herunterfallen sollte, wie es der irdischen Materie schwer ist, hinaufzusteigen. Wer gesehen hat, wie schwer ein Ballon, der voller Luft ist, sich ins Wasser untertauchen läßt, der wird überhaupt nicht sagen, daß es leichter ist zu sinken, als in die Höhe zu steigen. Es gilt dieses nur von solchen Körpern, welche die Kraft nicht haben, sich von dem Mittelpunkt der Bewegung zu entfernen. Bei solchen Körpern aber, die das Vermögen gehabt haben, sich von dem Mittelpunkt auf eine erstaunliche Art zu entfernen, muß es vielmehr schwerhalten, sie zum Sinken zu bringen. Da nun die Kometen in einer ungeheuren Entfernung vom Mittelpunkt der Bewegung stehen, so muß man daraus billig schließen, daß die Gewalt entsetzlich groß sein müßte, die etwas von daher zu uns stoßen sollte. Dieses einzige kann alle Scheingründe der Astrologie über den Haufen werfen.

Sie erlauben, mein Herr, daß ich sagen darf, die ganze Materie von hier an bis über den Saturn und die Kometen mache einen großen Wirbel aus. Sie erlauben ferner, daß ich diesen Wirbel einen Sonnenwirbel nenne. Ich verlange nicht im geringsten Ihr ptolemäisches System dadurch eines Fehlers zu beschuldigen. Ich tue es nur deswegen, damit ich dasjenige, was ich noch zu sagen habe, mit wenigen Worten ausdrücken kann.

14. Daß die Ausdünstungen der Kometen nichts wirken würden, wenn sie gleich bis auf die Erde kämen

Wir wollen auch zugeben, daß die Kometen unzählige Ausdünstungen auf die Erde schicken können. Wird denn daraus eine merkliche Veränderung der Menschen erfolgen müssen? Gar nicht. Denn da diese Dünste einen so ungeheuren Raum zu durchlaufen hätten, so würden sie ja brechen und sich in unendliche kleine Teilchen zerteilen müssen, und diese würden sich alsdann in dem ganzen Umfang des Sonnenwirbels ausbreiten, wie sich etwa die Teilchen des Salzes in einer ganzen Menge Wasser verteilen, welches dieselben auflöst. Vergleichen wir nun den Kometen mit dem ganzen Sonnenwirbel, so werden wir finden, daß das Verhältnis desselben zu dem Sonnenwirbel nicht einmal so groß ist wie das Verhältnis eines Salzkörnchens zu einer Kubikmeile Wasser. Folglich hat man Ursache zu glauben, daß, wenn der ganze Komet zu Pulver gemacht und in diesen großen Sonnenwirbel ausgestreut würde, so würde die hier verursachte Veränderung nicht merklicher sein als die Veränderung, welche ein Salzkörnchen, welches in eine Kubikmeile Wasser geworfen wird, in allen Teilen dieses Wassers machen kann.

Es ist bekannt, wenn ein Trank in der Medizin seine Wirkung tun soll, so gehören zu seiner Zubereitung nicht nur verschiedene geistige Teilchen, sondern es müssen dieselben in gehöriger Menge darin anzutreffen sein. Auf gleiche Weise, sage ich, soll unsere Luft stark verändert werden, so ist es wegen der Menge der Materie, die die Luft in dem ganzen Umfang des Sonnenwirbels verkörpert, noch lange nicht genug, wenn einige Teilchen des Kometen hineinkommen. Es wird dazu eine größere und ausreichende Anzahl derselben erfordert. Nun aber ist es gewiß, daß die Luft nur ihren Anteil bekommt, nicht von dem ganzen Kometen, denn der wird in der flüssigen Materie des Sonnenwirbels nicht aufgelöst, sondern nur von den Stäubchen, die er hin und wieder aussät. Was kann also für jedes Teil unserer Welt davon übrigbleiben?

Ich will nicht hoffen, daß man mir einwenden wird: nur die Erdkugel nimmt an allem diesem teil, denn dadurch würde man voraussetzen, daß die Kometen ihre Ausdünstungen nur der Erde zuschicken und daß jene verhindern könnten, daß diese in einem so entsetzlich weiten Durchlauf nicht ein einziges Mal von ihrer Bahn abwichen, welches, ohne die größte Torheit zu begehen, nicht gesagt werden kann. So vermute ich auch nicht, daß jemand sagen wird: es stünden vielleicht die Kometen nicht in derjenigen Entfernung von der Erde, wie diejenigen behaupten, welche dieselben noch weit über den Saturn hinaussetzen. Denn das wäre ein Einwurf, der wider mich nichts zu bedeuten hätte. Man mag die Kometen unter oder über den Saturn setzen, so muß man immer zugeben, daß ihre Ausdünstungen allen Teilen des Sonnenwirbels gleich zugehören, sowohl diesen Teilen desselben, die zwischen dem Jupiter und Mars sind, als diesen, welche die Erdkugel umgeben, als auch denen, die über dem Saturn, wie denen, die unter demselben sind. In Wahrheit, wenn ein Komet, der zwischen dem Jupiter und Saturn steht, die Gewalt hat, daß er die Materie, welche ihn umgibt, bis zum Mittelpunkt treiben kann, so muß er auch die Gewalt haben, dieselbe fast ebenso stark in den Umfang zu treiben; weil es ebenso leicht ist, schwere Körper in die Höhe zu bringen, wie es ist, leichte Körper sinkend zu machen, wie solches das

Exempel des Ballons zeigt, der sich so schwer untertauchen läßt. Daher müssen wir versichert sein, daß alle Ausflüsse des Kometen sich ringsum durch den ganzen Umfang des Sonnenwirbels ausbreiten, so wie etwa die Teilchen eines Stückes Zucker, wenn man es oben in ein Glas Wasser aufhinge, sich durch das ganze Glas oben und unten ausbreiten würden, und dieses um so mehr, weil die ganze Materie des Sonnenwirbels in unaufhörlicher Bewegung ist. Weil nun der ganze Komet, wenn er in Tropfen zerflösse, sich zu dem flüssigen Wesen des Sonnenwirbels nicht einmal so viel verhalten würde, wie sich ein Salzkörnchen zu einer Kubikmeile Wasser verhält – welches ein Verhältnis ist, darin ich nicht glaube, daß weder Spiesglas noch das stärkste Gift etwas von seiner wirksamen Eigenschaft behalten könnte - , so kann man auch mit Wahrheit sagen, daß der Einfluß der Kometen, der so wenig Wesentliches im Vergleich mit den Kometen selbst enthält, nicht imstande wäre, eine allzu große Wirkung hervorzubringen, wenn derselbe sich auch gleich bis auf unsere Erdkugel erstreckte.

15. Widerlegung der er, die da sagen, dieses sei unmöglich, oder die da behaupten möchten, daß die Einflüsse nicht aus kleinen Stäubchen bestünden (V)

Will man endlich noch behaupten, die Kometen könnten ja wohl eine sehr wirksame Materie oder Eigenschaft auf die Erdkugel herabschicken, so ist dies das einzige, was man noch mit einigem Schein anführen kann. Indessen heißt es doch auch soviel wie nichts. Denn es ist nicht nur möglich, sondern auch sehr wahrscheinlich, daß die Kometen weder Materie noch einige Eigenschaften, die etwas Wichtiges zu wirken vermöchten, auf die Erdkugel herabschicken können. Und in solchen Sachen, die auf beiden Seiten Gründe für sich haben, hat derjenige allemal mehr Unrecht, der sie bejaht, als der sein Urteil zurückhält. Da man also keine tüchtige Ursache angeben kann, warum man den Einfluß der Kometen für wahr halten sollte, und im Gegenteil viele Gründe wider denselben streiten, so fällt alles Unrecht auf diejenigen zurück, die sich zur ersten Partei schlagen.

Geben Sie wohl acht, mein Herr, daß ich hier einen Unterschied zwischen den Eigenschaften, die von den Kometen herrühren, und zwischen den körperlichen Teilchen, die sie uns zuschicken sollen, gemacht habe. Ich habe mich dadurch nach der scholastischen Philosophie bequemen wollen, damit Sie nicht etwa glauben möchten, daß meine Einwände unerheblich wären, wenn ich die gewöhnlichen Lehrsätze von der Fortpflanzung zufälliger Dinge zugrunde gelegt hätte. Um dieses zu vermeiden, erkläre ich hier, daß zwar diese ganze Schrift nur gegen den Einfluß der Kometen gerichtet ist, insofern man sich denselben unter dem Begriff kleiner und körperlicher Teilchen als möglich vorstellt. Indessen werden doch auch meine Gründe gegen den

Einfluß gelten können, den gewisse von der Materie unterschiedene Eigenschaften möglich machen sollen. Ja, ich bin völlig der Meinung, daß ich in diesem Fall viel Vorteil gegen die Peripatetiker haben würde. Denn, wenn diese nach ihren Lehrsätzen schließen wollen, so müssen sie zugeben, daß, sobald der Komet weg ist, alle die bösen Eigenschaften, die er hervorgebracht hat, auch verschwinden müssen. Und dieses deswegen, weil die substantiellen Formen einer jeden Sache ihren Lehrsätzen nach jene vernichten und keine fremde Eigenschaft länger dulden können, als die Ursache, die ihnen solche Gewalt aufgedrängt, dieselbe unterstützt und erhält. Daraus folgt augenscheinlich, daß durch die Eigenschaften des Kometen nichts von alledem verursacht werden kann, was sich nach seiner Vernichtung ereignet, sondern daß höchstens alles von den Teilchen herrühren müsse, die derselbe, da er noch zu sehen war, hin und wieder ausgebreitet hat.

Außerdem nun, was uns die Erfahrung lehrt, daß die Beschaffenheiten der Körper sich nur in einem gewissen Raum erzeugen, welchen man den Bezirk ihrer Wirksamkeit nennt, so würde es ebenso abgeschmackt sein, wenn man nach des Aristoteles Lehrsätzen sagen wollte, daß der Komet seine Eigenschaften dem ganzen Sonnenwirbel mitteile, wie es ungereimt sein würde, wenn man solches nach den Lehrsätzen der übrigen Weltweisen behaupten wollte. Denn die Anhänger des Aristoteles müssen zugeben, daß dasjenige, was sie zufällige Dinge nennen, sich ebenso schwer rundum ausbreiten kann, als die herumschweifenden Sonnenstäubchen solches tun können, denen die übrigen Sekten das Hervorbringen körperlicher Beschaffenheiten zuschreiben.

16. Zweiter Grund: Daß, wenn die Kometen auf der Erdkugel etwas wirken sollten, solches ebensowohl Glück als Unglück sein könne

Zweitens kann man sagen: Wenn es auch wahr wäre, daß die Kometen körperliche Teilchen auf der Erde ausbreiten und dadurch etwas Wichtiges verursachen könnten, so sieht man doch gar nicht ein, warum dieselben Pest, Krieg und Hunger und nicht ebensogut Gesundheit, Friede und Überfluß hervorbringen sollten, da ja niemandem die eigentliche Natur, Figur, Bewegung oder andere Eigenschaften ihrer Teilchen bekannt ist. Und in der Tat ist es wohl vernünftiger, wenn man behauptet, daß der jetzige Komet, der eine durchdringende Kälte nicht verhindern kann, ob er sich gleich völlig sehen läßt, die Ursache eines drei Jahre darauf erfolgenden Krieges sein wird, nachdem er bereits gänzlich verschwunden, weil er das Blut bei den Menschen in Wallung bringt und sie dadurch zum Zorn geneigter werden? Oder ist es vernünftiger, wenn man sagt, er werde den Frieden erhalten, weil er das Blut ruhig und die Menschen dadurch gelassen macht?

Ja freilich, wird man sagen, die erstere Meinung ist vernünftiger als die andere, denn es ist wahrscheinlicher, daß die grobe Materie, die zuäußerst in dem Sonnenwirbel entsteht und von dort zu uns herabkommt, da sie den Körpern der Erdkugel nicht gemäß ist, alles umgekehrt bei uns machen werde, als daß sie gute Neigungen mitbringen oder bei uns erhalten sollte. Es ist leicht zu vermuten, daß sie im Winter den Frost und *im* Sommer die Hitze vergrößern werde, denn da sie so träge ist, so muß sie den Frost vermehren und die Ruhe der Körper fördern, wenn nicht Vermögen genug da ist, sie in Bewegung zu setzen, und ist sie einmal erwärmt, so muß sie mehr Hitze von sich geben als andere dünne Körper. Daher kommt es auch, daß glühendes Eisen mehr Glut von sich gibt als die Flamme von abgezogenem Wein, und das Feuer stärker brennt, wenn der Frost stark ist, denn es ist wahrscheinlich, daß die Kälte in dem Holz eine solche Einrichtung macht, daß die Teile, welche das Feuer davon jedesmal ablöst, gröber werden können als sonst.

Allein ich antworte: Das sind alles vergebliche Mutmaßungen, und das müßte nicht gut sein, wenn ich das Gegenteil zu beweisen nicht ebensoviel wahrscheinliche Sachen sollte anführen können. Wer will es mir verwehren, wenn ich sage, diese grobe Materie mache die Luft dick und erleichtere die Vereinigung der Künste, daher müsse der Frost oder die Hitze, nach Beschaffenheit der Jahreszeit, abnehmen: der Frost, weil er niemals heftiger ist, als wenn die Luft heiter und rein ist[9], die Hitze, weil sie niemals unerträglicher ist, als wenn die Sonne ihre Strahlen auf uns schießen läßt, ohne daß sie erst von den Wolken aufgefangen werden, und weil der Regen, der aus solchen zusammengestoßenen Dünsten entsteht, die Luft ungemein kühl macht. Ich kann ferner sagen, diese grobe Materie, wenn sie nun zu sinken anfinge, würde zu einer Fettigkeit, die das Land ebenso fruchtbar mache wie jene kleinen körperlichen Teile, die der Nilstrom an den Orten zurückgelassen, die er überschwemmt hat. Ein anderer kann mit ebenso gutem Recht sagen, diese dicke Materie verursache zwar eine grimmige Kälte, welche die Luft von all dem reinige, woraus Krankheiten entstehen können, allein nach und nach würde sie ganz dünn, das Gröbste davon fiele auf die Erde, wo es sich als ein fettes und fruchtbares Wesen niederlasse, da inzwischen das übrige so dicht bliebe, wie erforderlich wäre, die Hitze derzeit zu mäßigen, teils durch Wolken, die daraus entstünden, teils durch Regen, welcher zur Gesundheit und Fruchtbarkeit des Landes dienlich wäre. Kann man es noch einem anderen verwehren, der da sagt, diese dicke Materie hätte ja wohl Zeit, sich zu läutern und zu verdünnen, ehe sie zu uns herabkäme, da sie etliche Millionen Meilen zu durchlaufen hätte, und behielte sie ja noch was übrig, unsere Luft dick zu machen, so könnte man es doch nicht anders ansehen als einen Nebel, der manchmal sieben oder acht Tage dauert und doch nicht viel zu bedeuten hat, oder als solche Regen, die das Wasser in Flüssen auf einige Zeit trüb machen, ohne daß man bemerkt, daß es den Fischen viel schaden würde.

17. Dritter Grund: Daß die Astrologie, als die Ursache der besonderen Prophezeiungen der Kometen, eines der lächerlichsten Dinge von der Welt ist

Ich sage drittens: Da alles, was von den Vorbedeutungen der Kometen vorgegeben wird, auf die erdichteten Sätze der Astrologie hinausläuft, so kann es nicht anders als sehr lächerlich herauskommen. Denn nichts ist abgeschmackter, nichts ist einem Hirngespinst ähnlicher als die Sterndeuterkunst, nichts ist menschlicher Natur schimpflicher als dieselbe. Den Menschen zur Schande muß man es in alle Ewigkeit nachsagen, daß es solche Betrüger gegeben hat, die andere unter dem Vorwand, sie verstünden sich auf himmlische Sachen, schändlich hintergingen, und daß es allemal Narren gegeben hat, die auf jene ein so großes Vertrauen gesetzt, daß sie die Astrologie als eine Ehrenstelle zu vergeben angefangen haben und sich nicht getraut haben, ein neues Kleid anzulegen oder einen Baum zu pflanzen, wenn es der Herr Sterngucker nicht für gut befunden.[10]

Erkundigen Sie sich bei einem solchen Menschen, was dieser oder jener Komet insbesondere vorbedeutet, so wird er Ihnen gar bald antworten: Die besondere Kraft eines Kometen rühre von der Eigenschaft des Zeichens und des Hauses her, wo er zuerst gesehen wurde, oder auch von dem Aspekt desselben mit den Planeten. Auf diese Stellung des Kometen müsse man hauptsächlich achtgeben, wenn man die Nativität desselben gut stellen wollte, anbei aber auch auf die Himmelszeichen achthaben, durch die er seinen Lauf nach und nach richtet. Darauf wird er Ihnen sagen, es gäbe männliche und weibliche Zeichen, irdische und wäßrige, kalte und hitzige, tägliche und nächtliche usw. Jeder Planet habe über ein gewisses Stück von der Erdkugel und über eine gewisse Art von Leuten und Sachen zu sprechen. Saturn z.B. regiere über Bayern, Sachsen und Spanien, über ein Stück von Italien, über Ravenna und Ingolstadt, über die Mauretanier und Juden, über Teiche, heimliche Gemächer und Kirchhöfe, über das Alter, über die Milz, über schwarze und kastanienbraune Farbe und über das Säuerliche, denn sogar die Farben und der Geschmack gehören unter ihre Herrschaft. Ferner wird er sagen: Die Himmelszeichen und sonderlich diejenigen, die im Tierkreis stehen, hätten ihre angewiesenen Plätze auf der Erdkugel, wo sie wirken könnten. Der Widder z.B. regiere über alle die Dinge, über die sein Wirt (denn Sie müssen wissen, daß jeder Planet seine Behausung in einem gewissen Himmelszeichen hat) zu gebieten habe. Dahin gehörten der Norden, ein Stück von Italien und Deutschland, England und die Hauptstadt von Polen, die Leber, die Galle, die Soldaten, die Fleischer, die Gerichtsdiener und die Scharfrichter, die rote Farbe, das Bittere und Beißende. Außerdem habe er noch über das Gelobte Land, über Armenien, über das Rote Meer, über Burgund, über die Städte Metz und Marsilien zu gebieten. Weiter wird er Ihnen sagen: Man könne zwölf Häuser am Himmel sehen, von denen jedes zu besonderen Verrichtungen bestimmt sei und einem gewissen Planeten zugehöre. Das erste Haus z.B. beziehe sich auf das Leben und die Temperamente, das letzte auf die Feinde, das Gefängnis und die Treue der Bedienten. Dem Merkur gefiele es im ersten Haus besser als den übrigen Planeten, und er breite von daher ein glückliches Leben und starke Leibeskräfte aus. Die Venus hielte sich gern im fünften Haus auf und verspräche Freude an Kindern zu erleben.

Dieses vorausgesetzt, nebst noch anderen Anmerkungen vom gleichen Schlag, wird Ihnen nunmehr der Sterndeuter sagen, welches Land, welches Volk und welche Tiere sich vor den Kometen hauptsächlich zu fürchten haben und was für eine Art von Übeln er drohe. Im Widder bedeute er schwere Kriege, großes Sterben, den Fall hoher Häupter und das Steigen der Niedrigen, große Dürre in den Orten, die unter dem Gebiet dieses Zeichens stünden. In der Jungfer bedeute er frühzeitige und gefährliche Niederkunft der Schwangeren, starke Auflagen, Gefangennehmungen, die. Unfruchtbarkeit und den Tod vieler Frauenspersonen. Im Skorpion bedeute er außer den vorigen Übeln Ungeziefer und Heuschrecken in unzähliger Menge. In den Fischen Religionsstreitigkeiten, fürchterliche Lufterscheinungen, Krieg, Pest und allemal den Tod der Großen.

Läuft zu allem Unglück der Komet durch Zeichen, welche menschliche Gestalt haben, z.B. die Zwillinge, die Jungfer, den Orion usw., so werden es die Menschen entgelten müssen. Geschieht sein Lauf durch das Zeichen des Widders, des Stiers, des Schwanes, des Adlers, der Fische, so müssen die Tiere herhalten – und sind es männliche Zeichen, so müssen die Männlein, sind es weibliche Zeichen, so müssen die Weiblein leiden. Läuft der Komet durch die Schamglieder einer gewissen Konstellation, so mögen sich die Unkeuschen in acht nehmen. Ist der Komet seiner Stellung oder seinem Aspekt nach saturnisch, so bringt er alle die üblen Wirkungen des Saturns hervor: die Eifersucht, die Schwermütigkeit, das Mißtrauen und Schrecken. Ist er im anderen Haus, im Haus der Reichtümer, so macht er den Gewinn zuschanden, verursacht Diebstähle, macht Bankerotteure, und so mit den übrigen. Denn überhaupt urteilt ein Sterndeuter von der Wirkung eines Kometen nach solchen Regeln, da er vorgibt, dieses oder jenes Zeichen in diesem oder jenem Haus und Aspekt bedeute dies oder das dieser oder jener Sache.[11]

Selten geschieht es, daß man die Kometen etwas Gutes prophezeien läßt. Doch in der Schweiz hat sich ein Sterndeuter gefunden, der, als er im Jahre 1661 von einem Kometen bemerkt, daß er durch das Zeichen des Adlers gelaufen und zu dessen Füßen verschwunden, die Versicherung gab, es würde das türkische Reich vom römischen Kaiser über den Haufen geworfen werden. Allein der Erfolg stimmte mit dieser Prophezeiung so schlecht überein, daß die Türken zwei Jahre darauf beinahe ganz Ungarn weggenommen und vermutlich alle Erbländer des Österreichischen Hauses würden an sich gerissen haben, wenn nicht der König von Frankreich dem Kaiser zu Hilfe gekommen wäre und ihn in den Stand gesetzt hätte, mit der Pforte einen Frieden zu schließen. Es geht den Sterndeutern mit ihren Prophezeiungen wie den Poeten. Gemeinhin sind sie wider die Türken gerichtet, aber ohne Erfolg. Es ist schon über hundert Jahre, daß alle französischen Dichter uns als andere Orakel vorsingen, unsere Könige würden bald den Großsultan vom Thron stürzen und am Ufer des Jordans und des Euphrats ihre Siegeszeichen aufrichten. Der Herr Despréaux, der Schrecken Frankreichs, der sich oft über dergleichen Einfälle aufgehalten, hat diesen Fehler letzthin selbst begangen, da er schreibt:

Je t'attens dans deux ans aux bords de l'Hellespont,
Zwei Jahre fehlen noch, so hat der Fuß den Strand des Hellesponts erreicht.

Und er ist ein ebenso falscher Prophet gewesen wie seine Mitbrüder.

Es ist gar nichts Neues, daß die Sterndeuter auf so schändliche Torheiten verfallen. Sie machten es schon zu des Plinius[12] Zeiten nicht anders. Man gibt vor, schreibt er, es sei nicht gleich, ob die Kometen ihre Strahlen auf gewisse Orte zu schießen lassen oder ihre Kraft von gewissen Sternen erhalten, ob sie gewisse Dinge darstellen oder an gewissen Gegenden des Himmels leuchten. Sehen sie so aus wie eine Schalmei, so gehen ihre Vorbedeutungen die Musik an, stehen sie in den Schamgliedern eines Himmelszeichens, so haben sich die Unkeuschen in acht zu nehmen, macht ihre Stellung bei Betrachtung der Fixsterne einen Triangel oder ein gleichseitiges Viereck aus, so hat es für die Künste und Wissenschaften was zu bedeuten. Sie vergiften die Luft, wenn sie sich im Kopf der südlichen oder nördlichen Schlange befinden.

Ich bitte Sie recht wohl, mein Herr, überlegen Sie nur einmal, ob es nicht scheint, als hätte man alle Scham verloren, daß man Sätze von dieser Art zugrunde legt. Was? Weil ein Komet gewissen Sternen gegenübersteht, welche die Alten, den poetischen Dichtungen zu gefallen, die Jungfer genannt, da nämlich die Dichter sagten, es wäre die Gerechtigkeit oder die Jungfer Asträa aus Abscheu vor der verdorbenen Welt in den Himmel entflohen[13], so soll das soviel bedeuten: die Weiber würden unfruchtbar sein oder zu zeitig gebären oder keine Männer bekommen. Ich sehe nicht, was übler zusammenhängen sollte. Es ist schlechterdings ein Eigensinn, daß man sich dieses Zeichen unter der Gestalt eines Frauenzimmers vorstellt, denn in der Tat sieht es einem Menschen so ähnlich wie etwas anderem. Und gesetzt, es wäre wahr, daß es menschliche Gestalt hätte – hat man durch Hilfe der besten Ferngläser so gute Augen, daß man unterscheiden kann, ob es ein Frauenzimmer und nicht vielmehr eine Mannsperson darstellt? Ja, könnte man auch gleich dieses unterscheiden, würden wir dadurch wissen können, daß es mehr einer Jungfer als einer Frau ähnlich sei? Und vermöchten wir auch endlich alle diese künstlichen Entdeckungen zu machen, so daß wir ganz deutlich sehen könnten, eine gewisse Anzahl von Sternen habe eine solche Stellung, daß die Figur einer Jungfer daraus entstünde – wird alsdann folgen, daß dieselben einem Körper, der vielleicht dreißig Millionen Meilen von ihnen entfernt ist, einen solchen Einfluß mitteilen, der die Vermehrung des menschlichen Geschlechts aufhebt? Man hätte weit mehr Recht, folgenden abgeschmackten Satz zu behaupten: Wenn ein Bäcker die Gestalt einer Mannsperson oder eines Frauenzimmers auf einen Kuchen machte, so vergifte er diesen dadurch, daß alle die Mannspersonen und Weibsbilder, die davon essen würden, sterben müßten. In Wahrheit, das Vorgehen der Sterndeuter verdient den Tadel, welchen Plinius[14] über eine andere Art von Lügnern ausgesprochen hat: Solche Sachen im Ernst behaupten wollen, würde von einer entsetzlichen Verachtung der Menschen zeugen, und man könne alsdann sicher glauben, daß die Gewohnheit, die Lügen nicht zu bestrafen, ungemein überhandgenommen haben müsse.

Ich werde mir daher die Mühe nicht machen, das weitläufig zu beweisen, was ich hier so frei gegen die Sterndeuterkunst gesprochen habe. Ich bin sicher, daß Sie in diesem Stück völlig meiner Meinung sind, und überdies weiß ich, daß sehr viele schöne Schriften aller Welt vor Augen liegen, welche die Unrichtigkeit dieser eingebildeten und betrügerischen Kunst auf das deutlichste beweisen. Ich glaube nicht, daß jemand gegen die Sterndeuter die Feder ergriffen, der sie nicht gänzlich zuschanden gemacht haben sollte und der von dieser Materie nicht ebenso, wie die Römer von Afrika, hätte sagen können: Hier habe er eine rechte Ernte von Siegen gefunden. Sollte auch jemand gegen die Astrologie geschrieben haben, ohne ihr einen tödlichen Stoß zu versetzen, so wäre das eine Sache, die man nicht leicht nachmachen könnte, und ein solcher sollte billig ein jährliches Gehalt von einem Prinzen bekommen haben, der so gesinnt gewesen wie der Kaiser Galienus, welcher einem gewissen Ritter den Preis reichen ließ, der es zwar mit einem Ochsen im Gefecht angelegt hat, diesen aber eine ziemliche Weite herumgejagt, ohne ihm einen Streich versetzen zu können, welches alsdann der Kaiser für eine Schwierigkeit hielt, die man belohnen müßte.[15]

Es verlohnte sich daher nicht der Mühe, daß ein so vortrefflicher Kopf, wie der Graf Mirandola gewesen, die Feder gegen die Astrologie ergriffen hat. Ein mittelmäßiger Geist würde es auch schon mit gutem Erfolg getan haben. Das hieß: Kleine Vögel mit des Herkules Pfeilen totschießen, wie solches Philoktet[16] bei der Belagerung von Troja tat und einen Adler mit einer Fliege hat kämpfen lassen. Es ist auch sehr wahrscheinlich, daß der Herr Graf seinen Zorn gegen die Astrologie nur deswegen ausgeschüttet hat, weil dieselbe, so ungereimt sie ist, durch das Beispiel der vornehmsten Leute damals in großes Ansehen gekommen war; denn das sind eben die Leute, die das Zukünftige so gern wissen wollen. Ihr Ehrgeiz erweckt in ihnen ein unersättliches Verlangen, zu erfahren, ob auch das Glück mit aller Hoheit, die sie sich wünschen, auf sie wartet, damit sie wenigstens nur dem Versprechen nach die Größe, nach der sie streben, besitzen möchten. Es ist auch zu vermuten, daß die Zeichendeuter damaliger Zeit nicht ohne Ursache gewartet haben, bis dieser gelehrte Gegner tot war, ehe sie sich mit ihrer Prophezeiung, daß er im zweiunddreißigsten Jahr sterben würde, sehen ließen, was die ganze Antwort war, welche sie sich rühmen, seinen Büchern entgegengesetzt zu haben. Denn man geht nicht allzu sicher, wenn man diejenigen vor der Zeit bedroht, die gegen die Astrologie schreiben. Es möchte einem sonst wie jenem Sterndeuter Chorin gehen, der alle Welt bereden wollte, es würde der Herr Gassendi, ein geschworener Feind der Astrologie, im Jahr 1650, Ende Juli oder Anfang August, mit dem Tode abgehen, und welcher alsdann zu seiner größten Beschimpfung sehen mußte, wie dieser von seiner Krankheit wieder befreit wurde, auf die sich allem Anschein nach die Prophezeiung wohl mehr als auf die Kraft der Gestirne gegründet haben mochte.[17]

18. Von dem Ansehen der Astrologie bei den alten Heiden

Doch es wird nicht ohne Nutzen sein, wenn ich zeige, wie die Astrologie, so handgreiflich auch ihr Betrug ist, sich dennoch eine Art der Herrschaft über die ganze Welt verschafft hat. Man kann aus verschiedenen Schriftstellen[18] beweisen, daß der babylonische Hof voller Wahrsager und Zeichendeuter gewesen ist, die ihre Prophezeiungen überall ausgebreitet haben und der ganzen Nation mit tausenderlei betrügerischen Hoffnungen geschmeichelt haben. Es waren deren auch in Ägypten eine große Menge. Sie hatten ebenfalls die Stadt Rom so eingenommen, daß ein ausdrückliches Verbot der Kaiser diesem Mißbrauch steuern mußte. Allein diesem Befehl, sie zu verbannen, wurde so schlecht nachgekommen, daß ein Geschichtsschreiber[19] anläßlich dieser Nachlässigkeit schreibt: *Man würde die Sterndeuter beständig fortjagen und sie doch auch beständig dabehalten.* Das ist zwar nicht so zu verstehen, als ob die Nichtigkeit ihrer Prophezeiungen ein hinlängliches Mittel gewesen wäre, ihnen ihr Ansehen zu erhalten, denn der einzige Kaiser Claudius, dem sie unaufhörlich mit der Todesstunde drohten, hat sie so oft zu Lügnern gestempelt, daß Seneca den Merkur einführt, als er die Parze bittet, sie möchte doch zugeben, daß die Wahrsager nur einmal wahr redeten.[20] Allein, was wollen Sie, mein Herr? Die Menschen lassen sich gern betrügen, daher vergessen sie gar bald, wenn der Sterndeuter schändlich gelogen hat, und erinnern sich nur derjenigen Gelegenheiten, da seine Wahrsagungen für richtig angesehen worden sind. Heinrich der Große hat dieses sehr wohl angemerkt. Es verging kein Jahr, kein Monat, da die Sterndeuter nicht mit der erschrecklichen Drohung seiner Todesstunde angelaufen kamen. Er sagte daher einmal: *Sie werden doch einmal wahr reden, und die Leute werden alsdann dieses letzte Mal,* da sie wahr prophezeit haben, besser behalten als die vielen Male, da ihr Vorhersagen falsch gewesen war.[21] Ebendiese Anmerkung machte jener bei den Delphischen Göttersprüchen. Diejenigen, welche die Wahrheit vorher verkündigt, kannte man auswendig und redete überall davon. Die aber das Gegenteil gesagt hatten, wurden vergessen, oder man verschwieg sie wenigstens, denn die Anhänger des Apollo erhoben bei jeder Gelegenheit die wenigen Göttersprüche, da er nicht betrogen hatte, und berührten nicht mit einem Worte die große Anzahl der falschen Prophezeiungen. Diejenigen aber, die sich aus den Orakeln nicht viel machten, nahmen sich nicht einmal die Mühe, weder von den falschen noch von den richtigen Weissagungen des Apollo zu sprechen, einige wenige ausgenommen, die etwa so gesinnt sein mochten wie ein berühmter griechischer Weltweiser mit Namen Oenomaus, dem die Antwort des Apollo etliche Male falsch berichtet hatte, so daß er endlich böse wurde und eine ganze Sammlung seiner Weissagungen zusammentrug, darin er ihre Torheit und Unrichtigkeit aller Welt vor Augen legtet.[22] Bei dieser Verfassung des menschlichen Gemütes ist es gar kein Wunder, daß sich die Sterndeuter doch noch gehalten haben, ob man gleich Befehl gegeben, sie aus dem Lande zu jagen, und sie sich noch dazu selber geschadet haben, da sie so oft Dinge vorhergesagt, die ihr Lebtag nicht eingetroffen. Darüber möchte man sich eher wundern, wie der menschliche Verstand die Torheit begehen kann, daß er sich von Leuten betrügen läßt, die sich täglich selber betrügen. Und darüber wunderte sich auch jener edle Römer[23], als er sah, daß Pompejus, Crassus und Cäsar ein ganz anderes Schicksal erlebten, als ihnen die Wahrsager prophezeit hatten. Wie so gar wenige denken doch an jenen ehrlichen Menschen, der sich bei der schönen Daphne bedankte, daß sie ihn von dem Aberglauben des Delphischen Orakels befreit, da er gesehen, wie glücklich sie alle die verliebten Unternehmungen eines Gottes zuschanden machte, der sich so sehr rühmte, zukünftige Dinge vorherzuwissen. Doch wir wollen diese moralischen Betrachtungen beiseite stellen und nur so viel sagen, daß das heidnische Altertum sich von den Sterndeutern ganz entsetzlich hat betrügen lassen.

19. Von dem Ansehen der Astrologie bei den heutigen Ungläubigen

Die Mohammedaner und heutigen Heiden sind in diesem Stück noch ärger. Der Herr Bernier versichert in seiner kuriosen Beschreibung der Länder des großen Mogols, daß die meisten in Asien von der Astrologie so viel Wesen machen, daß sie bei allen ihren Unternehmungen die Sterndeuter zu Rate ziehen. Wenn sich zwei Armeen schlagen sollen, so wird nicht eher angefangen, als bis der Sterndeuter den glücklichen Augenblick dazu bestimmt hat. Will man einen General erwählen, einen Abgesandten verschicken, eine Heirat schließen, eine Reise antreten oder die geringste Sache vornehmen, z.B. einen Sklaven kaufen oder ein neues Kleid anlegen, so kann das alles nicht eher geschehen, bis der Herr Sterngucker es haben will.

Die Reisebeschreibungen des Herrn Tavernier[24] berichten uns fast ein Gleiches von den Persern. Diese halten überhaupt die Sternseher für angesehene Leute. Man fragte sie um Rat, als wenn sie Orakel wären. Der König hat deren allemal drei bis vier bei sich, damit sie sagen können, welche Stunde gut oder böse sei. Man verkauft alle Jahre in Persien einen Kalender, der lauter Prophezeiungen von Krieg, Krankheiten und Teuerung enthält: Dabei findet man Anmerkungen über die Zeit, wann gut aderlassen, gut purgieren, gut reisen ist, wann man ein neues Kleid anziehen kann und dergleichen andere Dinge mehr. Dieser Kalender findet bei ihnen so viel Glauben, daß, wer einen haben kann, sich gänzlich danach zu richten pflegt. Man hat die Sache so weit getrieben, daß, als im Jahre 1667[25] der König von Persien, Schah Sophi – der andere dieses Namens –, seine Gesundheit nicht wiedererlangen konnte, sosehr sich auch seine Ärzte darum bemühten, man nicht anders glaubte, als daß die Sterndeuter daran schuld wären, weil sie vielleicht zur Krönung des Königs eine unglückliche Stunde erwählt hätten. Was war zu tun? Man mußte wieder von vorn anfangen. Die Ärzte und Sternseher kamen zusammen, man wurde wegen einer glücklicheren Stunde miteinander einig. Die Zeremonien der Krönung wurden noch einmal vorgenommen, und man befand es sogar für gut, des Königs Namen zu ändern. Die Ärzte spielten bei dieser Komödie die Hauptrolle. Sie fürchteten sich vor der Ungnade des Königs, in die schon einige aus ihrer Mitte gefallen waren. Daher bedachten die sich geschwind und rechtfertigten die Medizin auf Kosten der Astrologie, indem sie versicherten, die Krankheit des Königs und die Teuerung, die zu gleicher Zeit das Land drückte, seien eine Wirkung des Fehlers, den die Sternseher begangen hätten. Und das sagten sie nicht nur, sie wollten es auch beweisen. Sie verstünden das Zukünftige ebensogut, sagten sie, wie jene. Dem König und seinen Räten gefiel der Vorschlag. Der Befehl kam, die Ärzte und Sterndeuter sollten miteinander zu Rate gehen und eine glückliche Stunde bestimmen, daß man den König zum anderen Mal krönen könnte. Schade, daß Molière sich nicht auf diese Beratung der Ärzte und Sterndeuter über das allgemeine Beste eines Reiches besonnen! Was für Spöttereien würde er nicht angebracht haben, wenn er gesehen hätte, wie die Medizin die Astrologie um Hilfe anspricht! Allein in Persien ist das anders – da lacht man über solche Sachen nicht. Ein Kerl, der sich daselbst rühmt, von zukünftigen Dingen eine Erkenntnis zu haben, bekommt daselbst die Aufsicht über des Königs Verhalten. Eine Figur in der Punktierkunst war Ursache, daß der große Schah Abas[26], so verständig und herzhaft er auch sonst war, ganze drei Tage vor den Toren der Stadt Ispahan liegen blieb und es nicht wagen durfte, einen Fuß in die Stadt hineinzusetzen.

Die Nachrichten[27] von China besagen, daß alle Reichshändel daselbst nur nach astronomischen Rechnungen geschlossen werden. Der Kaiser tut nichts, wenn er nicht zuvor nach seiner Nativität gesehen. Man hat Leute da, die dazu bestellt sind, daß sie die ganze Nacht auf einem hohen Berg nach den Sternen gucken müssen, damit sie dem Kaiser von ihrer Bewegung und Bedeutung zuverlässige Nachricht geben können. Die Chinesen haben eine gewisse astrologische Regel, die sie sehr in Ehren halten: Man müsse nämlich nicht purgieren, wenn der Mond im Stier steht, denn da der Stier eins von den Tieren ist, die wiederkäuen, so stünde zu befürchten, das Purgieren möchte sich in ein Brechen verwandeln. Dies ist wohl der lächerlichste Einfall, den ein Mensch haben kann. Fürs erste hat das Zeichen des Stieres mit dem Tier, das wir so nennen, nicht mehr Verwandtschaft und Ähnlichkeit als mit einem Baum, so daß man also einem jeden Himmelszeichen ebensogut den Namen und die Figur eines Heiligen geben könnte, wie auch einige getan haben[28], wie die Benennung und Gestalt irgendeines anderen Dinges. Und fürs andere: Weiß man denn nicht, daß die Stelle des Stieres am Himmel verändert wurde und daß also, wenn wir sagen, die Sonne oder der Mond stehen im Stier, solches nicht soviel bedeutet, als stünden sie diesen Sternen des Firmaments, welche man den Stier nennt, gegenüber, sondern daß sie den Punkten des ersten Bewegungskreises entgegen stehen, welchen sie vor diesem gegenüberstanden.

Ebendiese Chinesen behaupten, daß diejenigen, welche bauen, sich vor dem vierten Grad des Skorpions in acht nehmen müßten, weil ein Haus, das unter diesem Aspekt aufgebaut wurde, voll von Skorpionen, Drachen und Ungeziefer werden würde. Auf solche Art sollte man fast glauben, daß sie ihren Häusern die Nativität stellen, wie ehemals Torrutius Firmanus der Stadt Rom die Nativität stellte. Cicero[29] mag sich hierüber aufhalten, wie er will, wenn der Himmel in die Geburtsstunde eines Menschen seinen Einfluß hat, so kann er ihn ja wohl auch in die Erbauung eines Palastes haben. In Japan bildet man sich ein, wenn ein Haus lange stehen und seine Einwohner gut Glück haben sollten, so sei daran viel gelegen, wenn gleich bei Anfang des Baues sich einige von ihnen das Leben selber nähmen. Die Tunesier[30] haben ein gewisses Götzenbild, dem sie häufig Opfer bringen, wenn sie ein Haus bauen wollen, und die Umstände, die sich bei einem anzufangenden Gebäude ereignen, haben nach den Sätzen dieser Leute einen starken Einfluß auf desselben Glück oder Unglück. Warum sollten also ihre Zeichendeuter nicht das Schicksal eines Hauses nach dessen Nativität und aus dem Gestirn, darunter desselben Grund gelegt worden, erraten können? Alle Völker in Ostindien sind fast ebenso stark von der Astrologie eingenommen wie die Chinesen.

20. Von dem Ansehen der Astrologie bei den Christen

Doch warum verirren wir uns in den Ländern der Ungläubigen, solcher Leute, die bei ihren unzähligen groben Irrtümern den unvernünftigen Tieren ziemlich nahekommen? Warum wollen wir erst in die Zeiten des alten Heidentums zurückgehen, wo es kein Wunder ist, daß die Astrologie geherrscht hat, weil der Aberglaube dazumal so stark war, daß man glaubte, das Eingeweide eines Kalbes könnte besser raten, wenn man eine Schlacht liefern müßte, als die Geschicklichkeit Hannibals, wie dieser große Feldherr[31] solches dem König Prusias sehr artig zu verweisen wußte. Man darf so weit nicht gehen, man kann dasjenige, was man sucht, näher finden. Wem ist es unbekannt, wie stark die Torheit des Nativitätstellens viele Jahrhunderte durch in dem ganzen Okzident mitten unter uns Christen überhandgenommen hat? Ist nicht Albert der Große, Bischof in Regensburg, der Kardinal d'Ailly, sind nicht noch andere so verwegen gewesen, daß sie dem Herrn Christo die Nativität gestellt und gesagt haben: Die Aspekte der Planeten hätten ihm all das Wunderbare vorher prophezeit, welches in seiner Person sich sehen lassen hat, das doch augenscheinlich falsch ist, weil die Kraft und die Wunder des Sohnes Gottes ganz und gar übernatürlich gewesen sind. Hat man nicht, nicht nur den falschen Religionen, sondern auch der christlichen Religion, die Nativität gestellt und von dem Schicksal einer jeden nach der Beschaffenheit des Planeten, darunter sie entstanden ist, geurteilt? Denn man hat jeder Religion einen Planeten zugeteilt. Die Sonne ist der christlichen Religion zugefallen, und daher ist bei uns der Sonntag ein sonderlich beliebter Tag, daher ist Rom eine Sonnenstadt und eine heilige Stadt, daher gehen die Kardinäle, die sich da aufhalten, rot gekleidet, weil das die Leibfarbe der Sonne ist. Sollten diejenigen, die dergleichen Dinge ungestraft haben sagen dürfen, nicht in solchen Zeiten gelebt haben, da die Astrologie ungemeinen Glauben gefunden hat? Wie viele christliche Fürsten könnte ich nicht anführen, die ihr ganzes Verhalten nach dem Gutdünken der Sterndeuter einzurichten pflegten. So einer war Matthias Corvinus[32], König in Ungarn, der nichts ohne ihre Einwilligung tat. Ein solcher war ferner Ludwig Sfortia[33], Herzog in Mailand, der keinen Handel eher anfing als zu der Zeit, da es ihm der Astrologus vorgeschrieben, dessen Befehlen er so genau nachlebte, daß ihn weder Regen noch Hagel, noch Kot, noch Sturm verhindern konnten, mit seiner ganzen Hofstatt zu Pferde zu steigen und an den Ort zu entfliehen, den der Sterndeuter ihm angewiesen hatte. Und dennoch geriet er dem Feind in die Hände, der ihn bis an sein Ende mit einem harten Gefängnis belegt hat. Ist diese Torheit eines christlichen Fürsten nicht ebenso groß wie jene, die der große Schah Abas begangen und die ich kurz vorher erzählt habe?

21. Von dem Ansehen der Astrologie in Frankreich

Was soll ich von unserem Vaterland sagen? Hat man nicht eine Zeit erlebt, da der Französische Hof selbst, der doch vermöge des Charakters, den die ganze Nation führt, gegen allerhand abergläubische Gebräuche von Natur verwahrt ist und folglich in dergleichen Irrtümer nicht so leicht verfallen kann wie andere Höfe, voller Sterndeuter gewesen, die man überall zu Rate gezogen hat und die, dem Vorgeben nach, alles das vorher verkündigt hatten, was geschehen war? Der Pater Martin del Rio[34], dieser so gelehrte und fromme Mann, versichert uns, er habe zu den Zeiten der Katharina von Medici gesehen, daß die Hofdamen nicht das geringste vorzunehmen gewagt, bevor sie die Sterndeuter, welche sie ihre Barons nannten, um Rat gefragt. Das Übel nahm so stark überhand, daß sowohl durch die Drohungen der Kirche als durch das Ansehen der weltlichen Obrigkeit der Verkauf der Kalender untersagt werden mußte, darin sich die Sterndeuter aller Freiheit bedienten, Sachen vorherzusagen, die sie nur für gut befanden. So verbietet wirklich das Provinzialkonzilium, so im Jahr 1583 in Bordeaux gehalten worden, dergleichen Kalender zu lesen, zu behalten und ihnen Glauben beizumessen.[35] Ein anderes, das im Jahr 1590 zu Toulouse gehalten worden, tut desgleichen und gebietet allen und jedem, die Bulle des Papstes Sixtus des fünften dieses Namens von 1586 genau zu beobachten, welche den ordentlichen Bischöfen und geistlichen Gerichtsbeamten das Recht gibt, alle diejenigen nach den Kirchenverordnungen zu bestrafen, welche sich unterfangen, zukünftige Dinge vorherzusagen. In den Generalständen von Orleans im Jahr 1560 und in den Generalständen von Blois im Jahr 1579 ward verordnet, daß man außerordentlich und mit Leibesstrafe wider die Urheber solcher Kalender verfahren sollte, anbei wurde bei Strafe des Gefängnisses oder einer willkürlichen Strafe verboten, diese Kalender zu drucken oder in Buchläden zu führen.

Allein demungeachtet fiel das Ansehen der Sterndeuter doch nicht: denn es ist ganz gewiß, daß der Hof Heinrichs IV. voller Prophezeiungen gewesen. Nicht nur das Frauenzimmer forschte aus natürlicher Leichtgläubigkeit und Neugierigkeit nach ihrem Schicksale, auch wackere Mannespersonen taten dies; darunter man den Marschall von Biron mit Recht zählen kann, welchen der König, da er ihn als Abgesandten nach London schickte, *das beste Werkzeug seiner Siege* nannte und der auch in der Tat ein sehr beherzter und dabei gelehrter Herr war. Heinrich IV. selber, ob man ihn gleich den großen Heinrich nannte, sah doch den Betrug dieser Kunst nicht allemal so gut ein, wie er es auf die letzte getan. Ich habe in den Nachrichten des Herrn de Sully gelesen, da die Königin mit einem jungen Prinzen niedergekommen, der unter dem Namen Ludwigs des Gerechten so rühmlich regiert hat, so habe Heinrich der Große seinem Leibarzte, mit Namen La Rivière, der ein guter Nativitätsteller sein sollte, Befehl gegeben, er sollte dem neugebornen Prinzen die Nativität stellen. Dieser habe sich zwar geweigert, aber endlich es doch tun müssen. Als er aber dem König von seiner Arbeit nicht Rechenschaft geben wollte, so befahl ihm dieser schlechterdings und bei Strafe der Ungnade, alles zu sagen, was er gefunden hätte. Und so tat er es dann. Nach und nach hat unsere Nation diese Torheit abgelegt, entweder weil wir so gern den Wechsel lieben oder weil die Weltweisheit, die man in diesem Jahrhundert so stark getrieben, die Vernunft bei uns stark gemacht, nachdem alle anderen Wissenschaften, die man seit Franz' I. Regierung mit so vielem Ruhm getrieben, dieselbe kaum von dem Joch der Vorurteile befreit hatten. Und das muß man auch einer gesunden und gründlichen Philosophie zugestehen, daß sie allein geschickt ist, die Ungeheuer pöbelhafter Irrtümer wie ein anderer Herkules zu verbannen. Sie allein ist vermögend, den Kopf aufzuräumen.

22. Daß durch das allgemeine Vorurteil von der Astrologie das Ansehen fallen muß, welches sich nur auf die Menge der Anhänger gründet

Scheint es Ihnen nicht, mein Herr, daß dieses hier eine sehr unnötige Abschweifung gewesen? Allein, übereilen Sie sich nicht. Sie werden bald sehen, daß sie zu meinem Zweck dient. Meine Hauptabsicht ist, das Ansehen zu schwächen, welches keinen andern Grund hat als die Menge der Anhänger. Diese zu erreichen, kann ich nicht besser verfahren, als wenn ich zeige, wie die Astrologie, da sie nicht die allergeringste Wahrscheinlichkeit zum Grunde hat, dennoch den größten Teil der Welt zu allen Zeiten hat einnehmen können. Wenn ich alsdann die Sache auf der andern Seite betrachte und mit Wahrheit sagen kann, obgleich eine ungeheure Menge Anhänger für die Astrologie streitet, sei dennoch der Beifall, den man ihren Prophezeiungen gibt, schlechterdings unbegründet und lächerlich; so muß es auch recht sein, wenn ich behaupte: daß die Wahrsagungen, die man auf die Erscheinung der Kometen gründet, schlechterdings nichtig sind, so groß auch die Anzahl derer ist, die dieselben glauben; weil alle diese Prophezeiungen keinen andern Grund als die betrüglichen Lehrsätze der Astrologie haben.

Sollten Sie mich also gleich beschuldigen, daß ich allzusehr abschweifte, so kann ich mich gar leicht verantworten. Sie wissen, daß bei vielen allgemeinen Irrtümern ein jeder das Recht hat, von andern zu fordern, daß man ihm Gehör gebe, wenn er allein für seine Meinung spricht; doch so, daß auch diejenigen, so ihn hören, das Recht behalten, sich bestens zu verteidigen: nicht zwar kraft der Verjährung oder durch das Vorurteil der meisten Anhänger, sondern durch eine gründliche Untersuchung der Wahrheit. Ich nehme, wie Sie denken können und wie Sie wirklich denken würden, wenn ich es gleich nicht sagte, ich nehme, sage ich. Glaubenssachen aus. Ändern Sachen, so alt sie auch sind und so groß die Anzahl ihrer Anhänger sein mag, kann man zwar, wenn man noch gnädig mit ihnen verfahren will, darin einigen Vorzug lassen, allein im übrigen sind sie einander durchgängig gleich. Müßte man also gleich ein Vorurteil behalten, so würde ich es einer einzelnen Person weniger verdenken als einer großen Menge; denn da die natürlichen Wahrheiten nicht so geschickt sind, die Leidenschaften zu reizen und zu kitzeln, noch auch die Menschen durch verschiedene Vorteile zur Unterhaltung der Gesellschaft so leicht bewegen können wie gewisse falsche Meinungen, so ist es allemal wahrscheinlicher, daß die Meinungen, die sich in die Gemüter der Menschen eingeschlichen, falsch sind, als daß sie wahr sein sollten. Doch wir wollen davon an einem andern Ort weitläufiger handeln. Unterdessen wollen wir ein wenig ausruhen.

A..., den 3. April 1681

23. Vierter Grund: Wenn es auch wahr wäre, daß allemal auf die Erscheinung der Kometen viel Unglück erfolgt sei, so kann man doch nicht sagen, daß dieselben ein Zeichen oder eine Ursache davon gewesen

Ich komme nun wieder zur Sache und sage viertens: Wenn es auch wahr wäre, daß allemal auf die Erscheinung der Kometen unzählige Unglücksfälle erfolgt sind, so kann doch der Grund davon nirgends anders als einzig und allein in der Beschaffenheit irdischer Dinge zu finden sein, vermöge welcher alle Sachen in der Welt unzähligen Veränderungen unter worfen sind. Man könnte daher mit gleichem Recht von allen nur beliebigen Dingen, z.B. von der Vermählung eines Königs oder Geburt eines Prinzen, behaupten, daß sie einen solchen Einfluß hätten, weil es ganz gewiß ist, daß niemals eine königliche Vermählung geschlossen oder ein Prinz geboren wurde, da sich nicht irgendwo in der Welt unglückliche Begebenheiten sollten ereignet haben. Mit einem Wort: Es ist ebenso wahrscheinlich, wenn man den ordentlichen Lauf der Welt voraussetzt, daß in einem Jahr, welches man nur will, große Drangsale in der Welt, wenn nicht an diesem, so doch an einem andern Ort erfolgen werden; wie es wahrscheinlich ist, daß ein Bürger von Paris, er mag den Tag über zum Fenster auf die St.-Michaelis-Brücke heraussehen, wann er will, Leute auf der Gasse vorbeigehen sehen wird. Indessen hat das Heraussehen dieses Bürgers nicht den geringsten Einfluß auf die Vorbeigehenden, und ein jeder von ihnen würde ebensowohl vorbeigegangen sein, wenngleich der Bürger nicht zum Fenster hinausgeschaut hätte. Folglich hat auch der Komet keinen Einfluß auf die Begebenheiten der Welt, und sie würden erfolgt sein, wie sie wirklich erfolgt sind, wenngleich kein Komet am Himmel gestanden hätte.

Man muß sich wundern, wenn man bedenkt, daß ein Lehrsatz, der die allgemeine Ruhe so sehr gestört hat, keinen andern Grund gehabt als diesen: *post hoc, ergo propter hoc – das ist vorhergegangen, folglich bat dies folgen müssen*, dessen Unrichtigkeit man doch schon auf Schulen hat einsehen lernen; und daß unter der großen Anzahl gelehrter Leute so gar wenige gefunden werden, welche wahrgenommen, daß man hierin gegen die ersten Gründe der Vernunft verstößt. Es ist ferner zu bewundern, wie die Menschen, die das Zukünftige sonst so heftig fürchten, eine so beunruhigende Meinung haben annehmen können, ohne vorher zu untersuchen, ob sie in der Vernunft verankert wäre oder nicht. Doch alle diese Gründe der Verwunderung sind bei denjenigen nicht lange stichhaltig, welche das menschliche Herz kennengelernt haben und denen es schon bekannt ist, daß dasselbe durchgängig gewohnt ist, von allen Dingen nach dem ersten Eindruck der Sinne und Leidenschaften zu urteilen, ohne eine Untersuchung zu erwarten, die zwar richtig, aber dabei etwas beschwerlich sein würde. Leute, die studiert haben, sollten andern als Lichter vorangehen, so aber folgen sie lieber dem ganzen Haufen, als daß sie sich bemühen würden, denselben auf die Bahn wahrer Gelehrter zu lenken.

24. Fünfter Grund: Es ist falsch, daß nach der Erscheinung der Kometen mehr Unglück als sonst erfolgt ist

Über alles dieses lassen sich noch verschiedene Sachen erweisen. Fürs erste ist es ausgemacht: Wenn man alles zusammenrechnen wollte, was entweder in der ganzen Welt oder in einem ihrer größten Teile vorgefallen, so würde ebensoviel Unglück herauskommen, das sich entweder bei oder gleich nach dem Erscheinen der Kometen zugetragen, wie in den übrigen Jahren, da kein Komet vorhergegangen oder gesehen worden ist. Fürs andere sind die Jahre, für die der Einfluß der Kometen ein Gift gewesen sein soll, ebenso merkwürdig wegen großer Glücksfälle an einigen Orten der Welt wie alle anderen Zeiten. Drittens sind nicht die traurigsten Begebenheiten und die schrecklichsten Zufälle, sondern die glücklichsten Zeiten eine Folge der Kometen gewesen. Kurz von der Sache zu reden : Man kann erweisen, daß, wenn man die allgemeine Geschichte der Welt sich vornimmt und all das Böse und Gute mit Fleiß überrechnet, das die ganze Welt in fünfzehn oder zwanzig Jahren empfunden; so wird man, eines zu dem andern gerechnet, befinden, daß dieses demjenigen Glück und Unglück ziemlich nahekommt, welches die ganze Welt in einer andern Frist von fünfzehn oder zwanzig Jahren empfunden. Daraus kann man sehen, daß die Jahre, die auf das Erscheinen der Kometen folgen, vor andern nichts voraushaben und daß man also sehr unbillig handelt, wenn man von der Erfahrung so viel Aufhebens macht.

25. Ob es glückliche oder unglückliche Tage gibt

Gleiche Bewandtnis hat es auch mit denen, die mit Gewalt behaupten: gewisse Zeiten schickten sich zu wichtigen Begebenheiten mehr als andere. Bodin, dieser verständige und ungemein belesene Mann, der bei aller seiner Geringschätzung der Religion in verschiedenen Dingen so viel abergläubisches Wesen hat blicken lassen, hat sich unter anderm aus diesem Grund Mühe gegeben und uns eine große Sammlung[36] verschiedener Reichsveränderungen, die alle im Monat September vorgefallen, zusammengetragen. Mit einem einzigen Wort kann man ihn und alle diejenigen abfertigen, welche bei solchen Bemühungen die Zeit verschwenden, da sie z.B. alles dasjenige sammeln, was in den Stufenjahren der Reiche oder unter dem einundzwanzigsten, neunundvierzigsten, dreiundsechzigsten König einer Monarchie, unter dem siebenten oder neunten König eines gewissen Namens sich zugetragen. Wenn sie nämlich andere Jahreszeiten, andere Reiche, andere Reichsperioden mit gleicher Sorgfalt durchgehen wollten, so würden sie durchgehend ähnliche Veränderungen antreffen. Ihr Vorurteil aber müßten sie fahrenlassen, wenigstens so lange, als sie mit dieser Untersuchung zubrächten; denn ihre vorgefaßte Meinung ist Ursache, daß sie sich betrügen. Bevor sie noch die Historie zu Rate ziehen, stehen sie schon in der Einbildung, daß gewisse Monate und gewisse Zahlen zu wichtigen Begebenheiten bequemer sind als andere. Wenn sie also die Geschichte untersuchen, so geschieht es nicht sowohl deswegen, damit sie sähen, ob ihre Einbildung wahr sei, sondern nur, damit sie finden möchten, daß sie wahr sei; und man kann nicht beschreiben, wie das die Sinne und den Verstand betrügt.

Es folgt wirklich daraus, daß man die Sachen, die man gerne finden möchte, leichter bemerkt als andere und die Beschaffenheit der Begebenheiten nach seiner vorgefaßten Meinung entweder vergrößert oder vermindert. Das einzige, was man bei Bestand der Wahrheit, im Hinblick auf die Monate, die Tage, die Jahre und Zahlen sagen kann, ist dieses: Daß Gott zu den Begebenheiten, welche zur Bestrafung der Völker dienen sollen, dadurch er Länder entweder gründen oder stürzen will, nicht diese oder jene Jahre usf. viel mehr als alle anderen bequem gefunden hat. Ein solches Verfahren würde die Größe Gottes verkleinern und kann derselben von niemand andern zugeschrieben werden als von jenen abergläubischen Geistern, die seine Vorsorge an tausend solche nichtswürdige Kleinigkeiten binden. Die Schrift und die Väter der ersten Kirchen eifern an verschiedenen Stellen gegen diesen Mißbrauch, und es ist falsch, daß die Historie solchen bestätige.

26. Die Meinung der Heiden von glücklichen oder unglücklichen Tagen

Ich leugne nicht, daß die Heiden nicht sollten geglaubt haben, es gäbe Monate und Tage, die etwas Unglückliches mit sich führten; solche z.B., da das Reich eine wichtige Schlacht verloren. Ich gebe auch zu, daß dieselben aus diesem Grunde sich sehr in acht genommen, etwas in diesen Monaten oder Tagen zu unternehmen. Der 24. Februar in den Schaltjahren wurde für so unglücklich gehalten, daß Valentinian[37], als er war zum Kaiser erwählt worden, es nicht wagen wollte, sich öffentlich sehen zu lassen, aus Furcht, das Unglück dieses Tages möchte ihn treffen, es mochte nun entweder aus Aberglauben geschehen, den er in diesem Stück noch hegte, so ein guter Christ er sonst war, oder aus politischer Absicht, weil er etwa nicht haben wollte, daß man ihn für unglücklich ansehen sollte. Ich weiß auch, daß es Tage gegeben hat, da gewisse Generäle beständig Glück gehabt haben. Timoleon gewann alle seine wichtigsten Schlachten an seinem Geburtstag.[38] Solimann gewann die Schlacht bei Mohatz, eroberte Belgrad und auch, wie einige wollen, die Insel Rhodes und die Festung Ofen am 29. des Augustmonats.[39] Allein ich bin auch sicher, daß dergleichen Gründe nicht beweisen, daß Gott sein Gedeihen an einen gewissen Tag mehr als an einen andern gebunden habe.

27. Widerlegung der Meinung bei den Heiden

Denn fürs erste findet man, daß einerlei Tag für ebendasselbe Volk glücklich und unglücklich gewesen. Ventidius schlug an der Spitze einer römischen Armee die Parther und erlegte ihren jungen König Pacorus, der sie anführte, an ebendemselben Tag, da Crassus, der Römer General, erschlagen wurde und seine ganze Armee von den Parthern in Stücke zerhauen wurde. Lukullus[40], als er den König in Armenien Tigranes angriff und sich an die nichtigen Einwände seiner Offiziere nicht kehrte, da sie ihm vorstellten, er müßte an einem solchen Tag nicht schlagen, der, seit der gänzlichen Niederlage, die die Truppen der Republik von den Cimbrern erlitten, unter die unglücklichen Tage von den Römern wäre gesetzt worden; Lukullus, sage ich, verlachte diesen Aberglauben, gewann eine der merkwürdigsten Schlachten, die man in der römischen Historie findet, und änderte das Schicksal dieses Tages, wie er es denen zu tun versprochen hatte, die ihm sein Unternehmen auszureden suchten. Jedermann weiß es, daß der Tag, den Valentinian für unglücklich ansah, ebenderselbe gewesen, da Karl der Fünfte, auch ein römischer Kaiser, das größte Glück zu haben verhoffte.

Fürs andere weiß man, daß erwünschte Begebenheiten einiger Prinzen an gewissen Tagen nicht schlechterdings eine Wirkung ihres Glückes gewesen, welches sich ihnen zu einer Zeit günstiger als zu einer andern hätte erzeigen wollen. Sie erfolgten vielmehr daher, weil man gewisse Tage zu den wichtigsten Unternehmungen sich mit Fleiß ausersehen hatte. So erwählte Timoleon zu einem beherzten Angriff der Feinde seinen Geburtstag, in Meinung, dieser würde ihm vor allen andern Glück bringen. Seinen Soldaten führte er diesen Tag zu Gemüte und schmeichelte ihnen mit der Hoffnung des Sieges. Diese gingen alsdann mit vollem Vertrauen auf des Timoleons Glück tapferer als sonst auf den Feind los. Er selbst tat sein möglichstes, das Glück seines Geburtstages zu bestätigen, weil er voraussah, wieviel Vorteil er daraus ins künftig ziehen könnte. Man darf sich also gar nicht wundern, daß er an diesem Tag glücklich gewesen und daß seine Soldaten, die alle glaubten, sie stritten an einem Glückstag Timoleons, mit solcher Furie und mit so großem Vertrauen auf den Feind losgegangen sind. Denn wo dieses beides beisammen ist, da ist der Sieg nicht weit. Hierzu kommt noch die Bestürzung der Feinde, wenn sie glauben, der Anführer von der feindlichen Partei tue den Angriff zu einer glücklichen Stunde. Es erhellt aus der Historie Solimanns, daß er wegen des Vertrauens, welches er seinen Völkern von dem 29. August beigebracht, diesen Tag allemal entweder zu einem Hauptsturm oder zu einer Schlacht erwählt hat und daß er zu der Zeit alles Nötige mit größerer Sorgfalt als sonst zum Siegen veranstaltet, damit er die gute Meinung von diesem Tage immer mehr und mehr bekräftigen und sich derselben bei Gelegenheit ferner bedienen könnte. Es ist daher kein Wunder, wenn er den 29. August so ungemeines Glück gehabt hat.

28. Woher es kommt, daß man an gewissen besonderen Tagen Schlachten gewinnt

Mit einem Wort: Die glücklichen oder unglücklichen Begebenheiten einer Nation, die an gewissen Tagen sich ereignen, sind gar nicht an diese Tage vermöge ihrer Natur gebunden, so daß unsere Wahl dazu nichts beizutragen vermöchte, sondern sie haben ihren Grund in den Leidenschaften, die durch den Umstand der Zeit in der menschlichen Seele rege werden, und in der Geschicklichkeit, eine solche Zeit zu wählen, die zur Erregung der Affekte am bequemsten ist. So bedient sich ein General des Umstandes der Zeit und des Orts, seine Völker anzufrischen. Er stellt ihnen vor: An ebendiesem Tag und auf ebendiesem Platz wären sonst schon die Feinde in die Flucht geschlagen worden; man müsse also die Ehre der Nation noch ferner behaupten. Und unterdessen ermahnt der feindliche General seine Soldaten, sie sollten doch den Schimpf dieses Tages vertilgen und ihre erschlagenen Mitbürger, deren Gebeine sie noch überall sehen könnten, mutig rächen. Auf diese Art geschieht es, daß man seine Feinde an einerlei Tag drei- oder viermal schlägt oder daß man wechselweise an einerlei Tag entweder siegt oder geschlagen wird. Alles dieses kommt nächst Gott auf die

Geschicklichkeit der Men schen an, nachdem diese ihre Zeit zu Erregung oder Dämpfung der Affekte gut abzupassen wissen. Da nun die Geburt eines Prinzen, ein Sieg und andere dergleichen Dinge, die Gelegenheit geben, daß man einen Tag für glücklich hält, ohne allen Unterschied in einen beliebigen Tag des Jahres einzufallen pflegen, so muß man zugestehen, daß es keine Tage oder Monate gibt, die zum Glück oder Unglück bestimmt oder versehen sind. Und sollte das gleich nicht bei allen Tagen eintreffen, weil einige darunter die Affekte der Menschen ganz besonders rege machen können, so wird man mir doch wenigstens zugeben, daß diejenigen Jahre, die auf die Erscheinung der Kometen folgen, nicht insbesondere zur Bestrafung der Laster versehen sind, weil man es aus der Erfahrung nicht beweisen kann.

29. Was man denen antworten muß, die die Vorbedeutungen der Kometen mit Exempeln bestätigen

Es ist wahr, die Unerfahrensten in der Historie führen eine Menge von Unordnungen an, die alle nach dem Erscheinen der Kometen erfolgt sein sollen, ohne an das geringste Glück zu denken, das sich damals auch mit zugetragen hat. Sie führen z.B. eine lange Reihe von Kriegen an, die alle Europa sei 1618 bis auf den Münsterischen Friedensschluß beunruhigt haben, und machen sich kein Bedenken daraus, diese Menge von Übeln dem Kometen, der im Jahr 1618 erschienen, aufzubürden, ohne an sonst etwas als an dieses Übel zu denken. Allein, auf solche Art vergrößern sie die Wirksamkeit der Kometen und treiben dieselbe über ihre Grenzen. Fürs andere nennen sie dasjenige ein Übel, was dem besten Teil der Christenheit ein großes Glück zuwege gebracht hat, da er sich nämlich seiner Freiheit dadurch versichert hat, die in Gefahr stand, verlorenzugehen. Und wer sieht endlich nicht, wenn man einmal solche Geschichtenerzähler anhören wollte, so würde man allen abergläubischen und altväterischen Erzählungen recht geben müssen. Denn wo ist wohl ein alt Weib anzutreffen, welches nicht mit tausend verdrießlichen Umständen zu erzählen wüßte, wie zwanzig oder dreißig Personen von ihren Verwandten oder Freunden binnen Jahr und Tag verstorben sind, weil ihrer dreizehn beisammen zu Gast gewesen, und wieviel Verdruß sie beständig gehabt hätte, sooft ihr Salzfaß umgefallen, ohne daß sie ein einziges Mal etwas ihres Vergnügens oder Glücks gedenkt.

30. Daß gewisse Namen nichts Unglückliches mit sich führen

Meine Anmerkung gegen diejenigen, die sich einbilden, daß das Glück gewisse Tage sich zugeeignet habe, bringt mich auf einen Betrug, welcher dem vorigen sehr gleichkommt. Man denkt nämlich, und das fast durchgängig, daß es Namen gibt, die nichts Gutes versprechen. So sagt man, daß der Name Heinrich den Königen in Frankreich gefährlich sei. Man müsse daher dieselben nicht damit belegen, weil sie sonst mit den drei letzten Heinrichen, die alle ein schreckliches Ende genommen, ein gleiches Schicksal haben würden. Man hat mir erzählt, daß dem Bruder des Königs geraten worden, er sollte seine Söhne nicht mehr den Titel *Duc de Valois* führen lassen, weil ihm einige dieses Namens gestorben wären, welches, wie man sagte, ein Beweis eines üblen Einflusses wäre, den dieser Name hätte, dem man also steuern müßte. Man glaubt sogar, daß es Namen gibt, die in moralischen Dingen was nach sich ziehen. Ich habe hiervon bei dem Brantôme[41] gelesen, daß der Kaiser Severus sich über das üble Aufführen seiner Gemahlin mit ihrem Namen Julia getröstet, weil er geglaubt, daß schon von alters her alle diejenigen Weibspersonen, die diesen Namen geführt, zu den liederlichsten Ausschweifungen geneigt gewesen. Ebendieser Autor setzt hinzu: Er kenne viele Damen, die gewisse Namen führten, welche er aber aus Hochachtung für die christliche Religion nicht sagen will, und die gemeiniglich zu dergleichen Ausschweifungen geneigter wären als andere, die nicht so hießen, und es sei fast nicht eine einzige davon ausgeschlossen gewesen. Ich mag seine eigenen Worte nicht anführen, denn sie sind allzu frei und allzu verwegen und zeugen von einem Menschen, der in solchen Händeln nicht unerfahren gewesen und der so redete, wie er schrieb. So viel will ich nur sagen, daß es mir wunderlich vorkommt, daß ein Mann wie er hat glauben können, daß die Namen bei der Sache, davon er redet, etwas tun könnten.

Vermutlich mochte er in gewissen Gesellschaften mit solchen Frauenspersonen Bekanntschaft gehabt haben, darunter die meisten einen gewissen Namen führten. Wäre er in eine andere Gesellschaft geraten, da die meisten einen andern Namen gehabt hätten, so würde er mit seiner Anmerkung unfehlbar auf diesen Namen gefallen sein. Dies ist das einzige Wahrscheinliche, was sich anläßlich dieser Anmerkung des Brantôme sagen läßt und dadurch man seine Aufrichtigkeit zu gleicher Zeit retten kann. Im übrigen kann nichts abgeschmackter sein, als wenn man sich einbildet, weil derjenige, der ein Kind tauft, die Zunge auf eine gewisse Art bewegt, daß man vielmehr dieses als ein anderes Wort hört; so müsse sich daher dieses Kind im fünfzehnten oder sechzehnten Jahr zu unkeuschen Sachen verleiten lassen, da es sonst nicht möglich gewesen wäre, wenn nur an seinem Tauftag ein ander Wort wäre ausgesprochen worden. Und dennoch läuft endlich alles auf ebendiese Ungereimtheit hinaus, wenn man behaupten will, daß gewisse Namen Unglück mit sich führen. Ein Schiffbruch, der einen Kaufmann um das Seinige bringt, eine Verschwörung, dadurch ein Monarch um sein Leben kommt, soll daher kommen, weil ein Priester lange Zeit vorher bei der Taufe ein Wort statt eines anderen ausgesprochen hat. Wenn Ludwig XIII. in der Taufe den Namen Heinrich wie sein Vater bekommen hätte, so würde er unfehlbar bei der Belagerung einer rebellischen Stadt von einer Flintenkugel geblieben sein, die nur dieser Ursache halber von ihrer Richtungslinie würde abgewichen sein; denn dieser Fürst war ein allzu guter Katholik, als daß er nach Art seiner Vorfahren hätte sterben sollen. Nur sein Name Heinrich würde Ursache gewesen sein, daß er eines gewaltsamen Todes würde haben sterben müssen. Wie elend sind doch diese Schlüsse!

31. Großer Aberglaube der Heiden in Ansehung der Namen

Ich wollte wünschen, daß man auf gleichen Schlag von dem ganzen Aberglauben des Heidentums in Ansehung der Namen urteilte. Wenn in Rom Soldaten angeworben wurden, so war das die vornehmste Sorge, daß derjenige, der sich zuerst angäbe, auch einen Namen hätte, der was Gutes prophezeie. Wenn die Zensoren eine Bürgermusterung vornahmen, so nannten sie allemal denjenigen zuerst, der einen glücklichen Namen hatte, z.B. Salvius[42], Valerius usf. Bei öffentlichen Opfern mußten diejenigen, die das Opfervieh führten[43], einen von diesen Namen haben. Wurden öffentliche Landgüter jemandem gerichtlich zugeschrieben, so fing man vom Lukriner See an, und das alles *boni ominis ergo*, gut Glück zu haben. Kann man sich auch was Abgeschmackteres einbilden, als daß es Leute gegeben, die sich deswegen etwas Gutes oder Böses versprechen können, weil eine obrigkeitliche Person Valerius statt Furius gesprochen hat? Apuleius hat wohl Ursache, diejenigen auszulachen, die ihn der Hexerei beschuldigen, weil er Fische einkaufen ließ, die jene deswegen zu Liebeszaubereien fähig hielten, weil ihr Name mit der Benennung der Schamglieder viel Ähnlichkeit hätte. Ihr einfältigen Leute, spricht er zu ihnen, seht ihr denn nicht, wenn euer Vorgeben stichhaltig wäre, so müßten ja Kieselsteine gegen Steinschmerzen helfen und Krebse ein bewährtes Mittel gegen den Krebs sein.[44]

Daraus kann man erkennen, wie entsetzlich weit der heidnische Aberglaube in Ansehung der Namen sich erstreckt hat. Er war so stark eingerissen, daß Festus berichtet[45], es hätten die römischen Frauen, wenn sie schwanger gegangen, der Göttin Egeria Opfer gebracht, aus keiner andern Ursache, als weil der Name Egeria mit dem Worte gebären in ihrer Sprache eine große Verwandtschaft hätte. Aus ähnlichen Gründen hat man in dem Christentum, um gewisse Dinge zu erlangen, viel mehr zu diesem Heiligen als zu einem anderen seine Zuflucht genommen. So ist z.B. kein Zweifel, daß Weiber mit einer bösen Brust sich unter den Schutz des heiligen

Mammarks viel mehr als eines andern begeben, bloß deswegen, weil jener diesen Namen geführt. Man kann ferner gewiß glauben, daß ebendieses die Ursache ist, wenn Leute mit bösen Augen, Glaser und Laternenmacher, den heiligen Clarus, Leute, die nicht gut hören, den heiligen Ouyn, andere, die das Podagra haben, den heiligen Genou, noch andere, die die Krätze haben, den heiligen Aignan, und endlich diejenigen, die in Ketten und Banden liegen, den heiligen Lienard[46] usf. zum Schutzpatron erwählen.

Steht gleich diese Anmerkung in der Schutzschrift für den Herodotus[47], in einem Buch, das viel Nachteiliges für die römische Kirche enthält, so ist doch in der Tatwahr, wie solches *Monsieur de la Mothe le Vayer* in seinem *Hexameron rustique*[48] und *Monsieur Ménage* in seinen *Origines de la langue*[49] *françoise* erkannt haben. Diese beiden so gelehrten wie für heilige Sachen ehrerbietigen Männer verwerfen, indem sie dieses für wahr annehmen, die Anrufung der Heiligen nicht; denn in der Tat, wenn der heilige Clarus nicht mehr Geschicklichkeit besitzt als ein anderer, böse Augen gut zu machen, so hat er doch auch nicht weniger Vermögen dazu als ein anderer. Folglich ist es gleich, man mag sich zu ihm oder zu einem andern wenden. Sie haben nur so viel sagen wollen: Der geringste Umstand sei imstande, das gemeine Volk dahin zu bringen, daß es eine Wahl trifft, und die Ähnlichkeit der Namen sei schon ein starker Beweggrund für dasselbe. Ich trage also kein Bedenken, Ihnen, mein Herr, im Vertrauen zu sagen, daß es der allerniederträchtigste und dümmste Aberglaube sein würde, wenn man sich einbilden wollte, weil der heilige Clarus Clarus hieße, so müsse ihn Gott vor allen andern mit der Kraft, böse Augen zu heilen, begabt haben. Und wenn daher unsere Leute auf einen Heiligen seines Namens halber mehr Vertrauen setzen als auf einen andern, so begehen sie darin eine Torheit, die ganz erschrecklich ist. Denn das muß man für gewiß annehmen, daß die Namen an sich keine Kraft haben.

32. In welchem Sinne ein Name dem andern vorzuziehen ist

Ich bin es indessen ganz wohl zufrieden, daß man gewissen Namen zuweilen einen Vorzug läßt. Man weiß ja, wie die Menschen sind. Es gibt Namen, an die sich mancher vornehme Herr so sehr stoßen kann, daß er diejenigen, die dieselben führen, nicht in seine Dienste annehmen wird. So liest man in der spanischen Historie, daß einstmals Abgesandte eines unserer Könige an den Hof *Alphonsi IX.* in der Absicht gekommen, eine Vermählung zwischen einer von seinen beiden Prinzessinnen und ihrem Herrn zu stiften, welche die Häßlichste, die aber *Blanche* geheißen hat, mitgenommen, und die Schönste zurückgelassen haben, bloß weil ihr Name *Urraca* ihnen anstößig vorgekommen. So darf man sich's auch nicht wundern lassen, daß die Gesetze[50] einem Erben die Freiheit lassen, den Namen zu verwerfen, den ihm der Verfertiger des

Testaments zu führen auferlegt hat, wenn solches ein lächerlicher oder schimpflicher Name ist, denn die Bedienung ist allzu beschwerlich, wenn man sich erinnert, wie es in der Welt zu ergehen pflegt. Ich gestehe sogar, daß es Namen geben kann, die bei gewissen Umständen zu den größten Begebenheiten etwas beitragen; entweder weil sie in der Seele derjenigen, die dieselben führen, gewisse Betrachtungen und Bewegungen erwecken oder weil der Aberglaube dieselben als etwas Bedeutendes ausgibt, und die Furcht oder Hoffnung, die sich alsdann in der Armee beim Erblicken desjenigen, was man als eine Vorbedeutung annimmt, ausbreitet, oft genug den herrlichsten Sieg zuwege bringt. Ich kann es daher gar wohl geschehen lassen, wenn man sich schöne Namen, dabei man sich seiner Schuldigkeit fein oft erinnern kann, ausliest, und ich bin mit der Milantia, jener Frau des Kanonisten Johann Andreas[51], völlig eines Sinnes, die ihrem Mann, als er sie hierüber befragte, zur Antwort gab: *Wenn es Gewohnheit wäre, daß man die Namen handelte, so würden die Eltern verbunden sein, ihren Kindern die allerschönsten einzukaufen.* Nur das werde ich nimmermehr zugeben daß man schuldig sei, mit gewissen Namen eine Art der natürlichen Notwendigkeit, in Ansehung der Sitten oder in Ansehung des Glückes, zu verknüpfen. Wie es falsch ist, daß die Vorsorge des Himmels mehr Belieben trage, sich im September statt im Oktober, den ersten Jänner statt den ersten März zu erkennen zu geben, so ist es auch falsch, daß Tugend und Laster, daß Glück und Unglück sich an besondere und privilegierte Namen binden lassen. Es gibt Helenen und Lukretien, die tugendhaft sind, es gibt aber auch deren, die es nicht sind. Man findet glückliche und unglückliche Könige unter allerhand Namen, und wenn zuweilen ein Name etwas nach sich zieht, so ist der Grund davon einzig und allein in unserm Versehen oder Unverstand und in der Geschicklichkeit zu suchen, womit wir ihn uns zunutze zu machen wissen. Demungeachtet, so geschickt auch der geringste Mensch ist, dem Aberglauben, in Ansehung der Namen, unauflösliche Einwürfe zu machen, so ist es doch fast unglaublich, wie viele Arten, künftige Dinge zu erraten, man auf diesen elenden Grund gebaut hat. Daraus kann man sehen, daß bei den Vorbedeutungen, sowohl der Kometen wie aller andern Dinge, der allgemeine Wahn der Völker soviel wie nichts gilt.

33. Wie stark der fünfte Grund gegen die Vorbedeutung der Kometen streitet

Doch wir wollen wichtigere Betrachtungen uns vornehmen. Sie belieben, mein Herr, diesen fünften Grund zu erwägen. Man hat entweder gar keine bündigen Gründe oder dieser ist es. Es wird nicht mehr gefragt, ob es möglich sei, daß die Kometen unsere Elemente verändern könnten, ob sie etwas vorhersagen, entweder als Ursache oder als Zeichen, die sich allemal zu bestimmter Zeit einfinden, wenn die Menschen ein großes Unglück auszustehen haben. Die Wirklichkeit der Sache selber soll erwiesen werden. Und diese zieht man Ihnen schlechterdings in Zweifel. So geht also Ihre einzige Hoffnung, die Sie sich noch machen konnten, auf einmal zuschanden. Alle übrigen Gründe lassen Ihnen noch so viel Raum, wie Sie zu einer nichtigen Ausflucht brauchen. Man mag sagen, wie man will; man habe gar keinen Grund zu glauben, daß dasjenige, was einige Jahre auf das Erscheinen des Kometen erfolgt, durch dessen Einfluß hervorgebracht sei, so werden Sie einwenden: Die Kometen wären deswegen doch immer noch üble Vorboten; sooft einer erschienen wäre, hätten sich allemal Unglücksfälle ereignet, und das sei ein Merkmal, daß einige Verknüpfung oder ein natürliches Verhältnis zwischen ihnen und den Unglücksfällen sein müsse. Gesetzt auch, daß es eben nicht eine solche Verknüpfung wäre, wie man sie zwischen Ursachen und Wirkungen findet; genug, daß es ein Verhältnis sei, welches zulänglich wäre, jedermann auf die besorgliche Vermutung zu bringen, wenn das eine davon sich sehen ließe, werde das andere nicht lange ausbleiben.

Und in der Tat, wenn wir annehmen, daß die Kometen einen Kreis beschreiben, davon uns nur ein gewisser Teil in die Augen fällt, so begreifen wir gar leicht, wie sie in einer gewissen Zeit wieder zu uns kommen werden. Wenn wir ferner annehmen, daß dieses ungefähr so viel Zeit ausmacht, wie dazu nötig ist, daß die Erde üble Dünste ausdufte, dadurch Pest, Krieg usf. verursacht werden kann; so wie wir aus der Erfahrung wissen, daß die Materie des Fiebers eine gewisse Anzahl Stunden nötig hat, ehe sie diejenigen Eigenschaften zusammenbringt, die das Fieber verursachen, und daß, nach Aussage der Ärzte, diese Materie bei manchen Personen solche Fieber verursacht, die ordentlich nach Verlauf gewisser Jahre wiederkommen; wenn wir, sage ich, alles dieses annehmen, so muß das Erscheinen der Kometen ebenso gewiß eine Vorbedeutung großer Unglücksfälle sein, gesetzt auch, sie trügen in der Tat nicht das geringste dazu bei, wie wenn sie dieselben natürlicherweise hervorbrächten. Man erwidere hierauf, wenn man will, diese Ausjährung der Dünste, die mit dem Lauf des Kometen einerlei Zeit erfordere, müsse sich doch einmal vermindern oder vermehren, weil die unaufhörliche Veränderung, die sowohl innerhalb wie außerhalb der Erde vorgeht, die Vereinigung aller der Ursachen notwendig verhindern müsse, welche sonst zusammengekommen waren; so wird der Zweifel dadurch nicht gehoben, und ich weiß Leute, die, bevor sie sich gefangen geben, zur Unbeweglichkeit des empiräischen Himmels ihre Zuflucht nehmen und ihr die Ursache zuschreiben würden, warum diese Ausdünstung, von der die Rede ist, einmal wie das andere geschehen könne. So machen es diejenigen, welche ebendiesen empiräischen Himmel für die Ursache angeben, warum an gewissen Orten des Erdbodens immer einerlei Sachen hervorkommen, obgleich die Aspekte der übrigen Himmel und folglich auch ihre Einflüsse in Ansehung dieser Gegenden sich unaufhörlich verändern. Ich erinnere mich, daß gewisse

Scholastiker behaupteten, die Kraft, die sie den Körpern zuschrieben, vermittels welcher sich diese durch die sogenannten *species intentionales* in unsern Augen abbilden sollten, sei ebenfalls eine Wirkung der Einflüsse dieses empiräischen Himmels. Solchergestalt wird es niemals an Ausflüchten fehlen, solange man noch die Erfahrung für sich hat; und also nimmt man Ihnen, mein Herr, alles, wenn man Ihnen erweislich macht, daß die Erfahrung Ihnen durchaus zuwider ist.

Ich erinnere mich, beim Cicero[52] gelesen zu haben, daß die Wahrsagekunst sich mehr auf die Wahrnehmung dessen, was geschieht, als auf die Vernunftgründe. Man müsse, schreibt er, in solchen Dingen nicht nach den Ursachen fragen, wie solches Karneades und Panätius täten, welche mit dem Epikur fast die einzigen wären, die gegen diese vermeintliche Wissenschaft stritten. Wenn diese fragten, ob es der Jupiter wäre, welcher der Krähe zur Linken und dem Raben zur Rechten zu schreien befähle, so bekamen sie keine Antwort als diese: Es stünde ihnen nicht wohl an, die Leute so zu ängstigen. Sie sollten sich damit begnügen, daß die Erfahrungen von allen Zeiten diese Wahrsagungen bestärkten. Man fände ja Kräuter, deren Wirkungen man wüßte, ohne daß uns die Ursachen bekannt wären, die dieselben hervorbrächten, und doch ließe man die Arzneiwissenschaft ungekränkt bei ihrem Wert. Cicero führt darauf eine Menge natürlicher Sachen an, deren Eigenschaften uns bekannt sind, nicht aber die Ursachen aller dieser Eigenschaften, und legt endlich seinem Bruder die Worte in den Mund: *Er sei damit zufrieden, daß er wisse, daß die Sachen geschähen, ob er gleich nicht wisse, wie sie geschähen.* Ebendieses, mein Herr, machen Sie sich auch zunutze. Ein Philosoph mag Ihnen noch soviel zu schaffen machen und immer fragen, wie es doch zuginge, daß die Kometen unser Unglück vorbedeuten könnten. Sie dürften ihm nur zur Antwort geben: Ob er schon nicht wüßte, wie die Sonne die Welt erleuchtete, so wäre er doch mit der ganzen Welt versichert, daß sie wirklich leuchte; denn die Erfahrung erwiese solches ja augenscheinlich. Da also die Erfahrung aller Zeiten uns gleichfalls gelehrt, daß die Kometen Vorboten vielerlei Unglücks wären, so müßte man glauben, daß sie solche Vorboten sind, ob man gleich nicht wüßte, durch was für eine Kraft sie es wären. Es ist wohl wahr, daß man Sie in dieser Verschanzung ziemlich in die Enge treiben könnte. Jedoch, solange Sie sich noch auf die Erfahrung berufen können, solange werden Sie noch immer Ausflüchte finden. Ich fordere Sie daher, mein Herr, zum allerersten Mal vor den Richterstuhl der Erfahrung, und ich wette mit Ihnen, daß Sie den Prozeß verlieren werden.

34. Nötige Anmerkungen für diejenigen, die der Sache eigentliche Beschaffenheit wissen wollen

Da es aller Welt leicht ist, die Urkunden dieses Handels zu Rate zu ziehen, indem solches die Schriften der Geschichtsschreiber sind, so werde ich Ihnen mit Anführung der Autoren nicht beschwerlich fallen. Ich erinnere nur zum voraus, daß weder Sie noch wir auf den Einwand zu verfallen Ursache haben: wir hätten ja die Nachrichten nicht, weder von den Völkern der südlichen Gegenden noch auch von denen, die das Innerste von Afrika und Amerika bewohnen. Denn wollten wir gleich sagen, man würde darunter viele Exempel glücklicher Begebenheiten antreffen, so würden Sie ebenso leicht sagen können, es wären viele Exempel trauriger Fälle darunter befindlich. Wir tun also besser, wir bleiben bei den Nachrichten der bekannten Welt und schließen von dieser auf jene: *Ex ungue leonem.* Ferner darf man auch nicht darauf verfallen, daß es Kriege gibt, die einen größeren Nutzen nach sich ziehen, als man denken sollte, und die vielleicht nicht so nachteilig sind wie mancher Frieden, so wie manches Aderlassen ein dienliches Mittel ist, die üble Beschaffenheit der Körper zu heilen. Aller der Vorteile, die durch dergleichen Anmerkungen meiner Sache zuwachsen möchten, will ich mich ganz gerne begeben. Ich bin es zufrieden, daß man die Gründe des Palingenius[53] für den Krieg für nichtig erklärt. Man mag es als einen Grundsatz annehmen, daß der Friede eine Gnade von Gott, der Krieg aber eine Strafrute desselben sei; obgleich der Krieg zuweilen zufälligerweise nützlich, der Friede im Gegenteil schädlich werden kann. Und endlich erinnere ich noch, daß die Zeugen mehr in bezug auf Sie, mein Herr, als auf mich der Parteilichkeit halber verdächtig sind, weil, wie bekannt ist, die Geschichtsschreiber sich mehr mit öffentlichen Unglücksfällen als freudigen Begebenheiten einlassen. Doch so genau wollen wir es eben nicht nehmen. Wir nehmen dieselben so, wie wir sie finden. Sehen Sie daher, mein Herr, dasjenige selber an, was sie aussagen, und lassen Sie sich nicht davon einnehmen, was sie Ihnen nicht als Zeugen, sondern als Leute, die gern ihre Klagen und Ur teile einfließen lassen, vorsagen.

35. Vergleich der Jahre, die auf die Kometen von 1665 gefolgt sind, mit denen, die den Kometen von 1652 vorhergegangen

Ob ich gleich nicht willens bin, mich in viele Weitläufigkeiten einzulassen, so kann ich doch nicht umhin. Sie zu ersuchen, daß Sie nur dasjenige betrachten möchten, was sozusagen vor unsern Augen die sieben Jahre sich zugetragen, welche wir nach den zwei erschrecklichen Kometen vom Jahr 1665 zurückgelegt haben. Können Sie es mit gutem Gewissen sagen, daß Europa in diesen Jahren so sehr beängstigt worden ist, daß man hätte schreien müssen, es sei alles verloren? Sehen Sie was von Unglücksfällen, die größer sind, als man sie sonst hat? Hat man es erlebt, daß barbarische Völker, wie vordem die Hunnen, die Goten, die Alanen und die Normannen unzählige Provinzen verwüstet und verheert haben? Hat man es gesehen, daß die Pest die volkreichsten Länder öde und leer gemacht und den größten Teil der Menschen ins Grab geworfen? Hat man in den meisten Ländern über Hunger geschrien? Hat man Könige gesehen, die durch Empörung ihrer Untertanen oder durch Gewalttätigkeit ihrer Nachbarn vom Thron gestürzt worden sind? Hat man gesehen, daß Ketzereien und Spaltungen entstanden sind? Sind öffentliche Laster selbst durch das Ansehen der Obrigkeit für straffrei erklärt worden? Hat man nicht im Gegenteil gesehen, daß Pest, Krieg und Hunger, diese drei Geißeln des menschlichen Geschlechts, die Völker so sehr verschont haben, wie man es sich bei der Beschaffenheit unsrer Natur nur versprechen kann?

Ich sehe in der Zeit, die ich angenommen habe, nur vier Kriege: den Krieg zwischen den Türken und Venezianern, den Krieg zwischen den Spaniern und Portugiesen, den Krieg zwischen Holland und England und den Feldzug in Flandern. Die beiden erstem waren lange vorher, ehe die Kometen erschienen, angegangen und wurden in obengenannter Zeit glücklich zum Stehen gebracht. Die beiden letztem fingen an und endigten sich fast zu gleicher Zeit; daraus man sehen kann, daß die Einflüsse beider Kometen mehr den Frieden als den Krieg zum Zweck gehabt haben, weil sie die Kriege, welche, ohne daß sie daran teilgehabt, angegangen waren, zu Ende gebracht, und diejenigen, die sich unter ihrer Regierung entsponnen hatten, gar bald gedämpft haben.

36. Krieg zwischen den Türken und Venezianern

Sie erinnern sich wohl noch, mein Herr, eines guten Freundes von uns, der so gerne spitzfindig redete und diese üble Gewohnheit der vorigen Zeit nicht ablegen wollte, ob wir ihn gleich manchmal damit zum besten hatten; allein, ich weiß nicht, ob Sie das noch wissen, wie heftig er in Verwunderung geriet, als er erfuhr, daß der Friede, den man nach der Schlacht bei Raab zwischen dem Kaiser und dem Großsultan geschlossen hatte, von beiden Seiten wäre bewilligt worden. Was, rief er aus, man macht Frieden, und vor den sehenden Augen des Kometen, und da sich alles wohl schickt, den Verlust zu ersetzen, den die Christen von den Türken erlitten haben? Der Komet geht unfehlbar zurück, damit er einen desto großem Sprung tun möge! Was gilt's, er erwartet uns in Candia und wird dort seine völlige Wut auslassen. Indessen werden Sie, mein Herr, mir recht geben, wenn ich sage, daß alles dasjenige, was in Candia seit 1665 bis auf den Friedensschluß vorgegangen, gar nicht für ein so großes

Unglück gerechnet werden könne, das der Himmel selbst durch Wunderzeichen der Welt hat bekanntmachen müssen. Denn wenn Sie alles genau ansehen, so ist es nichts weiter als der Verlust einer Stadt, die seit langer Zeit eingeschlossen war. Ist es ein Unglück für die Christenheit, daß die Insel Candia verlorengegangen, so ist es ein solches, das man in einer ganz andern Zeit suchen muß als in derjenigen, die seit 1665 verflossen ist. Denn alle Welt weiß es, daß diese Insel viele Jahre vor dem 1665. Jahr von den Türken erobert worden und daß das ganze Königreich, weil die Türken die Hauptstadt eingeschlossen hatten, den Christen so wenig Nutzen brachte, wie es ihnen jetzt bringt, ja noch viel weniger; denn jetzt ist es den Venezianern doch noch erlaubt, dasjenige, was sie in der Insel haben, zu nutzen, ohne die Kosten draufzuwenden, die ihnen bei dem damaligen Krieg unumgänglich waren. Folglich hat der Friede, wenn man alles zusammenrechnet, die Umstände der Venezianer nicht verschlimmert, sondern vielmehr verbessert, und also hat der Komet dasjenige in der Insel Candia nicht eingebracht, was er durch den Frieden von 1669 in Deutschland eingebüßt hatte.

Und endlich, ist es denn wohl eine so erstaunliche Sache, wenn ein so mächtiger Prinz, wie der Großsultan ist, eine Stadt, die ganze zwei Jahre auf das entsetzlichste von ihm beängstigt worden ist, dabei er noch den Vorteil gehabt hat, daß seine übrigen Länder alle in der Nachbarschaft lagen, einer Republik wegnimmt, die sechshundert Meilen davon um Hilfe betteln muß? Ist es nicht ein recht großes Glück für diese Republik, daß sie noch mit so leichten Kosten davongekommen ist?

37. Krieg der Spanier mit den Portugiesen

Der Friedensschluß von 1668 zwischen Spanien und Portugal war ein unschätzbares Gut für beide Kronen, für Spanien, weil es nicht imstande war, dasjenige wieder zu nehmen, was es forderte, und bei der Regierung eines jungen Königs, wo es so ruhig eben nicht zuging, noch fernem Verlust besorgen mußte; für Portugal, weil dieses über den ruhigen Besitz seiner Länder und außer der Entledigung von den Beschwerlichkeiten des Krieges noch den Vorteil hatte, daß es sah, wie es selbst von denjenigen für unumschränkt und souverän erklärt wurde, die bisher dawider gestritten hatten. Dem sei, wie ihm wolle, werden Sie zu mir sagen, es ist doch kein Glück für Spanien, daß es Portugal verloren und nicht die Macht gehabt, solches wieder an sich zu bringen. Es ist wahr, aber es ist ein Unglück, welches man bereits dem 1640. Jahr zuschreiben muß und das seinen Grund in demjenigen Verlust hat, den diese Krone lange vorher erlitten, ehe noch die Kometen erschienen, daß also diese die Anklage nicht verdienen, die man gegen sie anbringen wollte. Sie haben vielleicht den artigen Einfall des *Villa Mediana* erzählen hören, den dieser bei einer Abbildung des Königs Philipp IV. hatte, wo er zu Pferde sitzt, und die Überschrift führt Philipp der Große: *si lo es, es como un ojo, que más tierra le elevan, más le engrandezen.* Und es ist in der Tatwahr, unter der Regierung dieses Philipps des Großen hat Spanien die meisten Länder verloren, folglich kann man diese Einbuße nicht dem Kometen von 1665 zuschreiben.

38. Krieg der Engländer mit den Holländern

Was den Krieg betrifft, den die Engländer mit den Holländern geführt haben, so ist es nicht zu leugnen, daß er die kurze Zeit, die er gedauert hat, ungemein hart und schwer gewesen. Doch als zwei oder drei Feldzüge demselben den Garaus gemacht hatten, so war das Landverderben und der Schaden auf beiden Seiten so gar groß eben nicht. In der Tat, da der Friede zu Breda geschlossen war, so sahen die Engländer, daß sie das noch waren, was sie vorher gewesen, und die Holländer spürten so wenig Abgang ihrer Kräfte, daß ihr Glück darauf größer wurde, als es zu ihrer Ruhe zuträglich war. Denn da sie bei diesem ihrem Glück übermütig wurden und sich allzuviel auf ihre Stärke einbildeten, so dachten sie, sie wären Ludwig dem Großen so vielen Dank eben nicht schuldig, daß sie ihm die Eroberung der Provinz Flandern zugestehen sollten. Sie haben es teuer bezahlen müssen, aber dafür können die Kometen von 1665 nicht. Die Ursache dazu war diese: Sie hielten es für nötig, sich der anwachsenden Macht eines Nachbarn zu widersetzen, vor dem sich ganz Europa fürchtete. Sie glaubten, eine gute Staatskunst erfordere, daß man das Gleichgewicht zwischen ihren Nachbarn beibehielte, und sie müßten sich des blühenden Zustandes ihrer Republik bedienen, um den Überfall der gesamten Niederlande zu verhüten. Ist es ihnen übel bekommen, daß sie so geschlossen haben, und hat das Glück den Gebrauch der vorteilhaften Umstände, darin sie sich die ersten fünf oder sechs Jahre nach dem Erscheinen der Kometen befanden, nicht befördert, so ist das wieder was ganz anders.

Spricht man zu mir: Der Wohlstand ist manchmal die schrecklichste Züchtigung, die Gott dem Menschen zuschickt, so sage ich: Das Unglück ist zuweilen die größte Gnade, die uns Gott erweisen kann, und so verwandelt sich unser Streit in ein bloßes Wortspiel. Damit wir also bei etwas Gewissem bleiben, so müssen wir darin beide übereinstimmen. Man frage nicht, ob die Kometen den Menschen ein Glück mitbringen, das diese nicht wohl anwenden, oder ein Unglück, welches ihre Bekehrung zu Gott veranlaßt, sondern man wolle wissen, ob sie ihnen dasjenige zu wege bringen, was man sonst gewohnt ist, schlechtweg eine Widerwärtigkeit zu nennen.

39. Krieg der Franzosen mit den Spaniern

Was den Feldzug nach Flandern anbelangt, so wird man mir zugeben, daß derselbe mehr Glück als Unglück gebracht hat, da es nicht so sehr ein Krieg war als vielmehr eine Besitznehmung der Güter, die der Königin zugehörten und die man ihr nicht geben wollte. Obgleich der König ihr Recht in gelehrten Schriften von mancherlei Sprachen hatte ausführen lassen und durch ganz Europa bekanntmachen lassen, so trat man auch auf spanischen Grund und Boden, ohne die geringste Gewalttätigkeit auszuüben. Die Gütigkeit dieses großen Monarchen ging noch weiter. Er suchte sogar denjenigen Ländern, durch welche seine Völker ziehen mußten, den Schrecken im voraus zu nehmen, welchen gemeiniglich die Annäherung einer Armee zu machen pflegt. Er ließ vorher bekanntmachen: Sein Wille wäre gar nicht, den Pyrenäischen Frieden zu brechen. Er wolle weder die Handwerker in ihrer Hantierung noch die Ackerleute in dem Ackerbau, noch die Schnitter in der Ernte, noch die Kaufleute im Handel und Wandel stören, noch auch das geringste vernehmen, was den Durchzug der Armeen bei andern Völkern beschwerlich macht.

Der Fortgang seiner Waffen war auch in der Tat erstaunlich. Was ihm Widerstand leisten wollte, das mußte unter dem Gewicht seiner Tapferkeit, seiner Wachsamkeit und seiner weisen Behendigkeit gar bald erliegen, durch welche letztere er auch die schwersten Sachen auf das schleunigste zustande bringt. Er schoß wie der Blitz durch die ganzen spanischen Niederlande, zog hin und wider und ließ überall ausnehmende Merkmale seiner siegreichen Waffen hinter sich. Und doch war die Art, mit welcher er den Überwundenen begegnete, ihnen ganz und gar nicht zur Last. Er sagte nicht wie jener Herr in der Parabel: *Jene, meine Feinde, die nicht wollten, daß ich über sie herrschen sollte, bringet her und erwürget sie vor mir.*[54] Seine Majestät gab ihnen tausend Proben einer königlichen Gnade zu erkennen, und es ist ein recht ausnehmendes Glück für die in diesem Feldzug eroberten Städte gewesen, daß sie nicht das Vermögen gehabt haben, seiner Macht zu widerstehen; denn wären sie unter der Botmäßigkeit der Spanier geblieben, so würden sie die Sicherheit nicht genossen haben, darin sie sich in dem letzten Krieg befanden. Die Macht des Königs bedeckte sie vor aller Beunruhigung. Sie durften weder Belagerung noch Einschließung befürchten. Diejenigen Plätze hingegen, die nicht zu Frankreich gehörten, waren mitten in ihren Sümpfen, Überschwemmungen, Festungen und einer unzähligen Menge der Kriegsvölker einem unaufhörlichen Schrecken ausgesetzt. Nichts konnte sie mutig machen. Seine Majestät durften nur ihren Marsch in einer Jahreszeit nehmen, welche andere Weltbezwinger ganz allein für einen unüberwindlichen Feind angesehen hätten, so überfiel alle diese Städte ein so großer Schrecken, daß sie insgesamt zitterten, wenn sie sahen, daß der König die allerfestesten Orte zu belagern anfing.

So war es also ein nicht geringes Glück für die Städte, die im Jahr 1667 in des Königs Hände kamen, daß sie von unserm unüberwindlichen Monarchen erobert worden sind. Es war überdies auch ein Glück für den König, daß er seine Länder mit einer Menge so ansehnlicher Plätze vereinigte, und dies Glück übertraf den Schaden bei weitem, den Spanien davon hat, daß es dieselben verloren hat. Denn unser König kann ihre Lage halber großen Nutzen daraus ziehen. Spanien hingegen konnte dieselben eben dieser Ursache wegen fast gar nicht nutzen. Folglich kann ich mit gutem Recht behaupten, daß der Feldzug nach Flandern mehr Glück als Unglück gebracht hat.

40. Daß Spanien wohl täte, wenn es die gesamten Niederlande fahrenließe

Es sagte einmal ein gescheiter Mann: Alle die Staaten, die der König in Spanien in den weit entlegenen Ländern hätte, da sie nicht aneinanderstießen, wären ihm mehr zur Last, als daß sie ihm Vorteil schafften; und wenn er seinen wahren Nutzen einsehen wollte, so würde er ebenso wie Antiochus[55] gesinnt sein. Denn da dieser nach der verlorenen Schlacht bei Magnesia von den Römern wäre gezwungen worden, alles dasjenige abzutreten, was er diesseits des Berges Taurus im Besitz hatte, so hatte er öffentlich gesagt, er sei den Römern viel Dank schuldig, daß sie ihn der beschwerlichen Mühwaltung, ein großes Land zu erhalten, hatten überheben wollen, da er es ohnehin nicht ohne beständigen Verdruß und ohne Einbuße hätte beschützen können. Die Meinung dieses Mannes ging dahin: Wenn der spanische Rat das wahre Wohl der Krone bedächte, so würde er sich noch bei uns bedanken, daß wir ihm die Sorgen, die er zur Erhaltung so vieler Städte anwenden mußte, auf eine so merkliche Art vermindert haben; ja, er würde wünschen, diese Unruhe gänzlich loszuwerden. Als die Spanier in den langwierigen Krieg mit Holland verwickelt waren, sollen sie gesagt haben[56], ihr Herr würde diese Aufrührer längst zur Strafe gezogen haben, wenn ihn nicht Staatsabsichten daran hinderten. Allein, er wollte mit allem Fleiß ein streitiges Land beibehalten, damit seine Untertanen durch unaufhörliche Übungen sich in demselben wie auf einer Reitbahn herumtummeln könnten. Ich versichere Sie aber, mein Herr, daß diese Ursache nicht mehr gilt. Es gibt so wenig Spanier, die sich die Gelegenheit, kriegerisch zu werden, die sie in den Flandrischen Kriegen finden könnten, zunutze machen, daß es sich nicht der Mühe verlohnt, davon zu reden. Vielmehr könnte man sagen, Spanien behielte deswegen die Niederlande, damit der von Natur wallende und geschäftige Geist der Franzosen daselbst was zu tun fände, die Spanier hingegen in dem ruhigen Besitz ihrer eigenen Länder gelassen und nicht von jenen in der feigen Bequemlichkeit gestört würden, die sich der ganzen Nation jetzt bemeistert hat. Aber ebendiese Ursache sollte auch den spanischen Rat bewegen, Flandern fahrenzulassen, denn wenn alsdann mit der Zeit die Spanier in ihren eigenen Ländern angegriffen würden, so würden sie diesen Vorteil haben, daß ihre alte Tapferkeit, die sie sonst so berühmt gemacht hat, wiederum aufwachte und daß sie in der Sorge für die Reichsangelegenheiten sich nicht mehr wie jetzt auf die Wachsamkeit eines andern verließen.

Es ist unstreitig, daß Ihre Katholische Majestät durch Abtretung der noch übrigen Spanischen Niederlande viel gewinnen würde. Denn erstens würde es der Mühwaltung überhoben, ein Land zu erhalten, woraus es keinen Vorteil zieht und welches seit mehr als fünfzig Jahren statt allen Einkommens nichts mehr nach Spanien geschickt als Nachrichten, darüber alle Staatsminister vor der Zeit grau geworden. Und fürs andere würde es mehr Ehre haben, wenn es dieselben auf eine gute Art los würde, als daß es jetzt sehen muß, wie ihm dieselben auf hundert schimpfliche Arten nach und nach abgenommen werden, da man z.B. die königlichen Befehle den Spaniern durch den Gerichtsdiener hat zu wissen tun lassen. Für die Spanischen Niederlande selber würde diese Abtretung vorteilhaft sein, denn da man jetzt darin ohne Bedeckung nicht reisen kann, wenn man nicht in Gefahr sein will, von den Straßenräubern bis aufs Hemd ausgezogen zu werden, so würde das unter der Herrschaft von Frankreich gänzlich aufhören. Es ist in der Tat schade, daß ein so schönes Land in den Händen eines Herrn ist, der es nicht einmal gegen Straßenräuber beschützen kann. Und hat man wohl Ursache, scheele Augen zu machen, wenn unser großer Monarch, der die Niederländer zeitlebens so herzlich geliebt hat, ihnen zu erkennen gibt, wie begierig er sei, sie von den spanischen Besatzungen zu befreien, welche, statt daß sie ihnen zur Beschützung dienen sollten, überall ungestraft rauben und stehlen, gleich als ob die Reisenden was dafür könnten, daß man in Madrid nicht Geld genug hat, die Soldaten in Flandern zu bezahlen.

Wie muß es ferner nicht die spanische Nation schmerzen, da sie sonst den Rang über die unsrige so gern behaupten wollte und fast alle europäischen Höfe eifersüchtig machte, daß sie jetzt diese letztem mit Klagen, mit Vorstellungen, mit Bittschriften überlaufen muß, um nur gegen Frankreich beschützt zu werden, und doch nicht einen einzigen Fürsten antreffen kann, der ihr helfen will. Nicht als ob man es gerne sähe, daß unser König so mächtig wird oder daß man die Billigkeit seiner Gründe für genehm hielte. Denn obgleich unser unüberwindlicher Monarch nichts nimmt, als was er bewiesen, daß es ihm rechtmäßig zukomme, und, nach der Anmerkung des Verfassers der Schrift von den Rechten der Königin, darin dem Josua nachahmt, der die Lade des Bundes mit den darin befindlichen Gesetzestafeln vor der Spitze der Armee vorhertragen ließ, so wollen doch unsere Nachbarn diese Stärke seiner Gründe durchaus nicht einsehen. Sie sagen, man müßte einen Verstand haben, der durch hunderttausend Soldaten unterstützt würde, wenn man in dem Münsterischen und Niemägischen

Friedensschluß denjenigen Sinn finden wollte, den wir darin finden. Diejenigen, die die Artikel davon aufgesetzt, hätten gewiß nicht geglaubt, daß man sie auf solche Art auslegen könnte, und wenn sie die Worte in dem Sinn genommen hätten, wie wir sie nähmen, so müßten sie es so gemacht haben wie diejenigen, die die Kanons auf den Kirchenversammlungen aufsetzen, die auch nicht mehr sagten, als sie dächten, welches alsdann die Gelegenheit wäre, daß sich Leute fänden, die viele Jahrhunderte danach Geheimnisse in den Ausdrücken anträfen, daran jene nimmermehr gedacht hätten. Was ist es aber denn, das unsere Nachbarn verhindert, die Vorschläge der Spanier anzuhören? Nichts als die Furcht, den Blitz, der andern gedroht ist, auf sich zu ziehen. Doch wir wollen wieder zur Sache kommen.

41. Glück des Jahres 1668

Das Jahr 1668 ist überhaupt noch glücklicher gewesen als das vorige, denn durch den Aakischen Friedensschluß erhielt der König in Spanien eine Provinz, die er nimmermehr würde wiedererobert haben, und sicherte sich den Besitz alles dessen, was ihm noch in den Niederlanden rückständig war und welches er unfehlbar würde eingebüßt haben, wenn der Krieg länger gedauert hätte. Durch ebendenselben Friedensschluß hatten die im vorigen Feldzug eroberten Städte das Glück, einem König angehörig zu verbleiben, der sie von unendlicher Unruhe befreit hat und der sie noch in einem Wohlstand erhält, den die Furcht des Zukünftigen nicht beunruhigt. Im ganzen Okzident ward überall Friede gemacht, welches allein tut das Volk ein unschätzbares Glück ist. Alle christlichen Fürsten besänftigten die Eifersucht und den Argwohn, der sie beunruhigt hatte, und unser König setzte sich endlich eine Ehrenkrone auf, die allein zulänglich wäre, ihn zu verewigen, wenn er auch in folgenden Zeiten nicht so viele Wunder getan hätte, die seinen Ruhm in alle vier Enden der Welt ausgebreitet haben. Denn er gab das Eroberte großmütig wieder, was ihm doch niemand nehmen konnte, und begab sich aller der Vorteile, die ihm das Glück anbot. Vortreffliches Exempel der Mäßigung, welches mehr Lobeserhebungen verdient als die Eroberung eines Königreiches.

Kann man also wohl sagen, daß die Kometen von 1665 Vorboten entsetzlicher Unglücksfluten gewesen? Und hat man nicht Ursache, die Sterndeuter wacker auszulachen, die überall ausgebreitet hatten, sie bedeuteten erschreckliche Dinge, Spaltungen und entsetzliche Ketzereien? Einige darunter rieten sogar dem Kaiser, sich zwanzig Tage in einen Palast einzuschließen, der in einem finstern Tal auf guten Grund gebaut und ringsumher mit Bergen umschlossen wäre, wie sie solches in dem *theatro cometico*[57] eines polnischen Edelmanns mit Namen *Stanislaus Lubienietzki* weitläufig nachlesen können.

42. Beilegung der Streitigkeiten zwischen den Jesuiten und Jansenisten

Doch nicht allein deswegen war das Jahr 1668 ein Glücksjahr, weil der Krieg darin zu Ende ging, sondern auch, weil eine andere Friedensstiftung zustande kam, die zum Wohl der Kirchen zwar höchst nötig, aber auch höchst schwer zu erlangen war. Der Friede sollte nämlich zwischen vielen Schriftgelehrten wiederhergestellt werden, die einander schon lange in Haaren gelegen hatten und die eine höchst ärgerliche Spaltung hätten anrichten können, wenn man sie hätte gehenlassen. Sie wissen wohl, mein Herr, daß man Leuten aus Ihrem Orden schuld gibt, sie erhitzten sich in Streitigkeiten, die nichts auf sich hätten, und erregten Himmel und Erde, um nur ihre Feinde auf einen andern Weg zu bringen, wenn sie in der Meinung stünden, daß dieselben wichtige Irrtümer hegten. Ein Buch zu schreiben, kostete ihnen in solchen Fällen wenig oder nichts, und nichts werde ihnen so sauer, als die Waffen einmal niederzulegen. Daher sieht man auch eine Friedensstiftung zwischen Schriftgelehrten für ein höchst schweres Werk in der Welt an. Ich will nicht untersuchen, ob man ein Recht hat, ein solch Urteil zu fällen, aber das muß ich doch anmerken, daß der Streit der Jesuiten und Jansenisten mit Grund als ein Handel von Wichtigkeit und als eine Sache angesehen worden ist, mit der man nicht so leicht zustande kommen könnte. Das ist nicht so zu verstehen, als ob die Sache an sich von Erheblichkeit gewesen wäre. Die Jansenisten brachten nichts anders vor, als daß sie beständig wiederholten, sie wären in den strittigen Punkten, was das Recht anbeträfe, mit ihren Widersachern völlig eines Sinnes. Sie wollten nur behaupten, daß die von dem Papst verdammten Sätze nicht in dem Buch des Jansenius stünden. Und das war freilich im Grunde von so großer Erheblichkeit nicht. Man kann selig werden, ohne daß man weiß, daß ein Jansenius in der Welt gewesen ist; und was hat man es nötig zu wissen, ob die Schriften des Jansenius dies oder jenes enthalten?

Die Verordnung hätte also gar wohl unterbleiben können, darin man den Nonnen, die kein Latein verstanden, anbefahl, sie sollten es mit unterschreiben, daß Jansenius diese oder jene Lehrsätze gehabt hätte. Was war es doch nötig, daß diese mit dergleichen Dingen sich die Köpfe zerbrechen mußten. Allein so, wie der Streit ein Ansehen bekommen hatte, war es keine gleichgültige Sache mehr. Das päpstliche Ansehen litt darunter, die Rechte der Bischöfe waren mit darein verwickelt, eine Menge von Schimpfwörtern, womit man auf beiden Seiten um sich geworfen, hatte eine entsetzliche Erbitterung der Gemüter gegeneinander angerichtet. Man redete von nichts als päpstlichen Breven, von Verordnungen aus der Kammer oder vom Parlament, von Zirkularschreiben, von bischöflichen Befehlen. Man predigte gegen die Jansenisten, man gebrauchte sich zuweilen der weltlichen Ordnung gegen sie. Mit einem Wort, es war alles in einer entsetzlichen Unordnung. Seiner Königlichen Majestät ging es nahe, alles dieses so mit anzusehen. Vermöge des ihr beiwohnenden großen Verstandes und der tiefsten Einsicht sahen sie voraus, daß man das Ende dieser Zerrüttung nicht erleben würde, sofern man den Parteien kein Stillschweigen auferlegte. Sie brauchten daher ihr Ansehen und befahlen, man sollte es bei den Unterschriften bewenden lassen, die mit Einwilligung des Päpstlichen Stuhles unter gewissen Vermittlungen geschehen wären, und verboten, daß inskünftige niemand von seinen Untertanen etwas sagen oder schreiben sollte, welches Gelegenheit geben könnte, den Streit wieder aufzuwärmen. Das war den 23. des Weinmonats 1668, als diese Verordnung herauskam, und durch diesen Vorschlag einer weisen Staatskunst hemmte man den Fortgang eines Streites, der Frankreich mehr als zwanzig Jahre beunruhigt hatte und der in der Kirche eine gänzliche Zerrüttung hätte anrichten können. Da nun dieser große Streit lange vorher, ehe die Kometen von 1665 erschienen, angegangen war und drei Jahre nach ihrem Erscheinen beigelegt wurde, so kann man ja nicht sagen, daß ihr Einfluß böse und schädlich gewesen, vielmehr müßte er heilsam und ersprießlich gewesen sein, weil sie die Unordnung, die sie in der Welt gefunden, aus dem Weg geräumt.

Es ist nicht nötig, mein Herr, daß ich Ihnen die Vorteile, die Frankreich von dieser Friedensstiftung gehabt hat, umständlich erzähle. Denn das ist eine Sache, die Sie wissen sollten und die Sie auch in der Tat besser wissen als ich. Hätte man uns auch nicht mehr dadurch verschafft als die Erlaubnis, die Schriften der Herren aus dem Port-Royal lesen zu dürfen, so wäre das schon ein ungemeiner Vorteil gewesen. Es sind diese Bücher nicht nur gut geschrieben, und sie enthalten nicht nur große Muster der Beredsamkeit und der gesunden Vernunft, sie lehren uns auch unzählige schöne Sachen, die man sonst niemals in solcher Deutlichkeit auseinandergesetzt hatte. Haben Sie wohl z.B. jemals von Ihren Lehrmeistern gehört, wie weit sich der Gehorsam gegen diejenigen erstrecken müsse, die für unsere Seelen wachen? Hatten Sie wohl gehört, daß andere ebenso genau wie diese Herren den Unterschied *iuris et facti*, dessen, was geschieht und was geschehen soll, bestimmt, desgleichen was für Sachen man *fide humana & divina* mit einem göttlichen oder menschlichen Glauben für wahr halten soll? Gestehen Sie nur, mein Herr, daß man Sie in einer großen Unwissenheit aller dieser Dinge erzogen hat. Denn in unserer Kirche werden wir so sehr von demjenigen Geist abgeschreckt, der erkennen und schließen will, daß man uns nichts so ausdrücklich anbefiehlt, als uns unsern Lehrern und Führern blindlings zu überlassen. Und doch ist es gewiß, wie diese Herren deutlich gezeigt haben, daß ein Unterschied zu machen ist und daß es höchst gefährlich ist, wenn man diese Sätze ohne gehörige Einschränkung annimmt. Man ist ihnen also überaus viel Dank schuldig, daß sie uns die Augen in vielen solchen Stücken geöffnet haben, die man unbilligerweise für verdächtig auszugeben gewohnt ist.

Wieviel Dank verdienen sie nicht dadurch, daß sie doch endlich in Frankreich den Gebrauch des göttlichen Wortes in der Muttersprache eingeführt und den Schimpf und die Schande von der Kirche abgelehnt haben, die sie unaufhörlich durch den Vorwurf der Protestanten, als ob sie gläubige Seelen dieses teuren Schatzes der Schrift beraube, ausstehen mußte! Man verfolgte die Übersetzung von Mons, bevor diese Streitigkeiten beigelegt wurden, und der meiste Teil des Volkes fürchtete sich vor derselben. Allein nach dem Frieden, den der König der Kirche geschenkt, hat man das Joch abgeschüttelt. Man liest jetzt ohne Bedenken nicht nur die Schriften aus dem Port-Royal, die man sonst nicht lesen durfte. (So sehr war man durch die molinistischen Beichtväter erschreckt worden.) Man liest auch mit viel Erbauung die Heilige Schrift, so wie sie diese Herren ins Französische übersetzt haben. Ich übergehe so viel schöne moralische Bücher und Streitschriften, die sie nach der königlichen Verordnung vom 23. Oktober 1668 herausgegeben, desgleichen alle die Abhandlungen, welche die berühmte Frage, ob man die Heilige Schrift in der Muttersprache lesen dürfte, so wohl auseinandergesetzt haben, da unsere Lehrer bisher sich nicht wohl daraus finden können. Denn Sie wissen allzuwohl, mein Herr, wie wichtig alle diese Schriften sind, als daß Sie im geringsten daran zweifeln sollten, was ich Ihnen hiermit beweisen will, daß nämlich einige Zeit nach dem Erscheinen der zwei schrecklichen Kometen in dem gemeinen Wesen höchst vorteilhafte Dinge sich zugetragen haben.

43. Erwägung der Unglücksfälle, die in den sieben Jahren, die man untersucht bat, vorgefallen sind

Man führe hier nicht die Londoner Pest von 1665 an, die Feuersbrunst in ebenderselben Stadt das Jahr darauf, das Erdbeben, welches 1667 die Republik Ragusa verschlang, die Entzündung des Berges Ätna 1669 und andere solche Zufälle; denn das sind wohl in der Tat traurige Begebenheiten für diejenigen, die darunter leiden müssen. So außerordentlich aber und von so allgemeinen Folgerungen sind sie nicht gewesen[58], und man könnte leicht zeigen, daß zu andern Zeiten Unglücksfälle von gleicher Art sich zugetragen haben, die noch weit betrüblicher gewesen, z.B. die Feuersbrunst in Moskau, der Hauptstadt in Rußland, welche von den Tataren 1571 gänzlich in die Asche gelegt worden ist, das Erdbeben, das in einer Nacht zwölf große Städte in Asien unter der Regierung des Tiberius verschlungen, ein anderes, das zwanzigtausend Einwohner in Lazedämon ums Leben gebracht und die ganze Stadt unter dem Haufen eines Stückes vom Berg Taïgetos, 469 Jahre vor Christi Geburt, verschüttete, und noch ein anderes in Kanada 1663 und in Peru 1604, welches dreihundert Meilen Weges in die Länge und siebzig in die Breite entsetzliche Verheerungen In weniger Zeit als einer Stunde verursacht hat, die Entzündung des Vesuvs 1631, die Pest, die kurz darauf in Wien regiert hat, die den Kaiser bis nach Prag, wohin er geflüchtet war, verfolgte und sich darauf in verschiedene Provinzen mit einer entsetzlichen Verheerung ausbreitete. Und ferner – können wohl jene drei oder vier traurigen Begebenheiten demjenigen Glück die Waage halten, welches durch so viele Friedensschlüsse verursacht worden ist? Was hat nicht Frankreich insbesondere für Glück dabei genossen? Wie geschäftig hat sich nicht die unermüdliche Sorgfalt seines Königs erwiesen, alles dasjenige, was zum Wohlstand der Nation etwas beitragen kann, durch seine eigene Einsicht und durch den Verstand der erlesensten und geschicktesten Minister zu fördern? Sind nicht Manufakturen angelegt, Handelsgesellschaften aufgerichtet, neue Gesetze gegen den Unfug der Advokaten eingeführt, eine bewundernswürdige Einrichtung im Finanzwesen und tausend andere Dinge angeordnet worden, die eine Quelle von unendlich Gutem sowohl überhaupt wie insbesondere genannt zu werden verdienen? Sprechen Sie nicht, mein Herr, ich hätte hier den Zeitraum allzu eng angenommen, denn es ist vernünftig, daß, wenn die Kometen etwas Böses vorbedeuten, solches die ersten sechs oder sieben darauffolgenden Jahre betreffen müsse, und auf diese Art will man ja eben ihren üblen Einfluß aus der Historie beweisen.

44. Unglücksfälle, die seit 1645 bis 1652 in Europa vorgefallen

Wollen Sie, mein Herr, zur Lust noch andere nach Belieben angenommene sieben Jahre haben, welche von der üblen Luft der Kometen ziemlich gereinigt worden sind? Belieben Sie sich nur dessen zu erinnern, was in Europa seit 1645 bis 1652, da der Komet am Himmel stand, vorgefallen. Bemerken Sie wohl, daß ich eine Zeit nehme, in welcher die langwierigen Kriege von Deutschland, darein so viele hohe Häupter verwickelt waren und die der Komet von 1618 mit aller Gewalt vorhergesagt haben soll, in Münster beigelegt worden sind. Ich sollte meinen, der Komet habe hier Zeit genug gehabt, sich zu reinigen, und man könne gar wohl behaupten, daß er in den Jahren, die ich angenommen, nichts zu tun gefunden; zumal, wenn man erwägt, daß ich ihm noch die drei letztem Feldzüge der Alliierten gegen das Haus Osterreich einräume, die in diesen Jahren vorgenommen worden sind und welche verschiedener blutiger Begebenheiten halber merkwürdig gewesen, unter anderem wegen der Schlacht bei Nördlingen, darin der Prinz von Condé[59] den Schimpf auf eine so rühmliche Art rächte, welchen die Schweden an demselben Ort vierzehn Jahre vorher erlitten hatten;

desgleichen wegen der Pragischen Plünderung[60], welche viele sehr vornehme Frauenzimmer in die harten Umstände versetzt, daß sie im bloßen Hemd auf der Gasse haben stehen müssen. Alles dieses ungerechnet, finde ich in den Jahren, die ich erwählt habe, erschreckliche Unglücksfälle und insbesondere den Geist wütender Empörungen.

Ich finde darin den König von England[61], wie er zum Tode verurteilt und durch seine eigenen Untertanen unter entsetzlichen Umständen mit dem Schwert hingerichtet wird. Ich finde darin dem König seinen Sohn, wie er gezwungen ist, sich auf einer Eiche zu verstecken, nachdem er gesehen hat, daß alle seine Völker in der Schlacht bei Worcester in Stücke zerhauen worden[62]; wie er endlich in dem betrübtesten Aufzug sein Königreich verlassen und es noch für ein recht großes Glück ansehen muß, daß er durch diese Verkleidung das eifrigste Aufsuchen seiner Person, um ihm auf gleiche Art wie seinem Vater mitzuspielen, zuschanden machen kann. Ich finde Frankreich in einen grausamen inneren Krieg verwickelt, darin es fast alle in zwölf Feldzügen eroberten Plätze einbüßt und den verderblichen Schimpf empfindet, daß es sich zu einer solchen Zeit selber stürzt, da nur dasselbe sich Schaden zufügen konnte, so wie es vor diesem der römischen Republik[63] ergangen. Ich finde das Königreich Neapel, wie es sich gegen seinen Herrn empört. Ich finde Frankreich in einen Krieg mit Spanien in Flandern, in Italien und in Katalonien verwickelt. Ich sehe Portugal gegen Holland und Spanien zugleich gerüstet. Ich sehe, daß Kmielinski[64], der Kosaken General, gegen Polen rebelliert und mit den Tataren ein Bündnis macht, dieses Königreich mit Sengen und Brennen zu verwüsten. Ich sehe, wie er sich den Tod des tapfern Wladislaus zunutze macht, den Tataren Cham in Polen eindringen läßt, sich mit ihm vereinigt und mit einer Armee, die seit Attilas Zeiten ihresgleichen nicht gehabt, die Polen in ihren Verschanzungen belagert und sie in die äußerste Enge treibt. Ich sehe, daß der den 17. August 1649 unter den nachteiligsten Bedingungen für die Polen geschlossene Frieden nur eine kurze Zeit währt; daß der Einfall der Kosaken und Tataren noch einmal so stark erfolgt, tausenderlei Verheerungen verursacht und sich zwar endlich mit ihrer gänzlichen Niederlage endigt, doch aber eine Ursache unzähliger aneinanderhängender Plünderungen und unglücksvollen Begebenheiten ist. Ich sehe die Moskowiter[65] in einer so wütenden Empörung, daß die vornehmsten Staatsbedienten nicht einmal in dem Palast des Kaisers eine Freistatt finden, darin sie gegen den Unfug des Pöbels sicher sein könnten. Der Zar muß ihnen die Opfer ausliefern, die sie mit Gewalt fordern. Er muß es leiden, daß seine vornehmsten Kriegsbedienten zu Tode geprügelt werden, und da er seinen Stiefbruder, der sein Liebling war, entwischen lassen hat, so muß er bei dem Pöbel um Vergebung bitten.

Ich sehe in Konstantinopel[66] entsetzliche Empörungen, daß der Sultan Ibrahim, nachdem er gezwungen worden, den Großwesir Azem der rasenden Wut des Pöbels auszuliefern, welcher ihn erdrosselt, endlich selbst erdrosselt worden ist.[67] Das ist noch nicht alles. Die Janitscharen und die Spahis, die Stützen des Ottomanischen Reiches, sind dergestalt gegeneinander erbittert, daß sie schon im Begriff stehen, ihre Streitigkeiten mit dem Säbel in der Faust zu schlichten. Die Sultanin Kiosem, welche während der Minderjährigkeit des jungen Sultans, ihres Enkels, das Regiment verwaltet, faßt den Anschlag, ihn durch die Janitscharen erdrosseln zu lassen; allein die Mutter des Sultans kommt ihr durch eine Gegenverschwörung zuvor, läßt sie erdrosseln und die vornehmsten Offiziere der Janitscharen hinrichten. Ich finde die Venezianer mit den Türken in Krieg verwickelt, welches tausenderlei Verheerungen und entsetzliches Unglück allen Völkern in Dalmatien und im Archipelagus zuzieht. Ich finde noch tausend andere Unordnungen, deren weitläufige Erzählung Ihnen verdrießlich fallen würde; da es überdies nicht nötig ist, dieselben anzuführen, weil sie mir ohnedem schon zugeben wer den, daß die sieben Jahre, die ich nach den zwei Kometen genommen, nicht so reich an verdrießlichen Begebenheiten gewesen wie diejenigen sieben, da kein einziger vorher erschienen war, und erst 1652 sich einer wieder sehen ließ, nachdem der vorige Komet durch den allgemeinen Frieden, der zu Münster gestiftet wurde, schon völlig war versöhnt worden. Gestehen Sie daher, mein Herr, daß es Unglücksfälle ohne Kometen und Kometen ohne Unglücksfälle gibt und daß, wenn man nach der gemeinen Art schließen wollte, die Münsterischen Friedensverhandlungen als Vorboten der göttlichen Strafrute angesehen werden müßten, weil so viel Unglück fast durch ganz Europa darauf erfolgt ist.

Unser Sprichwörterfreund wird wohl sagen, eine Schwalbe mache noch keinen Sommer. Allein ich antworte ihm zum voraus, daß er Exempel von gleicher Art, soviel er ihrer nur haben will, antreffen wird, wenn er die Schriften der Geschichtsschreiber durchblättern will. Das *Theatrum cometicum*[68], welches ich Ihnen schon angeführt habe, erzählt deren zwei sehr merkwürdige. Ein deutscher Schriftsteller im vorigen Jahrhundert, mit Namen Elias Major, führt ihrer eine sehr große Anzahl an[69] und bemerkt ausdrücklich, daß die berühmtesten Friedensschlüsse kurz nach dem Erscheinen eines Kometen gestiftet worden sind, daß viele abgöttische Nationen zu einer dergleichen Zeit das Evangelium angenommen hätten und daß man ein Gleiches von der Stiftung vieler berühmter Universitäten sagen könne. Der Philosoph Charemon[70] würde uns vieles hiervon berichten, wenn wir seine Schrift hätten, darin er sich vorgenommen zu zeigen, daß die meisten Kometen Vorboten großer Glücksfälle gewesen. Unser Freund durchblättere also nur die Historienbücher, er wird Exempel im Überfluß finden. Ihnen darf ich solches wohl nicht sagen, mein Herr. Sie haben so viel Zeit nicht wie er. Sie lesen dafür lieber die Kirchenväter und den heiligen Thomas. Ich ziehe daher meine Ihnen getane Ermahnung wieder zurück, und ich sehe wohl, daß ich auf diesen fünften Grund, so bündig er auch ist, mir nicht mehr Rechnung machen darf als auf die vorigen Gründe. Sie können die Stärke desselben ohne

Untersuchung vieler Begebenheiten und ohne genaue Überrechnung des Bösen und des Guten, das zu verschiedenen Zeiten in der Welt vorgefallen ist, nicht einsehen. Und gleichwohl stimmt eine solche Beschäftigung nicht mit dem Lesen so vieler Kirchengesetze[71], so vieler Konzilien, so vieler Kirchenväter, so vieler Gottesgelehrter, so vieler Kasuisten überein, der Sie sich doch gänzlich gewidmet haben. Ich will mich bemühen, diesem Zufall durch einen Grund abzuhelfen, der kein Lesen erfordert und der von einer ganz besondern Art ist, wie ich Ihnen schon gesagt habe. Doch ehe ich dahin komme, sehe ich voraus, daß ich Ihnen noch viel andere Dinge werde sagen müssen.

A..., den 2. Mai 1681

45. Sechster Grund: Daß der allgemeine Wahn der Völker von keiner Wichtigkeit ist, um den bösen Einfluß der Kometen zu beweisen

Ich habe die philosophischen Gründe noch nicht erschöpft, denn hier haben Sie noch einen, mein Herr, der überaus bündig ist. Man kann zum sechsten sagen, daß durch den allgemeinen Wahn und durch die einmütige Übereinstimmung der Menschen der Wahrheit kein Eintrag geschehen kann. Man müßte denn sagen, daß alle die abergläubischen Meinungen, die die Römer in Ansehung der Wahrsagungen und Wunderzeichen von den Toskanern erlernt hätten, und daß alle die Ungereimtheiten der Heiden bei Gelegenheit der Vermutung künftiger Dinge so viel unleugbare Wahrheiten gewesen, weil die ganze Welt davon so sehr eingenommen gewesen wie von den Prophezeiungen der Kometen. Man müßte sagen, daß der Teufel, der nach Christi Ausspruch[72] ein Vater der Lügen ist, Göttersprüche voller Wahrheit, Aufrichtigkeit und Richtigkeit in einer langen Reihe von Jahren gegeben habe. Denn es ist eine Zeit gewesen, da die ganze Welt diese Aussprüche mit Ehrerbietung und Ehrfurcht annahm. Es würde unmöglich sein, den Schluß zu beantworten, welchen Cicero anführt: Das Orakel zu Delphi würde nimmermehr so berühmt geworden sein, und alle Völker und Könige würden nimmermehr so viel Geschenke dahin abgeschickt haben, wenn nicht alle Zeiten die Wahrheit seiner Antwort empfunden hätten.[73] Das scheint wahrscheinlich genug zu sein, und der Urheber dieses Gedankens glaubt nicht einmal, daß er nach Anführung eines so bündigen Schlusses nötig habe, durch gültige Zeugnisse zu beweisen, wie solches der Philosoph Chrysippos getan hatte: daß Apollo unzählige wahre Göttersprüche gegeben habe. Aber das heißt alles nichts. Man darf nur den Grundsatz leugnen, darauf dieser Schluß gebaut ist, daß nämlich durchgehend angenommene Meinungen wahr seien, und zeigen, daß nichts so falsch ist wie dieser Grundsatz, selbst aus dem Exempel des Delphischen Orakels, welches von allen Seiten um Rat gefragt wurde, obgleich seine zweideutige Antwort ein Fallstrick vieler Völker und überhaupt ein abscheulicher Betrug gewesen. Es ist überdies gar nicht schwer zu zeigen, daß man diesen Grundsatz mit Recht in Zweifel zieht, denn man entdeckt alle Tage tausenderlei Irrtümer in den allergemeinsten Meinungen, in solchen z.B., die man von dem Hundsstern hat. Die Vernunft zeigt nicht nur, daß nichts so falsch ist wie die vorgegebene Hitze dieses Gestirns. Es lehrt uns auch die Erfahrung, wenn man acht darauf gibt, daß es öfter geschieht, daß der Monat August nicht die heißeste Zeit im Jahr ist, wie es geschieht, daß er es sei.

46. Exempel einiger allgemeiner unbegründeter Meinungen

Was man von gewissen Arzneimitteln zu sagen pflegt: Man müsse sein Vertrauen darauf setzen, wenn man wolle, daß sie helfen sollten, solches läßt sich auch von vielen alten Sagen behaupten. Gefallen Ihnen diese so wohl, daß Sie sie nicht gerne verlieren möchten, so glauben Sie sie nur, ohne dieselben zu untersuchen. Denn wenn Sie sich die Mühe geben, dieselben genau und scharf zu beleuchten, so werden Sie bald finden, daß die Erfahrung der allgemeinen Stimme nicht beifällt. Hier haben Sie einige Exempel davon.

Wenn es wahr ist, daß es Körper am Himmel gibt, deren Einflüsse in Ansehung der Erde einige Kraft besitzen, so ist es gewiß der Mond, weil er sehr nahe bei ihr steht. Man glaubt es auch in der Tat, daß er an vielen Dingen Ursache sei. Der Mond soll die Abnahme und Zunahme des Markes und des Gehirns bei den Tieren verursachen, die Steine zermalmen, Frost und Hitze, Regen und Ungewitter veranlassen. Denn wenn mit dem Neumond regnicht Wetter einfällt, so hat man nicht eher gut Wetter zu hoffen, als bis er voll wird, und wenn alsdann der Regen noch nicht aufhört, so darf man nur die Rechnung machen, daß derselbe bis auf das erste Viertel dauern werde, und so auch mit der Dürre und dem Frost usf. Die Ursache davon ist in der Konjunktion oder Opposition des Mondes zu finden, die das Recht haben, die Beschaffenheit des Wetters zu ändern. Daher kommt es, weil man in Gesellschaft oft vom Wetter, vom Regen, vom Prost, von der Dürre und andern dergleichen Dingen zu reden pflegt, daß man so viele Male hört, wie sich diejenigen, die über die üble Witterung klagen, mit der Hoffnung des Neu- oder Vollmondes trösten, welcher, wie sie vorgeben, dieselbe schon ändern werde. Sie können nicht in Abrede sein, mein Herr, daß das Meinungen sind, die allen Ländern und so vielerlei Leuten gemein sind.

Und doch haben diejenigen[74], die sich die Mühe gegeben, das Mark von den Tieren zwanzig und dreißig Jahre hintereinander zu untersuchen, befunden, daß es Knochen gibt, die viel Mark, und wiederum andere, die dessen sehr wenig haben; der Mond mag unterdessen sein, wie er will. Daraus kann man sehen, daß dieser daran nicht teilhat, ebensowenig wie daran, daß die Krebse und Austern voll oder nicht voll sind, denn man hat auch angemerkt, daß dieses nicht auf die Abwechslung des Mondes ankommt; der Irrtum des gemeinen Mannes mag davon sagen, was er will. Ich behaupte dieses ebenfalls von der Veränderung des Wetters. Ich habe oft acht darauf gegeben und behaupte nun, daß dasselbe sich nicht nach dem Mond richtet und daß in der Zeit, da der Mond seinen Lauf vollendet, kein Tag ist, an dem z.B. die Abwechslung des Regens mit Sonnenschein, des Tauwetters mit dem Frost eher geschähe als an einem andern. Wenn wir richtige Erfahrungen hätten, so würden wir finden, daß die Witterung sich gar nicht nach dem Voll-oder Neumond richtet. Man. -würde ebensoviel Monate zählen, da trocken Wetter gewesen, obgleich der Mond mit Regen eingetreten, wie solche, da es geregnet, obschon bei dem Neumond gut Wetter gewesen, und so auch im Gegenfall. So wahr ist es, daß die Veränderung des Wetters keiner uns bekannten Regel folgt! Es würde mir nicht schwerfallen zu zeigen, daß die Vernunft in allem diesem das Widerspiel behauptet, allein ich will mich lieber der Erfahrung bedienen. Wenn man diese sorgfältig zu Rate zieht, so wird man befinden, daß sie demjenigen, was alle Welt für wahr ausgibt, gänzlich zuwider ist. Ich mache daher hierüber folgende Anmerkung: Man darf sich gar nicht wundern, wie ein Irrtum allgemein werden kann. Die Menschen sind viel zu nachlässig, als daß sie die Vernunft zu Rate ziehen sollten, wenn sie dasjenige für wahr halten, was sie von andern sagen hören, und viel zu unachtsam, als daß sie sich der Gelegenheit bedienen sollten, ihre Irrtümer loszuwerden.

Sie erlauben, mein Herr, daß ich frage, ob Sie niemals auf die Menge der Schriftsteller achtgehabt, da immer einer nach dem andern gesagt hat, der Mensch sei schwerer, wenn er nüchtern wäre, als wenn er gegessen hätte, eine Trommel von Schafsleder zerspränge, wenn eine andere gerührt würde, die mit Wolfshaut überzogen wäre, die Otter tötete bei ihrer Geburt die Mutter und veranlasse den Tod des Vaters, sobald ihre Bildung geschehen, und sehr viel andere dergleichen Dinge mehr. Man hat es nicht dabei bewenden lassen, daß man dieselben als ausgemachte Dinge angeführt, man ist bemüht gewesen, die Ursache davon zu untersuchen. Wieviel unüberlegte Ausrufe sind hierüber nicht gemacht worden! Die Sittenlehre hat sich mit ins Spiel gemengt. Die Sachverwalter haben ihre Sachen damit vor Gericht ausgeschmückt. Die Prediger haben tausenderlei schöne Gleichnisse daraus gezogen, und in Schulen sind unzählige Ausarbeitungen darüber aufgegeben worden. Indessen sind das alles Sachen, die gegen die Erfahrung laufen, wie diejenigen, die sich die Mühe gegeben, solches zu untersuchen, es erwiesen haben.

47. Was die wahre Ursache vom Ansehen einer Meinung ist

Man sieht daraus, daß die Gelehrten zuweilen eine ebenso Ungewisse Bürgschaft leisten wie der gemeine Mann und daß eine durch ihr Ansehen bestärkte Sage deswegen doch noch falsch sein kann. Durch den Namen und Titel eines Gelehrten muß man sich daher nicht blenden lassen. Was wissen wir, ob jener große Doktor, der einen gewissen Lehrsatz für wahr ausgibt, mehr Umstände gebraucht hat, sich davon zu überzeugen, als ein Ungelehrter, der denselben ohne vorhergegangene Untersuchung für wahr angenommen hat? Hat der Doktor dieses letztere getan, so gilt seine Stimme nicht mehr als des Ungelehrten seine. Denn das Zeugnis eines Mannes hat um so viel mehr oder weniger Gültigkeit, je größer oder kleiner die Gewißheit ist, welche er sich durch völlige oder schlechte Nachricht einer Sache zuwege gebracht. Ich habe es Ihnen bereits gesagt und wiederhole es nochmals : Die Menge der Anhänger kann eine Meinung nicht wahrscheinlich machen, es wäre denn, daß man gewiß wüßte, sie sei von allen diesen ohne Vorurteil für wahr gehalten worden. Sie hätten daran nicht zweifeln können, weil sie durch eine verständige, richtige und mit großer Kenntnis der Sachen vergesellschaftete Untersuchung gezwungen worden sind, derselben Beifall zu geben. Wie man sonst mit gutem Grund sagt: Ein einziger Zeuge, der die Sache mit angesehen hat, ist glaubwürdiger als zehn andere, die es nur vom Hörensagen wissen[75]; so kann man auch versichert sein, daß ein geschickter Mann, der nichts bekanntmacht, als was er sehr wohl bedacht und außer allem Zweifel befunden hat, seiner Meinung ein größeres Gewicht gibt als hunderttausend gemeine Geister, die einander blindlings folgen und sich einzig und allein auf die Redlichkeit anderer verlassen. Und das ist unfehlbar die Ursache, warum Themistios und Cicero so freiheraus gestehen, der erstere: Er würde dasjenige, was ihm Plato durch einen Wink zu verstehen gäbe, lieber glauben, als was alle anderen Philosophen ihm mit einem Schwur versicherten, und der letztere: [76] Das einzige Ansehen des Plato sei vermögend, ohne einigen Beweis allen Unglauben seines Verstandes zu brechen.

48. In der Weltweisheit müsse man nicht nach den meisten Stimmen urteilen

Ich billige diese Art nicht. Ich bleibe dabei: Man muß die Stimmen nicht zählen, man muß sie abwägen. Diejenige Art, eine Streitigkeit durch die meisten Stimmen auszumachen, ist so vieler Unbilligkeit unterworfen[77], daß nur die Unmöglichkeit, anders zu verfahren, sie in gewissen Fällen für billig erklären kann. Sie sehen mehr als zu wohl, wie diese Unmöglichkeit entstehen kann. Niemand in der Welt besitzt das Vermögen, richtig zu bestimmen, um wieviel eine Stimme die andere überwiegt. Man hat auch das Recht und die nötige Einsicht nicht, die Meinung einer Gesellschaft jede nach ihrem Wert zu beurteilen. Und so ist es denn notwendig, daß man in gewissen Fällen eine Stimme so viel gelten lassen muß wie die andere. Da aber die philosophischen Streitigkeiten von der Art nicht sind, so kann es uns kein Mensch verdenken, wenn wir den Beifall unzähliger leichtgläubiger und abergläubischer Leute für nichts rechnen und vielmehr die Gründe einer kleinen Anzahl Philosophen gelten lassen.

Auf diese Art würde ich nicht mit Ihnen sagen: *Vox populi, vox Dei*, des Volkes Stimme ist Gottes Stimme, denn wenn ich dieses glauben sollte, so müßte ich die lächerlichsten Einfälle für wahr annehmen. Vielmehr würde ich darauf dringen, man sollte doch nur vorher untersuchen, ob es wahr sei, daß die Jahre kurz nach dem Erscheinen der Kometen allemal durch traurige Begebenheiten merkwürdiger gewesen als sonst andere Zeiten. Befände man alsdann, daß das in der Tat sich so verhielte, so könnte man erst weiter nachfragen und untersuchen, was wohl die Ursache einer solchen Verknüpfung zwischen diesen traurigen Begebenheiten und den Kometen sein möchte. Fände man aber das Gegenteil davon, so müßte man sich bemühen, aller Welt die unbegründeten Einbildungen in diesem Stück zu nehmen. Man würde diese Falschheit alsdann unter dem Vorwand, sie sei doch in der ganzen Welt ausgebreitet, in der Tat nicht höher achten, als ob nur zwei oder drei Personen daran krank lägen. So urteilt Cicero[78]: Man hat nicht Ursache, spricht er, ein Urteil hochzuachten, welches von einer Menge Personen gefällt worden, deren jede besonders genommen die Sache so wenig einzusehen vermochte, daß ihr Gutdünken nicht von der geringsten Erheblichkeit war.

49. Wie lächerlich es ist, wenn man sich um die Ursachen einer Sache, die nicht da ist, kümmert

Es ist diese Ordnung weit natürlicher und weit bequemer, als wenn man erst untersuchen will, was eine Sache sei, bevor man noch ausgemacht, ob sie wirklich da sei. Es gibt so viele wirkliche Dinge, mit deren Untersuchung man sich beschäftigen kann, daß diejenigen nicht genug zu tadeln sind, welche ihre Zeit dazu anwenden, daß sie die Ursache von dem, was nicht da ist, finden möchten und die Kräfte ihre Verstandes der Wahrheit zum Nachteil so gern auf etwas anders zu richten pflegen. So verdroß es jenen Philosophen[79] nicht wenig, als man ihm sagte, daß die Wolle, die an den Feigen, die man auf die Tafel gebracht, zu sehen war, von einigen Schafen herrühre, die an einem Gesträuch unter dem Feigenbaum hängengeblieben, denn dadurch verlor er nicht nur die Frucht eines sehr langen Nachdenkens, sondern auch die Ehre, daß er nach reiflicher Überlegung eine Ursache erfunden, durch die es begreiflich würde, wie diese Wolle aus dem Baum hätte wachsen können.

Ich wollte dem Plutarch zu Gefallen, daß er auf die Frage: Warum doch junge Füllen mit der Zeit besser laufen lernten als andere, wenn sie von einem Wolf verfolgt worden sind, zur Antwort gegeben hätte, was ihm der Autor von der Kunst zu denken[80] sehr artig in den Mund legt: Es geschähe solches deswegen, *weil es vielleicht nicht wahr wäre*. Ich habe aber das Original, nämlich das achte Kapitel des andern Buches seiner Tischreden, darin diese Frage untersucht wird, mehr als einmal durchgelesen und diese Antwort daselbst nicht gefunden. Bei dem Seneca[81] habe ich wohl eine Stelle angetroffen, die jener sehr ähnlich ist. Er redet von einer sehr artigen Sache, nämlich von dem Aberglauben, den die Einwohner der peloponnesischen Stadt Cleone hatten, welche gewisse Leute dazu bestellten, daß sie achtgeben sollten, wenn es hageln würde. Sobald wie diese es der Stadt zu wissen getan, hätte ein jeder schleunig Opfer gebracht oder sich in die Finger geschnitten und also den Hagel von seinem Feld abgewendet. Man hätte darüber philosophiert, und einige hätten sich recht gemartert, die Ursache zu ergründen, wie doch ein kleiner Schnitt die Wolken zurück- oder auf die Seite treiben könnte. Wäre es nicht besser gewesen, sagt hierauf Seneca, man hätte frei behauptet, es wäre nur Betrug und ein leeres Geschwätz?[82]

Montaigne, von dem die Herren aus dem Port-Royal, die sonst seine Freunde eben nicht sind, an einem Ort folgendes Urteil fällen: Ob er schon niemals die wahre Größe des Menschen eingesehen, so habe er doch seine Fehler ziemlich zu treffen gewußt[83], Montaigne, sage ich, ist darin mit dem Seneca eines Sinnes. Ich will ihn in seiner alten französischen Sprache reden lassen, die oft annehmlicher klingt als die künstlichsten Perioden unterer Skribenten: Ich dachte jetzt daran, wie ich oft zu tun pflege, was doch für ein freies und ungebundenes Werkzeug die menschliche Vernunft ist. Ich sehe, daß gemeiniglich die Menschen bei den Sachen, die man ihnen vorlegt, lieber nach ihren Ursachen als nach ihrer Wahrheit zu fragen pflegen. Sie übergehen die Dinge, die man voraussetzen muß, und untersuchen mit großer Begierde die Folgen. Sie übergehen die Sachen und bekümmern sich um die Ursachen. Gewiß artige Schwätzer! Gemeiniglich fangen sie also an: Wie geschieht das? Allein, geschieht es denn auch?, sollten sie fragen. Ich finde fast durchgehend, daß man sagen sollte: Die Sache ist nicht. Und ich würde oft auf diese Art antworten, allein ich darf nicht, usf.[84]

Es gibt deren sehr viele, die das tun, was Montaigne hier sagt, welche die Sachen übergehen und um die Ursachen sich bekümmern. Das war der Fehler des Avicenna, eines großen Arztes, wenn es auf Lehrsätze ankam, aber ohne Erfahrung. Sofern eine Sache nur keinen Widerspruch zu enthalten schien, so glaubte er schon, es sei billig, daß er seine gelehrten Betrachtungen darüber anstellte, gesetzt auch, daß sie niemals wirklich gewesen. Zu Galens Zeiten gab es viele Ärzte, die an gleicher Krankheit daniederlagen. Sie schlössen und stritten unbedachtsamerweise über Dinge, die ihr Lebtag nicht gefunden wurden. Sie gaben sich z.B. ungemein viel Mühe, die Ursache zu finden, warum doch bei Hauptbrüchen kein Knorpel wüchse.[85] Ihr müßt sehr wenig zu tun haben, sagt Galen zu ihnen, und ihr begeht eine große Torheit, daß ihr von einer Sache, die nie geschieht, Gründe angebt. Denn es ist höchst falsch, daß dergleichen Brüche nicht zusammenwachsen und knorplig werden sollten.

50. Aberglaube der Alten in Ansehung der Sonnen-und Mondfinsternisse

Ich dachte, ich hätte bereits alles gesagt, allein ich sehe wohl, daß ich eine sehr nötige Anmerkung vergessen habe. Sie werden es also nicht ungütig nehmen, wenn ich Sie noch etwas länger aufhalte. Die Sache ist diese: Man macht sich noch heutzutage einen fürchterlichen Begriff von den Verfinsterungen, als wenn es Vorboten der allergrößten Drangsale wären. Die alten Heiden hatten davon wunderliche Gedanken. Sie werden hiervon im folgenden Exempel finden, da ich bei Gelegenheit solches berühren will; hier haben Sie einige davon, die ich mit Vorsatz an führe.

Nikias, ein Anführer der Armee, welche die Athenienser nach Sizilien geschickt hatten, sah sich nach vielem Verlust genötigt, den Beschluß zu fassen, nach Griechenland zurückzukehren. Es war alles weislich zubereitet worden, die Anker aufzuziehen, ohne daß es die Feinde gewahr wurden, als eben eine Mondfinsternis eintrat.[86] Nikias hätte eine so geneigte Gelegenheit sich zunutze machen und den Rückweg nehmen können, ohne daß es die Feinde erfahren hätten. Allein die abergläubische Furcht bemächtigte sich seiner so stark, daß er sich nicht getraute, von der Stelle zu weichen. Es wäre gut, sagte er, wenn man nicht eher absegelte, bis der Mond seinen Lauf wieder gänzlich zu Ende gebracht hätte. So viel verlangten nicht einmal die Wahrsager, denn die waren es gemeiniglich zufrieden, wenn man nur in drei Tagen nach der Verfinsterung nichts unternahm. Nikias aber mochte sich vielleicht einbilden, der Mond ändere seinen Einfluß entweder in einem Monat oder in vierzehn Tagen nicht, so wie es noch jetzt diejenigen glauben, welche behaupten, daß das Wetter, welches man beim Neu- oder Vollmond hat, den ganzen Monat durchdauern werde. Er glaubte daher, drei Tage wären nicht zulänglich, der Verfolgung dieser Mondfinsternis zu entrinnen. Er hatte Ursache, solches zu bereuen, denn alle Pässe, dadurch er sich hätte zurückziehen können, wurden ihm abgeschnitten. Er selbst ward gefangen, und seine Völker fanden ihren Untergang auf unterschiedliche Weise.

Alle die schönen Reden des Agathokles[87], welche er an seine Soldaten hielt, da sie in Afrika anlandeten, waren nicht vermögend, ihnen den Schrecken zu nehmen, welcher sie überfiel, da sie unterwegs eine Sonnenfinsternis gesehen hatten. Es war ein Glück, daß Agathokles weniger Aberglauben besaß als Nikias, denn so konnte er seinen Verstand besser gebrauchen als jener. Er legte diese Verfinsterung folgendermaßen aus: Er beredete seine Völker, wenn die Verfinsterung vor ihrer Einschiffung geschehen wäre, so würde dieselbe ihnen nichts Gutes prophezeit haben, da man sie aber nach ihrer Abreise gesehen hätte, so wäre das eine üble Vorbedeutung für diejenigen, welche man bekriegen wollte. Die Verfinsterungen, setzte er hinzu, meldeten allemal im voraus, daß der gegenwärtige Zustand der Dinge sich ändern werde. Sie auf ihrer Seite hätten also völliges Recht zu hoffen, daß die Sachen, die sie in Sizilien in ziemlich üblen Umständen verlassen, ein besseres Ansehen gewinnen würden. Der Karthaginenser Umstände aber, die jetzt so gut aussähen, würden sich auf das ärgste verschlimmern. Durch dieses Mittel brachte er es so weit, daß ihr Schrecken sich einigermaßen verminderte. Tausend andere Exempel zeigen noch deutlicher, daß man die Verfinsterungen der Sonne und des Mondes für höchst üble Vorboten gehalten hat.

51. Abergläubische Gedanken der Neueren bei den Verfinsterungen

Das ist noch jetzt die Meinung des großen Haufens. Selten gedenken die Geschichtsschreiber solcher Verfinsterungen, da sie nicht zugleich melden sollten, sie hätten das Absterben dieses oder jenen Königs, die Empörung dieser oder jener Provinz oder ein anderes dergleichen Unglück, welches sie berühren müssen, vorherbedeutet. Von den Sterndeutern, die die Kalender verfertigen, bis auf diejenigen, die nur vornehmen Herren die Nativität stellen, ist auch nicht ein einziger, der nicht sagen sollte, die Verfinsterungen wären Vorboten des Krieges, der Hungersnot, der Pest, der Überschwemmungen, des Absterbens eines großen Herren und anderer dergleichen Dinge. Und sie finden darin weit mehr Glauben, als wenn sie sagen, sie bedeuteten nur Regen oder Frost. Die Sonnenfinsternis, welche den 12. August 1654 geschah, sollte ihrem Vorgeben nach das Oberste zuunterst kehren. Einige setzten, es würde eine Sintflut kommen wie zu des Noah Zeiten oder vielmehr eine Feuerflut, die das Ende der Welt bringen würde. Andere begnügten sich mit einer wichtigen Umkehrung in der Welt und mit dem gänzlichen Untergang der Stadt Rom. Man hatte die Leute in eine solche Furcht gejagt, daß diejenigen, welche sich nur in die Keller verkrochen hatten oder die in wohlverschlossenen Zimmern steckten, darinnen man eingeheizt und stark geräuchert hatte, damit man, auf Befehl der Ärzte, für die üblen Einflüsse wohl verwahrt wäre, völlig glaubten, sie wären berechtigt, jene furchtsamen Geister auszulachen, und man würde sie ganz gewiß für recht starke Geister ansehen. Und in der Tat, in Vergleichung so vieler anderer, die sich das Ende der Welt einbildeten, zeugte dieses noch von einer ziemlichen Stärke des Geistes. Der Schrecken war so groß, daß ein Priester auf dem Lande, da er mit dem Beichthören aller seiner Kirchkinder, die nicht anders glaubten, als sie würden davon sterben müssen, nicht fertig werden konnte, gezwungen ward, von der Kanzel abzukündigen, sie sollten doch nicht so eilen: *die Sonnenfinsternis wäre vierzehn Tage aufgeschoben worden.* Sie können dieses in einer Schrift des Herrn Petit[88] nachlesen, welcher Oberaufseher über die Festungswerke und ein geschickter Mann war und der sich mit großer Herzhaftigkeit dem Irrtum des gemeinen Volkes widersetzt hat.

Sie sehen daher, mein Herr, wie die Alten und Neueren, die Heiden und Christen darin vollkommen übereingekommen, daß sie gedacht haben, die Verfinsterungen wären Vorboten großer Unglücksfälle. Und doch sind alle diese Gedanken höchst falsch, denn fürs erste können diese Verfinsterungen nichts Böses verursachen, und fürs andere können sie keine Zeichen davon abgeben.

52. Daß die Verfinsterungen nichts Unglückliches verursachen können

Mein Satz ist dieser: Eine Verfinsterung, sie mag an der Sonne oder am Mond geschehen, kann nichts Unglückliches verursachen. Sie macht höchstens nur so viel, daß die Erde auf eine kurze Zeit nicht erleuchtet wird, und das kann so große Folgen nicht haben. Sie wissen den Einfall, welchen Perikles, einer der vornehmsten Männer des Altertums, dabei gehabt hat. Er war im Begriff, die Flotte, davon er General war, zu einer wichtigen Unternehmung absegeln zu lassen. Es entstand aber eine Sonnenfinsternis, und darüber erschrak sein Steuermann so sehr, daß er nicht wußte, wo er wäre oder was er anfangen sollte. Perikles, dem durch den Philosophen Anaxagoras alle dergleichen vergebliche Furcht war genommen worden, nahm seinen Mantel und breitete ihn vor die Augen des Steuermanns aus und fragte ihn, ob das was Böses wäre. Nein, antwortete der Steuermann. So ist daher auch das nichts Böses, versetzte Perikles, daß die Sonne verfinstert wird; denn der ganze Unterschied zwischen meinem Mantel, der dir das Licht der Sonne benimmt, und zwischen dem Körper, der die Verfinsterung verursacht, kommt darauf an, daß dieser größer ist als mein Mantel. Diese Anmerkung könnte so leicht von allen Menschen gemacht werden, daß man sich wundern muß, wie so gar wenige darauf verfallen.

Jedermann kann es leicht begreifen, daß man ganze Tage über an Orten sein kann, die weit finsterer sind als die Dunkelheit der größten Verfinsterung, ohne dadurch seiner Gesundheit im geringsten zu schaden, und daß man einen Birn- oder Apfelbaum drei oder vier Stunden unter sehr dichte Gezelte bringen kann, ohne daß die fruchte oder Blätter die übrige Zeit im Jahr den Schaden davon empfinden. Es ist wohl kein Bauer, der nicht wünschen sollte, die Nächte möchten doch etwas länger sein, damit die Hitze der Sonne die Früchte auf dem Lande nicht so zeitig auszutrocknen anfinge. Man gibt es zu, daß sehr dicke Wolken, welche die Luft fünf oder sechs Stunden hintereinander stärker verdunkeln als eine Sonnenfinsternis, die etwa fünf oder sechs Finger breit ist und bei hellem Himmel entsteht, zuweilen zur Ernte sehr zuträglich sind. Wenn auch der Neumond einen ganzen Tag unter der Sonne stehenbliebe, so daß es ganze vierundzwanzig Stunden finster auf der Erde wäre, so begreift man ganz leicht, daß das keinen Schaden verursachen würde. Jedermann weiß es, daß man sich auf einen Tag des Essens oder Trinkens entweder ganz oder zum Teil enthalten kann, ohne daß man davon stirbt oder krank wird oder es in zwei oder drei Tagen darauf fühlt. Man weiß auch ferner, daß die Lebensmittel zum Unterhalt des Lebens nötiger sind als die Sonne, denn so findet man Nationen, die ganz bequem viele Monate hintereinander leben können, ohne daß die Sonne über ihren Horizont aufgeht. Bei aller dieser Erkenntnis aber will man oder kann man nicht einsehen, daß der Mond oder der Schatten der Erde auf eine kurze Zeit die Strahlen von der Sonne auffangen könne, ohne daß daraus unendliche Unordnungen entstehen sollten. Man bildet sich sogar ein, diese Finsternis sei so boshaft, daß sie einen König mitten aus der Anzahl seiner Hofleute herausnähme und ihm vor allen andern eine tödliche Krankheit verursache, welches die allergrößte Ungereimtheit von der Welt ist. Kann man sich wohl was abgeschmackter vorstellen, als daß Leute, die die Kunst zu Hilfe nehmen, um sich vor den Strahlen der Sonne zu verbergen, die sich hinter die Fenster, hinter die Ladenfenster und Vorhänge verstecken, die niemals ausgehen, es sei denn Nacht oder wenn sie eine Maske vorgemacht und einen Sonnenschirm über sich haben, daß solche Leute, sage ich, zittern und beben, wenn sie nur an eine Verfinsterung denken, die doch in der Tat bei gewissen Jahreszeiten als eine Gefälligkeit des Mondes anzusehen ist, da dieser so gütig ist, daß er der Erde anstatt des Sonnenschirmes dient.

53. Daß die Verfinsterungen nicht ein Zeichen irgendeines Unglücks sein können

Wir wollen nunmehr sehen, ob nicht wenigstens die Verfinsterungen ein Zeichen der Unglücksfälle sein können, wenn diese die Erde beunruhigen sollen. Ich sage nein dazu, mein Herr, und hier ist eben der Ort, wo ich Sie erwartete. Ich weiß, daß dies die letzte Hoffnung ist, die sich diejenigen noch machen konnten, welche den üblen Einfluß der Verfinsterungen und Kometen behaupten. Ich brauche nicht mehr als zwei Sachen anzuführen, um sie aus dieser letzten Verschanzung zu treiben. Das erste ist: Die Verfinsterungen erfolgen in einer so natürlichen Ordnung, daß auch der schlechteste Sternseher die Stunde, den Tag, die Gegend am Himmel, wo sie angehen wird, viele Jahrhunderte vorher, ehe sie entstehen, voraussagen kann. Das andere ist: Es geschehen in allen Zeiten und in allen Ländern oft mehr als vier in demselben Jahr, oft in solchen Stunden, da sie niemand gewahr wird als Leute, die deswegen Besoldung bekommen, oft auch, wenn die Wolken verhindern, daß sie niemand sehen kann.

Der erste Grund scheint meines Erachtens sehr bündig zu sein. Denn wenn die Verfinsterungen als eine notwendige und natürliche Folge der Bewegung der Himmelskörper anzusehen sind, so kann der Mensch zu ihrem Erscheinen nicht das geringste beitragen, und sie geschehen ohne alle Absicht auf seine guten oder bösen Handlungen. Folglich würden sie ebensowohl erfolgen, Gott möchte die Menschen strafen wollen oder nicht, und also kann das nicht ein vorläufiges Zeichen der Strafgerechtigkeit Gottes sein. Ferner muß man entweder der Vernunft absagen oder zugestehen, daß eine natürliche Wirkung nur dann ein Zeichen einer gewissen Sache sein kann, wenn sie diese Sache hervorbringt oder von ihr hervorgebracht ist oder wenn alle beide von einer Ursache herrühren. Wir wollen an einem andern Ort die übrigen Arten der Zeichen untersuchen. Jetzt will ich nur soviel sagen, daß die Verfinsterungen nicht zukünftige Unglücksfälle auf keine von diesen Arten bedeuten, weil ich gezeigt habe, daß sie nicht die Ursache irgendeines Unglücks sind. Man möchte denken, ich wollte die Geduld eines geschickten Mannes mißbrauchen, wenn ich ihm dieses weitläufig vorstellen wollte. Doch da ich mich einer Stelle aus dem Plutarch[89] er innere, da gesagt wird, daß die Philosophen unrecht hätten, wenn sie dächten, daß durch die Erklärung der natürlichen Ursachen einer Wirkung dieser alle bedeutende Kraft genommen werde, so will ich doch etwas davon hier berühren.

54. In welchem Sinn eine natürliche Wirkung ein Zeichen von etwas sein könne

Ich sage daher: Wenn die Philosophen diejenigen Begebenheiten nicht ausschließen, welche aus einerlei natürlichen Ursachen entstehen, so haben sie recht. Zum Exempel: Sie hätten die wahre Ursache der Bewegungen gewisser Tiere gefunden, von denen man sagt, sie prophezeiten Regen. Sie fänden nunmehr auch, daß ebendiese Ursache den Regen hervorbrächte, oder sie habe eine natürliche Verknüpfung mit derjenigen Ursache, die den Regen veranlaßt, so würden Sie freilich unrecht haben, wenn Sie sagen wollten, die Bewegungen dieser Tiere verkündigten nicht Regen. Wäre aber jenes nicht, so würden Sie wohl tun, wenn Sie solches leugneten. Denn das ist eben der Grund, warum man den Aberglauben der Heiden verwerfen kann, da sie nämlich sich einbildeten, der Flug eines Vogels prophezeie den Sieg oder den Verlust einer Schlacht. Plutarch setzt hinzu: Der Fleiß der Menschen verfertige gewisse Sachen, die etwas bedeuten sollten, wie man solches aus dem Exempel eines Zeigers an der Uhr abnehmen könne. Daraus schließt er: Ob man gleich wüßte, wie man eine Sache mache, so könne man doch deswegen nicht leugnen, daß sie zu einem Zeichen von einer andern sei gemacht worden. Die Antwort darauf ist leicht. Die Menschen können darin eins werden, daß sie ein gewisses Zeichen nach ihrem Gefallen annehmen. Sie können sich dazu gewisser natürlicher Beschaffenheiten eines Körpers, dessen Ursache sie wissen, bedienen, aber das geschieht nur in Sachen, die in ihrer Gewalt stehen. Sie können sich z.B. des Schattens eines Sonnenzeigers dazu bedienen, daß er ihnen zeigt, wenn sie in die Kirche gehen sollen. Aber in Begebenheiten, die in ihrer Gewalt nicht stehen, z.B. bei der Pest, Hunger, Sieg usf., ist das was anderes. Niemand als Gott kann uns dieses wissen lassen, entweder wenn er uns die Ursachen entdeckt, daraus diese Dinge notwendigerweise entstehen, oder wenn er uns offenbart, daß diese oder jene Sache uns gezeigt wird, damit wir eine Vorbedeutung von diesem oder jenem Unglücksfall haben möchten. Wenn daher die Verfinsterungen Vorboten zukünftiger Übel sein sollten, so müßte uns Gott dieselben als Zeichen gegeben haben entweder dadurch, daß er uns entdeckt, diese Übel entstünden aus den Verfinsterungen als aus ihrer natürlichen Ursache, oder daß er es uns gesagt, er wolle es so haben, daß wir durch die Verfinsterungen von unserem Unglück Nachricht im voraus bekommen sollten. Gott hat beides nicht getan, folglich sind die Verfinsterungen keine Zeichen. Es ist klar, daß uns Gott nicht zu erkennen gegeben, daß die Verfinsterungen eine Ursache der darauffolgenden Begebenheiten wäre, denn kein Mensch hat jemals deutlich eingesehen, wie ein wenig Dunkelheit vermögend sei, die ganze Erde zu beunruhigen. Es ist auch dieses außer allem Zweifel, daß Gott nicht bekanntgemacht, er wolle es haben, daß die Kometen uns als Vorbedeutungen dienen sollten; einesteils hat er es nicht offenbart, andernteils haben sie nichts an sich, woraus man vernünftigerweise folgern könnte, daß sie Zeichen sind. Dies ist mein anderer Grund.

55. Anmerkungen, wie man erkennen kann, ob etwas ein von Gott geschicktes Zeichen ist

In der Tat, mit was für Wahrscheinlichkeit kann man sagen, Gott habe ein Ding zum Zeichen seiner Züchtigungen erwählt, welches vier- oder fünfmal des Jahres erscheint und welches zum öftern nicht einmal jemanden bekannt wird? Sollten diese Zeichen auf vernünftige Kreaturen einen Eindruck machen, so müßten sie selten und nicht zur Vorbedeutung der gewöhnlichen Beschwerlichkeiten, die das menschliche Leben jährlich betreffen, sondern zur Verkündigung der Zornruten bestimmt sein, womit Gott die Menschen in seinem größten Zorn heimsucht. Es muß nicht das Ansehen haben, als ob sie schlechterdings von dem natürlichen Lauf der Dinge abhingen. Sie dürfen auch nicht unter den Wolken oder des Nachts entstehen, da die

Menschen im Schlaf liegen. Sieht man denn nicht, daß ein Ding, welches alle Jahre geschieht, ebensowohl für ein Glücks- oder Unglückszeichen könne genommen werden? Wenn ein Geschichtsschreiber sich Mühe geben wollte, würde er nicht zu seinem Behuf Verfinsterungen antreffen, wenn er haben wollte, daß sie die Vermählung seines Prinzen, die wegen der Geburt seiner Kinder in allen Erbländern angezündeten Freudenfeuer, die über die Feinde erhaltenen Siege, die Erneuerungen einer Allianz, die Friedensschlüsse, das Aufhören der Pest, die Gesundwerdung einiger Personen von der königlichen Familie und alles das, was man öffentliches Glück zu nennen pflegt, vorbedeuten sollten?

Ich habe bereits angeführt, daß Origenes eines Weltweisen gedenkt, welcher ein Buch geschrieben, darin er zeigt, daß die meisten Kometen ein großes Glück vorbedeutet haben. Man könnte dasselbe noch weit leichter von den Verfinsterungen zeigen. Und wie man sagt, daß ein in der Sterndeuterkunst wohlbewanderter Schriftsteller[90] allen großen Männern des Altertums die Nativität gestellt und dabei gezeigt hat, daß sie nach den Regeln dieser Kunst ganz anders sein müßten, als uns die Historie dieselben abbildet, so wäre es auch leicht zu zeigen, daß die Verfinsterungen Begebenheiten nach sich gezogen, welche von denjenigen ganz unterschieden gewesen, die nach ebendenselben Regeln hätten erfolgen müssen. *Wenn ihr wahrsagen wollt* (sagte ehemals Martianus), *so sagt nur allemal gerade das Gegenteil von demjenigen, was die Sterndeuter sagen.*

56. Anwendung dessen auf die Kometen, was von den Verfinsterungen gesagt wurde

Wenn Sie, mein Herr, dieses wohl bemerken, so werde ich nichts gegen die Verfinsterungen gesagt haben, das nicht auch die Kometen niederschlagen sollte. Und das ist die Ursache, warum ich dabei weitläufig gewesen bin. Wollen Sie Ihren Satz einschränken und behaupten, die Kometen verursachten die Unglücksfälle nicht, die darauf erfolgten, sie prophezeiten nur dieselben, so bin ich es zufrieden. Ich verlange nichts mehr, und ich will Ihnen genug zu schaffen machen. Sie erlauben indessen, daß ich wie bei den Kometen also auch hier anmerke, daß die Kometen mit gewissen Umständen verknüpft sind, weswegen sie keine Vorbedeutungen sein können. Sie sind allzu häufig. Seit 1298 bis 1314 zählt man deren sieben, sechsundzwanzig seit 1500 bis 1543, fünfzehn oder sechzehn seit 1556 bis 1597. Viele Jahre hintereinander sind jedes Jahr einige erschienen. Das ist nichts Seltenes, wenn man ihrer zwei in demselben Jahr entweder in unterschiedlichen Monaten oder in unterschiedlichen Stunden desselben Tages zu sehen bekommt. Man sah im Jahre 1529 vier auf einmal. Auf das Jahr 1618 allein werden acht bis neun Kometen gerechnet. Wir andern, die wir keine Sternseher sind, wir denken, seit 1665 bis 1680 sei keiner erschienen. Unterdessen haben sich im Jahre 1668, 1672, 1676 und 1677 für die Sternkundigen etliche sehen lassen.[91] Es gibt Kometen, die gleich des andern Tages sich in den Sonnenstrahlen verlieren und nicht mehr gesehen werden. Es ist wahrscheinlich, daß einige herumspazieren, ohne daß man sie gewahr wird, weil sie sich immer nahe bei der Sonne aufhalten. Darunter gehörte derjenige Komet, dessen Seneca gedenkt, welchen man ungefähr bei einer Sonnenfinsternis erblickte und den man sonst nicht würde gesehen haben.[92]

Gestehen Sie es nur, mein Herr, alle diese Umstände schicken sich gar nicht für Zeichen, die Gott ausdrücklich hervorbringt, um uns vor unserem Unglück zu warnen. Müssen denn diese Zeichen so häufig sein? Verlieren sie nicht ihre Stärke, sobald man ihrer gewohnt wird? Und wenn die Menschen demungeachtet sie für Zeichen angesehen haben, obschon derselben sechsundzwanzig binnen dreiundvierzig Jahren erschienen, ist es nicht daher gekommen, weil sie ihre Vernunft nicht gebraucht haben? Muß uns Gott Zeichen zuschicken, die nur deswegen für Zeichen gehalten werden, weil der Mensch unwissend ist? Warum kommen so viele Kometen in einem Jahr? Ist es nicht genug, wenn nur ein Zeichen von einer gewissen Art zu einer Zeit sich sehen läßt? Und insbesondere, was sollen die Kometen, die nur von zwei oder drei Sternsehern erblickt werden? Ist ein solcher nicht ein verlorenes Zeichen, dadurch die Vorsorge ihren gefaßten Endzweck nicht erhält? Wie kann man sich einbilden, daß Gott den Menschen unsichtbare Zeichen zuschicken werde, oder wenn er sie zwei oder drei Personen bekanntmachen wollte, daß er eben die Sternseher dazu wählen würde, die nichts davon glauben und die gewiß niemanden zur Buße ermahnen werden? Warum leidet man, daß solche Zeichen, die zu dem Zweck, wozu sie bestimmt sind, anders nicht dienen können, als insofern sie von aller Welt gesehen werden, sich blindlings an einen Ort des Himmels werfen, wo sie die Sonne unsichtbar macht? Erwägen Sie alles dieses wohl, mein Herr, so werden Sie sehen, daß die unendlich weise Vorsorge Gottes dergleichen vergebliche Dinge nicht unternimmt.

Sagen Sie mir ja nicht, es käme uns nicht zu, darüber unsere Glossen zu machen, was Gott tut, denn ich gebe Ihnen gleich zur Antwort, daß dies nur eine leere Ausflucht ist, wie ich es im folgenden zeigen werde. Erkennen Sie vielmehr, daß, wenn man sich von diesen angeführten Schwierigkeiten loswickeln will, man glauben müsse, die Kometen seien Werke der Natur, welche ohne Absicht auf das Glück oder Unglück der Menschen nach den allgemeinen Regeln der Bewegung von einem Ort zum andern gebracht werden und die sich der Sonne mehr oder weniger nähern und zu einer Zeit mehr als zu einer andern erscheinen, weil die Begegnung anderer Körper, wonach Gott seine Mitwirkung einrichtet, es also erfordert. Und wie Sie nicht behaupten können, daß die Kometen, welche nur zwei oder drei Personen erschienen, Zeichen gewesen, so gestehen Sie nur, daß es Kometen gibt, welche nichts bedeuten. Daraus folgt, daß nicht ein einziger ist, der etwas bedeutet, weil der Unterschied zwischen einem Kometen, der nicht von allen gesehen wird, und zwischen einem andern, den jedermann sehen kann, nur darin besteht, daß der eine weiter von uns steht oder kleiner oder der Sonne näher ist als der andere. Das macht aber in der Natur derselben keinen Unterschied. Ehestens will ich Ihnen etwas schreiben, das mehr in Ihren Kram dient.

A..., den 25. Mai 1681

57. Siebenter Grund, aus der Gottesgelehrtheit hergenommen: Daß, wenn die Kometen üble Vorboten wären, Gott Wunderwerke getan haben würde, um die Welt in der Abgötterei zu bestärken

Ich könnte, mein Herr, mich aller dieser Gründe und noch vieler anderer bedienen und sie gegen die Einwände, die man nur machen könnte, befestigen, allein ich begebe mich derselben, weil ich sehe, daß man Ihnen nicht anders als durch theologische Gründe beikommen kann. Hier haben Sie einen, den ich mich nicht erinnere, jemals gelesen zu haben, und der mir dieser Tage einfiel, als ich die alten Gedanken von dem Kometen 1665 wiedererweckte.

Ein Geistlicher von meinen Freunden, der sich etlichemal vergebens bemüht hatte, mich zu überführen, daß dieses Luftzeichen etwas Übles nach sich ziehen würde, hatte nicht sobald den Tod des Königs in Spanien Philipp IV. erfahren, als er zu mir kam, um mir damit einen wichtigen Einwurf zu machen, und gleich anfing, mich mit einer triumphierenden Miene zu fragen, ob ich nun noch ferner, nach einem solchen Exempel, die Hartnäckigkeit haben würde, zu behaupten, daß die Kometen nichts Böses auf der Welt nach sich zögen.

Allem Ansehen nach würde es ihm ganz lieb gewesen sein, wenn er, seinen Einwurf zu bestärken, mir dasjenige hätte sagen können, was Herr Bassompierre an Herrn Luines im Jahre 1621, kurz nach Absterben des Königs Philipp III., schrieb: Es scheint, als ob der Komet, mit dem wir zu St-Germain unsern Spaß hatten, nicht gescherzt habe, da er in zwei Monaten einen Papst, einen Großherzog und einen König von Spanien zu Boden geworfen hat. Denn wie man von denjenigen sagt, welche gern Leute durchhecheln, daß sie lieber einen Freund als einen sinnreichen Einfall verlieren, so könnten ja diejenigen, welche auf die Vorbedeutungen so erpicht sind, wohl auch lieber den Tod zweier oder dreier Könige wünschen, als daß sie die Nichtigkeit ihrer Prophezeiungen sehen sollten, wie z.B. die Ärzte es nicht gern sehen, wenn ein Kranker, den sie für verloren gegeben haben, wieder aufkommt.

Ich gab meinem Freund, um mich nach seinem Handwerk zu richten, zur Antwort: Da Gott nichts umsonst tue, so habe er ohne Zweifel nicht Kometen sehen lassen, den

Tod des Königs von Spanien entweder zu beschleunigen oder vorzubedeuten. Ein Herr, der mit allerhand Übeln und Schwachheit geplagt sei und der schon seit langer Zeit nur deswegen lebe, weil er durch alle Erfindungen der Arzneikunst der Natur zum Possen gelebt, könnte ja wohl sterben, ohne daß es nötig wäre, um ihm das Leben zu nehmen, einen Körper am Himmel anzuzünden, welcher hundertmal größer ist als die Erde und der wie die Büchse der Pandora mit allerhand Flüchen angefüllt sein sollte; ja, es sei so unnötig, daß Gott der Welt die Nachricht geben solle, er sei willens, den König von Spanien zu sich zu nehmen, daß ganz Europa sich vielmehr verwundere, wie er seine Krankheiten so lange Zeit habe ausstehen können. Man hatte nichts dagegen einzuwenden. Ich dachte des folgenden Tages der Sache nach, und es fiel mir ein, daß diejenigen, welche die Vorbedeutungen der Kometen behaupten, Gott Sachen zuschreiben, die nicht allein unnötig, sondern auch seiner Heiligkeit höchst zuwider sind. Ich beweise es folgendermaßen.

58. Daß die Kometen das Böse nur als Zeichen vorbedeuten können

Es ist ein Glaubensartikel: Die Freiheit des Menschen geht über den Einfluß der Gestirne, und keine physikalische Eigenschaft kann sie zum Bösen notwendigerweise zwingen. Daraus folgere ich, daß die Kometen nicht die Ursache der Kriege sind, die sich in der Welt entspinnen, weil die Absicht Krieg zu führen, ebensowohl wie die wirklichen Feindseligkeiten, die darauf erfolgen, lauter Wirkungen der freien Willkür des Menschen sind. Und also können die Kometen höchstens nichts mehr als das Losungszeichen der Übel sein, die auf die Welt losfahren sollen, welches Gott vor den Augen aller Welt gibt, damit die Menschen erweckt würden, dem entsetzlichen Ungewitter, das ihnen droht, durch Buße zu entkommen. Denn ich sehe nicht, wie man nur behaupten kann, daß die Stäubchen eines Kometen die Kraft hätten, Pest, Hunger oder eine andere Veränderung in unseren Elementen hervorzubringen. Mein erster Grund beweist es unumstößlich. Ich schließe daher, daß die Kometen nur ein Zeichen zukünftiger Übel sein können.

59. Daß die Kometen nicht Zeichen bevorstehender Übel sein können, es sei denn, daß sie durch ein Wunderwerk hervorgebracht wurden

Daraus folgt, daß es Körper sind, die außerordentlich hervorgebracht worden sind und die nicht in die Kette natürlicher Ursachen gehören. Denn wären sie durch die Kraft und nach dem natürlichen Lauf der Dinge zum Vorschein gekommen, so könnte für sie das Zukünftige nichts mehr bedeuten als die Wirkungen, die mit ihnen in einer natürlichen Verknüpfung stünden. Folglich würden sie weder Pest noch Krieg, noch Hunger prophezeien, weil es ein Glaubensartikel ist, daß die freien Handlungen des Menschen, wie z.B. der Krieg ist, keine notwendige Verknüpfung mit den Eigenschaften eines Körpers haben und die Vernunft uns nicht eine notwendige Folge der Kometen in der Pest und im Hunger wahrnehmen läßt. Gott ist es daher, welcher die Kometen durch ein Wunderwerk hervorbringt, damit sie die Menschen vor ihrem Unglück, das ihnen zubereitet ist, wenn sie sich nicht bekehren, warnen, und der ihnen eine Erhebung und Bewegung gibt, wodurch sie allen Völkern des Erdbodens sichtbar werden, damit niemand sei, der darin seine Unwissenheit vorschützen könne.

60. Ungereimte Folge, die daraus entstehen würde, wenn die Kometen durch ein Wunderwerk hervorgebracht würden

Nun sehen Sie einmal die entsetzliche Folge, die damit verknüpft ist. Gott hat eine unzählige Menge der herrlichsten Wunder getan. Und warum? Damit er den erkaltenden Eifer der Abgötter wieder entflamme, damit er sie veranlasse, ihren falschen Gottheiten Opfer, Gelübde und Gebote mit größerer Inbrunst darzubringen, als sie sonst zu tun gewohnt gewesen. Bevor das Christentum aufgerichtet wurde, war Gott nur in einem kleinen Winkel des jüdischen Landes bekannt. Alle übrigen Völker waren in einen verkehrten Sinn dahingegeben.[93] Man wußte nicht, wie der wahre Gott, wenn er erzürnt worden, versöhnt werden müßte. Man fiel vor den Götzen nieder, man brachte ihnen Opfer, man fragte das Orakel und tat auf ihr Anraten alles dasjenige, was Gott am unangenehmsten war. Mehr wußte man bei einem solchen Schrecken nicht anzufangen. Was hieß es also, Kometen am Himmel anzünden? In der Tat nichts mehr, als die abgöttischen Handlungen verdoppeln wollen, und deutsch davon zu reden: Mehr konnte sich Gott nicht davon versprechen.

Ich leugne nicht, daß es verständige Leute unter den Heiden gegeben, welche es eingesehen, daß das wahre Mittel, der Gottheit zu gefallen, nicht in Darbringung kostbarer Hekatomben, sondern in einem gerechten Lebenswandel bestünde, und daß dieses letztere das wahre Opfer sei, welches den erzürnten Himmel versöhnen könne.

Immunis aram si tetigit manus,
Non sumptuosa blandior bostia
Mollibit aversos penates
Farre pio & saliente mica.
Berührt nur den Altar der Frommen reine Hand,

So wird der Götter Zorn gestillet;
Nicht, wenn man noch soviel zum Opfer aufgewandt,
Und Mehl und Salz Altäre füllet.

Horaz, Od. XXIII, L. III

Dem sei, wie ihm wolle, soviel ist gewiß, sie nahmen dazu Zuflucht nicht, wenn sie den Zorn Gottes entwaffnen wollten. Ihrem Zorn und dem Haß absagen, den sie gegen ihre Feinde hegten, das angetane Unrecht vergeben, ihre Lüste im Zaum halten, ihre Buhlschaften verlassen, sich innerlich vor Gott demütigen und einen lebendigen Schmerz darüber empfinden, daß man nicht tugendhaft gewesen, eine Herzensänderung und eine allgemeine Besserung ihrer Gedanken, ihrer Reden und ihrer Handlungen versprechen. Alles dies waren Sachen, daran niemand gedachte. Das waren Dinge, die allzuviel Schwierigkeiten mit sich führten und die man nicht kaufen konnte. Sie sahen es lieber, wenn es ihnen Geld kostete, Kapellen aufbauen zu lassen, die Götzentempel mit Geschenken und Opfern anzufüllen und die Kosten zu allen Versöhnungsopfern herzugeben, welche die Bücher der Sybillen oder die Orakel oder die Vogeldeuter oder die Priester überhaupt verordnen würden. Und das ist eben die Ursache, weswegen die Teufel aus gerechtem Gericht Gottes, welches wir in Demut verehren müssen, sich die Leichtgläubigkeit der Völker zunutze gemacht und so viel außerordentliche Luftbegebenheiten erweckt haben, wie ihnen nur möglich gewesen. Sie sahen wohl, daß dieses die Abgötterei ganz gewiß befördern und die Opfer, die Feste und den Aberglauben des Heidentums im Schwang erhalten würde.

61. Die Teufel unterhielten den Aberglauben durch Hervorbringen von allerhand Wunderzeichen

Hätte Brennus an der Spitze der Gallier den Delphischen Tempel geplündert, so würde der Eifer aller Völker, den Teufel, der daselbst zukünftige Dinge vorhersagte, um Rat zu fragen und ihm herrliche Geschenke zu bringen, unfehlbar um ein großes nachgelassen haben. Das sah der Teufel wohl, daher schonte er keine Mühe, diesen harten Sturm abzuwenden. Er ließ es durch die Priesterin sagen, daß er die Verteidigung seines Sitzes nicht unterlassen würde und daß er sich zu dem Ende weißer Jungfern[94] bedienen würde, darunter er den entsetzlichen Schnee verstand, den er auf die Gallier fallen lassen wollte. Nichts ist so fürchterlich wie die Beschreibungen, die man von den Wunderzeichen, die sich bei dieser Gelegenheit begeben haben, aufgezeichnet findet. Die Erde zitterte und öffnete sich unter den Füßen der Belagerer an tausend Orten. Der Donner tat so entsetzliche Schläge, daß man hätte meinen sollen, das ganze

Weltgebäude müsse zu Trümmer gehen. Der Blitz schoß auf allen Seiten. Felsen von einer erstaunenden Größe rollten von dem Parnaß und zermalmten durch ihren Fall unzähliges Volk unter den Galliern. Brennus brachte aus Verzweiflung sich selber ums Leben. Was von seinem Volk entrinnen konnte, verdarb durch Hunger, Kälte und anderes Elend. Mit einem Wort, die Delphische Gottheit konnte ihren Vorteil nicht nachdrücklicher befördern und die Verwegenheit des Brennus nicht besser zuschanden machen als auf diese Art, dadurch sie ihre Gottheit so deutlich blicken ließ. Fast ebenso war es dem Xerxes gegangen, als dieser Volk hinschickte, ebendiesen Tempel zu plündern. Warum alles dieses? Etwa daß die Menschen weiser und tugendhafter würden und einen wahren Abscheu vor dem Laster und eine Liebe zur Tugend bekämen? Der Teufel würde lieber alle Tempel in der Welt haben plündern lassen, als daß er das geringste hätte tun sollen, diese Veränderung in den Gemütern zu veranlassen. Was war dann die Ursache? Er wollte Opfer haben und in der Seele der Menschen den Aberglauben und die Abgötterei unterhalten. Er fragte wenig danach, ob man sich von wirklichen Lastern bekehren wollte, er bemühte sich vielmehr, dieses mit aller Gewalt zu verhindern. Er wollte, daß die Menschen die unterlassene Hochachtung gegen die Zeremonien der Religion und gegen die den falschen Gottheiten gewidmeten Dinge mit Abscheu und Erzittern ansehen sollten.

Was hat er nicht getan, die Aufopferung der Kinder zu befördern? Dionysios von Halikarnaß[95] erzählt uns, wie Jupiter und Apollo die Pelasgier auf das betrübteste geplagt habe. Ihre Früchte und ihr Getreide wurde durchgehend verdorben, ehe es zu Reife kam. Ihre Brunnen vertrockneten oder wurden so stinkend, daß man nicht draus trinken konnte. Man sah nichts als unzeitige Geburten, die Weiber starben entweder in Kindesnöten, so daß Mutter und Kinder draufgingen, oder sie brachten gebrechliche, blinde und übelgebildete Kinder zur Welt. Menschen und Vieh büßten überall durch unbekannte Krankheiten ihr Leben ein. Was war die Ursache davon? Die Pelasgier hatten obigen Gottheiten zur Zeit einer großen Unfruchtbarkeit den Zehnten aller ihrer Früchte zu geben angelobt. Sie hatten aber bei Erfüllung ihres Gelübdes den Zehnten ihrer Kinder zu opfern vergessen, Ein Betrug zwar war dabei nicht vorgegangen. Es war ihnen niemals in den Sinn gekommen, den Zehnten von dieser Art der Früchte anzugeloben. Da sie aber mit einem zu tun hatten, der listiger und verschmitzter war als sie, so schadete ihnen ein einziges Wort. Wer alles sagte, hieß es, der nähme nichts aus, und folglich müßten auch sie den Zehnten ihrer Kinder aufopfern, welches sie endlich eingingen, um nur Ruhe zu haben.

Die alte Historie ist voll von dergleichen Begebenheiten[96], welche alle sonnenklar zeigen, daß das kräftigste Mittel, dessen sich die Teufel zur Beibehaltung des Götzendienstes bedient haben, darin bestand, daß sie die Welt durch Wunderzeichen in Schrecken gesetzt. Dadurch erweiterter sie die abergläubischen Zeremonien der

Heiden, die sogar auf die entsetzlichsten Verbrechen hinausliefen. Sie gewöhnten die Menschen an allerhand Urteile: Es würden ihnen dadurch künftige Unglücksfälle verkündigt, ihre Nachlässigkeit in der Verehrung der Götter würde ihnen dadurch vorgeworfen. Man müßte daher die abgöttischen Zeremonien verdoppeln, öffentliche Umgänge und öffentliche Gelübde anordnen, wie etwa dieses war, das man *ver sacrum* nannte; Blutströme von unzähligen Opfern fließen lassen, Tempel und Altäre aufbauen, Festtage und öffentliche Lustspiele den Göttern zu Ehren anstellen und neue Götter zu Hilfe rufen, wie etwa die Römer bei einer grausamen Pest den Gott Äskulap in Epidaurus[97] suchen ließen und zu Pessinunt[98] die Göttin Kybele, nachdem einige Steinregen in Italien gefallen waren.

62. Daß die Heiden nichts getan, was den Zorn Gottes versöhnen gekonnt, wenn sie Wunderzeichen gesehen

Daraus folgt, daß alles dasjenige, was die Heiden beim Erblicken der Wunderzeichen zur Versöhnung des erzürnten Gottes angefangen, ganz und gar nicht geschickt gewesen war, den Zorn der wahren Gottheit zu stillen. Die Sünde verlor dadurch nicht das geringste von ihrer Herrschaft in der Seele des Menschen (sonst würde der Teufel ein solches Verhalten wohl unterlassen haben). Alle die Wunderzeichen also, welche diese abgöttischen Völker so sehr erschreckten, dienten gar nicht dazu, diese zu einer Änderung zu bewegen, damit die Strafen der göttlichen Gerechtigkeit zurückgingen, vielmehr veranlaßten sie dieselben zu solchen Sachen, wodurch der Zorn Gottes noch mehr entbrannte. Was folgt daraus? Ohne Zweifel, daß Gott die Kometen nicht erschaffen in der Absicht, die Völker zu erschrecken und ihnen zu zeigen, daß sie ohne Versöhnung ihrer Laster harte Strafen würden auszustehen haben.

63. Die Teufel waren Ursache, daß man viele Wirkungen der Natur für Wunder ansah

Es ist so wahr, daß die Wunderzeichen nur zur Bestätigung des Götzendienstes geschickt gewesen, daß die Teufel, die an der Fortpflanzung der Abgötterei auf alle Art und Weise arbeiten, sich sogar angelegen sein ließen, so viel Dinge für Wunderzeichen, die den Zorn des Himmels verkündigten, auszugeben, wie ihnen nur möglich war. Wurde etwa auf dem Lande eine Mißgeburt, ein zweiköpfiger Hund z.B. oder ein sechsfüßiges Kalb, zur Welt gebracht, gleich mußten sich alle Priester in der Hauptstadt versammeln, um Mittel zu ersinnen, das dadurch prophezeite Unglück abzuwenden. Man mußte untersuchen, welcher Gott oder welche Göttin nicht das Ihrige bekommen, und die vorangegangene Nachlässigkeit mit unzähligen Opfern ersetzen. Hätte man solches unterlassen, so würde jedermann geglaubt haben, man wolle den Sieg in die Hände der Feinde spielen und die öffentlichen Angelegenheiten in die unglücklichsten Umstände versetzen. Die Entzündungen des Berges Ätna oder des Vesuvs, ein Erdbeben, etwas seltsame Luftbegebenheiten, z.B. Donner bei hellem Himmel, Sonnen-und Mondfinsternisse, entzündender Blitz – alle diese Dinge wurden für solche unfehlbare Unglücksboten angesehen, daß man nichts verschonte, ihre Drohungen zu hintertreiben. Ein Sturmwind, wie etwa derjenige war, den man in der Champagne und in Polen im vorigen Jahr erlebt hat, würde zwei oder drei Monate alle Versammlungen der Vogeldeuter und Opferdeuter beschäftigt haben. Man würde das Pränestinische Orakel, die Bücher der Sybillen, die alten Schwarten, darin die Lehre der Hetrurier enthalten war, ja alles dasjenige zu Rate gezogen haben, was nur hätte lehren können, wie man das vorbedeutete Ungewitter erschweren sollte. Wenn die Flüsse sich ergossen, so waren das auch üble Vorbedeutungen. Man kann das aus der Erzählung ersehen, die Horaz[99] von den Wunderzeichen aufgesetzt hat, die sich nach dem Tode Cäsars zugetragen, da man sogar in Furcht gestanden, Jupiter würde noch eine Sintflut kommen lassen. Denn nachdem er vom Schnee, Hagel und Blitz geredet, so kommt er endlich auf die Ergießung des Tiberstromes. Virgil bezeugt ein Gleiches. Er erzählt ebendasselbe hintereinander, aber mit weit mehr Umständen. Er läßt Gespenster und Geister erscheinen, die Wölfe heulen, das Geklirre der Waffen in der Luft hören, Tiere reden. Blutströme hervorquellen, Bildsäulen schwitzen, Kometen erscheinen und viele andere Dinge mehr geschehen, die Sie wohl belieben möchten nachzulesen, so schön scheint mir der Ausdruck davon geraten zu sein. Sie werden daselbst[100] die Ergießung des Stroms Po mit antreffen. Schlagen Sie dabei die Erklärung des Servius über diese Worte Virgils nach, so werden Sie finden, daß die Ergießungen der Ströme nicht nur deswegen schädlich sind, weil sie viel Unglück mit sich führen, sondern auch, weil sie zukünftiges Übel vorbedeuten. Das war es, was man im Jahre 1649 zu Paris vorgab, als die Seine auf eine unerhörte Art anwuchs. So bezeugen auch Plutarch[101], Tacitus[102], T. Livius[103], daß die Überschwemmungen des Tiberstroms für unglückliche Vorbedeutung angesehen worden war.

Wenn ich bitten darf, so belieben Sie noch den Schluß des erstem Buches und den Anfang des andern in der Pharsale Lukans nachzulesen. Sie werden daselbst eine sehr genaue Bestätigung alles dessen finden, was ich an diesem Ort zu erweisen habe. Sie werden daselbst antreffen, daß der Bürgerkrieg Cäsars und des Pompejus eine unzählige Menge von drohenden Zeichen zu Vorboten gehabt hat, womit Meer, Himmel und Erde von den Göttern angefüllt gewesen. Sie werden daselbst Kometen und mehr feurige Luftbegebenheiten aufgezeichnet finden, als Sie wohl jemals in Ihren berühmten philosophischen Stunden den Zuhörern in die Feder diktiert haben. Sie werden Verfinsterungen an Sonne und Mond daselbst lesen, Entzündungen des Berges Ätna, Erdbeben, Überschwemmungen, redende und schwitzende Bildsäulen, seufzende Gräber, Mißgeburten, Geistererscheinungen, Begeisterungen und viele andere dergleichen Dinge. Sie werden daselbst sehen, daß die Wirkung alles dessen nicht die Änderung der Sitten oder die Abschaffung unbegründeter Meinungen bei dem Gottesdienst gewesen, welches die einzigen Stücke sind, die Gott durch gegebene Zeichen seines Zornes von uns fordert. Man habe vielmehr die Wahrsager Beratschlagungen anstellen lassen. Der älteste unter diesen habe den Römern keine andere Strafe auferlegt, als etlichemal um die Stadt in Prozession zu gehen und andere abergläubische Dinge, z.B. alle Mißgeburten ums Leben zu bringen. Sie werden finden, daß der alte Wahrsager und eine verwirrte Frau die ganze Stadt mit Schrecken angefüllt; jener durch die unglücklichen Zeichen, die er in dem Opfer gefunden, das man den Göttern gebracht, diese durch die Prophezeiungen, die sie auf den Gassen ausgeschrien. Wie dadurch die Weiber bewogen worden sind, haufenweise vor den Götzenbildern niederzufallen, da indessen die Männer gegen die Grausamkeit des Schicksals gemurrt. Lauter Dinge, die, wie Sie sehen, dem Willen Gottes schnurstracks zuwidergelaufen sind. Silius Italicus gibt ein gleiches Verzeichnis der Wunderzeichen zu Ende des achten Buches seines Karthaginensischen Krieges. Er gibt vor, daß die römische Republik dadurch vor dem entsetzlichen Verfall gewarnt worden ist, darein sie durch den Hannibal sollten gestürzt werden. Statius tut desgleichen in dem 7. Buch seiner Thebais, desgleichen Claudianus in seiner andern Rede gegen den Eutrophius. Und Petronius, dieser berufene Wollüstling und bekannte Freigeist, macht es noch ärger als alle anderen in dem poetischen Muster oder vielmehr in der Probe vom Bürgerkrieg, welche er an sein Buch mit angehängt hat. Sie behaupten insgesamt, daß die Unordnungen des Staates durch diese Wunderzeichen vorbedeutet worden, aber das sagen sie nicht, daß nur einer deswegen frömmer geworden.

64. Warum ich das Zeugnis der Poeten für mich anführe

Sagen Sie nicht, mein Herr, ich beginge einen Fehler, daß ich das Zeugnis der Poeten für mich anführte, da ich es oben gänzlich verworfen. Ich führe sie Ihnen nicht an, um zu beweisen, daß alle die Wunderzeichen wirklich erschienen, sondern nur, daß die Völker dergleichen Dinge für üble Prophezeiungen angesehen und dadurch gottloser geworden sind. Überdies können Sie glauben, daß es mir so leicht sein würde, das Zeugnis der berühmtesten Geschichtsschreiber statt der Dichter anzuführen. Ja, was das meiste ist, es ist so bekannt, daß die Heiden hunderterlei Dinge, die ganz natürlich zugehen und nichts auf sich haben, als üble Vorboten angesehen, deren Prophezeiungen man durch tausend Gebräuche ihrer falschen Religion hintertreiben müßte, daß es nicht nötig ist, solches mit ihren Schriften zu erweisen oder jemand auf den Julius Obsequens zu verweisen, der in dieser Sache viel Zuverlässiges zusammengetragen hat.

65. Wie die Menschen für sich selbst gewisse Dinge als Wunderlichen hätten ansehen können

Ich will nur anmerken, daß die Teufel so viel Mühe eben nicht gehabt haben, die Menschen zu überreden, daß überall Geheimnisse und Wunder anzutreffen wären. Zur Schande des menschlichen Geschlechts muß man bekennen, daß wir dazu eine natürliche Neigung haben. Allem Ansehen nach schien das Erdreich so gut zu sein, daß es dergleichen Art von Früchten im Überfluß hervorgebracht haben würde, wenn es auch nicht angebaut worden wäre.

Ich begreife es sehr wohl, wie die Menschen bei der großen Unwissenheit, darin sie gesteckt, geneigt gewesen, sich vor dem Zukünftigen zu fürchten, wenn sie Sonnen- und Mondfinsternisse gesehen, und daß der natürliche Begriff, den wir von der Vorsorge Gottes haben, von welcher Glück und Unglück herkommt, sie auf die Gedanken gebracht, dieses himmlische Gestirn, da es sich vor der Erde verberge, prophezeie ihnen Zorn und Unwillen, der mit der Zeit ausbrechen würde. Ich begreife auch, wie der Donner und Blitz sie mit Schrecken und Furcht vor dem Gegenwärtigen sowohl wie dem Zukünftigen hätte anfüllen können, da sie in den Gedanken gestanden, der Herr der Welt gebe durch dieses entsetzliche Geprassel, dessen Ursachen sie nicht einsahen, zu verstehen, er sei mit dem Verhalten der Menschen nicht zufrieden.

Primus in orbe Deos fecit timor, ardua coelo
Fulmina cum caderent, discussaque moenia flammis
Atque ictus flagraret Athos
Das Schrecken hat zuerst die Götter eingeführt,
Nachdem des Himmels Blitz die Mauren umgestürzt,
Den Athos angezündet.

Ein Gleiches behaupte ich von den Erdbeben, den Überschwemmungen, Sturmwinden, Ungewittern, feuerspeienden Bergen. Und da solche Gemüter, die bei Umständen, da sie es verdienen, in Furcht und Ängsten schweben, bei anderer Gelegenheit, wo sie es nicht so sehr verdienen, sehr leicht kleinmütig werden können, so scheint es nur, daß die Menschen, wenn sie einmal durch jene großen Erscheinungen erschreckt worden sind, nach der Zeit auch vor geringem Dingen haben erschrecken können, bis sie endlich unvermerkt sich vor allem demjenigen zu fürchten angefangen, was nicht alle Tage geschieht. Da sie nicht gute Philosophen waren, so konnten sie auch nicht wissen, daß die etwas seltsamen Wirkungen, z.B. das Hervorbringen der Mißgeburten, ebensowohl bloße Wirkungen der Natur sind wie diese, welche alle Tage zum Vorschein kommen. Ebendasselbe Gesetz, nach welchem bei gewissen Umständen eine Hündin einen Hund heckt, ist die Ursache, weswegen bei andern Umständen eine Hündin eine Mißgeburt zum Vorschein bringt.

66. Daß dasjenige, was man Wunder nennt, ebenso natürlich ist wie die allergemeinsten Dinge

Leute, die dieses wissen, können sich leicht darein finden. Sie sehen wohl, daß der Urheber der Natur allemal seinen Weg geht und das allgemeine Gesetz beobachtet, welches er sich vorgeschrieben, ein Tier mag eine Mißgeburt oder seinesgleichen hervorbringen. Daraus schließen sie, daß das Hervorbringen einer Mißgeburt nicht ein Merkmal seines Zorns sein könne, weil dieses Hervorbringen dergestalt in dem einmal beliebten Gesetz gegründet ist, und daß Gott dieses Gesetz aufheben müßte, wenn sie nicht erfolgen sollte, das heißt, Gott müßte ein Wunderwerk tun. Daraus sieht man, daß das Hervorbringen einer Mißgeburt ebenso natürlich zugeht, als wenn ein Hund zum Vorschein kommt, und daß folglich das eine nicht mehr als das andere etwas Unglückliches vorbedeuten könne. Von den Verfinsterungen muß man ein Gleiches sagen. Es ist dem Mond so natürlich, die Erde zu erleuchten, wenn er sie erleuchten kann, und sich in diesen Umständen zu befinden, wenn er sich darin befindet, wie es ihm natürlich ist, ohne Licht zu sein, wenn er keines hat, und so zu stehen, daß er des Lichts beraubt wird, wenn er einmal so zu stehen kommt. Ich glaube ganz gewiß, man würde Sonnen- und Mondfinsternisse gehabt haben, wenngleich die Menschen nicht gesündigt hätten, folglich können sie nicht Drohungen sein, die den Menschen zur Strafe gemacht worden sind. Das ist so gewiß, daß Gott, da er wollte, daß die Sonne durch ihre Verdunklung das anbetungswürdige Geheimnis des Leidens Jesu Christi mit bestätigen sollte, eine Zeit dazu erwählt hat, da diese Verdunklung nicht natürlich sein konnte.

Doch da man die Philosophie braucht, wenn man auf einen so hohen Grad der Erkenntnis kommen will, so begreife ich ganz leicht, wie der gemeine Mann von sich selbst auf Irrtümer und Aberglauben habe verfallen können, wenn er nur Wirkungen der Natur wahrgenommen, die etwas seltener sind als andere.

67. Von dem entsetzlichen Aberglauben der Heiden bei Gelegenheit der Wunder

Ich komme nun wieder auf die Neigung zum Aberglauben, die der Teufel in dem Gemüt der Menschen gefunden. Dieser Feind Gottes und unsrer Seligkeit hat an seiner Seite es an nichts ermangeln lassen und sich die Gelegenheit ungemein wohl zunutze zu machen gewußt. Das Beste, was wir Menschen in der Welt haben, ist die Religion. Dieses Gut hat er in das ärgste Übel verwandelt, da er eine Sammlung ungereimter Dinge, läppischer Possen und entsetzlicher Laster daraus gemacht, und durch Hilfe unsrer Neigungen hat er uns in die allerlächerlichste und abscheulichste Abgötterei, die man sich nur vorstellen kann, gestürzt.

Das war ihm nicht genug, daß die Menschen die Verfinsterungen, die Sturmwinde und Ungewitter für unglückliche Vorboten ansahen, daß sie viele falsche Arten des Gottesdienstes anordneten, dasjenige Übel, das ihnen ihrer Meinung nach angedroht worden ist, abzuwenden; er wollte sie noch sinnreich machen, abergläubische Zeremonien zu erfinden und die Menge der Götter immerfort zu vermehren. Er ließ sie daher überall Gutes und Böses finden. Er beredete sie, dieser oder jener Gott entdecke seinen Willen durch den Flug der Vögel, ein anderer durch das Eingeweide der Tiere, dieser durch eine Krähe, die man zur Linken oder zur Rechten gesehen, jener durch ein Niesen, durch einen Traum, durch das Schreien einer Maus und durch tausend andere Dinge, die verdrießlich anzuführen sind und damit man nimmermehr fertig werden würde. Der Traum einer vielleicht von der Mutterbeschwerung geplagten Frau war Ursache, daß die Götter wohl hundertmal um Rat gefragt wurden. Der Rat in Rom wurde sogar einmal gezwungen, die Verbesserung des Tempels der Juno zu beschließen.[104] Die Nachricht von dem geringsten Wunderzeichen machte zuweilen den Oberpriester mit seiner ganzen Klerisei eines vorgegangenen Fehlers schuldig. Denn es war nichts Neues, daß man wieder von vorn anfangen mußte. Es durfte die Armee nur in einem Stück unglücklich sein, so dachte man gleich, der Zorn der Götter sei noch nicht ausgesöhnt, wenngleich noch so viel Opfervieh auf Anordnung der Priester abgeschlachtet worden. Hannibal gewann die Schlacht bei Thrasymene. Der Diktator Fabius Maximus stellte hierbei dem Rat vor, dieses Unglück rühre mehr von der Nachlässigkeit in den Zeremonien des Gottesdienstes her als von der Verwegenheit oder Ungeschicklichkeit des Generals. Man schlug die Bücher der Sybillen nach. Man fand, daß das öffentliche, dem Gott Mars gewidmete Gelübde nicht auf die vorgeschriebene Art verrichtet worden war. Man mußte es daher von neuem anfangen. Man schaffte mehr dazu an als sonst und beobachtete viele andere heidnische Bräuche, die man in dem 22. Buch des T. Livius nachlesen kann.

Die Aussöhnung der Götter konnte überdies durch so viele Dinge verhindert werden, daß man sich nur wundern muß, wie die Heiden außer der Verehrung der falschen

Gottheiten noch sonst etwas haben tun können. Plutarch versichert[105], daß die Römer eine von diesen feierlichen Prozessionen, da die Bilder der Götzen und andere geheiligte Reliquien in der Stadt auf Tragsesseln herumgeführt wurden, von neuem angefangen, weil fürs erste eines von den vorgespannten Pferden an einem gewissen Ort von sich selbst still stehenblieb, und fürs andere, weil der Fuhrmann den Zügel mit der linken Hand angriff. Bei einer anderen Gelegenheit machten sie ein Opfer dreißigmal, weil sie immer glaubten, daß etwas dabei wäre versehen worden. Q. Sulpitius[106] wurde von seinem Priesteramt abgesetzt, weil ihm der Priesterhut während der Opferung vom Kopf gefallen war. E. Flaminius, der von dem Diktator Minutius zum Heerführer über die Reiterei war ernannt worden, verlor diese Stelle, weil in eben dem Augenblick, da man ihn dazu ernannte, eine Maus schrie. Viel dergleichen Exempel kann man bei dem Plutarch und in andern nicht verdächtigen Büchern nachlesen. Man braucht sogar nicht die Stelle aus dem Arnobius[107] zu Hilfe zu nehmen, wo die Heiden so lächerlich gemacht werden, ohne daß die Sache zu hoch getrieben und etwas anders gesagt wird, als was sich dem Inhalt nach in des Ciceros Rede *De haruspicum responsis* befindet.

Sie sehen hier den Abriß der heidnischen Religion. Alles schien ihnen voller Zeichen und Wunder zu sein, und man hatte in Rom wohl Ursache, als Ventidius aus einem Mauleseltreiber Bürgermeister daselbst ward, daß man ein Gassenlied fliegen ließ[108] und die Vogeldeuter und Zeichendeuter darin ermunterte, sie sollten sich doch geschwind versammeln und sehen, was eine so erstaunliche Begebenheit nach sich ziehen würde, denn sie versammelten sich noch wohl bei geringem Sachen und verordneten Versöhnungsopfer, da es unnötiger war. Das wundert mich aber doch, daß sie einander nicht selbst als Wunder angesehen haben oder, wie Cato sagte[109], wie sie einander ohne Lachen haben ansehen können. Darüber wundere ich mich, daß sie die Leichtgläubigkeit so großer Männer nicht für eine Mißgeburt gehalten, welche auf die sinnreichste Art ausgesöhnt werden müßte. Und in der Tat, wenn ein Hund mit zwei Köpfen auf die Welt kommt, so ist das lange nicht eine so ungeheure Unordnung in der Natur, als wenn man sieht, daß der Rat in Rom, der aus so vielen Helden, so vielen verständigen, beherzten und weisen Männern bestand, alle die lächerlichen Meinungen in Ansehung der Vogeldeuterei gebilligt hat. Es ist daher allerdings wahr, wenn man sagt, daß die List des Teufels des Menschen Herz ungemein eingenommen, um vollends das Maß seiner natürlichen Leichtgläubigkeit anzufüllen und ihm überall Gelegenheit zu zeigen, wo er sich vor dem Zorn der unsterblichen Götter fürchten möge.

68. List des Teufels, den Aberglauben bei den Heiden zu unterhalten

Damit nun diese Verfassung des Gemüts immer dieselbe bleiben möchte, war es nötig, die Menschen bei dem Gedanken zu erhalten, als ob die Wirkungen der Natur, welche etwas Besonderes mit sich führten, unmittelbar vom Himmel zugeschickt würden. Es war nötig, alle Erderschütterungen, alle Ergießungen der Flüsse, alle brennenden Körper, die über unsern Häuptern ganz neu erschienen, so hoch zu erheben, wie es nur möglich war. Und das ist auch geschehen, wie ich es gezeigt habe.

Es war überdies nötig, bei Gelegenheit viele dergleichen Lufterscheinungen zu erwecken, wenn die Natur deren keine sehen ließ oder vielmehr, wenn sie deren schon einige zeigte. Denn die Menschen sind nie geneigter, natürliche Begebenheiten für Wunder anzusehen, als wenn an verschiedenen Orten und zu einer Zeit sich viel außerordentliche Dinge ereignen. Jeder bildet sich ganz leicht ein, dergleichen Übereinstimmung könne keinen andern als einen göttlichen Ursprung haben. Und da bei allen andern Dingen dies das sicherste Mittel ist, wenn man will, daß einem die Leute nicht glauben sollen, daß man fein viel Redens davon macht, so ist im Gegenteil bei den Wundern dies das sicherste Mittel, um zu überreden, daß man keine Maße hält. Je mehr man da sagt, desto mehr glauben die Leute, daß hier Gottes Finger sei. Sobald daher die Sache durch die glücklichen Umstände der Natur nur einmal war in Schwang gebracht worden, so half es ungemein viel dazu, wenn durch Hilfe natürlicher Ursachen[110] an verschiedenen Orten außerordentliche Begebenheiten hervorgebracht wurden oder wenn man sich wenigstens der schwachen Einbildungskraft vieler Leute bediente, die oft in dem Gedanken stehen, als ob sie in den Wolken Armeen in Schlachtordnung sähen und entsetzliches Geräusch und Heulen hörten, wo doch niemals eines gewesen. Es half ungemein viel dazu, sage ich, wenn man sich alles dessen bediente, um die Nachricht von unzähligen Wunderzeichen überall auszubreiten. Das ist es auch eben, was die Teufel so geschickt angebracht haben. Wenn sie die Natur auf eine bequeme Art und ihren Absichten gemäß haben umkehren können, so haben sie es getan, z.B. zur Zeit des Brennus. Wenn sie gesehen, daß die natürlichen Ursachen den Aberglauben schon in Schwang gebracht, und sie konnten durch ihre Bemühung nichts Wirkliches hinzusetzen, so ließen sie wenigstens überall das Geschrei eingebildeter Wunder ausbreiten; und so eingebildet diese waren, so sehr nahmen sie überall überhand, und da jedermann geneigt war, dieselben zu glauben, so entstand nachher bei aller Welt die Begierde, noch andere bekanntzumachen, die so unbegründet waren wie jene. Es geschahen in Rom, so schreibt T. Livius[111], und in der Gegend von Rom diesen Winter über viele Wunder, wenigstens erzählte und glaubte man deren viele ohne große Mühe, wie dies gewöhnlich ist, wenn einmal die Gemüter von der Religion eingenommen sind. Man machte dieses Jahr viele Wunderzeichen bekannt, und je mehr sich einfältige und der Religion ergebene Leute fanden, desto mehr machte man deren bekannt. Dieses ist unfehlbar die Ursache, warum Claudianus gesprochen: Sobald einige Wunderzeichen ausgebrochen, wollten die andern alle auch aufbrechen, damit sie die Jahreszeit nicht versäumten.[112]

69. Daß die Heiden ihr zugestoßenes Unglück der Nachlässigkeit in einigen Stücken ihres Götzendienstes, niemals aber ihren Lastern zugeschrieben

Doch da man besorgen mußte, es möchte vielleicht ebendiese Gemütsverfassung die Menschen bewegen, die Gottheit so zu verehren, wie es die gesunde Vernunft lehrt, nämlich durch Abscheu für das Laster und Ausübung der Tugend, so war es nötig, die Andacht der Völker einzig und allein darauf zu richten, daß sie denken sollten, die Zeichen des Zorns der Götter bedeuteten keineswegs, daß diese mit den verderbten Sitten nicht zufrieden wären, sie wären vielmehr über die Nachlässigkeit oder die gänzliche Unterlassung irgendeines Opfers oder irgendeiner Zeremonie entrüstet. Wollte man sie also versöhnen, so wäre die Wiederherstellung einer Zeremonie oder die Erfindung einiger anderer das einzige Mittel dazu, ohne eben auf die Besserung der Leidenschaften zu gedenken. Und auch dieses haben die Teufel sich insbesondere angelegen sein lassen, und man kann nicht in Abrede stellen, daß ihnen solches ungemein gelungen ist. Die ganze Profanhistorie zeigt augenscheinlich, daß die Heiden die Quelle ihrer von den Göttern zugeschickten Züchtigungen nicht in der Unreinigkeit ihres Lebens, sondern in dem Vergessen irgendeines Aberglaubens zu finden vermeinen. Daher glaubten sie auch gänzlich der Sache ein Genüge getan zu haben, sofern sie nur die vergessene Art des Gottesdienstes wiederum aufbrächten.

Die Karthaginenser[113] waren einstmals von dem syrakusanischen König Agathokles geschlagen worden und wurden nunmehr in ihrer eigenen Stadt belagert. Jedermann glaubte, man hätte dieses Unglück aus keiner andern Ursache verdient, als weil man die grausame Gewohnheit, dem Saturn ihre eigenen Kinder nach dem Los aufzuopfern, verändert und dafür andere Kinder geopfert hätte, die man bloß deswegen gekauft und insgeheim erzogen hatte. Diesen Fehler zu verbessern und den erzürnten Himmel zu versöhnen, erneuerten sie die alte Gewohnheit durch Aufopferung zweihundert junger vornehmer Knaben[114], die man durch das Los dazu erlesen. Diese Gewohnheit nahm bei den Karthaginensern so stark überhand, daß sie noch zu Tertullians[115] Zeiten heimlich beobachtet wurde, obschon Tiberius, dieselbe abzuschaffen, das kräftigste Mittel gebraucht hatte, da er nämlich die Priester, die dergleichen unschuldige Opfer brachten, kreuzigen ließ. Als ganz Italien vor dem Hannibal erzitterte, bestimmte das Los seinen ältesten Sohn zu dieser barbarischen Aufopferung. Die Mutter desselben aber, die vielleicht niemals das Abscheuliche bei dieser Gewohnheit bemerkt hatte, sah dasselbe damals ein und stellte es dem karthaginensischen Rat so nachdrücklich vor, daß dieser es nicht wagen wollte durchzudringen, weil man sich sowohl vor den Göttern als vor Hannibal fürchtete, und in der Tat mehr von der Erbitterung des letzteren befürchtete, als man von der Versöhnung des ersteren hoffen konnte. Es ward eine Gesandtschaft an den Hannibal abgeschickt, seinen Willen darüber zu erfahren. Hannibal wollte nicht, daß sein Sohn sterben sollte. Es wäre besser, sagte er, wenn sein Sohn leben bliebe, denn da könnte er dem Vaterland dienen. Er wollte schon zusehen, daß so viel Römer ums Leben gebracht würden, daß sich die Götter darüber nicht würden beschweren dürfen, als ob er ihnen ein Opfer entzogen hätte. Er bittet diese, sie sollten Zuschauer bei dem Metzeln abgeben, das er anrichten wollte.

Vos quoque Dii patrii, quorum delubra piantur
Caedibus, atque coli gaudent formidine matrum,
Huc laetos voltus, totasque advertite mentes.[116]
Ihr Götter meines Volks, die Menschenblut versöhnt,
Die ihr der Mütter Furcht so gern zum Opfer habt,
Schaut her, und lenkt auf mich ein freudiges Gesicht
Und euern ganzen Sinn.

Ich würde Sie allzusehr ermüden, mein Herr, wenn ich Ihnen alle die Exempel erzählen wollte, die ich hiervon gelesen habe. Die Kirchenhistorie, die Sie vollkommen innehaben, wird Ihnen auch schon so viel davon anführen, daß ich es nicht nötig habe, an eine größere Sammlung zu gedenken. Man sieht daselbst, daß die Heiden die Christen immer anklagen, als ob diese an dem Unglück schuld wären, welches das Reich beunruhigte, weil sie gegen den Götzendienst predigten und denselben an solchen Orten abschafften, wo die Götter am mächtigsten gewesen waren. Der Tyrann Maximus wirft ihnen dieses in seinen Edikten vor, wie solches Eusebius[117] berichtet. Ist es Wunder, sagt Porphyrius[118], daß die Stadt seit so langer Zeit mit der Pest heimgesucht wird, nachdem Äskulap und andere Götter daraus verbannt worden sind? Seit der Zeit, da man Jesum anbetet, können wir nicht die geringste Hilfe von den Göttern erlangen. Die Hauptabsicht des Heiligen Augustinus in seinem Buch von der Stadt Gottes ist diese: Er will den Heiden antworten, die sich beklagten, daß die Verwüstung der Stadt Rom und alle Verheerungen der Goten im Römischen Reich einzig und allein daher gerührt, weil man die Götzen so geringschätzig gehalten. Der Einfall des Radagast[119] in Italien mit zweihunderttausend Mann erweckte ein entsetzliches Murren gegen die christliche Religion. Man vergrößerte die Unordnungen, die unter den christlichen Kaisern entstanden, und erhob die Glückseligkeit des heidnischen Roms, und diese war es, was der beredte Symmachus sich höchst angelegen sein ließ. Er hatte[120] wohl gar das Herz, an die christlichen Kaiser zu schreiben, der Hunger und die andern Drangsale, die das Land ängstigten, wären eine Züchtigung für die Verachtung der Götter und ihrer Diener. Man dürfte deswegen weder den Einfluß der Gestirne noch die Härte des Winters, noch die Dürre des Sommers anklagen. Der Zorn der Götter sei schuld daran. Man habe den Priestern und vestalischen Jungfern die Besoldung abgezogen, die zu ihrem Unterhalt gedient hätte. Ebendiese christlichen Kaiser schafften das Opfer ab, das die abgöttischen Ägypter dem Nilstrom brachten, wenn er ihr Land nicht überschwemmte. Allein sie hätten sich beinahe einen entsetzlichen Aufruhr in diesem Land zugezogen. Die Ägypter wollten durchaus dieses Opfer wieder anfangen, als einmal die Wasser des Nils zurückblieben und sie gewiß glaubten, daß die darauf erfolgte Unfruchtbarkeit daher rührte, weil man diese heiligen Zeremonien eine Zeitlang ausgesetzt hätte.[121]

70. Anwendung der obigen Anmerkungen bei dem aus der Theologie genommenen Grunde

Was werden Sie, mein Herr, zu dieser langen Abschweifung sagen? Sie werden unfehlbar glauben, ich habe meinen theologischen Grund ganz und gar vergessen. Allein, gedulden Sie sich nur ein wenig, Sie werden sehen, daß ich mich wieder zurechtfinden werde, und habe ich mich gleich bisher in den abgöttischen Ländern aufgehalten, so soll es nicht zu meinem Schaden geschehen sein. Denn da ich erwiesen: 1. daß diejenigen Dinge, die man als Zeichen des erzürnten Himmels angesehen, zwar den Götzendienst zu befördern, nicht aber die Sünde in der Seele des Menschen zu entkräften geschickt gewesen; 2. daß die Teufel kein besseres Mittel, die Abgötterei auszubreiten, gefunden haben, als daß sie die Völker durch wahre und erdichtete Wunderzeichen erschreckt; 3. daß die wirkliche oder vorgegebene Erscheinung eines Wunderzeichens allemal die Gelegenheit zu neueren Arten der Verehrung falscher Götzen gewesen; da ich alles dieses, sage ich, weitläufig gezeigt habe, so habe ich augenscheinlich erwiesen: Wenn Gott diese großen und ungeheuren Kometen, die für Zeichen des erzürnten Himmels angesehen wurden, durch ein Wunderwerk hervorgebracht hätte, so müßte er mittels seiner Wunder die Bemühung der Teufel, die Menschen in dem heidnischen Aberglauben immer dümmer zu machen, haben befördern wollen, welches man ohne Gotteslästerung weder sagen noch denken kann. Ich sage es noch einmal: Kometen am Himmel anzünden und dieses bei solchen Umständen, darin sich die Heiden befanden, hieß eigentlich nichts anders, als die Abgötterei auf dem ganzen Erdboden, nur den kleinen Winkel des Gelobten Landes ausgenommen, verdoppeln wollen, und frei davon zu reden, mehr konnte sich Gott davon nicht versprechen.

71. Wie abscheulich die Abgötterei in den Augen Gottes ist

Überlegen Sie einmal, wie schlecht dieses Verhalten mit dem Begriff übereinstimmt, den wir von Gott haben, und ob es möglich ist, daß derjenige Gott, der durch seine Propheten bezeugt, daß ihm nichts abscheulicher sei als der Götzendienst; der mehr Unwillen gegen sein Volk blicken läßt, wenn es auf den Bergen oder unter grünen Bäumen opfert und wenn es die Götter der Heiden verehrt, als wenn es Straßenraub, Totschlag und Ehebruch begeht; der sein Gesetz durch doppeltes Verbot anfängt, keiner andern Gottheit als ihm allein zu dienen; der diesem seinem Verbot ein desto größeres Gewicht zu geben, sich unter dem Bild eines allmächtigen und eifrigen Gottes darstellt, und die Sünde der Väter an den Kindern bis ins dritte und vierte Glied heimsuchen, die Frömmigkeit der Väter aber an den Kindern bis ins tausendste Glied belohnen will; der also, um den Menschen zu zeigen, wie ernstlich er ihren Gehorsam in diesem Stück forderte, sie an demjenigen Ort angreift, wo sie am empfindlichsten sind, teils durch die Drohung eines eifrigen Gottes (ein Begriff, der den Schrecken einer sowohl schleunigen als strengen Rache erweckt), teils durch Verheißungen einer Barmherzigkeit, die noch undenkbar weiter geht als die Schärfe seines Eifers; der, um zu zeigen, wie weit das Verbrechen der Götzendiener alle anderen Laster übertrifft, jenes verbietet und das Verbot desselben mit angeführten Drohungen und Verheißungen begleitet, anstatt daß er den Straßenraub und Totschlag, die Unreinigkeit und Verleumdung nur schlechtweg untersagt; der die Anbetung des Goldenen Kalbes mit der allergrößten Züchtigung bestraft, da er nämlich sein Volk in verkehrtem Sinn dahingegeben, daß es des Himmels Heer angebetet und sich dadurch das Elend einer bejammernswürdigen Landesverweisung und Gefangenschaft zugezogen hat, wie solches der erste glorwürdige Märtyrer des Evangeliums, der heilige Stephanus[122], versichert; und der endlich nicht einmal zugeben will, daß man Fleisch, das den Götzen geopfert worden ist, essen soll: Überlegen Sie einmal, mein Herr, sage ich, ob es möglich ist, daß dieser Gott, der solches alles getan hat, von Zeit zu Zeit habe neue Sterne am Himmel erscheinen lassen können, um dadurch allen Völkern einen Schrecken einzujagen und ihnen daher zu unausbleiblichen Handlungen der Abgötterei Anlaß zu geben? Denn soviel ist gewiß: Jedermann nahm zu denselben seine Zuflucht, weil man sie für zu bequem hielt, ihre Verbrechen auszusöhnen und den Zorn Gottes zu entwaffnen. Wie hätte aber Gott dazu Anleitung geben können, daß z.B. die Gallier und Karthaginenser eine so große Menge Menschen lebendig opfern sollten, da dieses ein Greuel ist, welchen Gott durch den Mund seiner Propheten an dem jüdischen Volk so oft verflucht hat, welches gleichfalls wie andere Völker, den Götzen zu Ehren, die Kinder verbrennen ließ. Dieser Greuel war eben die Ursache, warum Gott den König Achas und Manasses so exemplarisch gezüchtigt hat.

72. Daß die Ursache, warum die Kometen vor Christi Geburt nicht üble Vorboten sein können, noch jetzt gilt

Sofern dieser Grund ersichtlich macht, die Kometen, die vor der Ausbreitung des Evangeliums erschienen, könnten unmöglich durch ein Wunderwerk sein hervorgebracht worden, Gott könnte unmöglich die Absicht dabei gehabt haben, die Menschen im voraus vor den Übeln zu warnen, welche er in seinem Zorn ihnen zubereite; so muß auch dieses wahr sein, daß diejenigen Kometen, die nach der Zeit erschienen, ebensowenig durch ein Wunderwerk, den Menschen künftiges Unglück vorherzusagen, erschaffen worden sind wie jene.

Denn fürs erste: Sind die Kometen vor der Berufung der Heiden nicht von Gott geschickte Zeichen gewesen, so sind sie schlechterdings Wirkungen der Natur gewesen, ebenso wie die Verfinsterungen und Erdbeben. Und ist das letztere wahr, so wäre es ebenso lächerlich, wenn man sagen wollte, die Kometen hätten nach der Bekehrung der Heiden ihre Art verändert und wären nun nicht mehr Werke der Natur, sondern Wunderzeichen, wie es lächerlich sein würde, wenn man behauptete, die Sonnen- und Mondfinsternisse wären seit der Zeit in übernatürliche Wirkungen verwandelt worden. Sind also die Kometen nichts anderes als Werke der Natur, so können sie unmöglich zukünftiges Unglück vorbedeuten; erstlich, weil sie in keiner natürlichen Verknüpfung mit künftigen Übeln stehen, wie ich solches schon gezeigt habe und im Folgenden noch gründlicher erweisen werde; zum anderen, weil wir keine Offenbarung haben, die uns lehre, Gott habe dieselben ebenso zu Zeichen zukünftiger Unglücksfälle gesetzt, wie er etwa den Regenbogen zu einem Merkmal bestimmt hat, daß inskünftige keine Sintflut mehr kommen werde.

Fürs andere gilt der Grund für die Zeiten vor Christi Geburt auch für die Zeiten nach derselben. So bewunderungswürdigen Fortgang auch das Kreuz des Sohnes Gottes gehabt hat, so sind doch die meisten Menschen Abgötter geblieben oder Mohammedaner geworden. Jetzt sogar, da das Christentum so ausgebreitet ist und bis in die neue Welt gedrungen ist, kann man nicht in Abrede stellen, daß nicht die meisten Völker des Erdbodens in entsetzlicher Finsternis stecken sollten. Hätte also Gott die Absicht, durch Kometen die Strafruten seines Zorns zu verkündigen, so müßte er wahrhaftig willens sein, die falsche und die abgöttische Andacht in der ganzen Welt wieder anzuflammen, die Anzahl derer, die nach Mekka wallfahrten, zu vergrößern und die Opfer zu vermehren, die daselbst beständig dem schändlichsten Betrüger, den die Sonne jemals beschienen, gebracht werden, neue Moscheen aufbauen zu lassen, den Torlaquien und Derwischen zur Erfindung neuer abergläubischer Dinge Anlaß zu geben; mit einem Wort, er müßte haben wollen, man sollte abscheulichere Dinge vornehmen, als man außerdem vorgenommen haben würde. Denn sind gleich Jupiter und Saturn in der Welt ganz unbekannt geworden, so tut man sich doch heutzutage ebensowohl wie vor diesem die Schande an, daß man den ungereimtesten und gottlosesten Abgöttereien ergeben ist.

73. Von der abscheulichen Abgötterei der heutigen Heiden

Ich will nicht einmal an die Greuel gedenken, die in Peru und Mexiko noch vor kurzem im Schwange gingen, noch die Menschenopfer berühren, die man den Göttern zu Ehren für Märtyrer erklärte[123] und welche die Spanier an den Orten, wo sie Platz genommen, abgeschafft haben. Wer weiß nicht, daß die Indianer, Chinesen und Japaner die erschrecklichsten Ausschweifungen in Ansehung der Religion begehen? Sie beten Affen und Kühe an. Sie fragen den Teufel[124] auf brennenden Bergen um Rat. Sie verehren ihre Götter so stark, daß sie sich lebendig begraben lassen oder sich ersäufen, bloß um ihre Andacht dadurch an den Tag zu legen, und dadurch bauen sie sich eine Stufe zur Verheiligung. Sie erbauen dem Teufel und insbesondere dem Fürsten der Teufel Tempel, welches doch die alten Heiden niemals taten. Mit einem Wort, sie verfallen auf Dinge, die nur ein blinder und tollkühner Aberglaube eingeben kann. Nun wissen Sie, mein Herr, wie genau dieses zusammenhängt: zu glauben, der Gott, den man verehrt, sei erzürnt worden, und ihm den gewöhnlichen Dienst mit größerem Eifer als sonst zu erweisen. Will man also, eine abgöttische Nation solle erkennen, der Himmel sei über sie erzürnt, so muß man auch wollen, sie solle mit verdoppeltem Eifer die Übungen ihrer Religion ausüben. Folglich, wenn Gott Kometen in der Absicht hervorbrächte, den Menschen seinen Unwillen zu verkündigen und um sie zu erinnern, daß er sie heftig strafen würde, sofern sie ihn nicht versöhnten, so müßte er wollen, alle ungläubigen Völker sollten mit neuem Eifer ihre Zuflucht jedes zu seinem abscheulichen Götzendienst und zu seinen gottlosen Zeremonien nehmen. Das ist aber falsch und gotteslästerlich. Folglich ist es der Religion gemäß, wenn man sagt, nach göttlicher Absicht könnten die Kometen unmöglich irgendein Unglück vorbedeuten. Doch ist wohl zu merken: Wenn irgendwo außerordentliche Luftfeuer irgendeiner Stadt oder einem Volk, das den wahren Gott kennt, erscheinen, wie z.B. dergleichen ehemals über der Stadt Jerusalem sich sehen ließen, so kann man sie gar wohl für

Zeichen ansehen, die durch eine ganz besondere Vorsorge des Himmels abgeschickt worden sind.

74. Daß die Kometen besondere Merkmale haben, woraus man schließen kann, daß sie nicht Zeichen sind

Das darf man sich aber nicht einbilden: Ein Gestirn, das jeden Tag die Welt durchstreicht und welches sowohl Christen als Heiden, Franzosen und Spaniern zu drohen scheint, sei ein Wunderzeichen, von dem jede Nation glauben müsse, Gott habe es ausdrücklich deswegen gemacht, damit es ihr zukünftiges Unglück verkündigen solle. Ich habe meine Gründe dagegen bereits angeführt, und ich kann es noch ferner erweisen, daß eine jede Nation nicht verpflichtet sei, Unglücksfälle beim Erblicken der Kometen zu befürchten. Die Geschichte bezeugt es, und selbst die Betrachtung dessen, was bei unseren Lebzeiten in der Welt vorgeht, lehrt es uns, daß Gott niemals die Menschen alle zugleich züchtigt. Die allgemeinsten Drangsale verschonen zuweilen ganze Nationen. Die göttliche Vorsorge teilt Glück und Unglück dergestalt aus, daß jeder nach der Reihe sein Anteil davon bekommt. Niemals aber hat man seit der Sintflut eine allgemeine Züchtigung auf einmal gesehen. Niemals hat man eine allgemeine Austeilung von Glücksgütern zu gleicher Zeit und an allen Orten gesehen. Gott müßte den Lauf seiner Vorsorge ganz und gar umkehren, wenn er anders handeln wollte. Da nun eine so große Anzahl von Kometen bereits erschienen ist und Gott, nach dem Zeugnis der Erfahrung, niemals ein so außerordentliches Verhalten angenommen, warum wollte man sich einbilden, wenn ebendieselben Gestirne heutzutage erschienen, Gott werde nun etwas tun, was er sonst niemals bei dergleichen Gelegenheit zu tun gewohnt gewesen? Wir wissen aus den Begebenheiten, die auf die Kometen erfolgt sind, daß, wenn diese erschienen, die Vorsorge niemals die Absicht gehabt hat, alle Nationen der Welt in einen Abgrund von Übeln zu stürzen. Vielmehr wissen wir, daß sie alsdann willens gewesen, viele Völker des Erdbodens mit Glück zu überschütten. Folglich ist es nicht notwendig, daß alle Völker auf Erden, wenn sie Kometen sehen, urteilen müssen, sie würden viel Unglück auszustehen haben. Ja, es ist sogar nicht möglich, wenn man den Lauf der Vorsorge betrachtet, daß sie dieses zu glauben verpflichtet sein könnten, denn gemeiniglich bedient sich Gott der einen Nation, die andere zu züchtigen, und gibt dieser die Güter, die er jener weggenommen. Hätten zu derjenigen Zeit, da die Perser das Ende ihrer Monarchie befürchten mußten, die Makedonier den Untergang besorgt, würden nicht die letzteren voller Schrecken gewesen sein? Daraus folgere ich: Wäre es die Absicht Gottes, daß alle Völker, die einen Kometen sehen, ihren bevorstehenden Untergang besorgen sollten, so müßte er haben wollen, viele Völker sollten sich betrügen. Da es nun gottlos ist zu glauben, daß Gott dergleichen Absichten habe, so ist es auch unmöglich, daß die Makedonier z.B. bei Strafe einer Todsünde wären verpflichtet gewesen zu glauben, derjenige Komet, den sie bei Antritt der Regierung Alexanders sahen, drohe ihnen den erschrecklichsten Untergang. Da also Gott ganz und gar nicht die Menschen verpflichten kann, falsch zu urteilen, so ist es unmöglich, daß er die Absicht haben könnte, alle Menschen in der Welt sollten urteilen, ein Komet sei ein Vorbote ihres Unglücks. Und das müßte doch seine Absicht allerdings sein, wenn die gemeine Meinung wahr wäre. Folglich ist es eine falsche und unbegründete Meinung, und man müßte sie gottlos nennen, sofern nur die Anhänger derselben auf die Umstände mehr achtgäben, wenn sie solche für Zeichen des bevorstehenden Fluches ausgeben. Es ist höchst wahrscheinlich, daß man sie nicht für Zeichen, die Gott abschicke, ansehen würde, wenn man gründlich einsähe: 1. Daß sie keine besonderen Merkmale haben, daraus gewisse Völker schließen könnten, sie insbesondere würden dadurch gemeint. 2. Daß, sofern sie den Zorn Gottes gewissermaßen verkündigen, sie solchen allen Völkern überhaupt ankündigen müßten, sowohl denen, die Gott segnen, als auch denen, die er züchtigen will. 3. Daß es sehr zweideutige Zeichen sind, die z.B., wenn sie den Untergang des griechischen Reiches vorbedeuten, zugleich das Glück der Ottomanen prophezeien, wenn sie das Absterben eines Papstes vorherverkündigen, zu gleicher Zeit die Erhebung seines Nachfolgers vorbedeuten, und wenn sie den Tod eines Weltbezwingers prophezeien, ebensowohl Vorboten der Freudenfeuer sein können, die in allen denjenigen Ländern würden angezündet werden, die unter das schwere Joch seiner Herrschaft zu fallen besorgten. 4. Daß es so allgemeine und undeutliche Zeichen sind, daß man darin kein Merkmal einer Sache, die wirklich geschehen soll, vielmehr als einer solchen, die niemals erfolgen wird, wahrnehmen kann. 5. Daß es Zeichen sind, die viele Umstände mit sich führen, die sich für die Weisheit und Heiligkeit Gottes gar nicht schicken. Ich habe deren einige bereits berührt, da ich von den Verfinsterungen geredet habe, und mein theologischer Grund hat keinen andern Zweck als diesen.

Sie können davon denken, mein Herr, was Sie wollen. Ich für meine Person kann es mir nicht einbilden, daß Gott bei Erschaffung der Kometen, im Absehen auf uns, einen andern Endzweck habe, als derjenige ist, den er bei allen Werken der Natur gehabt hat. Alle diejenigen, die mittels der Kenntnis natürlicher Dinge sich zur Gottheit schwingen, lernen in der Tat die Absichten kennen, welche Gott bei Erschaffung der Kreaturen gehabt hat.

Aber ich kann nicht begreifen, daß ein Mensch die Absicht Gottes richtig treffen sollte, wenn er dasjenige für ein Wunderwerk ansieht, was doch keines ist. Meines Erachtens ist es unmöglich, daß Gott jemals den Zweck haben könnte, uns in Irrtümer zu stürzen. Wollte also Gott die Menschen vor bevorstehenden Unglücksfällen warnen, so glaube ich ganz gewiß, daß er dazu solche Mittel wählen würde, die nicht nur denen, welche er bedrohen wollte, sehr verständlich sein müßten, sondern auch für diejenigen, denen er seine Gnade bezeigen wollte, nichts Drohendes in sich enthalten würden. Das mag genug sein, die Kometen von derjenigen Stufe herabzustoßen, darauf man sie nebst anderen Wunderzeichen, die den Zorn Gottes verkündigen, gesetzt hat. Denn nur der fabelhaften Gottheit des Pans und Appollons kommt es zu, einen blinden Lärm zu machen und sich durch Rätsel zu erklären.

75. In was für Sinn man sagen könne: Gott bedrohe diejenigen, die er nicht strafen will

Ich weiß wohl, was man vom Donner gesagt hat[125]: Er schreckt viele und trifft wenige. Ich weiß auch, daß die Weisheit bei Hinrichtung der Rebellen auf gleiche Weise zu handeln pflegt.[126] Doch das beweist nur so viel: Gott verhänge seine Strafgerichte auf ein Volk, damit die Nachbarn desselben seine Gerechtigkeit fürchten und dadurch bewegen werden möchten, ihr gutes Verhalten fortzusetzen, um solchergestalt die Glückseligkeit, die sie bereits genießen, zu verlängern. Und dieses ist von dem Irrtum derjenigen weit entfernt, welche behaupten, eine gewisse Wirkung der Natur sei ein Wunderwerk, Gott bringe dasselbe ausdrücklich deswegen hervor, damit alle Völker des Erdbodens von seiner Seite ihrer bevorstehenden Vernichtung möchten vergewissert werden. Indessen hat Gott nicht einmal daran gedacht, denn eben zu der Zeit ist er manchmal willens, vielen Nationen Freude und Siege zuzuschicken. Dazu kommt noch, daß der Donner uns so leicht treffen kann und uns bereits so viel Schaden zugefügt hat, daß man gar keinen Irrtum begeht, wenn man glaubt, er könne uns treffen, dahingegen man nicht den geringsten Grund für sich hat, zu glauben, ein Komet habe jemals das geringste Unheil verursacht oder nur verursachen können. Überdies würde man auch falsch urteilen und kein christliches Werk verrichten, wenn man sagen wollte, der Donner sei ausdrücklich erschaffen worden, bloß um die Völker zu züchtigen.

76. Es ist falsch, daß diejenigen Völker, welche nach dem Erscheinen der Kometen glücklich gewesen, solch ihr Glück durch ihre Bekehrung verdient

Was diejenigen betrifft, welche sagen möchten, freilich bedrohten die Kometen alle Völker des Erdbodens, denn in der Tat habe Gott den Vorsatz, alle zu bestrafen. Daß aber einige unter diesen den Zorn Gottes entwaffneten, das hätten sie ihrer wahren

Buße zuzuschreiben. Darauf antworte ich ihnen nichts anderes, als daß sie sich offenbar betrügen. Ich würde ihnen höchlich verbunden sein, wenn sie mir zeigen wollten, was das für eine Buße gewesen, dadurch die Makedonier die Gerechtigkeit Gottes ausgesöhnt und statt der Züchtigungen, die ihnen kraft des besagten Kometen bestimmt waren, so viele Reichtümer, ja selbst die Krone des Darius verdient haben. Ich möchte auch gern von ihnen wissen, was das für andächtige und bußfertige Handlungen gewesen, welche Mahomet II. von den Unglücksfällen befreit haben, davon er, vermöge der Kometen, die unter seiner Regierung erschienen, sein Anteil bekommen sollte. Er war der größte Atheist, der jemals unter der Sonne gewesen. Seine Leute begingen die entsetzlichsten Verbrechen, und doch brachten sie immer ein Königreich und eine christliche Provinz nach der anderen unter ihre Botmäßigkeit.

Laßt uns daher zugeben, die Absicht Gottes beim Hervorbringen der Kometen sei gar nicht, alle Völker des Erdbodens zu züchtigen. Seine Vorsorge befindet es allemal für besser, einen nach dem andern zu strafen. Die Makedonier waren nicht frömmer als die Perser, indessen, weil die Zeit einmal da war, darin Gott beschlossen hatte, die Monarchie der letzteren zu stürzen, so unterwarf er sie den Makedoniern. Mit der Zeit mußten auch diese den siegreichen Waffen der Römer unterliegen. Die Römer häuften Siege auf Siege, sie bezwangen weit und breit Königreiche und Republiken, ohne daß sie frömmer waren als diejenigen, welche Gott in ihre Hände gab. Sie spannen, so zu reden, ihre Seide und häuften dabei immer die Gerichte Gottes über ihren Kopf, wie solches der heilige Augustin[127] anmerkt, wenn er den Götzendienern, welche dem Christentum die Schuld der allgemeinen Drangsale zuschrieben, klärend vor Augen legt: Alles Unglück der römischen Republik sei als eine Folge ihrer Laster und Unordnungen anzusehen. Dem sei, wie ihm wolle, durch Gewalttätigkeiten entstand die Herrschaft der Römer, auf gleiche Art ist sie auch zerteilt worden. So zeigt die göttliche Vorsorge von einer Zeit zur andern, was beinahe alle Tage durch natürliche Ursachen geschieht: darunter einige getrennte Wolken in eins zusammenbringen, daß der ganze Himmel davon schwarz wird, andere hinwiederum diese große Wolke auseinandertreiben und dieselbe in unzählige kleine Wolken zerteilen.

Was ich hier von den Völkern des Erdbodens angeführt habe, daß nämlich immer eines nach dem andern gestraft wird und daß diejenigen, welche die Reihe zuerst trifft, deswegen nicht die strafbarsten sind, solches ist nicht eine bloße Mutmaßung. Gott selbst bestätigt es durch den Mund des Propheten Jeremia: *Ich habe die Erde gemacht und gebe sie, wem ich will. Ich habe alle diese Lande in die Hand meines Knechts Nebukadnezars, des Königes zu Babel, gegeben. Ihm und seinem Sohne und seines Sohnes Sohne sollen alle Völker dienen, bis daß die Zeit seines Landes auch komme.*[128] Es wäre ungereimt, wenn man sich einbilden wollte, der König zu Babel wäre heiliger und frömmer gewesen als der König der Juden, und bloß dieser seiner Frömmigkeit halber hätte er ein so mächtiges Reich überkommen. Er war vielleicht gottloser als alle die Könige, welche ihm Gott unterwürfig machte. Doch da die Reihe an die Chaldäer noch nicht gekommen war, so war seine Herrschsucht ein glückliches Laster, dessen sich Gott bediente, die Völker zu züchtigen, deren Züchtigung er nicht länger aufschieben wollte. Einige Zeit hernach kam die Reihe auch an die Chaldäer. Die Meder und Perser, die ebenso gottlos waren wie jene und nur weiter hinten als jene in dem Buch der Vorsehung standen, zerstreuten sie und überwältigten dieselben, bis es ihnen endlich um nichts besser ergangen ist. Man erinnere sich doch der ausdrücklichen Erklärung des Sohnes Gottes, die er bei Gelegenheit derjenigen von sich gab, welche vom Turm erschlagen und bei dem Opfer umgebracht worden sind[129], und sage nicht mehr, daß diejenigen, welche andere züchtigen, frömmer sein müßten als diejenigen, die gezüchtigt werden. Ich gebe zu, daß die Langmut Gottes den Sündern nicht eher die Strafe seiner Gerechtigkeit empfinden läßt, bis sie ihr Sündenmaß voll gemacht haben. Daraus könnte man meines Erachtens folgern, die bisher verschonten Völker hätten das Ihrige noch nicht angefüllt, sondern vielmehr diese, welche Strafe leiden müßten. Allein aus der Anfüllung dieses Sündenmaßes kann man nicht schließen, daß eine Nation weniger oder mehr Verbrechen ausgeübt hat als die andere. Sein Maß erfüllt haben, heißt: Die unglückliche Stunde erleben, da Gott zu strafen beschlossen hat. Wer zweifelt aber, daß diese unglückliche Stunde bald mit einem kleinem, bald mit einem großem Maß verknüpft sein könne, nach dem es Gott für gut befindet, die Begebenheiten zu verändern und seine unumschränkte Freiheit sehen zu lassen? Es gibt Leute, die in den Gedanken stehen, man fände in der Historie, daß die Veränderung der Reiche ordentlich nach Verlauf einer gewissen Anzahl Jahre erfolge, ja, sie führen ich weiß nicht wieviel Reichsveränderungen an[130], die alle in hundert Jahren nach der Reihe erfolgt sein sollen. Ich mag mir die Zeit nicht nehmen, so kindische Dinge zu widerlegen, und es reut mich beinahe, daß ich solches schon im Vorbeigehen getan habe. Ich möchte es gern alle Menschen wissen lassen, daß ich es nicht einem einzigen unter ihnen zutraue, mir aus der Historie zu erweisen, daß Gott zum Bekanntmachen der Wirkungen seiner Gerechtigkeit sich allemal an ein bestimmtes Maß seiner Langmut gebunden habe. Nichts ist unendlicher als die Mannigfaltigkeit in den Wegen Gottes.

77. Daß die Kraft des Gebets einiger weniger guter Leute in der wahren Religion in den falschen Religionen nicht statthat

Will man sagen, es habe doch wenigstens einige fromme Seelen gegeben, welche durch ihr Gebet und ihren guten Wandel ihre Nation von demjenigen Anteil der Unglücksfälle befreit haben, die ihr durch die Kometen vorherverkündigt worden, so will ich es zugeben, daß man solches in Ansehung derjenigen Völker sage und glaube, welche die wahre Religion besitzen. Man könnte mir zwar verschiedenes dawider einwenden. Kann Gott durch das Gebet einer kleinen Anzahl Leute, die ihr ganzes Leben in Werken der Frömmigkeit zubringen, bewegen werden, einer ganzen Nation gnädig zu sein, so scheint es, Gott fasse nicht einmal den Entschluß, dieses Volk zu vernichten, solange diese kleine Anzahl Leute dasselbe erhält. Kann die Wirkung der Kometen durch die Bekehrung der Menschen gehemmt werden, so muß solches durch die Bekehrung der Gottlosen und nicht der Frommen geschehen, deren Seelen Gott schon angenehm sind und die mit ihrer demütigen Verehrung des unendlichen Wesens gar nicht so lange warten, bis Wunderzeichen erscheinen. Ist ein kleiner Haufen frommer Seelen vermögend, den Arm des Höchsten zum Besten einer ganzen Nation zu entwaffnen, so scheint es ja, daß diejenigen Völker, bei denen die wahre Kirche zu finden ist, die schweren Schläge des rächenden Himmels niemals empfinden könnten noch einander jemals selber aufreiben würden, was doch wirklich geschieht; denn es ist doch noch immer unter diesen Völkern ein Überbleibsel frommer und heiliger Seelen. Aller dieser Schwierigkeiten ungeachtet, will ich doch Zugeben, daß die guten Handlungen der besagten kleinen Anzahl wahrer Christen, die sich Gott einzig und allein widmen, den Himmel bewegen, der ganzen Nation von oben herab gnädig zu sein. Es ist mir bekannt, daß der Sieg sich bald auf des Josua, bald auf der Feinde Seite lenkte, je nachdem Moses[131] seine Hände gegen den Himmel zu aufrecht hielt oder sinken ließ. Ich weiß auch, daß man gesagt hat, die Heiligen erhüben aus ihren Grotten und einsamen Orten, darin sie sich verborgen hätten, durch ihr Fasten und Gebet die Materie des Donners bis gen Himmel, von dannen derselbe die Feinde der Christenheit zu Boden schlüge. Und meines Erachtens kann man gar wohl sagen: Wenn fromme Seelen sich Gott widmen, so widmen sie sich zugleich dem Vaterland und verschaffen demselben eben die Vorteile, welche die heidnische Einfalt der freiwilligen Aufopferung eines Kodros oder Decius fälschlich zuschrieb.

Eine gleiche Kraft aber kann man, ohne sich zu versündigen, dem Gebet der vestalischen Jungfrauen oder den Peinigungen der Ungläubigen wohl nicht zuschreiben. Wie sollte doch dieses die Sünden der andern aussöhnen können, da es ausgemacht ist, daß die Opfer der Heiden und die übrigen Stücke ihres Götzendienstes unter denjenigen Verbrechen, dadurch sie sich den Fluch Gottes zugezogen haben, obenan stehen müssen? Die Gedanken Catos, welche er zu der Mutter eines sehr lasterhaften Sohnes sagte: Wenn sie die Götter um das Leben ihres Sohnes bäte, so wäre das nicht sowohl ein Gebet als vielmehr eine Verwünschung der Stadt Rom, schicken sich überhaupt auf alle die Gebete, welche man an die Götzen gerichtet. Man darf sich darin an die Worte des Symmachus gar nicht kehren[132], welcher unter anderem den christlichen Kaisern auch dieses mit vorwarf: Sie hätten durch Einziehen der Besoldung der vestalischen Jungfrauen und Priester sich an solchen Personen vergriffen, welche die Ewigkeit des Reiches durch den Beistand und Schutz des Himmels unterstützten, dessen Segen sie den römischen Waffen zuzögen.[133]

78. Notwendige Abschweifung

Es sind noch einige andere Schwierigkeiten übrig, die ich beheben muß, weil sie die Stärke meines siebenten Grundes schwächen könnten, wenn ich dieselben nicht gründlich auflösen wollte. Ich habe mir vorgenommen, solches insoweit ins Werk *zu* richten, wie es nötig ist. Vorher aber werde ich mir die Freiheit nehmen, eine Abschweifung zu machen, sollte ich auch den Vorwurf, den Sie mir schon so oft gemacht haben, noch einmal von Ihnen hören müssen, ich bliebe nämlich niemals bei der Hauptsache, sondern verfiele immer auf Nebendinge.

79. Achter Grund: Die Meinung, als ob die Kometen Vorboten allgemeiner Drangsale wären, ist ein altväterischer Aberglaube der Heiden, der durch das Vorurteil des Altertums sich in die Christenheit eingeschlichen und darinnen beibehalten wurde

Meine Absicht bei dieser Abschweifung ist folgende: Ich will aus allem demjenigen, was ich angemerkt habe, die wahre Ursache des Vorurteils entdecken, welches in der Welt herrscht, daß nämlich die Kometen Unglückszeichen sein sollen. Ich setze demnach voraus: Diese Meinung ist ein Überbleibsel des heidnischen Aberglaubens, welcher von den Vätern auf die Kinder fortgepflanzt worden ist, teils weil er in den Herzen aller Menschen schon allzu tief eingewurzelt war, teils weil die Christen, um überhaupt zu reden, ebensowohl wie andere Menschen an der Krankheit daniederliegen, da man alle Dinge zu Vorbedeutungen machen will.

80. Von der großen Neigung der Menschen, zukünftige Dinge zu wissen und ihre Wirkungen

Es ist leicht zu begreifen, warum die Heiden so fest glaubten, daß die Kometen, Verfinsterungen usf. großes Unglück vorbedeuteten. Man darf nur erwägen, wie geneigt die Menschen von Natur sind, sich wegen des Zukünftigen zu ängstigen, was für eine unersättliche Begierde sie haben, künftige Dinge zu wissen, und wie gewohnt sie sind, aus Sachen, die nicht oft geschehen, Geheimnisse und etwas Außerordentliches zu machen. Aus dieser unersättlichen Begierde, zukünftige Dinge zu erfahren, sind ich weiß nicht wieviel Arten der Wahrsagungen entsprungen, die alle unbegründet und lächerlich sind und womit sich doch die Menschen gemeiniglich beholfen haben. War jemand so boshaft, daß er sich die Schwäche der Men schen zunutze machen wollte, und fehlte es ihm nicht an Scharfsinnigkeit, etwas zu erfinden, das zu dieser Absicht dienen konnte, so verfiel er alsbald darauf, ich will so viel sagen: Er fing sogleich an, sich der Wissenschaft zukünftiger Dinge zu rühmen. Daher entsprang die Sterndeuterkunst. Diejenigen, welche anfingen, die Bewegung des Himmels zu untersuchen, hatten dabei keine andere Absicht als diese, eine so bewundernswürdige Wirkung genauer kennenzulernen, und da es vermutlich Geister waren, die mehr Liebe für die Wissenschaften als für das Wohl der Welt hegten, so mochten sie wohl eben nicht willens sein, aus der Astrologie eine Spitzbubenkunst zu machen. Nach der Zeit aber haben sich gottlose Leute gefunden, welche die Schwäche des Menschen eingesehen und sich dieselbe haben zunutze machen wollen. In der Absicht breiteten sie überall aus, die Wissenschaft der Gestirne lehre das Gegenwärtige, Vergangene und Zukünftige. Für Geld konnte also ein jeder sein zukünftiges Glück zu wissen bekommen. Um die Leute desto besser zu betrügen, beredete man sie, der Himmel sei ein Buch, darein Gott die Geschichte der Welt aufgezeichnet hätte, und es käme nur darauf an, daß man diese Schrift Gottes, welche in der Zusammensetzung der Sterne bestünde, lesen könnte, so wäre es leicht, diese Geschichte vorauszusehen. Sehr gelehrte Männer, unter anderen Plotin und Origenes[134], haben sich das überreden lassen. Der letztere will sogar seine Meinung durch einen starken Grund bekräftigen und führt zu dem Ende aus einem apokryphischen Buch, das dem Patriarchen Joseph zugeschrieben wird, eine Stelle an, darin der Patriarch Jakob mit folgenden Worten seine Kinder anredet[135]: Ich habe in dem Verzeichnis des Himmels alles dasjenige gelesen, was euch und euren Kindern widerfahren wird. Insbesondere hat man das Erscheinen der Kometen zu seinem Vorteil angewendet und denjenigen Schrecken zu nutzen gesucht, welchen sie durch ihren langen Schweif verursachen. Die Zeichendeuter erinnerten dabei, es wären schädliche Gestirne. Sie sagten solches insonderheit, nachdem sie erfahren, daß sie sich durch dieses Mittel gewissermaßen notwendig machten, indem ein jeder von ihnen wie von einem Orakel eine umständliche Erzählung der durch die Kometen vorbedeuteten Unglücksfälle wissen wollte. Gleiche Gelegenheit, ihre Geschicklichkeit sehen zu lassen, gaben ihnen die Verfinsterungen an die Hand. Andere nahmen daher Anlaß, sich verschiedener anderer Arten der Wahrsagungen zu rühmen, z.B. der Geomantie, Chiromantie, Onomantie usf. Nach und nach wurde die Welt unvermerkt so voller Aberglauben, daß man alle Dinge für Vorboten zukünftiger Dinge ansah, zumal da man diese Art von Wissenschaften zu einem Stück der Religion gemacht und den hauptsächlichsten Gottesdienst in den Untersuchungen der Wahrsager gesetzt hatte. Diejenigen, welche sich nicht anders unentbehrlich machen konnten, als daß sie den Pöbel mit dem Zorn Gottes schreckten, gründeten sich hierin hauptsächlich auf die Kometen und machten es zu einem Sprichwort: Sobald ein Komet erschiene, sei Unglück zu vermuten. Solchergestalt wußten sie im trüben zu fischen, wie Titus Livius berichtet. Bei Gelegenheit einer ansteckenden Krankheit, welche nach einer großen Dürre im Jahr 326 vom Lande in die Stadt sich ausgebreitet hatte, schreibt dieser Geschichtsschreiber[136]: Die Krankheit habe sogar durch die Geschicklichkeit derjenigen, welche sich durch anderer Aberglauben bereichern, die Gemüter angegriffen, so daß man überall neue Zeremonien wahrgenommen habe. Solchergestalt hat der Teufel, der darin gewonnen Spiel hatte und der voraussah, daß der heidnische Aberglaube ein untrügliches Mittel sei, sich unter dem Namen falscher Götter auf hunderterlei verschiedene Arten anbeten zu lassen, die alle vor dem obersten Herrscher aller Dinge verflucht und abscheulich waren, immer seine betrügerische Arglist blicken lassen, sooft Zeichen am Himmel oder ungewöhnliche Sterne erschienen. Denn er durfte nur die abgöttischen Völker bereden, es wären dieses Merkmale des Zorns der Götter, und es würde alles zugrunde gehen, sofern man ihnen nicht Opfer von Menschen, Vieh usf. brächte.

81. Daß die Staatsverständigen den Aberglauben der Vorbedeutungen unterhalten haben

Die Politik hat zuweilen auch Sorge getragen, die Vorbedeutungen im Ansehen zu unterhalten, damit sie Grund hätte, die Untertanen entweder schüchtern zu machen oder ihnen ein gutes Vertrauen beizubringen. Wären die römischen Soldaten starke Geister gewesen, so würde des Tiberius Sohn Drusus nicht das Glück gehabt haben, die Empörung der pannonischen Legionen zu stillen, die nicht mehr zu bändigen waren. So aber fiel zu allem Glück eine Verfinsterung ein, welche diese Aufrührer dergestalt erschreckte, daß Drusus, der diesen ihren Schrecken nach seiner Geschicklichkeit sich zunutze machte, mit ihnen machen konnte, was er wollte.[137] Eine Mondfinsternis machte die Armee Alexanders des Großen einige Tage vor der Schlacht bei Arbela so schüchtern, daß jeder Soldat in den Gedanken stand, der Himmel gäbe ihnen dadurch ein Merkmal seines Zorns, und durchaus nicht weiter marschieren wollte. Ihr Murmeln zielte auf eine offenbare Empörung, als Alexander den ägyptischen Wahrsagern, welche in der Kenntnis der Gestirne sonderlich bewandert waren, Befehl erteilte, sie sollten ihre Meinung von dieser Verfinsterung in Gegenwart der Offiziere von der Armee öffentlich heraussagen. Die Wahrsager hielten sich nicht auf, das Geheimnis ihrer Physik zu erklären, welches sie vor dem gemeinen Mann verborgen hielten, sie versicherten bloß dem König, die Sonne sei für die Griechen, der Mond aber für die Perser, und sooft der letztere verfinstert würde, so hätten diese ein großes Unglück zu besorgen. Sie führten auch viele alte Beispiele von persischen Königen an, welchen nach den Mondfinsternissen die Götter in der Schlacht zuwider gewesen wären. Nichts ist so kräftig, setzt Q. Curtius[138] hinzu, wie der Aberglaube, den Pöbel im Zaume zu halten. So unbändig und wankelmütig er ist, so wird er doch allemal lieber den Wahrsagern als seinen Oberhäuptern gehorchen, sofern sein Gemüt durch ein eitles Bild der Religion gerührt ist. Da also die Antwort der Ägypter unter dem Heer bekanntgemacht worden ist, erwachte die vorige Hoffnung und Herzhaftigkeit. Ebendieser Alexander, da er in Bereitschaft stand, über den Fluß Granikos zu gehen, und zugleich bemerkte, daß der Umstand der Zeit seine Armee furchtsam machte, denn es war der Monat Defius, und von diesem sagte man, daß er von alters her den Unternehmungen der Makedonier zuwider gewesen wäre; so ließ er bekanntmachen, man würde diesem gefährlichen Monat den Namen des vergangenen geben, weil er wohl wußte, wieviel Gewalt ein falscher Religionsskrupel über kleine und unverständige Geister zu haben pflegt. Die erschrockenen Gemüter desto herzhafter zu machen, gab er dem Aristander, seinem Oberwahrsager, der damals opferte, um die Überfahrt glücklich zu machen, heimlich den Rat, er sollte durch Hilfe eines gewissen Saftes es so weit bringen, daß man auf der Leber des Opfers lesen könnte: *Die Götter würden dem Alexander gewiß den Sieg erteilen.* Dieses ausgebreitete[139] Wunder erfüllte die Gemüter mit so großem Vertrauen, daß jedermann schrie, man dürfte nunmehr, nach so augenscheinlichen Zeugnissen des Schutzes der Götter, keine Sorge mehr tragen. Die Geschichte dieses großen Helden enthält noch andere Exempel von gleicher Verschlagenheit, ob er gleich immer gesagt hat, er wolle bloß durch Tapferkeit siegen. Und was noch mehr zu bewundern ist, ebendieser Held, der andern einen blauen Dunst vor die Augen machen ließ, ward zuweilen selbst betrogen, denn in gewissen Gelegenheiten war er sehr abergläubisch. Themistokles[140] konnte die Athenienser nicht dahin bringen, daß sie die Stadt verließen und sich auf das Meer begäben, zur Zeit des Krieges mit dem Xerxes. Er nahm die Religion zu Hilfe, wandte Göttersprüche vor und ließ dem Volk durch die Priester sagen, die Minerva habe die Stadt verlassen und sei dem Hafen zugegangen. Philipp, König in Makedonien, ein Mann, der am besten verstand, wie er seine Feinde durch heimliche Verständnisse, die er mit Geld unterhielt, überwinden sollte, hatte so viel Delphische Orakelsprüche zu seinem Befehl, wie er nur wollte. Und daher kam es auch, daß Demosthenes, welcher nicht ohne Grund vermutete, die Priesterin ließe sich durch des Philipps Geschenke bestechen, die Parteilichkeit, welche sie gegen ihn blicken ließ, so lebhaft durchzog, wie solches Minucius Felix und vor ihm Cicero angemerkt.

Es ist leicht zu begreifen, daß ebendieselben Staatsmaximen, welche den Aberglauben der Völker in Ansehung der anderen Wunderzeichen unterhalten, solchen auch in Ansehung der Kometen werden unterstützt haben. Denn wenn ein Komet erschien und man einen benachbarten Prinzen bekriegen wollte, so war nichts leichter, als daß man durch die Sterndeuter bekanntmachen ließ, dieser Komet sei ein Unglückszeichen, insbesondere für diesen Prinzen. Man sagte wohl gar im Ernst, was vielleicht Vespasian nur zum Scherz von einem Kometen gesagt hat[141], der unter seiner Regierung erschienen: Das wäre der König der Parther mit seinen langen Haaren, und jener habe sich mehr dafür zu fürchten als er, der ein kurzes Haar trüge. Das hieß zu gleicher Zeit, die Seinigen beherzt, die anderen aber schüchtern machen. Es erscheint aus der sechsten Satire des Juvenals, daß man es so gemacht habe. Denn indem er uns den Charakter von einer Zeitenträgerin gibt, so stellt er sie vor, wie sie in Gesellschaft erzählt, man sähe Kometen, welche dem König von Armenien und dem König der Parther Unglück droheten. Ihre Länder und Städte wären auch schon durch Ergießungen der Flüsse und Erschütterungen der Erde verwüstet worden, welches, wie Sie wissen, mein Herr, außer dem gegenwärtigen Übel, das es brachte, für eine böse Vorbedeutung gehalten wurde.

Instantem regi Armenio, Parthoque Cometen
Prima videt: famam rumoresque illa recentes
Excipit ad portas, quosdam facit isse Niphatem
In populos, magnoque illic cuncta arva teneri
Diluvio, nutare urbes, subsidere terras,
Quocunque in trivio, cuincunque est obvia, narrat.
Welch Unglück der Komet, welch allgemeine Not
Er den Armeniern und dann den Parthern droht
Sieht sie zuallererst. Sie geht von Tür zu Tür,
Schnappt da manch Märchen auf; und manches stammt von ihr;
In wie so manches Land Niphat den Einfall tut;
Das Erdreich decke dort die stärkste Wasserflut;
Es wanke jede Stadt; es zittre jedes Land:
Dies macht sie überall und jedermann bekannt.

Sie sehen hier den Charakter eines Zeitungsschreibers, der ums Brot schreibt. Er weiß allemal eine große Anzahl unglücklicher Begebenheiten, die das feindliche Land verwüsten oder dasjenige, was in feindliche Hände kommt. Es fehlt ihm niemals an der Erzählung vieler trauriger Vorboten, die den Feinden nichts Gutes versprechen. Wer zweifelt, daß nicht die Freunde Cäsars überall werden gesagt haben, der Komet, der nach seinem Tode erschienen, sei ein Merkmal des gegen die Mörder erzürnten Himmels und ein gewisses Zeichen des Schutzes, welchen die Götter denjenigen erteilen wollten, welche seine Ermordung rächen würden. Sie haben unfehlbar gelesen, daß Mahomet einen berühmten Zeichendeuter bestochen, um überall zu verkündigen, es würde eine große Veränderung in der Welt vorgehen und ein großer Prophet eine neue Religion aufrichten. Warum dieses? Die Gemüter vorzubereiten, damit sie sich nicht solchen Begebenheiten widersetzten, welche sie gleichsam für vorherbestimmt und unvermeidlich anzusehen hätten. Haben also die Großen vieles dazu beigetragen, daß man die Kometen für üble Vorboten angesehen, so hat der Pöbel an seinem Beitrag es auch nicht ermangeln lassen. Gemeine Leute sind von Natur geneigt, aus geringen Dingen Prophezeiungen zu ma chen. Sodann befindet sich auch noch bei ihnen eine gewisse Bosheit, vermöge welcher sie sich leicht überreden, diejenigen, die am Ruder sitzen, verwalteten das Regiment nicht nach Gottes Gefallen. Daher machen sie alsdann ihre Glossen darüber, warum man das gemacht, warum man jenes nicht gemacht habe. Und solchergestalt hat nach der Zeit die Staatskunst mit dem Vorurteil der Völker nicht wohl zurechtkommen können, weil man sich zuletzt die fälschliche Einbildung gemacht hat, die Kometen droheten insbesondere Königen und Fürsten den Untergang.

82. Daß die Lobredner vieles zur Unterhaltung des Aberglaubens, in Ansehung der Vorbedeutung, beigetragen

Allen diesen Ursachen des so allgemeinen Vorurteils muß man noch die Schmeichelei der Poeten und Redner hinzufügen. Wenn diese Herren das Lob ihrer Helden verfertigten, so brauchen sie unter anderen Lehrsprüchen auch folgenden: *Die ganze Natur habe Ehrfurcht gegen ihn, sie wende alle ihre Kräfte nur für ihn an, sie bekümmere sich über sein Unglück, sie verspreche ihn der Welt noch nr="175"/> ferner, und wenn die Welt sich seines Besitzes unwürdig gemacht, so zünde der Himmel, der ihn wieder zu sich nehmen wolle, neue Lichter an usf.* Hat doch Balzac vom Kardinal Richelieu eine so hyperbolische Redensart gebraucht, wenn er spricht: *Einen ihm ähnlichen Minister zum Vorschein zu bringen, müßte die ganze Natur arbeiten. Gott verspräche ihn der Welt lange vorher, ehe er ihn wirklich kommen ließe.* Man tadelte ihn deswegen, er verteidigte sich aber dadurch, daß er zeigte, andere wären noch weiter gegangen als er, z.B. einer von den Alten, welcher von gewissen Seelen gesagt hat: *Der ganze Himmel sei beschäftigt, ihnen ihr Schicksal zu verfertigen,* und jener berühmte Italiener zu unsrer Väter Zeiten, der geschrieben hat: *Der ewige Verstand ging mit hohen Gedanken um und hatte eine große Absicht im Sinn, als er den Kardinal Hippolytus d'Est erschuf.* Ich wundere mich, daß er nicht auch jenen Priester mit angeführt, welcher einstmals zum Kaiser Konstantin gesagt: *Die göttliche Vorsorge sei damit nicht zufrieden gewesen, daß sie ihn der Beherrschung des Erdkreises würdig gemacht, sie habe zugleich Sorge getragen, ihm alle die Tugenden zu geben, welche verdienten, daß er nach diesem Leben mit dem Sohn Gottes im Himmel regiere.* Unfehlbar hat der unglückliche Ausgang dieser sündigen Schmeichelei den Herrn Balzac verhindert, sich durch ein solch Exempel zu rechtfertigen. Denn Eusebius berichtet, daß Konstantin diesem unverschämten Redner ein Stillschweigen auferlegt hat.

Überhaupt kann man wohl sagen, daß die Schmeichler sich aller erstaunlichen Wirkungen der Natur bedient haben, um den Wert ihrer Helden zu erheben und den Großen der Welt zu gefallen. So bemühten sich die Poeten an dem Hofe des Augustus um die Wette, erweislich zu machen, der Tod Cäsars sei eine Ursache aller darauffolgenden Wunderzeichen gewesen. Horaz sagt es ausdrücklich in der Ode, die ich oben anführte, als ich erweisen wollte, daß die Ergießungen der Ströme für Unglückszeichen im Heidentum gehalten worden sind. Er behauptet: *Der Tiberstrom habe bloß aus Gefälligkeit gegen seine Frau Ilia, die den Tod Cäsars, ihres Anverwandten, hätte rächen wollen, das Land so grausam verwüstet.* Er gibt zugleich zu verstehen, alle übrigen Unglücksfälle, welche das Reich betroffen oder noch betreffen würden, wären Wirkungen der Entleibung dieses Kaisers. Wenn wir dem Virgil[142] Glauben beimessen, so betrübte sich die Sonne dergestalt über den Tod dieses Kaisers, daß sie die Trauer anlegte und ihr Licht so stark verdunkelte, daß man beinahe geglaubt, es nimmermehr wiederzusehen. Indessen hatte man kaum einen Kometen kurz nach des Kaisers Tod leuchten sehen, als andre Schmeichler sagten, es wäre dieses die vergötterte Seele Cäsars, weswegen man auch diesem Kometen zu Ehren einen Tempel widmete und den Cäsar mit einem Stern auf der Stirn vorstellte.[143]

Ist das nun nicht ein augenscheinlicher Widerspruch? Denn ist die Seele Cäsars vergöttert, glänzt sie im Himmel unter den Sternen, warum trauert die Sonne? Warum verhüllt sie sich in dunkle Schatten? Sollte sie nicht mehr Anteil an der Ehre des Himmels, dem sie angehört, nehmen als an dem Unglück der Stadt Rom? Wahrhaftig, Virgil schmeichelt sehr artig. Da die andern sagen, der Himmel sei durch Cäsars Tod mit einem neuen Stern beehrt worden, so versichert er, die Sonne verfinstere sich deswegen. Hätte er weniger gesunde Vernunft gehabt, so würde er seine Gedanken nach denen der andern eingerichtet und gesagt haben, die Sonne sei so böse geworden, da sie unter dem Gestirne einen neuen Stern erblickt hat, dem der Himmel mehr Ehre angetan als ihr, daß sie sich vor Scham versteckt habe. Allein, er war allzu verständig, als daß er einen Lobspruch hätte brauchen sollen, der, mit Erlaubnis des galanten Herrn Voiture und seines Sonetts, das er auf ein Frauenzimmer gemacht hat, welches sich bei Sonnenuntergang gebadet, allem Ansehen nach demjenigen frostig würde geklungen haben, auf den er gemeint war, denn dieser war; wie einer von seinen

Hofleuten sagte, einem Rosse zu vergleichen, das hinten ausschlägt, wenn man es auf eine üble Art schmeichelt.[144] Aber was sollen wir vom Ovid sagen, der seine Verwandlungen mit der Verwandlung Cäsars in einen Kometen endigt und uns versichert, daß unter anderen vielen Wunderzeichen, die vor dieses Kaisers Tod vorhergegangen, die Sonne außerordentlich blaß und der Mond mit Blut gefärbt erschienen?

Hier haben Sie, mein Herr, das wahre Mittel, alle diese Schwierigkeiten aufzulösen. Diese sinnreichen Köpfe hatten insgesamt nur eine Absicht, nämlich durch ihre Lobeserhebungen sich bei dem Kaiser Augustus beliebt zu machen. Denn Cäsars halber, der nicht mehr imstande war, sich für Schmeicheleien erkenntlich zu zeigen, würde man wohl nicht viel Verse gemacht haben, wenn er nicht eine Person zum Nachfolger gehabt hätte, die um ihre Ehre ungemein besorgt gewesen. Also lobte man den Cäsar bloß seines Nachfolgers halber. Es war daher einerlei zum Lobe dieses Prinzen, man mochte sagen, die Sonne sei vor dem Tode des Cäsars oder nach demselben verdunkelt worden. Deswegen sagt es Virgil auf diese, Ovid auf eine andere Art, beide aber haben auf eine geschickte Art mit dem Lob des Augustus geschlossen, das sehr wohl geraten und so hoch getrieben worden wie nur möglich.

83. Zu wieviel Dingen ein Komet hat dienen müssen

Daraus kann man sehen, daß einerlei Komet zu vielerlei Absichten dienlich gewesen. Augustus ließ es sich aus politischen Absichten gar wohl gefallen, daß man die Seele Cäsars darunter vorstellte, denn für seine Partei war es ein großer Vorteil, wenn man glaubte, man verfolge die Mörder eines Mannes, der nun unter die Götter aufgenommen wäre.

Es war dieses die Ursache, warum er diesem Kometen einen Tempel[145] aufbauen ließ und öffentlich bezeugte, daß er ihn für einen sehr glücklichen Vorboten ansähe. Diejenigen, welche es mit ihm hielten, doch aber so leichtgläubig nicht waren, daß sie diese Verwandlung der Seelen in Sterne hätten für wahr halten sollen, glaubten wenigstens oder beredeten andere: *Die Götter bezeugten durch diesen Kometen, wie erzürnt sie gegen den Brutus und Cassius wären.* Diejenigen, die im Herzen noch gute Republikaner waren, sagten im Gegenteil, die Götter bewiesen dadurch ihren Unwillen, daß man nämlich nicht die Partei der Retter des Vaterlandes unterstützen wollte, und auch diese letzteren mochten auf seiten ihrer nichts vergessen, diesen Kometen nach dem damaligen Aberglauben sich zunutze zu machen. Und kurz: Die Poeten fanden darin Gelegenheit, nicht nur prächtige Beschreibungen zu machen und die ganze Natur zur Ehre ihres vergötterten Helden in Bewegung zu setzen, sondern auch ihren noch lebenden Helden zu schmeicheln, darauf es auch am meisten abgesehen war.

Ich sage dieses nicht nur als eine Mutmaßung. Geben Sie sich einmal die Mühe und sehen Sie die Stelle aus dem Virgil an, die ich Ihnen bereits angeführt habe. Sie werden gewahr werden, daß er also schließt: Es gefiele wenigstens den Göttern, die wohl das Herz gehabt hätten, zu sehen, daß die Flächen in Thessalien von dem Blut der Römer zweimal wären überschwemmt worden, nicht zu verhindern, daß Augustus das Reich wieder in Schwung brächte, welches sie hätten verderben lassen. Der Himmel beneide Rom schon lange wegen des Bisitzes Augusts' und sei gar nicht wohl damit zufrieden, daß er so oft auf Erden triumphiere. Lesen Sie auch das letzte Kapitel von den Verwandlungen des Ovids, Sie werden darin antreffen, daß, wenn Cäsar unter die Götter versetzt worden, er solches den Verdiensten seines Nachfolgers, den er an Kindes Statt angenommen habe, ebensowohl wie seinen eigenen zu danken gehabt. Ich will Ihnen den Verdruß ersparen, den Sie beim Suchen aller dieser Stellen haben möchten. Hier haben Sie eine, die gewiß vollkommen artig ist und von der Seele Cäsars redet:

Simul evolat altius ista
Flammiferumque trahens spatioso limite crinem,
Stella micat: Natique videns benefacta, fatetur
Esse suis maiora, et vinci gaudet ab isto;
Hic sua praeferri quamquam vetat acta paternis
Libera fama tamen, nullisque obnoxia iussis
Invitum praefert, unaque in parte repugnat.
Der Stern schwingt sich empor und streut sein flammicht Haar
Durch den so weiten Raum. Er wird den Sohn gewahr,
Sieht seine Wohltat an, räumt ihm den Vorzug ein
Und schätzt sich's für ein Glück, von ihm besiegt zu sein.
Der Sohn begehrt den Rang vor seinem Vater nicht:
Allein der freie Ruf, der frei vom Zwange spricht,
Folgt hier des Vaters Wort; und da er ihn erhebt,
Sieht man, daß er dem Sohn nur hier zuwiderlebt.

Besorgte ich nicht, Ihnen durch Anführung allzu vieler Stellen beschwerlich zu fallen, so wollte ich Ihnen die Schmeichelei anführen, der man sich gegen den Kaiser Adrian bediente, als er über das Absterben seines Lieblings, des Antinous, tödlich betrübt war, da man ihm nämlich sagte, seine Seele wäre in einen Stern verwandelt worden, weil eben zu der Zeit sich ein neuer Stern sehen ließ. Ich würde Ihnen den

Claudian[146] anführen, der daraus eine glückliche Vorbedeutung für den Kaiser Honorius zog, weil am hellen Mittag, ungefähr um die Zeit seiner Geburt, ein Stern erschienen. Ich würde hinzusetzen, man habe gesagt[147], daß der Himmel durch zwei bewundernswürdige Kometen die bevorstehende Größe des Mithridates vorherverkündigt habe, davon der eine das Jahr, da er geboren worden, und der andere, da er zu regieren angefangen, am Himmel gestanden. Ich würde nicht vergessen, daß die Vogeldeuter, als sie wegen der Ergießung des Tiber befragt worden, die in eben der Nacht geschehen war, darin Oktavius den Zunamen Augustus bekommen hattet zur Antwort gegeben, es bedeute dieses den hohen Gipfel der Ehre, den er erreichen würde. Daraus kann man sehen, daß die Poeten nicht die einzigen gewesen sind, welche die Natur der Neigung der Großen gemäß eingerichtet haben. Mit einem Wort: Ich würde hundert andere Stellen anführen, daraus man erweisen könnte, daß die Begierde zu gefallen, zu schmeicheln und Dinge wunderbar zu machen der Grund gewesen, warum man schlechterdings natürliche Wirkungen für außerordentliche Wunderzeichen ausgegeben hat. Ging ein König oder eine Königin mit Tode ab, nachdem kurz vorher ein Komet erschienen war, gleich sagte man überall: *Es habe der ganzen Natur dieses große Unglück geahnt, deswegen sei sie in Bewegung geraten und habe neue Sterne zum Vorschein kommen lassen.* Und da dieses so oft gesagt wurde, so fingen die Menschen endlich an zu glauben, wenn sich Kometen sehen ließen, so sei es ein Zeichen, daß die Natur eine ähnliche Ahnung habe. War bei der Geburt eines mächtig und sieghaft gewordenen Prinzen ein Komet erschienen, wie bemüht waren nicht die Lobredner, wenn sie nach den Lehrsätzen der Rhetorik die vorhergehenden und mitfolgenden Zeichen dieser Geburt durchgingen, vor allen anderen den neuerschienenen Stern herauszustreichen. Mit einem Wort: Es war unmöglich, daß man den Kometen dafür hätte ansehen können, was er wirklich gewesen, nämlich für ein natürliches Gestirn. Wieviel Leute gab es nicht, die insgesamt ein Wunderwerk aus ihm machen wollten. Je mehr man den Menschen kennenlernt, je mehr findet man, daß der Hochmut seine herrschende Neigung ist und daß er mitten in seinem traurigsten Elend doch noch nach Ehre strebt.[148] So eine elende und hinfällige Kreatur er ist, so hat er sich doch einbilden können, er könnte nicht sterben, ohne daß die ganze Natur in Unordnung geriete und der Himmel gezwungen würde, neue Kosten aufzuwenden, die Pracht seines Leichenbegängnisses mit Fackeln zu beleuchten. Närrischer und lächerlicher Hochmut! Hätten wir einen richtigen Begriff von dem Weltgebäude, so würden wir bald einsehen, daß der Tod oder die Geburt eines Prinzen ein so geringer Umstand in Ansehung der ganzen Natur aller Dinge ist, daß es sich der Mühe nicht verlohnt, daß man sich im Himmel deswegen nur regen sollte. Wir würden mit demjenigen, der unter den Weltweisen des alten Roms die erhabensten Gedanken gehabt hat, sagen: *Die Vorsorge Gottes erreiche uns zwar auch, und wir wären allerdings ein Gegenstand*

derselben, ihr Endzweck aber gehe auf weit wichtigere Dinge als unsere Erhaltung, und
obzwar die Himmelsbewegungen[149] *uns große Vorteile zuwege brächten, so könnte man*
doch nicht sagen, daß dieser ungeheure Körper sich bloß der Erde zu Gefallen bewegte.[150]
Vergeben Sie, daß ich einem Gedanken meinen geringen Beifall nicht versage, der von
denjenigen niemals für orthodox erklärt werden wird, welche die Kometen als Vorboten
ansehen. Es haben sich allzu viele Leute unterfangen, ihnen diese Eigenschaft beizulegen,
wie wäre es denn möglich gewesen, diesen Irrtum zu vermeiden?

Wenn Sie dabei noch dies erwägen: Daß der Weltlauf allemal unzählige Zerrüttungen
und Unglücksfälle mit sich bringt und es daher auch nach dem Erscheinen der Kometen
daran nicht fehlen kann, daß in der Welt mehr Fälle von außerordentlichem Unglück
wie ausnehmendem Glück erfolgen, daß die Menschen das Böse allemal besser im
Gedächtnis behalten als das Gute, daß diese, was die Prophezeiungen betrifft, sich eher
durch eine betrügen lassen, welche ungefähr eingetroffen, als daß sie sich durch zwanzig
andere, die falsch gewesen, auf bessere Gedanken sollten bringen lassen, daß sie also
bei denjenigen Kometen, welche etwas Böses nach sich gezogen haben, aufmerksamer
gewesen sind als bei denjenigen, die davon nichts verursacht, daß es mehr gekrönte
Häupter gibt, welche eines ordentlichen Todes sterben, als deren, die wie Mithridates
umkommen. Wenn Sie, sage ich, alles dieses nebst meinen anderen angeführten
Anmerkungen erwägen, so werden Sie leicht begreifen, daß es beinahe nicht anders
hat sein können: Die Heiden haben müssen überhaupt von der Meinung eingenommen
sein, daß die Kometen Unglückszeichen wären.

84. Warum die Christen in Ansehung der Kometen ebendas Vorurteil haben, das bei den Heiden anzutreffen war

Nun darf man sich ebensosehr nicht wundern, warum die Christen von
ebendemselben Vorurteil eingenommen sind, denn sie sind Nachkommen der Heiden
und, die Abgötterei ausgenommen, haben sie fast ebendie Schwachheiten, die die
Heiden gehabt haben. Das große Werk der Predigt der Apostel bestand darin, den
wahren Gott und seinen Sohn, der Gott und Mensch zugleich war, der für uns gestorben
und auferweckt worden ist, bekanntzumachen, das menschliche Herz mit Liebe zu
Gott und zu einem heiligen Wandel zu erfüllen, den Götzendienst abzuschaffen und
die Herrschaft des Lasters gänzlich auszurotten. Dies war der Zweck, worauf die
Bekanntmachung des Evangeliums abzielte. Im übrigen hatte Gott ganz und gar nicht
die Absicht, indem er die Heiden aus ihrer Finsternis herausriß und sie in das Reich
seines wunderbaren Lichtes versetzte, wie die Schrift redet, bessere Philosophen aus
ihnen zu machen, ihnen die Geheimnisse der Natur zu entdecken, sie gegen die

Vorurteile und pöbelhaften Irrtümer dergestalt zu befestigen, daß es ihnen unmöglich sein sollte, darein zu verfallen. Die Erfahrung zeigt solches augenscheinlich. Man sieht eben nicht, daß diejenigen Personen, welchen Gott die Schätze seiner Gnade im Überfluß mitteilt, welche er mit dem stärksten Glauben und einer recht brennenden Liebe anfüllt, den durchdringendsten Verstand besäßen, mit der größten Bündigkeit schlössen und über tausenderlei falsche Schlüsse hinweg wären, die gegen der Seelen Seligkeit nichts zu bedeuten haben. Man kann daher gar wohl sagen, daß die Heiden die christliche Religion angenommen und alle die Vorurteile beibehalten haben, welche sie noch im Heidentum, in Ansehung natürlicher Dinge oder überhaupt in solchen Dingen, hatten, welche die Glaubenswahrheiten nicht aufheben.

Sie sind allzu gelehrt, mein Herr, als daß ich Ihnen diese Anmerkung erst machen dürfte, und Sie würden dieselbe einsehen, wenn Sie auch Ihr Lebtag nichts als des Herrn Nicole Schriften gelesen hätten, denn hier haben Sie eine Stelle aus diesem Meisterstück, welches er aus einer recht christlichen Bescheidenheit nur Proben der Moral nennt, wo er sich also ausdrückt: *Obgleich Jesus Christus voller Wahrheit war, wie der heilige Johannes sagt, so sieht man doch nicht, daß er sich unterfangen, den Menschen andere Irrtümer zu nehmen als diejenigen, welche Gott und die Mittel ihres Heils angingen. Er wußte alle ihre Vergebungen in Dingen, die die Natur betrafen. Er verstand besser als jemand das Wesen der wahren Beredsamkeit. Die Wahrheit vergangener Begebenheiten war ihm vollkommen bekannt. Und dennoch hat er niemals seinen Aposteln Befehl erteilt, weder die Irrtümer der Menschen in der Naturlehre zu bestreuen, noch denselben die Kunst, geschickt zu reden, beizubringen, noch auch ihnen die unzähligen Fehler, die man in ihren Historienbüchern antraf, vor Augen zu legen.*[151]

Es erhellt aus den Schriften der Kirchenlehrer, die sich vom Heidentum bekehrt haben, daß, wenn sie vorher Platoniker gewesen, sie noch die Art und den Geist dieser Sekte beibehalten haben. Es ist daher gar kein Zweifel, diejenigen, welche geglaubt haben, die Verfinsterungen, die Kometen, die Erdbeben und dergleichen Dinge wären üble Vorboten, werden solches auch noch nach ihrer Bekehrung geglaubt und gedacht haben, sofern sie nur dasjenige dem Zorn Gottes und ihren Sünden zuschrieben, was sie sonst der Unterlassung einer abergläubischen Zeremonie zugeschrieben haben, so wäre diese Meinung so böse eben nicht, denn auf solche Art haben sich die Irrtümer des Pöbels, die im Heidentum überhandgenommen hatten, bei der Gesellschaft der Gläubigen von Zeit zu Zeit mit eingewurzelt, nur diejenigen ausgenommen, welche die Geheimnisse der Religion offenbar übern Haufen werfen. Denn sobald man gesehen, daß eine Meinung nicht als ketzerisch verdammt worden ist, so ist man, ohne viel Umstände zu machen, dem großen Haufen nachgefolgt, der davon eingenommen gewesen ist.[152] Wenig Leute gaben sich die Mühe, zu untersuchen, ob die allgemeinen

Meinungen wahr oder falsch sind. Ist es nicht genug, sagt man bei sich selbst, daß unsere Väter dieselben auch gehabt haben?

85. Einführung verschiedener heidnischer Zeremonien in das Christentum

Es ist sogar wahr, daß, da man in der ersten Kirche gewahr worden ist, die allzu große Einfalt des Gottesdienstes, welche die Apostel gelehrt haben, schicke sich nicht für diejenige Zeit, da die Hitze des Eifers abgenommen, und es erfordere daher die christliche Klugheit, in den Gottesdienst verschiedene Zeremonien einzuführen, daß man alsdann, sage ich, insbesondere diese Bräuche dazu erwählt hat, welche unter den Heiden am meisten in Schwange gegangen, weil man entweder dieselben überhaupt für geschickt angesehen, eine Ehrfurcht für heilige Sachen bei dem Volk zu erregen, oder weil man geglaubt hat, es würde dieses ein Mittel sein, die Ungläubigen anzulocken und sie durch eine gewissermaßen unvermerkte Veränderung zu Jesu Christo zu bringen. Wenn die Hugenotten uns die Ähnlichkeit unserer Zeremonien mit den Gebräuchen der alten Heiden vorwerfen und dieselbe sogar durch richtige Stellen erweisen, so gibt es viele von unseren Lehrern, welche ihnen ins Gesicht sagen, daß dies falsch sei, es wären lauter Verleumdungen, die von den reformierten Predigern ersonnen worden, um unsere Religion verächtlich zu machen. Diejenigen aber, welche so geschickt wie redlich sind, geben dieses zu[153] und führen tüchtige Gründe an, das Annehmen verschiedener Gebräuche aus dem Heidentum zu rechtfertigen. Sie sagen, es hieße dieses die Schätze von Ägypten zum Bau der Stiftshütte anwenden, wie die Juden getan haben. Man ahme darin dem Salomo nach, der von einem abgöttischen König die Materialien und Bauverständigen zum Tempelbau des wahren Gottes hat kommen lassen. David[154] habe sich kein Gewissen daraus gemacht, mit der Krone voller Edelsteine zu prangen, die er dem Götzenbild Melchom vom Kopfe gerissen. Gott erlaube ja den Juden, sich mit ihren Sklavinnen zu verehelichen und die Moabiterinnen in Töchter Zions zu verwandeln, sofern sie ihre Nägel beschnitten, ihnen das Haar abschören und in Ansehung ihrer gewisse Reinigungen vornähmen.[155] Und also könnten auch wir nach geschehenen Einschränkungen und gewissen Reinigungen die Beute des Heidentums uns zunutze machen, wie solches der heilige Hieronymus anmerkt. Der Kardinal Varonius gibt es zu, daß die Kirche solches oft getan habe, denn nachdem er sehr aufrichtig zugestanden, daß das Lichtmeßfest seinem Ursprung nach ganz und gar heidnisch sei, so setzt er hinzu: *Vielen anderen abergläubischen Gebräuchen der Heiden sei eben das widerfahren; man habe sie nämlich auf eine löbliche Art in die Kirche eingeführt, nachdem sie vorher durch einen heiligen Gebrauch gereinigt und geheiligt worden sind.*[156] Urteilen Sie nun, mein Herr, ob die

Irrtümer und Vorurteile der Heiden in Ansehung der Vorbedeutungen so gar viel Schwierigkeit gefunden, sich in die christliche Religion mit einzuschleichen, da man den falschen Gottheiten nichts zuschrieb und nur die Zeremonien ihrer falschen Religion aus Gnade annahm, nachdem sie vorher gehörig gesäubert worden.

86. Daß die falschen Bekehrungen der Heiden viele Irrtümer in das Christentum einführten

Es ist noch ein Umstand, der Gelegenheit gegeben, daß die Irrtümer des Heidentums in die christliche Kirche versetzt worden sind. Ich meine die große Menge der Falschbekehrten. Denn wieviel glauben Sie wohl, mein Herr, daß Heiden gewesen, die nur dem Scheine nach, unter Konstantins und Theodosius, den Götzendienst abgeschworen, als die christliche Religion die herrschende ward und man getauft sein mußte, um bei demjenigen wohl gelitten zu sein, der unser Glück befördern sollte? Vielleicht waren deren noch nicht so viele, als noch die christlichen Kaiser die Heiden aus politischen Absichten verschonen mußten. Allein, ich irre sehr, wenn zu der Zeit, da Theodosius sich's in allem Ernst vornahm, das Heidentum auszurotten, nicht viele von den Heiden gewesen, welche, ohne einen andern Beweggrund zu haben als diesen, um mit dem Fürsten einerlei Religion zu sein, in den Schoß der Kirche aufgenommen worden sind. Ich behaupte ein Gleiches von den Franzosen, welche Heiden waren, da sich Clovis zum christlichen Glauben bekehrte. Es ist sehr wahrscheinlich, daß Gott einige davon erleuchtet habe und daß seine Vorsorge, welche sich sehr oft unsrer Neigungen bedient, um uns von unsern Irrwegen abzuführen, sich auch des starken Eindrucks bedient habe, welchen das Exempel eines großen Königs in den Gemütern machen kann, um die Augen einiger seiner Hofleute zu öffnen. Es ist aber auch sehr wahrscheinlich, daß viele darunter gewesen, die sich taufen lassen haben, bloß damit sie es mit der stärksten Partei halten möchten. Sind die heidnischen Philosophen, welche die Rede mit angehört haben, die Konstantin vor den Vätern des Nicänischen Konzils zum Beweis der Gottheit Christi gehalten, dadurch mehr gerührt worden als durch alle die Schutzschriften der Christen, die sie jemals gelesen? Ist die christliche Religion ihnen niemals so glaubwürdig vorgekommen, als da ein großer Kaiser in aller seiner Majestät für dieselbe redete, so können ja wohl auch viele von den Hofleuten durch den Anblick eines großen Königs, der das Evangelium annimmt, und durch die Gewalt eines so großen Exempels bewegen worden sein, ihm nachzufolgen, ohne die Sache weiter zu untersuchen. Man kann daher sagen, daß zu diesen glücklichen Zeiten das Beispiel einiger Leute zur Überzeugung der andern von einer Provinz zur andern gedient habe und daß also viele Personen aus allerhand Ständen und Lebensarten in die Kirche gekommen, ohne daß sie eine wahre Berufung gehabt und alle ihre Vorurteile mit hineingebracht haben.

87. Von der Neigung der Menschen, es mit der herrschenden Religion zu halten, und was das der wahren Kirche für Schaden bringt

Der Herr von Mezerai[157] führt von der Katharina von Medici einen Umstand an, der mir merkwürdig zu sein scheint. Als es in der Schlacht bei Dreux um die königliche Partei im Anfang übel aussah, strichen einige Flüchtlinge bis nach Paris, wo sie ausbreiteten, es wäre alles verloren. Katharina von Medici, ohne darüber in Bewegung zu geraten, sagte nur soviel: *Wohlan! Man wird also Gott auf französisch anbeten müssen*, und fing zugleich an, den Freunden des Prinzen von Condé zu schmeicheln und die neuen Meinungen der Religion zu loben. Man sieht daraus, daß sie den Untergang der katholischen Religion in diesem Königreich mit Gelassenheit würde angesehen haben und daß sie ganz bereit gewesen, dieselbe der Partei von der neuen Religion aufzuopfern, sofern sie die stärkste geworden wäre. Diese Menge von Hoffräuleins, die sie nur dazu hielt, um sich Anhänger zu machen, es mochte kosten, was es wollte, würde ebensoleicht zu überreden gewesen sein, man müßte Gott auf französisch anbeten, sofern nur der siegende Prinz von Condé dieselben mit Vorteil an reformierte Herren vermählt hätte. Und also würde ein jeder nach dem Exempel der Königin sich die neue Religion haben belieben lassen, entweder um ihre Bedienungen zu behalten oder durch das Ansehen des Prinzen einige zu erlangen. Es beruhte also nur auf einer Schlacht, die durch die königlichen Heere hätte dürfen gewonnen werden, so wäre aus der herrschenden Religion eine geduldete und verschmähte geworden, die man haufenweise verlassen hätte, um desto leichter emporzukommen. Dreißig Jahre darauf wäre ebendas er folgt, wenn Heinrich IV. die Ligue durch Gewalt der Waffen hätte trennen können. In diesem Falle würde man keine Unterredungen zu Sureine angestellt, keine Versprechen getan haben, sich belehren zu lassen. Der siegreiche König würde seiner Religion halber kein Bedenken getragen haben, er würde sie auf den Thron gesetzt haben, und für die Katholiken würde es ein großes Glück gewesen sein, wenn sie ein Edikt von Nantes erhalten hätten, um wenigstens nur geduldet zu werden. Man würde auf eine schnöde Art mit ihnen verfahren sein, und weil die Hugenotten damals noch so erhitzte Eiferer unter sich hatten, die zu Land und Wasser umherzogen, um einen Judengenossen zu machen, so wie wir deren heutzutage durch die Gnade Gottes und des Königs haben, so würde man von nichts als von Bekehrungen haben sprechen hören. Alle Aufseher der Provinzen würden Marillacs gewesen sein, und ich weiß nicht, mein lieber Herr, was

Sie und ich jetzt sein würden. Es kommt mir sehr wahrscheinlich vor, daß Ihr Herr Großvater, der eine schöne Bedienung und viel Kinder hatte, würde ein Hugenotte geworden sein, um diese Bedienung zu behalten und seine Familie zu unterstützen. Sie würden also wohl gar jetzt reformierter Prediger in Paris sein. Denn hätte ihr Vater das gute Geschick, das Sie zum Studieren hatten, und Ihr theologisches Naturell gesehen, so würde er Sie gewiß zur Kirche bestimmt haben. Was meine Vorfahren betrifft, so glaube ich ganz gewiß, sie würden ebendas getan haben, was ich die Hugenotten in meiner Nachbarschaft alle Tage tun sehe, welche, um nur ein für allemal von der frommen und christlichen Überlast der Pfaffen und Mönche loszuwerden, und um die Vorteile im Himmel und auf Erden zu erlangen, da man ihnen verspricht, sie sollten von allen Abgaben und von aller Ungerechtigkeit, die ihnen oft durch einen sehr unordentlichen Eifer (das ich doch nicht gern gegen jedermann sagen möchte) angetan worden ist, völlig frei sein, sich stellen, als ob sie katholisch würden.

Nun ist es aber gewiß, alle diese vermeintlichen Bekehrungen unserer Voreltern würden ihre heimliche Verehrung der Jungfrau Maria, der Heiligen, der Reliquien, der Bilder und der Ordenskleider nicht verhindert noch die fromme Leichtgläubigkeit aus ihren Herzen gerissen haben, die ihnen von der Wiege an in Ansehung der Wunder, des Fegefeuers und was daraus fließt, eingeblasen worden ist. Wir würden ebenfalls. Sie und ich und unseresgleichen, etwas davon behalten haben, so gute Calvinisten wir auch gewesen sein würden. Das sage ich Ihnen deswegen, daß, wenn man eine Religion nur aus politischen Absichten annimmt, man alle seine Vorurteile nicht ablegt, und das haben viele Heiden getan, indem sie sich zum christlichen Glauben bekannt haben,

88. Anmerkung über die gegenwärtigen Bekehrungen der Hugenotten

Es ist mir lieb, daß ich hierauf verfallen bin, weil es mir Gelegenheit gibt. Sie zu fragen, was Sie wohl von den vielen Siegen denken, die wir unaufhörlich über die vermeintliche reformierte Religion erhalten. Ich weiß. Sie sind ein sehr eifriger Katholik, und ich kenne wenig Leute, die es Ihnen darin gleichtun. Ich könnte daher beinahe auf die Gedanken geraten, Sie hätten so viel Freude über die Siege, die wir über die reformierte Partei davontragen, daß Sie nicht Zeit genug übrigbehielten, die Folgen und Umstände derselben zu untersuchen. Doch da ich sonst weiß, daß Ihr Eifer Sie nicht verhindert, einen gründlichen Verstand zu haben, so kann ich es mir einbilden, daß Sie weiter hinaussehen als andere. Weil ich daher Ihre Gedanken in diesem Fall nicht recht erraten kann, so wollte ich Sie wohl um Eröffnung derselben gebeten haben. Darf ich nur den Anfang machen, um Sie zu einer solchen Vertraulichkeit zu bringen, so ist der Handel richtig, denn dieses sind meine wahren Gedanken davon.

Ich finde nicht, daß man dem wahrhaften Geist des Christentums nahekommt, wenn man die Bekehrung mit Geld und dadurch erzwingen will, daß man das Schicksal derjenigen, welche sich nicht bekehren, unglücklich macht. Ich gebe zu, daß bei den Umständen, darin die Calvinisten von Frankreich sich jetzt befinden, diese Mittel sich ungemein wohl schicken, sie von ihrer Religion abzubringen; denn sie haben jenes erste Feuer und jene Hitze verloren, welche alle großen Veränderungen begleitet und die sich dieser Ursache halber in einer großen Stärke bei ihren Vorfahren befanden. Allein, frei zu reden, ich glaube nicht, daß es das wahre Mittel sei, gute Katholiken aus ihnen zu machen, und darauf sollte man doch einzig und allein bedacht sein. Wir haben ohnedem schon so viel liederliches und gottloses Gesindel unter uns, daß wir den lieben Gott vielmehr bitten möchten, er wolle doch alle diejenigen aus seiner Kirche herausjagen, welche dieselbe durch ihren unordentlichen Wandel verunehren, als daß wir die Anzahl derselben durch eine solche Menge falsch bekehrter und socinianischer Prediger, die sich von Tag zu Tag mit einfinden, vergrößern sollten.

Sie werden mir unfehlbar sagen, das sei nicht die Meinung derjenigen, welche an der Ausrottung des Calvins arbeiten, daß sie nämlich die Menge der liederlichen Leute, die unter uns sind, vermehren wollten. Ich glaube es auch, mein Herr. Allein Sie wissen wohl, was man aus der Philosophie denjenigen antwortet, welche viel trinken und doch versichern, sie hätten die Absicht nicht, sich vollzutrinken. Man spricht zu ihnen: Hätten sie nicht gleich die Absicht (formaliter) ausdrücklich, so hätten sie dieselbe doch wenigstens *interpretative*, das heißt, sie hätten eine Absicht, die man vernünftigerweise so auslegen könnte, als wollten sie sich betrinken. Wir wollen das ebenfalls von unsern Bekehrern sagen. Sie wollen zwar nicht *formaliter*, ausdrücklich, daß die Hugenotten böse Katholiken werden sollen, sie wollen es aber doch *interpretative*, weil sie solche Dinge wollen, die schlechterdings zu einer falschen Bekehrung Anlaß geben. Denn sie verlangen, die Hugenotten sollen arm sein, wenn sie bei ihrer Religion verbleiben; sie sollen ihre Bedienung, ihre Ämter einbüßen, sie sollen tausend schimpflichen Anfällen ausgesetzt sein, sie sollen sich nicht versammeln können, ohne tausenderlei Verdrießlichkeiten auszustehen. Man bietet ihnen allerhand Vergnügungen an, wenn sie ihrem Glauben abschwören, man befreit sie von einem sehr schweren Joch, man erleichtert ihnen den Zugang zu Reichtümern und Ehrenstellen. Man müßte die Natur des Menschen gar nicht kennen, wenn man nicht wissen wollte, daß in jetzigen Zeiten eine unzählige Menge von Leuten anzutreffen sei, die alles glauben würden, was man nur wollte, sofern sie so viel damit gewinnen könnten.

Da wir *zwei* Arten von Bekehrern haben, die einen in kurzen, die anderen in langen Röcken, so glaube ich nicht, daß man von beiden auf einerlei Art urteilen dürfe. Diejenigen, die in langen Kleidern gehen, scheinen mehr Verantwortung auf sich zu haben als die andern, teils weil sie alle diese Arten zu bekehrendem König beigebracht haben, teils weil ihnen auch aus der Kirchenhistorie die Verdammung dieser Arten bekannt sein muß; dahingegen die Bekehrer mit kurzen Röcken bloß den Befehl des Königs ausrichten und in dem Stande nicht sind, daß sie wissen könnten, was die alten Kirchenlehrer davon sagen.

Sie erlauben, daß ich Ihnen eine Stelle aus dem Sokrates[158] anführen darf, die zu gleicher Zeit erweist, daß diese Arten zu bekehren von den alten Christen verworfen worden sind und eine unzählige Menge angereizt haben, ihrem Glaubensbekenntnis abzuschwören. Ich weiß wohl, daß Ihnen diese Stelle nicht unbekannt ist, allein Sie wissen vielleicht nicht, daß ich dieselbe auch weiß. Ich will daher, wenn Sie erlauben, mich mit derselben bei Ihnen breitmachen. So schreibt Sokrates: *Was die allzu große Grausamkeit betrifft, die man unter der Regierung Diokletian gebraucht hatte, deren wollte sich der Kaiser Julianus nicht bedienen. Und dennoch verfolgte er die Kirche.* (Merken Sie wohl die folgenden Worte.) *Denn ich nenne das eine Verfolgung, wenn Leute, die ruhig leben, auf was für eine Art es auch sein möge, beunruhigt werden. Nun beunruhigte er aber die Christen auf folgende Art: Er gab ein Gesetz, darin er ihnen das Studieren verbot, damit sie,* sagte er, *durch Hilfe der Wissenschaften nicht mehr so leicht den heidnischen Philosophen antworten könnten. Er entfernte sie auch von aller Kriegsbedienung nr="192"/> bei Hofe und von aller Verwaltung der Provinzen, und so zog er ihrer viele teils durch Liebkosungen, teils durch seine Freigebigkeit, zum Götzendienst. Man sah damals wie in einem Schmelztiegel, welches falsche und welches wahre Christen waren, denn die wahren Christen verließen ihre Bedienungen mit Freuden und waren bereit, lieber alles zu erdulden, als den Glauben zu verleugnen, diejenigen aber, welche, anstatt daß sie hätten Christen sein sollen, der wahren Glückseligkeit Reichtümer und Ehrenstellen vorzogen, besannen sich nicht lange, den Göttern in opfern. Er gedenkt alsdann eines Sophisten mit Namen Ecebolius, der ein wahres Bild unzähliger Leute ist. Er hatte allemal die Religion, die die Kaiser hatten. Unter der Regierung Konstantins stellte er sich, als ob er einen bewundernswürdigen Eifer für das Evangelium hätte, aber unter dem Julian schien er dem heidnischen Aberglauben ungemein ergeben zu sein. Nach dem Tode Julians, als das Christentum wieder auf den Thron kam, nahm auch der Sophist wiederum den Namen eines Christen an.* Endlich berichtet Sokrates, daß unter diesem abtrünnigen Kaiser die Christen gezwungen worden sind, ungeheure Summen Geldes zu bezahlen, um sich von der Verbindlichkeit, den Götzen zu opfern, loszukaufen.

Ein jeder ehrliche Mann wird diese Art zu bekehren für verdammlich erklären, und wären die Götter des Julians vernünftig gewesen, so würden sie für denjenigen Christen eine Abscheu gehabt haben, welche ihnen nur deswegen geopfert, damit sie von der Geldstrafe loskämen, welche sie sonst zu zahlen auf das strengste wären angehalten worden. Was für Gefallen wird daher Gott wohl an so vielen Hugenotten haben, die sich nur ums liebe Brot bekehren? Gott, sage ich, der unendlichemal mehr verdient, daß man ihn bloß seinetwegen verehrt, als die heidnischen Gottheiten.

Ich bin beinahe gewiß versichert, Sie werden nicht glauben, daß ich in der Kirchenhistorie so stark bewandert sei, daß ich von einem griechischen Bischof mit Namen Asterius, der zu Ende des 4. Jahrhunderts gelebt, sollte gehört haben. Und doch ist es wahr, daß ich diesen Namen kenne und seine Homilie gegen den Geiz gelesen habe, darin *ich* eine Stelle gefunden, die sich nicht übel hierher schickt: *Wer ist derjenige*, ruft er aus, *der die Christen gezwungen, sich dem Götzendienst zu überlassen? Ist es nicht die Begierde nach Reichtümern? Ist es nicht die Hoffnung, das Versprechen, irdische Güter und Ehrenstellen zu erlangen, das ihnen die Ungläubigkeit gegeben, welches diese Elenden bewogen, die Religion zu ändern, die man sonst mit Kleidern ändert. Wir erinnern uns noch der Beispiele der ersteren Zeiten, und wir haben deren auch sehr betrübte in unsern Tagen gesehen. Denn als der Kaiser (Julian) die Larve vom Gesicht nahm und auf einmal entdeckte, was er so lange Zeit verborgen hatte, als er öffentlich den Götzen opferte und die andern durch allerhand Belohnungen anreizte, ein Gleiches zu tun, wieviel gab es nicht deren, die die Kirche verließen, um mit den Götzendienern Gemeinschaft zu haben? Wieviel waren deren nicht, die, durch allerhand Lockspeisen angekirrt, sich durch die Gottlosigkeit fangen ließen?*

Man darf nicht zweifeln, daß die Heiden nicht ebendas sollten gesagt haben, als die christlichen Kaiser die Abgöttischen durch die Hoffnung, ihr Glück zu machen, zur wahren Religion gezogen. Und auch dieses ist gewiß, sie hätten mit Grund behaupten können, daß viele von ihnen abgingen, bloß um dem Fürsten gefällig zu werden. Denn es ist ausgemacht, wie ich schon angemerkt habe, daß zu des Konstantins, Theodosius und Clodoväus Zeiten der größte Teil der Heiden, welche gute Hofleute sein wollten, entweder weil sie gar kein Gewissen gehabt oder weil sie geglaubt, sie könnten Gott auf allerhand Art verehren, die wahre Religion angenommen hat. Gott weiß es, was für Dank das Evangelium ihnen dafür schuldig ist und wie viel die Wahrheit dabei gelitten hat! Diese Falschbekehrten; sind ein Same des Aberglaubens und der Irrtümer gewiesen, davon die Kirche vielleicht noch nicht frei ist. Wir haben für jetzt von unsern Falschbekennern gerade das Gegenteil zu besorgen, nämlich einen Samen des Unglaubens, der nach und nach unsern Grund umreißen und mit der Zeit alle die ehrwürdigen Dinge, welche bei uns am meisten im Schwange sind, bei unserm Volk verächtlich machen wird. Gehen wir nun in diesen Stücken ab, wie wird es mit den Gründen unsers Glaubens aussehen, welche bloß auf der Unfehlbarkeit und folglich auf der Unveränderlichkeit der Kirche beruhen? Sagen Sie mir nicht: Wenn auch unsere neuen Katholiken nach und nach die Abschaffung gewisser Gebräuche bei uns einführten, so blieben doch die Entscheidungen der Konzilien unangetastet. Der Bischof von Condom mag sagen, was er will. Meines Erachtens kann man die Unfehlbarkeit der Kirche nicht retten, wenn man den Protestanten zu Gefallen die Kirchengebräuche abschafft, welche ihnen anstößig vorkommen. Ich werde vielleicht Gelegenheit finden, davon weitläufiger mit Ihnen zu sprechen, ehe ich noch schließe. Ich werde sie nicht eben suchen, aber wenn sie sich zeigen sollte, so verspreche ich Ihnen, daß ich sie nicht vorbeilassen werde.

[159]Wenn ich an die Anmerkung gedenke, welche die Rabbiner machen, daß die Heiden, welche in großer Anzahl und als Judengenossen das Volk Gottes bei seinem Ausgang aus Ägypten begleitet haben, die ersten Urheber des Goldnen Kalbes und aller Empörungen der Israeliten in der Wüste gewesen sind, so zittere ich der katholischen Kirche halber und bilde mir gewiß ein, diese Neubekehrten werden bei Gelegenheit mehr als hundertmal gegen viele Dinge ein Murren erwecken, welche ihnen desto anstößiger erscheinen werden, weil dieselben sie und insbesondere Gott angehen. Es gibt verständige Leute[160], welche dafürhalten, die entsetzliche Menge der Sekten unter den Türken käme daher, weil es Leute von verschiedenen Religionen gewesen, welche teils aus Eigennutz, teils mit Gewalt Mohammedaner geworden. Die Griechen, die solches getan, da sie aus einem Land waren, welches die Schule der Künste und Wissenschaften gewesen, haben die alten Meinungen der Weltweisen mit dem abgeschmackten Zeug des Korans vermischt, damit sie nicht wohl zufrieden sein mochten. Die Russen, Moskowiter, Zirkassen und andere dergleichen Nationen haben auch etwas von dem Ihrigen hinzugesetzt, und das hat die Sekten auf eine unzählige Art vervielfältigt. Was ich von den Rabbinern angemerkt habe, ist der Schrift[161] ganz gemäß. Sie bezeugt an zwei Orten, daß eine große Menge Menschen mit den Kindern Israels aus Ägypten gezogen, und an einem andern Ort, daß ebendiese diejenigen gewesen, welche angefangen zu murren. Doch ich gehe zu weit von meinem Zweck ab. Ich will wieder umkehren.

89. Beweise der wirklichen Einführung der heidnischen Irrtümer in das Christentum

Sofern die Anmerkungen, die ich gemacht habe, nicht hinlänglich erweisen sollten, daß die Heiden verschiedene Irrtümer in das Christentum, zu dem sie sich bekehrt, eingeführt haben, welche sich nachgehends durch die gemeine Sage darin festgesetzt hat, so will ich noch einen Beweis anführen, gegen welchen man nichts einwenden kann, weil es ein Beweis ist, der sich auf unleugbare Geschichte gründet.

Es erhellt aus den Predigten der alten Kirchenväter, daß die Christen ihrer Zeit in den Gedanken gestanden, wenn man aus allen Leibeskräften schrie, so verschaffte man dadurch dem Mond, der verfinstert worden, eine Linderung, daß er wieder zu sich käme wie von einer Ohnmacht, die ihm den Garaus würde ge macht haben, wenn man nicht wacker geschrien hätte. Der heilige Ambrosius[162], der Verfertigt der 215. Predigt von der Zeit, welche unter denen des heiligen Augustinus mit steht, der heilige Eloy, Bischof zu Noyon, haben gegen diesen Mißbrauch scharf geredet, voraus man sehen kann, daß er bei denjenigen, unter welchen er redete, im Schwange gegangen. Es erhellt auch aus den Homilien des heiligen Chrysostomus und aus den Schriften des heiligen Basilius, des heiligen Augustinus u.a.m., daß die damaligen Christen darauf gewisse Prophezeiungen gegründet, wenn jemand in gewissen Umständen genießt, wenn man unterwegs eine Katze, einen Hund, ein übel berüchtigt Frauenzimmer, eine Jungfer, einen Einäugigen oder einen Lahmen antraf, wenn man an etwas anstieß oder beim Ausgehen mit dem Mantel hängenblieb, wenn ein Glied bebte usf. Der heilige Eloy, um seine Gemeinde von dergleichen abergläubischen Dingen zu befreien, bezeugt ihnen, man wäre zum Teil noch heidnisch gesinnt, wenn man beim Aus- und Eingang darauf achtgäbe, was uns begegne oder was die Leute trügen. Man darf nur des Herrn Thiers Schrift nachlesen, um durch das Ansehen der Päpste, der Provinzialkonzilien, der Synodalstatuten, der Väter und anderer wichtiger Schriften überzeugt zu werden: 1. daß obenangeführte und noch viele andere abergläubische Dinge sich unter den Christen befinden; 2. daß sie ein Überbleibsel aus dem Heidentum sind.

Wenn wir auch das Geständnis so großer Männer nicht hätten, so wäre es leicht zu erweisen, daß dieses eine Krankheit ist, die ursprünglich aus dem Heidentum gekommen. Denn außerdem, daß diejenigen, welche die Religion Jesu Christi gepredigt, nichts Ähnliches gelehrt haben, so sieht man noch aus den Überbleibseln des Altertums, daß alle diese abergläubischen Dinge unter den Heiden im Schwange gegangen. Bei diesen war es eine allgemeine Meinung, die Mondfinsternisse entstünden durch die Kraft gewisser Worte, durch welche man den Mond vom Himmel herab und auf die Erde herunterzöge, wo er einen Schaum[163] auf die Kräuter werfen müßte, die alsdann zu Beschwörungen der Zauberer dienlich wären. Wollte man also den Mond von der Qual, die er litte, befreien und die Kraft der Zauberei zunichte machen, so müßte man, sagten sie, verhindern, daß er die besagten Worte nicht hören dürfte, und das könnte man zuwege bringen, wenn man ein entsetzliches Geschrei anfinge. Daher versammelte man sich mit ehernen Instrumenten, mit Trompeten und Pauken, wie heutzutage, wenn man Musik machen will. Die Perser beobachten noch jetzt diese lächerliche Zeremonie, wie *Pietro della Valle* berichtet. Sie ist auch in dem Königreich Tunquin[164] üblich, wo man sich einbildet, der Mond schlüge sich zu der Zeit mit einem Drachen. Sie werden unfehlbar, indem Sie dieses lesen, dasjenige überdenken, was in den Psalmen steht: Die Otter verstopfe ihr Ohr, daß sie die Stimme des Beschwörers nicht höre; und mir zugeben, daß die Christen, welche dem Mond durch ihr Schreien zu Hilfe kommen wollte, ihren Irrtum in dem Heidentum geschöpft haben.

Ich will die Zeit sparen und nicht mehr zeigen, daß alle übrigen abergläubischen Gebräuche, die von den Kirchenvätern bestraft worden, unter den Heiden im Schwänge gegangen, weil die Sache ohnedem klar ist. Das will ich noch anmerken: Den Heiden haben wir die vermeintliche brennende Kraft des Hundsterns, davon die Poeten so viele Beschreibungen um die Wette ausgearbeitet, die vermeintliche Bedeutung so vieler Unglücksfälle, die wir den Verfinsterungen zuschreiben, und alle astrologischen Hirngespinste zu danken. Daraus folgt, daß der Irrtum, darin wir in Ansehung der Vorbedeutungen des Kometen stecken, aus ebendieser Quelle entspringt und folglich dieselbe Art des Aberglaubens ist. Bei dem Hundstern mache ich noch mit Ihrer Erlaubnis diese Anmerkung: Die Römer waren von seinem üblen Einfluß so stark überzeugt, daß, um ihn zu versöhnen, sie ihm alle Jahre rote Hunde nahe bei dem Tor opferten, welches *porta catularia* hieß[165], entweder wegen des Sterns, dem zu Ehren das Opfer geschah, oder weil das Opfer, das man brachte, einen ähnlichen Namen hatte oder vielmehr beider Ursachen halber. Denn es war beinahe nicht möglich, darin einen Unterschied zu machen, weil die Ursache, warum man vielmehr einen Hund als sonst eine andere Art von Opfern brächte, keine andere war als die Gleichförmigkeit der Namen. Die anderen Völker[166], welche dem Hundstern opferten, waren dabei so spitzfindig nicht. Wir lesen nicht, daß sie Hunde viel mehr als sonst etwas geopfert, und das war ein geringerer Irrtum. Denn was ist wohl lächerlicher, als sich einzubilden, ein Stern achte ein Tier höher als das andere. Doch alle diese Völker waren sowohl abergläubisch als abgöttisch. Die Christen haben nur das letztere Übel in Ansehung der Kometen und des übrigen verworfen, das erstere aber beibehalten.

90. Warum die Kirchenväter diejenigen nicht verdammt haben, welche die Vorbedeutungen der Kometen glaubten

Ich gebe zu, ich habe nicht gelesen, daß die Kirchenväter den Aberglauben in Ansehung der Kometen bestraft haben, wie sie sonst bei anderen Dingen getan. Aber das kommt ohne Zweifel daher: 1. Weil es so leicht nicht ist, die Eitelkeit desselben einzusehen, wie es wohl leicht ist, den seichten Grund anderer abergläubischer Dinge zu erkennen. Denn es ist so augenscheinlich nicht, daß die Erscheinung der Kometen nichts vorbedeutet, wie es augenscheinlich ist, daß ein Niesen nichts bedeutet. 2. Weil die üblen Folgen von diesem Aberglauben so häufig nicht sind wie diejenigen, die aus anderen abergläubischen Neigungen entspringen. 3. Weil sie geglaubt haben, der Schrecken der Gerichte Gottes, der durch Erblicken eines Kometen in der Seele der Sünder erregt worden, könnte dieselben zur Buße erwecken. 4. Weil sie zuallererst selbst betrogen worden sind, indem ihre große Einsicht sich mehr auf die Wahrheiten der Religion als der Natur erstreckte. Dem sei, wie ihm wolle, da an Beweggründen von unbezweifelter Gültigkeit, die Menschen zur Furcht der Gerichte Gottes und zur Lebensbesserung zu bewegen, kein Mangel zu befürchten ist, warum wollte man nicht untersuchen, ob die Furcht der Kometen begründet sei oder nicht, gesetzt, daß man auch dadurch die Menschen von einer zwar eingebildeten, doch nützlichen Furcht befreien sollte? Sonst müßte man ja das Verhalten derjenigen gutheißen, welche christliche Betrügereien begehen, tausenderlei Fabeln lehren, Wunderwerke nach Belieben erdichten, wenn sie dadurch der Frömmigkeit zu helfen vermeinen. Gleichwohl ist dieses ein von dem Geist der Kirchen sehr entferntes Verhalten. Laßt uns unsere Phantasien, sagt der große Augustinus[167], nicht zu Gegenständen der Religion erheben; die geringste Wahrheit ist besser als alles das, was man zur Lust erfinden könnte. Es kommt mir sogar vor, es stritte dieses schlechterdings gegen die Absicht des Heiligen Geistes, welche er in diesen Worten des Jeremias[168] bekanntgemacht hat: *Ihr sollt euch nicht fürchten vor den Zeichen des Himmels, wie die Heiden sich fürchten*, wenn man den Völkern mit den Vorbedeutungen *der* Kometen einen Schrecken einjagen wollte.

91. Es ist unrecht, diejenigen zu tadeln, welche nicht sogleich glauben, daß eine Wirkung ein Wunderwerk ist

Erlauben Sie, daß ich bei Gelegenheit die Ungerechtigkeit derjenigen anmerke, welche die Weltweisheit darin schelten, daß sie daselbst natürliche Ursachen sucht, wo der Pöbel mit aller Gewalt keine haben will. Das kann nirgends anders herkommen als von einem höchst falschen Grundsatz, daß nämlich alles dasjenige, was man der Natur gibt, dem Gebiet Gottes entzogen werde. In einer gesunden Weltweisheit ist die Natur nichts anderes als die Wirkung Gottes selbst, der entweder nach gewissen Gesetzen, die er mit der höchsten Freiheit festgestellt, oder durch Anwendung der Kreaturen wirkt, die er gemacht hat und erhält. Dergestalt sind die Werke der Natur ebensowohl Wirkung der Macht Gottes wie die Wunder und erfordern nicht weniger Allmacht als die Wunderwerke, denn es ist ebenso schwer, einen Menschen durch die ordentliche Zeugung hervorzubringen, wie einen Toten aufzuerwecken. Der ganze Unterschied zwischen den Wundern und den Werken der Natur besteht darin, daß die letzteren geschickter sind, uns zu erkennen zu geben, Gott sei der freie Urheber alles dessen, was die Körper verursachen, und uns aus dem Irrtum zu ziehen, darin wir in dem Fall stecken könnten; daher man auch sehr natürlich Schließt: Dasjenige, was durch ein Wunder geschähe, sei entweder eine Wirkung der besonderen Güte oder Gerechtigkeit Gottes. Doch daraus folgt noch nicht, man solle es übelnehmen, wenn die Weltweisen sich an die Natur so lange binden, wie sie nur können. Denn wie Plutarch[169] bei Gelegenheit des Perikles und Anaxagoras sehr wohl angemerkt hat: *Die Kenntnis der Natur befreie uns von einem Aberglauben, der voller blinder Schrecken ist, und erfülle uns mit einer wahren Ehrerbietung, die mit Hoffnung der Glückseligkeit vergesellschaftet sei.* Haben die Heiden[170] selber angemerkt, es sei in der Religion ungemein viel und mehr als sonstwo daran gelegen, daß man sich nicht durch Gründe einer blinden Leichtgläubigkeit leiten lasse, man müsse vielmehr die Sache genau untersuchen, weil man, wenn man eine gegründete Zeremonie nicht annehme, in Gottlosigkeit verfalle, und wenn man ungeziemende Gebräuche einführe, sich in kindische Alfanzereien verwickle; haben, sage ich, die Heiden schon diese Wahrheit einsehen können, sollten wir es nicht mit allem Dank annehmen, wenn die christlichen Weltweisen uns von all den Vorurteilen befreien, welche vermögend sein würden, die männliche und gründliche Schönheit unseres Gottesdienstes zu beflecken? Es ist in der Tat so viel Gefahr dabei, die Gebräuche, die sich auf falsche Dinge gründen, möchten aus der Art schlagen, daß man niemals einen Irrtum, er sei von was für einer Art er wolle, dulden soll. Ich gebe es zu, es gibt nicht so viel Ärgernis, wenn man Irrtümer bestreitet, ehe sie durch einen langen Besitz in dem Gemüt eines ganzen Volkes eingewurzelt sind, als wenn es scheint, daß das Altertum sie geheiligt habe. Da aber gegen die Wahrheit keine Verjährung stattfindet, so wäre es unrecht, wenn man sie beständig in Vergessenheit lassen wollte, unter dem Vorwand, weil sie niemals bekannt gewesen. Ich gebe auch zu, daß man große Bescheidenheit und Behutsamkeit brauchen müsse, wenn man alte Irrtümer der Religion angreift. Daher auch jemand bei Gelegenheit von dergleichen Dingen gesagt hat: *Es gäbe viele Wahrheiten, davon der Pöbel nicht allein nichts zu wissen brauchte, sondern daß es so gar gut sei, wenn er das Gegenteil davon glaube.*[171] Alle Staatsverständigen und Kirchenbediente beinahe sind dieser Meinung zugetan. Aber ich sage doch, wenn man alle Vorsicht gebraucht, welche die christliche Klugheit von uns fordert, so muß es erlaubt sein, die Wahrheit aller Dinge zu untersuchen und bekanntzumachen.

92. Auf welche Weise die Gnade der Natur zurechthilft

Noch eine, Anmerkung, mein Herr, über dasjenige, was ich von den Christen gesagt habe, daß sie nämlich zum Aberglauben in Ansehung der Vorbedeutung ebenso geneigt sind wie andere Menschen. Das sollte doch nicht sein. Die Erkenntnis, welche der Glaube uns von der Natur Gottes mitteilt, und der gründliche Unterricht derjenigen, welche uns christliche Wahrheiten vortragen, sollten uns vor dieser Schwachheit bewahren. Aber leider; der Mensch bleibt Mensch! Die göttliche Vorsorge hat es nicht für gut befunden, ihre Gnade auf den Untergang unserer Natur zu gründen, sie gibt uns nur eine Gnade, welche unsre Schwachheit unterstützt. Da also der Grund unserer Natur, die immer zu unendlichem Betrug, Vorurteilen, Neigungen und Lastern geneigt ist, beständig dableibt, so ist es moralischerweise unmöglich, daß die Christen, bei aller der Einsicht und Gnade, die Gott über sie ausschüttet, nicht in ebendie Irrtümer verfallen sollten, darein andere geraten.

93. Wie sehr die Christen von den Vorbedeutungen eingenommen wurden

Es ist was Bejammernswürdiges, wenn man das Verzeichnis der abergläubischen Dinge sieht, welche Herr Thiers gesammelt hat und die noch unter den Christen im Schwange gehen, ungeachtet der Bestrafungen, Drohungen und Verbote, welche mehr als tausendmal durch die Konzilien und Synoden sind wiederholt worden. Es sind in diesem Verzeichnis nicht nur abergläubische Sachen von der niederträchtigsten Art enthalten, sondern auch gotteslästerliche Dinge (die aber auf eine scheinbare Art bemäntelt worden sind) und schändliche Kirchengebräuche. Ich habe bereits an einem andern Ort berührt, wie stark die Raserei, künftige Dinge von einem Sterndeuter zu erfahren, den ganzen Okzident besessen gehabt hat. Endlich hat man davon abgelassen, aber die Neugierigkeit ist immer noch so stark, daß man noch zu schändlicheren Mitteln seine Zuflucht nimmt. Was die Prophezeiungen betrifft, welche man auf tausend ungefähre Fälle gründet, so kann man sagen, daß das christliche Volk davon auf eine unheilbare Art eingenommen worden. Es sind nur zwei Tage, als ich die lateinische Historie des Prioleau durchging und darin wahrnahm, daß man im Jahre 1652 eine schlimme Vorbedeutung daraus gemacht, da man gesehen, daß dem Prinzen von Condé der Degen aus dem Gehänge gefallen, als er die Walstatt in Augenschein genommen, wo einer von seinen Vorfahren bei Jarnac das Leben eingebüßt.[172] Hier war nichts, das nicht von ungefähr geschehen wäre, und ich bin versichert, daß dieser große Prinz, der einen so heroischen Verstand wie großmütiges Herz hat und darin ein größerer Held ist als Alexander, welcher sehr abergläubisch war, diese vermeintliche Vorbedeutung für nichts geachtet habe. Indessen ward es doch bekannt und überall ausgebreitet. Fällt ein Gemälde, ein Pfeiler oder eine Uhr um, so macht die ganze Stadt hundert Anmerkungen darüber. Man spricht niemals davon, ohne Mutmaßungen mit einfließen zu lassen, welche gemeiniglich auf den Untergang derjenigen abzielen, die den Pfeiler hatten setzen oder ihre Wappen auf die Uhr stechen lassen. Zu Rom, wo man bei solchen Dingen spitzfindiger ist als sonst irgendwo in der Welt, wo man sogar aus dem Namen eines Kardinals wissen will, ob er auf den Päpstlichen Stuhl werde erhoben werden, kostet es unfehlbar, nach den Gedanken des Pöbels, dem Papst einem

Kardinal oder einem König das Leben; wenigstens soll es eine Veränderung der Herrschaft zu bedeuten haben.

Im Anfang waren unsere Zeitungen mit dergleichen Märchen gar reichlich angefüllt. Den 23. Jänner 1632 schrieb man unter dem Artikel von Wien, es wäre eine Mißgeburt von zwei Kindern, die zusammengewachsen, geboren worden, ein Turm umgefallen, den der Kaiser nach der Niederlage des Königs in Böhmen in der Schlacht bei Prag bauen lassen, und ein Staatsrat gestorben, dabei die Ausleger der Wunderzeichen allerhand Dinge zu erinnern hätten. Die Mißgeburt sollte ein sehr seltsames Bündnis bedeuten. Der umgefallene Turm könnte nichts anderes bedeuten. Wiewohl man dieses nicht völlig hätte heraussagen wollen, als den Verlust aller Vorteile, welche das Haus Österreich durch die Niederlage des Königs in Böhmen erhalten, welchem letzteren zum Besten eben das seltsame Bündnis geschlossen werden würde. Es können politische Absichten bei Bekanntmachung dieser Neuigkeit gewesen sein, wie ich solches angemerkt habe, da ich den Charakter feiner Zeitungsträgerin nach dem Sinn Juvenals anführte, und Herr Naude mag unfehlbar darauf gedacht haben, da er in dem Gespräch des Mascurat alles dasjenige dem Zeitungsschreiber zuschreibt, was Juvenal in dieser Stelle berührt hat. Dem sei, ihm wie ihm wolle, man kann daraus sehen, daß das Volk heutzutage ebenso gesinnt ist wie vor diesem, wo man sich mit Fabeln und Mutmaßungen behalf. Es ist mir lieb, bloß Frankreichs halber, daß unsere Zeitungsschreiber schon seit langer Zeit diese Art von Neuigkeiten andern Nationen überlassen haben, welche von dem gegenwärtigen Kometen uns hundert ungereimte Dinge erzählt haben. Ich kenne viele Leute, denen es auch lieb ist und die es lieber sehen, wenn unser Zeitungsschreiber ihnen dasjenige mitteilt, was ihm die Jesuiten aus London zur Rechtfertigung ihrer heiligen und eifrigen Unternehmungen in diesem Königreich geschrieben oder auch wie die Bekehrungen in Poitou an der Spitze von fünf oder sechs Kompanien Reiter unter dem allmächtigen Ansehen eines beherzten Befehlshabers ablaufen. Ich kenne, sage ich, viele Leute, denen ein größerer Gefallen geschieht, wenn man ihnen fliegende Nachrichten von der Börse mitbringt, als wenn man ihnen solche läppischen Erzählungen der Wunderdinge mitteilt. Etwas will ich Ihnen noch sagen, das Sie vielleicht mehr als alles übrige zum Beifall bewegen wird, wenn ich behaupte, daß die vorgefaßte Meinung von den Vorbedeutungen in dem Verstand der christlichen Völker ungemein stark eingewurzelt sei. Jedermann weiß die Veränderung in Religionssachen, die die Kirche im letzten Jahrhundert erlitten hat, und was für einen unbarmherzigen Krieg die Protestanten allem demjenigen angekündigt haben, was sie päpstlichen Aberglauben nannten. Die Calvinisten taten sich in diesem Krieg vor allen andern hervor und verschonten nichts, was ihnen abergläubisch zu sein schien. Bei all dem berührten sie den Aberglauben der Vorbedeutungen im geringsten nicht. Sie sind davon so stark eingenommen wie wir, und ihre Skribenten sind damit ganz angefüllt. Ein Deutscher mit Namen Peucer[173], ein geschickter Mann, ein Schwager Melanchthons, ein starker Feind der römischen Kirche, und was noch mehr, ein Arzneiverständiger, führt ich weiß nicht wieviel Wunderdinge an, die seinem Vorgeben nach viele wichtige Begebenheiten sollen vorbedeutet haben. Wolf, ein sehr hitziger Lutheraner, erwähnt beinahe auf jedem Blatt ein Gesicht oder eine Lufterscheinung oder eine unglückliche Mißgeburt, und das will viel sagen, weil er zwei große Folianten von merkwürdigen Erzählungen zusammengetragen. Sofern Ihnen ein Buch zu Gesicht kommen sollte, das den Titel führt: *Fatidica sacra*, und von einem Holländer mit Namen Neuhusius ist verfertigt worden, so werden Sie mir unfehlbar Beifall geben, daß es sehr schwer ist, in der Materie von guten und üblen Prophezeiungen noch weiter zu gehen. Wir wollen uns daher nicht wundern, wenn Christen, die nur kürzlich aus dem Heidentum bekehrt worden sind, eine große Menge von abergläubischen Dingen beibehalten haben.

94. Wie stark die Geschichtsschreiber in das Wunderbare verfallen, z.B. Karl des Fünften seine

Die Neigung, gewissen Begebenheiten ein wunderbares Ansehen Zu geben, davon die weltlichen Skribenten so stark eingenommen gewesen, beherrscht auch unsere christlichen Schriftsteller und legt ihnen öfters so kindische Anmerkungen in den Mund, daß man sich darüber wundern muß. Was ist z.B. läppischer als die Anmerkung des Sandovals, wenn er in dem Leben Kaiser Karl des Fünften schreibt: Die Königin Margaretha, Philipp des Dritten Gemahlin, wurde den ersten Weihnachtstag früh zwischen neun und zehn Uhr geboren, gleich als bei Erhebung des Sakraments auf einer Kirche geläutet wurde, welches, setzt er hinzu, ein Zeichen ihrer großen Gottesfurcht gewesen. Man habe einige Tage nach Beerdigung dieses Kaisers einen großen Vogel vom Morgen her auf die Kapelle des Klosters St. Just zufliegen gesehen. Ein Franziskanermönch zu Guatemala in Westindien habe gesehen, wie eben derselbe Kaiser von den Teufeln angeklagt und seiner guten Absichten halber losgesprochen worden, wie Gott darauf den Karl bei der Hand an die für ihn in dem Paradies bestimmte Stelle geführt. Wie lieb würde es ihm gewesen sein, wenn er hätte sagen können, ein Komet oder eine Verfinsterung habe das Absterben dieses Kaisers vorher verkündigt. Denn da dergleichen kurz vor dem Tod der Kaiserin erfolgte, so vergaß er nicht, uns zu versichern, daß es Vorbedeutungen dieses Todes gewesen. Er muß vergessen haben, daß in der Tat in dem Jahr, da Karl der Fünfte starb, ein Komet, und noch dazu ein ganz besonderer, erschienen, der sich erst gegen Mitternacht zu neigte, endlich aber über dem Kloster St. Just stehenblieb und bei dem Absterben Karls verschwand, daß also zu gleicher Zeit, als der Kaiser sein Leben beschloß, der Komet auch weg war, und sobald jener tot war, dieser auch nicht mehr gesehen wurde. Welch ein Schade für den Sandoval, daß solche herrliche Dinge ihm nicht beigefallen sind.

95. Wenn man sagt: Die Kometen bedeuten das Absterben der Könige, so macht man den gehörigen Unterschied nicht unter denen, deren Tod nachteilig ist, und unter denen, deren Hinscheiden nichts Böses nach sich zieht

Vielleicht werden Sie denken, weil Karl der Fünfte der Welt eine geraume Zeit schon abgestorben war, ehe er zu leben aufhörte, so konnte Sandoval sich nicht einbilden, daß ein Komet oder eine Verfinsterung seinen Hintritt verkündigt hätten. Allein, betrügen Sie sich nicht, mein Herr, darauf wird eben nicht gesehen. Auf der einen Seite sagt man, die Kometen bedeuten großes Unglück, und auf der andern rechnet man unter dieses Unglück das Absterben der Könige und Königinnen, ohne zu untersuchen, ob ihr Tod etwas Erhebliches nach sich zieht und in den Welthändeln eine Veränderung verursacht, welches sich oft zuträgt. Zum Beispiel der Tod Karls des Fünften wurde weder von seinen Freunden noch Feinden gerechnet, weil seine Entfernung von den Menschen alle diese großen Leidenschaften, welche ganz Europa erregt hatten, in eine Begierde verwandelt hatten, niemanden zu beunruhigen, ausgenommen etwa die Mönche in St. Just, welche er, wie man sagt, nicht hat schlafen lassen. Wir finden in der Geschichte viele Beispiele gekrönter Häupter, deren Tod ihren Staaten gar nicht nachteilig gewesen, weil es Fürsten waren, welche Nachfolger hinterließen, die ebenso würdig und noch wohl würdiger waren zu regieren und von ihren Untertanen mehr geliebt wurden als sie. Ich will deren nicht einmal gedenken, welche niemals zeitig genug sterben können, weil ihr Leben eine Strafrute, nicht nur der Nachbarn, sondern auch der Untertanen ist. Wir können darunter den Johann Basilides, Großfürsten in Moskau, rechnen, welcher 1584, zwei Jahre nach dem Erscheinen eines Kometen, verstorben ist. Was den türkischen Kaiser Soliman betrifft, so wird man mir zugeben, daß sein Tod das allgemeine Wohl der Christenheit, ja ganz Europas gewesen. Es ist daher sehr übel geschlossen, wenn man überhaupt folgert, die Kometen hielten sich insbesondere in die Regenten, weil sie die Vorboten der göttlichen Gerichte wären. Denn ist es nicht gewiß, daß das lange Leben einiger Fürsten ein Werkzeug der allerschärfsten Gerechtigkeit gewesen ist? Könnte man daher nicht mit mehrerem Recht von den Kometen behaupten, sie prophezeitem ihnen ein langes Leben, als daß man sagt, sie bedeuteten ihren Tod? Fast in diesem Sinn hat Lucanus[174] von der Erhaltung des Marius geredet, und so verstand dasselbe der Verfertiger eines lateinischen Sinngedichtes[175] auf einen Kometen, welcher die *Katharina von Medici* außerordentlich beunruhigt hatte, weil derselbe nach Aussage aller Sterndeuter ein Vorbote des Absterbens einer Königin und eines großen Unglücks sein sollte.

Spargeret audaces cum tristis in aethere crines
Venturique daret signa Cometa mali;
Ecce suae Regina timens male conscia vitae,
Credidit invisum poscere fata caput.
Quid, Regina, times? Namque baec mala si qua minatur
Longa timenda tua est, non tibi vita brevis.[176]
Es warf der Drohkomet den kühngestreckten Schweif,
Um der erschrocknen Welt ein Unglück anzudeuten:
Ach rief die Königin, ich bin zur Strafe reif;
Ich mag mich immerhin zu meiner Gruft bereiten.
Nein! Fürstin, soll der Stern des Unglücks Deutung geben;
So droht er nicht den Tod, er droht dein langes Leben!

Ich habe schon etlichemal des Kometen gedacht, welcher erschien, als Alexander der Große den makedonischen Thron bestieg. Wäre er kurz darauf verstorben, wie es leicht geschehen konnte, was würde man nicht gesagt haben? Unfehlbar würde man es unter die hauptsächlichsten von dem Kometen vorbedeuteten Unglücksfälle gerechnet haben. Und doch hat der Ausgang erwiesen, daß der Tod dieses jungen Fürsten, wenn er zehn oder zwölf Jahre eher erfolgt wäre, das größte Glück für die Welt gewesen sein würde, ja daß man dem menschlichen Geschlecht keinen größeren Dienst hätte erweisen können, als wenn man diesen Tollkühnen sogleich in der Jugend hätte verderben lassen.

Heureux si de son temps pour cent bonnes raisons,
La Macedoine eût eu des petites maisons
Et qu'un sage tuteur l'eût en cette demeure,
Par avis de Parens, enfermé de bonne heure!
Ach hätten dazumal die guten Makedonen
Ein Tollhaus aufgebaut, worin Verrückte wohnen;
Und hätt ein Vormund ihn, klug und gewissenhaft,
Nach seiner Freunde Rat, beizeiten hingeschafft!

Gottsched

Bewundernswürdige Verblendung der Menschen! Wenn es Könige gibt, deren Leben wegen der besonderen Drohung derjenigen Kometen in Gefahr steht, welchen man das Amt auferlegt, die betrübtesten Unglücksfälle zu verkündigen, so sollen es diejenigen sein, welche sich viel Ruhm und eine furchtbare Macht erworben! Allein im Gegenteil ist es weit wahrscheinlicher, daß ebendieselben diejenigen sind, welche die göttliche Gerechtigkeit am liebsten erhalten will, wenn sie willens ist zu strafen. Sie werden dies desto eher glauben, wenn ich Ihnen sage, daß dieses der Gedanke eines erlauchten Weltbezwingers gewesen. Denn ein Zeugnis wie das seinige gilt in Dingen von dieser Art soviel wie tausend.

Geben Sie daher auf das Folgende wohl acht. Es ist ein französischer Offizier, ein seht geschickter Mann[177], der es bekanntmacht.

»Ich habe ehemals vom König in Schweden einen wunderlichen Satz beweisen hören, welcher ungefähr auf Folgendes ankam. Es lobte jemand sein großes Glück in Deutschland und behauptete in seiner Gegenwart, daß seine Tapferkeit, seine wichtigen Anschläge und seine trefflichen Kriegsunternehmungen die vollkommensten Werke der Vorsehung wären, die man jemals gesehen. Ohne ihn; würde das Haus Österreich sich den Weg zur Universalmonarchie gebahnt und den Untergang der protestantischen Religion beschleunigt haben. Man bemerke wohl aus den Wundern seines Lebens, daß Gott ihn zum Besten der Menschen habe lassen geboren werden und daß diese ungemessene Größe seiner Herzhaftigkeit ein Geschenk der Allmacht und eine augenscheinliche Wirkung seiner unendlichen Güte wäre. Sprecht vielmehr, erwiderte der König, daß es ein Zeichen seines Zorns ist. Ist der Krieg, den ich führe, ein Mittel, so ist es unleidlicher als Eure Krankheit. Gott verläßt niemals das Mittel, um das Äußerste in Dingen zu erreichen, es sei denn, daß er jemand strafen wollte. Es ist ein Zug seiner Liebe gegen die Völker, wenn er den Königen nur ordentliche Seelen gibt. Wer nicht einen außerordentlich hohen Geist besitzt, der faßt auch nur solche Anschläge ab, die sich für ihn schicken. Der Ruhm und Ehrgeiz stören ihn nicht. Legt er sich auf Regimentssachen, so werden seine Staaten dadurch glücklicher, und läßt er etwas von seinen Sorgen einem! seiner Untertanen zukommen, mit dem er sein Ansehen teilt, so ist das größte Übel, das daraus kommen kann, dieses: Daß der sein Glück auf Kosten des Volkes macht, daß er einige Auflagen ausschreibt, um Geld zu bekommen und seinen Freunden fortzuhelfen, und daß seinesgleichen über ihn murren, weil es ihnen sauer ankommt, seine Gewalt zu ertragen. Doch das sind leichte Übel und nicht von der geringsten Erheblichkeit, wenn man sie mit denjenigen in Vergleich zieht, welche die Gemütsart eitles großen Königs verursacht. Diese unermeßliche Neigung zur Ehre, die ihn um alle Ruhe gebracht, verpflichtet ihn notwendigerweise, dieselbe auch seinen Untertanen zu nehmen. Er kann seinesgleichen in der Welt nicht erdulden. Er hält diejenigen für Feinde, welche seine Vasallen nicht sein wollen. Es ist ein Strom, der die Orte verheert, durch welche er fließt, und da er seine Waffen so weit trägt, wie seine Hoffnung hinreicht, so erfüllt er die Welt mit Schrecken, mit Elend und Unordnung.«

Sehn Sie, mein Herr, wie diejenigen, welche dem allgemeinen Wahn in Ansehung der Kometen zugetan sind, aus einem Irrtum in den andern verfallen.

96. Verfolgung der spanischen Großsprecherei bei dem Lobe Karls des Fünften

Die großsprecherischen Einfälle der Spanier bei dem Lobe Karls des Fünften sind so hoch getrieben, daß sie die Verdienste dieses großen Fürsten nicht erheben, sondern vielmehr seiner Ehre nachteilig sind. Denn wenn die Leser bei einem Geschichtsschreiber merken, daß er sich durchgehend Zwang antut, alle Dinge auf der wunderbaren Seite darzustellen, so argwöhnen sie, er wolle sie mit erdichteten Märchen unterhalten. Sodann gibt es auch viele Leute, die es nicht gerne sehen, wenn ein Geschichtsschreiber mit Gewalt zum Lobredner werden will. Bei einer solchen Parteilichkeit wird man erstlich gegen ihn und sodann auch gegen seinen Helden außerordentlich aufgebracht, daß man danach von den Verdiensten dieses Helden nichts mehr glauben mag.

Ich verweise Sie auf das letzte Werk des P. Maim bourg[178], wo Sie die übermäßigen Schmeicheleien sehen können, darein die Geschichtsschreiber Karls des Fünften bei Gelegenheit des berühmten Sieges über den Herzog von Sachsen 1547 verfallen. Man begnügte sich nicht damit, daß man gesagt hat, ein Adler sei während einiger Zeit ganz gemächlich über der spanischen Infanterie weggeflogen, solange sie auf einer Schiffsbrücke über die Elbe gesetzt, und ein großer Wolf, der aus dem nächsten Wald herausgekommen, sei von den schon übergesetzten Soldaten erschossen worden. Man versicherte sogar in vollem Ernst, daß die Sonne still gestanden habe, um den Kaiserlichen Zeit zu lassen, einen völligen Sieg zu erhalten, welches eine Erneuerung eines der größten Wunder war, welche Gott zur Bestätigung seines Volkes in dem Lande Kanaan getan hatte. Und das sind nicht etwa Erzählungen, welche in fliegenden Blättchen auf die erste Nachricht eines Staatsboten ausgebreitet werden, es sind Geschichtsschreiber von großem ansehen, die es in wohl ausgearbeiteten Schriften gesagt haben. Es ist ein *Sandoval*, Philipps des Dritten Geschichtsschreiber und Bischof zu Pampelona, der noch dazu sagt, die Sonne habe an dem Tag der Schlacht in Frankreich, Deutschland und Piemont blutrot ausgesehen; es ist ein *Don Louis d'Avila*, ein Kammerjunker des Kaisers und Großbefehlshaber von Alcantara, der in der Armee Karls des Fünften eine ansehnliche Bedienung hatte und bei der Schlacht mit zugegen war. Er redet von diesem Wunder als ein Zeuge, der es mit Augen angesehen, und ist also glücklicher darin als der Herzog von Alba, Generalleutnant des Kaisers, und einer von denen, welche den meisten Anteil an dem Ruhm dieses Tages gehabt. Unser König Heinrich II., der von dem Wunder hatte reden hören, wollte von ihm wissen, was davon zu halten sei. Seine ganze Antwort bestand darin: Er hätte an demselben Tag so viel auf der Erde zu tun gehabt, daß er darauf nicht achtgegeben, was am Himmel vorgegangen.

97. Erinnerung an die französischen Geschichtsschreiber

Es fällt mir nichts bei, was ich diesen Erscheinungen entgegensetzen könnte, nachdem der P. Maimbourg[179] dieselben mit seiner gewöhnlichen Scharfsinnigkeit und Beredsamkeit widerlegt hat. Ich wollte nur, daß die Stichelreden dieses Jesuiten unsern Franzosen zur Lehre dienten, damit sie sich in acht nehmen und nicht in das Hochtrabende der Spanier verfallen mögen, wenn sie von dem Ruhm unseres Königs reden, welcher nach dem Geständnis von ganz Europa einer der größten Fürsten von der Welt ist. Denn, wie ich schon bei Gelegenheit Karls des Fünften gesagt habe, nichts ist der wahren Ehre eines großen Monarchen nachteiliger, als wenn die Geschichtsschreiber sich unaufhörlich bemühen, ihn durchgehend über alles zu setzen, was jemals von andern Helden gesagt worden. Man kann ihnen ebendas sagen, was gewissen Ketzern vorgeworfen wurde, da sie Gott einen Körper zuschrieben, aber den allergrößten Körper, den man sich nur einbilden konnte: *Fecistis molem, fecistis minorem.* Ihr habt ihn groß gemacht und habt ihn dadurch kleiner gemacht. Wenn ich diese Bemühung sehe, so stelle ich mir die alten Sophisten aus Griechenland vor, welche sich dadurch erhielten, daß sie Lobreden verfertigten, dabei sie aber keine Nachrichten brauchten, sondern in der Ausarbeitung sich nach den Begriffen richteten, welche sie sich selbst von allem demjenigen machten, was den größten Schein des Wunderbaren haben konnte.

Sofern man nur sonst nichts als die Reden der Französischen Akademie haben wird, welche beständig das Hohe, die Ausrufungen und die verwegensten Figuren anbringen, so wird das Übel so groß eben nicht sein. Man sucht nicht leichtlich die Verdienste eines Königs in einer Rede oder in einer Zeitschrift oder Lobrede. Man weiß schon, bevor man noch diese Art von Schriften liest, daß ein König darin allemal der größte Monarch von der Welt ist, selbst Alexander und Cäsar nicht ausgenommen. Man leidet es also ohne Murren, wenn man daselbst lauter prächtige Begriffe antrifft. Aber wenn unsere Geschichtsschreiber sich durch die Ehre, die sie von den prächtigen Beschreibungen haben würden, blenden lassen und Lobredner abgeben, so werden sich wiederum die Spanier über uns aufhalten, und ganz Europa wird uns lächerlich machen, so wie es vordem die Spanier ausgelacht hat, da sie die Lobeserhebungen ihres Karls des Fünften und ihres Philipps II. unbegreiflich hochgetrieben haben.

Allem Ansehen nach werden diejenigen, welche ihrer Pflicht gemäß an der Historie unseres Königs arbeiten, sich erinnern, daß man nicht von ihnen fordere, große Leidenschaften und hohe Lehrsprüche auf der Schaubühne zum Vergnügen zu erdichten und vorzustellen, noch auch satirische Abbildungen des Lächerlichen zu erfinden, sondern daß die Rede davon sei, wie man geschehene Dinge treulich erzählen solle. Ihr Geist ist auch sonst schon von der Beschaffenheit, daß sie so leicht nicht glauben, daß die Sonne ihren Lauf aufhielte, um zu einer Schlacht Zeit zu geben, wie die Spanier solches erzählt haben, oder daß die Mauern kraft eines Fläschchens sogleich umfallen sollten, wie dies die Mauern der Stadt Angoulême unter der Regierung des Clodoväus nach einigen Aussagen[180] getan haben. Ich weiß auch nicht, ob sie sich bei Erzählung dergleichen Wunderwerke eben allzu gefällig machen würden. Vermutlich würde man ihnen sagen, die Tapferkeit der Franzosen brauche das alles nicht, ihr Feuer und ihre Behendigkeit habe das Stillstehen der Sonne nicht nötig, um fertig zu werden; das wäre nur gut für die Spanier und Deutschen, die von Natur langsam und schwer sind. Und also kann man sich auf diese beiden Herren[181] verlassen.

Ich hatte, noch von einem dritten Geschichtsschreiber[182] Ihro Majestät gute Hoffnung, bevor ich den Brief gelesen, der all einen Prälaten geschrieben worden ist und sich in einer ganz neuen kleinen Schrift[183] befindet, die wohl wert wäre, daß man sie gründlich widerlegte. Sie merken wohl, daß ich von dem berühmten Geschichtsschreiber der Französischen Akademie rede, und Sie wissen, daß die Vortrefflichkeit seines Verstandes und seiner Schreibart und die Achtsamkeit, womit er diese berühmte Gesellschaft beschrieben, Gelegenheit genug geben, etwas Großes von seinem Vorhaben, uns des Königs Leben zu liefern, zu hoffen. Ich war einer mit von denen, die sich das Beste von ihm versprachen. Allein, ich gestehe es Ihnen, dieser Brief hat meine Hoffnung um ein großes vermindert. Ich sehe daraus, daß der Herr Verfasser sich ungemein viel Mühe gibt, die geringen Gunstbezeigungen in Ordnung zu bringen, welche den Hugenotten, wenn sie sich bekehren, zugute kommen. Er zerstreut sich in tausenderlei geringen Sorgen, die, meinem Bedünken nach, sich für einen Mann, der an einer so wichtigen Historie, wie Ludwigs des Großen seine ist, arbeitet, gar nicht schicken. Glauben Sie, mein Herr, daß ein Geschichtsschreiber, der einiger Wechsel halber, die man für die neuen Katholiken ausgestellt hat, sich so viel Sorgen macht, der die richtigsten Verzeichnisse dieser Bekehrten genau durchsucht, der tausend Mittel hervorsucht, um das wenige Vermögen, welches er in Händen hat und das er mit dem Öl und Mehl der Witwen vergleicht, für alle Bekehrten, die sich darstellen, zulänglich zu machen; der aber, um zu seinem Zweck zu kommen, die Herren Bischöfe durch zugeschickte Erinnerungsschriften ermahnen muß, sie sollten wirtschaftlicher sein und sich das Beispiel des Bischofs zu Grenoble zum Muster vorstellen, der siebenhundert bis achthundert Personen bekehrt hätte, ohne mehr als tausend Gulden in allem dabei aufzuwenden. Glauben Sie, mein Herr, sage ich, daß ein Geschichtsschreiber, der über das, was ich gesagt habe, die Zeit auf das sorgfältigste nachrechnete, wie lange es nämlich sei, daß sich jemand bekehrt habe, und der ausdrücklich haben will, man solle ihm keine Wechsel für Leute schicken, die schon seit sechs oder sieben Monaten bekehrt worden, und ob man gleich fünfzig Gulden einem Bekehrten geben könnte, *so solle man es doch nicht allemal tun, weil es nötig sei, dabei alle mögliche Häuslichkeit zu beobachten*; glauben Sie, mein Herr, sage ich noch einmal, daß ein Geschichtsschreiber, der sich in dergleichen Dingen so viel Mühe gibt, allzu geschickt sei, uns eine gute Historie von Seiner Majestät zu liefern? Wenn Sie es glauben, so erlauben Sie mir wenigstens zu sagen, daß wir beide nicht allemal einerlei Meinung sind.

Ich besorge sehr, dieses Werk möchte hin und wieder Spuren des Aberglaubens enthalten, und vielleicht würde man gar sagen, alle Siege des Königs wären Belohnungen der Befehle, die er gegeben oder die er hätte geben sollen, um die Hugenotten auszurotten. Es wäre doch schade, wenn ein so sinnreicher Kopf sich so elend vergehen sollte, und ist irgendein Mittel da, solches zu verhindern, so wollen wir es daran nicht ermangeln lassen. Sie sind mit verschiedenen Personen, die er sehr hochhält, genau bekannt, insbesondere mit Herrn N. N. und mit Herrn N. N. Geben Sie ihm doch durch diese zu verstehen, daß er große Gefahr laufe, sein ganzes Werk durch die allzu viele Gemeinschaft mit den Bekehrern zu verderben; man bekomme durch die Verwaltung so schlechter Dinge, deren Aufsicht ihm anvertraut sei, einen ganz besonderen Verstand und ganz neuen Geschmack, und es stünde dahin, da er in den Händen der Klerisei völlig vertieft sei, ob er sich's nicht am meisten angelegen sein lassen würde, von den frommen Handlungen seines Helden zu reden. Nicht nur alle Ketzer, sondern auch viele Katholiken erwarten dieses von ihm, und wenn er bei der Historie von der Ausrottung der Calvinisten allzu umständlich sein wollte, so würde er seinen Ruhm verlieren, denn jedermann würde daraus schließen, er habe die schönen Stellen in dem Leben eines großen Monarchen nicht zu unterscheiden gewußt.

Doch was lenke ich, daß ich einem Geistlichen, wie Sie sind, dergleichen Verrichtung auftrage? Ich bitte Sie deswegen um Verzeihung, und es ist mir leid, daß ich Ihnen soviel davon gesagt habe. Nein, mein Herr, Sie sind es nicht, den ich bitten will, dem Geschichtsschreiber des Königs die Nachricht zu geben, daß es nicht gut sei, alle Dinge umständlich zu erzählen. Ich kenne jemanden, der dieses Amt ohne Widerrede auf sich nehmen wird. Derselbe sagte einstmals, wenn er die Geschichte unserer Zeit abfassen seilte, so würde er sich an einer prächtigen Beschreibung des Übels, welches die Ketzereien der Kirche und dem Staat verursachen, begnügen lassen und das große

Glück zugleich mit anführen, welches aus der Wiederbringung aller Sekten zur wahren Kirche entspringt. Sodann würde er mit wenig Worten berühren, Seine Majestät habe, durch diese wichtigen Wahrheiten gerührt, dem Königreich dieses herrliche Glück auf eine solche Art verschafft, welche sowohl einem sehr christlichen König als auch einem Helden anständig gewesen. In die Untersuchung aber aller Mittel und Wege, die dem König dabei vorgeschlagen worden sind, würde er sich nicht einlassen, weil eben dadurch die Ehre dieses großen Fürsten augenscheinlich Schaden leiden würde. Es ist freilich nötig, sagte er, daß ein Monarch, der zu großen Dingen geboren ist und welcher schon an den Ufern des Hellesponts sein sollte, wo einer von seinen Geschichtsschreibern ihn seit mehr als sechs Jahren mit festem Fuß erwartet, sich die Mühe gibt, einigen Hebammen das Handwerk zu legen und die Ausübung ihrer Kunst einigen andern zu verschaffen; daß er alle Verzeichnisse der Neubekehrten durchsieht und beim Überschlag der Kosten, die bei jeder Bekehrung aufgewandt werden, mit sich zu Rate geht, ob es dienlich sei, daß man wichtiger Umstände halber den Neubekehrten eine größere Beisteuer als fünfzig Gulden zukommen lasse. Und das soll der Mann sein, dessen ich mich in der Absicht bedienen will, daß man den Handel der Bekehrung in dem Leben Ludwigs des Vierzehnten nicht haarklein erzähle. Er steht bei dem Geschichtsschreiber in großem Ansehen, und vielleicht bringt er ihn auf bessere Gedanken, insbesondere bei Gelegenheit der königlichen Verordnung, worin Kinder von sieben Jahren für fähig erklärt werden zu unterscheiden, daß die römische Kirche der göttlichen Offenbarung näherkomme als die vermeintlich reformierte. Es ist auch dieses ein Umstand, den man beileibe nicht berühren muß, sofern man sich raten läßt.

Was die Sparsamkeit betrifft, welche Herr Pelisson den Bekehrern so stark anriet, so glaube ich wohl, daß er davon nichts sagen würde, wenn ihn auch schon niemand vor den Stichelreden warnte, die man darüber machen könnte. Er würde dasselbe wohl niemals geschrieben haben, wenn er vorhergesehen, daß man es drucken lassen würde. Denn was ist schimpflicher für den König, als wenn er spricht: 1. Das Hauptmittel, dem geringen Vorrat, der zur Bezahlung der Bekehrten bestimmt wäre, abzuhelfen, sei in der wunderbaren Vorsorge Gottes zu suchen, welche das Öl und Mehl der Witwe vermehrt und die fünf Brote vergrößert habe. 2. *Die Herren Prälaten oder auch andere, welche die Sorge für die Bekehrungen aus christlicher Liebe auf sich nehmen wollten, könnten sich bei dem König, der alle diese Verzeichnisse der Bekehrten zu Gesicht bekäme, nicht gefälliger machen, als wenn sie dem Beispiel des Bischofs zu Grenoble nachahmten, der es fast niemals auf fünfzig Gulden gebracht und beinahe allemal mit viel weniger ausgekommen ist.* Ganz Europa hat Nachricht von dem ungeheuren Vermögen und von dem prächtiger Aufwand, den er überall blicken läßt, und in einer Sache, welche die Religion angeht, kommt und sagt man, das Vermögen dazu sei sehr gering, aber den sichersten und hauptsächlichsten Trost erwarte man durch ein Wunderwerk von demjenigen, welcher das Öl und Mehl der Witzen vermehrt. Man könne sich, setzt man noch hinzu, bei dem König nicht beliebter machen, als wenn man mit dem Geld, das er für die Bekehrten bestimmt hat, fein häuslich umginge.

Was die Wunderzeichen anlangt, so wird, wie ich hoffe, dieser Geschichtsschreiber sein Buch damit nicht anfüllen, wenn man ihm deswegen guten Rat erteilt. Ganz anders ist es mit so vielen andern Schriftstellern geistlichen und weltlichen Standes beschaffen, welche sich unterfangen, die Geschichte unserer Zeit zu beschreiben. Sie sind schon bereit, uns mit Wundern und Vorbedeutungen zu überhäufen. Desto schlimmer ist es, mein Herr. Denn kein abgeschmackterer Irrtum ist wohl in der Welt nicht, als der bei den Vorbedeutungen vorkommt. Je mehr ich daran gedenke, je mehr werde ich davon überzeugt, und es fehlt nicht viel daß ich mich nicht über diejenigen entrüste, welche uns dergleichen Wunderdinge erzählen. Indessen ist alles voll davon. Unsern Geschichtsschreibern fehlt es daran sowenig wie andern. Sehen Sie einmal den Herrn *de Perefixe* an, der die Ehre gehabt hat, des Königs Lehrmeister zu sein, und als Erzbischof von Paris gestorben ist. Er führt in seiner Historie Heinrichs des Vierten, ich weiß nicht wieviel, Wunderzeichen an, welche vor der Ermordung dieses Prinzen vorhergegangen sind, und was das Wundersamste dabei ist, alle diese Wunderdinge sind denjenigen vollkommen ähnlich, welche die Heiden bei einer ähnlichen Begebenheit würden ausgebreitet haben. Lauter Betrügerei!

98. Widerlegung des französischen Geschichtsschreibers, welcher behauptet, daß es Wunderzeichen vor dem Tode König Heinrichs des Vierten gegeben

Der traurige Todesfall dieses guten Königs war Ursache, daß man tausend Dinge zusammenlas und vergrößerte, welche alle nach dem Lauf der Natur erfolgen und die man mit Stillschweigen übergeht, wenn keine merkwürdige Begebenheit darauf erfolgt, und daher kam es, daß die Zeit, welche vor diesem Tod vorherging, nach dem Wahn der Menschen durch gewisse wunderbare Erscheinungen von andern Zeiten unterschieden wurde. Vielleicht gab es auch deren in diesem Jahr mehr als sonst, wie es oft zu geschehen pflegt, daß bloß kraft der allgemeinen Gesetze der Natur in gewissen Jahren hundert Dinge nacheinander erscheinen, dergleichen niemand gesehen zu haben sich erinnern kann. Wäre man damit zufrieden gewesen, daß man deswegen dem Jahr 1610 einen besonderen Charakter beigelegt hätte, so hätte ich nichts dabei zu erinnern. So aber hat man behauptet, diese Erscheinungen wären ausdrücklich deswegen zum Vorschein gekommen, um das Elend von Frankreich und den traurigen Tod seines Königs vorzubedeuten. Das ist ein Irrtum, der mir höchst ungereimt vorkommt. Denn wenn es wahr wäre, so müßten diese Erscheinungen außerordentlicherweise entweder von Gott oder von dem Teufel sein hervorgebracht worden. Wollte man sagen, Gott habe sie außerordentlicherweise erweckt, so würde man ihm ein Verhalten zuschreiben, das sich für seine Weisheit ganz und gar nicht schickt. Weil die vermeintlichen Vorbedeutungen kein Wahrzeichen desjenigen bei sich führen, welches Gott dem Vorgeben nach den Menschen andeuten will. Wollte man es den Teufeln zuschreiben, so würde man nur spotten. Das lassen sie wohl bleiben, daß sie ein so christliches Königreich durch Wunderzeichen erschrecken sollten, wie se es wohl in heidnischen Ländern tun. Denn was gewönnen sie damit? Sie würden machen, daß man unrecht Gut wiedererstattete, daß die Leute zur Beichte gingen und deren mehr. Und das suchen sie gar nicht. Da sie überdies zukünftige Dinge nicht wissen, so können sie auch nicht vorhersehen, zu welcher Zeit große Veränderungen erfolgen sollen, und also sind sie nicht imstande, derselben Vorbedeutungen zu erwecken. Schickt uns Gott etwa Vorboten, um uns zu überzeugen, daß das Zukünftige in seiner Gewalt steht? Dies ist der Gedanke eines sehr verständigen Geschichtsschreibers, welcher viele vor dem Tode! Heinrichs IV. vorhergegangene Wunderzeichen anführt und diese Anmerkung dabei macht: *Es scheine, als ob es mit allen den Erinnerungen, welche der Himmel ihm gegeben, nicht sowohl darauf abgesehen gewesen, ihn aus der Gefahr zu erretten, sondern vielmehr die Menschen zu belehren, es herrsche eine unumschränkte Macht, welche das Zukünftige, weil sie es kenne, nach ihrem Gefallen einrichte.*[184] Allein dieser Gedanke ist, der angeführten Gründe halber, so unrichtig wie die andern. Denn wer zweifelte damals, als der große Heinrich ermordet wurde, in! Frankreich daran, daß eine unumschränkte Macht herrsche, welche das Zukünftige in ihrer Gewalt hat? Sind das nicht allemal die ersten Gründe einer jeden Religion auf der Welt? Alle diejenigen, welche Gebete verrichten, Gelübde tun, Opfer bringen, die Götzen, die Wahrsager und Zeichendeuter um Rat fragen, welche den Prophezeiungen und Torheiten der Zigeuner und dergleichen Glauben beimessen, bezeugen sie nicht offenbar, daß sie von einer gewissen Macht überzeugt sind, die in der Welt ist und der das Zukünftige unter worfen ist? Wie weit würde es mit uns gekommen sein, wenn Gott noch in einem so christlichen Königreich Wunder tun müßte, um uns von einem Unglauben zu heilen, den nicht einmal die Heiden gehabt haben? Wann würden wir gläubig werden, wenn wir, um nur versichert zu sein, daß Gott das Zukünftige kennt, nötig hätten, daß Gott Wunder auf Wunder und Zeichen auf Zeichen häufte? Laßt uns daher sagen: Die Absicht der Vorsorge ist nicht diejenige, welche der Herr von Mezerai ihr zuschreibt, denn das wäre eine Absicht, die so vergeblich wäre, wie sonst keine ist. Und da er überdies zugibt, daß dasjenige, was man Wunderzeichen nennt, gar nicht dazu dient, uns vor der Gefahr zu behüten, so muß er auch zugeben, daß es nach der Absicht der Vorsorge uns statt der Vorbedeutung nicht dienen kann. Ich werde an einem andern Ort noch etwas sagen, um diese Folgerung zu bestärken, und insbesondere, wenn ich die Anmerkungen werde zu Ende gebracht haben, die ich dazu bestimmt habe, Ihnen zu zeigen, wie eingenommen die Christen für die Wunderzeichen sind.

99. Neue Proben der Neigung, so die Christen haben, die Wunderzeichen und Vorbedeutungen zu glauben

Ich finde in einer Schrift Agobards, Bischof zu Lyon, welche im Jahr 833 verfertigt worden ist, eine Stelle, die so trefflich für mich redet, daß ich mich nicht enthalten kann, dieselbe anzuführen. Dieser gelehrte Prälat verfertigte dieses Buch in der Absicht, einer Menge von Leuten den irrigen Wahn zu benehmen, da sie zu seiner Zeit glaubten, es gäbe Zauberer, deren Gewalt sich so weit erstreckte, daß sie Hagel, Sturm und Ungewitter erwecken könnten, sooft es ihnen gefällig wäre, die Landfrüchte zu verderben, und welche mit dieser Kunst mit den Einwohnern eines gewissen Landes, das Magonia heißt, handelten; die alle Jahre auf Luftschiffen ankämen, um das Getreide einzuladen, welches das Ungewitter verdorben, wofür sie alsdann den Zauberern den Wert bezahlten. Man glaubte alles dieses so gewiß, daß dieser Bischof einstmals sich ungemein viel Mühe geben mußte, drei Männer und eine Frau aus den Händen des Pöbels zu erretten, die sie steinigen wollten, in Meinung, daß sie aus diesen Schiffen herausgefallen wären. Dies ist die gemeldete Stelle, wie sie zu Ende der Abhandlung steht: *Eine so große Torheit hat sich schon der armen Welt bemächtigt, daß die Christen dergleichen ungereimtes Zeug für wahr halten, welches man vordem den Heiden nicht hätte einreden können.*[185]

Ich mag nicht untersuchen, ob es wahr ist, wie er schreibt, daß man zur selben Zeit leichtgläubiger gewesen als zur Zeit des Heidentums, mir ist genug, wenn ich weiß, daß man es sehr gewesen. Daher kam es, daß man kurz darauf die Historie nach Romanart zu schreiben und den Taten tapferer Männer tausend Fabeln anzudichten anfing, wie z.B. der Roland, Kaiser Karls des Großen Enkel, war, welches den Geschmack der Leser vollends verdarb, so daß man sich nicht getraute, ihnen etwas vorzulegen, das in dergleichen Schreibart nicht abgefaßt war. Ein Exempel davon kann man an dem geistlichen Werk sehen, welches Jacobus von Voragine, Erzbischof zu Genua, zu Ende des 13. Jahrhunderts aufsetzte und gegen welches Melchior Kanus, der gelehrte spanische Bischof, in seinen *Locis communibus* im 11. Buch so erzürnt zu sein scheint. Ein anderer Doktor[186] in der Theologie soll mit Ihrer Erlaubnis dasjenige bestätigen, was ich von dem Geschmack gesagt habe, der in gewissen Jahrhunderten geherrscht hat. Hören Sie einmal, wie er davon redet: *Das war der Fehler oder vielmehr die grobe*

Einfalt vieler von unsern Vorfahren, daß sie sich einbildeten, sie könnten bei Beschreibung der Handlungen erlauchter Männer nicht beredt sein, wenn sie statt der Zierate in Reden, wie sie dafürhielten, nicht in ihre Werke poetische Erdichtungen oder etwas dem Ähnliches mit einmischten und folglich die Lügen mit der Wahrheit vermengten.[187] Da dem also ist, so glaube ich beinahe, die Geschichtsschreiber der Kreuzzüge machen uns oft was weis, und das ist allem Ansehen nach die Meinung des P. Maimbourg.[188] Denn so redet er, nachdem er die Schlacht bei Iconium, welche Friedrich Barbarossa im Jahr 1190 gewonnen, erzählt hat: »Was bei diesem Sieg das Wundersamste war, bestand darin, daß der Überwinder fast nichts verlor. Viele schreiben dieses der besonderen Beschützung des heiligen Georgs und des heiligen Victors zu, welche man ordentlich in der Armee anrief und die man nach einiger Aussage vor den Scharen hat schreiten sehen. Es kann sein, daß in der Tat etwas Außerordentliches dabei vorgegangen, wie solches manchmal, selbst nach dem Zeugnis der Heiligen Schrift, sich zugetragen. Es kann auch sein, daß, da man oft erzählen gehört, wie die himmlischen Scharen während des ersten Kreuzzuges bei der Schlacht zu Antiochien erschienen, die durch diese Erzählung eingenommene Einbildungskraft einiger Leute mit diesen Gedanken angefüllt gewesen und sich dergleichen Erscheinungen vorgestellt hat. Dem sei, wie ihm wolle, soviel ist gewiß, ein ansehnlicher und gar nicht leichtgläubiger Kavalier mit Namen Ludwig von Helfenstein versicherte dem Kaiser ebendasselbe und beteuerte vor der ganzen Armee mit einem Schwur, so wahr er ein Pilgrim des heiligen Grabes und ein Kreuzbruder sei, daß er mehr als einmal gesehen, wie der heilige Georg an der Spitze der Scharen die Feinde in die Flucht gejagt habe, welches alsdann auch von den Türken selber bekräftigt wurde, welche aussagten, sie hätten an der Spitze der christlichen Armee gewisse ganz weißgekleidete Völker gesehen, die unter den Unsrigen nicht mehr befindlich waren. Ich gebe zu, man sei ganz und gar nicht gebunden, dergleichen Erscheinungen, die meistens großem Betrug unterworfen sind, für wahr zu halten, allein ich weiß auch, daß ein Geschichtsschreiber aus eigener Macht diejenigen nicht verwerfen soll, welche durch ein so merkwürdiges Zeugnis, wie das obige ist, unterstützt werden, und da man ihm die Freiheit läßt, solche nicht zu glauben, so hat er kein Recht, durch ihre Unterdrückung seinen Lesern diejenige Freiheit zu nehmen, vermöge welcher sie alsdann, wenn sie dieselben gelesen, davon urteilen können, was sie wollen.« Die Anmerkung eines so berühmten Geschichtsschreibers, den man gar nicht in dem Verdacht haben kann, als ob er dem Unglauben der Hugenotten hätte aufhelfen wollen, ist ein starker Beweis dessen, was ich gesagt habe.

Hier haben Sie etwas, das erst kürzlich geschehen ist. Sie wissen, daß die Trauung des Königs von Spanien mit der königlichen Prinzessin zu Fontainebleau den 31. des Augustmonats 1679 geschehen ist und daß diese Prinzessin nicht lange danach nach Paris gekommen, wo sie eine unzählige Menge von Glückwunschreden hat anhören müssen. Doch vielleicht wissen Sie nicht, daß bei den Ordensbrüdern des Oratoriums man Ihre Majestät versicherte: »Die Ehe, durch eine ewige Verbindung zwei der größten Monarchien von der Welt und einen allgemeinen Frieden zu verknüpfen, sei ihrer geheiligten Person aufbehalten und der Welt schon längst vom Himmel versprochen worden. Kaiser Karl der Fünfte (dies ist der Beweis des himmlischen Versprechens) habe dieses durch die geheimnisvollen Lilien vorhergeprophezeit, welche er mit eigenen durchlauchten Händen in dem Garten seiner Einsamkeit gegen das Ende des Augustmonats im Jahr 1558 gepflanzt hat. Denn in dem Augenblick, da dieser große Monarch kurz darauf, im Herbst ebendesselben Jahres, mit Tod abgegangen, habe diese Lilienzwiebel jählings einen Stengel zwei Ellenbogen lang mit einer vortrefflichen Blume getrieben, die so ausgebreitet und wohlriechend gewesen, wie diese Art Blumen in Spanien in ihrer ordentlichen Jahreszeit zu sein pflegen. Das war ein gewisses Zeichen, Madame, daß eine bewundernswürdige Lilie in Spanien Ende des Augustmonats würde versetzt werden, zu einer Zeit, da die Ehre dieses Reiches eine Art der Verdunklung zu erleiden scheinen würde, um dahin in dem Herbst mit dem frieden die Annehmlichkeiten des Frühlings zu bringen usf.«

Das Wundersame hier ist nicht darin zu suchen, daß man an der Spitze einer der gelehrtesten Gesellschaften von der Welt sich unrichtiger Gedanken gegen eine Königin bedient habe, die, ungeachtet ihrer großen Jugend, allzuviel Verstand und Einsicht besaß, als daß sie nicht hätte einsehen sollen, daß dieses leere Bilder gewesen. Man muß mit denjenigen nicht so streng verfahren, welche öffentliche Reden ablegen. Wir wollen ihnen das Vorrecht lassen, welches sie zu allen Zeiten besessen, die Sachen unter glänzenden und prächtigen, obgleich bei Gelegenheit falschen Bildern vorzutragen.[189] Aber darüber verwundere ich mich, daß ein guter Teil von der unzähligen Menge von Leuten, welche diese Rede in dem *Mercure galant* gelesen, bei dieser Stelle in Eifer geraten ist und mit allem Ernst dafürgehalten hat, daß diese Lilie ein Vorbild der Vermählung des jetzt regierenden Königs in Spanien gewesen ist. So wahr ist es, daß wir gewohnt sind, überall Geheimnisse und Vorbedeutungen zu finden. Der Graf *de la Roca*, ein Enkel des Don *Louis d'Avila* und Geschichtsschreiber Kaiser Karls des Fünften sowohl als dieser, erzählt die Geschichte dieser wunderbaren Lilie auf eine andere Art und findet darin eine ganz andere Vorbedeutung, woraus man sehen kann, daß dergleichen Anmerkungen zuweilen ebenso falsch erzählt wie angewendet werden.

100. Neue Anmerkung, um zu erweisen, daß das Alter und die Allgemeinheit einer Meinung nicht ein Merkmal der Wahrheit ist

Geben Sie sich die Mühe und sehen Sie jetzt, ob man vermöge der Gleichheit, die sich zwischen den Alten und Neueren befindet, viele Ursache hat zu urteilen, daß die Kometen unglückliche Vorboten sind. Ich sage es noch einmal: Es ist ein reiner Betrug, wenn man behauptet, eine Meinung, die von einem Jahrhundert zum andern, von einem Geschlecht zum andern fortgepflanzt worden, könne unmöglich ganz und gar falsch sein. Sowenig man auch die Ursachen untersucht, welche gewisse Meinungen in der Welt festsetzen und welche dieselben vom Vater auf die Kinder fortpflanzen, so wird man doch allemal sehen, daß nichts unvernünftiger ist als ein solches Vorgeben. Man wird mir unfehlbar zugeben, daß es leicht sei, dem Pöbel gewisse Meinungen beizubringen, welche mit den Vorurteilen der Jugend oder mit den Leidenschaften des Gemüts eine Verwandtschaft haben, dergleichen alle vorgegebenen Regeln der Vorbedeutungen sind. Ich verlange nichts mehr als dieses, denn das ist zulänglich, diese Meinungen zu verewigen, weil, etliche wenige philosophische Geister ausgenommen, niemand sich's in den Sinn kommen läßt, zu untersuchen, ob das, was man sagen hört, durchgehend der Wahrheit gemäß sei. Ein jeder nimmt an, man habe es schon vor diesem untersucht und die Vorfahren hätten sich schon genugsam vor dem Irrtum verwahrt; daher hält man es auch für seine Schuldigkeit, es der Nachwelt als eine unleugbare Sache bekanntzumachen. Erinnern Sie sich dessen, was ich sonst schon von der Trägheit des Menschen und von der Beschwerlichkeit gesagt habe, der er sich unterziehen muß, wenn er eine Sache gründlich untersuchen will, so werden Sie sehen, daß anstatt mit dem Minucius Felix zu sagen: *Alles ist ungewiß unter den Menschen, aber je Ungewisser alles ist, desto mehr hat man Ursache sich zu verwundern, daß einige Menschen aus Ekel vor einer genauen Untersuchung der Wahrheit viel lieber die erste beste Meinung, die sich darstellt, blindlings ergreifen, als daß sie die Sachen langweilig um sorgfältig untersuchen sollten*[190], man vielmehr sagen müsse: *Je ungewisser alles ist, desto weniger hat man Ursache sich zu verwundern, daß einige Menschen usf.* Der Verfasser der Kunst zu denken[191] merkt sehr verständig an, daß die meisten Menschen bereit sind, eine Meinung viel mehr als eine andere für wahr anzunehmen, weil sie gewisse äußerliche und fremde Merkmale daran wahrnehmen, davon sie urteilen, daß sie der Wahrheit gemäßer sind als der Falschheit, und die sie leicht unterscheiden, da indessen die tüchtigen und wesentlichen Gründe, voraus man die Wahrheit erkennen kann, schwer zu entdecken sind. Wie nun die Menschen allemal zu dem geneigt sind, was ihnen nicht schwer vorkommt, also neigen sie sich fast allemal auf diejenige Seite, wo sie diese äußerlichen Merkmale wahrnehmen. Nun wissen Sie aber, mein Herr, das Altertum und die Allgemeinheit einer Meinung wird sehr gern von unserem Verstand für eins dieser äußerlichen Merkmale angesehen.

Ich sehe alle Tage Leute, die sich in acht nehmen, daß sie sich im Maimonat nicht verheiraten, weil sie gehört haben, daß eine solche Heirat von undenklichen Zeiten her unglücklich ausgefallen, und ich zweifle gar nicht, daß dieser Aberglauben, den wir von dem alten Rom bekommen haben und der sich darauf gründete, weil man daselbst im Maimonat das Fest der bösen Geister *Lemuralia* feierte, unter den Christen nicht bis ans Ende der Welt fortdauern sollte. Denn man braucht nichts mehr, um denselben in einer Familie beizubehalten, als daß man sich erinnert, ein Großvater oder ein Vetter habe ein Bedenken dabei gehabt. Das ist ein unwidertreiblicher Grund, und der einen desto größeren Eindruck in das Gemüt macht, wenn man sieht, daß Leute von Verstand in ebendem Vorurteil stecken. In der Tat, es gibt deren einige, welche, ohne abergläubisch zu sein, ihre Hochzeit aufschieben oder beschleunigen, um nur den Maimonat zu vermeiden, denn es ist ihnen daran gelegen, daß man nicht glaube, als ob sie sich dem Unglück überlassen hätten. In der Welt muß man nichts verabsäumen. Ein Kaufmann kann in der Tat unglücklich werden, wenn man die lächerliche Meinung hat, es drohe ihm ein Unglück, denn da verliert er seinen Kredit, und niemand mag Gemeinschaft mit ihm haben. Wann würde man fertig werden, wenn man alle die Ursachen, welche die Irrtümer des Pöbels unterhalten, untersuchen wollte?

101. Überzeugender Beweis des Irrtums, darin man sich in Ansehung der Vorbedeutungen befindet

Sogar die Heilige Schrift ist von dem Mißbrauch nicht ausgeschlossen. Denn diejenigen, welche aus völliger Überzeugung ausbreiten, daß die Art und Weise, womit Tamerlan seinen zwei Söhnen den Segen erteilt, da er nämlich den Kopf des ersteren untergedrückt und des anderen seinen in die Höhe gerichtet, eine Vorbedeutung von des letzteren Erhebung gewesen, da hingegen der andere niedrig verblieben, gründen sich allem Ansehen nach auf das 48. Kapitel des ersten Buches Mosis, wo man liest, daß Jakob bei Segnung der zwei Söhne Josephs die rechte Hand auf den Kopf des Jüngsten gelegt hat, weil er durch einen prophetischen Geist vorhersah, daß er mächtiger werden würde als der Älteste. Indessen muß man einen großen Unterschied unter diesen beiden Segnungen anmerken. Der Tatar war von dem Zukünftigen nicht unterrichtet und konnte also die Bewegung seiner Hände nicht verändern, um eine Vorbedeutung dadurch zu bestimmen, und da Gott den Ungläubigen künftige Dinge nicht offenbaren will, so hat er auch hier die Hände des Tamerlans nicht auf eine solche

Art geführt, daß man daraus eine Vorbedeutung dessen, was seinen Kindern begegnen würde, schließen könnte. Jakob im Gegenteil war mit einer himmlischen Offenbarung erfüllt, dadurch er das Schicksal seiner Nachkommen wußte, seine Handlungen und Worte nach diesem Wissen einrichtete, und also waren sie in der Tat Vorbedeutungen.

Man erwäge nur dieses: Da die Kenntnis des Zukünftigen bloß von Gott herrühren kann, so ist keine Vorbedeutung zufälligen Dinge, welche nicht unmittelbar von Gott bestimmt sein sollte. Soll demnach das Erblicken eines Wiesels etwas vorbedeuten, so muß der Grund davon in einem ewigen Gesetz Gottes zu suchen sein, welcher eine solche Bewegung des Wiesels mit etwas anderem verknüpft hat. Wie es nun ungereimt sein würde, wenn man sagen wollte, Gott habe eine unendliche Menge von dergleichen Verbindungen gemacht, um den Menschen das Zukünftige kennen zu lehren, das Zukünftige, sage ich, dessen Kenntnis, wie er spricht, er für sich behält, um die falschen Götter zusehenden zu machen[192], und davon er nur einige Propheten aus besonderer Gnade etwas hat wissen lassen; wie es der Güte und Weisheit Gottes nicht anständig sein würde, wenn er, da er einmal willens wäre, uns ein Schicksal zu entdecken, dem wir nicht entgehen könnten, sich einer Art von so unbestimmten und dunklen Zeichen bedienen wollte, wie alle diejenigen sind, die man uns als Vorboten des Künftigen angibt, so muß man allerdings zugestehen, daß dieses Sachen sind, welche von dem menschlichen Verstand und nicht von den Verordnungen der Vorsehung herrühren, wie solches Petronius[193] in Ansehung der Träume wohl angemerkt hat.

Hier haben Sie zwei meinem Bedenken nach wichtige Gründe gegen die Vorbedeutungen. Fürs erste sind sie unzählig, wenn wir all demjenigen Glauben beimessen, was man uns bei dieser Gelegenheit erzählt. Kein Jahr verging zu Rom ohne Vorbedeutungen, und wenn wir uns die Mühe nehmen wollten, die Anmerkungen aneinanderzuhängen[194], welche sich bei den Geschichtsschreibern in Ansehung der Vorbedeutungen befinden, die Gott von den Dingen, die auf dem Erdboden sich ereignen sollten, soll gegeben haben, so würden wir eine Kette bekommen, die durch alle Jahrhunderte ununterbrochen durchgehen würde. Befragen wir uns darüber bei leichtgläubigen Leuten, so werden wir finden, daß ihnen nichts Merkwürdiges begegnet sei, da sie nicht durch eine Vorbedeutung dazu sollten vorbereitet worden sein. Daraus kann man folgern, daß dieses lauter leere Einbildungen sind, weil auf der einen Seite klar erhellt, daß die Menschen unbeweglich glauben, es sei eine gewisse Macht, der das Zukünftige bekannt ist, und also ihr Unglaube Gott nicht bewegen kann, Wunder zu tun, um denselben auszurotten, und weil auf der andern Seite zu ersehen ist, daß, wenn Gott in der Tat Vorbedeutungen kommen ließe, er die Menschen außerordentlich und zugleich unaufhörlich vor ihnen bevorstehenden Dingen warnen müßte, welches einen Widerspruch enthält. Alsdann würde man einige Ursachen haben, mit dem

Maximus Tyrius zu urteilen[195], die Gottheit hielte sich immer auf der Herrstraße auf, um einem jeden Wanderer sein gutes Glück zu sagen.

Der andere Grund ist: Weil die besagten Vorbedeutungen nicht nur bevorstehende Dinge nicht auf eine unverständliche Art sagen, sondern auch nicht dazu dienen können, ihre Ankunft zu verhindern. Ich beweise es daraus: Weil man niemals weiß, daß etwas die Vorbedeutung eines andern Dinges gewesen, bis dies andere gekommen ist. Denn so eingenommen wir von den Prophezeiungen sind, so glauben wir doch nicht, die Vorbedeutung eines nicht geschehenen Dinges gehabt zu haben. Ein Mensch, der sein Geld verspielt, ist so töricht, daß er sich einbilden sollte, es habe ihm geahnt, daß er gewinnen würde, und gesetzt, er hätte, bevor er verloren, gewisse Vorbedeutungen eines guten Glückes gehabt, so wird er diese nicht mehr für solche halten, sobald er gewahr wird, daß er sein Geld verloren. Die Heiden, wenn sie glaubten, es drohten ihnen unglückliche Vorboten, und wenn sie sich bemühet, die Folgen davon zu hintertreiben, hatten, bevor die Dinge sich ereigneten, sehr dunkle und allgemeine Begriffe davon; und erfolgte nichts Widriges darauf, so glaubten sie leicht, daß dasjenige, was man für eine Vorbedeutung angesehen, in der Tat keine gewesen sei. Daher kann man behaupten, daß bloß der Ausgang versichert, ob eine Sache die Vorbedeutung einer andern gewesen sei oder nicht, und daß folglich die Vorbedeutungen an sich selber gar nichts dienen, das Übel zu verhüten. Ja, wenn die Vorbedeutungen uns in den Stand setzten, unserm Schicksal zu entgehen, so würde der Grund des Me zerai seine Gültigkeit verlieren, weil wir Ursache hätten zu glauben, es stünde in unserer Gewalt, das Zukünftige zu andern. Daraus würde folgen, daß wir Gott nicht die höchste Gewalt über das Künftige zuschrieben, welches doch der einzige Nutzen ist, welchen man nach dem Bedünken dieses Geschichtsschreibers aus der Kenntnis der Vorbedeutungen ziehen kann. Das einzige, wozu wir diese Kenntnis bestimmen könnten, besteht darin, daß man sagen könnte, Gott habe eine unendliche Anzahl Zeichen bestimmt, um uns das Zukünftige zu eröffnen, damit wir uns grämen könnten, bevor noch die Sachen erfolgt sind. Und wenn man dieses voraussetzt, so ist es wahr, Gott tut unaufhörlich Wunder, um alle Menschen ohne Unterschied, gute und böse, zu beunruhigen, bevor noch die Übel, die er ihnen zubereitet, sie überfallen. Wie nun dieses dem Begriff, den wir von Gott haben und der uns denselben so groß und gütig darstellt, daß nichts Boshaftes, nichts Niedriges bei ihm stattfinden kann, höchst zuwider ist, so muß man notwendig schließen, daß er nicht der Urheber dieser Vorbedeutungen ist, die man uns so oft vorschwatzt, und daß folglich die Klagen, welche zuweilen die Heiden bei dieser Gelegenheit gegen die Gottheit geführt haben, höchst ungerecht und unbillig gewesen sind. Sie wünschten, daß sie doch Gott nicht auf eine doppelte Art unglücklich gemacht hätte: 1. durch die Vorboten des Übels, 2. durch das Übel selber, wie man solches aus dieser Stelle der Pharsale[196] ersehen kann:

O warum hast du doch, du Herrscher dieser Welt,
Uns armen Sterblichen die Neugier zugesellt,
Die künftige Gefahr im voraus zu erblicken?
– – – – – Gib uns ein blind Gemüt,
Das nicht zu seinem Gram ein künftig Schicksal sieht,
Und laß uns bei der Furcht noch etwas Hoffnung hegen!

Verblendete Leute! Was von ihren unrichtigen Urteilen herrührte, das schrieben sie Gott zu. Sie selber waren die Urheber ihrer Vorbedeutungen, nicht nur weil sie sich ohne Grund einbildeten, daß es deren gäbe, sondern auch, weil sie ihrer Verblendung zufolge oft auf Sachen verfielen, von denen sie glaubten, daß sie vorherverkündigt worden sind, und nach diesen sich kräftig in ihrem Irrtum bestärkten, wenn sie sahen, was für Erfolg ihre vermeintlichen Vorbedeutungen gehabt hätten. Das ist eine von den Ursachen, welche die meisten Wahrsagungen in der Welt unterhalten hat. Ein Sterndeuter sagt einem Menschen vorher, er würde in kurzem sterben. Dieser ist so einfältig, daß er es glaubt, und so schwermütig wird, daß er davon stirbt. Dieser Tod kann einem ganzen Volk die Gewißheit der Sterndeuterkunst so wahrscheinlich machen, daß man es für unmöglich hält, ihren Prophezeiungen zu entgehen. Sagt man also einem Mädchen, ihr Gestirn verheirate sie an den und den, gleich entschließt sie sich dazu als zu einer vorherbestimmten Sache. Die Heirat gerät dadurch, und der Betrug wird immer stärker und stärker.

Ich könnte diese Materie weiter ausführen. Doch da ich hauptsächlich mit den Kometen zu tun habe, so wird es mir genug sein, mein Herr, wenn Sie begreifen, daß es nicht nur sehr möglich sei, daß die allgemeine Meinung von ihren Vorbedeutungen falsch sein könne, wenn man die Art und Weise betrachtet, wie sie in den Gemütern eingewurzelt und fortgepflanzt werden, sondern daß sie schlechterdings, wegen des Widerspruches, welcher zwischen dieser Meinung und der Natur Gottes ist, falsch und unrichtig sein müsse.

Nach dieser langen Abschweifung bin ich bereit, mein Herr, Ihnen alle die Erläuterungen zu geben, die sie von mir wünschen können.

A..., den 23. Juni 1681

102. Erster Einwurf wider den aus der Gottesgelehrtheit hergeleiteten Beweisgrund: Gott habe Kometen hervorgebracht, damit die Heiden seine Vorsehung erkennen und nicht Gottesleugner werden möchten

Ich sehe nur einen einzigen Einwurf von Erheblichkeit gegen dasjenige, was ich durch meinen siebenten Beweisgrund festgesetzt habe. Man kann mir einwenden, Gott habe keineswegs die Absicht gehabt, den Götzendienst zu verstärken. Er habe nur der Welt zeigen wollen, daß es eine Vorsehung gäbe, welche Gutes und Böses austeile, die Menschen liebe, sie nicht ins Verderben stürzen wolle, bevor sie ihnen Zeit zur Bekehrung gegeben, und die daher ihre Liebe und Erkenntlichkeit verdient. Dies ist die wahre Absicht, wird man sagen, die Gott allemal gehabt hat, wenn er Kometen hat erscheinen lassen. Es schicke sich auch dieser Endzweck vortrefflich für die Güte und Weisheit Gottes. Man könne nicht leugnen, daß die Kometen zur Abgötterei Anlaß gegeben, doch daran sind die Heiden schuld gewesen, weil sie das nicht einzusehen gewußt, was Gott von ihnen verlangte. Überdies sind doch die Kometen und andere Wunderzeichen von großem Nutzen gewesen, weil sie die Menschen verhindert haben, Gottesleugner zu werden, wodurch widrigenfalls die menschliche Gesellschaft zugrunde gegangen sein würde. Horaz meldet ausdrücklich[197] daß der Donner, den er zu verschiedenen Malen bei heiterem Himmel gehört, ihn von dem Anhang des Epikurs, welcher die Vorsehung leugnete, abgezogen habe.

103. Erste Antwort: Gott tut nicht Wunder, um ein Verbrechen durch Einführung eines anderen zu hintertreiben, z.B. die Gottesleugnung durch Aufrichtung des Götzendienstes

Ich gebe zur Antwort: Alles dieses hält demjenigen Unheil nicht die Waage, welches aus der Meinung, die ich widerlege, entsteht. Denn fürs erste scheint es nicht mit der Heiligkeit und Weisheit Gottes übereinzukommen, Wunder zu tun, um einem Übel durch ein anderes abzuhelfen. Man kann wohl sagen, daß Gott aus Finsternis Licht macht und daß seine unendliche Vorsehung selbst in der Verderbnis des Sünders Gelegenheit findet, sich bewundern zu lassen. Allein, es wäre ungereimt, wenn man sagen wollte, Gott schaffe diese Finsternis und Bosheit, damit er hernach daraus Licht machen und seine Gnade offenbaren könne. Es wäre gotteslästerlich, wenn man behaupten wollte, Gott tue Böses, damit etwas Gutes daraus erfolge, er verwickle alle Menschen in den Götzendienst, damit sie nur nicht Gottesleugner würden. Ist es aber gotteslästerlich, so zu reden, wie kann man denn sagen, Gott habe Wunder getan, welche, nach Beschaffenheit der damaligen Umstände, die Abgötterei notwendig in

148

das Herz des Menschen einpflanzen mußten? Wie kann man, sage ich, Gott diese Wunderwerke zuschreiben unter dem Vorwand, er verhindere dadurch die Ausbreitung der Gottesleugnung? Gesteht man nicht auf solche Art, Gott habe durch seine Wunder die Fortpflanzung der Abgötterei befördert, nur um die Atheisterei zu ersticken? Das ist, er habe ein sehr großes Übel befördert, nicht um ein sehr großes Gut dadurch zu erhalten (denn die Ausrottung der Gottesleugnung an und für sich kann weder jemanden selig machen noch Gott verherrlichen, wie er verlangt), sondern nur um ein größeres Übel zu verhüten. Fürwahr ein schöner Gegenstand, der sich für die Größe Gottes ungemein schickt und eine seiner Weisheit vortrefflich gemäße Absicht, wenn man vorgibt, daß er die Natur umkehre, damit er einem Übel durch die Erhaltung und Ausbreitung eines andern Übels den Ausbruch verwehre, das ebenso schlimm ist wie das erstere und gegen welches Gott allemal einen unendlichen Abscheu blicken lassen hat. Hat man jemals wahrgenommen, daß Jesus Christus oder die Heiligen Wunder getan, um eine Krankheit durch die andere, die Gicht z.B. durch die Wassersucht zu vertreiben? Was würden das für Wunder sein? Glauben Sie also nur nicht, mein Herr, daß Gott Wunderwerke verrichtet, damit er die Atheisterei durch Unterhaltung des Götzendienstes verhindern möge, und erinnern Sie sich, daß, da Gott einen so starken Haß gegen die Abgötterei bezeugt hat, es nicht wahrscheinlich sei, daß er ihrethalben etwas mehr getan, als daß er sie geduldet. Hätte er die Gottesverleugnung durch außerordentliche Mittel verbannen wollen, würde er wohl dazu solche gewählt haben, welche offenbar zur Beförderung dessen führten, was er so heftig verabscheut, was seinen Eifer entzündet, wie die Schrift redet.

Scheint es Ihnen nicht, mein Herr, daß dieser Begriff eines eifersüchtigen Gottes, dadurch er sich uns offenbart hat, uns Anlaß zu glauben gäbe, er wolle lieber gar nicht von Menschen erkannt werden, als zulassen, daß die ihm allein zuständige Ehre andern gegeben werde; und daß also, wenn er ja durch seine Wunder sich der Freiheit des Menschen hätte widersetzen und ihr zuwiderhandeln wollen, er vielmehr würde verhindert haben, daß der Mensch nicht in Abgötterei statt in Gottesverleugnung verfallen möchte. Es kommt mir nicht zu, hierin etwas zu entscheiden. Nur so viel will ich sagen: Die Eifersucht eines Mannes sieht es weit lieber, wenn seine Frau gar niemand liebt, als daß er wünschen sollte, sie möchte die eine Hälfte ihres Herzens ihm, die andere aber einem andern zukommen lassen. Ich setze noch dies hinzu: Es ist nicht wahrscheinlich, daß Gott zum Gegenstand seiner Wunder entweder die Ausrottung der Gottesleugnung durch Erhaltung der Abgötterei oder die Ausrottung des Götzendienstes durch Einführung der Atheisterei habe erwählen können: 1. Weil die Gottesleugnung und die Abgötterei zwei Dinge sind, davon auch das beste nichts taugt, und beide zu nichts dienen können, als die Gottheit zu verunehren. 2. Weil es sonst schon ausgemacht ist, daß Gott nur übernatürlicherweise handelt, um seine Ehre auf eine merklichere Art bekanntzumachen und den Irrtum derjenigen desto nachdrücklicher zu bestreiten, welche ihn nicht auf die gehörige Weise erkennen.

Man sage mir daher nicht mehr, Gott habe Wunder getan, um die Atheisterei zu verhindern, es sei denn, daß man noch hinzusetze, er habe deswegen der Gottesleugnung gesteuert, damit er wahrhaftig erkannt und verehrt werden möge. Denn setzt man dieses nicht hinzu, so kann ich mit Recht behaupten, daß Gott die Atheisterei durch Wunderwerke aufgehoben, damit Jupiter und Minerva, Venus und Merkur und unzählige andere eingebildete Gottheiten durchgehend auf der ganzen Erde diejenigen Ehrenbezeigungen erlangen möchten, welche nur dem wahren Gott zukommen, welches doch schnurstracks der Offenbarung zuwiderläuft. Denn Gott hat sich darüber selbst erklärt und bei seinem Namen geschworen: *Er wolle seine Ehre keinem andern geben noch seinen Ruhm den Götzen.* Esra 42, V. 8. Man sage mir nicht, Gott sei doch wenigstens mittelbarerweise[198] von denjenigen geehrt worden, welche den Jupiter und die Juno anbeteten, denn es ist nicht unrichtiger und der Offenbarung mehr zuwider als dieses. Und obschon die Heiden allemal das Ansehen haben wollten, als verehrten sie eine Gottheit, und sie auch alles dasjenige, was sie angebetet haben, als ein Bild der Gottheit anbeteten, so hat sich doch Gott beständig erklärt, daß er diesen Dienst nicht als den seinigen ansehe, sondern als einen Raub und als eine unrechtmäßige Entwendung dessen, was ihm zugehöre, die er daher auf die schrecklichste Art bestrafen müsse. Sagen Sie mir nicht, mein Herr, es gäbe Kirchenlehrer, welche behaupteten, daß die Sterne durch eine ganz besondere Vorsorge an den Himmel gesetzt worden, um zu verhindern, daß die Menschen nicht Gottesleugner werden möchten, und um ihnen daher solche Gegenstände vor Augen zu stellen, welche der Anbetung würdig zu sein schienen. Setzen Sie mir ja nicht diesen Gedanken entgegen, denn er ist allzu abscheulich, als daß man ihn nicht verwerfen müßte, gesetzt auch, daß man ihn in verschiedenen Schriften der heiligen Väter fände. Man bewundere ihre Heiligkeit, sosehr man will, aber man gestehe auch, daß sie zuweilen sehr falsch urteilen. Ihre Sorbonne, mein Herr, nimmt nicht alles an, was Sie gesagt haben, und es geschieht sehr oft, daß, wenn sie das Fest derselben gefeiert und sich Ihrer Fürbitte empfohlen hat, sie sich kein Gewissen daraus macht, dieselben nach Möglichkeit zu widerlegen.

104. Zweite Antwort: Es ist niemals nötig gewesen zu verhindern, daß die Gottesverleugnung nicht anstatt der Abgötterei aufkommen möchte, und die Kometen hätten es auch nicht verhindern können

Doch gesetzt, die Heiligkeit und Weisheit Gottes hätten ihm erlauben können, Wunder zu tun, um die Gottesleugnung mittels der Abgötterei zu verbannen, so würde es dennoch wahr sein, daß Gott deren niemals einige dieser Absicht halber getan hat, weil Gott nichts vergeblich tut, und es unnötig gewesen sein würde, wenn er durch Wunderwerke die gänzliche Verlöschung aller Religionen in der Welt hätte verhüten wollen. Es ist sittlicher und natürlicherweise unmöglich, daß eine ganze Nation, welche an einen Gott glaubt und gewisse Religionsgebräuche eingeführt hat, das Widerspiel von dem allen auf einmal zu glauben und zu tun anfangen sollte. Kann man es sich doch kaum einbilden, daß ein einziger Mensch, entweder durch Unvernunft oder durch falsche Spitzfindigkeiten, den Begriff von einer ersten Grundursache, von welcher alles herrührt und welcher alles unterworfen ist, in seiner Seele sollte ersticken können. Wie will man es daher für möglich ansehen, daß ein ganzes Volk, nachdem es in einer Religion erzogen und angewöhnt worden ist, die Götter bei widrigen Umständen um Hilfe anzuflehen, bei glücklichen aber ihren Dank abzustatten, daß ein ganzes Volk bei tausenderlei Empfindungen der Furcht, die es schon längt gehabt hat, und bei einer so großen Anzahl abergläubischer Leute, daraus es besteht, auf die gänzliche Verleugnung einer Gottheit verfallen könnte? Man darf die Neigungen der Völker nur ein wenig untersucht haben, so wird man mir zugeben, daß dieses eine unmögliche Sache ist. Wozu wäre es also nötig, so oft Kometen zu erschaffen, um ein Übel zu vermeiden, das nimmermehr erfolgen kann? Was ist vergeblicher als Wunderwerke von der Art?

Ja, wird man sagen, sie geben den Völkern, welche keinen Gott erkennen, Anlaß zur Bekehrung. Ich antworte, daß dieses nicht an dem ist. Denn wenn es wahr ist, wie einige Nachrichten versichern, daß man Völker gefunden, die sich zu gar keiner Religion bekannt haben, so folgt daraus notwendig, daß die Kometen nicht die Kraft besitzen müssen, die Lehre von Gott in den Ländern einzuführen, welche keinen zugeben. Und zudem gibt es Menschen, bei denen ordentliche und außerordentliche Wirkungen der Natur keinen Eindruck machen, die sich einbilden können, daß die Welt von ungefähr entstanden ist, daß die Bewegungen am Himmel durch kein höchstes Wesen regiert werden, daß alles durch den ungefähren Zusammenfluß gewisser Dinge erfolge, so ist gewiß zu vermuten, daß sie in Ansehung der Gestirne und der Erscheinungen, die sich von neuem blicken lassen, ein Gleiches urteilen werden. Und also ist es schlechterdings unwahrscheinlich, daß ein Komet, er mag so lange am Himmel stehen, wie er will, einem Volk die Gedanken sollte beibringen können, daß ein Gott sei, da die so schönen und ordentlichen Werke der Natur, die Verfinsterungen, die Erderschütterungen, die entsetzlichen Sturmwinde, Donner und Blitz dasselbe von dem Dasein eines höchsten Wesens nicht haben überführen können.

105. Von der wundersamen Neigung der alten Heiden, die Zahl der Götter zu vermehren

Was diejenigen Völker betrifft, davon uns die alte Historie Nachricht gibt, so finden wir, daß gar keine Gefahr gewesen, als ob sie in die Atheisterei verfallen würden. Sie hatten sich vielmehr hauptsächlich in den Kopf gesetzt, ihre Götter und Religionen unendlich zu vermehren. Sie wissen die Anmerkung jenes christlichen Dichters[199], welcher gegen den Symmachus schrieb: Die Stadt Rom vervielfältige ihre Götter nach der Zahl ihrer Siege. Es ist Ihnen auch unfehlbar der spöttische Einfall Juvenals[200] bekannt, da er sagte, der arme Atlas habe eine solche Last von Göttern auf seinen Schultern, daß er sie kaum tragen könnte. Sie wissen, daß keine Art von Geschöpfen gewesen, welche die Heiden nicht vergöttert gehabt, daß sie sogar die Kräuter in ihren Gärten angebetet, daß sie den Winden und Ungewittern Opfer gebracht, daß sie der Unkeuschheit, der Schmähsucht, der Furcht, dem Fieber[201], selbst dem Tod, der doch so unerbittlich ist, Altäre aufgerichtet haben, daß sie ihre Könige und Kaiser in den Götterstand erhoben haben, nicht allein, nachdem sie durch den Tod von der Notwendigkeit befreit wurden, vermöge der sie ihre Schwachheiten ebensowohl wie andere Menschen mußten sehen lassen, sondern auch dann, da jedermann alle Arten der Unvollkommenheit an ihnen wahrnehmen konnte. Es ist hier nichts zuviel gesagt. Das sind Dinge, die von allen Kennern des Altertums zugegeben werden. Was ich in Ansehung der Könige und Kaiser gesagt habe, erhellt sowohl aus der Gewohnheit der Perser[202], welche ihre Beherrscher mit einer eigentlich sogenannten Anbetung verehrten, deren sich verschiedene Ausländer aus einem Religionsskrupel weigerten, als auch aus den Gebräuchen der Römer, welche bei der Gottheit ihrer lebenden Kaiser schwuren und vor ihren Augen und mit ihrem Wissen und Willen[203] ihnen Tempel und Altäre widmeten, wie man solches aus der außerordentlichen Gesandtschaft ersieht, welche die Bürger von Tarragona an den Kaiser Augustus mit der Nachricht abschickten, es sei ein Palmbaum auf dem Altar und in dem Tempel gewachsen, welchen sie ihm zu Ehren hätten aufrichten lassen. Es ist wohl wahr, daß dieses dem Kaiser sehr unglaublich vorgekommen, weil er ziemlich spöttisch zur Antwort gegeben[204]: Er sehe wohl, daß man nicht gar viele Opfer auf diesem Altar anzünden müßte. Indessen blieben sowohl dieser Tempel als Altar nebst noch vielen andern stehen, welche ebenfalls diesem Gott gewidmet waren. Einige darunter wurden durch eine eigene, bloß dazu aufgerichtete Gesellschaft von Priestern versehen, und einige waren sogar in dem kleinen Winkel des Erdbodens aufgerichtet worden, welchen doch der wahre Gott sich allein vorbehalten hatte; denn Sie wissen, daß Herodes dem Augustus auch im jüdischen Land Tempel auferbaut hat. Überhaupt war die Gewohnheit, die Kaiser zu vergöttern, unter den Heiden so eingewurzelt, daß, obschon Konstantin ihre falsche Religion verlassen und die christliche angenommen, diese auch bis an sein Ende beständig bekannt hatte, sie ihn dennoch[205] nach seinem Absterben unter die Götter zählten. Das kommt mir beinahe ebenso wundersam vor wie die philosophische Gütigkeit des Kaisers M. Aurelius, der seiner Gemahlin, die ihn durch eine freche und öffentlich bekannte Unkeuschheit entehrt hatte, sobald sie tot war, göttliche Ehre antun und überdies ihr noch einen Tempel aufbauen ließ.

Niemals ist ein Übel weniger zu besorgen gewesen als die Gottesleugnung, und folglich kann Gott nicht Wunder getan haben, dieselbe zu verhindern. Hätte also Gott durch Hervorbringen der Kometen das Reich der Abgötterei verstärken wollen, so müßte er es nicht deswegen getan haben, um ein größeres Übel zu verhüten, sondern er hätte Wunder getan, schlechterdings und eigentlich, um ein sehr großes Übel zu befördern, welches man doch ohne Gotteslästerung nicht sagen kann.

106. Dritte Antwort: Wenn es auch zu fürchten gewesen wäre, die Atheisterei möchte die Stelle der Abgötterei einnehmen, so hätte doch Gott nicht Wunder tun dürfen, um jene zu verhindern

Ich gehe weiter und sage fürs dritte: Wenn man auch Grund gehabt hätte zu befürchten, es möchte etwa die Atheisterei in der Welt aufkommen, so würde es doch schlechterdings nicht nötig gewesen sein, auf Wunderwerke zu verfallen, um diesem großen Übel vorzubeugen. Man durfte nur die Natur nach ihren Kräften wirken lassen, die Menschen und die Teufel sorgten schon so gut dafür, daß man sich darauf verlassen konnte.

107. Die Wirkungen der Natur konnten die Gottesleugnung verhindern

Da in der Tat die Körper immer einer gegen den andern wirken, so bringen sie von Zeit zu Zeit durch eine natürliche Folge tausend erstaunliche Dinge zum Vorschein, Mißgeburten, glänzende Lufterscheinungen, entsetzliche Sturmwinde, Überschwemmungen, ansteckende Seuchen und greuliche Hungersnot. Und weil überall, wo man von der Religion was hält, der gleichen Dinge für besondere Wirkungen der Vorsehung angesehen werden, und man glaubt, daß sie deswegen geschehen, damit der Gottesdienst und die Andacht stärker als sonst getrieben werden möge, so ist es unmöglich, wenn die Welt bleibt, wie sie ist, daß die Menschen aus ihrem Herzen die Furcht und Lehre der Götter ausrotten sollten. Also war es unnötig, daß Gott die allgemeinen Gesetze der Natur hintenansetzte, er konnte in dem Fortgang und in der

Verbindung natürlicher Ursachen außerordentliche Erscheinungen genug finden, um einen Schrecken einzujagen. Man darf die Begierde der Heiden, geringe Dinge für Wunderzeichen anzusehen, die wir oben berührt haben, nur ein wenig überdenken, so wird man leicht davon überzeugt werden.

108. Die Staatskunst konnte ebendasselbe verhindern

Doch obschon die Menschen für sich selbst geneigt genug waren, äußerlich andächtige Handlungen auszuüben, sobald sie glaubten, daß ihnen von selten des Himmels durch Wunderzeichen Unheil angedroht würde, so muß man überdies erwägen, daß die Staatskunst der Obrigkeit, welche über bürgerliche und der Religion zugehörige Sachen wachte, große Sorge getragen, die Menschen durch den Zaum der Furcht vor den Göttern in der Unterwürfigkeit zu erhalten. Man hat zu allen Zeiten zugestanden, daß die Religion ein Band der menschlichen Gesellschaft ist, und die Untertanen sind niemals besser im Gehorsam erhalten worden, als wenn man den Dienst der Götter geschickt dazwischenzubringen gewußt, und daß man die Völker niemals mit besserem Erfolg zur Verteidigung des Vaterlandes anzufrischen vermocht, als wenn man ihr Herz durch gewisse heilige Handlungen in Bewegung gesetzt hat, die man in gewissen Tempeln mit prächtigen Zeremonien unter der schon tausendmal verspürten Beschützung gewisser Gottheiten vollendet hat, und wenn man sie endlich überredet gehabt, daß die Feinde, welche diese heiligen Orte entweihen wollten, durch die Prophezeiung der Opfer mit einer entsetzlichen Strafe bedroht würden. Damit alle diese Triebfedern in Bewegung gesetzt werden konnten, mußte nicht nur eine von der Obrigkeit bestätigte Religion im Schwange gehen, sondern die Untertanen mußten auch mit Furcht, Ehrerbietung und Ehrfurcht gegen alle Übungen dieser Religion eingenommen sein. Die Staatskunst erforderte daher, alles dasjenige sorgfältig in acht zu nehmen, was geschickt war, den Eifer für die Religion in den Gemütern zu unterhalten und ihnen eine starke Ehrerbietung für die geringsten Gebräuche derselben einzuflößen. Urteilen Sie nun, mein Herr, ob man bei sogestalten Sachen Grund gehabt hat zu befürchten, die Völker möchten in Atheisterei verfallen.

109. Der Vorteil der Priester konnte es auch verhindern

Weil sich die Ehrerbietung der Völker gegen Religionssachen sogar auf die Personen, welche damit zu tun hatten, erstreckte, so geschah es, daß diese Personen sich verschiedener Kunstgriffe bedienten, um abergläubische Gedanken in ihren Gemütern zu unterhalten, denn sie setzten sich dadurch in Ansehen und machten ihr Amt so wichtig, daß die vornehmsten Männer danach strebten. Es hat gekrönte Häupter gegeben[206], die in der Vogeldeuterkunst etwas wollten getan haben. Der König Dejotarus war sein eigener Wahrsager, und es scheint, als ob er selbst zufolge der Prophezeiungen aus dem Fluge der Vögel es für gut befunden hat, des Pompejus Partei zu ergreifen, ob es gleich nicht gar zu glücklich für ihn ausgefallen. Viele sowohl ihrer Ämter als Standes halber ansehnliche Männer machten sich mit ebendieser Wissenschaft breit. Der römische Rat verordnete, man sollte sechs junge Knaben aus den besten Familien der Republik zu einem jeden Volk Hetruriens schicken, um daselbst die Vogeldeuterkünste zu erlernen. Man hielt dafür, wenn man auf solche Art die Würde dieser Kunst durch die Geburt derjenigen, welche damit zu tun hätten, erhübe, so würde man den Mißbrauch verhüten können, darein gemeiniglich die Künste verfallen, wenn sie geizigen und eigennützigen Seelen in die Hände geraten.[207] Aus diesem Grundsatz hat der berühmte Kardinal Pallavicini so gelehrt wie fromm erwiesen, daß die katholische Kirche in der Welt auf den Fuß einer weltlichen Herrschaft gesetzt werden müsse, damit durch Hoffnung großer Einkünfte Freiherren und andere Personen vom ersten Rang zu ihrem Dienst angelockt würden. Dieses macht eine Religion ungemein ansehnlich, denn wer wird es wohl wagen, die Zeremonien der Messe zu verachten, wenn man weiß, daß derjenige, der das Amt hält, das schönste Gefolge und den besten Tisch von der Welt hat.

Jedoch, da man durch ein solches Verhalten die Mißbräuche einer schändlichen Hantierung vermied, so verfiel man dabei in ein anderes Unheil, denn die Vogeldeuter von so vornehmem Stand, da sie dabei voller Hochmut waren, bearbeiteten sich je mehr und mehr durch Erfindung verschiedener Zeremonien, durch Auflegung eines neuen Joches vieler Gewissensskrupel und durch Bekanntmachung unzähliger Wunderzeichen, davon sie alsdann die Ausleger sein mußten, sich eine Herrschaft über die Seelen zuwege zu bringen. Diese Bedienung, darin sie die Wunderzeichen untersuchten und auf Mittel sannen, dieselben zu versöhnen, gab Anlaß, daß man sie für Mittler zwischen Göttern und Menschen ansah. Man überredete sich, sie hätten die Schlüssel des Himmels, sie könnten das dem Staat angedrohte Unglück abwenden, und mit einem Wort, auf ihnen beruhte die allgemeine Wohlfahrt. Urteilen Sie nun, mein Herr, ob die Wunderzeichen nach dem haben seltsam sein können. Zweifeln Sie wohl, daß man nicht die geringsten Wirkungen der Natur für Zeichen des erzürnten Himmels werde ausgegeben haben? Glauben Sie nicht, daß man werde Leute bestellt haben, welche mit der Nachricht in die Hauptstadt des Landes gekommen, es sei am hellen Mittag ein Wolf mitten in eine Stadt gelaufen, man habe in der Luft Pferde wahrgenommen und dergleichen Dinge mehr? Die Oberpriester, gemeinen Priester und Vogeldeuter hatten Nutzen davon, wenn dergleichen Nachrichten beständig herumgingen, so wie es für die Advokaten und Ärzte ein Vorteil ist, wenn es Prozesse und Krankheiten gibt; und daher ließ man wohl nicht das Volk so viel Zeit gewinnen, daß es in seiner Religon hätte kaltsinnig werden können.

110. Wie gern es die Völker geglaubt, daß die Wunderzeichen nicht natürlich zugegangen

Man hatte das Volk so weit gebracht, daß es nicht dulden konnte, wenn die Weltweisen sich unterfingen, die Wunderzeichen aus natürlichen Gründen zu erklären. Denn Plutarch[208] sagt ausdrücklich, daß man zur Zeit des Nikias, das ist in dem 4. Jahrhundert nach der Erbauung Roms, sich nur gegen die besten Freunde und mit viel Behutsamkeit von der Ursache der Mondfinsternis herausgelassen, welche Anaxagoras vor kurzem gelehrt hatte. Er setzt hinzu: Es wäre deswegen geschehen, weil das Volk zu der Zeit die Naturverständigen nicht leiden gekonnt, in der Meinung, als schrieben sie dasjenige einer notwendigen und unmerklichen Ursache zu, was bloß von den Göttern herkäme. Man habe aus dieser Ursache den Protagoras aus Athen verbannt und den Anaxagoras in ein Gefängnis geworfen, daraus ihn Perikles mit allem seinem Ansehen und mit aller seiner Beredsamkeit kaum befreien können. Erst nach langer Zeit habe das Volk, mittels der Erklärungen, welche es aus der Lehre des Plato geschöpft, der die Notwendigkeit natürlicher Ursachen der göttlichen Allmacht unterwürfig macht, mit der Weltweisheit in ein gutes Einvernehmen gelangen können. Ich würde den Eifer des Volkes billigen, wenn die Weltweisen den Vorsatz gehabt hätten, den göttlichen Einfluß von allen den Wirkungen, deren Ursachen sie erklärten, auszuschließen. Allein dies war es gar nicht, was den gemeinen Mann aufbrachte. Das war der Fehler, wenn man die Wunderzeichen durch eine natürliche Ursache erklärte, so lief es dahinaus, daß sie nichts vorbedeuten könnten, und also verlor der Pöbel eine Menge eitler Einbildungen, die ihm so lieb waren, und den Wahrsagern entging das hauptsächlichste Stück ihres Amtes. Kaum kann sich Statius[209] enthalten, daß er auf seine Helden nicht böse wird, welche gesehen, daß ein Pfeil, der an einen Baum trifft und also auf denjenigen, der ihn abgedrückt, wieder zurückkommt, und die, anstatt daß sie solches für ein von den Göttern außerordentlicherweise abgeschicktes Wunderzeichen ansehen und darauf deuten sollten, es würde Adrastes wieder in den thebanischen Krieg gehen, dasselbe ganz natürlich erklärten.

111. Daß das Priestertum und die weltliche Oberherrschaft zuweilen vereinigt gewesen

Ich mache ferner die Anmerkung, daß es Staaten gegeben hat[210], darin die priesterliche Würde mit der königlichen verknüpft gewesen. Ich rechne darunter das Römische Reich. Denn es ist gewiß, wie die Kaiser sich der Zunftmeisterwürde bemächtigten, um sich zu geheiligten und unverletzlichen Personen zu machen und sich die ganze Gewalt des Volkes zuzueignen, so vereinigten sie auch mit ihrer kaiserlichen Majestät die Würde eines Hohenpriesters, um sowohl über Religionssachen sprechen zu können, als auch sich immer unverletzlicher zu machen. Denn es ist bekannt[211], daß die Hohenpriester weder einer Strafe unterworfen gewesen sind, noch von ihren Handlungen weder dem Volk noch dem Rat Rechenschaft ablegen dürfen. Vermutlich geschah es auch deswegen, damit nicht eine Bedienung, die so viele Freiheiten hatte, in die Hände eines solchen geriete, der dieselbe zum Nachteil des Kaisers mißbrauchen möchte, wie das sehr natürlich erfolgen konnte. Diese Vereinigung dauerte lange Zeit nach der Taufe des Konstantin, bis sie endlich von dem Kaiser Gratianus aufgehoben und gleichwohl von einigen seiner Nachfolger wieder hervorgesucht wurde. Man hat nach diesem eine ähnliche Vereinigung in dem Reich der Sarazenen gesehen, darin der Kalif zugleich das Haupt der Religion und des Staates war. In andern Ländern waren die Priester Richter; in Ägypten z.B. und bei den Galliern, wo die Druiden die ganze Aufsicht über den Dienst der Götter hatten und alle Privathändel schlichteten. An andern Orten kam es einerlei Stand, nämlich dem Adel, zu, Religionssachen zu entscheiden und die Ämter der Republik auszuteilen, geistliche und weltliche Gesetze auszulegen, dies war die Verordnung des Theseus in Athen. Wiederum bei andern, z.B. in der römischen Republik, war es der Rat, der nach dem Gutachten der Oberpriester, Vogeldeuter und Opferdeuter Prozessionen, Opferungen, heilige Gastmahle und dergleichen anordnete. Nunmehr gebe ich Ihnen zu überlegen, ob es nötig gewesen, daß man die Religion mit allen Kräften zu unterstützen Anstalt gemacht hat, da schon zwei Parteien darin miteinander übereingekommen, deren jeder insbesondere sehr viel daran gelegen war.

112. Von der Sorgfalt, diejenigen zu züchtigen, welche die Religion verachteten

So sieht man auch aus der Historie, daß man nichts von alledem vergessen, was der Verachtung der Religionszeremonien zuvorkommen und das Volk in diesem Stück bei seiner Ehrerbietung erhalten konnte. Man verurteilte den Sokrates in Athen zum Tode, weil seine Lehre die herrschende Religion des Irrtums verdächtig machte. Als der Senat in Rom dem Stadtrichter Petilius aufgetragen hatte, die Schriften des Königs Numa[212] durchzulesen, die man in einem steinernen Kasten vierhundert Jahre nach seinem Tod gefunden hat, und den Bericht des Stadtrichters vernahm, welcher also lautete: Es wären Sachen in diesen Büchern enthalten, die von dem gegenwärtigen Zustand der Religion weit entfernt und folglich geschickt wären, tausend Skrupel in den Gemütern des Pöbels zu machen, so ließ der Rat alle diese Bücher verbrennen, weil er mit Recht besorgte, es möchte das Volk, wenn ihm die Gedanken genommen würden, die damalige Religion sei ebendieselbe, welche Numa Pompilius von der Göttin Egeria erlernt, anfangen, dieselbe zu verachten. Es war dieses Vorurteil von den Vätern auf die Kinder fortgepflanzt worden. Denn die Veränderungen in dergleichen Dingen haben einen unvermerkten Fortgang und lassen sich in der Zeit, da ein Mensch lebt, kaum wahrnehmen, dergestalt, daß, wenn jemand stirbt, er allemal glaubt, er verlasse die Religion in ebendemselben Zustand, darin er sie gefunden hat, als er auf die Welt gekommen. Mittlerweile treibt dieser unvermerkte Fortgang nach einigen Jahrhunderten die Sache sehr weit.

Ebendieser Senat trug für die Erhaltung der Vogeldeuterreligion ungemeine Sorge und entsetzte die Leute von vornehmem Stand ihrer Ämter, sobald es das Ansehen hatte, als ob die Besitznahme nicht nach der Vorschrift der Vogeldeuterzeremonien geschehen wäre. Er bestrafte sogar den Konsul C. Flaminius sehr hart, weil er die Vogelwahrsagerei verachtet hatte, ob ihm gleich solches an der Erringung eines vortrefflichen Sieges[213] über die Gallier nicht hinderlich gewesen war. P. Claudius und L. Junius, die zur Zeit des ersten Karthaginensischen Krieges ebendiese Vogelwahrsagerei verachtet hatten, wurden noch weit nachdrücklicher bestraft, denn sie mußten es mit dem Leben bezahlen. Um zu verhindern, daß man nicht etwa das Joch der Gesetze der Vogeldeuter abschütteln möchte, so breitete man unter dem Pöbel aus, daß die Schlachten, die die Feinde gewonnen, Strafen derjenigen Verachtung wären, welche die Generäle gegen die Vorbedeutungen bezeigt, oder der Nachlässigkeit, die sie in Beobachtung der Religionsbräuche spüren lassen. Man sagte z. B., der Konsul Q. Flaminius wäre von dem Hannibal bei der Thrasymenischen See[214] deswegen geschlagen worden, weil er so verwegen gewesen und die Schlacht geliefert, obgleich sein Pferd ihn abgeworfen hat, da er zum Angriff kommandiert hat, und ob ihm schon die Nachricht gegeben, daß man die Fahnen nicht von der Stelle bringen könnte. Der Konsul Varro habe die unglückliche Schlacht bei Canna verloren[215], weil er die Juno zum Zorn bewegt hat, indem er zu der Zeit, da die zirzensischen Spiele gefeiert wurden, einen wohlgebildeten jungen Komödianten in den Tempel des Jupiters Schildwacht gestellt hat[216], eine Tat, die man nach etlichen Jahren durch verschiedene Opfer aussöhnen mußte.

Wenn Sie nun zu allen diesen Anmerkungen dasjenige hinzufügen, was ich oben berührt habe, daß nämlich die Teufel ihr möglichstes tun, die Völker durch tausenderlei Vorbedeutungen in Furcht zu jagen, weil sie wohl sehen, daß dieses keine Lebensänderung, wohl aber eine unendliche Menge abergläubischer und abgöttischer Handlungen zuwege bringen werde, so werden Sie leicht begreifen, mein Herr, daß die Welt vor der Gefahr der Gottesleugnung genugsam verwahrt gewesen, ohne daß sich Gott durch außerordentliche Mittel hat dareinmischen dürfen.

113. Daß die Teufel die Abgötterei lieber sehen als die Gottesleugnung

Dieses vorausgesetzt, erlauben Sie, daß ich einen Gedanken sagen darf, der mir einfällt. Es scheint, als ob der Teufel seine Rechnung besser in der Abgötterei als in der Gottesleugnung finde, und daß er folglich mehr Kunstgriffe anwenden werde, die Menschen in den Götzendienst als in die Atheisterei zu stürzen. Der Grund dieses Verhaltens ist meines Erachtens dieser: Ein Atheist gibt dem Teufel gar keine Ehre, weder mittelbar noch unmittelbarerweise, er leugnet sogar seine Wirklichkeit; da er hingegen an den Anbetungen, welche falschen Götzen geschehen, so viel Anteil nimmt, daß die Schrift an verschiedenen Orten sich erklärt, die Opfer, welche den falschen Göttern gebracht würden, brächte man den Teufeln.[217] Die heiligen Väter lehren ebendasselbe. Dieser hochmütige Geist und Feind Gottes nun muß es unfehlbar lieber sehen, wenn der Dienst, den man Gott geraubt, ihm entweder ganz oder zum Teil gegeben wird, wie er ihn in der Tat bekommt, wenn die Menschen abgöttisch sind, als wenn er gar nichts davon erhielte, wie es geschehen würde, wenn die Menschen Gottesleugner wären. Ich glaube sogar, er würde lieber mit dem wahren Gott den Dienst, welchen alle Menschen dem höchsten und unendlichen Wesen schuldig sind, teilen, als sie insgesamt in der Athe-isterei sehen wollen, denn diese Teilung würde hinreichend sein, alle Menschen zu verdammen und Gott die ihm gehörende Ehre zu rauben, welches alles ist, was der Teufel wünschen kann; und überdies würde sie noch dem Teufel eine Ehre verschaffen, die seinem Hochmut schmeicheln muß und die er unter den Atheisten nicht finden könnte. Es geht mit einem unrechtmäßigen Besitzer nicht wie mit dem, der das Recht in Händen hat, mit einem Nebenbuhler z.B., der auf die Frau seines Nachbarn ein Auge geworfen, wie mit dem Mann dieser Frau. Wenn dieser die Wahl hätte, seine Frau sollte entweder zugleich in ihn und in einen andern verliebt sein oder alle Menschen gleichgültig ansehen, so würde er das letztere erwählen, es wäre denn, daß es einer von den gemächlichen Männern wäre, welche die geheiligten Gesetze des Ehestandes mit Füßen treten und sich ganz leicht wegen der Untreue ihrer Weiber zufriedengeben, indem sie sich ihres Schadens bei andern Männern auch wieder zu erholen suchen. Ein Nebenbuhler aber fragt nichts danach, die Frau mag ihren Mann noch lieben oder nicht, wenn er nur eben die Vorrechte besitzt, die der Mann hat, es wäre denn, daß er von einer eingebildeten Zärtlichkeit eines Romanhelden eingenommen sei, die wohl niemals wirklich gewesen, sondern nur im Gehirn bestanden hat. Nehmen Sie, mein Herr, diesen Vergleich nicht übel, weil selbst die Schrift von der Abgötterei wie von einem Ehebruch redet, der gegen die Ehre eines eifersüchtigen Gottes ausgeübt worden, und erlauben Sie mir, daß ich mich dessen bediene zu erweisen, daß der Teufel es lieber sieht, wenn die Menschen Gott und ihn anbeten, als wenn sie gar nichts anbeten.

Aus allem nun, was ich auf den Einwurf geantwortet habe, werden Sie, wie ich hoffe, mich nicht die Folgerung ziehen lassen, daß die Erscheinung der Kometen zur Abgötterei ungemein behilflich gewesen, und daß es also für die Welt ganz im geringsten nicht nötig war, zu verhindern, daß die Atheisterei nicht etwa die menschliche Gesellschaft zu Boden stürzen möchte, und daß folglich die Kometen nicht außerordentlich von Gott abgeschickte Zeichen gewesen.

114. Vierte Antwort: Daß die Gottesleugnung nicht ein größeres Übel ist als die Abgötterei

Da dem also ist, so kann ich's überhoben sein, die Abgötterei mit der Gottesleugnung zu vergleichen und zu zeigen, daß der Götzendienst wenigstens ebenso abscheulich ist wie die Atheisterei, denn ich habe es eben nicht nötig, daß dieser wunderlich scheinende Satz wahr sei. Ich habe einmal einem sehr geschickten Mann in Frankreich, und der zugleich ein so guter Christ ist wie einer, den ich kenne, zugehört, wie er denselben behauptete. Erlauben Sie, daß ich einige von seinen Gründen anführe und sie weiter auseinandersetzen oder erklären darf, nachdem ich es für gut befinden werde.

115. I. Beweis: Die Unvollkommenheit ist ebenso schlimm, wenigstens für die Natur Gottes, wie das Nichtsein

Er sagte fürs erste, es sei ebensoviel, wenigstens gegen die göttliche Natur, in eine sehr große Anzahl verschiedener Gottheiten verteilt und den Mängeln, welche man den Göttern des Heidentums zuschrieb, unterworfen zu sein, wie gar nicht zu sein. Die Heiden also, welche leugnen, daß Gott ein einiges Wesen und ohne Unvollkommenheiten sei, urteilen ebenso ungereimt und nachteilig wenigstens für Gott wie die Atheisten, welche sein Dasein in Zweifel ziehen. Denn, wie Herr Marquis de Pianezze[218] sehr wohl angemerkt hat, glauben, daß Gott nicht sei, ist eine Meinung, die lange nicht so schimpflich für ihn ist, als wenn jemand von ihm glaubt, daß er das nicht ist, was er sein soll. *Wenn Gott*, sagt Tertullian, *nicht einig ist, so ist er gar nicht, denn man hat mehr Ehre davon, wenn man gar nicht ist, als wenn man anders ist, als man sein soll*[219] Es ist also mehr Torheit, mehr Unvernunft, mehr Unsinnigkeit, mehr Verblendung in der Meinung eines Menschen, welcher alle Götter der Griechen und Römer annimmt, deren Zahl fast unendlich ist, die allen Leidenschaften unterworfen und mit allen Verbrechen befleckt gewesen sind, die man nur von Menschen begangen sieht, als in der Meinung eines Gottesleugners. Plutarch ist noch weiter gegangen, indem er gesagt hat: *Man tue der Gottheit mehr Schimpf an, wenn man sich dieselbe so einbildet, wie die Abergläubischen sich solche vorstellen, als wenn man glaubt, sie sei gar nicht, ich kann mich nicht genug verwundert, spricht er, wie man sagen kann, die Atheisterei sei eine Gottlosigkeit. Das sollte man vom Aberglauben und nicht von der Gottesleugnung sagen. Denn es ist wohl wahr, daß Anaxagoras vor diesem als ein Gotteslästerer ist verdammt worden, weil er behauptet hat, daß die Sonne von Stein sei, aber niemand hat bisher gesagt, daß die Cimmerier, welche nicht glauben, daß eine Sonne in der Welt sei, deswegen gottlos wären. Was? Derjenige, der nicht glaubt, daß es Götter gebe, ist gottlos, und derjenige, der für wahr hält, daß sie so sind, wie abergläubische Leute sich dieselben einbilden, hegt der nicht eine Meinung, deren Gottlosigkeit den Wahn eines Atheisten bei weitem übertrifft? Ich für meine Person würde es lieber sehen, wenn alle Menschen in der Welt sprächen, Plutarch sei niemals gewesen, als wenn sie sagten, Plutarch sei ein unbeständiger, leichtsinniger, zorniger Mensch, der durch die geringsten Beleidigungen aufgebracht und über nichtswürdige Dinge verdrießlich werde, der es übel aufnehme, wenn man ihn nicht in die besten Gesellschaften mitnimmt, der sich grausam entrüste, wenn jemand Verrichtungen halber ihm nicht frühmorgens seine Aufwartung gemacht hat, er sei ein Mensch, der mit den Zähnen knirscht, wenn ihr an ihm vorbeigegangen, ohne ihn anzureden oder zu grüßen, der aus Rachgier euren Sohn auffangen und zu Hause auf die Folter spannen oder gleich die Nacht darauf wilde Tiere auf eure Äcker jagen lassen wird, um die Früchte daselbst zu verderben.*

116. II. Beweis: Die Abgötterei ist nach den Kirchenlehrern unter allen Verbrechen das größte

Der zweite Grund ist: Weil die Kirchenväter ohne einige Ausnahmen gesagt haben, die Abgötterei sei das hauptsächlichste Verbrechen[220] des menschlichen Geschlechts, die größte Sünde von der Welt[221], die größte unter allen Sünden, das erste und letzte unter allen Übeln.[222]

Scotus ist ebender Meinung, wenn er spricht: *Unter allen Sünden, die man gegen Gott begeht, welche doch alle sehr groß sind, scheint diejenige am abscheulichsten zu sein, da man dem Geschöpf göttliche Ehre erweist, weil man, soviel an uns ist, einen andern Gott in die Welt einführt und die Herrschaft der Gottheit vermindert*[223] Das Verbrechen der Christen, welche während der Verfolgung der Götzen opferten, wurde *praevaricatio* (Treulosigkeit) genannt und konnte nach der alten Kirchenzucht nicht einmal auf dem Totenbett vergeben werden und verschloß auf ewig den Eintritt in geistliche Bedienungen.

117. III. Beweis: Die Götzendiener sind gewissermaßen wahre Gottesleugner gewesen

Der dritte Grund ist: Daß, wenn man die Sache genau ansieht, man befinden wird, daß die Verehrer der Götzen wahre Atheisten gewesen, welche ebensowenig Erkenntnis von Gott besessen haben wie diejenigen, welche seine Wirklichkeit ausdrücklich leugnen. Denn wie man den Menschen nicht kennen würde, wenn man sich einbildete, er sei von Holz, also heißt das auch nicht Gott erkennen, wenn man glaubt, er sei ein endliches, unvollkommenes, ohnmächtiges Wesen und habe viele seinesgleichen. Da also die Heiden den Gott nur unter diesem Bild erkannten, so kann man sagen, sie hätten ihn ganz und gar nicht gekannt und durch ihren Begriff dasjenige aufgehoben, was sie durch ihre Worte bestärkten, wie man es vom Epikur angemerkt hat.[224] Und das hat Paulus sagen wollen[225], wenn er den Heiden vorwirft, sie hätten gewußt, daß ein Gott sei, und ihn doch nicht als einen Gott gepriesen, sondern wären statt dessen in ihrem Dichten eitel und zu Narren geworden, da sie sich für weise gehalten haben, und hätten die Herrlichkeit des unvergänglichen Gottes in ein Bild verwandelt, gleich den vergänglichen Menschen und den Vögeln und den vierfüßigen und kriechenden Tieren. Das heißt ausdrücklich, sie hätten zwar geglaubt, daß sie Gott erkennten, aber ihre Erkenntnis wäre zu einem Hirngespinst geworden, so voller Widersprüche, daß sie dabei in eine gänzliche Unwissenheit desjenigen Gottes, der Himmel und Erde gemacht hat, verfallen. An einem andern Ort[226] sagt dieser Apostel ausdrücklich, die Heiden wären ohne Hoffnung und ohne Gott in der Welt.

118. IV. Beweis: Die Kenntnis Gottes dient einem Götzenverehrer nur dazu, daß seine Laster abscheulicher werden

Ist ein Unterschied zu machen unter der Gottesleugnung eines Abgöttischen und eines Atheisten, so kommt er hauptsächlich darauf an, daß die Gottesleugnung eines

Götzendieners die Größe seiner Verbrechen nicht im geringsten vermindert; dahingegen ein Atheist, wenn er unter denjenigen Völkern geboren worden, welche seit undenklichen Zeiten keinen Gott erkennen, seiner Unwissenheit halber einige Linderung der Strafe finden wird. Denn nach der guten Theologie und nach der ausdrücklichen Erklärung des Herrn Christi werden diejenigen, welche des Herrn Willen wissen und doch nicht tun, härtere Streiche leiden müssen als diejenigen, welche ihn weder getan noch erkannt haben. Dies setzt augenscheinlich voraus, daß mehr Bosheit in dem Verhalten der ersteren als der letzteren anzutreffen sei, und daß also Minutius Felix[227] nicht Grund gehabt hat, ohne Einschränkung zu behaupten: *Es sei ebenso große Bosheit, Gott nicht erkennen wie ihn beleidigen.* Folglich ist es ein größeres Verbrechen, wenn ein Abgöttischer falsche Eide ablegt, Tempel plündert und andere Handlungen ausübt, von denen er weiß, daß sie sei nen Göttern nicht angenehm sind, als wenn ein Gottesleugner alle diese Dinge unternimmt. Folglich ist das Verhalten abgöttischer Leute schlimmer als das der Atheisten, denn da sie beide in Unwissenheit des wahren Gottes stecken und beide gleich unfähig sind, ihn zu verehren, so finden sich noch insbesondere bei den Abgöttischen gewisse Begriffe und vorgefaßte Meinungen, gegen die sie nicht ohne äußerste Bosheit und ohne augenscheinliche Verachtung ihrer Gottheiten handeln können. Ob nun gleich Gott an dem Dienst und an den Ehrbezeigungen, welche z.B. dem Jupiter und Neptun erwiesen worden, keinen Teil nimmt, sondern sie vielmehr für abscheuliche Dinge ansieht, welche alle seine Zornruten verdienen, so nimmt er doch an den Gottlosigkeiten teil, welche man gegen sie begeht. Wenn also ein Heide überzeugt war, Jupiter und Neptun wären seine Götter, und er entwendete Sachen, die ihnen geheiligt worden, und stieß Schimpfreden gegen sie aus, so wurde er vor Gott als ein Kirchenräuber und Gotteslästerer angesehen. Und das Verbrechen war nicht geringer, wenn dort Caligula seinen Jupiter zu einem Zweikampf herausforderte[228] und, sooft er den Blitz vom Himmel herabfallen sah, Steine in die Höhe warf und ausrief: *Stoß mich aus der Welt, oder ich will dich hinausstoßen,* als wenn ein Christ in Ansehung Jesu Christi ebendasselbe getan hätte, es wäre denn, daß die Überzeugung bei einem Christen größer wäre, als sie bei dem Caligula gewesen ist, oder daß der Mangel der Überzeugung sich bei diesem eher entschuldigen ließe als bei jenem. Denn wenn man urteilen will, ob ein Verbrechen größer ist als das andere in ebenderselben Art, so muß man nicht allein wissen, ob das eine bei größerer Einsicht begangen worden ist als das andere, sondern auch welcher von den Verbrechern das meiste durch seine Bosheit zu seiner Unwissenheit beigetragen hat; denn es kann zuweilen ein Mensch gewisse Dinge nicht wissen, weil er sich nicht darum bekümmern wollte, aus Furcht, er möchte, wenn er es erführe, dadurch von seinem gefährlichen Vorhaben abgezogen werden, in welchem Fall die Unwissenheit schlechterdings einen nicht entschuldigen kann. Wenn daher Caligula in einen solchen Grad der Wut und

Unsinnigkeit gegen den Jupiter ausgebrochen, ungeachtet er ihn für denjenigen Gott, welcher die Blitze schießen läßt und der die Welt regiert, gehalten, so ist in seiner Handlung, *caeteris paribus*, ebensoviel Bosheit, wie in eines Christen seiner sein würde, der, ungeachtet er Jesum Christum für einen Gott erkennte, sich einer solchen Unmenschlichkeit gegen ihn schuldig machen wollte.

Daraus erhellt, daß die Plünderung der Götzentempel und das Umwerfen ihrer Bildsäulen nur dann gute Handlungen sein können, wenn sie aus einem guten Grund herkommen, das ist, wenn sie aus einem gesetzten Eifer für die wahre Religion geschehen, und daß folglich alle Handlungen der Heiden, wenn sie entweder gegen die Lehrsätze ihrer falschen Religion oder gegen die Einsicht ihres Gewissens begangen worden sind, in der Tat wirkliche Verbrechen sind, obgleich diejenigen Handlungen, welche sie zufolge ihrer Lehrsätze und nach ihrer falschen Erkenntnis unternehmen, nimmermehr gut sein können. Worüber man sich gar nicht wundern darf. Denn es müssen mehr Umstände bei einer Handlung sein, wenn sie gut, als wenn sie böse sein soll.[229] Anbeten, was man fälschlich für Gott hält, ist ein Stück der Abgötterei. Mit Füßen treten, was man fälschlich für Gott hält, ist ein Stück Gottlosigkeit. Dies sind zwei einander schnurstracks entgegengesetzte Handlungen, und dennoch bringen sie einerlei Wirkung hervor. Gott nimmt, so zu reden, den Schimpf auf sich, der den falschen Göttern von Leuten, welche sie für den wahren Gott hielten, angetan worden ist, aber er eignet sich die Ehre nicht an, welche den Götzen von denjenigen, die sie für den wahren Gott ansahen, erzeigt worden ist. Daraus erhellt, daß die Atheisten Gott nicht auf so vielerlei Art, noch mit so großer Bosheit beleidigen können wie die Götzendiener, und daß folglich Kometen außerordentlicherweise anzünden, damit die Menschen eher Abgöttische als Gottesleugner wür den, ebensoviel sein würde, als ob man die Menschen gottloser und unglücklicher machen wollte. Ich erinnere einmal für allemal mein Herr, daß ich von solchen Gottesleugnern rede, welche von dem Dasein Gottes nichts wissen, nicht, weil sie boshafterweise die davon gehabte Erkenntnis erstickt haben, damit sie sich ohne Bedenken in allerhand Verbrechen stürzen könnten, sondern weil sie niemals gehört haben, daß man einen Gott erkennen solle.

119. V. Beweis: Die Abgötterei macht die Bekehrung der Menschen schwerer als die Gottesleugnung

Der fünfte Grund ist: Daß nichts den Menschen ungeschickter macht, sich zur wahren Religion zu bekehren, als die Abgötterei. Denn ob es gleich Exempel gibt, daß die Abgöttischen und Abergläubischen, wenn Sie einmal bekehrt worden sind, mehr Eifer für die gute Sache haben als diejenigen, welche vor der Bekehrung in ihrer falschen

Religion kaltsinnig und schläfrig waren, so ist doch, um überhaupt von der Sache zu reden, der Eifer bei einem Götzendiener eine weit schädlichere Gemütsverfassung als die Gleichgültigkeit, weil gemeiniglich ein Mensch, der vom Aberglauben und seinen falschen Lehrsätzen eingenommen ist, der Wahrheit nicht so leicht nachgibt wie ein anderer, der nicht weiß, was er glaubt. Und solchergestalt wäre es beinahe besser, ein Atheist zu sein, als die abscheuliche Abgötterei der Heiden zu treiben, weil es sehr wahrscheinlich ist, daß Lehrer des Evangeliums, wenn sie unsere Geheimnisse erklärten und sie mit vielen herrlichen Wundern unterstützten, viel eher solchen Leuten die Augen öffnen würden, welche sich noch zu keiner Partei geschlagen hätten, ich will so viel sagen, die noch ohne Religion wären, als solchen Personen, die von dem Altertum ihrer Zeremonien närrischerweise eingenommen sind und in dem Glauben und Dienst ihrer Götzen längst ersoffen gewesen.

120. Vergleiche, die das erläutern

Die gesunde Vernunft fordert dieses, und die Erfahrung bestätigt es. Reden Sie mit einem Cartesianer oder mit einem Peripatetiker von einem Satz, der mit seinen Lehrsätzen, davon er eingenommen ist, nicht übereinstimmt, Sie werden befinden, daß er nicht sowohl sinnen wird, dasjenige einzusehen, was Sie ihm vortrugen, als vielmehr Gründe herauszufinden, es zu bestreiten. Reden Sie davon mit einem andern, der keiner Sekte zugetan ist, Sie werden ihn gelehrig und geneigt finden, ohne Widerrede nachzugeben. Man er fährt fast ebendasselbe, wenn man einen abergläubischen Ketzer oder einen solchen angreift, der nach der Redensart des Kardinals Pallavicini mehr unkatholisch als ketzerisch ist, *magis extra vitia quam cum virtute, mehr ohne Laster als tugendhaft*. So weiß man auch nach der gesunden Weltweisheit, daß es weit schwerer ist, eine Fertigkeit in einer solchen Seele zuwege zu bringen, welche schon eine entgegengesetzte Fertigkeit angenommen hat, als in einer anderen, die noch ganz leer davon ist. Es ist schwerer z.B. einen Menschen freigebig zu machen, der zeitlebens geizig gewesen, als ein junges Kind, das weder geizig noch freigebig ist, ebenso wie es leichter ist, einem Körper, der noch niemals gebogen gewesen ist, eine gewisse Richtung zu geben, als einem anderen, der schon auf eine andere Art gebogen worden ist. Es ist daher ganz vernünftig, wenn man glaubt, daß die Apostel mehrere zu Christus würden bekehrt haben, wenn sie Leuten, die ohne Religion gewesen, gepredigt hätten, als sie deren in der Tat bekehrt haben, da sie das Evangelium Völkern verkündigt haben, welche durch einen blinden und dummen Eifer gegen die abergläubischen Verehrungen des Heidentums eingenommen waren. Und es ist nichts gewisser, als daß die entsetzlichen Verfolgungen, welche die ersten Christen auszustehen gehabt, aus einer

Quelle des heidnischen Aberglaubens entsprungen sind, denn da es die allerbesten Untertanen von der Welt waren, welche beständig den der Obrigkeit schuldigen Gehorsam einschärften und die niemals den geringsten Schein blicken ließen, als ob sie Gewalt mit Gewalt abtreiben wollten, so konnte keine Staatsmaxime dasein, welche die Kaiser hätte antreiben sollen, ihnen übel mitzuspielen, viel weniger hatten die Befehlshaber in den Provinzen Ursache, die Befehle ihrer Herren mit größerer Wut auszuüben, als ihnen war anbefohlen worden.

Die wahre Ursache also, warum man den Christen Verfolgungen erweckte, war einzig und allein diese, weil sie die Götter des Heidentums insgesamt verwarfen. Der blinde Eifer gegen die Abgötterei war es, welcher die Kaiser gegen das Kreuz des Sohnes Gottes aufhetzte, oder vielmehr, welcher diejenigen, die bei dem Regenten Gehör fanden, antrieb, ihm alle diese Regungen des Hasses gegen die Christen beizubringen, die ihnen vorher selbst von andern waren beigebracht worden. Wäre niemand mit schädlichen Vorurteilen des Irrtums eingenommen gewesen, so würde man die christliche Kirche ohne Hinderung haben wachsen lassen, und hätte daher Gott durch ein Wunderwerk von Zeit zu Zeit Kometen hervorgebracht, so könnte man sagen, daß er von Zeit zu Zeit Wunder getan, um die Menschen zur Verwerfung seines gekreuzigten Sohnes im voraus geschickt zu ma chen und sie durch ihren Eifer gegenüber der Abgötterei, der beim Erblicken der Kometen sich verstärkte, hartnäckig zu machen, die wahre Religion zu bestreiten.

Ich weiß wohl, daß der Widerstand der abgöttischen Heiden zur Verherrlichung der Größe und Macht Gottes und der Göttlichkeit des Evangeliums beförderlich gewesen ist, aber es würde ungereimt sein, wenn man behaupten wollte, daß Gott sich diese Mittel, seine Kraft zu verherrlichen, durch außerordentliche Wege verschafft habe. Weder seine Gerechtigkeit noch Güte erlaubt ihm, den Sündern die Gelegenheit zur Verhärtung zu erleichtern, obgleich seine Weisheit in der Verhärtung, darein die Sünder durch ihre eigene Schuld und gegen die Absicht Gottes verfallen, bewundernswürdige Mittel, seine Ehre bekanntzumachen, finden kann.

121. Es ist schwer, daß diejenigen, welche lange Zeit etwas geliebt haben, das Gegenteil zu lieben anfangen sollten

Und ob man mir gleich einwenden möchte, man dürfe den Eifer eines Götzendieners nur auf die gute Seite wenden, so würde ein wahrhaftig andächtiger Mensch aus ihm werden, da man bei einem Heiden, der sich aus der Religion nichts macht, nicht die geringste Zärtlichkeit des Gewissens finde, so sei hingegen bei einem abergläubischen Heiden ein guter Grund, darauf man bauen könne; es verhalte sich damit wie mit solchen Weibspersonen, welche ihrem Temperament nach zur Liebe geneigt sind und die, sobald sie nur merken, daß sie für die Welt nicht mehr taugen, alle ihre Gedanken auf Gott richten und ihn zärtlicher lieben, als sie vorher die Kreaturen geliebt haben; ein ruchloser Mensch, wenn er zur wahren Religion trete, bringe oft alle seine Unempfindlichkeit mit und dergleichen, so habe ich dennoch recht. Es ist möglich, daß alles dieses, was man hier einwendet, geschehen könne, ich will es zugeben, allein, man wird auch nicht in Abrede stellen können, daß es Exempel gibt, die das Widerspiel erweisen. Es gibt Leute, welche die Fähigkeit ihres Herzens, die Eitelkeiten dieser Welt zu lieben, dergestalt erschöpfen, daß, wenn sie nun aus Alter oder aus Verdruß einen Ekel dafür bekommen, sie nichts mehr lieben und einen größeren Ekel gegen himmlische Dinge als für die Sachen dieser Welt verspüren. Es gibt wiederum andere, die der Welt nicht satt werden können und die sie bis ins späte Alter lieben, ungeachtet sie überall mit Kaltsinnigkeit abgewiesen werden. Andere hingegen, weil sie mit Verdruß sehen, daß man sie nicht mehr leiden kann, tun sich einige Gewalt an und wollen sich von der Welt losreißen; allein ihre schlechte Bekanntschaft mit himmlischen Dingen ist Ursache, daß ihnen dieselben so abgeschmackt vorkommen, daß sie sie sogleich wieder verlassen, um ihren ersten Herrn, der vor ihnen flieht, wieder einzuholen. Dieser letzteren gibt es nicht wenige, weswegen P.Rapin[230] schreibt: *Die meisten unter den Menschen, welche in den Eitelkeiten der Welt alt geworden sind und nun an ihre Seligkeit denken, sehen die Gottesfurcht als die letzte Zuflucht an, aber sie sehen in derselben nichts als Schwierigkeiten, weil sie sie auf eine gar zu menschliche Art betrachten. Der Ekel der Welt, die ihrer überdrüssig geworden, macht zwar, daß sie an Gott gedenken, aber nicht, daß sie die Süßigkeit schmecken, die man in dem Dienst desselben empfindet, sie blicken nur auf die Vergnügungen, welche sie verlassen, und sehen diejenigen nicht, die ihnen versprochen worden sind, und da sie vom Gegenwärtigen eingenommen sind, so sehen sie in dem Zukünftigen nichts, als was sie abschreckt.* Alles dieses ist der allgemeine Lauf der Welt. Es finden sich zuweilen Leute, welche nebst ihrer Ketzerei zugleich die Ruchlosigkeit abschwören, welche von der Gottlosigkeit zur wahren Furcht Gottes gelangen und zuweilen auf recht abergläubische Handlungen verfallen, so wie jener König in Rom[231], von dem T. Livius also schreibt: *Es überfiel ihn eine langwierige Krankheit; mittlerzeit nahm sein nr="260"/> Hochmut mit den Kräften des Leibes so stark ab, daß, da er vorher sich's für den größten Schimpf hielt, mit heiligen Dingen umzugehen, er nunmehr auf einmal abergläubisch ward und auf allerhand Arten des Aberglaubens, große und kleine, verfiel und die ganze Stadt damit anfüllte.* Das sind daher höchstens Ausnahmen, da eine der andern weichen muß. Und man handelt am vernünftigsten, wenn man dasjenige, was in andern Dingen unstreitig als eine Regel gilt, auch hier statt der Hauptregel annimmt: *Daß nämlich ein Mensch, der von einer falschen Religion gänzlich eingenommen ist, dem Lichte der Wahrheit großem Widerstand tut als ein anderer, der sich noch zu keiner geschlagen gehabt.* Man wird mir zugeben, daß der abtrünnige Julianus, wenn er ein Gottesleugner gewesen wäre, seiner gewöhnlichen Gemütsart nach den Christen kein Leid zugefügt haben würde, anstatt daß er ihnen unaufhörlich Überlast erwies, weil er von dem heidnischen Aberglauben auf eine so närrische Art eingenommen war, daß ein Geschichtsschreiber seines Glaubens[232] ihn damit gewissermaßen höhnisch aufzieht, wenn er spricht: *Er würde durch seine Opferungen die Welt von Ochsen entblößt haben, wenn er aus dem Feldzug gegen die Perser siegreich zurückgekommen wäre.*

122. VI. Beweis: Weder Verstand noch Willen sind bei den Götzendienern besser beschaffen als bei den Gottesleugnern

Der sechste Beweisgrund ist dieser: Man mag die Heiden und Gottesleugner entweder nach der Beschaffenheit ihres Verstandes oder ihres Herzens ansehen, so wird man wenigstens ebensoviel Unordnung bei den ersteren wie bei den letzteren antreffen.

123. Erwägung des Urteils, das die Heiden über Gott fällten

Wenn man die Gottesleugner in ihrem Urteil von der Gottheit, deren Wirklichkeit sie leugnen, ansieht, so nimmt man allerdings darin eine entsetzlich große Verblendung wahr, eine abscheuliche Unwissenheit in der Natur der Dinge, einen Geist, der alle Regeln des gesunden Verstandes übern Haufen wirft und eine so falsche und regellose Art zu schließen annimmt, wie man kaum beschreiben kann. Aber sehen Sie wohl, mein Herr, etwas Erträglicheres in dem Urteil, das die Heiden von Gott gefällt haben, die Heiden, sage ich, welche gedacht haben, es gebe eine sehr große Anzahl Götter, deren jeder seine eigenen Vorrechte, seine besonderen Absichten und Neigungen hätte, dergestalt, daß alle dem Jupiter erzeigten Ehrenbezeigungen zur Versöhnung der erzürnten Juno nichts beitrügen und man bei dem einen Gott in Gnaden stehen könnte, wenn man den andern zum Feind hätte; die Heiden, welche den Göttern verschiedene Geschlechter, Verhältnisse eines Vaters, eines Ehemannes, einer Frau und dergleichen Dinge, die nur unter Menschen gewöhnlich sind, zugeschrieben haben, die Heiden mit einem Wort, welche geurteilt, daß ein Kutscher, der während der Prozession den Zügel mit der linken Hand ganz von ungefähr und nicht aus Bosheit anfaßt, dennoch die gute Absicht eines ganzen Volkes verderben und verhindern könnte, daß nun der göttliche Unwille, der ohne diesen Umstand würde versöhnt worden sein, nicht im geringsten vermindert würde? Alle diese Urteile, welche die Heiden nebst noch vielen anderen, die man ohne Verdruß zu erwecken nicht anführen könnte, von der Gottheit gefällt haben, setzen augenscheinlich voraus, die göttliche Natur sei eingeschränkt und tausend Sinnlichkeiten und allerhand wunderlichen Grillen unterworfen, die man nicht einmal an einem ehrbaren Mann dulden würde, und folglich berauben sie dieses unendliche Wesen seiner Allmacht, seiner Ewigkeit, seiner geistlichen Natur, seiner Gerechtigkeit und seiner andern Vollkommenheiten, außer denen es ebenso widersprechend ist, daß es sei, wie es widersprechend ist, sein Dasein zu leugnen. Noch mehr: Kein vernünftiger Mensch, sobald er zugibt, es sei unmöglich, daß die Wirklichkeit von der göttlichen Natur getrennt werden könne, wird in Abrede stellen, daß es noch weit unmöglicher sei, die Heiligkeit, die Gerechtigkeit und die unendliche Macht von der Wirklichkeit der göttlichen Natur zu trennen, daß es also weit mehr gegen die Vernunft liefe, daß Gott wirklich da wäre, daß er aber Mängel und Schwachheiten an sich hätte, als wenn er gar nicht da wäre. Dies erweist meines Erachtens, daß die Irrtümer, darein die Heiden in Ansehung der göttlichen Natur verfallen sind, wenigstens ein ebenso großer Schandfleck für die menschliche Vernunft gewesen, als die Gottesleugnung immer mehr sein kann.

124. Betrachtung über das Lächerliche der heidnischen Religion

Man sieht auch, daß die Heiden niemals ein ordentliches Lehrgebäude in der Religion oder Theologie aufzuweisen gehabt haben, darin einige Ordnung oder einiges Verhältnis in seinen Teilen gewesen ist. Alles zeigt darin Verblendung, Wut und Widerspruch, und ich bin gewiß, wenn es Geister gäbe, die den Men schen zwar nach seiner Erklärung, daß er ein vernünftiges Tier sei, nicht aber aus der Erzählung seiner Handlungen kennten, man selbige nimmermehr würde überreden können, daß die Bücher des Arnobius, des Clemens von Alexandrien, Tertullian, des heiligen Augustinus, des Firmicus Maternus usf. gegen das Heidentum, gegen eine Religion geschrieben worden sind, die in der Welt wirklich im Schwange gegangen. Sie würden sagen, es sei unmöglich, es wären Märchen und Romane, es wären von müßigen Personen zum Zeitvertreib ersonnene Bücher, da man allerhand Fratzen und Ungeheuer im Gehirn sich eingebildet, um hernach das Vergnügen zu haben, sie wieder zu vernichten. Denn wie ist es wahrscheinlich, daß mit Vernunft begabte Geschöpfe nicht vielmehr ihren Gottesdienst auf ordentliche und wohl zusammenhängende Lehren und Urteile gründen würden, als daß sie auf Ungereimtheiten verfallen sollten, die, wie der Augenschein lehrt, sich in dem Lehrgebäude des Heidentums einander selbst aufheben.

Indessen ist es doch zur Schande des Menschen und zur Verdammnis des größten Teils der Menschen mehr als zu richtig, daß die Schriften dieser alten Lehrer nur allzu wahre Irrtümer widerlegen und die sogar unter den Gelehrten Verteidiger[233] gefunden haben. Es ist wahr, es sind elende Verteidiger, denn was ich oben von der Sterndeuterkunst gesagt habe, daß sie eine Menge von Siegen für diejenigen abgibt, welche sich unterfangen, dieselbe zu widerlegen, das kann man in noch richtigerem Sinn von der Abgötterei der Heiden behaupten. Niemals hat man gegen die abscheulichen Abschweifungen derselben geschrieben, da man sie nicht durch das Gewicht unüberwindlicher Gründe zu Boden gedrückt hätte, und niemals hat man eine tüchtige Schutzschrift für dieselbe verfertigen können. Die Schuld davon lag gar nicht an dem Verstand derer, welche sich damit einließen, sondern vielmehr an der Sache selber, die an sich unvernünftig war. Es fehlte derselben so sehr an Beweisen, daß man nur ein wenig Geschicklichkeit haben durfte, wenn man den Ungrund derselben zeigen wollte, und selbst die größte Beredsamkeit konnte die Schwäche und Unzulänglichkeit derselben nicht erheben. Daß man also sich verwundern muß, wie ein sonst berühmter Dichter[234] so viel Schüchternheit bezeugen kann, da er mit einem beredten Heiden sich in Streit einlassen will und sich dabei also ausdrückt: *Er überlasse sein übel regiertes Schifflein den wilden Wellen einer See, die dasselbe leicht verschlucken könne.* Man braucht statt aller Waffen nichts als eine Rute in der Hand zu haben (das sind die eigenen Worte des geschickten Mannes, dessen Rede ich hier anführe), so kann man alle Verteidiger der heidnischen Religion, wenn sie noch so bewaffnet wären, völlig zu Boden werfen. Und es ist kein Zweifel, daß, wenn der furchtbare Carneades diese Sache zu verteidigen gehabt hätte, er mit aller seiner Beredsamkeit nichts ausgerichtet haben würde, von der doch Cicero selber sagt[235], sie habe niemals etwas behauptet, ohne es bewiesen zu haben, und niemals etwas angegriffen, ohne es gänzlich übern Haufen zu werten, und die bei den Ratsherren in Rom, wohin Carneades nebst noch einigen andern von der Stadt Athen als Abgesandter war geschickt worden, einen solchen Eindruck machte, daß sie sich beklagten[236], die Athenienser hätten Abgesandte zu ihnen geschickt, nicht sie zu überreden, sondern sie zu zwingen, alles dasjenige zu tun, was sie haben wollten, Cato, der Sittenrichter, war sogar der Meinung, man sollte diese Abgeordneten unverzüglich wieder zurücksenden[237], weil die Gründe des Carneades einen so blendenden Schein hatten, daß man das Wahre von dem Unwahren nicht wohl unterscheiden konnte.

125. Man muß von der heidnischen Religion nicht nach demjenigen urteilen, was die Poeten davon gesagt haben

Übrigens ist meine Absicht gar nicht, die Heiden nach der Lehre ihrer Dichter zu bestreiten. Es würde unbillig sein, wenn man die Verantwortung aller der Beleidigungen von ihnen fordern wollte, welche diese Dichter den Göttern angetan, die sie auf alle Art und Weise lächerlich gemacht haben; bald, wenn sie dieselben in allerhand Arten der Gestalten versteckt, damit sie die regellosen Bewegungen ihrer Unmäßigkeit, ihres Hasses oder ihrer Eifersucht besänftigen könnten, bald, wenn sie sie alle zusammen an einen Ort sich versammeln lassen, damit sie Zeugen eines offenbaren Verbrechens sein möchten, darin einer von ihnen die Göttin, seine Frau, angetroffen und über welches einige die allerleichtfertigsten Anmerkungen zu machen wußten; bald, wenn sie dieselben vorgestellt, wie sie über den hinkenden Gang ebendesselben Gottes, dessen Entehrung ihnen so sehr ins Auge fiel, oder über das Unglück ihr Gelächter gehabt, das der jungen Göttin, die ihnen den Nektar einschenkte, begegnete, da sie mit solchen Umständen fallen mußte, darüber nur unkeusche Augen ein Vergnügen haben konnten und worüber Jupiter so entrüstet zu sein schien, daß er sie augenblicklich ihres Amtes entsetzte; nicht zwar dieser Ursache halber, denn er spaßte so gern und hatte an solchen Dingen so große Lust wie ein anderer, sondern weil er einen Vorwand haben wollte, den schönen Ganymedes an die Stelle zu bringen, welchen er geraubt hatte, um die schändliche Liebe, die er zu ihm trug, zu sättigen; bald, wenn sie vorgegeben haben, daß sie von Menschen verwundet worden sind; und bald, wenn sie gedichtet, daß ihnen etwas aus dem Gedächtnis entfallen, und daß sie so lange gesonnen, bis ihnen der Angstschweiß ausgebrochen; woraus Lucianus Gelegenheit genommen zu dichten, daß der Jupiter einstmals in einer Götterversammlung steckengeblieben und sich auf den Anfang der Rede, welche er halten wollen, nicht hätte besinnen können, dafür er ihnen auf eine ziemlich gezwungene Art einige Perioden aus einer Rede des Demosthenes gegen den Philippus, die er auswendig gewußt, hergesagt hat. Ich bin es zufrieden, daß man alle diese Zeugnisse nichts gelten lasse, denn es ist bekannt, daß die Poeten sich schon das Recht angemaßt haben, alles zu verfälschen, und daß, wenn man die Gedichte unserer christlichen Dichter auf andere Sachen nach der Schärfe untersuchen wollte, kaum ein Sonett, eine Ode oder ein Lied übrigbleiben würde, das nicht von der Ketzerei, Gottlosigkeit oder von schändlichen Schmeicheleien angesteckt wäre, so daß wir dergestalt Ursache haben, wenn wir die Ehre der christlichen Sittenlehre retten wollen, nicht eine Religion danach zu verdammen, was die Poeten davon gesagt haben. Und wollte Gott, wir dürften uns nur über die weltlichen Gedichte unserer Poeten beklagen! Zu allem Unglück tun die Andachten, die sie in Versen schreiben, dem Evangelium mehr Unheil an als ihre anderen Gedichte, die voller Ausschweifungen, niederträchtiger

Redensarten und lächerlicher Einbildungen sind, welche, anstatt die Maria und die Heiligen im Paradies zu verehren, wie man vorgibt, die Religion denen, die draußen sind, dem Gelächter und Gespött auszusetzen.

126. Unordnung, die durch christliche Poeten verursacht wurde

Papst Urban VIII., der eine sehr schöne Elegie, die man seinen Gedichten vorgesetzt findet, verfertigt hat, darin er die Poeten, seine Mitbrüder, aufmuntert, heilige und geistreiche Gedichte aufzusetzen, ist in der Tat lobenswürdig. Er hätte aber noch besser getan, wenn er ihnen diese Erinnerung nicht sowohl als ein Dichter gegeben, sondern vielmehr als das Oberhaupt der Kirche ihnen untersagt hätte, jemals etwas anderes als geistliche Sachen zu verfertigen. Und da es ihm unmöglich war, dasjenige in Ansehung aller zu verrichten, was er bei demjenigen tat, der ihm ein Gedicht, das sich für einen Christen nicht wohl schickte, überliefert hatte, da er nämlich die darin vorkommenden unverschämten Dinge mit solchem Nachdruck tadelte, daß dieser arme Mensch sich darüber zu Tode grämte, so hätte er den Bannstrahl des Vatikans sollen blitzen lassen, um den Unordnungen zu steuern, welche aus der Poesie entspringen. Der berühmte Herr Thuanus macht die vernünftige Anmerkung, daß nach dem Absterben Heinrich des Zweiten sich Leute gefunden, die sich nicht gescheut haben, die Wahrheit von ihm zu sagen, oder die vielmehr eine allgemeine Musterung aller Unordnungen seiner Regierung gehalten, und daß diese die große Anzahl der Poeten an seinem Hof, deren niederträchtige Schmeicheleien für die Herzogin von Valentinois, seine Mätresse, ihre kindischen Spielwerke, dadurch sie den Geschmack junger Leute verdarben und sie von gründlichen Studien abhielten, und endlich ihre zärtlichen und verliebten Lieder, welche in der Seele des noch jungen Frauenzimmers alle Eindrücke der Schamhaftigkeit auslöschten, für die schädlichsten Unordnungen angesehen haben. Belieben Sie selbst die Stelle bei dem Thuanus[238] nachzulesen, denn ich merke wohl, daß mein Französisch die majestätische Schönheit seiner Ausdrücke entkräftet. Der Herr von Mezerai[239] stimmt darin mit jenem Geschichtsschreiber vollkommen überein, denn er spricht: *Man hätte Heinrich den Zweiten wegen seiner Liebe zu den Wissenschaften rühmen können, wenn nicht die Üppigkeit an seinem Hof, die durch sein Exempel unterstützt wurde, die vortrefflichsten Köpfe veranlaßt hätte, Romane voller abgeschmackter Fratzen und unkeusche Gedichte zu verfertigen, um die Unreinigkeit zu schmeicheln, welche die Belohnungen in der Hand hielt, und einem Geschlecht die Zeit zu vertreiben, welches unter Scherten und Lachen herrschen will.*

127. Welches der öffentliche Gottesdienst unter den Heiden und deren Ehrerbietung für die Tradition gewesen

Man folge daher dem Rat der Königin[240] deren Ehre Virgil so unverantwortlicherweise geschändet hat, wo nicht gegen die Wahrscheinlichkeit, doch gegen die Wahrheit, man verlasse die Dichter und glaube dafür den Geschichtsschreibern. Man untersuche die heidnische Religion nach ihrem Gottesdienst und nach ihren Zeremonien, man wird darin alles dasjenige finden, was ich von ihr gesagt und von ihr zu bedenken gegeben habe. Dies ist der Ort, wo man die groben Irrtümer der Götzendiener suchen muß, und nicht in der Meinung einiger Weltweiser. Denn außerdem, daß ihrer sehr wenige gewesen und sie also keine große Ausnahme haben machen können, so haben sie niemals das Herz gehabt, die herrschende Meinung zu reinigen, aus Furcht, daß es ihnen wie dem Sokrates gehen möchte. Und was die Verständigen und Vernünftigen unter den Heiden anbelangt, welche, ohne Philosophen zu sein, zuweilen nicht so grobe Gedanken von der Gottheit haben mochten, so darf man sie freilich nicht gänzlich verwerfen; denn, wie es Cicero in der Person eines seiner Freunde uns sehr lebhaft abbildet, so hörten diese Leute die vernünftigen Gedanken der Weltweisen von der Natur der Götter mit Freuden an, sobald aber dies vorbei war, so machten sie es wie die anderen und folgten in dem Götzendienst und in den Zeremonien der Religion nicht den Begriffen eines Zeno, eines Kleanthes und eines Chrysippos, sondern schlechterdings der alten Sage, wie sie dieselbe von den Vogeldeutern und Priestern gehört hatten, ohne sich In Streit darüber mit ihnen einzulassen. *Wenn von der Religion die Rede ist* (so läßt Cicero[241] einen seiner Freunde reden), *so halte ich mich nicht an die Lehre des Zeno oder des Kleanthes oder des Chrysippos, sondern an dasjenige, was die obersten Priester Coruncanus, Scipio und Scaevola davon sagen, ich höre auch viel lieber den Vogeldeuter Lälius in seiner schönen Abhandlung von der Religion als irgendein Oberhaupt der stoischen Sekte. Ich bin niemals der Meinung gewesen, daß man ein einziges Stück in der Religion des römischen Volkes verächtlich ansehen müsse, und ich habe mir fest in den Kopf gesetzt, da unsere Republik und unsere Religion zu gleicher Zeit gestiftet worden sind, so muß unsere Religion bei den Göttern Beifall gefunden haben, denn außerdem würde unsere Republik nicht so mächtig geworden sein. So denke ich: Bist du ein Philosoph, so sage mir, was du glaubst, denn von einem Weltweisen nehm ich's ganz gern an, daß er mir Grund von meinem Glauben angebe, unsern Vorfahren aber traue ich blindlings und ohne daß sie nur den geringsten Grund meines Glaubens geben dürfen.*

Was dünkt Ihnen von diesem Gedanken, mein Herr? Sie werden denselben nicht für abgeschmackt halten, wie Lactantius[242] getan hat, denn Sie werden daraus abnehmen können, daß der Geist der katholischen Religion lange vor Christi Geburt bereits in

Rom gewesen. Sie sehen hier Römer, welche sich erklären, daß sie zwar die Erläuterungen und den Unterricht der Weltweisen nicht verwerfen wollten, sie würden sich aber demungeachtet an die Tradition und Gewohnheit halten. Es ist mir ganz lieb, daß wir uns mit diesem Altertum gegen die Calvinisten rühmen können, die sich zwar auch darauf beziehen, nur daß sie es in einem andern Sinn nehmen, da hingegen die Katholiken, selbst diejenigen unter ihnen, welche ebenso eifrig nicht sind und die zuweilen zuzugeben pflegen, daß überall Mißbräuche anzutreffen sind und daß die Ketzer nicht durchgehend Unrecht haben, auf diesen endlichen Schluß entweder völlig oder zum Teil verfallen:

Le meilleur est toûjours de suivre
Le prône de notre Curé.
Toutes ces doctrines nouvelles
Ne plaisent qu'aux folles cervelles;
Pour moi, comme une humble brebis,
Je vais où man Pasteur me range:
Il n'est permis d'aimer le change,
Que des femmes et des habits[243]
Es ist am besten, dem zu glauben,
Was unser Pfarrer sonntags sagt.
Denn alle diese neuen Lehren
Pflegt nur ein toller Kopf zu ehren.
So wie ein Schaf dem Hirten glaubt,
So folg ich meinem auch mit Freuden:
Der Wechsel ist sonst nicht erlaubt,
Als nur im Lieben und im Kleiden.

Das heißt denjenigen weislich nachahmen, welche, nachdem sie die Arzneikunst und Ärzte zum besten gehabt, sich dennoch, sobald sie krank werden, alles dasjenige gefallen lassen, was ihnen ihr Arzt verordnet. Wir sind nicht auf die Welt gekommen (sagte Herr Balzac), neue Gesetze zu machen, sondern den gefundenen zu gehorchen und uns an der Weisheit unserer Väter sowie an ihrer Erde und Sonne zu begnügen. Man könnte ihm schuld geben, daß er diese Gedanken dem Heiden Cäcilius abgeborgt, weicher in dem Gespräch des Minucius Felix mit großer Beredsamkeit behauptet: *Da alles in der Natur ungewiß sei, so sei nichts besser, als daß man sich an den Glauben der Vorjahren als den Aufenthalt der Wahrheit halte, daß man bei derjenigen Religion verbleibe, die man durch die Tradition erlernt hat, daß man diejenigen Götter anbete, für welche unsere Eltern uns schon eine Furcht beigebracht, bevor sie uns dieselben genau* kennengelernt, und daß man von der Natur der Götter keinen Ausspruch tue, sondern sich darin nach den ersten Menschen richte, welche im Anfang der Welt die Ehre gehabt haben, sie entweder zu Wohltätern oder zu Königen zu haben[244]. Dieser Grundsatz hat mit den Begriffen des gemeinen Mannes so viel Ähnlichkeit, daß man früh oder spät darauf verfällt. Die Katholiken wollten ihn zwar nicht gelten lassen, wenn sich die Heiden desselben gegen die christliche Religion bedienten, und dennoch haben sie denselben gegen die Neulinge gebraucht, und es ist heutzutage einer von unsern stärksten Beweisgründen gegen die vermeintlichen Reformierten. Sie lachen darüber, aber Sie werden mit der Zeit ebenfalls darauf verfallen und sich dessen gegen alle diejenigen bedienen, die eine Trennung werden anfangen wollen, vielleicht haben Sie es auch schon getan.

128. Man muß von einer Religion nach dem Gottesdienst urteilen, den sie eingeführt hat. Gedanken über das Buch des Herrn Bischof von Condom

Daß ich gesagt habe, man müsse die heidnische Religion nicht nach dem ungereimten Verfahren der Dichter noch auch nach den herrlichen Reden der Weltweisen, sondern nach dem Gottesdienst, den sie eingeführt hatte und in dessen Gebrauch sie von der Obrigkeit unterstützt wurde, beurteilen, das, sage ich, wird niemand übelnehmen können, weil in der Tat dieses das einzige ist, was eine Religion entweder freispricht oder verdammt und auch dadurch die ersten Kirchenlehrer das Heidentum gestürzt haben. Selbst der Herr Bischof von Condom, der kein Freund von dieser Lehrart zu sein scheint und der da behauptet, man müsse der katholischen Religion nichts zuschreiben als einzig und allein die Entscheidung der Konzilien, hat dennoch[245] der heidnischen Religion die Schuld für alle die Mißbräuche gegeben, welche dort öffentlich vorgingen. Er macht sie herunter: weil ihre Geheimnisse, ihre Feste, ihre Opferungen, die Lieder, welche sie den Göttern zu Ehren singen ließ, die Gemälde, welche sie den Tempeln widmete, weil alles das sich auf die Liebesstreiche, Grausamkeiten und auf die Eifersucht der Götter bezogen. Er verwirft sie wegen der Unzucht, die sie der Göttin Venus zu Ehren angeordnet; und weil bei gefährlichen Umständen Privatpersonen und ganze Republiken der Venus unzüchtige Weibsbilder widmeten und die Wohlfahrt des Vaterlandes dem Gebet zuschrieben, das sie zu ihrer Göttin getan hatten: Wie man solches aus dem Gemälde sehen kann, das die Griechen in ihre Tempel nach der Niederlage des Xerxes und seiner furchtbaren Armeen setzen ließen. Das Gemälde stellte die Gelübde und Prozessionen dieser geschändeten Weibspersonen vor und enthielt folgende Überschrift, die der berühmte Dichter Simonides gemacht hatte: *Hier diese haben die Göttin Venus angebetet, welche aus Liebe zu ihnen Griechenland errettet hat.* Ebendieser Bischof von Condom wirft dem Heidentum vor, daß es seinen Göttern die Unreinlichkeiten der Schaubühne und die blutigen Kampfspiele der Fechter, das ist alles dasjenige, was man nur Verderbtes und Unmenschliches ersinnen konnte, gewidmet, und er lacht über die Erklärungen und Beschönigungen, welche die Weltweisen hierbei machen mußten, wenn sie auf die Einwürfe der Christen zu antworten hatten. Er verschont auch nicht einmal die jüdische Religion, ob er gleich zugibt, daß die Irrtümer, welche sich unvermerkt unter dem Pöbel einschlichen, nicht durch ein öffentliches Gebot zu Lehrsätzen der Synagogen geworden.

Er hat recht, aber eben daraus kann man sehen, daß die Lehrart, deren er sich bedient hat, die katholische Religion den Protestanten schön und angenehm zu machen, im geringsten nichts taugt. Denn was liegt uns daran, werden sie sagen, daß man in den Schlüssen der Konzilien alle die Mißbräuche und all den Aberglauben nicht findet, der uns in der römischen Kirche so anstößig ist? Wenn wir nur sehen, daß sie öffentlich und feierlich eingeführt sind und daß sie ihren Gottesdienst ausmachen, so haben wir Grund genug, uns von ihrer Gemeinschaft abzusondern. Hätten sich die Heiden nicht auf gleiche Art verteidigen können? Konnten sie nicht ebensowohl sagen, dasjenige, was man ihnen vorwürfe, wären Mißbräuche, darein der gemeine Mann unvermerkt durch Nachsicht der Obrigkeit und durch Unwissenheit oder Geiz der Priester verfallen wäre; man würde aber nimmermehr beweisen können, daß alle Collegia der obersten Priester und Geistlichen, wenn sie gehörigerweise versammelt gewesen, dieses oder jenes so ausgemacht hätten. Es ist kein Zweifel, daß nicht die Heiden diese Entschuldigungen sollten angeführt haben, wenn sie so scharfsinnig gewesen wären wie der Herr Bischof von Condom. Aber was würde man ihnen geantwortet haben? Man triebe nur Spaß, wenn man sich auf diese Art verteidigen wolle. Ein Mann, den man bereden wollte, er sollte sich doch in einer Stadt niederlassen, wo Raub, Totschlag und alle Gewalttätigkeiten geduldet würden, und welchem man zu dem Ende alle Ratsbücher vorzeigte, darinnen keine einzige Verordnung stünde, daß man morden oder stehlen solle, würde allerdings Ursache haben, sich darüber aufzuhalten. Was geht mich das an, würde er sagen, es mag ein Gesetz von der Obrigkeit, welches den Totschlag und die Räuberei verordnet, dasein oder nicht. Genug, daß man in der Stadt ungestraft stiehlt und totschlägt, dies einzige hält mich schon ab, daß ich nicht darinnen wohnen mag. Es bleibt daher dabei: Die Ketzer können dem Herrn Bischof von Condom auf gleiche Weise antworten, und das einzige und wahrhafte Mittel, unsere Religion zu verteidigen, besteht darin, daß man zeige, sie dulde nichts, als was gut sei; und es sei nicht allein an den Sätzen der Kirchenversammlungen, der Lehre nach, nichts auszusetzen, sondern auch der Gottesdienst, die Gewohnheiten und öffentlich eingeführten Lehren wären rein und heilig.

Solchergestalt redete unser Doktor. Er setzte noch hinzu, daß, ob er gleich ein guter Katholik wäre, so wollte er doch nicht der heidnischen Religion ein Gesetz aufdringen, davon die römische Kirche ausgeschlossen sein sollte. Man müßte beide nach ihrem äußerlichen Gottesdienst und öffentlich eingeführten Lehren beurteilen. Und solchergestalt fände er, daß, wenn man die Gottesleugner in Ansehung ihres Verstandes betrachtet, sie nicht abscheulichere Irrtümer hegen, als die Heiden gehabt haben. Doch davon will ich an einem andern Ort mehr sagen.

129. Die Gemütsbeschaffenheit der Gottesleugner, mitdem Sinn der Götzenverehrer verglichen

Wenn man die Gottesleugner nach ihren Begierden beurteilt, so ist klar, da sie nicht durch Furcht vor der göttlichen Strafe zurückgehalten noch durch die Hoffnung irgendeines himmlischen Segens ermuntert werden, sie müssen sich alle demjenigen überlassen, was ihren Leidenschaften kitzelt. Mehr können wir nicht von ihnen sagen, denn wir haben nicht die Jahrbücher von irgendeiner atheistischen Nation. Wenn wir deren einige hätten, so könnte man wissen, wieweit sich ein Volk in Lastern verginge, das keinen Gott erkennt, und ob es sich weiter verginge als ein anderes, das eine unzählige Menge von Göttern angebetet hat. Ich halte dafür, solange man noch keine sichere Nachricht von den Sitten, Gesetzen und Gebräuchen solcher Völker aufzuweisen hat, welche, wie man sagt, gar keine Religion haben sollen, so kann man versichern, daß die Götzendiener, was die Laster betrifft, so viel getan haben, wie die Götzendiener nimmermehr hätten tun können. Man lese einmal das Register aller der Unordnungen, darein sich die Heiden gestürzt haben, so wird man sehen, daß die verstocktesten Atheisten nicht ärger hätten sein können. Und wenn man die weltlichen Geschichten nebst anderen Schriften des Altertums nachschlägt, so wird man augenscheinlich sehen, was ein vollkommener Atheist bei seiner viehischen und unnatürlichsten Unkeuschheit, bei einem unbändigen Ehrgeiz, bei dem schändlichsten Haß und Neid, bei einem unersättlichen Geiz, bei der wildesten Grausamkeit, bei der allergrößten Treulosigkeit hätte tun können, das ist von den alten Heiden in der Tat ausgeübt worden, ungeachtet sie beinahe Verehrer so vieler Gottheiten gewesen, wie es Kreaturen gibt.

130. Daß diejenigen, welche unter den Heiden sehr gottlos gelebt, keine Atheisten gewesen

Man sage mir nicht, daß diejenigen, welche diese Verbrechen unter den Heiden ausübten, im Herzen Gottesleugner gewesen sind, denn man muß von ihnen urteilen wie von Christen, welche eben dergleichen Laster begehen. Es wäre ungereimt, wenn man behaupten wollte, daß sie keinen Gott erkennen; das kann bei einigen wahr sein, aber von der größten Menge kann es nicht gelten, wie ich es Ihnen augenscheinlich dartun will, bevor ich diesen Punkt vorbeilasse. Wenn es also gleich wahr wäre, daß ein Tar-quinus Superbus, daß ein Caligula, daß ein Catilina, daß ein Nero, daß ein Heliogabalus keine Gottheit zugegeben hätten, so würde es dennoch abgeschmackt sein, wenn man ebendasselbe von allen Römern, welche Totschläger, Giftmischer, Meineidige, Lästerer, Unkeusche usf. gewesen, bejahen wollte. Es würde nicht einmal vernünftig sein, wenn man es von dem grausamen Nero versichern wollte, weil er nach dem Zeugnis des Suetonius[246] es nicht wagen wollte, dem Gottesdienst der Ceres beizuwohnen, indem er wußte, daß es gewöhnlich war, durch einen Herold ausrufen zu lassen, es sollte kein Gottloser oder Lasterhafter die Kühnheit haben und sich mit hinzugesellen. Dies ist ein augenscheinlicher Beweis, daß er ein unsichtbares gerechtes Wesen zugegeben hat und daß er überzeugt gewesen, es sei von ihm Gefahr zu besorgen, wenn man gewisse Zeremonien der Religion verachte.[247] Eben dieser Suetonius berichtet, daß Nero mit Gewissensbissen geplagt worden ist und daß ihn zuweilen Träume und üble Vorbedeutungen erschreckt haben, daß, da er in Ansehung anderer abergläubischer Dinge veränderlich gewesen[248], er bis an sein Ende in der Anbetung eines Götzenbildes in Gestalt eines Kindes verharrt hat, welchem er täglich dreimal geopfert, und daß er kurz vor seinem Tode die Eingeweide der Opfer fleißig zu Rate gezogen hat. Er war daher kein Atheist. Was den Tarquinus, Catilina, Caligula und Heliogabalus betrifft, so könnte man ebenfalls leicht erweisen, daß sie es nicht gewesen, denn der erste schickte seine eigenen Kinder nach Delphi, die das Orakel daselbst wegen eines Wunderzeichens, das er in seinem Haus gesehen hat und das ihm großen Kummer machte, um Rat fragen sollten; der andere widmete in seinem Haus einem silbernen Adler eine kleine Kapelle[249], dem er große Ehrerbietung bezeigte, sonderlich wenn er einen Totschlag begehen wollte; der dritte suchte sich, wie ich schon gesagt habe, des Unrechts halber zu rächen, welches ihm seinem Bedünken nach Jupiter angetan hatte; und der vierte war für den Dienst desjenigen Gottes, dessen Priester er geworden war, so stark eingenommen, daß er die heiligsten Sachen aus dem anderen Tempel herausnehmen und in denjenigen Tempel bringen ließ, welchen er ihm zu Rom erbaut hatte.[250] Er sagte sogar, er müßte auch noch die Religion der Juden, der Samariter und Christen hineinbringen, damit der Dienst seines Gottes den Dienst aller andern in sich begriffe. Alle Morgen opferte er ihm eine entsetzliche Menge Opfer. Er ließ ihm die schönsten Kinder, die er nur in Italien finden konnte[251], aufopfern; und indessen daß die Oberpriester damit beschäftigt waren, so verrichtete er sein Gebet zu dem Götzen und beschaute selbst die Eingeweide der Opfer, damit er die Vorbedeutungen seines Glückes bemerken könnte.[252] Alles dieses beweist so stark, daß dieses verfluchte Untier kein Atheist gewesen, daß es nicht einmal nötig ist, seine Leichtgläubigkeit anzuführen, die er damals blicken ließ, als ihm einige prophezeit hatten, er würde eines gewaltsamen Todes sterben. Wenn also Nero, Tarquinus, Catilina, Caligula und Heliogabalus nicht Atheisten gewesen, mit was für Recht würde man behaupten können, daß alle diejenigen, die im Heidentum übel gelebt haben, keine Empfindung der Religion sollten gehabt haben? Würde man sich nicht lächerlich machen, wenn man leugnen wollte, daß ebendieselben Leute, welche einen so entsetzlichen Haß gegen die Christen bezeigten, diejenigen gewesen, die sich allen Unordnungen ergeben gehabt haben, die man nur unter den Heiden gesehen hat? Und würde man nicht ebenso auslachenswürdig sein, wenn man behauptete, die Städte und ganze Provinzen, welche mit so großer Wut und Grausamkeit gegen die Christen durch das ganze Römische Reich rasten, hätten keine Religion gehabt; da es unangezweifelt wahr ist, daß dieser Grimm der Götzenverehrer erstlich daher kam, weil sie dem Götzendienst ergeben waren und sie die Christen so erbittert dagegen sahen, und fürs andere, weil sie sich eingebildet hatten, daß die Christen ihres den Göttern angetanen Unrechts halber die einzige Ursache aller öffentlichen Drangsale wären?

131. Was die Kenntnis eines Gottes unter den Götzendienern für eine Wirkung hat

Ich sage daher so viel: Wenn man nicht wahrhaftig zu Gott bekehrt ist und nicht ein durch die Gnade des Heiligen Geistes geheiligtes Herz besitzt, so ist die Kenntnis eines Gottes und seiner Vorsorge ein viel zu schwacher Riegel, als daß sie die Leidenschaften des Menschen zurückhalten sollte, und folglich schweifen sie mit ebenso großer Freiheit aus, wie sie ohne diese Erkenntnis tun würden. Alles, was diese Kenntnis zuwege bringen kann, geht nicht weiter als auf einige äußerliche Übungen, von denen man sich einbildet, daß sie die Menschen mit den Göttern versöhnen könnten. Man kann dadurch bewegen werden, Tempel aufzubauen, Opfervieh zu schlachten, Gebete zu verrichten oder andere dergleichen Dinge vorzunehmen, nicht aber eine strafbare Buhlschaft zu verlassen, ein übel erworbenes Gut wiederzuerstatten, die sündigen Lüste zu unterdrücken. Da also die sündige Lust die Quelle aller andern Laster ist und diese bei den Götzenverehrern ebenso stark herrscht wie bei den Gottesleugnern, so müssen die Götzendiener ebenso geschickt sein, alle Arten der Verbrechen zu begehen, wie die Atheisten, und weder diese noch jene könnten eine Gesellschaft aufrichten, wenn nicht ein stärkerer Zaum als die Religion, nämlich die menschlichen Gesetze, ihre Gottlosigkeit zurückhielte. Und daraus kann man sehen, mit wie schlechtem Grund man behauptet, daß eine unbestimmte und undeutliche Kenntnis einer Vorsorge sehr nützlich sei, das Verderben der Menschen zu entkräften. Der Nutzen davon zeigt sich gar nicht von dieser Seite, er ist mehr physikalisch als moralisch, ich will so viel sagen: Die Untertanen werden dadurch geneigter, an einem gewissen Ort zu bleiben und denselben zu verteidigen, wenn er angegriffen wird, als daß sie frommer dadurch werden sollten. Es ist bekannt, was das für einen Eindruck macht, wenn man denkt, man streite für die Erhaltung der Tempel und Altäre und der Hausgötter, *pro aris et focis*, wie mutig und beherzt man wird, wenn man einmal in der Hoffnung steht, man werde durch den Schutz der Götter siegen, und wenn man durch den natürlichen Abscheu, den man vor den Feinden seines Glaubens hat, aufgebracht worden ist. Dieses ist es, wozu eigentlich die falschen Religionen in Ansehung der Erhaltung der Länder und Republiken dienen. Keine andere als die wahre Religion führt außer diesem Vorteil auch noch den Nutzen mit sich, daß sie den Menschen zu Gott bekehren kann, daß sie ihm das Vermögen gibt, gegen seine Leidenschaften zu streiten, und ihn tugendhaft macht. Und doch glückt es ihr nicht bei allen, welche sich zu ihr bekennen, denn der größte Haufen bleibt so stark in den Lastern kleben, daß, wenn die menschlichen Gesetze nicht noch dazu kämen, alle Gesellschaften unter den Christen gar bald zugrunde gehen würden. Und ich glaube ganz gewiß, eine Stadt wie Paris würde ohne ein unaufhörliches Wunderwerk binnen vierzehn Tagen in den betrübtesten Zustand von der Welt gesetzt werden, wenn man kein anderes Mittel gegen das Laster brauchen wollte als die Vorstellungen der Prediger und Beichtväter. Sagen Sie nun noch einmal, daß ein blinder Glaube von dem Dasein eines Gottes, der alle Dinge regiere, sehr kräftig sei, die Sünde zu unterdrücken. Glauben Sie vielmehr, daß diese Art des Glaubens die Götzenverehrer nur deswegen über die Gottesleugner erhebt, weil sie zur Befestigung der Republik dienen kann. Denn, Cardano[253] mag sagen, was er will, eine Gesellschaft von Atheisten, da sie sich keiner Beweggründe der Religion, um sich beherzt zu machen, bedienen könnte, würde weit leichter auseinandergehen als eine Gesellschaft solcher Leute, welche Götter verehren, und ob er zwar nicht unrecht hat, wenn er sagt, daß die Lehre von der Unsterblichkeit der Seelen viele Unordnungen[254] in der Welt durch die Religionskriege, die sie von Zeit zu Zeit erregt hat, zuwege gebracht habe, so ist es doch falsch, wenn man auch nur die Sachen nach politischen Absichten beurteilt, daß sie mehr Übel als Wohl gestiftet habe, wie er solches behaupten wollte.

132. Daß die Götzendiener die Atheisten in dem Verbrechen der beleidigten Majestät Gottes übertroffen

Wenn aber die Götzendiener in vielen Lastern es ebenso arg gemacht haben wie die Atheisten, so ist auch gewiß, daß jene in dem Verbrechen der beleidigten Majestät Gottes diese übertroffen haben. Denn ohne an die verwegenen Redensarten zu gedenken, welche sie gegen die Götter ausgestoßen haben und die man in ihren Schriften findet, ohne daß ihre Urheber deswegen zur Rede gesetzt worden sind, die man, sag ich, in großer Anzahl[255] nicht nur bei den Dichtern, sondern auch in Schriften in ungebundener Rede antrifft; weiß man nicht, daß die Heiden ihre Gottheiten abgesetzt haben, wenn sie nicht mit ihnen zufrieden waren? Weiß man nicht, daß sie ihre Tempel und ihre Bildsäulen eingeäschert oder mit Steinen geworfen haben? Alexander, der in seiner Jugend so viel Weihrauch den Göttern zu Ehren verschwendet hatte, daß ihn sein Hofmeister deswegen bestrafen mußte, und dessen Schwäche nach des Q. Curtius Bericht der Aberglauben war, entrüstete sich so sehr über sie, daß sie den Hephestion hatten sterben lassen, daß er nicht allein auf sie schimpfte, sondern auch ihre Altäre und ihre Bildsäulen umreißen ließ und sonderlich Befehl gab, daß man den Tempel des Äskulap, des Gottes der Arzneikunst, gegen den er hauptsächlich erbittert war, mit Feuer verbrennen sollte[256] Augustus, der in seinem Religionseifer so weit ging, daß er sogar seinen vor kurzem ermordeten Oheim, den Cäsar, vergötterte, und der auf einen Tag diesem neuen ermordeten Gott dreihundert von den vornehmsten Leuten hatte aufopfern lassen; Augustus, sage ich, begnügte sich nicht damit, daß er nach dem Verlust seiner Flotte, den er durch Sturm erlitten, ausrief, dem Neptun zum Possen wollte er siegen, sondern er verbot auch, das Bildnis dieses Gottes bei der bevorstehenden Lustbarkeit der zirzensischen Spiele in Prozession zu tragen. Svetonius, der uns hiervon Nachricht gibt, erzählt an einem andern Ort, daß man an dem Tag, da Germanicus gestorben, die Tempel mit Steinen geworfen, Altäre umgerissen und daß es Leute gegeben, welche ihre Hausgötter zum Fenster hinausgeworfen.

Die Japaner[257] machen es heutzutage beinahe ebenso, denn sie haben 365 Götzen, welche bestimmt sind, über die Person des Kaisers zu wachen. Diese führt man nach der Reihe auf die Wache, daß also jeder einen ganzen Tag auf der Schildwacht stehen muß. Widerfährt dem Kaiser ein Unglück, so hält man sich an das Götzenbild, das denselben Tag die Wache hat, man peitscht es oder man schlägt es mit einem Stock und verbannt es auf hundert Tage aus dem Palast. Wenn die Chinesen ihre Götzen um den Fortgang ihrer Sachen befragen (welches auf solche Art geschieht, daß sie, nach einigen gesprochenen Gebeten, vor das Bild zwei Hälften einer kleinen Kugel, durch die ein Faden geht, hinwerfen) und nicht gleich das erste Mal einen glücklichen Wurf getan haben, so lassen sie es für das erste Mal damit genug sein, daß sie ihrem

Götzen tausend Schimpfreden anhängen.[258] Darauf ändern sie die Sprache, bitten ihn auf tausenderlei Arten und werfen noch einmal. Kommt es noch nicht so, wie sie wünschen, so schimpfen und peitschen sie den Götzen und schleppen ihn durchs Wasser und Feuer. Und also schlagen sie ihn bald, bald beten sie ihn wieder an, bis endlich die zwei Hälften der Kugel so fallen, wie sie es haben wollen.

Ich finde noch eine sehr himmelschreiende Gottlosigkeit in dem Verfahren der Heiden, und zwar darin, daß sie den Göttern die schändlichsten Personen an die Seite gesetzt haben, z.B. die Drusilla, deren blutschänderischer Umgang mit ihrem Bruder Caligula jedermann bekannt war, den Antinous, den Liebling des Kaisers Adrianus, dem man nicht allein zu Lebzeiten dieses Kaisers, sondern auch zweihundert Jahre hernach göttliche Ehre erwiesen, die beiden Faustinnen, Mutter und Tochter, die eine Kaiserin Antonini, die andere des Marcus Aurelius Gemahlin, alle beide von so ausgelassener Frechheit, daß die ganze Stadt sich dran ärgerte, sonderlich da die Tochter sich von einem Fechter schänden ließ, ob sie gleich den wackersten Gemahl von der Welt zur Ehe hatte. Alles dieses konnte dennoch dasselbe Volk, welches durch das üble Leben dieser Kaiserinnen war geärgert worden, nicht abhalten, daß es sie nicht nach ihrem Tode als Göttinnen sollte verehrt haben, welche Gottlosigkeit der Kaiser Julianus dem Kaiser Marcus Aurelius ausdrücklich vorwirft.[259] Die Art und Weise, wie die Athenienser dem Demetrius göttliche Ehre angetan, da er noch der liederlichste Mensch von der Welt war, ist ganz unbegreiflich.[260]

Dies sind Verbrechen, welche die Gottesleugner nicht verüben und die doch die Götzendiener begehen. Und was meinen Sie, was sind es für Verbrechen? Die allerschrecklichsten, die man sich einbilden kann, und solche Verbrechen, mit denen die allerschimpflichsten Gedanken für die Gottheit verknüpft gewesen. Denn einem Gott den Tempel niederreißen lassen, zur Strafe, weil er einen Menschen hat sterben lassen, heißt das nicht glauben, Gott könne von Menschen gerichtet werden, Gott solle nicht nach seinem Willen, sondern nach dem Gefallen des Menschen handeln, und wenn er es nicht tut, so habe der Mensch das Recht, ihn durch Einhalt der Ehrenbezeigungen, die man ihm vorher erwies, zu züchtigen, wie etwa ein Fürst seine Diener straft, wenn er ihnen ihre Bedienung nimmt? Heißt das nicht glauben, Gott sei ungerecht und man könne ihm ungestraft allen Schimpf antun? Mit einem Wort: Heißt das nicht, die Verachtung und den Übermut höher treiben, als jemals ein Gottesleugner getan hat? Ein Atheist erweist Gott keine Ehre, weil er nicht überzeugt ist, daß er da sei. Wenn er einen Tempel niederreißt, so beleidigt er, wie er glaubt, keine Gottheit. Ein Götzendiener aber, der ebendasselbe tut, versagt einem Gott, den er annimmt, die Ehre und versagt sie ihm deswegen, damit er ihn beleidigen könne. Es ist nicht so schimpflich, wenn jemandem irgendwo der Zutritt nicht gestattet wird, als wenn man ist aufgenommen worden und wird wieder fortgejagt.[261] Daher sündigen die

Götzendiener, wenn sie die Altäre, darauf sie schon geopfert hatten, wieder umreißen, weit gröber als ein Gottesleugner.

Entscheiden Sie einmal, sein Sie so gütig, folgende Frage: Wir wollen zwei Franzosen setzen. Der eine soll weder Ludwig dem Vierzehnten noch irgendeinem andern König gehorchen. Der andere aber soll den großen König, den uns Gott gegeben hat, verkennen und einen nichtswürdigen Menschen für den König von Frankreich verehren. Was meinen Sie, welcher von beiden würde den König mehr beleidigen? Unfehlbar der letzte. Denn der erste Schritt bei einer Rebellion ist, wenn man seinem rechtmäßigen Herrn nicht gehorchen will; die allergrößte Treulosigkeit aber ist es, wenn man einen andern an seine Stelle setzt, und je weniger Verdienste derselbe hat, den man an jenes Stelle setzt, desto mehr beleidigt man den Fürsten, dem man Gehorsam zu leisten schuldig ist.

Sieht ein König, daß ihn seine Untertanen absetzen, weil sie in einer Republik leben wollen, so gibt er sich noch eher zufrieden, als wenn er gewahr wird, daß sie einen andern Monarchen wählen; denn in dem letzteren Fall geben sie zu verstehen, daß sie nicht aus Haß der Monarchie also verfahren, sondern weil sie einen Privathaß gegen ihren Beherrscher hegen. Aus diesen Betrachtungen wird man leicht einsehen können, daß die Götzendiener die Gottheit weit schimpflicher beleidigt haben als die Atheisten, weil sie, anstatt den wahren König der Welt zu verehren, eine unzählbare Menge eingebildeter Gottheiten an seine Stelle gesetzt haben.

Wenn Sie, mein Herr, diejenigen Anmerkungen hierherziehen, welche schon bei Anführung des fünften Grundes gemacht worden sind, und wenn Sie erwägen, daß die Vergötterung unkeuscher Personen ebenso große, wo nicht abscheulichere Vergehen in sich begreife, so werden Sie ganz gern zugeben, daß die heidnische Götzenverehrung schlimmer gewesen als die Gottesleugnung.

Ich weiß nicht, ob ich Sie noch bitten dürfte, folgende Betrachtung allen übrigen beizufügen. Es erhellt aus allen Göttersprüchen der alten Heiden, daß der Teufel die Menschen niemals zur Atheisterei angereizt und daß er hingegen alle ersinnliche Mühe angewandt, die Abgötterei in ihren Herzen zu unterhalten. Wenn die Frage ist, wie man die verschiedenen Stufen der Sünden festsetzen soll, so dünkt mich, der Teufel könne darin einen guten Richter abgeben. Und ist eine Kreatur, die sich auf die Verbrechen gut versteht, so ist es gewiß diese. Da nun also der Teufel selbst der Abgötterei den Vorzug gibt, so scheint es, daß sie sündiger sei als die Atheisterei. Diesen Beweis würde ich für unumstößlich ausgeben, wenn ich mich nicht erinnerte, was ich oben für einen Grund dieses Vorzuges gegeben habe.

Was ich Ihnen noch von den Gedanken unseres geschickten Mannes, die ich hin und wieder erläutert, anzuführen übrig habe, das ist allzu wichtig und allzu schwer, als daß ich nicht etwas ausruhen sollte, ehe ich Hand anlege. Ich bleibe hier also auf eine kurze Zeit still stehen.

A..., den 9. Juli 1681

Zweiter Teil

133. VII. Beweisgrund: Die Gottesleugnung verleitet den Menschen nicht notwendigerweise zur Verderbnis der Sitten

Ich komme nun wieder zu Ihnen, mein Herr, und bringe Ihnen gleich anfänglich den Beweisgrund, bei dem sich unser Doktor am weitläufigsten aufhielt. Es war dieser: Der Grund, warum man sich einbildet, die Gottesleugnung sei der abscheulichste Zustand, den man nur finden kann, liegt in einem Vorurteil, das man sich von der Einsicht des Gewissensmacht, da man dafürhält, das Gewissen sei die Regel unserer Handlungen; die wahrhaftigen Triebfedern aber, welche uns in Bewegung setzen, nicht untersucht. Man schließt folgendergestalt: Der Mensch ist seiner Natur nach vernünftig, er liebt niemals ohne vorhergegangene Erkenntnis, er ist notwendigerweise geneigt, seine Glückseligkeit zu lieben und sein Unglück zu hassen und denjenigen Gegenständen, welche ihm die besten zu sein scheinen, den Vorzug zu geben. Wenn er nun überzeugt ist, daß es eine Vorsehung gibt, welche die Welt regiert, vor der sich nichts verbergen kann, welche die Liebhaber der Tugend mit einer unendlichen Glückseligkeit belohnt und diejenigen ewig bestraft, welche sich dem Laster ergeben, so kann es nicht fehlen, er muß der Tugend nachstreben und das Laster fliehen und den Lüsten des Leibes absagen, weil er sehr wohl weiß, daß sie ungeachtet der wenigen vergnügten Augenblicke, die damit verknüpft sind, solche Schmerzen nach sich ziehen, welche nimmermehr aufhören, da hingegen auf die Beraubung dieser vergänglichen Vergnügungen eine ewige Glückseligkeit folgt. Weiß er aber nicht, daß es eine Vorsorge gibt, so wird er seine Begierden als den letzten Endzweck und als die Regel aller seiner Handlungen ansehen, er wird das verlachen, was andere Tugend und Ehrbarkeit nennen, und nur den Bewegungen seiner Lüste nachgehen. Er wird, wenn es ihm möglich ist, sich alle diejenigen vom Hals schaffen, die er nicht leiden kann, der geringsten Sache halber wird er falsche Eide ablegen, und wenn er sich in einem Stand befindet, da ihm die menschlichen Gesetze nichts angehen, so wie er vorher schon von den Gewissensbissen befreit war, so ist kein Verbrechen, das man alsdann nicht von ihm erwarten solle. Er ist ein unendlich gefährlicheres Untier als jene wilden Bestien, grimmige Löwen und Stiere, davon Herkules Griechenland befreit hat. Ein anderer, der von seiten der Menschen nichts zu befürchten hätte, würde wenigstens von der Furcht seiner Götter zurückgehalten werden.[262] Dies ist es, wodurch man zu allen Zeiten die Leidenschaften der Menschen im Zaume gehalten hat, und es ist ganz gewiß, daß man in dem Heidentum viele Verbrechen dadurch verhütet hat, weil man bemüht war, das Andenken aller nachdrücklichen Bestrafungen der Lasterhaften zu erhalten, dieselben ihrer Gottlosigkeit zuzuschreiben, ja sogar einige Beispiele davon zu erdichten, z, B. dasjenige, das man zur Zeit des Augustus bei Gelegenheit eines durch die Soldaten des M. Antonius in Asien geplünderten Tempels[263] bekanntmachte. Man sagte nämlich, derjenige, der sich zuerst an dem Bildnis der Göttin, welche in diesem Tempel angebetet worden, vergriffen, habe plötzlich das Gesicht verloren und habe kein Glied an seinem ganzen Leib mehr rühren können. Als Augustus von der Sache Nachricht einziehen wollte und einen alten Offizier, der den Schlag getan hatte, fragte, so bekam er zur Antwort, er habe sich nach der Zeit nicht allein allemal wohl befunden, sondern er glaube auch, daß ihn diese Handlung zu einem wohlhabenden Mann gemacht. Dahin gehört auch dasjenige, was man von denen vorgegeben, welche, ungeachtet eines geschehenen Verbots, die Kühnheit gehabt, in einen dem Jupiter zu Arkadien gewidmeten Tempel zu gehen, daß nämlich nach geschehener Tat ihr Körper keinen Schatten mehr geworfen hat. Allem Ansehen nach ist die Geschichte von dem plötzlichen Tod eines Abgesandten der Lateiner, der von dem Jupiter der Römer vor der ganzen Ratsversammlung unehrerbietig geredet hatte, ein dergleichen heiliger Betrug, da Titus Livius[264] nichts Gewisses davon melden will, weil er sieht, daß die Geschichtsschreiber verschiedener Meinung sind. Alle diese Dinge, sie mochten wahr oder falsch sein, machten in dem Herzen eines Götzendieners großen Eindruck, bei einem Gottesleugner aber werden sie nichts ausrichten. Und da also alle diese Betrachtungen bei ihm keinen Eingang finden, so muß er notwendig der allergrößte Bösewicht von der Welt sein, und der sich nimmermehr wird gewinnen lassen.

134. Daß die Erfahrung dawider streite, wenn man durch den gemachten Schluß beweisen will, daß die Kenntnis eines Gottes die lasterhaften Neigungen eines Menschen bessere

Alles dieses ist herrlich und gut gesprochen, wenn man die Dinge in der Idee betrachtet und metaphysische Absonderungen macht; das Schlimmste aber ist, daß es nicht mit der Erfahrung übereinkommt. Es ist wahr, wenn man Leute aus einer anderen Welt auflegte, sie sollten die Sitten der Christen erraten, und spräche nur zu ihnen, die Christen wären mit Verstand und Vernunft begabte Kreaturen, sie strebten nach der Glückseligkeit, weil sie überzeugt wären, daß es für diejenigen, welche dem göttlichen Gesetz gehorchen, ein Paradies, für diejenigen aber, die demselben nicht gehorchen, eine Hölle gebe; so würden freilich die Leute aus einer andern Welt sagen, die Christen müßten die Befehle des Evangeliums um die Wette beobachten, unter ihnen würde man sich am besten in den Werken der Barmherzigkeit, in dem Gebet und in dem Vergessen des angetanen Unrechts sehen lassen, sofern es nur möglich wäre, daß man unter ihnen den Nächsten beleidigen könne. Woher aber würde es kommen, wenn sie ein so vorteilhaftes Urteil fällten? Daher, weil sie die Christen nach einem abgesonderten Begriff betrachteten. Denn wenn sie selbige nach allen Umständen und nach allen den Verfassungen, die sie in Bewegung setzen, betrachten sollten, so würden sie von der guten Meinung, die sie von ihnen gefaßt haben, viel abbrechen müssen, und sie dürften nur vierzehn Tage unter uns gelebt haben, so würden sie sagen können, daß man in unserer Welt nicht gewohnt sei, nach der Erkenntnis des Gewissens zu handeln.

135. Warum der Unterschied zwischen demjenigen, was man glaubt, und zwischen demjenigen, was man tut, so groß ist

Hier haben Sie die wahre Auflösung dieser Schwierigkeit. Wenn man die Sitten eines Menschen, der in einer Religion lebt, mit dem allgemeinen Begriff, den man sich von den Sitten eines solchen Menschen macht, vergleicht, so wundert man sich, warum man zwischen diesen zwei Dingen keine Ähnlichkeit findet. Nach dem allgemeinen Begriff soll ein Mensch, der einen Gott, ein Paradies und eine Hölle glaubt, alles dasjenige tun, was er weiß, daß es Gott angenehm sein wird, und nichts tun, was ihm mißfallen kann. Das Leben aber eines solchen Menschen zeigt uns, daß er ganz das Gegenteil davontut. Wollen Sie die Ursache von dieser Unähnlichkeit wissen? Hier haben Sie dieselbe: Daß der Mensch sich zu einer gewissen Handlung mehr als zu einer andern entschließt, davon ist der Grund nicht in der allgemeinen Erkenntnis, welche er von Dingen hat, die er tun muß, sondern in dem besonderen Urteil zu suchen, das er von jeder Sache fällt, wenn er im Begriff ist, eine Handlung vorzunehmen. Nun kann zwar dieses besondere Urteil mit den allgemeinen Begriffen, welche man von dem hat, was man tun soll, übereinkommen, allein meistenteils geschieht es nicht. Es richtet sich fast allezeit nach der herrschenden Neigung seines Herzens, nach seinem Temperament, nach der Stärke der angenommenen Gewohnheiten und nach dem Geschmack oder nach der Empfindlichkeit, die man bei gewissen Gegenständen verspürt. Der Poet, welcher der Medea die Worte in den Mund legt:

Das Gute seh ich wohl, und es gefällt mir zwar,
Indessen tu ich doch, was zu verwerfen war,

hat den Unterschied vollkommen gut vorgestellt, der sich zwischen der Einsicht des Gewissens und dem besonderen Urteil, das uns zur Handlung antreibt, befindet.

Das Gewissen kennt überhaupt die Schönheit der Tugend und zwingt uns zuzugeben, daß nichts lobenswürdiger sei als gute Sitten. Wenn aber einmal eine unerlaubte Liebe sich unseres Herzens bemächtigt hat, wenn man sieht, daß man bei Erfüllung dieser Liebe ein Vergnügen empfinden werde und daß man hingegen, wenn man nicht tut, was sie haben will, sich in unerträglichen Kummer und in Unruhe stürzen werde, so hält das Licht des Gewissens nicht mehr stand; man zieht nur die Leidenschaft zu Rate und urteilt, man müsse *hic et nunc*, jetzt und in diesen Umständen gegen den allgemeinen Begriff, den man von seiner Schuldigkeit hat, handeln. Daraus erhellt, daß nichts mehr trügen kann, als wenn man von den allgemeinen Meinungen, die ein Mensch eingesogen hat, auf seine Sitten schließt. Es ist dies noch schlimmer, als wenn man seine Handlungen nach seinen Schriften oder Reden beurteilen wollte, die doch auch sehr schlechte Bürgen von den Neigungen des Verfassers abgeben. Denn was ist ernsthafter als die Klagen des Sallust gegen die Verderbnis seiner Zeiten? Die allerstrengsten Sittenrichter bei den Alten hätten nicht besser reden können. Und doch lebte Sallust um nichts ordentlicher als ein anderer. Der Sittenrichter mußte ihm einmal in öffentlicher Ratsversammlung seines üblen Lebens halber einen Verweis geben. Er wurde vor dem Prätor[265] zweimal des Ehebruchs wegen verklagt, und da er darin von dem Milo war ergriffen worden, so kam er nicht eher los, als bis er eine gute Summe Geldes erlegt, nachdem er bereits vorher ausgepeitscht worden. Wenn wir die Rede hätten, welche Clodius vor dem Rat gehalten hat, darin er sich über die Entehrung heiliger Dinge beklagt hat, so würden wir unfehlbar alle Kennzeichen einer großen Gottesfurcht und viele Figuren aus der Rhetorik, die die Schändlichkeit einer Handlung sehr lebhaft abbilden, darin wahrnehmen. Und doch hatte Clodius nichts weniger als einen Eifer für den Dienst der Götter, Er rühmte sich selbst[266], daß man zweihundertmal mit Ratsverordnungen der Religion halber gegen ihn losgezogen wäre, und er hatte den Gottesdienst der Göttin Bona mit der äußersten Frechheit entheiligt.

136. Daß der Mensch nicht nach seinen Grundsätzen handelt

Der Mensch mag immer eine vernünftige Kreatur sein, ich will es ihm nicht absprechen; demungeachtet ist es doch wahr, daß er fast niemals seinen Grundsätzen gemäß handelt. Er hat wohl in Sachen, die auf ein Nachsinnen ankommen, das Vermögen, nicht üble Folgen zu machen, denn in dieser Art von Dingen verstößt er mehr damit, daß er so leicht falsche Sätze annimmt, als daß er falsche Folgerungen daraus ziehen sollte. Allein, es ist ganz was anderes, wenn von guten Sitten die Rede ist. Man verfällt beinahe niemals auf falsche Grundsätze, die Begriffe von der natürlichen Billigkeit bleiben fast immer im Gewissen, und doch geschieht die Folgerung fast immer so, wie es die unordentlichen Begierden haben wollen. Was ist doch die Ursache, daß, da unter den Menschen eine so entsetzliche Verschiedenheit von Meinungen, in der Art und Weise, Gott zu verehren und nach den Gesetzen des Wohlstandes zu leben, angetroffen wird, man dennoch gewisse Leidenschaften beständig in allen Ländern und zu allen Zeiten herrschen sieht; daß der Hochmut, der Geiz, die Begierde sich zu rächen, die Unkeuschheit und alle die Verbrechen, welche zur Sättigung dieser Affekte dienen, durchgehend angetroffen werden; daß der Jude und Mohammedaner, der Türke und Mohr, der Christ und Ungläubige, der Indianer und Tatar, der, der auf festem Land sowohl wie der, der auf einer Insel wohnt, der Edelmann und der Bürger, daß alle diese Arten von Leuten, welche im übrigen sozusagen nur darin übereinkommen, daß ihnen der allgemeine Begriff des Menschen zukommt, doch in Ansehung dieser Leidenschaften einander so ähnlich sind, daß man schwören sollte, der eine hätte es dem andern abgelernt? Woher kommt das anders als daher, weil der wahre Grund der Handlungen des Menschen (ich nehme diejenigen aus, in welchen die Gnade des Heiligen Geistes mit ihrer ganzen Wirksamkeit zugegen ist) kein anderer ist als das Temperament, die natürliche Neigung zum Vergnügen, der Geschmack, welchen man an gewissen Gegenständen gefunden, das Verlangen, jemandem zu gefallen, eine Gewohnheit, die man sich im Umgang mit Freunden zugezogen, oder eine andere Gemütsverfassung, die aus dem Grund unserer Natur entspringt, man mag in einem Land sein, in was für einem man will, und so viel Einsicht besitzen, als es nur immer sein mag? Es kann wohl auch nicht anders sein, weil die alten Hei den bei ihrer unglaublichen Menge abergläubischer Dinge, bei ihrer beständigen Bemühung, den Zorn ihrer Götter auszusöhnen, bei den vielen Schrecken, die sie von so unzähligen Wunderzeichen erlitten haben, bei ihrer festen Einbildung, daß die Götter Glück und Unglück nach Beschaffenheit des Lebens, das man führe, austeilten, dennoch alle nur ersinnlichen Lastertaten begangen haben. Und wenn jenes nicht wahr wäre, wie wäre es möglich, daß Christen, welche aus einer Offenbarung, die durch so viele Wunderwerke unterstützt worden ist, so augenscheinlich erkennen, daß man dem Laster entsagen müsse, wenn man ewig glücklich und nicht auf ewig unglücklich werden wollte, welchen so viele vortreffliche Prediger gehalten werden, die sie dazu so lebhaft und auf eine so dringende Weise ermuntern, welche überall eine solche Menge eifriger und gelehrter Beichtväter und so viel geistliche Bücher antreffen; wie wäre es möglich, sage ich, daß bei dem allen dennoch die Christen in den abscheulichsten Freveltaten leben könnten, wie sie doch wirklich tun?

137. Warum gewisse Zeremonien ordentlich beobachtet werden

Zwar die Meinungen, welche man in Ansehung der Religion und des Wohlstandes hegt, sind der Grund von gewissen Dingen, welche Leute eines Glaubens ordentlich abwarten, sie mögen in einem Ort der Welt wohnen, in welchem sie wollen, und die von Personen, welche zu einerlei Volk gehören, genau in acht genommen werden, so widrig sie auch sonst gesinnt sein möchten. Man sieht z.B., daß die Juden an allen Orten der Welt, wo sie geduldet werden, ihre Kinder beschneiden und den Sabbat halten. Sonst billigten die Perser die Heirat zwischen Blutsfreunden und gingen sie ohne Bedenken ein, nicht allein, wenn sie in Persien wohnten, sondern auch, wenn sie sich in fremden Ländern, wo man dergleichen Heiraten verabscheute, niederließen und sich daselbst vermehrten. Hingegen diejenigen, welche zu einer Nation gehörten, die die Blutschande mißbilligte, verheirateten sich nicht auf diese Art, wenn sie sich gleich in Persien niederließen, und die Perser selbst, sobald sie die christliche Religion angenommen hatten, konnten sich in dergleichen Verbindungen nicht mehr einlassen. Bardesanes[267] bedient sich dieser Betrachtung zur Widerlegung der Sterndeuter in der schönen Abhandlung, welche er gegen sie geschrieben hat, und es ist in der Tat ein sehr guter Grund, den man gegen die Sterndeuterkunst angeben kann.

Doch dies hebt das nicht auf, was ich gesagt habe, es erhellt nur so viel daraus, daß die Menschen sich den Gesetzen der Religion unterwerfen, wenn sie es ohne große Beschwerlichkeit tun können und wenn sie sehen, daß die Verachtung dieser Gesetze ihnen nachteilig sein würde. Dies ist die Ursache, warum die Juden ihre Feiertage und die Beschneidung beobachten. Ein Kind beschneiden lassen ist eine Handlung, die weder den Eltern Schmerzen verursacht, noch dem Kind üble Folgen nachzieht. Die Eltern werden dadurch nicht im geringsten verhindert, durch allerhand Ränke Geld zusammenzuscharren, zu betrügen, zu lästern, zu buhlen, sich dem Trunk zu ergeben, wenn sie dazu Lust haben. Hätten sie aber die Kühnheit, die Zeremonie der Beschneidung zu unterlassen, so müßten sie den Kirchenbann besorgen und würden von den andern Juden für Ungeheuer angesehen werden. Ein Gleiches läßt sich von der Sabbatfeier sagen. Die sich davon ausschließen, strafen sich selbst, nicht allein, daß sie sich nach Gelegenheit dem Tadel, der Kirchenbuße und Geldstrafe aussetzen, sondern auch, weil sie sich der angenehmsten Zeit ihres Lebens berauben. Denn die Leidenschaften wissen ihrem Schaden so sinnreich beizukommen, daß sie selbst darin, was man gegen sie bestimmt hatte, die Gelegenheit eines großen Triumphes finden. Was ist doch gemächlicher als die Feiertage? Man arbeitet nicht, man legt die schönsten Kleider an, man tanzt, man spielt, man trinkt, beiderlei Geschlechter finden sich zusammen; für eine oder zwei Stunden, die man Gott widmet, widmet man deren zehn oder zwölf zu seinem Vergnügen. Wahrhaftig, ein schöner Sieg, den die Religion dadurch über die Leidenschaften erhält, daß sie gebietet, die Beschneidung oder die Festtage zu beobachten!

Was die Fasten und Enthaltungen, welche die Kirche verordnet, anbelangt, so ist es wahr, sie sind nicht so leicht zu halten wie die Beobachtung der Feiertage, und doch hält man sie. Allein das kommt unfehlbar entweder daher, weil man sie ohne Nachteil seiner herrschenden Leidenschaften halten kann oder weil man nach und nach die Geschicklichkeit findet, die hauptsächlichen Schwierigkeiten davon abzusondern, oder weil man nicht für gottlos angesehen werden will, welches zuweilen, selbst in diesem Leben, schädlich ist. Es ist wahr, man enthält sich die ganze Fasten durch, Fleisch zu essen. Aber enthält man sich auch, von seinem Nächsten übel zu reden? Enthält man sich, durch verbotene Wege reich zu werden? Enthält man sich, übel berüchtigte Weibspersonen zu besuchen? Entsagt man der Rache? Gar nicht. Jeder lebt zu der Zeit wie sonst, nur daß er öfter in die Kirche geht und, anstatt zweimal zu essen und Fleisch zu genießen, sich damit befriedigt, daß er des Mittags so viel andere Speisen zu sich nimmt, daß er mit einer Mahlzeit den ganzen Tag durchdauern kann. So machen es diejenigen, denen es eben so schwer nicht fällt, die Unmäßigkeit im Essen und Trinken zu überwinden, denn wer damit nicht fortkommen kann, nimmt seine Zuflucht zu der Erlaubnis seines Beichtvaters, damit er die Freiheit habe, sich darin nach seinem Gefallen aufzuführen. Und endlich finden sich auch wohl junge Frauenzimmer, die, um einen schlanken Leib zu behalten und um so viel zu ersparen, daß sie sich schöne Kleider anschaffen möchten, sich von einer herrlichen und überflüssigen Mahlzeit weit lieber enthalten als andere, die es deswegen tun, daß sie die Verordnungen der Kirche erfüllen.

Wir wollen daher bei unserem Grundsatz bleiben und aufrichtig gestehen, daß, wenn die Menschen verschiedene Zeremonien kraft der Religion, zu der sie sich bekennen, oder aus Überzeugung, daß es Gott haben will, beobachten, sie es entweder deswegen tun, weil sie demungeachtet die herrschenden Neigungen ihres Herzens erfüllen können oder weil die Furcht der Schande und irgendeiner zeitlichen Züchtigung sie dazu antreibt. Oder wir wollen vielmehr so sagen, daß, wenn sie viele beschwerliche und mühsame Stücke der Religion ordentlich mitmachen, es deswegen geschieht, weil sie dadurch ihre angewöhnten Sünden wieder freikaufen und ihr Gewissen mit ihren beliebten Neigungen in ein gutes Einvernehmen setzen wollen, woraus allemal erhellt, daß die Verderbnis ihres Willens die Hauptursache ist, welche sie dazu treibt.

Ich wundere mich nicht, warum die Heiraten mit nahen Blutsfreunden unter solchen Völkern nicht im Schwange gegangen, welche einen öffentlichen Haß und Schimpf darauf gelegt haben, denn wo ist ein Mensch, den ein solcher Riegel nicht im Zaume halten sollte, wenn er nur nicht zu einer Nation gehört, die von der Sache ganz anders urteilt, und er sich nur nicht einbildet, wie allem Ansehen nach die Perser tun mochten, die anderen Völker verstünden nicht, was der Wohlstand mit sich bringe? Wollte man aber erfahren, ob die Christen dergleichen Heiraten deswegen nicht eingehen, weil es Gott verboten hat, so müßte man sehen, wie sie sich verhalten würden, wenn das bürgerliche und kanonische Recht ihnen völlige Freiheit gäbe, nach ihrem Gefallen zu handeln. Denn, wie die Sachen jetzt eingerichtet sind, so sehe ich eben nicht, daß man vor Gott etwas Großes tue, wenn ein Bruder seine Schwester nicht zur Ehe nimmt. Man hat gegen diese Unordnung schon zeitliche Strafen genug, die gewiß so schrecklich sind, daß man davon abgezogen werden kann, ohne daß das Gewissen dazukommen dürfe. Wenn das bürgerliche und kanonische Recht die Sache unserer Freiheit überließe, so ist es sehr wahrscheinlich, daß man sich kein größeres Bedenken dabei machen würde als bei dem Ehebruch, dessen so viele Menschen schuldig sind, ob es gleich eines der größten Verbrechen von der Welt ist.

138. Exempel, welche dartun, daß die Meinungen nicht die Richtschnur der Handlungen sind

Man würde nimmermehr zu Ende kommen, wenn man alle die Einwürfe erläutern wollte, die sich gegen diese Lehre machen lassen. Denn da der menschliche Verstand aller wunderlichen Dinge fähig ist, die man nur erdenken kann, so wird man niemals für ihn eine Regel setzen können, die nicht tausend Ausnahmen leiden sollte. Man tue daher dies und halte sich daran, was am meisten geschieht: daß nämlich nicht die allgemeinen Meinungen des Verstandes, sondern die gegenwärtigen Leidenschaften des Herzens uns bestimmen, gewisse Handlungen vorzunehmen. In der Tat, wenn ein Christ, der zugleich ein Trunkenbold ist und unkeusch lebt, sich deswegen vom Stehlen enthielte, weil er weiß, daß Gott die Räuberei verboten hat, würde er sich nicht auch ebensowohl von jenen bei den Lastern enthalten, da er ja weiß, daß sie Gott auch verboten hat? Und da er sich der beiden ersteren Laster nicht, sondern nur des Diebstahls enthält, geschieht es nicht augenscheinlich deswegen, entweder weil er Schimpf und Strafe befürchtet oder weil er nicht geizig ist oder weil überhaupt sein Gemüt nicht von der Beschaffenheit ist, daß es einiges Belieben am Stehlen finden könnte? Ich sage es noch einmal: Wenn die Einsicht des Gewissens die Ursache wäre, welche uns etwas zu tun antriebe, würden wohl die Christen so übel leben, wie sie wirklich tun?

139. Man kann nicht sagen, daß diejenigen, welche nicht nach den Grundsätzen ihrer Religion lebten, nicht glaubten, daß ein Gott ist. I. Beweisgrund dessen, hergenommen von dem Leben der Soldaten

Man kann mir nicht zur Antwort geben, daß die Christen, welche nicht den Grundsätzen ihrer Religion gemäß leben, nicht von unsern Geheimnissen überzeugt sein könnten, sondern daß sie alle heimliche Gottesleugner wären. Denn zu geschweigen, daß man solchergestalt die Zahl der Gottesleugner erschrecklich vervielfältigen würde, da doch verschiedene berühmte Skribenten der Meinung sind, es habe sich niemals ein Mensch gefunden, der von seiner Gottesleugnung vollkommen überführt gewesen; was ist unbilliger, als alle diejenigen christlichen Soldaten unter die Gottesleugner zu rechnen, welche unerhörte Unordnungen begehen, wenn sie nicht unter strenger Kriegszucht gehalten werden? Die Zweifel von dem Dasein Gottes fallen nicht leicht in solche Seelen. Das ist nicht der Fehler des Pöbels. Er ist allzu dumm, als daß er sich in solchen Dingen durch einen verschmitzten Menschen sollte können betrügen lassen. Er verlangt nichts mehr als Brot und Vergnügungen[268] und ist nicht so ehrgeizig, daß er untersuchen sollte, ob er unrecht habe, daß er einen obersten Gebieter aller Dinge annimmt. Diejenigen, welche Deisten werden oder in dergleichen Zweifel verfallen, wollen für scharfsinnig angesehen werden und nennen sich vor anderen *starke Geister*. Sie haben sehr wenig Grund für sich, es ist wahr, und man könnte ihnen mit leichter Mühe dartun, daß nichts schwächer und nichts unvernünftiger ist als der Gemütscharakter, den sie annehmen. Doch dem sei, wie ihm wolle, es sind Leute, welche ihren Verstand gemeiniglich höher achten als ihren Körper, da hingegen Soldaten und Straßenräuber nur für ihren Leib sorgen und sozusagen nur dem Körper nach gottlos sind.

Außerdem ist es gewiß, daß die Soldaten, die nur nach Blut dürsten und die, wenn sie nur halbwegs Freiheit haben, zu tun, was sie wollen, ein freundlich gesinntes Land sowohl wie ein feindlich gesinntes auf das Äußerste verwüsten und verheeren, sich von dem Eifer für die Religion ungemein stark einnehmen lassen. Denn wenn man sie gegen ein Volk von einer andern Religion anführt und sie durch diesen großen Beweggrund anfrischt, so sieht man, daß sie ihre Herzhaftigkeit oft bis zur Raserei treiben und daß sie die Gewalttätigkeiten, welche sie ausüben, als Handlungen der Frömmigkeit ansehen. Man nimmt wahr, daß sie gegen diejenigen, welche nicht zu ihrer Sekte gehören, einen unversönlichen Haß fassen und daß sie sich ein Gewissen machen würden, mit ihnen ihre Andacht zu haben. Ein starker Beweis, daß sie innerlich dem Christentum nicht abschwören, wenn sie allen den Verbrechen, die sie ausüben, sich gänzlich ergeben.

140. II. Beweis, hergenommen von den Unordnungen der Kreuzzüge

Dürfte man wohl sagen, daß die Christen, welche zur Eroberung des Gelobten Landes den Kreuzzug unternommen, keine Religion gehabt hätten; sie, die ihr Vaterland verließen, um die Ungläubigen zu bekriegen, sie, die da glaubten, als ob sie an der Spitze ihrer Armeen Engel und Heilige sähen, welche die Feinde in die Flucht jagten, sie, die von nichts als Wunderzeichen und Wundern redeten? Man müßte alle Vernunft verleugnen, wenn man Leute von der Art im Verdacht der Gottesleugnung haben wollte. Und dennoch verübten sie die erschrecklichsten Unordnungen, die nur jemals erhört worden sind, dergestalt, daß die Christen, welche sie verteidigen wollten, dieselben so sehr haßten wie die Türken und Sarazenen. Die Kreuzzüge haben in der Tat auf der einen Seite einen großen Schein des Christentums, kehrt man es aber um, so verliert sich derselbe beinahe ganz und gar. Auf der einen Seite bedienten sich die Christen des Orients der allerschändlichsten und treulosesten Verräterei, um die abendländischen Christen, welche ihnen zu Hilfe kamen, zu verderben, diese hingegen verübten auf der anderen Seite erschreckliche Ausschweifungen in allerhand Arten. Bemerken Sie wohl, mein Herr, daß, obgleich die Kreuzzüge aus Andacht unternommen worden sind, ich dennoch nicht in Abrede stellen mag, daß es nicht Atheisten sollte gegeben haben, die sich dazu entschlossen, entweder, um Lob zu erhalten oder den Vorwurf der Zaghaftigkeit und des Mangels der Religion zu vermeiden, oder ihre kriegerische Neigung zu sättigen, oder ihrem Ehrgeiz oder ihrer Neugierigkeit ein Genüge zu leisten, oder endlich tausenderlei Unordnungen zu begehen. Ich bin überzeugt, daß man aus Eigenliebe alle äußerlichen Übungen der Gottesfurcht abwarten könne, so schwer und mühsam sie auch sein möchten. Nur dieses sage ich, daß der meiste Teil derjenigen, welche die Kreuzzüge unternommen, Leute gewesen sind, welche die Predigten und der Ablaß zu dieser Unternehmung angefrischt hat und die wahrhaftig in ihrer Seele die Religion nicht abschworen, wenn sie alle die Freveltaten ausübten, die sie jederzeit begangen haben.

141. Betrachtungen über den Umstand, da einige Ungläubige den Christen vorgeworfen: ihre Religion diene nur dazu, feige Memmen zu machen

Indem ich hier von der Frechheit unserer Soldaten und von den Unordnungen rede, welche die Kreuzfahrer im Angesicht der Ungläubigen begangen, so erinnere ich mich, daß man zuweilen den Christen vorgeworfen hat, die Grundsätze des Evangeliums wären nicht geschickt, das gemeine Beste zu erhalten, weil sie die Herzhaftigkeit schwächen und jedermann einen Abscheu vor dem Blut und allen Gewalttätigkeiten beibrächten. Ich will nicht untersuchen, ob dieser Einwurf so verächtlich ist, als man ihn dafür ausgibt, so viel aber will ich wohl sagen, daß man nicht schlimmer antworten könnte, als wenn man, nach dem Beispiel vieler, sagt, man dürfe nur die Erfahrung zu Rate ziehen, so würde man sehen, daß keine Nation kriegerischer sei als diejenige, welche zur Christenheit gehört. Diese Antwort klingt erbärmlich, weil man nur so viel daraus ersehen kann, daß die Christen nicht ihren Grundsätzen gemäß leben, anstatt daß man, wenn man richtig antworten wollte, sagen sollte, die Christen müßten zufolge ihrer Grundsätze sehr gute Soldaten abgeben, Kann man aber das sagen, wenn man redlich verfahren will? Muß man nicht zugestehen, daß die Herzhaftigkeit, wozu uns das Evangelium antreibt, nicht eine Herzhaftigkeit bei Ermordungen und Gewalttätigkeiten ist, wie man diese wohl im Krieg antrifft? Der evangelische Heldenmut zeigt sich nur darin, daß man das Unrecht, die Armut, die Verfolgung von Tyrannen, die Gefängnisse, Rad und Folter und alle Martern der Märtyrer für gering halte. Er macht uns fähig, durch eine heldenmäßige Geduld der unmenschlichen Raserei der Glaubensverfolger Trotz zu bieten. In den schmerzlichsten Krankheiten macht er, daß wir uns dem Willen Gottes überlassen. Dies ist die Herzhaftigkeit eines wahren Christen. Dies ist zulänglich, wie ich glaube, die Ungläubigen zu überführen, daß unsere Religion die Herzhaftigkeit nicht schwächt und niemanden zaghaft macht. Dem allen ungeachtet können sie doch mit Bestand der Wahrheit sagen, daß, wenn man das Wort *Herzhaftigkeit in* dem Sinn nimmt, wie es die Welt versteht, das Evangelium solche keineswegs geben kann. Man versteht unter einem beherzten Menschen einen solchen, der, was seine Ehre betrifft, ungemein zärtlich ist, der nicht das geringste Schmähwort vertragen kann, der sich nachdrücklich und mit Gefahr seines Lebens der geringsten angetanen Beleidigung halber rächt, der den Krieg liebt, der die allergefährlichste Gelegenheit sucht, damit er seine Hände mit dem Blut der Feinde bespritzen könne, der Ehrgeiz besitzt, der sich vor anderen hervortun will. Man müßte alle Vernunft verloren haben, wenn man sagen wollte, daß die Ratschläge und Gebote Jesu Christi uns einen solchen Geist beibrächten; denn es ist allen denjenigen, die nur die ersten Grundsätze der christlichen Religion wissen, bekannt, daß sie uns nichts so sehr empfiehlt wie Unrecht zu dulden, demütig zu sein, unsern Nächsten zu lieben, Friede zu suchen. Böses mit Gutem zu vergelten, uns von allen Gewalttätigkeiten zu enthalten. Ich trotze allen Menschen, sie mögen in der Kriegskunst noch so erfahren sein, daß er aus einer Armee, die aus lauter solchen Personen bestünde, welche sich entschlossen, obigen Grundsätzen genau nachzuleben, sollte gute Soldaten machen können. Das Beste, was man von ihnen hoffen könnte, wäre dieses, daß sie sich nicht scheuen würden, für ihr Vaterland und für ihren Gott zu sterben. Allein, ich berufe mich darin auf diejenigen, welche den Krieg verstehen, ob das zu einem guten Soldaten genug ist und ob man nicht, wenn man bei diesem Handwerk glücklich sein will, alles mögliche

Übel dem Feind erweisen, ihm zuvorkommen, ihn überfallen, ihn niederhauen lassen, seine Vorratshäuser verbrennen, ihn hungern lassen und alles verwüsten müsse? Man würde schöne Dinge mit solchen Leuten ausrichten, die lauter Gewissensskrupel hätten und die alle Augenblicke bei einem Kasuisten sich würden Rat einholen wollen, ob sie in den Umständen wären, daß sie mit gutem Gewissen einen totschlagen, einer Ordre, die man für unbillig hält, nachleben, ein Dorf in Brand stecken, plündern könnten usf. Dergleichen Truppen würden sich für den Marschall von Biron trefflich geschickt haben, der einen Kapitän abdankte, welcher sich allzusehr in acht genommen hatte, damit er mit den Oberamtleuten des Königs nichts zu tun bekäme.[269] *Seid Ihr von der Art*, sagt er zu ihm, *daß Ihr die Gerechtigkeit so sehr fürchtet? ihr habt Euren Abschied, nimmermehr sollt ihr mir dienen. Ein Soldat, der sich vor der Feder scheut, fürchtet sich auch vor dem Degen.* Ich übergehe, daß, wenn die Grundsätze des Christentums genau beobachtet würden, man keine Weltbezwinger unter den Christen, keinen feindlichen Angriff finden würde; man würde nur sich verteidigen gegen die Einfälle der Ungläubigen. Und wäre dies so, wieviel Völker würden wir in Europa sehen, welche seit langer Zeit einen stillen Frieden genossen hätten und die deswegen am ungeschicktesten sein würden, Krieg zu führen? Es ist daher wahr, daß der Geist unserer heiligen Religion uns nicht kriegerisch macht, und doch ist keine Nation auf der Welt so kriegerisch wie die, die sich zum Christentum bekennen. Man nehme die Türken aus und wähle aus Afrika, aus Asien, aus Amerika ein Volk, welches man wolle, man richte davon eine Armee von hunderttausend Mann auf, man wird nicht mehr als zehn- oder zwölftausend Christen brauchen, sie aufzureiben. Selbst die Türken sind viel schwächer als die Christen und würden bei gleicher Anzahl auf beiden Seiten keinen Vorteil über sie erhalten. Der Geiz, die Unkeuschheit, der Übermut, die Grausamkeit, welche eine Armee furchtbar machen, finden sich in den christlichen Armeen so gut wie in einer andern, nur daß man nicht bei derselben das Fleisch der Feinde frißt, wie einige Völker aus Amerika tun. Die Christen sind es, welche die Kriegskunst von Tag zu Tag vollkommener machen, indem sie eine Menge Maschinen erfinden, um eine Belagerung recht blutig und schrecklich zu machen, und von uns lernen es die Ungläubigen, wie sie sich besserer Waffen bedienen können. Ich weiß wohl, daß wir das nicht als Christen tun, sondern weil wir mehr Geschicklichkeit besitzen als die Ungläubigen; denn wenn sie so viel Verstand und Herz hätten, den Krieg besser zu führen als die Christen, so würden sie es unfehlbar tun. Ich finde aber doch hierin einen sehr überzeugenden Beweis, daß man in der Welt nicht den Grundsätzen seiner Religion nachlebt, weil ich dargestellt habe, daß die Christen allen Verstand und alle Neigungen anwenden, sich in der Kriegskunst vollkommen zu machen, ohne daß die Kenntnis des Evangeliums dieses grausame Vorhaben nur im geringsten verhindern könne.

Wir wollen wieder zur Sache kommen und durch andere Exempel zeigen, daß die Unordnungen in den Sitten kein Beweis ist, daß man ein Gottesleugner sei.

142. III. Beweis, von der Aufführung verschiedener Weibspersonen hergenommen

Wer wollte sagen, daß alle Weibspersonen unter den Christen, welche sich durch ihre Laster hervortun, von aller Empfindung der Religion nichts halten sollten? Das wäre in der Tat ein sehr unrichtiger Gedanke! Die Gottesleugnung ist gewiß nicht ein Laster für das Frauenzimmer. Es scheint, als ob die Kirche selbst zugebe, daß die Andacht bei ihnen wohne, weil sie ordentlicherweise beten läßt *pro devoto foemineo sexu, für das andächtige Frauenzimmer*. Sie halten sich's für eine Tugend, daß sie sich nicht in große Vernunftschlüsse einlassen. Also bleiben sie alle bei ihrem Katechismus und bei der Religion ihrer Mutter, sind zum Aberglauben geneigter als zur Atheisterei, sind Ablaßkäuferinnen und fleißige Kirchengängerinnen, beschäftigen sich so stark mit tausenderlei Leidenschaften, die ihnen sozusagen eigen sind, daß sie weder gehörige Zeit noch Geschicklichkeit besitzen, die Artikel ihres Glaubens in Zweifel zu ziehen, es wäre denn, daß sie sich in einer gedrückten Religion befänden und darin ihr Glück nicht finden könnten, wie sie wohl wünschten und es bei der herrschenden Religion haben könnten, denn in diesem Fall ereignen sich zuweilen so heftige Zweifel bei ihnen, daß sie nicht von der Religion zur Gottesleugnung, sondern von dem Bekenntnis einer Religion zum Bekenntnis einer andern schreiten. Außerdem ist das Frauenzimmer zur Atheisterei so geneigt eben nicht. Man sieht, daß sie gern zur Beichte gehen, daß sie fleißig in die Kirche gehen und gern eine Pilgerschaft antreten. Ich weiß wohl, was die Spötter dazu sagen: Die Religion sei nur ein Vorwand, und die wahre Ursache dessen keine andere, als die Begierde spazierenzugehen, zu plaudern, zu sehen und gesehen zu werden oder gar mit einem Liebhaber sich zu erlustigen. Allein ich weiß auch wiederum, daß man den Spöttern nicht glauben muß, sie treiben die Sache zu hoch. Was sie sagen, ist wohl manchmal wahr und besonders in denjenigen Ländern, wo die Eifersucht im Schwange geht; in Frankreich aber, wo man dem Frauenzimmer auf ihre Redlichkeit traut, wo sie zu allen Stunden besuchen können, wen sie nur wollen, und wo es ihnen erlaubt ist, so viel Gesellschaft anzunehmen, wie sie nur wünschen, ist es falsch, daß sie deswegen sollten gehen Ablaß holen, damit sie nur einen Vorwand hätten, aus dem Haus zu kommen. Ich sage es noch einmal, die Gottesleugnung ist nicht ein Frauenzimmerlaster. Indessen gibt es viele unter ihnen, die sehr verdorbene Sitten haben, entweder durch Stolz oder durch Neid oder durch schimpfliche Nachrede oder durch Geiz oder durch Buhlereien oder durch alle diese Leidenschaften zusammen.

Jedermann weiß, daß alle großen Städte voller übelberüchtigter Orte sind und daß derjenige Teil der Welt, wo wir glauben, daß Gott den Apostolischen Stuhl gesetzt habe, von Unreinigkeiten gänzlich angesteckt ist. Die Zahl der Mütter oder Muhmen, welche die ersten Gunstbezeigungen ihrer Töchter oder Muhmen für ein gewisses Geld verkaufen, ist nicht gering daselbst. Ich las dieser Tage in der Erzählung, welche St. Didier, ein Edelknabe des Grafen d'Avaux, uns von der Stadt Venedig, wo dieser Graf Abgesandter gewesen, schriftlich aufgezeichnet hat, daß solches in dieser Republik so gewöhnlich wäre, daß unter zehn Mädchen[270], welche eine üble Lebensart ergreifen, neun sein würden, welche die Mütter und Muhmen selbst verhandeln und die Jungfernschaft ihrer Töchter sich auf eine gewisse Zeit um hundert oder zweihundert Dukaten bezahlen lassen, um ihnen ein Heiratsgut, wie sie sagen, zusammenzubringen. Er erzählt sehr artig, daß er einstmals ungefähr einem solchen Handel mit zugehört, da ein fremder Kavalier, den er gekannt hat, seit einiger Zeit um ein Mädchen gehandelt und niemals eine gewisse Antwort hat geben wollen, weil dasselbe noch gar zu schmächtig und ihre Brust noch nicht völlig genug gewesen. Darauf die Muhme gesagt hat, er habe nicht lange Zeit, sich zu besinnen, weil der Pater Prediger, eines der vornehmsten Klöster in Venedig, das sie nannte, sich in Handel eingelassen und schon ein Ansehnliches geboten hätte. Er sagt auch[271], in Venedig sei jedermann der Meinung, ein einziger Bruder verehliche sich für alle die übrigen, und er versichert, daß man es nicht ohne Grund sage und daß es unnötig sein würde. Beweise davon anzuführen. Daraus erhellt, daß eine viehische und die allergrößte Blutschande den Venetianerinnen gar nichts Abscheuliches ist. Was er von der großen Menge der Buhlerinnen und von der völligen Freiheit, die sie genießen, und von der Hochachtung, darin sie bei dem Pöbel stehen, und von den Liebkosungen, welche sie in den Klöstern erhalten, wenn sie daselbst die Schwestern derjenigen besuchen, mit denen sie verbotenen Umgang pflegen, anmerkt, ist ein unleugbarer Beweis, daß die Weibspersonen dieses Landes nicht die geringste Empfindung von Ehre noch Tugend haben, um so viel mehr, weil diejenigen, welche sowohl Rom als Venedig kennen, Mühe haben zu entscheiden, in welcher von diesen beiden Städten mehr Buhlerinnen und mehr Frechheit anzutreffen sei, wie solches ebendieser Didier versichert.

Wenn diejenigen, welche mit den Abgesandten in Paris ankommen, sich bei ihrer Ankunft getrauten, so freie Nachrichten drucken zu lassen, wie es die Franzosen in Ansehung fremder Länder zu tun pflegen, so zweifle ich gar nicht, sie würden vieles auszusetzen finden. Allein, man fürchtet sich so sehr vor unserer Nation, daß man es nicht wagt, etwas drucken zu lassen, was ihr mißfällig sein könnte, oder wenn man es tut, so tragen wir Sorge, daß es unter uns nicht bekannt wird, indem wir entweder die Bücher einzuführen verbieten oder sie mit Auslassung der Stellen, die uns nicht gefallen, von neuem drucken lassen. Der Abt Talemant hat es nur kürzlich mit seiner

Übersetzung der Historie des Ritters Nani also gemacht. Doch sosehr uns die Ausländer schonen, so sind deswegen die Unordnungen der Weibspersonen nichts geringer, und wer alle die unzeitigen Geburten, alle die Vergiftungen, alle die Ränke und alle die üblen Nachreden, die gewiß in Frankreich sowohl anzutreffen sind wie an anderen Orten, anführen wollte, der würde bei dem verstocktesten Menschen einen Abscheu erwecken.

Bilden Sie sich nun wohl ein, mein Herr, daß diejenigen Personen, welche diesen Unordnungen ergeben sind, die Geschichte des Evangeliums für eine Fabel halten? Nichts weniger als dieses. Die meisten unter diesen Weibspersonen beten ihre Litanei bei Gelegenheit oder die anderen Gebete, welche man sie in der Kindheit gelehrt hat. Es gibt deren einige, welche ungemein fleißig den öffentlichen Übungen der Religion beiwohnen. Es gibt andere, welche Almosen austeilen und zum Dienst Gottes prächtige Vermächtnisse machen, welche Hoffnung haben, sich einmal zu bekehren und selig zu werden, welche ihre Sünden im Beichtstuhl, wenigstens einmal im Jahr, wie es die Kirche verordnet, bekennen, welche sich der Vergnügungen einige Tage enthalten, nachdem ihnen im Beichtstuhl hart zugeredet worden ist, welche vor demjenigen, was sie für ketzerisch halten, einen Abscheu tragen, und diejenigen zu bekehren suchen, welche ihrer Meinung nach sich in einer schlimmen Religion befinden. Das sind alles Dinge, die augenscheinlich beweisen, daß sie mitten in ihrer Unreinigkeit dem Evangelium glauben.

Sie werden sagen, sie täten das alles nur deswegen, damit sie der üblen Nachrede entgehen und diejenigen zuschanden machen möchten, welche sie für unehrbar halten. Ich will es von einigen glauben. (Denn was die italienischen Buhlerinnen betrifft, so würde man sich lächerlich machen, wenn man glauben wollte, daß sie nur das geringste täten, um ihre Ehre zu retten.) Ich bekenne sogar, daß, wenn ich sehe, wie gewisse vornehme, den Männern ungetreue Personen sich alle mögliche Mühe geben, die Ketzer zu bekehren, und wenn ein Küchenjunge, der aber ein Hugenotte ist, sich unter ihre Bedienten mit eingeschlichen, es kaum erwarten können, bis sie ihn entweder durch Drohungen oder Versprechungen dahin gebracht, daß er seine Religion abgeschworen hat, ich manchmal auf die Gedanken gerate, sie könnten wohl deswegen sich so aufführen, weil sie sich gern beliebt machen und nach der Mode leben wollten. Denn wie ist es wahrscheinlich, daß ein Frauenzimmer, welches vielleicht in ihrem Zimmer überall Gift verborgen hat, um entweder den Mann fortzuschaffen, wenn er nicht länger durch die Finger sehen will, oder den Liebhaber, wenn er sie einer andern aufopfert; wie ist es wahrscheinlich, sage ich, daß ein Frauenzimmer, wenn es so weit mit ihr gekommen ist, sich wegen der Bekehrung eines Ketzers aus christlicher Liebe zu ihm martern sollte? Doch überhaupt gestehe ich, es können übelberüchtigte Weibspersonen zuweilen entweder gegen Arme oder gegen Ketzer sich freigebig erzeigen, nicht nur aus menschlichen Ursachen, die oben berührt worden sind, sondern auch deswegen weil sie ihre Sünden dadurch freizukaufen erhoffen. Es scheint dem ersten Ansehen nach, als ob das gegen mich streite, weil es erweist, daß der Religionsglaube, welcher in der Seele der größten Sünder bleibt, sie antreibt, zuweilen Gutes zu tun. Allein, im Grund beweist es ebendas, was ich haben will, nämlich: 1. Daß diejenigen, welche sich allen Arten der Verbrechen überlassen, dennoch ihre Religion beibehalten. 2. Daß die stärkste Triebfeder des Menschen nicht in der Meinung, welche er von der Religion für wahr hält, sondern in dem Charakter seines Herzens und seiner Begierden zu suchen ist, weil man sieht, daß er diesem die Gebote seiner Religion aufopfert, auch selbst dann, wenn es scheint, daß er sie ausübt. In der Tat, eine Person, welche Almosen austeilt oder einen Ketzer zu bekehren sucht, in der Absicht, ihre gegenwärtigen und zukünftigen Sünden, das ist solche Sünden freizukaufen, die sie nicht willens ist zu lassen, diese Person, sage ich, bedient sich der Religion nur insofern, damit sie ihre lasterhaften Neigungen desto besser erfüllen könne. Sie werden bald einige andere Exempel von diesem Satz bekommen: Daß diejenigen, welche sich den Lastern überlassen, demungeachtet unsere Geheimnisse glauben.

143. Was man aus dem Bisherigen für Lehrsätze ziehen kann

Wir können daher als Grundsätze voraussetzen: 1. Daß die Menschen zu gleicher Zeit sehr unordentlich in ihren Sitten und von der Wahrheit einer Religion, ja sogar von der Wahrheit der christlichen Religion, überzeugt sein können. 2. Daß die Erkenntnis des Verstandes nicht die Ursache unserer Handlungen ist. 3. Daß überhaupt zu reden (denn ich nehme allemal diejenigen aus, welche von dem Geist Gottes geleitet werden) der Religionsglaube nicht die Regel des Verhaltens eines Menschen ist, außer nur, wenn sie öfters in seiner Seele einen Zorn gegen diejenigen, welche von unterschiedener Meinung sind, oder eine Furcht, wenn man einige Gefahr besorgt, und andere dergleichen Leidenschaften, insbesondere aber ich weiß nicht was für einen Eifer für die Ausübung einiger äußerlicher Zeremonien erweckt, weil man in den Gedanken steht, dergleichen äußerliche Handlungen und das öffentliche Bekenntnis des wahren Glaubens würden allen diesen Unordnungen, denen man sich überläßt, als Damm dienen und dermaleinst die Vergebung verschaffen. Infolge dieses Grundsatzes kann man augenscheinlich sehen, wie sehr man sich betrügt, wenn man dafürhält, daß die Götzenverehrer notwendiger weise tugendhafter sind als die Gottesleugner.

144. Daß die Gottesleugner und Götzenverehrer durch einerlei Grundsatz zum Bösen angetrieben werden

Denn wenn die Überzeugung von einer Vorsehung, welche die Gottlosen züchtigt und die Frommen belohnt, nicht die Triebfeder der besonderen Handlungen eines Menschen ist, wie ich gezeigt habe, so folgt daraus, daß ein Gottesleugner und ein Götzendiener, was die Sitten betrifft, beide durch einerlei Gründe geleitet werden, nämlich durch die Neigungen ihres Temperaments und durch die Stärke der Gewohnheiten, die sie sich zugezogen haben; dergestalt, daß, wenn man wissen will, welcher von beiden der Gottloseste sein wird, man sich nur nach den Leidenschaften wird erkundigen müssen, welchen sie ihrem Temperament nach unterworfen sind. Und man glaube gewiß, wenn der Götzendiener einen Körper hat, vermöge dessen er zu Schmausereien ungemein geneigt ist, der ihn unkeusch, hitzig und trotzig macht, so wird er ein ungleich größerer Sünder werden als ein Atheist, dessen Temperament etwa frostig und friedfertig ist. Wenn man dergleichen Dinge nur obenhin ansieht, so bildet man sich ein, ein Gottesleugner werde sich täglich volltrinken, sobald er sich erinnere, daß er es ungestraft tun könne. Diejenigen aber, welche die Regel wissen: *Trahit sua quemque voluptas*: Ein jeder tut, wozu er Lust hat, und welche das Herz des Menschen genauer untersucht haben, übereilen sich nicht so stark. Sie erkundigen sich erst, bevor sie von dem Verhalten eines Gottesleugners urteilen, wozu seine Neigung ihn treibt. Finden sie, daß er gerne trinkt, daß er großes Vergnügen daran hat, daß er mehr Geschmack darin findet als in der Ehre, ein ehrbarer Mann zu sein, so urteilen sie, daß er in der Tat so viel trinkt, wie ihm immer möglich ist, deswegen aber urteilen sie noch nicht, daß er hierin weiter gehe als viele Christen, welche fast zeit ihres Lebens nicht nüchtern sind. Befinden sie aber, daß ihm der Wein gleichgültig ist, so denken sie von ihm, wie billig, daß er nicht über den Durst trinke. Ich behaupte ebendasselbe von andern verbotenen Wollüsten. Findet ein Gottesleugner, daß sie nach seinem Geschmack sind, so genießt er sie, bis er ihrer satt ist. Findet er aber kein Vergnügen darin, so unterläßt er sie. Und ebenso haben sich auch die Götzenverehrer aufgeführt, und die meisten Christen machen es ebenfalls nicht anders. Dies ist ein starker Beweis, daß die Lust zu schwelgen nicht von den Meinungen, welche man von der Natur der Götter hat oder nicht, sondern aus einer gewissen Verderbnis entspringt, welche von dem Körper herrührt und täglich stärker wird, je mehr Vergnügen man in dem Genuß der Wollüste empfindet.

145. Daß diese Quelle bei den Götzendienern sowenig verbessert wurde wie bei den Gottesleugnern

Man mag mir einwenden, wie man will, die Furcht vor einer Gottheit sei ein ungemein geschicktes Mittel, diese natürliche Verderbnis zu bessern, ich werde mich allemal auf die Erfahrung berufen und allemal fragen, warum doch die Heiden, da sie die Furcht vor ihren Göttern bis zu dem entsetzlichsten Aberglauben getrieben haben, diese Verderbnis so wenig gebessert haben, daß kein abscheuliches Laster zu finden ist, welches nicht unter ihnen geherrscht hat. Es war umsonst, daß man das Andenken wichtiger Strafen, welche den Zorn des Himmels gegen die Kirchenräuber und Meineidigen bezeugt hatten, beibehielt; es war umsonst, daß man Geschichtenbücher, um die Gottlosen zu erschrecken, zusammenschmiedete; es war umsonst, daß man so prächtige Beschreibungen von den Furien, der Hölle und den elysäischen Feldern machte; alles dieses hinderte nicht, daß man nicht so viel falsche Zeugen hätte finden sollen, wie man verlangte, und daß man die Tempel nicht hätte plündern sollen, wenn die Gelegenheit sich dazu zeigte. Juvenal[272] ist unvergleichlich in dem Bildnis, das er uns von falschen Zeugen, welche keine Religion gehabt, und von solchen falschen Zeugen, welche einen Gott glauben, hinterlassen hat. Er spricht: Die ersteren schwören falsch, ohne sich zu besinnen, die anderen besinnen sich eine Weile und schwören doch darauf mit der äußersten Frechheit so falsch wie jene. Sie empfinden mit der Zeit Gewissensbisse und bilden sich ein, die Rache Gottes verfolge sie überall. Und dennoch bessern sie sich nicht und sündigen bei Gelegenheit so gut wie zuvor.

Dies ist eine nach der Natur geratene Abbildung. Man sieht noch überall einen solchen Geist herrschen, welcher die Menschen zur Sünde verleitet, ungeachtet sie sich vor der Hölle und vor den Bissen des Gewissens fürchten. Wollte man also gegen dasjenige, was ich behaupte, streiten, so würde man nichts anderes tun, als einer ausgemachten Sache metaphysische Vernunftschlüsse entgegensetzen, so wie jener Weltweise, welcher beweisen wollte, daß keine Bewegung sei. Ich bin gewiß, man wird mir zulassen, daß ich es mache wie Diogenes, der, ohne die Spitzfindigkeiten des Zeno stückweise zu beantworten, in seiner Gegenwart nur auf- und niederging, denn nichts ist geschickter, einen rechtschaffenen Mann zu überführen, daß er im Schließen falsche Sätze annimmt, als wenn man ihm zeigt, daß er gegen die Erfahrung streitet. Wenn es daher wahr ist, wie solches die Geschichte und der allgemeine Lauf der Welt bestätigt, daß die Menschen sich in allerhand Laster stürzen können, ob sie gleich von der Wahrheit ihrer Religion überzeugt sind und kraft derselben wissen, daß Gott die Sünden ernstlich bestraft und hingegen das Gute herrlich belohnt, so muß man auch zugestehen, daß diejenigen, welche uns diese Überzeugung für einen Beweis und für ein Dokument eines frommen Lebens angeben, sich notwendigerweise betrügen, und daß es also übel geschlossen ist, wenn man daraus, daß jemand ein Götzendiener ist, folgern will, er lebe moralischerweise besser als ein Gottesleugner. Wenn man nur so folgerte: Er sollte von Rechts wegen frömmer sein als ein Gottesleugner, so würde der Schluß gut sein. Allein, wie groß ist nicht der Unterschied zwischen dem, was man tun sollte, und dem, was man wirklich tut.

Ich habe es bereits gesagt: Man hat keine Nachrichten, daraus man die Sitten und Gebräuche einer Nation, die sich der Gottesleugnung ergeben hat, erlernen könnte. Also kann man es nicht durch die Erfahrung widerlegen, wenn man gleich anfänglich die Mutmaßung anbringt, daß nämlich die Atheisten keiner moralischen Tugend fähig sind und daß sie wilden Tieren gleichkommen, bei denen man des Lebens weniger sicher ist als unter Tigern und Löwen. Aber es ist leicht zu zeigen, daß diese Mutmaßung sehr ungewiß ist. Denn da die Erfahrung bezeugt, daß diejenigen, die ein Paradies und eine Hölle glauben, fähig sind, alle Arten der Verbrechen auszuüben, so ist klar, daß die Neigung, Böses zu tun, nicht daher rührt, weil man nicht weiß, daß ein Gott sei und daß sie durch die erlangte Erkenntnis von einem Gott, der da straft und belohnt, nicht gebessert wird. Es erhellt daraus augenscheinlich, daß die Neigung, Böses zu tun, sich in einer Seele, die gar keine Erkenntnis von Gott besitzt, nicht stärker befindet als in einer solchen Seele, welche einen Gott glaubt, und daß eine von der Kenntnis Gottes entblößte Seele von demjenigen Zaum, welcher die Bosheit des Herzens zurückhält, nichts freier ist als eine solche, welche diese Erkenntnis besitzt. Es entspringt ferner daraus die Folge, daß die Neigung, Böses zu tun, aus dem Grund der menschlichen Natur herkommt und daß sie durch die Leidenschaften gestärkt wird, welche sich, da sie aus dem Temperament als aus ihrer Quelle entspringen, nach den verschiedenen Zufällen des Lebens sich auf verschiedene Arten verändern. Und endlich schließe ich noch daraus, daß die Neigung zum Mitleiden, zur Mäßigkeit, zur Milde usf. nicht daher kommt, weil man weiß, daß ein Gott ist (denn sonst müßte man sagen, es wäre niemals ein Heide grausam und trunken gewesen), sondern von einer gewissen Beschaffenheit des Temperaments, welche durch die Erziehung, durch den persönlichen Eigennutz, durch das Verlangen gelobt zu werden, durch den Trieb der Vernunft oder durch andere Beweggründe gestärkt worden ist, die sich bei einem Atheisten sowohl als bei anderen Leuten befinden. Also haben wir kein Recht zu behaupten, daß ein Gottesleugner notwendigerweise unordentlicher in seinen Sitten sein müsse als ein Götzenverehrer.

146. Daß eine gesunde Theologie uns zeigt, die Verderbnis der Natur ist bei den Götzenverehrern so groß wie bei den Gottesleugnern

Alles dieses stimmt vollkommen mit der Theologie Augustins überein, vermöge welcher die Heiden niemals ein verdienstliches Werk, das ist eine tugendhafte Handlung, aus einer guten Grundursache und aus einer erlaubten Absicht getan haben. Heißt das nicht lehren, daß die Tugenden der Heiden die Wirkung entweder ihres Temperaments oder einiger Neigungen, daran sie Geschmack gefunden, gewesen ist? Und warum sollte ein Gottesleugner nicht ebensowohl nach Beschaffenheit seines Temperaments oder auf Antrieb irgendeiner Neigung, welche ihn beherrscht, alle die Handlungen tun können, welche die Heiden tun konnten? Hat der Heide nichts zur Ehre Gottes getan, hat er nicht aus Liebe zu Gott Almosen ausgeteilt, hat er dasjenige, was er vermöge seines Ansehens zur Verhinderung der Unterdrückung des Unschuldigen angewendet hat, nicht der Ehre Gottes zugeschrieben, so ist klar, daß die Kenntnis Gottes nichts beigetragen, dasjenige zu tun, was er getan hat, und daß er es ebensowohl getan haben würde, wenn er auch niemals von Gott hätte reden gehört, und folglich sind, nach den Sätzen Augustins, die Gottesleugner ungemein fähig, alle die moralischen Handlungen zu verrichten, welche wir in dem Heidentum bewundern. Dies ist es, was ich auf alle die Exempel der heidnischen Tugenden, welche man mir anführen kann, antworte. Ich bewundere sie so sehr wie ein anderer, allein, ich halte dafür, es läßt sich alles aus dem Temperament, aus der Erziehung, aus dem Bestreben nach Ehre, aus dem Geschmack, den man an einer Art der Ehre sich eingebildet hat, aus der Hochachtung, welche man für das, was ehrbar und löblich ist, hegen kann, und aus vielen anderen Beweggründen mehr erklären, die alle Menschen haben können, sie mögen einer Religion ergeben sein oder nicht.

Erwägen Sie überdies, daß die Gottesgelehrtheit uns ausdrücklich lehrt, der Mensch könne ohne den Beistand der Gnade des Heiligen Geistes sich nicht zu Gott bekehren, noch sich der Verderbnis seiner Begierden entledigen, und diese Gnade bestehe nicht schlechterdings darin, daß man glaube, es sei ein Gott, und die Geheimnisse, die er uns offenbart hat, seien wahr, sondern sie bestehe in der Liebe, vermöge welcher wir Gott lieben und uns zu ihm als zu dem höchsten Gut halten. Daraus erhellt augenscheinlich, daß diejenigen, welche es nur bei einem schlechten Glauben von unseren Geheimnissen bewenden lassen, die heiligmachende Gnade noch nicht haben und noch in den Banden und unter dem Joch der Sünde sind. Wie wäre es also möglich, daß eine Ungewisse und undeutliche Kenntnis, welche die Heiden von Gott gehabt, dieselben von der Herrschaft der Erbsünde oder von den siegenden Eindrücken der Begierden hätte befreien können? Da also die Gnade des Heiligen Geistes, welche uns zu Kindern Gottes macht, und die Liebe, dadurch wir den Versuchungen unserer verdorbenen Natur widerstehen, nicht in den Heiden befindlich gewesen, so mangelte es ihnen ebensowohl an der wahren Quelle der guten Werke, wie es den Gottesleugnern daran fehlt, und sie konnten ebensowenig für tugendhaft angesehen werden wie die Atheisten.

Ich will eben nicht gänzlich in Abrede sein, daß es nicht Heiden gegeben, welche ihre Kenntnis von der Natur Gottes gut angewendet und sich derselben zum Beweggrund, die Gewalt ihrer Leidenschaften zu unterdrücken, bedient haben. Allein, es ist sehr wahrscheinlich, daß, wo dieser Beweggrund einige Kraft gehabt hat, die Leidenschaften so gemäßigt gewesen, daß man sie ohne jenes Hilfe hätte dämpfen können, wenn man sich entweder ein Verlangen, es ändern durch strenge Sitten zuvorzutun, in den Kopf gesetzt oder sich eine dauerhaftere Gesundheit oder mehr Lobsprüche oder mehr Vorteil versprochen hätte. Hier sind die neuen Beweise, welche ich Ihnen versprochen habe.

147. IV. Beweis, von den Teufeln und Hexenmeistern hergenommen, daraus man abnehmen kann, daß die allerverruchtesten Leute von dem Dasein Gottes überzeugt bleiben

Man wundere sich nicht, daß ich gesagt habe, der bloße Glaube von unseren Geheimnissen sei nicht dasjenige, was unser Herz reinigt. Denn es ist nichts gewisser als das, wie man es aus dem Exempel so vieler Christen abnehmen kann, welche nichts in Zweifel ziehen, welche bereit sind, eine Million neuer Glaubensartikel zu glauben, wenn es die Kirche haben wollte, und die sich dennoch in allerhand Arten strafbarer Wollüste stürzen. Es erhellt dies noch weit mehr aus dem Exempel der Teufel, welche wohl besser wissen als wir, was man glauben und tun muß, und dennoch sind sie die allergottlosesten unter allen Kreaturen und diejenigen, welche am besten beweisen können, daß die Gottesleugnung nicht die Quelle der Gottlosigkeit ist. Denn wenn die Teufel Atheisten wären, sie würden nicht so gottlos sein, wie sie es wirklich sind, indem ihre meisten Verbrechen aus einer verfluchten Begierde entspringen, Gott zuwiderzuhandeln.

Man kann ebendieses durch das Exempel der Zauberer und Hexenmeister erweisen. Es ist außer Streit, daß diejenigen, welche, wie man sagt, mit dem Teufel ein Bündnis machen, es glauben, daß ein Gott ist. Es ist ferner außer Streit, daß keine Gottlosigkeit größer sein kann, als wenn ein Mensch sich dem Teufel ergibt und ihm in allen Stücken zu Willen sein will. Folglich ist es ausgemacht, daß es Leute gibt, welche bei ihrem Glauben von einer Gottheit ruchloser sind als die Atheisten. Folglich ist es falsch, daß die Atheisterei die Quelle der größten Sünden sei, und man kann nicht in Abrede sein, daß wenigstens die zauberische Abgötterei, davon einer von ihren berühmtesten Doktoren[273] einen sehr artigen Traktat geschrieben hat, nicht schlimmer sein sollte als die Gottesleugnung. Ebendieselben Teufel und ihre Gehilfen sind noch ein augenscheinlicher Beweis dessen, was ich so oft angenommen und erwiesen habe, daß nämlich die größten Verbrecher den Glauben, daß ein Gott ist, behalten, welches insbesondere in Ansehung derjenigen keine Schwierigkeit leidet, welche, um an ihren Gottheiten sich zu rächen, ihre Tempel umgerissen haben; denn niemals hat ein Mensch sich zu rächen gesucht, wenn er nicht geglaubt hat, daß er beleidigt worden, und niemals hat ein Mensch dafürgehalten, daß er durch eine Sache, die nicht ist, beleidigt worden wäre.

148. V. Beweis, den man findet, wenn man eine allgemeine Untersuchung des gewöhnlichsten Benehmens der Menschen anstellt

Es ist so wahr, daß die Überzeugung von unseren Geheimnissen mit allen Unordnungen der Sitten verknüpft sein kann, daß beinahe kein Mensch ist, der, sowenig er sich auch in der Welt umgesehen hat, nicht mehr als tausend Personen kennen sollte, welche alle von den Wundern, die in dem Christentum bekannt geworden und ihnen zu Ohren gekommen, überzeugt sind und die deren noch hundertmal mehr zu glauben sich bereitwillig finden ließen, wenn man sich die Mühe geben wollte, die Welt damit zu bereichern; und dennoch sind es alles Leute, welche in großer Unordnung leben. Auf der einen Seite sieht man diese Leute in einer Brüderschaft, wo sie, während sie sich ein Vergnügen machen, an dem Gebet, den Verdiensten und Vorzügen der Gesellschaft teilzunehmen hoffen. Sind sie krank, so sieht man, daß sie zu einer aus Rom gekommenen Reliquie, die da gewisse Krankheiten zu heilen sonderlich kräftig sein soll, oder zu dem Segensprechen eines Mönches, der durch wunderbare Kuren berühmt geworden ist, ihre Zuflucht nehmen. Man sieht, daß sie eine Kutte oder etwas anderes um sich haben, welches soll verhindern können, daß man nicht ersaufe oder ungebeichtet sterbe oder von einem rasenden Hund gebissen werde usf. Man sieht zugleich, daß sie die Fasten und die frühesten Seelenmessen besuchen. Man sieht, daß, wenn ein Ketzer in ihrer Gegenwart sich über unsern Gottesdienst aufhält, sie auf ihn schimpfen oder wohl gar zuschlagen. Sind sie reich, so nimmt man wahr, daß sie den Geistlichen und Hospitälern ein Ansehnliches vermachen, daß sie Kapellen stiften und zur Verzierung der Kirchen etwas ausmachen. Denn wieviel gibt es nicht Zierate in unsern Kirchen, welche von den berühmtesten Leuteschindern und berüchtigsten Buhlerinnen als Opfer dargebracht worden sind, die, da sie unrechtmäßigerweise Geld genug zusammengescharrt, nunmehr mit Gott sich versöhnen wollen, indem sie ihm einen mittelmäßigen Anteil davon widmen. Wieviel gibt es nicht Opfer, denen man die Unterschrift machen müßte: *Ein Sündopfer*; oder so eine, wie Diogenes unter die goldene Venus, welche die Hure Phryne dem Delphischen Tempel widmete, setzen ließ: *Von der Griechen Unmäßigkeit*[274] Kurz, man sieht, daß diese Herren, von denen ich rede, alle Tage in die Messe gehen, es aber doch gern sehen, wenn sie von einem geschwinden Franziskaner, der es hübsch hurtig machen kann, gelesen wird. Alles dieses wird ungefähr ihre schöne Seite ausmachen. Man sehe sie auf der andern Seite an. Man wird finden, daß es Leute sind, welche kaum drei Worte, ohne einen Schwur zu tun, hören lassen, welche, es mag in Gasthöfen bei Tisch oder anderswo sein, von sonst nichts als von ihrem vermeintlichen *guten Glück* sprechen, und das mit solchen Worten, daß die Unkeuschheit selber darüber erröten möchte. Übrigens sind es Leute, die überall nehmen, was sie kriegen. Sind sie im Feld, so schinden sie den Bauer ohne Barmherzigkeit und ziehen von dem Sold ihrer Soldaten so viel ab, wie nur möglich ist. Befehlen sie irgendwo, so haben sie tausend Wege, entweder durch Ränke oder durch Gewalt sich zu bereichern. Sind sie in königlichen Geschäften auf dem großen Schauplatz der Räuberei und Erpressung, so ziehen sie sich durch ihre Ränke und Spitzbübereien den Haß aller Welt auf den Hals. Sie mögen treiben, was sie wollen, so lügen sie beständig und reden andern Leuten übel nach. Im Spiel betrügen sie und opfern ihrer Rachgier alles auf. Sie begehen entsetzliche Ausschweifungen, *meretrix non sufficit omnis*, sie bedienen sich verschiedener Arzneien, damit sie Kräfte bekommen, ihre unkeuschen Begierden desto besser zu erfüllen; mit einem Wort: In Ansehung der Sitten haben sie vor unartig gesinnten Christen nichts voraus. Es geschieht nicht nur bei alten Leuten, was St. Didier[275] sagt, daß sie sich verschiedener unerlaubter und törichter Künste bedienen, um in sich ein Vergnügen zu erwecken, dessen sie die Schwäche dieses Alters zu ihrem größten Leidwesen beraubt hat, die allerjüngsten und gesündesten bedienen sich deren öfters, um dadurch ihre viehischen Beschäftigungen zu verlängern.

149. VI. Beweis, von der Ehrerbietung hergenommen, welche, wie man sagt, viele gottlose Buben gegen die Jungfrau Maria gehabt haben

Die Ehrerbietung der römischen Kirche gegen die Jungfrau Maria ist so hoch gestiegen, daß man sagen kann, es mache dieselbe eines der wichtigsten Stücke ihres Gottesdienstes aus. Es ist vergeblich, daß man uns die Ausschweifungen und allzu hoch getriebenen Redensarten unserer Mönche vorwirft, diese Ehrerbietung bleibt immer und behält ihren Glanz und ihr Ansehen. Wenig Personen haben das Herz, darin gegen die Gewohnheit und Meinungen des gemeinen Mannes zu verstoßen; die

Sache ist allzu stark eingerissen, als daß man sie abschaffen könnte. Man vermehrt täglich die unzählbare Menge von Schriften, welche seit vielen Jahrhunderten von der Verehrung und von den Wundern unserer lieben Frau sind gemein gemacht worden. Unter den Grundsätzen aber, welche von den Verfassern dieser Art Schriften sind festgesetzt worden, ist dieser einer der bekanntesten: Daß man sehr gottlos und doch auch sehr ehrerbietig gegen die Mutter Gottes sein könne, und man erläutert es durch unzählige Exempel in den Büchern, welche den Titel führen: *Der große Spiegel der Exempel; die Blumen der Exempel* oder *historischer Katechismus; die Chronik, der Mutter Gottes* usf. Alexis von Salo[276] versichert nebst vielen andern, daß ein junger Mensch, der so ruchlos und in Lastern so verstockt gewesen, daß er verschiedener begangener Mordtaten und Straßenräubereien halber ins Gefängnis geworfen worden, dem Sohn Gottes und allen Sakramenten der Kirche abgesagt, in der Hoffnung, daß der Teufel seinem Versprechen gemäß ihn vom Galgen erretten würde; er versichert uns, sage ich, daß dieser Mensch doch noch alle Tage das *Ave Maria* gebetet hat und niemals in die Forderung einwilligen hat wollen, die ihm der Teufel getan, daß er der Jungfer Maria auch absagen sollte. Er war glücklich dabei, denn da man ihn zur Todesstrafe führte und er auf dem Weg das Bild unserer lieben Frau, die auf einer Kapelle stand, gewahr wurde, so verrichtete er sein Gebet zu derselben, und sogleich neigte sich das Bild ganz sacht mit dem Kopf zu seinem Verehrer und hielt ihn so fest bei den Armen, daß die Gerichtsdiener ihn nicht von der Stelle bringen konnten. Ebendieser Autor schreibt an einem andern Ort[277] von einer Buhlerin, die außerordentlich liederlich gelebt hat, die aber dennoch alle Tage sich siebenmal vor der Jungfer Maria auf das ehrerbietigste geneigt und jedesmal ein *Ave Maria* gesprochen hat. Dieses habe so viel gewirkt, daß eine tugendhafte Dame, die es mit Verdruß angesehen, daß ihr Mann mit dieser Buhlerin einen unerlaubten Umgang gepflogen hat, die Mutter Gottes vergeblich angerufen, dieses liederliche Weibsbild zu züchtigen, denn das Bild der Heiligen Jungfrau, welches sie angerufen, habe mit diesen ausdrücklichen Worten geantwortet: *Es ist mir unmöglich, deiner Bitte zu willfahren. Ich sehe wohl, daß dieselbe billig ist, allein die Liebe, welche diese Buhlerin* nr="318"/> *mitten in allen ihren Unordnungen gegen mich behält, bindet mir die Hände und verhindert mich, daß ich ihr die Strafe, die du von mir bittest, nicht antun kann.* Ich setze noch das dritte Exempel hinzu und nehme es aus den *Nachrichten von der Königin von Navarra*. Ein junger Prinz, den sie nicht nennt, den sie aber deutlich genug bezeichnet, wenn er zu einer verliebten Zusammenkunft eilte, ging allemal vorher durch eine Kirche, welche er unterwegs antraf, und verrichtete darin ordentlicherweise sein Gebet. Wenn er nach abgestattetem Besuch bei seiner Mätresse wieder nach Hause ging, so ging er ebenfalls wieder durch dieselbe Kirche und verrichtete sein Gebet darin. Diese Königin führt dieses als ein Beispiel einer besonderen Andacht an, allein Montaigne[278] ist darin nicht ihrer Meinung, und er tut wohl.

Denn wie es nur vor kurzem der Bischof von Castorien[279] erwiesen hat, so kann keine wahrhafte Ehrerbietung, weder für Gott noch für die Heiligen, in einer Seele stattfinden, welche Gott nicht liebt und die ihm nicht gehorcht. Und was die Wunder betrifft, welche, wie man vorgibt, die Heilige Jungfrau zum Besten einiger gottloser Buben, welche ihren Dienst fleißig abgewartet hatten, soll gewirkt haben, so verwirft sie dieser Bischof ohne Schwierigkeit[280], und er hat recht. Demungeachtet aber finde ich doch hierbei einen starken Beweis dessen, was ich behaupte. Ich will es Ihnen zeigen.

Weil sich eine entsetzliche Menge von Schriftstellern gefunden hat, welche bekanntgemacht haben, daß viele Personen, die in die abscheulichsten Verbrechen verwickelt gewesen, dennoch in der Verehrung der Jungfrau Maria beständig geblieben, so ist das schon ein Kennzeichen, daß sich die Menschen leicht überreden, die Erkenntnis Gottes könne mit allen Arten der Gottlosigkeit bestehen, und daß sie sich folglich widersprechen, wenn sie glauben, daß die Götzendiener notwendig frömmer sein müßten als Leute, welche ohne Religion leben. Noch mehr: Es ist ganz gewiß, daß der Bischof von Castorien sehr gründlich beweist, die Verehrer der Jungfrau Maria, wenn sie nicht Tugend besäßen, wären keine wahrhaftigen Verehrer derselben. Allein weder er noch jemand in der Welt wird jemals erweisen können, daß diese Leute in ihren abscheulichsten Unreinigkeiten nicht die Gewohnheit behalten sollten, den Bildnissen unserer lieben Frau äußerliche Ehrenbezeigungen zu erweisen, etliche Ave Maria zu beten, sich ihrem Schutz zu empfehlen, die Orte zu besuchen, wo sie sich am gnädigsten bezeigt, zur Verzierung ihrer Kapellen etwas beizutragen und überhaupt tausenderlei geringe Übungen einer äußerlichen Andacht blicken zu lassen. Daraus erhellt unleugbar, daß diese leichtfertigen Buben eine völlige Überzeugung von unseren Geheimnissen behalten, weil sie gewiß glauben, daß die Heilige Jungfrau ihnen sowohl in diesem wie in jenem Leben mancherlei Gnade erweisen kann.

150. Gedanken von einer Schrift des P. Rapin

Der Unterschied, den ich kurz vorher zwischen der wahren Andacht und zwischen gewissen äußerlichen Übungen der Andacht gemacht habe, muß auch in Ansehung des Glaubens gemacht werden. Ein berühmter Jesuit hat vor zwei Jahren eine kleine Schrift ausgehen lassen, darin er den Abfall des Glaubens in diesen letzten Zeiten beschreibt. Er behauptet, daß die entsetzliche Verderbnis, welche in der Welt eingeführt worden ist, hauptsächlich aus dem großen Wachstum des Unglaubens entsprungen sei. Es ist nichts beredter als die Beschreibung der Sitten unserer Zeiten, welche er in folgende schöne Worte eingekleidet hat:

[281]Ist jemals mehr Unordnung bei der Jugend, mehr Ehrgeiz bei den Großen, mehr Unmäßigkeit unter geringen Personen, mehr liederliches Wesen unter den Mannspersonen, mehr Pracht und Weichlichkeit unter den Frauenzimmern, mehr Falschheit unter dem Pöbel, mehr Treulosigkeit in allen Ständen und Ämtern zu finden gewesen? Ist jemals weniger Treue unter Eheleuten, weniger Ehrbarkeit in Gesellschaften, weniger Schamhaftigkeit und Bescheidenheit im Umgang gewesen? Die Kleiderpracht, die Kostbarkeit der Hausgeräte, die Niedlichkeit der Mahlzeiten, der Überfluß im Aufwand, die Frechheit der Sitten, die Neugierigkeit in heiligen Dingen und andere Unordnungen des Lebens sind unerhört hoch gestiegen. Welch eine Schläfrigkeit im Besuch der Sakramente! Welch eine Kaltsinnigkeit in der Gottesfurcht! Welch eine Verstellung in der Andacht! Welch eine Nachlässigkeit in den wesentlichen Pflichten! Was für Gleichgültigkeit in dem, was zur Seligkeit gehört! Was für Verderbnis des Verstandes in den Urteilen! Welch eine Verschlimmerung des Herzens in Ämtern! Was für Entheiligung der Altäre! Und welch eine Schändung dessen, was in der Religionsübung das Heiligste und Vortrefflichste ist! – Alle Grundsätze der wahren Frömmigkeit sind dergestalt übern Haufen geworfen, daß man heutzutage im Umgang einen ehrbaren Spitzbuben, der zu leben weiß, einem frommen Mann, der das nicht weiß, vorzieht, und das Verbrechen klug begehen, ohne jemanden anstößig zu sein, nennt man nach der Welt fromm leben, und die strafbarsten Sätze finden Leute, die sie billigen, wenn sie Männer von Stand zu Urhebern haben, und gewisse Umstände, die in die Augen fallen, damit verknüpft sind. Denn wer weiß nicht, daß in diesen letzten Zeiten die Frechheit bei geschickten Leuten für eine Stärke des Geistes, die Spielsucht für eine Beschäftigung vornehmer Leute, der Ehebruch für eine Artigkeit, der Verkauf der Kirchengüter für eine Versorgung der Familien, die Schmeichelei, die Lügen, die Verräterei, der Betrug, die Verstellung für Hoftugenden gehalten werden? Und es ist fast nicht mehr möglich, daß man sich anders als durch Verderbnis und Unordnung erhebt und hervortut. Ich verschweige jene grausamen und schändlichen Verbrechen, die sich in diesem unglücklichen Ende der Zeit ergossen haben und davor man einen Abscheu haben muß, wenn man nur daran denkt. Ich verschweige alle die abscheulichen Dinge, die bisher der Redlichkeit unserer Nation in dem Gebrauch des Giftes unbekannt gewesen und welche unsern Vorfahren ganz und gar nicht bekannt waren, weil man nicht genug die Gedanken davon abwenden und nur die Vorstellung davon nicht sattsam unterdrücken kann. Und endlich, daß ich den Charakter dieser Zeit nur mit einem Wort ausdrücke, niemals ist so viel von der Moral gesprochen worden und niemals sind weniger gute Sitten anzutreffen gewesen, niemals ist mehr von Verbesserung geredet und niemals sind weniger Leute gebessert worden, niemals

hat es mehr Gelehrsamkeit und weniger Frömmigkeit gegeben, niemals sind bessere Prediger und weniger Bekehrungen anzutreffen gewesen, niemals ist man öfter zum Abendmahl gegangen und niemals sind weniger Lebensänderungen erfolgt, niemals ist so viel Verstand und Vernunft unter den vornehmen Leuten gewesen und niemals haben sich die Leute weniger auf gründliche und ernsthafte Dinge gelegt.

»Würden wir«, fragt er alsdann, »in solchen Unordnungen leben, wenn wir den Glauben hätten? Würden wir so unglückliche Abwege ergreifen, wenn wir seinem Licht folgten? Und würden wir so verdorben und unordentlich sein, wenn wir Christen wären?« Ich antworte darauf: Wenn wir einen wahrhaften Glauben hätten, der von der Liebe Gottes niemals getrennt ist, und wenn wir der Erkenntnis unseres Gewissens nachlebten, und wenn wir wahre Christen wären, so würden wir in dergleichen Unordnungen nicht leben. Demungeachtet können wir doch noch so viel Glauben haben, daß wir von der Wahrheit des Evangeliums überzeugt bleiben, ob wir gleich ganz gottlos leben. Es ist ein sehr großer Unterschied, den wahren Glauben nicht haben und ungläubig sein. Der wahre Glaube, das ist diese Gemütsverfassung, welche uns anreizt, allem demjenigen, was dem Willen Gottes entgegen ist, abzusagen, kann uns mangeln, und dennoch können wir glauben, daß die Lehre des Evangeliums wahr sei. Also spielt man mit Worten, wenn man sagt, daß die Unordnungen gegenwärtiger Zeiten von der Schwäche des Glaubens herrühren. Versteht man dadurch, daß sie von der Schwäche dieser christlichen Tugend entspringen, kraft deren wir alle üblen Neigungen dem Willen Gottes aufopfern, so hat man recht; glaubt man aber, daß sie von einem Mangel der Überzeugung entstehen, daß wir deswegen übel leben, weil wir die Sachen, die man uns predigt, als unausgemachte Dinge, davon man keine Gewißheit habe, ansehe, so irrt man sehr. Denn einige wenige Standespersonen und einige Halbgelehrte oder wohl gar einige von euch, ihr Herren Schriftgelehrten, ausgenommen, so glaubt unter uns Christen alle Welt das Geheimnis der Menschwerdung, den Tod und das Sterben Jesu Christi, seine Himmelfahrt, seine Gegenwart auf unseren Altären, das Jüngste Gericht, die Auferstehung der Körper, die Hölle und das Paradies. Man hat in allen diesen Dingen nicht eine Überzeugung, die mit unumstößlicher Gewißheit verknüpft ist, das kann wohl sein, allein man hat doch wenigstens eine Überredung, welche den Zweifel ausschließt. Unsere Bauern, unsere Handwerker, unsere Soldaten, unsere Bürger, alle unsere Frauenzimmer, die Edelleute und Gelehrten größtenteils glauben ganz treuherzig und ohne Bedenken alle Artikel des Apostolischen Bekenntnisses. Solche, welche die Göttlichkeit der christlichen Religion in Zweifel ziehen und die dasjenige, was man von einem Leben nach dem Tod redet, für eine Fabel halten, gibt es nur sehr wenige.

151. Ob es wahr ist, daß an fürstlichen Höfen viele Atheisten angetroffen würden

Man glaubt gemeiniglich, daß Fürsten und Hofleute weder Glauben noch Gesetz haben, und man gründet darauf sich, weil man sieht, daß sie leben, als ob sie weder Himmel noch Hölle glaubten, daß sie alles ihrer Ehrbegierde aufopfern, daß sie sich eine unumgängliche Schuldigkeit daraus machen, das geringste Unrecht zu rächen, daß sie ihre ärgsten Todfeinde küssen und herzen, wenn der Eigennutz es so haben will, daß sie auf alle mir mögliche Gelegenheiten sinnen, dieselben durch unbemerkte Wege zu stürzen, daß sie ihre besten Freunde, wenn sie in Ungnade gefallen sind, verlassen, daß sie immer in solchen Geschäften stehen, die von dem Geist des Evangeliums entfernt sind, im Spiel, in verbotenen Liebeshändeln, in Erpressungen, in Lustbarkeiten, daß sie vor allen Dingen den Schein der Frömmigkeit vermeiden, daß sie die Andacht zu etwas Lächerlichem machen; mit einem Wort, daß sie sich zu Sklaven aller Eitelkeiten der Welt machen. Man hat so unrecht nicht, wenn man glaubt, daß Leute, die so leben, keine Religion haben, und gewissermaßen ist es wahr, weil sie zwar eine Religion haben, die aber in einem Winkel der Seele ganz verborgen steckt und nicht die Quelle irgendeines Guten ist. Allein man irrt gewaltig, wenn man glaubt, daß alle diese Herren Atheisten sind. Weit gefehlt, daß sie Gottesleugner sein sollten; so ist fast niemand in der Welt, der mehr als sie gewissen abergläubischen Dingen ergeben wäre. Ich will von der starken Begierde nicht reden, die sie vorzeiten hatten, die Sterngucker um Rat zu fragen. Weiß man denn nicht, welch eine entsetzliche Neugierigkeit sie haben, die Wahrsager zu befragen? Kann es jemandem unbekannt sein, was für eine närrische Einbildung sie von Vorbedeutungen hegen? Gibt es nicht viele große Häuser, darin man aussprengt, daß allemal, wenn jemand von der Familie sterben soll, eine Anzeige davon entweder durch ein Gespenst oder durch ein anderes besonderes Zeichen geschähe? Was für prophetische Erzählungen trägt man nicht überall von gewissen hohen Familien herum. Und insonderheit, wieviel Wunderzeichen, wieviel wunderbare Zufälle erzählt man nicht in der vornehmen Welt von seinen Vorfahren. Man wird sagen, daraus erhelle noch nicht, daß man davon überzeugt sei, man wolle es nur anderen einreden, daß man dem Schicksal ganz besonders empfohlen sei. Ich glaube es von einigen, die meisten aber tragen so großes Belieben, sich einzubilden, daß die Vorsehung sie von anderen unterscheide, daß sie sich's im Ernst einbilden. Alle Geschichtsschreiber stimmen darin überein, daß die Zauberei nirgends mehr im Schwange gegangen als am französischen Hof unter der Königin Katharina von Medici, das doch unmöglich gewesen sein würde, wenn man keinen Gott daselbst geglaubt hätte, denn niemand glaubt von Hexenmeistern und Zauberern weniger als die Atheisten.

Man sehe einmal große Herren auf dem Totenbett an. Hier ist der Ort, da die Natur das Joch der Verstellung abschüttelt und da sich die wahren Gedanken der Seele entdecken, wo sie es jemals tun können. Sieht man wohl Leute, die beflissener sind, als Könige, Fürsten und Grafen, sich in diesem Stand der Kraft der heiligen Reliquien oder der Fürbitte der Auserwählten zu empfehlen? Gibt es einige unter ihnen, welche nicht wünschen sollten, sich vor dem Pater Marcus d'Aviano oder vor einer Person, die der Heiligkeit halber oder wegen der Gabe, gesund zu machen, berühmt ist, zu zeigen? Was für Geschenke schicken sie nicht in die Klöster, damit man Gott um ihre Gesundmachung anflehe. Woher sind die Reichtümer der Kirche entsprungen, als weil große Herren sich gefürchtet haben, sie möchten allzulange im Fegefeuer bleiben. Es ist wahr, man macht heutzutage nicht so ansehnliche Vermächtnisse als vor diesem, allein sie sind doch noch ganz einträglich. Das Schlimmste ist nur für die Geistlichen, daß die Erben den letzten Willen des Verstorbenen nicht treulich er füllen, weil sie sich vor dem Tod, da sie ihn nicht so nahe sehen, weniger fürchten als jener. Alles dieses, mein Herr, erweist augenscheinlich, daß man des Hoflebens halber das Apostolische Bekenntnis nicht abschwören dürfe, man lebt seiner Erkenntnis nur so lange nicht nach, als man sich noch wohl befindet.

152. Besondere Betrachtung über die Gedanken Ludwigs XI.

Indem ich sage, daß große Herren, wenn sie auf dem Totenbett sind, zu verstehen geben, daß sie die Geheimnisse des Evangeliums für wahr halten, so ist meine Meinung nicht, ihnen dadurch große Lobsprüche beizulegen; denn es könnte leicht sein, daß die Begierde, gesund zu werden, die einzige Ursache wäre, warum sie ihre Zuflucht zu dem Gebet frommer Knechte Gottes nehmen. Nun aber ist der Glaube eines Menschen, der es so lange aufschiebt, an Gott zu glauben, bis das Fieber ihn dazu antreibt, eine gewiß sehr schlechte Sache, und die Herren Franziskaner mögen sagen, was sie wollen, aus der Reise des heiligen Franziskus von Paolo, die er aus dem hintersten Kalabrien an den Hof König Ludwigs XI. hat tun müssen, kann ich mir keinen großen Begriff von der Heiligkeit dieses Prinzen machen. Ich will mir aber doch diese Reise zunutze machen und, da Ludwig XI. zeitlebens die Gewohnheit gehabt hat, zweizüngig zu sein, das doch dem Geist der christlichen Religion gänzlich zuwiderläuft, daraus erweisen, daß wohl kein König sein wird, den man der Atheisterei halber weniger in Verdacht haben könnte als diesen. Ein Betrüger, ein Prinz, der sich nichts daraus macht, wenn er sein Wort zurückzieht, der seinem Nächsten Fallstricke legt, der sich durch krumme Wege und durch allerhand Ränke in die Höhe schwingt, scheint mir lasterhafter zu sein als ein Weltbezwinger, der sich wie Alexander ohne einige Art der Verstellung öffentlich erklärt, daß er die Länder seiner Nachbarn an sich reißen wolle. Und wenn Ludwig XI. nicht ein so großer Störenfried des menschlichen Geschlechts gewesen ist wie Alexander, so ist es gar nicht deswegen geschehen, weil er gewissenhafter gewesen als jener, sondern weil er weniger Herz und weniger Verstand gehabt hat. Die Geschichtsschreiber dieses Königs geben zu, daß seine Wallfahrten[282] und eifrigsten Andachten öfters von der Gerechtigkeit und Frömmigkeit sehr entfernte Absichten verdeckt haben. Er überrumpelte dabei immer jemanden und richtete seine Religion nach seinen Absichten ein, da er vielmehr diese nach jener hätte einrichten sollen. Er tat[283] Sachen, die dem Schein nach gut waren, aber zu übler Absicht, und dachte, er würde durch sein heuchlerisches Wesen Gott und die Welt betrügen. Den Armen nahm er das Ihrige, um es den Kirchen zu geben, und drückte das Volk mit größeren Auflagen und Steuern, als keiner von seinen Vorfahren getan hatte, daher denn auch sein Volk übel mit ihm zufrieden gewesen ist.[284] Während seiner Regierung beging er viel Unrecht, übte viel Böses und viele Gewalttätigkeiten aus, und er hatte seinem Volk so übel mitgespielt, daß es an dem Tag, da er starb, der Verzweiflung ganz nahe war.

Es würde zu weitläufig werden, wenn ich dasjenige, was die Geschichtsschreiber von ihm schreiben, umständlich erzählen wollte. Ich verweise daher einen jeden dahin, der etwa nicht glauben wollte, daß, wo man jemanden in Verdacht hätte haben können, daß er nicht an Gott glaube, solches gewiß Ludwig XI. hätte sein müssen, und ich bin gewiß, daß man mir Beifall geben wird, wenn man seine Handlungen genau untersucht. Indessen würde doch nichts unrichtiger sein, als wenn man behaupten wollte, daß dieser Prinz von seiner Religion nicht überzeugt gewesen.[285] Denn außerdem, daß er einstmals, als er sein Gebet vor dem hohen Altar zu unserer lieben Frau de Clery, ohne, wie er dachte, von jemanden gehört zu werden, verrichtete, in diese Worte ausgebrochen ist: *Ach, meine liebe Frau, liebste Gebieterin, größte Freundin, bei der ich jederzeit Erquickung gefunden! Bitte für mich bei Gott und sei meine Fürsprecherin, daß er mir den Tod meines Bruders vergebe, den ich durch den gottlosen Abt von St-Jean mit Gift habe hinrichten lassen, Ich bekenne es dir als meiner lieben Fürsprecherin und Gebieterin... Verschaffe mir daher Vergebung, meine liebe Frau, und ich weiß, was ich dir dafür geben will*; außer diesem Gebet, sage ich, sieht man noch daraus, da er bei seiner letzten Krankheit so ernstlich befahl, man sollte den heiligen Franziskus von Paolo kommen lassen, daß er von der Kraft der Gebete überzeugt gewesen. Dieser arme Herr trug so großes Verlangen, länger zu leben, daß, als er erfuhr, daß dieser heilige Einsiedler sich in Kalabrien aufhielt und daselbst große Wunder täte[286], er den Papst inständigst ersuchte, ihn nach Frankreich kommen zu lassen, und er glaubte so gewiß, daß die Gegenwart und das Gebet dieses Mannes sein Leben verlängern würde, daß das erste, was er von ihm verlangte, als er ihn sah, darin bestand: Er sollte Gott um eine Verlängerung seiner Tage anflehen. Hernach schickte er alle Augenblicke zu ihm und ließ ihm sagen, es beruhe nur auf ihm, daß sein Leben verlängert würde. Ebendiese Begierde, länger zu leben, war Ursache, daß er den Papst um verschiedene Geschenke ansprach, wie uns dieses Philippus de Commines berichtet. Als der Papst Sixtus IV. erfuhr, daß der König aus Andacht das Altartuch haben wollte, auf welchem der Apostel Petrus Messe gelesen, so schickte er es ihm sogleich nebst noch vielen anderen Reliquien. Der Geschichtsschreiber Matthieu berichtet, daß der König mit lauter Reliquien umgeben gewesen, um damit dem Tod den Paß zu verwehren, weil er nicht glaubte, daß der Tod das Herz haben würde, darüber wegzuschreiten und ihn anzugreifen. Er ließ auch die heilige Flasche holen, in der Absicht, sich daraus salben zu lassen, wie bei der Krönung geschehen, wie solches ebenfalls Philippus de Commines anführt. Nichts aber gibt seine Begierde, länger zu leben, besser zu erkennen als die Art, wie er das Gebet änderte, welches man aufgesetzt hatte, um bei dem heiligen Eutropius die Gesundheit seines Leibes und seiner Seele zugleich zu erbitten; denn er ließ den Ort, wo von der Gesundheit der Seele geredet wird[287], ausstreichen und sagte, es wäre genug, wenn der Heilige ihm nur die Gesundheit des Leibes verschaffte, man müßte nicht soviel auf einmal von ihm verlangen. Aus allen diesen Handlungen wird man notwendig folgern müssen, daß dieser Herr vollkommen von der Wahrheit unserer Lehrsätze überzeugt gewesen. Folglich haben wir in seiner Person das Exempel einer völligen Übereinstimmung zwischen einer ganz ruchlosen Seele und einer Überzeugung von der Wirklichkeit Gottes, die sogar auf den allergrößten Aberglauben hinausläuft.

153. Daß der Hof niemanden vor dem Aberglauben noch vor den Irrtümern des Pöbels bewahrt

Es ist daher nichts als ein Blendwerk, wenn man sich einbildet, daß, weil Könige und Fürsten sich kein Gewissen daraus machen, die Friedensschlüsse und auf das feierlichste beschworene Bündnisse zu brechen und ihren Leidenschaften nichts versagen, sie nicht glauben, daß ein Gott ist. Ich sage es noch einmal: Die Vornehmen in der Welt sind in gewissen Stücken gemeiniglich abergläubischer als andere Menschen. Man bildet sich ein, wenn man nur in einem vornehmen Haus geboren und bei Hof erzogen worden ist, so müsse man einen großen und erhabenen Verstand besitzen. Allein die sich das einbilden, vermengen den Verstand mit dem Herzen. Es ist allerdings wahr, die Vorteile der Geburt und der Erziehung erheben das Herz. Man sieht wenig Leute aus diesem Stand, die nicht beherzt sind; man sieht deren sehr viele, welche eine unermeßliche Unerschrockenheit und Ehrbegierde haben. Allein mit dem Verstand ist es anders beschaffen. Es ist wahr, er wird ungemein fein bei Hof, aber die Größe erlangt er nicht daselbst; ich will so viel sagen, die Stärke, welche ihn über die Vorurteile der Kindheit erhebt und die ihn in den Stand setzt, bis zum Ursprung der Wahrheit durch tausend Irrtümer, von denen sie entweder bedeckt oder umringt ist, durchzudringen. Ich gehe noch weiter und sage: Man kann nicht einmal bei Hof die falsche und vermeintliche Stärke des Geistes, deren sich die Gottesleugner und Deisten rühmen, erlangen, und ich behaupte, daß, wenn man die Sache mit Aufmerksamkeit untersucht, man einsehen wird, daß diese eingebildete Stärke mehr durch öfteres Disputieren und unter Studierenden als bei Hof und im Feld verlangt werden könne. Wir wollen also, mein Herr, aufrichtig zugeben, daß vornehme Herren bei aller Pracht, die sie umgibt, dennoch sowohl wie andere Menschen in den Vorurteilen der Erziehung entweder in Ansehung der Lehrsätze, der Religion oder der natürlichen Wahrheiten verbleiben.

In Wahrheit, wenn die Luft bei Hof diejenigen Eindrücke der Religion wegnähme, welche man Kindern beibringt, wir würden nicht so viel Aberglauben sehen, als wir bei den ansehnlichsten Männern der römischen Republik gewahr werden. Es erhellt aus unzähligen Exempeln, daß ihre Konsuln und Diktatoren und dergleichen Personen von erstem Rang sehr abergläubisch gewesen sind. Die heidnischen Könige und Kaiser sind es entsetzlich gewesen, und man könnte hundert Exempel anführen, daraus man augenscheinlich sehen kann, daß nicht die Politik, sondern ein krankes Herz wirksam gewesen, wiewohl ich zugebe, daß man ihren Aberglauben oft ihrer Politik zuschreiben muß. Erwägen Sie das noch ein wenig, was ich Ihnen oben von dem Tarquin, dem Hochmütigen, vom Nero, vom Catilina usf. angeführt habe, und erlauben Sie, daß ich bei dem Catilina noch anmerke, daß man zu Rom gesagt hat:[288] Er habe seine Mitgenossen schwören lassen, recht verschwiegen zu sein, und damit die Flüche, denen sie sich unterwerfen wollten, wenn sie bundbrüchig würden, einen großem Eindruck bei ihnen machen möchten, so habe er ihnen Menschenblut mit Wein vermischt zu trinken gegeben, woraus erhellt, daß diese Rotte böser Buben, deren sich dieser gottlose Mensch zu der verfluchtesten Tat bedienen wollte, überzeugt gewesen, es gebe eine unsichtbare Gerechtigkeit, welche den gebrochenen Eid bestrafe. Einer der vornehmsten Mitgenossen des Catilina, nämlich Lentulus, begab sich deswegen mit in diese Verschwörung[289], weil er sich einbildete, daß die Sibyllinischen Bücher und die Aussprüche der Opferdeuter ihm die Herrschaft der Römer versprächen; ein starker Beweis, daß er von der Atheisterei entfernt gewesen, weil er nicht einmal so weit darin gekommen war, daß er die Eitelkeit der Wahrsagungen erkennen konnte.

154. Von dem Aberglauben Alexanders des Großen

Doch hier haben Sie ein Exempel, das beinahe für sich allein so viel gilt wie eine Demonstration bei den Meßkünstlern. Wenn jemals der Hofgeist die Gottesleugnung in einer Seele hätte zuwege bringen sollen, so hätte es gewiß in Alexanders Seele geschehen müssen, denn er besaß den allergrößten Ehrgeiz unter den Menschen und war zugleich der verwegenste und glücklichste unter denselben. Man kann auch sagen, daß er hundert Dinge getan, welche eine entsetzliche Verachtung der Götter bezeugen. Ich rede nicht von seinen Eroberungen, obgleich, wenn man es genau betrachtet, nichts unbilliger, nichts gottloser ist, als wenn man diejenigen, welche ein Land rechtmäßigerweise besitzen, mit völliger Gewalt daraus vertreibt. Ich rede von der Verwegenheit, da er sich als einen Gott anbeten und die Tempel Äskulaps umreißen ließ, um den Tod seines vertrauten Ministers zu rächen. Dem allen ungeachtet ist doch Alexander mehr als jemand von der Atheisterei entfernt gewesen. Ich habe bereits oben berührt, daß ihm sein Hofmeister einen Verweis hat geben müssen, weil er in seiner Jugend den Weihrauch für die Götter allzusehr verschwendete. Jetzt erinnere ich, daß er den Aristander, seinen obersten Wahrsager, beständig zur Seite gehabt, der ihm allemal, wenn man etwas unternehmen sollte, sagen mußte, ob auch die Vorbedeutungen der Opfer ihre gute Richtigkeit hätten. Es ist wahr, er hörte auf, seine Wahrsager um Rat zu fragen, als er sich auf der obersten Staffel des Glücks befand. Allein, kaum war ihm etwas Unglückliches begegnet, so verfiel er wieder in seinen ersten Aberglauben[290] und begab sich aufs neue unter das Joch seines Aristanders; dergestalt, daß er bei seinem Ende, weil er glaubte, die Götter wären übel mit ihm zufrieden, die geringsten ihm außerordentlich zustoßenden Dinge für Zeichen und Erinnerungen des Himmels ansah und allezeit in seinem Haus eine Menge Wahrsager hielt, welche daselbst entweder opferten oder es reinigten oder ein anderes Stück von ihrer Kunst daselbst verrichteten, wie solches Plutarch in dem Leben dieses Weltbezwingers erzählt.

Trauen Sie nunmehr, mein Herr, solchen Leuten, welche uns versichern, gleich als ob sie die Gabe hätten, Herzen und Nieren zu erforschen, daß der Hof voller Atheisten sei. Meines Erachtens hab ich mehr Ursache, es zu leugnen und zu sagen, es könne zwar sein, daß sich daselbst mehr Gottesleugner finden als unter dem gemeinen Pöbel, doch sei, überhaupt zu reden und einige Personen ausgenommen, die vornehme Welt ebensogut von dem Dasein Gottes, von Himmel und Hölle überzeugt wie der gemeine Haufen. Ist ein Unterschied zu machen, so besteht er in der Tat nur darin, daß man bei Hof weniger als sonstwo Gewissenssachen in Erwägung zieht, daß man daselbst mehr Verwegenheit, mehr Gewohnheit, mehr Gelegenheit zu sündigen hat als sonst überall; daher es denn kommt, daß entweder die Hofleute in Religionssachen unwissender sind als andere Menschen oder weniger durch das Gewissen zurückgehalten werden und die Bisse desselben nicht so leicht fühlen wie andere. Was aber die Überzeugung der allgemeinen Wahrheiten und Grundsätze des Christentums betrifft, so glaub ich, überhaupt zu reden, daß sie dieselbe so stark wie andere Menschen besitzen.

Übrigens ist König Ludwig XI. ein unleugbares Exempel dessen, was ich oben berührt habe, daß man zu gleicher Zeit sehr gottlos und doch auch sehr ordentlich sein kann, der Jungfrau Maria tausend geringe Kennzeichen einer äußerlichen Andacht zu erweisen. Denn dieser Herr, so wie er war und wie wir ihn oben gesehen haben, hat erstaunliche Summen Geldes zur Verzierung der Kirche zu unsrer lieben Frau aufgewendet und verordnet, daß man täglich um Mittag läuten sollte, um den Leuten eine Erinnerung zu geben, wenn sie den Englischen Gruß beten sollten.[291] Claudius von Seyssel führt an, daß seine Andacht mehr abergläubisch als ehrerbietig gewesen. Denn sobald er hörte, daß zu einem Bild oder zu einer Kirche Gottes und der Heiligen und selbst zur Frauenkirche andächtige Besuche von dem Volk abgestattet wurden oder daß daselbst einige Wunder geschahen, so ging er entweder selbst hin und brachte seine Opfer oder schickte jemanden dahin. Zum Überfluß war sein Hut voller Bilder, meistens von Blei oder von Zinn, die er bei jeder Gelegenheit, es mochten gute oder üble Nachrichten einlaufen, oder wenn es ihm einfiel, küßte, auf die Knie niederfiel, er mochte sein, wo er wollte, und das zuweilen so jählings, daß man ihn mehr für einen im Kopf verrückten als verständigen Menschen ansah.

155. Unordnungen und Eifer des französischen Hofes im letzten Jahrhundert

Unter den Kennzeichen, daraus, wie ich gesagt habe, man erkennen kann, daß die allerliederlichsten Leute dennoch einen Gott glauben, habe ich den Haß mit angegeben, welchen sie gegen verschiedene Religionen bezeugen. Ich könnte diese Anmerkung über die Standespersonen machen, welche ich hier von dem Verbrechen der Atheisterei loszusprechen suche. Weil mich aber das gar zu weit abführen würde, so will ich nur von dem Hof der Katharina de Medici reden.

Ich habe bereits gesagt, daß dieser Hof der Zauberei ergeben gewesen, und es ist leicht zu mutmaßen, daß, ob man gleich an demselben einen Gott geglaubt hat, man dennoch allerhand Gottlosigkeiten auszuüben geschickt gewesen. Und es ist gewiß, daß[292] die Unkeuschheit und die Pracht daselbst mit einer ungezähmten Frechheit triumphiert hat und daß die Verräterei, die Vergiftung und der Meuchelmord daselbst so stark eingerissen gewesen, daß man es nur für ein Spielwerk hielt, diejenigen ums Leben zu bringen, von deren Tod man einigen Vorteil zu haben glaubte. Vor dieser

Regierung waren es die Männer, welche durch ihr Exempel und durch ihre Überredungen das Frauenzimmer in das Netz der Liebe zogen, sobald aber mittels der Verliebungen allerhand Staatsstreiche gespielt und die Geheimnisse des Staates damit verknüpft wurden, so waren es die Weibspersonen, welche sich bei den Männern meldeten. Die Ehemänner ließen ihnen aus Gefälligkeit und aus Nutzen den Zügel schießen, andere hingegen, die die Veränderung liebten, fanden in dieser Freiheit ihr Vergnügen, weil sie solchergestalt statt einer Frau hundert haben konnten. Dies ist auf einer Seite das Gemälde eines Hofes, der allem Bösen ergeben gewesen ist.

Hier haben Sie das Gemälde von der andern Seite, daraus Sie werden erkennen können, daß er von der Göttlichkeit der katholischen, apostolischen und römischen Religion überzeugt gewesen. Niemals hat man die Ketzer mehr verfolgt, als die Calvinisten unter Franziskus I. und Heinrich II. sind verfolgt worden. Da das ihre Vermehrung nicht verhindern konnte, so wollte man ihre Zusammenkünfte doch nicht dulden und lieber das Reich in die unglücklichen Verheerungen eines Bürgerkrieges stürzen, als zugeben, daß in Frankreich eine neue Religion sein sollte. Was, sagte man, die Nachwelt sollte sagen, daß die Kirche in dem Erbreich des allerchristlichsten Königs ungestraft getrennt worden? Die Kirche, die seit dem König Clodoväus auf dem Thron gesessen? Diejenige Kirche, davon die Könige in Frankreich die erstgeborenen Söhne sind? Nein, man muß alle diejenigen ausrotten, welche die Kühnheit gehabt haben, dieselbe zu bestreiten. Man griff in der Tat zu den Waffen und schloß niemals mit den Rebellen einen Frieden, als damit man sich besser bereiten könnte, sie völlig zu stürzen; und wenn man sah, daß die offenbare Gewalt nichts vermochte, so bediente man sich der List, lockte ihre Häupter und ihren vornehmsten Adel unter dem schönsten Vorwand an den Hof und brachte sie daselbst erbärmlicherweise ums Leben. Man fuhr fort mit Metzeln und Schlachten, sosehr man konnte, bis daß endlich beide Parteien mehr müde als satt wurden, sich selbst aufzureiben, und da ein jeder an dem Sieg verzweifelte, so vertrugen sie sich, so gut sie konnten. Wäre der Hof von Frankreich atheistisch gesinnt gewesen, er würde sich niemals also aufgeführt haben.

Allein, vielleicht waren diejenigen, welche an der Spitze dieser großen Religioneiferer standen, an der Unordnung in den Sitten, von der ich geredet habe, nicht schuld. Allerdings, und sie hatten daran den meisten Anteil, wie man solches sehen kann, wenn man der Spur des Herrn von Guise nachgeht. Und wenn man begreifen will, wie es möglich ist, daß ein Mensch zu gleicher Zeit ein starker Eiferer für seine Religion und sehr unmäßig sei, so darf man nur erwägen, daß bei den meisten Menschen die Liebe zur Religion ebensowohl ein Affekt ist, wie die andern menschlichen Leidenschaften es sind, welche man annimmt. Man irrt sehr, wenn man sich einbildet, daß alle Christen, welche einen Eifer für das Christentum zu haben scheinen, und alle Katholiken, welche andere Sekten hassen, diese Gemütsverfassung unmittelbar von

Gott erhalten haben; denn nur die wahrhaften Diener Gottes können sich eines Eifers rühmen, den sie durch die Gnade des Heiligen Geistes erlangt haben. Die gottlosen Christen, welche für ihre Religion Eifer bezeugen, haben, eigentlich zu reden, nichts mehr als eine Halsstarrigkeit. Sie lieben ihre Religion, wie gewisse Leute ihren Adel oder ihr Vaterland lieben, oder sie setzen sich's vor, bei ihrer Religion zu bleiben, wie andere Leute die Hartnäckigkeit besitzen, die sie von den alten Gewohnheiten, sich zu kleiden oder zu verheiraten, durchaus nicht abgehen. Es gibt Leute, die sich lieber totschlagen ließen, als daß sie eine Neuerung in ihren alten Gewohnheiten zugeben sollten. Sie sind ebenso gesinnt, wenn man sie verhindern will, daß sie ihr Gebet in gewissen Kirchen nicht mit den von alten Zeiten eingeführten Zeremonien verrichten sollen. Der Herzog von Mompensier[293], der alle Hugenotten, die er gefangen bekam, aufhängen und alle schönen Hugenottinnen, welche ihm in die Hände gerieten, durch einen seiner Offiziere schänden ließ, mag allem Ansehen nach diese schöne Leidenschaft sich in den Kopf gesetzt haben, denn er rühmte sich oft, daß er von dem heiligen Ludwig herstamme und daß er habe sagen hören, der heilige Ludwig habe die Feinde seiner Religion sogar bis in Afrika verfolgt gehabt.

Große Herren bilden sich ihren Stamm und die Nachahmung ihrer Vorfahren so stark ein, daß dieses allein vermögend ist, einen Abscheu gegen die Abtrünnigen bei ihnen zu erwecken. Der Glaube also, daß die Religion, darin man erzogen worden, sehr gut sei, und das Begehen aller der Laster, welche sie verbietet, sind Sachen, die sich ungemein wohl vertragen, sowohl bei vornehmen Leuten als auch unter dem Pöbel.

Wenig Leute schweigen jetzt von dem Leben der Königin Margarethe, der Tochter der Katharina von Medici. Ich kann daher ohne Scheu sagen, daß sie ein herrliches Exempel dieser widersinnigen Vereinigung ist, von der ich geredet habe, nämlich zwischen einer Art der Gottesfurcht und der Gottlosigkeit. Hier haben sie von dem Herrn Mezerai eine Beschreibung ihres Lebens, wie sie es im Alter geführt:[294] *In der Vorstadt St-Germain*, schreibt Herr von Mezerai, *hielt sie die übrige Zeit ihres Lebens ihren kleinen Hofstaat und vermischte auf eine wunderliche Art die Wollüste der Frömmigkeit, die Liebe zu den freien Künsten mit der Liebe zur Eitelkeit, die christliche Liebe mit der Ungerechtigkeit. Denn wie sie sich eine Ehre daraus machte, öfters in die Kirche zu gehen, gelehrte Leute zu unterhalten und den Mönchen den Zehnten von ihren Einkünften zu geben, also schätzte sie sich's gleichfalls für eine Ehre, verliebten Umgang zu haben, neue Vergnügungen zu erfinden und niemals ihre Schulden zu bezahlen.*

156. Eifer der großen Herren in Frankreich gegen die Protestanten

Der Beweis, den ich von dem Haß, welchen man gegen Trennungen hat, hernehme, kann auf unsere großen Herren bezogen werden. Denn sie tun ihr möglichstes, die Calvinisten nach dem neuerwählten Entwurf auszurotten. Sie tun ihr möglichstes, sage ich, ohne daß es scheint, als ob sie die geringste Begierde, christlicher zu leben, bei sich verspürten. Diejenigen, welche Hugenotten auf ihren Gütern haben, suchen dieselben entweder gutwillig oder mit Gewalt zu bekehren. Die Kommandanten in den Festungen tun desgleichen in Ansehung der Bürger und Soldaten, über die sie zu gebieten haben. Die, die Calvinisten zu Bedienten haben, jagen sie entweder fort oder zwingen sie, ihren Glauben abzuschwören. Daraus erhellt, daß unsere großen Herren weder Gottesleugner noch Deisten sind, ihr Leben, das sie führen, mag sonst beschaffen sein, wie es will.

Ich folgere daher noch einmal, daß diejenigen, welche an der Göttlichkeit der christlichen Religion zweifeln und welche dasjenige, was ihnen von jenem Leben vorgesagt wird, für eine Fabel halten, in sehr geringer Anzahl anzutreffen sind, daß solchergestalt jene großen Unordnungen, deren Beschreibung uns der Pater Rapin gegeben, gar nicht aus dem Unglauben in diesen letzten Zeiten entspringt, sondern aus der Neigung zum Bösen, die sich in dem menschlichen Herzen befindet und zu deren Heilung ganz was anderes nötig ist als eine bloße Erkenntnis der Wahrheit des Evangeliums.

157. Sehr wichtiger Grund, die Notwendigkeit der Gnade zu erweisen

Wenn Sie hier dieses wohl erwägen, so versichere ich, mein Herr, Sie werden darin einen unumstößlichen Grund finden, daß wir die innerliche Wirkung des Heiligen Geistes vonnöten haben, wenn wir Gott lieben wollen. Denn alles dasjenige, was Menschen tun können, wenn sie uns unterrichten, ist nicht mehr als dieses, daß sie uns von der Wahrheit überzeugen. Nun können wir aber von der Wahrheit überzeugt sein und sie doch nicht lieben. Folglich sind es nicht Menschen, welche uns dahin bringen, daß wir die Wahrheiten des Evangeliums lieben, und daher ist es Gott, welcher die Ursache ist, daß wir dieselben lieben, indem er mit der Erleuchtung unseres Verstandes eine gewisse Gemütsbeschaffenheit verknüpft, kraft deren wir mehr Vergnügen in der Ausübung der Tugend als in dem Begehen der Laster finden.

158. VII. Beweis, von dem öfteren Genuß des Abendmahls hergenommen

Bei Gelegenheit der Worte des P. Rapin: *Niemals ist das Abendmahl öfter genossen worden und weniger Lebensänderung darauf erfolgt*, erinnere ich mich des Buches von der öfteren Kommunion, in welchem Herr Arnaud eine sehr beredte Beschreibung von der Verderbnis der Menschen gegeben hat. Wem ist unbekannt, spricht er[295], was die Laien vermöge der Kenntnis, die sie von der Welt haben, nur allzuwohl wissen, was die Beichtväter vermöge ihres Amtes noch mehr wissen und was die Prediger von den Kanzeln so laut erschallen lassen, um die Sünder zur Buße zu bewegen, daß alle wahren Kennzeichen des Christentums in den Sitten der Christen beinahe erloschen sind. Er beschreibt nachher die Sache umständlich und zeigt uns die Unreinigkeiten in den Ehebetten, die Verderbnis in den Familien, die Ausschweifungen in der Jugend, den Stolz unter den Reichen, die Pracht bei Leuten von allerhand Ständen, die Untreue im Handel, die Verfälschung der Waren, den Betrug bei den Handwerksleuten, die Schwelgerei bei dem geringsten Pöbel. Er sagt, daß die Hurerei in der Welt für einen geringen Fehler angesehen wird, der Ehebruch für gutes Glück, die Betrügerei für eine Hoftugend, Fluchen und Schwören für Zierate der Sprache, der Betrug und die Lügen für eine Handelswissenschaft, eine immerwährende Spielsucht für eine ehrbare Beschäftigung des Frauenzimmers, eine ehrbare Frauensperson für eine solche, die von einer tugendhaften ganz unterschieden ist, die verdeckte Simonie und Entheiligung der Kirchengüter für eine rechtmäßige Versorgung und endlich Räubereien und Wucher für Amtseinkünfte, für ordentliches Geldinteresse und für eine Erfindung, sich zu bereichern, dabei heutzutage nur einfältige und unwissende Leute sich ein Gewissen machten. Er übergeht mit Stillschweigen die abscheulichen Laster, davon unsere Vorfahren nichts gewußt haben und die heutzutage außerordentlich eingerissen sind.

Man wird vielleicht denken, dieser geschickte Lehrer sei willens, den Unglauben der Menschen zu beweinen und zu sagen, daß sie in die Gottesverleugnung verfallen wären. Allein das sind seine Gedanken gar nicht, denn er gesteht aufrichtig, man habe die Leute niemals mehr beichten und zum Abendmahl gehen gesehen, man dränge sich recht zum Beichtstuhl, die Altäre seien mit Kommunikanten umringt, alle Pfarrkirchen und sonderlich die Klöster wären damit angefüllt. Aus dem Folgenden in seiner Schrift sieht man durchgängig, daß ebendieselben Personen, welche der Unordnungen, die er beschreibt, schuldig sind, sehr oft zur Beichte gehen und das heilige Abendmahl genießen, und er ist nicht der einzige, der diese Wahrheit zugibt.

Der Verfasser des Buches von der praktischen Moral der Jesuiten, indem er sich über die Willigkeit dieser guten Herren, die Sünden zu vergeben, beklagt, merkt an[296], daß die allergottlosesten Leute sich gar nicht mehr vor der Beichte fürchten, sondern vielmehr ebenso willig zum Beichtstuhl wie zur Sünde laufen, und daß diejenigen

Personen, welche die Jesuitenkirchen anfüllen[297], nach genossener Mahlzeit die Wirtshäuser, die Kegelspiele und andere Orte der Vergnügungen bevölkern. Ein anderer Schriftsteller[298], den man in dieser Sache nicht für verdächtig halten kann, weil es ein Jesuit ist, sagt bei der Schilderung der verdorbenen Sitten dieser Zeiten ausdrücklich, wie wir schon gesehen haben: *Daß man niemals mehr das Abendmahl genossen habe und daß niemals weniger Lebensänderung erfolgt sei.* Er rechnet zugleich unter die Wirkungen dieser allgemeinen Verderbnis jene Abwechslungen der Verirrungen und Rückkehr zu Gott, der Unordnung und Andacht, mit denen man die Sakramente genießt, jenen Aufschub des Lasters, der sich aber nur auf den Tag erstreckt, da man das Abendmahl zu sich nimmt, jene Bekenntnisse ohne Reue, jene Reue ohne Besserung, jene Bekehrungen ohne Lebensänderung, die man häufig in der Welt zu sehen bekommt. Es ist daher wahr, daß es eine sehr große Anzahl Personen gibt, welche oft zur Beichte gehen und dennoch übel leben. Daraus fließt durch eine augenscheinlich notwendige Folgerung, daß die Christen auf eine abscheuliche Art leben, ob sie gleich glauben, nicht nur daß ein Gott ist, sondern auch, daß alle unsere Geheimnisse wahr sind. Denn wer zweifelt, daß nicht der meiste Teil derjenigen, welche so oft beichten und so oft zum Abendmahl gehen, es nicht deswegen tun sollten, damit sie Vergebung der Sünden erhalten möchten. Welches ein augenscheinlicher Beweis ist, daß sie der Lehre der Kirche völligen Glauben beimessen.

159. Bestätigung ebendieser Sache

Mit einem Wort: Man darf nur die Leichtgläubigkeit unseres Pöbels in Ansehung der Wunder betrachten, das Vertrauen, das er auf die Fürbitte der Heiligen setzt, seine Sorgfalt, Seelenmessen lesen zu lassen, den Eifer, sich in eine Ordensgesellschaft mit einzuschreiben und den Rosenkranz durch ein berühmtes Reliquienbehältnis berühren zu lassen, die entsetzliche Menge, die sich in den Kirchen einfindet, wenn völliger Ablaß ausgeteilt wird, die Willigkeit, mit der sie die nur kürzlich von Rom angekommenen Reliquien, z.B. des Ovid seine, ehrerbietig annehmen, ihren Abscheu vor den Hugenotten, man darf, sage ich, nur hunderterlei Sachen von der Art in Erwägung ziehen, wenn man überzeugt sein will, daß es der Fehler der Christen nicht ist, keinen Glauben zu haben. *Schwerlich*, spricht Augustinus[299], *wird man einen Menschen finden, der auch nur in dem Innersten seines Herzens sagen sollte: Es ist kein Gott. Diese Gattung von Leuten ist sehr seltsam, und, wenn dieses diejenigen sind, welche man ertragen soll, so wird man kaum einige Gegenstände der Geduld antreffen.*

Was kann man von denjenigen, welche sich zu gelinden Beichtvätern halten, anderes sagen, als daß sie von unseren Geheimnissen völlig überzeugt sind, übrigens aber dem

Bösen so ergeben sind, daß, damit sie sich mit desto größerer Freiheit hineinstürzen könnten, sie sich aller Hilfsmittel bedienen, welche ihnen schlimme Kasuisten an die Hand geben.

Wenn man etwas in der Moral demonstrieren kann, so zweifle ich nicht, daß ich nicht sollte unumstößlich dargetan haben, daß es falsch ist, wenn man glaubt, daß Christen, welche sich in alle Arten der Laster stürzen, nicht von der Wahrheit ihrer Religion überzeugt sein sollten. Daraus folgere ich, daß die Quelle der Unordnung in den Sitten nicht der Unglaube sein kann. Es ist ganz was anderes.

160. Daß diejenigen, welche die Verderbnis der Sitten dem geschwächten Glauben zuschreiben, das Verbrechen verkleinern, anstatt daß sie es schrecklicher machen sollten

Ein seichter Kopf, wenn er mich sollte schließen hören, wie ich hier schließe, würde unfehlbar glauben, als ob ich den Sündern zu Gefallen eine Schutzschrift aufsetzte; ein durchdringender Verstand aber wird augenscheinlich einsehen, daß ich ganz das Gegenteil tue. Denn da ich zu erweisen suche, daß die Menschen sehr gottlos leben, ob sie gleich die evangelischen Wahrheiten glauben, so muß ich ihnen notwendig eine schändlichere Gottlosigkeit zuschreiben, als sie sein würde, wenn sie diese Überzeugung nicht hätten. Es ist ein Grundsatz, den man durchgängig annimmt, daß, je größer die Einsicht ist, bei der man sündigt, desto größer ist das Verbrechen. Nun sind meiner Meinung nach die Sünder von der Wahrheit des Evangeliums überzeugt, folglich sind sie nach meiner Meinung strafbarer als nach des P. Rapin seiner, der sich einbildet, daß alle ihre Verbrechen aus einem Mangel des Glaubens entspringen. Es ist ausgemacht, daß die Bosheit einer Handlung geringer ist, wenn die Einsicht desjenigen, der sie begeht, nicht groß ist; es wäre denn, daß er selbst an seiner Unwissenheit schuld wäre, da er sein Erkennen mutwilligerweise unterdrückt, damit er desto freier sündigen könne. Da nun aber niemand außer Gott wissen kann, wer diejenigen sind, die sich aus bloßer Bosheit selbst unwissend gemacht haben, so würden wir sehr verwegen handeln, wenn wir sagen wollten, diejenigen, welche sündigen, weil sie fast keinen Glauben mehr haben, wären gottloser als andere. Allein von denjenigen, die bei einer völligen Überzeugung von der Wahrheit des Evangeliums sündigen, kann man es sehr wohl behaupten, ohne ein verwegenes Urteil zu fällen, und folglich vergrößern diejenigen, die es mit den Sätzen halten, die ich oben vorausgesetzt habe, das Verbrechen der Sünder. Weit gefehlt, daß sie es vermindern sollten.

Denn wollte man sagen, nur die Bosheit des Herzens verdunkle die Klarheit der evangelischen Wahrheiten, so würde man sich zum Richter in einer Sache aufwerfen, welche über unsere Erkenntnis geht. Denn nur Gott allein sieht mit Gewißheit, was in dem Herzen eines Menschen vorgeht und wie sich die Gegenstände zu der Beschaffenheit des Verstandes verhalten. Wir erfahren täglich in Dingen, die bloß auf Betrachtungen hinauslaufen, daß einerlei Gründe einigen unumstößlich, anderen wahrscheinlich und dem dritten nichtig vorkommen. Wie oft geschieht es nicht, daß wir in einer Rede vor Gericht, daran wir gar keinen Anteil nehmen, von etwas gerührt werden, welches doch das Gründlichste darin nicht ist. Wie oft geschieht es nicht, daß die Einwürfe uns stärker rühren als die Beantwortungen, obgleich diese an und für sich selbst besser sind als jene und es uns zu unserer Glückseligkeit gleichviel ist, sie mögen besser sein oder nicht. Es wäre daher lächerlich, wenn man behaupten wollte, daß allemal, wenn man einen Grund dem anderen vorzieht, man es deswegen täte, um der Begierde, Gott zu beleidigen, nicht hinderlich zu sein. Da nun dieses nicht kann behauptet werden, so kann man auch vernünftigerweise nicht sagen, daß alle diejenigen, welche unsere Geheimnisse in Zweifel ziehen, es deswegen tun, weil sie wünschen, daß das Evangelium nicht wahr sein möchte. Es ist sehr wohl möglich, daß die Entfernung von den Zeiten, da das Evangelium durch eine Menge von Wundern bestätigt worden ist, daß die ungeheure Verderbnis der Sitten, welche seit tausend Jahren das ganze Christentum überschwemmt hat, daß die unzähligen Sekten, darein es sich verteilt hat, davon jede alle anderen verdammt, darunter verschiedene sehr gelehrt und sehr spitzfindig gegen die anderen schreiben; es ist sehr wohl möglich, sage ich, daß alles dieses gewissen Geistern wie eine Wolke vor Augen schwebt, dadurch sie die Göttlichkeit des Evangeliums nicht klar erkennen können, ohne daß sie durch ihre Neigung zum Bösen etwas dazu beitragen sollten. Dem sei, wie ihm wolle, ich glaube, daß man in dem, was ich gesagt habe, seine Rechnung finden wird, man mag entweder Belieben haben, die Verderbnis des Menschen zu vergrößern oder ihm Lobsprüche zu geben. Denn indem ich sage, daß er seinen verderblichen Leidenschaften zum Verdruß dennoch die kostbare Beilage des Glaubens gesund und völlig behält, so gebe ich ihm einiges Lob; aber eben daraus erhellt, daß seine Bosheit ungemein groß sein muß, weil das Licht des Glaubens nicht vermögend ist, dieselbe zu bessern.

Es ist mehr daran gelegen, als man denkt, wenn man dem Menschen begreiflich macht, wie weit sein Verderben geht, und wenn man insonderheit die widersinnige Unordnung, darein er sich gestürzt hat, ihm vor Augen stellt, vermöge welcher er beständig gegen seine Einsicht und gegen die Befehle der Religion handelt, die er doch glaubt, von Gott erhalten zu haben; daran, sage ich, ist sehr viel gelegen. Denn wenn man achtgibt, daß sonst alle Dinge in der Welt gewissen mechanischen Gesetzen unterworfen sind, die ordentlicherweise beobachtet werden und die unserem Bedünken nach mit dem Begriff, den wir von der Ordnung haben, sehr genau übereinkommen, so wird man notwendigerweise daraus folgern müssen, daß etwas in dem Menschen anzutreffen sei, das nicht körperlich ist. Denn wäre der Mensch nur körperlich, so würde er notwendig der so weisen und ordentlichen Mechanik unterworfen sein, welche in dem ganzen Weltgebäude herrscht, und er würde dem Begriff, den wir von der Ordnung haben, nicht so entgegen handeln. Es ist daher eine Seele in dem Menschen, welches eine von dem Körper unterschiedene Substanz ist und die vollkommener ist als der Körper, weil der Mensch durch sie vernünftig wird. Wie kann man sich aber einbilden, daß alle Körper der Ordnung unterworfen sind, und nicht zugleich glauben, daß vollkommenere Substanzen, als der Leib ist, derselben nicht auch unterworfen sein sollten? Wenn die Welt ein Werk eines blinden Zufalls ist, warum folgt sie denn gewissen beständigen Gesetzen? Man kann nichts Taugliches darauf antworten. Man muß daher wenigstens so viel sagen: Die Natur der Dinge habe gewollt, daß die Welt durch gute Gesetze erhalten würde. Hat sie es aber in Ansehung des Leibes gewollt, warum hat sie nicht auch gewollt, daß die Seele des Menschen der Ordnung unterworfen wäre? Auch darauf kann man nichts Taugliches antworten. Man muß daher sagen: Die Seele des Menschen wäre sowohl durch ein unendlich gütiges Wesen in der Ordnung erschaffen worden wie alle übrigen Dinge, und befindet sie sich nicht mehr darin, so ist sie deswegen in Unordnung verfallen, weil sie ihre Freiheit mißbraucht hat. Je mehr man die Verderbnis des Menschen erweist, desto mehr verbindet man die Vernunft, dasjenige für wahr zu halten, was uns Gott von dem Fall Adams offenbart hat. Solchergestalt ist es der Religion zuträglicher, als man meint, wenn man beweist, die Bosheit der Menschen sei so groß, daß nur eine ganz besondere Gnade des Heiligen Geistes dieselbe bessern könne, und ohne diese Gnade sei es in Ansehung der Sitten gleich, man möge ein Gottesleugner sein oder alle Kirchensätze der Konzilien für wahr annehmen. Und daher werden Sie, mein Herr, nicht leicht einen sogenannten starken Geist antreffen, der die Verderbnis des Menschen zugeben sollte. Nächstens sollen Sie meine Mutmaßungen über die Sitten einer Gesellschaft von Atheisten erhalten.

A..., den 29. Juli 1691

161. Mutmaßungen von den Sitten einer Gesellschaft, die etwa ohne Religion wäre

Nachdem ich alle diese Anmerkungen gemacht habe, kann ich meine Mutmaßungen, eine atheistische Gesellschaft betreffend, leicht wissen lassen. Meinem Bedünken nach würde sie in Ansehung der Sitten und bürgerlichen Handlungen einer Gesellschaft von Hei den ganz ähnlich sein. Es ist wahr, für die Verbrecher würde man darin sehr scharfe Gesetze haben und sie zur Bestrafung derselben streng beobachten müssen. Allein, ist das nicht durchgängig nötig? Und würden wir es wohl wagen, aus unseren

Häusern zu gehen, wenn der Diebstahl, der Totschlag und andere Gewalttätigkeiten durch königliche Gesetze erlaubt würden? Ist es nicht einzig und allein die neue Kraft, welche der König den Gesetzen verliehen, um die Verwegenheit der Spitzbuben zu unterdrücken, welche uns den Tag und die Nacht über auf den Gassen zu Paris vor ihren Überfällen sichert? Würden wir außerdem nicht ebensowohl wie unter den andern Regierungen den Gewalttätigkeiten ausgesetzt sein, obgleich die Prediger und Beichtväter ihrer Pflicht jetzt besser nachkommen, als sonst geschah? Wieviel Totschläge und Plünderungen geschehen nicht, ungeachtet der Räder und des obrigkeitlichen Eifers und der Wachsamkeit der Unterrichter, selbst an den Orten und zu der Zeit, wenn man die Verbrecher zur Strafe führt. Man kann, ohne einen prahlerischen Redner abzugeben, behaupten, daß die menschliche Gerechtigkeit die Tugend bei dem größten Teil der Welt verursacht, denn sobald sie einer Sünde den Zügel schießen läßt, so sind wenig Leute, die sich davor in acht nehmen sollten.

162. Daß die menschlichen Gesetze die Tugend bei unzähligen Personen verursachen. Die Unkeuschheit ist ein Exempel davon

Dieses erhellt aus dem Exempel der Unkeuschheit. Alle Christen geben es zu, sie sei durch ein göttliches Gesetz verboten worden. Die Kirche predigt ebendasselbe unaufhörlich. Bei dem allen weiß ich nicht, ob unter Hunderten einer anzutreffen ist, der davon rein ist. Warum? Weil die weltliche Gerechtigkeit darin niemand beunruhigt. Was das Frauenzimmer betrifft, so ist es wahr, es enthalten sich ihrer mehrere von diesem Übel, allein nicht deswegen, weil sie von Natur größere Heiligkeit besitzen als die Mannspersonen oder weil die Liebe zu Gott ihnen mehr Kräfte verschafft, der Versuchung zu widerstehen. Weswegen denn? Weil sie durch das strenge Gesetz der Ehre zurückgehalten werden und weil sie sich dem Schimpf aussetzen würden, wenn sie der natürlichen Neigung unterliegen wollten. Es ist gewiß, hätten die Menschen die Ehre und den Ruhm des Frauenzimmers nicht mit der Keuschheit verknüpft, das Frauenzimmer würde, überhaupt zu reden, den Sünden des Fleisches so stark ergeben sein wie die Mannspersonen, und es ist sogar zu vermuten, daß sie noch weit geneigter dazu sein würden, weil es sehr wahrscheinlich ist, daß diese Leidenschaft *bei* dem Frauenzimmer heftiger ist als bei den Mannspersonen.

163. Die Mannspersonen sind in Ansehung der Ehre empfindlicher als die Weibspersonen

In der Tat, wenn ein keusches Leben einer Mannsperson so große Ehre brächte, wie dasselbe dem Frauenzimmer bringt, so würden allem Ansehen nach ebensowenig Edelleute verbotene Orte besuchen, wie man deren findet, welche den von ihrem General ihnen anvertrauten Posten verlassen. Man sieht sehr wenig Edelleute, die das letztere tun, sehr wenige, welche nicht, in der Absicht, Ruhm zu erlangen, den Tod verachten und der größten Gefahr Trotz bieten sollten. Es ist so lange eben nicht, da man in ganz Frankreich nicht einen Edelmann gefunden, der sich nicht des geringsten Schimpfes halber, den man seiner Ehre angetan, mit jemanden in einen Zweikampf hätte einlassen sollen, dabei er nicht nur offenbar Gefahr lief, im Zweikampf zu bleiben, sondern auch dem Henker in die Hände zu geraten. Es ist daher sehr wahrscheinlich, daß, wenn die Keuschheit für die Mannspersonen den Weg zur Ehre, die Unkeuschheit aber der Weg zur Schande wäre, es ebenso was Seltsames sein würde, daß ein Edelmann ein ärgerliches Liebesverhältnis einginge, wie es was Ungewöhnliches ist, wenn man einen seiner niederträchtigen Aufführung halber außer Stand setzt, im Krieg dienen zu können. Indessen ist es doch gewiß, daß ungleich mehr Weibspersonen aus vornehmen Familien durch ihre Unmäßigkeit ihre Ehre einbüßen, als es Edelleute gibt, die durch ihre niederträchtige Aufführung den Adel verlieren. Folglich ist zu vermuten, daß, wenn die Weibspersonen die Begierden ihrer Natur erfüllen könnten, ohne ihre Ehre aufs Spiel zu setzen, sie in einem liederlichen Leben es höher treiben würden als die Mannspersonen, und daß diese die sündigen Lüste besser überwinden würden, als es bei dem Frauenzimmer geschieht, wenn ihre Ehre auf diesem Sieg beruhte. Sagen Sie, wo es Ihnen gefällt, es käme daher, weil die Weibspersonen nicht so viel Gewalt über ihre Leidenschaften haben wie die Männer und die Furcht vor der Verachtung bei Mannspersonen einen stärkeren Eindruck macht als bei dem Frauenzimmer, beweisen Sie es daher, weil es nicht so viele Weibspersonen gibt, welche die Begierde, sich zu vergnügen, durch die Furcht, sich zu entehren, überwinden, wie man Mannspersonen antrifft, welche die Furcht vor dem Tod, die allerheftigste unter allen Leidenschaften, durch die Scheu vor Schimpf und Schande dämpfen, oder sagen Sie, die Natur habe dem Frauenzimmer ein Temperament gegeben, das darin weniger zu zähmen sei als der Mannspersonen ihres; mir liegt wenig daran. Man wird allemal mit Wahrheit sagen können, der Grund, warum die Weibspersonen sich ungleich mehr von dem Laster der Unkeuschheit enthalten, sei dieser, weil die Mannspersonen die Ehre des Frauenzimmers mit der Keuschheit verknüpft haben, und hingegen die Männer bei dieser Tugend so wenig Ehre erlangen, daß, wer sich damit in der Welt groß machen wollte, sich zum Gelächter machen würde.

164. Welches gewöhnlichermaßen die wahren Ursachen der Keuschheit des Frauenzimmers sind

Sie dürfen sich indessen nicht einbilden, daß meiner Meinung nach kein einziges Frauenzimmer anzutreffen sei, welches nicht ihre Tugend von der Furcht der Schände entlehnen sollte. Davor behüte mich Gott, daß ich solche Urteile abfassen sollte, welche der Gnade des Heiligen Geistes so nachteilig wären. Ich habe bereits bezeugt, und ich bezeuge es noch einmal, daß ich von der allgemeinen Regel eine gute Anzahl Personen ausnehme, welche sich durch den wahrhaften Geist der christlichen Religion leiten lassen und welche Gott von der gemeinsten Seuche verwahrt, wie aus dem göttlichen Ausspruch erhellt:[300] *Ich habe mir übriggelassen siebentausend Mann, welche ihre Knie nicht vor Baal gebeugt haben.* Nach dieser getanen Erklärung aber sehe ich nicht, wie man es mir übelnehmen könnte, wenn ich die meisten menschlichen Tugenden und hauptsächlich die Keuschheit des Frauenzimmers für falsch und verdächtig halte. Wenn diejenigen, welche ihrer Pflicht darin nachgekommen sind, sich mit aller Schärfe untersuchen, so werden sie finden, daß die Furcht vor dem: *Was wird man dazu sagen?*, dazu mehr beigetragen hat als alles anderes. Und wieviel gibt es nicht deren, welche das Original zu der Amaryllis des Pastor Fido abgeben und die insgeheim in ihrem Herzen oder bei einer verliebten Zusammenkunft sagen:

Das Wild, so hier mein Mund mehr als glücklich heißt,
Lebt außer dieser Pein.
Es hat sonst kein Gebot im Lieben als das Lieben:
Hergegen stellt bei uns sich schärfre Satzung ein;
Dieweil der Tod der Liebe Straf ist blieben.
Was aber? Diese Lieb ist schlecht und gar geringe,
Die für das Geliebte sich weigert zu sterben.
Ach Myrtillo, wollte Gott,
Es wäre nichts als nur der Tod,
Durch den die Verliebten müssen verderben.
Du heilig Ehre du, du reinstes aller Dinge,
Dir sei der heiße Trieb im Lieben
Durch deiner Schärfe Stahl geschlacht
Als ein unbeflecktes Wesen itzt zum Opfer hingebracht.

Hoffmannswaldau

Sie sehen wohl, daß das Gesetz, welches die Liebe mit dem Tod bestraft, die verliebten Herzen nicht so sehr zum Murren bewegt und daß man sich nur vor der

Züchtigung des gemeinen Rufes fürchtet. Man bildet sich ein, Gott vergebe alles und die Menschen vergeben nichts, und daß also alles nur darauf ankomme, den Schein zu vermeiden, welches aber so leicht nicht angeht. Man sagt auch, daß diejenigen, welche sichere Hoffnungen haben, dem Urteil der Menschen zu entgehen, so gar viele Umstände nicht machen. Fügen Sie noch hinzu das bekannte *Casta est, quam nemo rogavit; Die ist keusch, bei der sich keiner gemeldet hat;* eine gewisse Schamhaftigkeit, welche von der Erziehung herrührt und oft die Allerverliebtesten verhindert, nur im geringsten sich was merken zu lassen; die Begierde, das Vergnügen größer zu machen und die Neigung eines Liebhabers durch die Schwierigkeit zu erhitzen, dadurch er aber zuweilen verdrießlich gemacht wird; die Liebe zu einem guten Namen; die Begierde, bei denjenigen, welchen man Widerstand leistet, Hochachtung zu erlangen; die Hoffnung, dadurch zu einem Mann zu gelangen; ein gewisser[301] edler Ehrgeiz, der nicht zuläßt, daß man jemals sich entschließe zu ertragen, daß jemand in der Welt ein Zeuge von unserer Schwachheit sei; die unangenehmen Bezeigungen derjenigen, die sie zur Liebe reizen; die ungelegene Zeit, da sie dieses tun; ihre Unbescheidenheit; wenn Sie alles dieses zusammennehmen, so werden Sie die wahrhafte Quelle der Enthaltsamkeit des Frauenzimmers entdecken, ohne die Eindrücke der Religion mit zu Hilfe zu nehmen.

165. Was für Nachteil die Unkeuschheit, die unter den Christen herrscht, der christlichen Religion bringt

Bei der Anmerkung, die ich hier von dem großen Umfang, den die Unkeuschheit unter den Christen hat, gemacht habe, erinnere ich mich, in der Nachricht des Herrn Ricaut[302] gelesen zu haben, daß die Türken jetzt ihr Gelächter damit haben, wenn wir ihnen von der Strengigkeit der christlichen Religion was vorsagen, vermöge welcher es uns verboten ist, mehr als eine Frau zu heiraten, und mit einer anderen, sie mag sein, wer sie wolle, außer ihr zu tun zu haben. Es ist wahr, setzt er hinzu, zu unserer Schande müssen wir gestehen, daß die Unordnung unserer Sitten und Aufführung diesen Ungläubigen Gelegenheit genug gibt, ihr Gespött mit uns zu treiben und uns vorzuwerfen, unser Leben hebe unsere Lehre auf. Sie müssen sich ärgern, wenn sie sehen, daß es nicht nur unter uns unzählige Personen gibt, welche diese heiligen Regeln des Christentums durch ein unkeusches und verfluchtes Leben verletzen, sondern daß sich auch Gesetze und Freibriefe finden, welche die Hurerei bestätigen. Sie beweisen dies durch die Hurenhäuser in Italien. Sie wissen, daß die Unkeuschheit für eine Art des Handels und als ein Gewerbe zu Venedig und Neapel gehalten wird, daß die liederlichen Weibspersonen, die *Kurtisanen,* wie sie zu Rom, und die Cantoneras, wie sie in Spanien heißen, als Glieder von dem Staatskörper angesehen werden, und daß man sie mit Steuern und Zoll belegt. Sie begreifen gar nicht, auf was für Gründen diese Politik beruhen müsse und was die Italiener zur Verteidigung dieser Gewohnheit vorbringen können. Der Autor hätte seine Redlichkeit ein wenig höher treiben und aufrichtig gestehen sollen, daß die Spanier und Italiener nicht allein zu tadeln sind, denn man nehme die Steuern und den Zoll aus, sonst haben die Huren in London den Huren in Spanien und Italien nichts vorzuwerfen, weder was ihre Anzahl noch ihre Frechheit, noch den ruhigen Zustand betrifft, dessen sie, ohne Strafe zu besorgen, genießen können. Eine Beschreibung des Herrn von St. Didier würde uns dasselbe sehr geschickt berichten können, und Herr Ricaut hätte seine Nation nicht schonen sollen, da er die Ehre der anderen den Spöttereien der Ungläubigen in so wohlfeilem Preis überläßt.

Übrigens aber gibt mir der Grund, den die Türken, wie er sagt, nicht begreifen können, einen starken Beweis an die Hand. Man weiß, daß die Ursache, warum sie die öffentlichen Hurenhäuser dulden, diese ist, damit sie ein größeres Übel, das ist eine Art Unreinigkeit, die noch schändlicher ist, vermeiden und dem ehrbaren Frauenzimmer Sicherheit verschaffen möchten. Da vor 254 Jahren Venedig ohne Huren war, sah sich die Republik genötigt, deren eine große Anzahl aus fremden Ländern zu verschreiben. Doglioni, welcher die Merkwürdigkeiten von Venedig beschrieben hat, rühmt darin die Weisheit der Republik ungemein, weil sie durch dieses Mittel ehrbaren Frauenspersonen Sicherheit zu verschaffen gewußt, welchen man vordem alle Tage öffentlich Gewalt antat, sogar, daß auch die heiligsten Orte nicht eine sichere Freistatt waren, wo die Keuschheit nichts zu befürchten gehabt hätte. Es ist eine Zeit gewesen, da man den Priestern und Mönchen in Deutschland mittels eines gewissen jährlichen Tributs, den sie ihrem Prälaten zahlten, Beischläferinnen zu halten erlaubt hat. Man glaubt gemeiniglich, daß nur der Geiz an dieser schändlichen Duldung schuld gewesen, allein es ist wahrscheinlicher, daß man dadurch verhüten wollen, daß die Keuschheit ehrbarer Weiber nicht allzusehr verführt würde. Es kann auch sein, daß man die Unruhe der Männer dadurch zu stillen gesucht hat, weil es nicht gut ist, wenn die Geistlichkeit sich deren Rache zuzieht. Ich sage, dieses gibt mir einen sehr starken Beweis an die Hand. Denn es erhellt daraus augenscheinlich, daß ich mit Grund behauptet, daß die Religion nicht ein Zaum ist, der unsere Leidenschaften genugsam bändigen könnte. Da sieht man's, daß die christliche Religion so wenig vermögend gewesen, die Unkeuschheit zu mäßigen, daß man sich gezwungen gesehen hat, ihr ein Teil Weibspersonen aufzuopfern, um das andere Teil zu retten und ein größeres Übel zu verhüten, das demungeachtet dennoch sehr allgemein geworden ist. Hier bemerke ich im Vorbeigehen: Die Menschen sind schon so stark überzeugt, daß die allerfeierlichsten Eidschwüre nicht ein so starker Riegel sind, der die Herrschsucht der

Fürsten aufhalten sollte, daß, ob sie gleich dieselben das Halten der Friedensschlüsse mit großer Behutsamkeit beschwören lassen, man doch immer voller Unruhe ist, wenn man erfährt, daß der Nachbar Truppen ins Feld rücken läßt. Wir sehen davon täglich verschiedene Exempel. Da nun die Religion nicht vermögend ist, die natürliche Neigung zu überwinden, so muß ein anderer Beweggrund von der Keuschheit der Weibspersonen und der guten Eigenschaften der Mannspersonen dasein als das Gewissen.

166. Kennzeichen, daran man ersehen kann, ob man etwas aus Liebe zu Gott tut

Sagen Sie mir einmal, ich bitte Sie, kann eine Frau, die sich mit anderen nicht gemein macht und die doch ihren Mann mit Gift hinrichtet, sich rühmen, sie habe deswegen mit anderen Männern nichts zu tun, weil sie Gott gehorchen wolle? Es ist augenscheinlich wahr, daß sie von ihrem eigenen Herzen würde betrogen werden, wenn sie sich einbildete, sie könnte aus Liebe zu Gott eine gute Handlung unternehmen, mittlerweile daß sie geschickt ist, ihren Mann zu vergiften. Denn hätte die Liebe Gottes einiges Vermögen über sie, wie könnte sie sich entschließen, einen so schändlichen Totschlag zu begehen? Und da sie sich dazu entschließen kann, ohne sich mit jemandem verbotenerweise gemein zu machen, müssen nicht notwendig besondere Betrachtungen dasein, die sie zwar von der Unzucht abwenden, hingegen aber von der Vergiftung ihres Mannes sie nicht abziehen können? Ist es nicht wahr, sie würde sich ebensowohl zu allen andern Lastern wie zu diesem entschließen, wenn sie durch ähnliche Leidenschaften dazu angetrieben würde und In der Ausübung derselben sich nicht Umstände fänden, welche sie vielmehr zurückhalten? Daß sie also ein Verbrechen viel mehr begeht als ein anderes, das kommt einzig und allein daher, weil sie das eine tun kann, ohne in Schimpf zu geraten, das andere aber nicht begehen kann, ohne sich die übrige Zeit des Lebens zu verunehren. Ihre Religion ist daher gar nicht Ursache, daß sie sich keusch aufführt. Wenn die Mannspersonen sich nach dieser Regel untersuchen, so werden sie finden, daß sie fast nichts aus Liebe zu Gott tun und daß, wenn sie Almosen austeilen, während sie einen verbotenen Umgang mit einer Frau unterhalten, solches entweder deswegen geschieht, weil es ihnen nicht schwer ankommt, von ihrem Vermögen was wegzugeben, oder weil ihr Temperament sie beim Erblicken eines Armen weichherzig macht oder weil sie den Ruhm haben wollen, daß sie gegen Dürftige freigebig sind, oder weil sie dadurch das Recht, ungestraft zu sündigen, erkaufen wollen.

Wie sehr betrügt man sich, wenn man denkt, man tue alles, was man etwa Lobenswürdiges unternimmt, aus Liebe zu Gott. Warum enthält man sich nicht solcher Dinge, welche uns am liebsten sind, sobald man wahrnimmt, daß es von Gott verbotene Dinge sind? Ein Mensch, der das Frauenzimmer liebt und der seine Neigung so oft befriedigt, wie es ihm nur möglich ist, der aber außerdem so mäßig lebt, daß ihm nichts verdrießlicher vorkommt, als wenn er seine Ordnung im Essen und Trinken unterbrechen muß, der niemals Wein ohne Wasser trinken kann, ohne sich heftige Kopfschmerzen zuzuziehen, der überdies so feige ist, daß er nicht einmal weiß, wie ein Degen oder Pistol aussieht, würde es einem solchen nicht ungemein gut sein, wenn er sich bei Gott ein Verdienst daraus machen wollte, daß er sich nicht vollsäuft noch einen Straßenräuber abgibt? Er entsage der Unkeuschheit, der er so ergeben ist, er tue sich diese Gewalt deswegen an, weil es Gott geboten hat, und alsdann wird man alles dasjenige, was an ihm lobenswert ist, für gut ansehen, außerdem wird man glauben dürfen, sein Abscheu vor der Trunkenheit und dem Straßenraub sei eine Tugend, daran der Glaube keinen Anteil hat und die er völlig behalten würde, wenn er auch dem Christentum absagen wollte.

Indessen sind die Umstände ehrbarer Leute meistens so beschaffen: Sie haben eine Leidenschaft, die sie lieben, die sie mit allem Fleiß nähren und in Ansehung deren sie sich keine Gewalt antun, das übrige bleibt in seiner guten Ordnung. Sie rühmen sich dessen und denken, daß sie dadurch Gott viel aufopfern. Blinde Menschen! Könntet ihr Gott viel aufopfern, so müßtet ihr bei derjenigen Leidenschaft, die ihr liebt, den Anfang machen. Das ist kein großes Opfer, wenn man solcher Leidenschaften sich enthält, zu denen man vermöge seines Temperaments kein Belieben trägt.

167. Welches die wahre Ursache ist, warum eine Sünde gewöhnlicher ist als die andere

Ich weiß nicht, ob alle Menschen einerlei Gedanken mit mir gehabt haben, wenn sie gesehen, daß es Sünden gibt, die gewöhnlicher sind als andere. Ich zweifle sehr daran, denn allem Ansehen nach bilden sich viele Leute ein, es komme daher, weil es Sünden gibt, die so gering und so klein zu sein scheinen, daß man sie fast für nichts rechnet, wenn sie mit himmelschreienden Sünden verglichen werden. Ich meines Orts gebe das nicht für die Ursache davon an, und ich glaube vielmehr, es kommt daher, weil bei gewissen Sünden überhaupt ein größeres Vergnügen anzutreffen ist als bei anderen und das da weniger kostet. Denn in der Tat, das Vergnügen ist sozusagen die Spannader aller menschlichen Handlungen. Und es ist gewiß, man mag sagen, was man will, die Liebe zur Freude ist bei dem Menschen stärker als der Haß des Schmerzes, und er wird durch ein Gut mehr gerührt als durch ein Übel. Man trägt kein Bedenken, Verdruß und Schmerzen auf sich zu laden, wenn man nur vorher ein Vergnügen genossen hat, noch Kummer und Verdruß auszustehen, wenn man nur Vergnügen zu hoffen hat. Dieses erhellt aus dem Exempel so vieler junger Mädchen, bei welchen die

Gewalt des gegenwärtigen Vergnügens alles andere überwiegt, daß sie Sachen vornehmen, von denen sie wohl wissen, was für eine Reihe von Verdrießlichkeiten sie nach sich ziehen. Es erhellt ferner aus dem Exempel so vieler Leute, die wohl tausendmal erfahren haben, daß der Genuß gewisser Speisen und das allzu viele Trinken ihnen erschreckliche Schmerzen verursacht hat, und die dennoch ihren Appetit darin stillen, sobald sie Gelegenheit dazu finden. Es gibt Korsen[303], die, wenn sie sind beleidigt worden, ganze vierzehn Tage in einem Gebüsch stecken und ihren Feind erwarten und unterdessen sich daselbst mit Wurzeln, die sie fressen, ganz gerne befriedigen, wenn sie nur das Vergnügen haben, daß ihnen das Auflauern gelingt. Die Stärke des Vergnügens muß wohl sehr groß sein, weil man zu Rom bei der so geringen Anzahl der vestalischen Jungfrauen die Todesstrafe derjenigen, die sich übel aufgeführt haben, so oft zu sehen bekam. Eine Todesstrafe, die so grausam, so schimpflich, so traurig und mit so vielen Vermaledeiungen verknüpft war, daß man nichts Geschickteres hätte erfinden können, die Reize der Unkeuschheit im Zaume zu halten.

Wenn Sie bei sogestalten Sachen fragen, warum die Unkeuschheit ein ungleich gewöhnlicheres Laster ist als der Totschlag, so gebe ich zur Antwort, daß es nicht deswegen geschieht, weil man weiß, daß der Totschlag ein entsetzlicheres Verbrechen ist, sondern weil ungleich mehr Leute größeres Belieben zur Unkeuschheit als zum Totschlag haben. Ich gebe zu, die weltliche Strafe, die gegen die Mörder eingeführt worden ist, trägt viel zu diesem Unterschied bei, davon wir hier reden, aber man wird mir auch nach reiflicher Überlegung zugestehen müssen, daß die von mir angeführte Ursache noch mehr dazu beiträgt.

168. Gedanken über die Gewohnheit zu lügen und übel nachzureden

Wollen Sie erlauben, daß ich noch von einem gewöhnlicheren Laster, als die Unkeuschheit ist, nämlich von der üblen Nachrede und von dem Lügen reden darf? Ist es nicht an dem, daß die Hauptursache, warum diese Laster so sehr im Schwange gehen, diese ist, weil sie eine unerschöpfliche Welle von Vergnügungen sind? Es sind dieses Laster, welche unserer Eitelkeit, unserem Neid, unserem Geiz und unserem Haß ungemein schmeicheln, und folglich müssen sie uns sehr angenehm sein. Die Kaufleute und Handwerksleute kriegen immer etwas mehr, weil sie so wacker lügen und schwören, eine gewisse Sache sei von dem und dem Wert; das Lügen ist ihnen daher ein beständiges Vergnügen, und also lügen sie in alle Ewigkeit fort. Diejenigen, welche aus Prahlerei lügen, finden darin ebenfalls ein großes Vergnügen, denn sie bilden sich ein, man würde sie auf ihr Wort für Leute halten, die was in der Welt zu bedeuten hätten. Diejenigen, welche lügen, um anderen zu schmeicheln, finden dabei ebenfalls viel

Annehmlichkeit; sie erwerben sich Freunde damit, die ihnen ihre Lobsprüche manchmal mit barem Geld bezahlen oder die ihnen bei Gelegenheit Dienste erweisen oder die ihnen wenigstens Lobsprüche gegen Lobsprüche auszahlen. Gerät es ihnen hier nicht, wie sie wünschen, so haben sie doch eine heimliche Freude, wenn sie die Leichtgläubigkeit derjenigen, welche sie loben, sehen und dadurch ihrem Unwillen entgehen; denn es gibt Leute, die es denjenigen nimmermehr vergeben, welche den Weihrauch in Ansehung ihrer sparen. Was diejenigen betrifft, welche anderen Übles nachreden, so haben sie das Vergnügen, die Ehre ihres Nächsten, den sie beneiden, zu vermindern und, soviel es an ihnen ist, sich über ihn zu erheben. Überdies werden sie dadurch sehr geschickt, dem Frauenzimmer zu gefallen, und das ist in der Welt eine Sache von Erheblichkeit.

Sie machen sich dadurch beliebt bei ihnen, denn überhaupt ist das Frauenzimmer der Eitelkeit und dem Neid sehr ergeben. Will man also dasselbe auf eine angenehme Art unterhalten, so muß man nicht nur lügen, wenn man sie lobt, man muß auch zu lügen wissen, indem man andere Frauenzimmer tadelt, insbesondere solche Personen, welche derjenigen, die man unterhält, an Schönheit oder an Verstand oder an Ansehen oder am Rang nichts nachgeben wollen. Man muß daher ein Frauenzimmer niemals besuchen, wenn man nicht ein Histörchen von einer anderen und sonderlich von denjenigen zu erzählen weiß, welche manchmal zu ihnen kommen. Weiß man keines, so erfinde man eines, denn man muß entweder von anderen übel sprechen können oder sich's gefallen lassen, daß man beim Frauenzimmer nicht wohl gelitten ist. Daher wird man finden, daß kein Ort in der Welt ist, wo die üble Nachrede so stark herrscht wie an solchen Orten, wo beiderlei Geschlechter beständig beisammen sind, denn es ereignen sich bei solcher Vertraulichkeit nicht nur tausenderlei Umstände, welche zum Plaudern Gelegenheit geben, sondern es erlernen auch die Mannspersonen in dieser Schule alle Kunstgriffe von dieser Geschicklichkeit.

Das sage ich nur im Vorbeigehen, denn meine Absicht ist nicht, mich darauf einzulassen. Mein Endzweck ist, Ihnen zu zeigen, daß die Ursache, warum alle diese Laster so allgemein sind, diese ist, weil sie uns gefallen, und nicht nur, weil sie uns für erlaubt vorkommen. Sie werden schon sehen, wozu mir das dienen wird.

169. Ob die Menschen recht haben, wenn sie glauben, daß die Unkeuschheit ein geringeres Verbrechen ist als der Totschlag,

Ist es nicht wahr, wir haben keine Offenbarung und keinen tüchtigen Grund in der Theologie, daraus man erlernen könnte, daß die Unkeuschheit eine Sünde sei, welche Gott weniger mißfällt als der Totschlag oder Meineid. Sie ist zwar dem gemeinen

Wesen nicht so nachteilig wie die letzteren beiden, allein daraus läßt sich die Eigenschaft der Sünden nicht erkennen, denn nach einer gesunden Theologie ist eine Handlung deswegen schändlich, weil sie Gott verboten hat; wobei man den Unterschied des natürlichen Gesetzes mit dem willkürlichen Gesetz beiseite setzt. Demzufolge verändern die Umstände, die aus dem Zustand, darin sich der Sünder befindet, aus seiner Einsicht und aus seinen Absichten entspringen, den Grad der Schändlichkeit, daß sie entweder größer oder geringer ist. Ich zweifle sehr, daß die Gewalt des Vergnügens, die uns dahinreißt, das Verbrechen verkleinern sollte, denn wenn das wäre, so müßte man sagen können, daß die Sünden der Gewohnheit, die man für schändlicher er kennt als andere, geringer wären, weil die Gewalt der angenommenen Gewohnheiten eine Art der Bestimmung ist, welche die Freiheit vermindert. Was die Folgen betrifft, welche der bürgerlichen Gesellschaft zum Nachteil gereichen, so glaube ich nicht, daß sie die Schuld des Sünders bei Gott vergrößern, es wäre denn, daß der Sünder dieselben zur Absicht gehabt. Zum Exempel: Ein Bandit bringt einen Menschen im Wald um, er weiß nicht, was es für ein Mensch ist, er will nur seine Sachen haben, darum schafft er ihn aus dem Weg. Dieser ist vor Gott nicht strafbarer oder unschuldiger, weil aus seinem Totschlag tausend Unordnungen oder tausenderlei Glücksfälle erfolgen. Er hat vielleicht einen Mann erschlagen, der Kinder hat, die durch den Verlust ihres Vaters an den Bettelstab geraten, einen Menschen, der in der ganzen Nachbarschaft Stütze der Armen und die Zuflucht der unterdrückten Unschuld war, einen Mann, der alle Streitigkeiten seiner Mitbürger schlichtete usf.; oder er hat einen Menschen fortgeschafft, der weder Feuer noch Herd hatte und aus dem man machen konnte, was man wollte; alles dieses wird ihm bei Gott nicht angerechnet, weil es mit dem begangenen Totschlag nur zufälligerweise verknüpft ist. Zwei schießen mit der Pistole, jeder nach seinem Feind, der eine trifft, der andere verfehlt ihn oder bringt den Schuß so glücklich an, daß jenem ein Geschwür davon aufgeht, daran er in wenigen Tagen würde gestorben sein, durch den Schuß aber wird er in den Stand gesetzt, daß er noch fünfzig Jahre in völliger Gesundheit lebt, wie man davon Exempel anführt.[304] Die weltliche Gerechtigkeit mag unter diesen beiden Menschen einen Unterschied machen, wie sie will, sie mag den einen zum Tod verurteilen und den andern in Ruhe lassen, weil des einen Handlung dem gemeinen Wesen nachteilig gewesen, des anderen aber nicht; vor dem Richterstuhl der göttlichen Gerechtigkeit sind sie beide gleich schuldig. Obgleich also die menschliche Gesellschaft von der Unkeuschheit Nutzen, von dem Totschlag aber Schaden hat, so folgt daraus doch nicht, daß eine von diesen Sünden vor Gott geringer sei als die andere, weil, wenn man weiß, daß Gott eine Sache ausdrücklich und schlechterdings verboten hat, man dieselbe nicht ausüben kann, ohne in alles dasjenige zu verfallen, was es zu einem Verbrechen macht. Die Sünde Adams, welche auf eine so entsetzliche Art bestraft worden ist, war deswegen so abscheulich, weil sie war verboten worden, denn sonst war wohl nichts unschuldiger, als von einer gewissen Frucht zu essen, das brachte weder der menschlichen Gesellschaft noch den Tieren, noch den anderen Kreaturen einigen Schaden zuwege. Man sage daher: Diejenigen Christen, welche sich den Unordnungen der Unkeuschheit ergeben, welche unaufhörlich lügen, entweder um ihren Nächsten zu betrügen oder ihn übel anzuschwärzen oder ihrer Eitelkeit zu schmeicheln, sind vor Gott ebenso strafbar wie die Totschläger, weil sie weder die Offenbarung noch irgendeinen tüchtigen Grund für sich haben, daraus sie sehen könnten, daß Gott nicht alle diese Dinge gleich durchgängig verboten habe, oder daraus sie schließen könnten, eines würde bestraft werden, das andere nicht. Und also ist die Ursache, warum gewisse Verbrechen gewöhnlicher sind als andere, nicht darin zu suchen, weil man weiß, daß sie vor Gott geringer sind.

170. Gedanken über die Bosheit, welche sich oft bei der üblen Nachrede befindet

Wenn die Prediger auf die üble Nachrede und Unkeuschheit verfallen, so malen sie dieselben als die allerschändlichsten Sünden ab; ich nehme sogar diejenigen nicht aus, welche für gemächliche und gelinde Kasuisten gehalten werden, denn ich habe deren einige gehört, die darin ziemlich scharf waren, ihrer Meinung nach war dieses der höchste Grad der Bosheit. Sie mochten vielleicht ein andermal ein anderes Laster noch ärger ausschreien, wie etwa die Lobredner der Heiligen demjenigen, dem zu Ehren sie eine Predigt halten, allemal die oberste Stelle einräumen. Doch dem sei, wie ihm wolle, wir können nicht vorwenden, als wüßten wir die entsetzliche Schändlichkeit nicht, die mit der üblen Nachrede und Unmäßigkeit verknüpft ist, denn man schildert uns dieselbe alle Tage mit den lebhaftesten Farben. Es gibt üble Nachreden, die im Grunde ebenso sündig sind wie ein Totschlag und die aus einem so alten Groll entspringen, daß sie bei einem Handgemenge gute Pistolenschüsse und nicht schlechte Zungenstiche abgeben könnten. Wenn ich sehe, daß Geistliche entweder durch Pasquille oder durch heimlich ausgestreute ehrenrührige Beschuldigungen sich an ihren Feinden rächen, so trage ich kein Bedenken zu behaupten, daß dieser oder jener Edelmann, wenn er einen Bauer lahm geprügelt, Gott nicht so sehr beleidigt hat, wie ihn jene beleidigen. Die Galle, welche man in verschiedenen Büchern auf allen Blättern mehr als Papier und Tinte sieht, setzt eine Gemütsbeschaffenheit voraus, die von der christlichen Liebe weiter entfernt ist als etwa die Gewalttätigkeiten eines Soldaten, der den Wirt prügelt und seine Sachen zum Fenster hinauswirft. Der Verfasser hat aber doch niemanden tot oder jemandem den Arm entzweigeschlagen. Das tut nichts dabei, er ist zu dergleichen Beleidigungen nicht aufgelegt, er hat andere Waffen, damit er die Leute angreift. Das ist ebensoviel, wie wenn der Wolf verlangte, man sollte ihm dafür

Dank wissen, daß er nicht hinten ausschlägt.[305] Allein der Verfasser ist im Eifer, er kann es nicht leiden, daß das Laster ungestraft bleibe. Possen! Ein Prälat hat ihn verfolgt oder macht sich ein Vergnügen daraus, seinem Orden täglich etwas Neues zu schaffen zu machen. Das ist der vermeintliche Eifer, welcher den Verfasser gegen den unordentlichen Lebenswandel des Prälaten aufbringt und weswegen er sich so sehr auf die alten Kirchengesetze beruft. Ein Zeichen davon ist, weil ein anderer Orden von Geistlichen, der alle Tage Proben von der Gütigkeit und dem Ansehen des Prälaten erhält, ihn in dem Genuß der Gefälligkeiten seiner Beischläferinnen ungestört läßt und, anstatt gegen seinen Hofgeist loszuziehen, ihn wegen des unermüdlichen Eifers für die Ehre der Kirche und das Wohl der Herde herausstreicht, welches nicht geschehen würde, gesetzt, daß es sich so verhielte, daß der Prälat ihm zuwider wäre. Ebendiese Pasquillanten, welche die Bischöfe, die sie verfolgen, so gut auszumustern wissen, würden einen andern Prälaten so herrlich rühmen können, wenn er nur ihr Gönner wäre, gesetzt, daß er im ganzen Land der größte Liebhaber vom Frauenzimmer wäre. Ich versichere Ihnen, mein Herr, daß es Leute in Ihrer Gesellschaft gibt (in der Sorbonne), welche ohne alle anderen Waffen außer ihrer Feder sich vor Gott strafbarer machen als diejenigen, welche sich an ihren Feinden mit Degen und Pistolen rächen; denn aus der hitzigen und ehrenrührigen Schreibart, der sie sich bedienen, erhellt sattsam, daß sie von dem Geist des Evangeliums sich entfernen und von dem Geist der Rache sich so stark oder noch stärker einnehmen lassen, wie immer Weltmenschen tun können.

171. Warum die Rache und der Geiz so gemeine Leidenschaften sind

Und weil ich auf die Rache zu reden komme, laßt uns doch ein wenig untersuchen, warum sie unter den Christen so gemein ist. Geschieht es wohl deswegen, weil wir etwa nicht wissen, daß die Schrift uns dieselbe als eine der gottlosesten Handlungen verbietet? Nichts weniger als das. Es gibt wenig Wahrheiten, die in dem Evangelium so deutlich niedergeschrieben sind wie diejenigen, welche die Liebe gegen den Nächsten betreffen, und daß wir verbunden sind, ein uns angetanes Unrecht zu verzeihen. Es ist kein Kapitel in der Moral, dabei sich die Prediger länger aufhalten, und kaum sind wir aus der Wiege, so lehrt man uns ein Gebet, davon Jesus Christus selbst der Urheber ist und das wir sozusagen stündlich wiederholen, darin uns ausdrücklich gesagt wird, daß wir nur insofern Vergebung unserer Sünden zu hoffen haben, wie wir der Rache entsagen werden. Alle diejenigen also, welche nur die ersten Gründe der christlichen Religion wissen, können unmöglich im Zweifel stehen, ob die Begierde, sich zu rächen, eine große Sünde sei oder nicht; folglich muß man sagen, daß die Ursache, warum sie so allgemein ist, bloß daher entsteht, weil sie allen Menschen verlockend vorkommt. Die Italiener finden darin so viel Annehmlichkeit, daß sie mit einer entsetzlichen Gotteslästerung sagen, Gott habe sie deswegen sich vorbehalten, damit er der einzige wäre, der von einem so schmackhaften Gericht genießen möchte. Andere Nationen treiben die Sache nicht so hoch. Überhaupt aber finden alle Menschen in der Rache ein ungemeines Vergnügen. Denn da die Eigenliebe mit ihrer Natur unzertrennlich verbunden ist, so wünschen sie natürlicherweise so viel Leute wie möglich unter sich zu haben. Können sie sich nicht über andere erheben, so wünschen sie wenigstens, ihnen sowenig wie möglich unterwürfig zu sein. Da nun die Menschen, wenn sie sich wegen der angetanen Beleidigung zu rächen wünschen, sich allemal vorstellen, derjenige, der sie beleidigt hat, habe sie sich unterwürfig machen wollen, so entledigen sie sich allemal eines großen Verdrusses und empfinden jederzeit die lebhaftesten Regungen der Freude, wenn sie sich rächen können und dadurch in Ansehung ihres Feindes entweder den vorigen Vorteil oder gar die Oberhand über ihn gewissermaßen erlangen. Dies ist unfehlbar der Grund des Vergnügens, welches die Menschen in der Rache finden, und zugleich die Ursache, warum sie so rachgierig sind. Betrachtet man überdies, wie sich tausend Mittel finden, die Rache auszuüben, die alle wenig kosten und von der weltlichen Gerechtigkeit so leicht nicht geahndet werden, so wird man die wahre Ursache finden, warum so viele Leute sich wirklich rächen.

Die unkeuschen Neigungen sind sehr gemein, es ist wahr; demungeachtet muß man doch auch gestehen, daß sie nicht so eingerissen sind wie diese Leidenschaft, die ich kurz vorher berührt habe. Man kann doch wenigstens ein gewisses Alter angeben, das von jenen Leidenschaften befreit ist. Die Kinder finden noch kein Vergnügen darin, alte Leute, da sie kein sonderliches Belieben mehr daran haben, gewöhnen sich dieselben meistenteils nach und nach ab; aber von der Begierde, sich zu rächen, befreit uns kein Alter. Kinder von der Wiege an belustigen sich daran, und die abgelebtesten Greise empfinden darin ein Vergnügen. Bei dem allen weiß ich nicht, ob der Geiz nicht noch gemeiner ist als die Rachgier. Ich verstehe unter dem Geiz nicht nur die schändliche Begierde, womit ein karger Filz Geld zusammenscharrt, sondern überhaupt ein unordentliches Verlangen nach Gütern, man mag sie nun entweder hernach verschwenden oder ihnen ein beständiges Gefängnis im Koffer anweisen. Man glaubt gemeiniglich, ein Geiziger und ein Verschwender könnten unmöglich in einer Person vereinigt werden, und man irrt darin, denn wenn man die Sache genau ansieht, so gibt es keine größeren Räuber fremder Güter, als diejenigen sind, welche sehr viel aufgehen lassen. Man sehe die Leute an, welche dem Finanzwesen und im Krieg bedient sind. Ihre Gastereien, ihre Gebäude und die Namenstage, welche sie den Damen zu Ehren feiern, nehmen ungeheures Geld weg, dagegen erpressen sie das Geld von dem gemeinen Mann auf das geizigste, und man kann vollkommen auf sie beziehen, was von einem alten Römer gesprochen worden: Nach fremdem Gut streben sie, und ihres verschwenden sie.[306] Ich kann daher den Geiz in obigem Sinn nehmen. Nehme ich ihn nun so, so finde ich, daß er entweder gemeiner oder doch ebenso gemein ist wie die Rachgier. Suche ich alsdann die Ursache, warum diese Neigung so allgemein ist, so finde ich nicht, daß es deswegen geschehen, weil man gezweifelt hat, ob es eine Sünde sei oder nicht, denn wie könnte man unter den Christen daran zweifeln, da uns in den Zehn Geboten ausdrücklich untersagt wird, fremde Güter zu begehren, da man so viel Predigten von dem Geiz gehört, welche denselben nach unleugbarer Meinung des Apostels Paulus als eine Art der Abgötterei und als das schändlichste Ungeheuer vor Augen stellen. Man muß daher sagen, daß die Eigenliebe, die beständige Gefährtin unserer Natur, uns geizig mache. Diese verfluchte Leidenschaft, vermöge deren wir in allem, was unserer Eitelkeit schmeichelt, in allem, was uns von anderen Menschen unterscheidet, in allem, was uns die Erfüllung unserer Begierden verschaffen kann, in allem, was uns zu einer Schutzwehr gegen die Übel, die wir besorgen, dienen kann, ein Vergnügen finden, reizt uns an, auf das eifrigste nach Gütern zu streben, weil wir alle diese Vorteile in dem Besitz der Reichtümer zu finden vermeinen. Nach der Gemütsbeschaffenheit der Menschen und zufolge ich weiß nicht was für einer machinalischen Einrichtung ihrer Natur ist das eine Sache, die sie erfreut, wenn sie denken, daß sie reich sind. Man führt allerhand Sachen aus der Moral von der Unruhe geiziger Leute an, es ist wahr; allein, sie empfinden in der Tat mehr Angenehmes in dem Besitz ihrer Schätze als Bitteres in der Vorstellung, daß sie dieselben einmal verlieren können. Wenn sie ihre Taler sehen, so wächst die gute Meinung, die sie von ihrer Person gefaßt haben, und da sie sich also selbst sehr loben, so kommen sie ihrem Schaden wieder bei, wenn zuweilen in der Welt nicht viel aus ihnen gemacht wird.[307] Da nun also einen Menschen nichts mehr belustigt, als wenn er sich selbst als einen Gegenstand, welcher Bewunderung verdient, betrachtet und sich imstande sieht, alle die Vergnügungen, die man nur kaufen kann, zu genießen, so folgt daraus, daß der Besitz vieler Reichtümer für ihn eine unerschöpfliche Quelle von Vergnügen ist oder wenigstens, wie er hofft, sein wird. Fragt man mich also, warum fast alle Menschen sich zu rächen und reich zu werden wünschen, zwei Leidenschaften, welche das Evangelium verdammt, und warum nur wenig Leute zur Jagd, zu Schilderungen, zu Wissenschaften und anderen dergleichen erlaubten Dingen oder zur Tugend, welches eine vorgeschriebene Sache ist, Belieben tragen, so antworte ich mit wenig Worten, es geschieht deswegen, weil die machinalische Einrichtung des Menschen, das ist die Vereinigung seiner Seele mit dem Körper, Anlaß gibt, daß fast alle Menschen in der Rache und bei den Reichtümern ein Vergnügen finden und nur eine geringe Anzahl derselben zur Jagd, zu Schilderungen, zum Studieren und zur Tugend Lust haben.

Aus allen diesen letzteren Anmerkungen ziehe ich folgenden Schlußsatz: Daß die Ursache, warum gewisse Laster allgemeiner sind als andere, in dem Vergnügen und in der Bequemlichkeit ein Vergnügen zu haben, nicht aber in den Meinungen, welche man von der größeren oder kleineren Schändlichkeit gewisser Laster hegt, zu suchen ist, und daß daher die Religion (denn dahin war mein Zweck gerichtet) uns in diesem Stück zu nichts weiter dient, als daß sie Gelegenheit gibt, gute Strafpredigten zu halten und uns unsere Pflichten vor Augen zu stellen. Im übrigen folgt ein jeder schlechterdings seinem Geschmack, der ihn bald zu diesem, bald zu jenem Vergnügen antreibt. Daraus folgt nun, daß die Gottesleugner, welche ebendiesem Geschmack folgen, nicht notwendig verdorbener sein müssen als die Götzendiener, ob sie gleich nicht wie diese von den Lastern und von den Strafen der Laster diese oder jene Meinungen hegen.

172. Ob eine Gesellschaft von Atheisten Gesetze des Wohlstandes und der Ehrbarkeit einführen würde

Man sieht nunmehr die Wahrscheinlichkeit ein, daß eine Gesellschaft von Gottesleugnern die bürgerlichen und sittlichen Handlungen ebensowohl wie alle anderen Gesellschaften ausüben würde, sofern sie nur die Verbrechen ernstlich bestrafte und mit gewissen Dingen entweder Schimpf oder Schande verknüpfte. Wie die Unwissenheit eines ersten Wesens, des Schöpfers und Erhalters der Welt, die Glieder dieser Gesellschaft nicht hindern würde, durch Ehre und Verachtung, durch Belohnung und Strafe und durch alle Leidenschaften, welche man bei anderen Menschen sieht, gerührt zu werden, und keineswegs alle Einsicht der Vernunft ersticken würde, also würde es Leute unter ihnen geben, welche im Handel redlich, den Armen behilflich, der Ungerechtigkeit aufsässig, ihren Freunden treu sein würden, welche das Unglück verachten, die Wollüste des Leibes nicht achten und niemanden Leid zufügen würden, weil entweder das Verlangen, gelobt zu werden, sie zu allen diesen schönen Handlungen, die notwendig öffentlichen Beifall haben müßten, antreiben würde oder weil die Absicht, gute Freunde und Gönner im Fall der Not zu haben, sie dazu anreizte. Das Frauenzimmer darin würde sich der Keuschheit befleißigen, weil es dadurch unfehlbar die Liebe und Hochachtung der Mannspersonen erlangen würde. Es würden darin allerhand Arten der Verbrechen vorgehen, daran ist kein Zweifel, aber es würden deren nicht mehr daselbst ausgeübt werden als in den Gesellschaften der Götzendiener; denn alles dasjenige, was die Heiden entweder zum Guten oder zum Bösen antreibt, würde sich dort auch finden, nämlich Strafen und Belohnungen, Ehre und Schande, Temperament und Erziehung. Denn was die heiligmachende Gnade betrifft, welche uns mit der Liebe Gottes erfüllt und uns den Sieg über unsere bösen Gewohnheiten verschafft, so sind die Heiden davon so entblößt wie die Gottesleugner.

Wer vollkommen überzeugt sein will, daß ein Volk, welches keine Erkenntnis von Gott besitzt, sich Regeln der Ehrbarkeit machen und in Beobachtung derselben sehr zärtlich sein würde, der darf nur in Erwägung ziehen, daß es unter Christen eine gewisse Ehre gibt, welche dem Geist des Evangeliums schnurstracks zuwider ist. Ich möchte doch wissen, wonach man diesen Entwurf der Ehre gemacht hat, darein sich die Christen so sehr verlieben, daß sie ihr alle Dinge aufopfern. Kommt es etwa daher, weil sie wissen, daß ein Gott, ein Evangelium, eine Auferstehung, ein Paradies und eine Hölle ist, daß sie glauben, es ginge ihrer Ehre etwas ab, wenn sie einen Schimpf ungerächt ließen, einem andern die Oberstelle überließen und weniger Frechheit und Ehrgeiz als ihresgleichen besäßen? Man wird mit Nein antworten. Man gehe alle Begriffe des Wohlstandes durch, welche unter Christen Heimstatt finden, man wird deren kaum zwei finden, welche von der Religion entlehnt sind, und wenn Sachen wohlanständig werden, denen man vorher einen Übelstand beilegte, so kommt es durchaus nicht daher, weil man etwa die Moral des Evangeliums besser zu Rate gezogen. Das Frauenzimmer hat sich seit einiger Zeit in den Sinn kommen lassen, es wäre vornehmer, wenn man sich öffentlich und in Gegenwart vieler Leute anzöge, wenn man ritte und in vollem Rennen einem Wild nachjagte usw., und sie haben es so weit gebracht, daß man dieses für nichts Unbescheidenes mehr ansieht. Hat die Religion in diesem Stück unsere Begriffe geändert? Vergleichen Sie einmal die Lebensarten verschiedener Nationen, welche sich zum Christentum bekennen, vergleichen Sie dieselben, sage ich, miteinander, Sie werden sehen, daß, was in einem Land unehrbar ist, es in einem anderen ganz und gar nicht ist. Es müssen daher die Begriffe der Ehrbarkeit, welche unter den Christen anzutreffen sind, gar nicht von der Religion herkommen, zu der sie sich bekennen. Es gibt deren wohl einige, die allgemein sind; denn ich weiß keine christliche Nation, wo es eine Schande ist, wenn ein Frauenzimmer keusch lebt. Allein wenn man aufrichtig verfahren will, so wird man gestehen müssen, daß dieser Begriff älter ist als das Evangelium und Moses. Es ist ein gewisser Eindruck, der so alt wie die Welt ist, und ich will Ihnen bald zeigen, daß die Heiden denselben nicht von ihrer Religion entlehnt haben. Man gestehe daher, daß es unter den Menschen Begriffe von der Ehre gibt, die schlechterdings ein Werk der Natur, das ist der allgemeinen Vorsorge, sind. Man gestehe es insbesondere von dieser Ehre, daraus unsere Helden so viel machen und die dem göttlichen Gesetz so zuwider ist. Und wer wollte alsdann in Zweifel ziehen, daß die Natur unter den Gottesleugnern, wo die Kenntnis des Evangeliums sie niemals hindert, nicht ebendas tun sollte, was sie unter Christen tut?

173. Daß die Meinung von der Sterblichkeit der Seele das Verlangen, seinen Namen unsterblich zu machen, nicht verhindert

Vielleicht bildet man sich ein, daß ein Gottesleugner, da er überzeugt ist, daß seine Seele mit dem Körper stirbt, nichts Lobenswürdigeres tun könne, weil ihm das Verlangen, seinen Namen zu verewigen, fehlt, das doch in dem Gemüt anderer Menschen so großen Eindruck macht. Aber das ist ein sehr falscher Gedanke, denn es ist gewiß, daß diejenigen, welche, um von der Nachwelt gelobt zu werden, große Dinge getan haben, sich gar nicht mit der Hoffnung geschmeichelt haben, daß sie dasjenige, was man nach ihrem Tod sagen würde, erfahren würden. Und ist wohl noch heutzutage einer von unsern Helden, der sich bei so vieler Gefahr und bei so schwerer Arbeit, welcher er sich aussetzt, einbildet, er werde von den Ehrengedächtnissen, die man nach seinem Tod ihm zu Ehren aufrichten und dadurch der spätesten Nachwelt melden wird, was er für große und herrliche Taten getan, einiges Vergnügen finden? Glauben Sie wohl, daß man Ihnen in jener Welt melden werde, was in dieser vorgeht? Und wissen Sie nicht, daß die Bewunderung der Menschen Ihnen im geringsten nichts helfen werde. Sie mögen nun entweder die Glückseligkeit des Paradieses genießen oder in der Hölle brennen? Der Glaube von der Unsterblichkeit der Seele verursacht also die Liebe zur Ehre nicht, und folglich können Gottesleugner sehr wohl nach einem ewigen Ruhm streben. Das Gründlichste in der Liebe zur Ehre sind wohl die angenehmen Vorstellungen, die man sich in diesem Leben macht, da man sich eine lange Reihe von Jahrhunderten vorstellt, die alle voller Verwunderung über unsere Taten sein werden. Ist man tot, so denkt man nicht mehr daran, man hat andere Dinge zu tun, als daß man an den Ruhm gedenken sollte, den man in dieser Welt hinterlassen hat.

Id cineres et manes credis curare sepultos?
Glaubst du, daß Asch und Geist im Grabe danach fragen?

Sie haben unfehlbar erzählen gehört, daß der Herr von Castelnau[308], als er kurz vor seinem Ende mit dem Marschallstab von Frankreich beehrt worden ist, sich verlauten lassen hat, in dieser Welt wäre das was Schönes, er ginge aber in ein Land, wo es ihm nichts helfen würde.

174. Exempel, welche geigen, daß die Gottesleugner in der Unreinigkeit der Sitten es andern nicht zuvorgetan haben

Dem sei, wie ihm wolle, wird man sagen, es wäre doch was Wundersames, wenn ein Atheist tugendhaft lebte, und das ist ein Ungeheuer, welches die Kräfte der Natur übersteigt. Ich antworte: Es ist nicht wundersamer, daß ein Atheist tugendhaft lebt, als daß ein Christ alle Arten der Verbrechen ausübt. Wenn wir diese letzte Art von Ungeheuern alle Tage zu sehen bekommen, warum wollen wir glauben, daß jene Art unmöglich sei?

Doch ich komme zu etwas Wichtigerem, daraus man sehen wird, daß dasjenige, was ich von den Sitten einer atheistischen Gesellschaft behauptet habe, nicht auf bloße Mutmaßungen gegründet gewesen. Ich habe angemerkt, daß die wenigen Personen, welche unter den Alten sich öffentlich für Gottesleugner ausgegeben, ein Diagoras, ein Theodor, ein Evemer und einige andere, gar nicht so gelebt haben, daß sie ihrer frechen Aufführung halber in ein übles Geschrei gekommen wären. Ich sehe nicht, daß man sie so vieler Unordnungen im Wandel als Abweichungen im Verstand beschuldigt. Ich finde hingegen, daß ihr frommes Leben dem Clemens von Alexandrien[309] so wundersam vorgekommen ist, daß er diejenigen eines Irrtums beschuldigt, welche sie zu Gottesleugnern machen wollten. Er behauptet, ihr durchdringender Verstand, die Irrtümer der heidnischen Theologie zu entdecken, sei ihr ganzer Fehler gewesen, und man habe sie nur deswegen Atheisten genannt, weil sie die falschen Götter nicht zugeben wollten. Er irrt, und ich wundere mich, daß ein so gelehrter Mann wie er den Unterschied nicht bemerkt hat, welchen die Heiden darin sorgfältig machten.[310] Einige gaben die Wirklichkeit der Götter zu, einige zogen sie in Zweifel, einige leugneten dieselben gar, einige schrieben ihnen die Regierung der Welt zu, einige eigneten ihnen nur eine Seligkeit zu, die sich um nichts bekümmert. Man hat die Meinung derjenigen, welche das Dasein der Götter leugneten, niemals mit den anderen Meinungen vermengt, und man hat jederzeit nur jenen den Namen eines Atheisten beigelegt und allemal diejenigen darunter gerechnet, welche Clemens von Alexandrien davon ausschließen will. Diogenes von Laert[311], Cicero[312], Plutarch[313] und viele andere drücken sich hierin so deutlich aus, daß man auf keine Weise ihre Zeugnisse entkräften kann. Sokrates ist für einen Weltweisen gehalten worden, der die Einigkeit Gottes erkannt, aber unter die Atheisten setzte man ihn nicht wie Theodor und Diagoras. Es haben sich noch andere Philosophen gefunden, welche behaupteten, daß man alle Gottheiten des Heidentums nur für eine einzige Gottheit ansehen könnte.[314] Lactantius gesteht ausdrücklich, daß die Einigkeit Gottes von vielen Heiden erkannt worden, vom Orpheus, vom Virgil, vom Thales, vom Pythagoras, vom Anaxagoras, vom Antisthenes, vom Kleanthes, vom Anaximenes, vom Cicero, und er beweist es mit ausdrücklichen Stellen aus ihren Schriften, und doch sind diese Leute niemals als Gottesleugner ausgeschrien worden. Es ist daher ohne Grund, wenn Clemens von Alexandrien die Atheisterei derjenigen in Zweifel zieht, welche dessen ausdrücklich von den Heiden sind beschuldigt worden, und es ist zu verwundern, daß Muretus[315], der doch so belesen gewesen, ebendiesen Fehler begangen hat. Es ist daher wahr, daß Diagoras, Theodor, Nicanor, Hippon und Ephemer keinen Gott geglaubt haben, indessen waren es doch so ehrbare Leute, daß ein Kirchenlehrer sich auf sie beruft und die wahre Religion mit ihrer Tugend schmücken will.[316]

Es erhellt aus einigen Stellen des Plinius[317], daß er keinen Gott geglaubt hat; dennoch aber lebte er nicht wollüstig, und niemals ist ein Mensch mehr als er mit ehrbaren und für einen edlen Römer anständigen Verrichtungen beschäftigt gewesen.

Epikur, der die Vorsorge und die Unsterblichkeit der Seele leugnete, ist einer von den alten Weltweisen, der am meisten exemplarisch gelebt hat; und obgleich seine Sekte nach der Zeit ist übel ausgeschrien worden, so ist doch gewiß, daß sie aus vielen ehrbaren und rechtschaffenen Leuten bestanden hat und daß diejenigen, welche sie durch ihre Laster verunehrt haben, nicht in dieser Schule lasterhaft geworden sind. Es waren Leute, die durch Gewohnheit und wegen ihres Temperaments liederlich geworden waren. Es gefiel ihnen ganz wohl, daß sie ihre unkeuschen Leidenschaften mit einem so schönen Vorwand, als ob sie den Grundsätzen eines der größten Weltweisen nachlebten, bedecken konnten. Sie bildeten sich ein, sie dürften nach dem Ärgernis, das sie etwa verursachen möchten, nicht fragen, wenn sie sich nur unter den Mantel der Philosophie versteckten. Sie waren daher nicht liederlich geworden, weil sie die Lehre des Epikurs angenommen hatten, sondern sie hatten die Lehre des Epikurs übel verstanden und also angenommen, weil sie liederlich waren. So redet Seneca davon[318], ob er gleich zu einer Sekte gehört, die gegen das Andenken des Epikurs sehr erbittert war, und er trägt kein Bedenken, sich also zu erklären: Er glaube völlig, daß die Wollust dieses Weltweisen sehr nüchtern und trocken sei. Der heilige Hieronymus[319] redet sehr vorteilhaft von der Nüchternheit dieses Epikurs und setzt dieselbe der Unordnung bei den Christen entgegen, um diese desto mehr zu beschämen. Es war eine Sekte unter den Juden, welche ganz öffentlich die Unsterblichkeit der Seele leugnete. Es waren dieses die Sadduzäer. Ich sehe nicht, daß sie bei einer so schändlichen Meinung ein verdorbeneres Leben geführt haben als andere Juden, und es ist sehr wahrscheinlich, daß sie rechtschaffenere Leute gewesen als die Pharisäer, die sich mit der Beobachtung des göttlichen Gesetzes so sehr rühmten.

Der Herr Balzac führt in dem christlichen Sokrates die letzten Worte eines Fürsten an, der als ein Atheist gelebt und gestorben, und gibt ihm das Zeugnis, es habe ihm an sittlichen Tugenden nicht gefehlt, er habe niemals höher geschworen als: Fürwahr, und nichts anderes als Gerstenwasser getrunken, und in Dingen, die man an ihm von außen gesehen, sei er ungemein ordentlich gewesen.

Der schändliche Vanini, der zu Toulouse seiner Atheisterei wegen im Jahre 1619 verbrannt worden ist, war in seinen Sitten allemal ordentlich gewesen, und wer ihm sonst etwas anderes als seine Lehrsätze hätte vorwerfen wollen, würde unfehlbar für einen Lästerer angesehen worden sein.

[320]Unter der Regierung Karls IX. im Jahr 1573 verbrannte man zu Paris einen Menschen, der heimlich die Atheisterei gelehrt hatte. Er behauptete, es wäre sonst kein Gott in der Welt, als die Reinheit des Leibes zu erhalten. Man sagte auch, er wäre noch ein Junggeselle. Er hatte so viele Hemden, wie Tage im Jahr sind, und schickte sie allemal nach Flandern zu einer Quelle, die wegen des hellen Wassers, und weil die Wäsche ungemein weiß davon ward, sehr berühmt war. Vor allen Unreinigkeiten, sowohl der Handlungen als in Worten, hatte er einen Abscheu, und ob er gleich in seinen Gotteslästerungen bis an sein Ende fortfuhr, so sprach er dieselben doch allemal mit einer sehr sanftmütigen Miene aus und mit einer so gelinden Stimme, als ob er seine Worte bei einem Frauenzimmer anbringen wollte.

Die Erzählung des Herrn Ricaut, Sekretärs des Herrn Grafen von Winchelsei, der englischer Abgesandter in Konstantinopel war, hat allzuviel Lärm gemacht, als daß sie Ihnen unbekannt sein sollte. Ich werde mich daher nicht aufhalten. Ihnen den Fleiß herauszustreichen, mit welchem der Verfasser sich nach all demjenigen, was er beschrieben, erkundigt hat. Es erzählt derselbe erstlich[321], daß die Gottesleugner eine zahlreiche Sekte in der Türkei, meistens von Kadis und der arabischen Bücher kundigen Personen aufgerichtet haben. Er fügt hinzu, daß die Anhänger dieser Sekte sich untereinander ungemeine Freundschaft erzeigen, daß sie einander alle willig Dienste erweisen, daß sie höflich und gastfrei sind und daß, wenn ein Gast zu ihnen kommt, der ihrer Meinung beipflichtet, sie ihn nach Möglichkeit herrlich bewirten. Ihre Höflichkeit geht allzuweit, es ist wahr, weil sie des Nachts ihrem Gast ein sehr schändliches Vergnügen verschaffen, aber sie tun darin nichts, das die anderen Türken nicht auch tun sollten. Wenn man also das ganze Leben der anderen Türken mit dem Wandel dieser Gottesleugner vergleicht, so wird man entweder keinen Unterschied darin sehen oder befinden, daß jene schändlicher leben als diese.

Es sei ferne, daß ich den Kanzler de l'Hospital in die Zahl der Gottesleugner setzen sollte, denn ich zweifle gar nicht, daß er nicht ein guter Christ gewesen sein sollte. Ich will nur so viel sagen, daß man ihn in Verdacht gehabt hat, als hielte er es mit keiner Religion, obgleich nichts so streng, nichts so ansehnlich und gesetzt gewesen wie sein äußerliches Ansehen, und ob er schon sehr exemplarisch gelebt hat. Der Herr de Beaucaire de Peguillon[322], Bischof von Metz, beschuldigt ihn öffentlich der Gottesleugnung. Sein Zeugnis ist etwas verdächtig, weil er es mit dem Kardinal von

Lothringen hielt, dessen Lehrmeister er gewesen war. Man kann wenigstens so viel daraus sehen, daß die Menschen sich vergessen, wenn sie so ohne Bedenken behaupten, daß die Atheisterei mit der Uneinigkeit der Sitten unzertrennlich verknüpft sei, weil man findet, daß ein Kanzler in Frankreich der Gottesleugnung halber in Verdacht gewesen, obgleich sein rechtschaffenes Leben aller Welt bekannt gewesen. Das ist eine wundersame und ganz ärgerliche Sache, daß sowohl er als auch alle diejenigen, welche in dem letzten Jahrhundert eine strenge Sittenlehre ausübten, für üble Katholiken angesehen wurden; und hätte nur damals ein Mensch erweisen können, daß er in allerhand Arten der Laster sich gestürzt hat, so würde er sich völlig von dem Verdacht, als ob er neue Lehren hege, frei gemacht haben, wie man etwa sonst diejenigen, welchen Schuld gegeben wurde, daß sie eine Verräterei gegen die Regierung angesponnen haben, lossprach, sobald sie erhärten konnten, daß sie unkeusch gelebt hätten.[323]

175. Wollüstige Leute geben sich nicht leichtlich die Mühe, gegen die Religion zu lehren

Ich weiß nicht, ob man nicht auf die Religion beziehen könnte, was Julius Cäsar zu denjenigen sagte[324], welche ihm die Nachricht brachten, daß M. Antonius und Dolabella etwas gegen ihn im Sinn hätten. Vor jenen fetten und wohlgebildeten Leuten fürchte ich mich nicht sehr, antwortete er, ich fürchte mich weit mehr vor jenen magern und blassen, und meinte damit den Brutus und Cassius. Die Feinde der Religion, jene Geister, die nichts glauben, die sich deswegen, weil sie an allen Dingen zweifeln, starke Geister nennen, die da nachgrübeln, wie man etwa die Gründe beantworten möchte, welche man zum Beweis der Wirklichkeit Gottes anführt, welche die Schwierigkeiten, die man gegen die Vorsorge macht, spitzfindig einzurichten suchen, sind gemeiniglich der Wollust nicht allzusehr ergeben. Wenn man den ganzen Tag mit Essen und Trinken zubringt, wenn man die ganze Nacht auf den Tanzböden herumläuft, wenn man bald dieses, bald jenes Frauenzimmer auf seine Seite zu bringen sucht, wenn man die Keuschheit des Frauenzimmers auf allerhand Art und Weise zu berücken trachtet, wenn man die Zeit in einem liederlichen Wandel nur unvermerkt hinzubringen und den Ekel an den Vergnügungen durch die Mannigfaltigkeit der Gegenstände zu vertreiben bemüht ist, so kümmert man sich wohl schwerlich, ob Herr Descartes in seiner Metaphysik das Dasein Gottes und die Geistlichkeit der Seele richtig erwiesen und die ihm dawider gemachten Schwierigkeiten gut beantwortet habe. Man untersucht auch nicht leichtlich die evangelische Demonstration des Herrn Huetius, die so voller Beredsamkeit und Belesenheit ist, und wie man etwa die Beweise von der Wahrheit der christlichen Religion zuschanden machen könnte. Man zerbricht sich nicht den

Kopf, damit man mittels der vorgegebenen Demonstrationen des Spinoza begreifen möchte, daß die Welt ein einfaches Wesen sei und daß wir alle Einschränkungen Gottes wären. Man spottet sogar über einen Naturkundigen, der sich angelegen sein läßt, die Ursache der Luftbegebenheiten zu entdecken.

[325]*Que Rohault vainement sèche pour concevoir,*
Comment tout étant plein, tout a pû se mouvoir.
Wie, da nichts leer verbleibt, doch alles sich bewegt,
Mag Rohault sich den Kopf im Forschen nur zerbrechen,
Bevor er es begreift.

Man hat nicht Zeit, daran zu denken, und wenn man sie auch hätte, so würde man sie nicht zu so abstrakten Dingen anwenden, die für Personen, die zur Sinnlichkeit gewöhnt sind, nichts Angenehmes mit sich führen. Man beharrt daher bei dem, was man hat, man glaubt ohne Widerwillen seinem Katechismus. Man bildet sich ein, wenn man nichts in Zweifel zöge, so behielte man Hoffnung zur Seligkeit übrig, und der Glaube wäre ebenso nützlich, unsere Seele zu beruhigen, wie er nötig ist, sie selig zu machen, und unterdessen erlustigt man sich. Diejenigen hingegen, welche sich einen Geist des Unglaubens gewählt haben und die sich damit breitmachen, daß sie an allen Dingen mit Grund zweifeln, fragen wenig nach den Wirtshäusern, schelten auf die Verliebungen, sind verdrießlich, mager und bleich, sinnen wohl gar über der Mahlzeit auf eine geometrische Figur, daß man also die Worte Catons[326]: Unter allen denjenigen, welche die römische Freiheit zu unterdrücken gesucht, wäre nur der einzige Cäsar nüchtern gewesen, ändern und sagen müßte: Unter denjenigen, welche wider die Einigkeit der Kirche sich verschworen, welche Ketzereien gestiftet, welche die Religion oder gar die Wirklichkeit Gottes übern Haufen werfen wollen, sind nicht viel Trunkenbolde und unordentlich lebende Leute gewesen. Als Cicero[327] gesehen, daß Cäsar nur mit der Spitze des Fingers im Kopf kratzte und sich viel Mühe gab, seine Haare wohl auszukämmen, aufzukräuseln und in Ordnung zu bringen, so urteilte er, Cäsar sei nicht geschickt, die Freiheit der Republik zu unterdrücken. Seine Mutmaßung schlug fehl. Allein, man wird schwerlich irren, wenn man urteilt, ein Mensch, der auf das schändlichste lebt, werde sich nicht der Ketzerei oder der Gottesleugnung halber verbrennen lassen. Es ist meine Meinung nicht, als ob alle diejenigen, welche ohne Religion sind, ein wohlgezogenes Leben führen müßten, ich glaube, daß es Leute darunter gibt, die alle nur ersinnlichen Laster ausüben; ich will nur so viel behaupten, daß auch einige darunter zu finden sind, deren Wandel so lasterhaft eben nicht ist, und man wird dieses nicht leugnen können, weil ich die Erfahrung auf meiner Seite habe. Von den Gottesleugnern also, welche, moralisch zu reden, gute Neigungen haben, kann man leicht auf die Atheisterei schließen, daß sie nicht eine notwendige, sondern nur zufällige Ursache eines bösen Lebenswandels ist und nur bei denjenigen eine Verderbnis der Sitten veranlaßt, welche ohnedem schon Neigung genug zu einem unordentlichen Leben bei sich verspüren.

176. Daß der Mensch sein Leben nicht nach seinen Meinungen einrichtet

Es ist wahr, es ist etwas Wundersames, daß ein Mensch sittlicherweise gut lebt und doch weder Himmel noch Hölle glaubt. Allein, man muß dabei allemal bedenken, daß der Mensch eine gewisse Kreatur ist, die bei aller ihrer Vernunft doch nicht so handelt, wie sie weiß, daß sie handeln sollte. Die Christen geben uns davon manchen Beweis an die Hand. Cicero[328] hat es ebenfalls bei verschiedenen Epikureern angemerkt, welche gute Freunde waren, ehrbar lebten und ihre Aufführung nicht nach dem Verlangen der Wollust, sondern nach den Regeln der Vernunft einrichteten. Sie leben besser, spricht er, als sie reden, dahingegen andere besser reden als leben. Von den Stoikern hat man ebendieses angemerkt. Ihre Lehrsätze waren: Es geschehe alles durch eine unvermeidliche Notwendigkeit, welche Gott selbst weder vermeiden könne noch jemals gekonnt habe. Natürlicherweise hätte sie dieses dahin bringen sollen, daß sie sich zu nichts ermuntert und weder Ermahnungen noch Drohungen, weder Strafen noch Versprechen angewendet hätten. Indessen sind niemals Philosophen gewesen, die sich alles dessen mehr bedient haben als sie, und aus ihrer ganzen Aufführung konnte man so viel abnehmen, daß sie ihr Schicksal völlig in Händen zu haben glaubten. Die Türken haben etwas von dieser Lehre der Stoiker behalten und treiben die Materie von der Vorherverordnung ungemein hoch, indessen flüchten sie in der Gefahr ebensowohl wie andere Menschen, und man sieht eben nicht, daß sie so beherzt Sturm laufen wie die Franzosen, welche doch nicht die Prädestination glauben. Was man uns von der Sicherheit dieser Ungläubigen, die sich auf ihre Meinung von der Unveränderlichkeit ihres Schicksals gründen soll, erzählt, ist alles erdichtet; sie bedienen sich ihrer Klugheit so gut wie wir und strafen gewisse Fehler schärfer als wir. Man sieht Christen, welche die Vorherverordnung leugnen, man sieht auch deren, welche sie glauben. Einige behaupten, man könne seiner Seligkeit gewiß sein, man verliere die Gnade niemals, man werde nicht durch die Werke selig, man dürfe seine Sünden Gott allein bekennen, und es sei kein Fegefeuer; andere leugnen das alles. Aber ungeachtet dieses Unterschiedes in den Lehrsätzen verfahren sie doch auf einerlei Art, was die Sitten betrifft. Wenn sie in etwas voneinander unterschieden sind, so kommt es von dem besonderen Charakter einer jeden Nation her und nicht von der Sekte.

Wann würde man fertig werden, wenn man alles Wunderliche bei dem Menschen durchgehen wollte, daraus man sehen kann, daß er nicht nur das närrischste Tier unter allen ist, wie solches der Herr Despréaux in einer seiner Satiren erwiesen hat, sondern auch ein Untier, welches ungeheurer ist als die Zentauren und die Chimäre in der Fabel. Nach des Herrn Pascals Meinung ist dieses ein starker Beweis der Wahrheit dessen, was uns im ersten Buch Mosis von dem Fall Adams erzählt wird; und es ist gewiß, daß man sonst nirgends als hier die Aufwicklung aller der gegeneinanderlaufenden Dinge finden kann, die sich in unserer Art sehen lassen. Demungeachtet kann der Grundsatz, den ich oben vorausgesetzt habe, doch auch etwas beitragen, dieses Chaos ein wenig kennenzulernen. Denn wenn es wahr ist, daß die allgemeinen Wahrheiten des Verstandes nicht die Triebfedern unserer Handlungen sind, sondern daß das Temperament, die Gewohnheit oder etwa eine besondere Leidenschaft uns in Bewegung setzt, so kann ein ungeheurer Unterschied zwischen demjenigen, was man glaubt, und zwischen demjenigen, was man tut, stattfinden. Folglich ist es ebenso leicht, daß ein Gottesleugner sich seiner Vergnügungen aus Liebe zu einem anderen beraube, wie es einem Götzenverehrer leicht ist, einen falschen Eid zu schwören. Also sieht man, daß die Folgerung nicht richtig ist, wenn man schließt: Weil ein Mensch keine Religion hat, so muß er notwendig allen Arten der Laster oder allen Arten der Vergnügungen sich ergeben. Soviel folgt nur: Er werde sich Sachen belieben lassen, dazu er vermöge seines Temperaments und seiner Gemütsart geneigt ist, und doch muß die Furcht der menschlichen Gerechtigkeit, des Schadens oder einiges Schimpfes nicht dazwischenkommen. Daraus sieht man, daß ein Heide in Ansehung der Sitten notwendigerweise nichts besser ist als ein Gottesleugner.

177. Was die Ursache ist, warum man sich die Atheisten außerordentlich gottlos vorstellt

Woher kommt es aber, wird man sagen, daß alle Welt sich die Atheisten als die gottlosesten Leute vorstellt, als Leute, welche totschlagen, schänden und rauben, was sie nur können? Daher, weil man sich fälschlich einbildet, daß ein Mensch allemal nach sei nen Lehrsätzen, das ist nach dem, was er in Religionssachen glaubt, handele. Daher, weil man gesehen hat, daß Leute ohne Religion die allererschrecklichsten Dinge vorgenommen haben, z.B. Sultan Mahomet II., und nicht zugleich erwägt, daß diese Leute es nicht besser machen würden, wenn sie auch überhaupt glaubten, daß ein Gott ist, wie man solches an dem bereits angeführten Exempel des Nero und aus dem Beispiel des Bajazets sehen kann, der wenigstens ebenso wild, ebenso grausam und ebenso lasterhaft gewesen ist wie jener Sultan. Endlich kommt es daher[329], weil man unter denjenigen Atheisten, die erst anfangen zu zweifeln, und unter denjenigen, welche mit Zweifeln aufhören, keinen Unterschied macht. Diese sind gemeiniglich Falschgelehrte, die das Ansehen haben wollen, als gingen sie nach der Vernunft und als verachteten sie alle leiblichen Wollüste, jene hingegen sind Seelen, die mit allerhand Lastern besudelt und zu den abscheulichsten Gottlosigkeiten geschickt sind, die, weil sie wahrnehmen, daß die Furcht vor der Hölle sie manchmal in der Ruhe stört, und weil sie begreifen, daß es für sie vorteilhaft sein würde, wenn kein Gott wäre, sich alle Mühe geben, um sich davon zu überzeugen. Einer von unsern berühmten Prälaten[330] ist, wie es scheint, der Meinung, daß sonst niemand als dergleichen Leute in die Atheisterei verfällt. Man kann gerade das Gegenteil von demjenigen behaupten, was jener ruchlose und freche Weltweise mehr aus Vergnügen, etwas Sinnreiches zu sagen, als aus Überzeugung gesprochen, daß nämlich *die Furcht die Meinung von einer Gottheit auf die Bahn gebracht.* Denn die einzige Furcht vor der Strafe ist die Ursache, daß einige sich zu überzeugen suchen, es sei kein Gott. Ich glaube nicht, daß alle Atheisten von der Art sind, ich glaube nur, daß es Leute gibt, welche sich von der Atheisterei überreden wollen. Sie mögen nun zu ihrem Zweck kommen oder nicht, so sind es doch allemal die gottlosesten Leute von der Welt. Aber sie sind nicht gottlos, weil sie Atheisten sind, sondern sie werden Atheisten, weil sie gottlos waren, und können sie nicht Atheisten werden, so leben sie doch so, als wenn sie es wären. Denn wenn ein Mensch dahin kommt, daß er ein Atheist werden will und sich deswegen alle mögliche Mühe gibt, so ist die Bosheit bei ihm so erschrecklich groß, wie sie nur in einer menschlichen Seele sein kann; und wenn ihn Gott nicht durch Wunderwerke bekehrt, so wird er alle Laster, die in seiner Gewalt stehen, ausüben, ob er es gleich nicht so weit bringen kann, daß er ein Gottesleugner würde. Ein solcher Mensch ist ungleich weiter von dem Weg zur Seligkeit entfernt als ein geborener Atheist, als ein Ungläubiger, der es ohne Vorsatz ist und gut lebt. Weil nun diejenigen, welche durch vorsätzliche Bosheit die Erkenntnis eines Gottes in ihrer Seele ersticken oder doch ersticken wollen, die allerliederlichsten Leute und vorsätzlichsten Sünder in der Welt sind, so denkt man, alle Atheisten ohne Unterschied sind dergleichen böse Buben.

178. Ob man einen Begriff von der Ehrbarkeit haben kann, wann man keinen Gott glaubt

Die nächste Ursache, warum man in dieser Einbildung steht, ist diese, weil man nicht leicht begreifen kann, wie ein Mensch, der keinen Gott glaubt, einigen Begriff von Ehrbarkeit haben könne, und man also in den Gedanken steht, er sei allemal geneigt, alle diejenigen Laster zu begehen, um derentwillen ihn die menschliche

Gerechtigkeit nicht zur Strafe ziehen kann. Man irrt darin augenscheinlich. Wieviel löbliche und ehrbare Handlungen verrichteten nicht die Epikureer, die sie, ohne einige Strafe zu besorgen, hätten unterlassen können und bei denen sie den Nutzen und das Vergnügen der Tugend aufopferten. Die Vernunft gab es den Weisen des Altertums[331]: Man müsse das Gute aus Liebe zum Guten tun, und die Tugend müsse sich selbst für die Belohnung ansehen, und das sei eine Eigenschaft eines bösen Menschen, wenn er aus Furcht vor der Strafe sich vom Bösen enthielte.

Unsere Geschichte erzählt, daß ein Abgesandter des heiligen Ludwigs, der zu dem Sultan zu Damaskus abgeschickt gewesen, einstmals auf der Gasse ein Weib angetroffen, welche in der einen Hand Feuer und in der anderen Wasser getragen, und als er sie gefragt, was sie damit machen wolle, habe sie zur Antwort gegeben, sie wollte mit dem Feuer das Paradies in Brand stecken und mit dem Wasser die Hölle auslöschen, damit die Menschen einmal aufhörten, der Gottheit aus eigennützigen Absichten zu dienen, und Gott einzig und allein wegen der Vortrefflichkeit seiner Natur verehren möchten. Ich will von den Sadduzäern nichts gedenken, welche Gott ausdrücklich dienten, ob sie gleich von ihm nur die Güter dieses Lebens erwarteten. Liest man nicht, daß Epikur, der die Vorsorge und die Unsterblichkeit der Seele leugnete, dennoch die Götter verehrt hat? Er verfertigte geistliche Bücher[332], darin er mit so großem Nachdruck von der Heiligkeit und Frömmigkeit redete, daß man hätte sagen können, es wären Schriften eines obersten Priesters. Wenn man ihm den Einwurf machte, warum er denn von dem Dienst der Götter redete, da er doch glaube, daß sie weder Gutes noch Böses täten, so gab er zur Antwort[333], die Vortrefflichkeit ihrer Natur sei Ursache genug, daß man sie verehre, und man begehe einen großen Irrtum, wenn man da fürhielte, man könne die Götter nicht anbeten, sofern man nicht ihren Zorn zu befürchten hätte. Lukrez sagt hier[334]: Nachdem wir durch den Epikur von diesem Schrecken befreit und in Freiheit sind gesetzt worden, so fürchten wir die Götter nicht, denn wir wissen, daß sie sich um nichts bekümmern, noch jemandem Übles zuzufügen suchen, und wir verehren dieses Wesen voller Majestät und Herrlichkeit auf eine fromme und heilige Weise. Ob mehr Aufrichtigkeit als List unter diesen Worten stecke, will ich nicht entscheiden. Dieses aber wird man nicht in Abrede stellen können, daß ein Mensch, der also redet, nicht einen Begriff von Ehrbarkeit haben und nicht begreifen sollte, daß es einem Menschen anständig ist, wenn er eine uneigennützige Hochachtung für Sachen, die vortrefflich sind, hegt; und dieses ist der Schluß, welchen Seneca aus dieser Lehre des Epikurs zieht.[335] Es ist daher wahr, daß die Vernunft ohne Beihilfe der Religion den Begriff von derjenigen Frömmigkeit gefunden hat, welche die Kirchenlehrer so sehr gerühmt haben, da man nämlich bloß wegen der unendlichen Vollkommenheit Gottes ihn liebt und seinen Gesetzen gehorcht. Dieses veranlaßt mich zu glauben, daß zuweilen die Vernunft ohne irgendeine Kenntnis von Gott den Menschen überführen kann, daß es ehrbare Dinge gibt, da es schön und lobenswert ist, wenn man sie tut, nicht des Nutzens wegen, der daraus entspringt, sondern weil es der Vernunft gemäß ist.

Es können sich wohl Leute finden, die so unvernünftig sind, daß sie nicht einsehen können, es sei ehrbarer, wenn man seinem Wohltäter Gutes erzeigt, als wenn man ihn mit Undank belohnt. Allein, ich sehe nicht, warum eben alle diejenigen, welche nicht wissen, daß ein Gott ist, diese mit der Dankbarkeit verknüpfte Ehrbarkeit notwendigerweise nicht erkennen sollten. Denn ob sich gleich Gott einem Gottesleugner nicht vollkommen offenbart, so unterläßt er doch nicht, in seinem Verstand zu wirken, und erhält ihm die Vernunft und den Verstand, durch den alle Menschen die Wahrheit der ersten Gründe von der Grundlehre und Sittenlehre begreifen,

179. Daß ein Gottesleugner ruhmbegierig und ehrgeizig sein kann

Es ist auch ganz gewiß, ein Mensch ohne Religion kann Empfindung für die Ehre der Welt haben und nach Lobeserhebungen begierig streben. Wenn er sich also in einem Land befindet, wo der Undank und Betrug den Menschen in Schimpf und Schande bringt und wo die Großmut und Redlichkeit bewundert werden, so ist kein Zweifel, er wird sich für einen rechtschaffenen Mann ausgeben und sich gar nicht weigern, das ihm anvertraute Geld wiederzuerstatten, wenn man ihn auch nicht durch Mittel der Gerechtigkeit dazu zwingen könnte. Die Sorge, man möchte ihn in der Welt für einen Betrüger und Spitzbuben halten, wird die Liebe zum Geld bei ihm überwiegen. Und wie es Leute gibt, welche sich tausenderlei Ungelegenheiten und tausenderlei Gefahren aussetzen, um sich einer Beleidigung halber zu rächen, die ihnen in Gegenwart einiger weniger Zeugen angetan worden ist, und die gerne verzeihen würden, wenn sie nur nicht besorgten, sie möchten sich in der Nachbarschaft Schimpf zuziehen; also glaube ich auch, daß ein Mensch, der ohne Religion lebt, ungeachtet aller Einwände seines Geizes dennoch vermögend ist, anvertraute Gelder zu ersetzen, und daß er sich nicht wird bereden lassen, dieselben unbilligerweise zu behalten, wenn er sieht, daß seine Redlichkeit ihm den Beifall einer ganzen Stadt zuziehen werde, und daß man ihm mit der Zeit seine Treulosigkeit vorwerfen oder ihn wenigstens in Verdacht haben könnte, als ob er etwas begangen, das mit dem Begriff eines ehrlichen Mannes, den man von ihm gehabt, nicht übereinkäme. Denn die innerliche Hochachtung anderer Menschen ist es, wonach man hauptsächlich strebt. Die Gebärden und Worte, welche diese Hochachtung an den Tag legen, gefallen uns nur insofern, als wir uns einbilden, daß sie Zeichen von dem sind, was in dem Verstand vorgeht. Eine Maschine, wenn sie noch so geschickt wäre, uns allerhand Ehrenbezeigungen zu erweisen, und uns noch so schmeichelhafte Worte vorsagen könnte, würde uns doch schwerlich eine gute Meinung von uns selber beibringen, weil wir wissen, daß es keineswegs Zeichen von der guten Meinung sind, die etwa ein anderer von unsern Verdiensten hegen kann. Daher ist es möglich, daß derjenige, von dem ich hier rede, seinen Geiz der Eitelkeit wird aufopfern können; er darf nur in den Gedanken stehen, man würde ihn in dem Verdacht haben, als ob er die geheiligten Gesetze eines anvertrauten Gutes verletzt habe. Und gesetzt, er glaubte, dieser Verdacht würde ihn nicht treffen, so könnte er sich doch entschließen, seinen Vorteil fahrenzulassen; er dürfte nur besorgen, es möchte ihm ergehen, wie es einigen ergangen ist, die im Schlaf oder in einem hitzigen Fieber alle ihre Verbrechen selber bekanntgemacht haben. Lukrez[336] bedient sich dieses Beweggrundes, um Leute, die ohne Religion leben, zur Tugend anzureizen.

Ich übergehe den Gedanken des Cardanus[337] mit Stillschweigen, da er nämlich sagt, daß diejenigen, welche behaupteten, die Seele sterbe zugleich mit dem Körper, zufolge ihrer Grundsätze frömmer als andere sein müßten, weil ihr eigener Vorteil damit verknüpft wäre, wenn sie sich einen guten Namen zuwege brächten. Und er vergleicht sie mit Wucherern, die, damit ihr Gewerbe nicht in ein übles Geschrei kommen möge, weit ordentlicher und richtiger sind als andere, dasjenige zu halten, was sie versprechen, und es so zu halten, wie sie es versprochen haben.

180. Daß das Exempel der Lucretia und ihresgleichen augenscheinlich erweise, daß die Religion unter den Heiden die Begriffe, die sie von der Ehrbarkeit gehabt, nicht verursacht hat

Allein, was würden Sie wohl sagen, mein Herr, wenn ich Ihnen erwiese, daß das Verlangen nach Ehre, davon die Heiden so gerührt gewesen, sich oftmals weder ganz noch zum Teil auf die Begriffe gegründet hat, die sie von der Religion entlehnt haben? Wenn ich es erweise, so wird man mir alsdann zugestehen müssen, daß dieses Verlangen nach Ehre oft aus einem Grund entsprungen, der von der Religion ganz unterschieden gewesen ist, und daß es folglich in der Welt hätte stattfinden können, wenn auch keine Religion dagewesen wäre. Geben Sie genau acht, wie ich es erweise.

Es ist eine unleugbare Sache, daß die Bescheidenheit, Mäßigkeit und Keuschheit der Weiber in den drei oder vier ersten Jahrhunderten des alten Roms bekannter gewesen ist, als es seit tausend Jahren unter den Christen geschehen. Man glaubte, daß diese Tugenden die vornehmste Zierde des weiblichen Geschlechtes ausmachten, man lobte die Frauenspersonen, die sich dessen rühmen konnten, und bezeugte eine Verachtung gegen diejenigen, denen es daran fehlte. Es ist bekannt, daß die vornehmste obrigkeitliche Person[338] in Rom, die in einem solchen Ansehen stand, das der Tyrannei nicht viel unähnlich war, tausenderlei Versprechungen umsonst angewendet und es nicht dahin zu bringen vermocht hat, daß sie ihren ungebührlichen Endzweck bei einem schlichten Bürgermädchen hätte erhalten können. Er befand, daß alle seine Versuchungen keinen Eindruck zu machen vermochten. Er mußte daher einen andern Weg gehen und pochte auf das Ansehen, das ihm sein Amt gab.[339] Allein der Vater des jungen Mädchens stieß ihr lieber einen Dolch in die Brust, als daß er sie sich mit Gewalt hätte wegnehmen lassen. Man wird mir zugestehen müssen, daß man ungemein empfindlich in der Ehre sein müsse, wenn man auf solche Art verfahren solle, und daß Lucretia, die weder den unkeuschen Forderungen des königlichen Sohnes Gehör geben noch den Schimpf, der ihr von ihm angetan wurde, überleben wollte, eine unglaubliche Neigung zu der Ehre, ein ehrbares Frauenzimmer zu sein, müsse gehabt haben.

Dieses vorausgesetzt, behaupte ich nunmehr, daß diese große Neigung zur Ehre den römischen Frauen nicht durch die Religion, zu der sie sich bekannten, beigebracht werden konnte, denn sonst hätten sie aus ihrer Religion lernen müssen, daß die Unkeuschheit den Göttern mißfällig wäre. Nun aber konnten sie das aus ihrer Religion nicht lernen, sie lehrte ihnen vielmehr das Gegenteil, daß nämlich die Götter überaus unkeusch wären. Wenn also die Römer beiderlei Geschlechts den Eingebungen ihrer Religion gefolgt wären, so würden sie insgesamt wie jener bei dem Terenz geschlossen haben, dem dieser bei Betrachtung des Gemäldes, wo Jupiter sich in einen goldenen Regen verwandelt, um seiner Liebsten zu genießen, die Worte in den Mund legt: Ich als ein schlechter Mensch sollte daran ein Bedenken tragen, woraus der größte unter allen Göttern sich kein Gewissen macht? Wer kann nunmehr zweifeln, ob die Menschen sich Begriffe von der Ehrbarkeit und der Ehre machen, ohne dieselben aus der Religion herzuholen, da wir auf der einen Seite oben gesehen haben, daß sie gewisse Dinge für ehrbar halten, die es in der Tat nicht sind und die ihnen von der Religion als unehrbar vorgestellt werden, und nun auf der anderen Seite sehen, daß sie gewisse Sachen für unehrbar halten, die es in der Tat sind, die ihnen aber die Religion als sehr ehrbar vorstellt?

Ist diese Betrachtung dem Schein nach noch nicht überzeugend genug, hier ist noch eine, der man nicht widerstehen können wird. Wenn Lucretia die Keuschheit aus einem Religionstriebe oder, welches einerlei ist, um Gott gehorsam zu sein, geliebt hätte, so würde sie niemals in das Verlangen des Sextus eingewilligt und ihre Ehre lieber der üblen Nachrede preisgegeben haben, als daß sie ihr Ehebett hätte beflecken sollen. Allein, das tat sie nicht. Sie widersetzte sich den Verfolgungen dieses Fürsten mit beherztem Mut, ob er ihr gleich mit dem Tod drohte. Da er ihr aber drohte, er wollte ihren guten Namen einer ewigen Schmach aussetzen, so tat sie, was er verlangte, und erstach sich darauf. Das ist ein augenscheinlicher Beweis, daß sie bei der Tugend nur die Ehre, welche sie begleitet, liebte und daß sie gar nicht die Absicht hatte, ihren Göttern zu gefallen. Denn diejenigen, welche Gott gefallen wollen, erwählen lieber die Schande bei Menschen, als daß sie ein Verbrechen begehen sollten. Folglich muß man notwendig zugeben, daß die Religion der Lucretia zu ihrer Keuschheit nichts beigetragen hat und daß sie solchergestalt ebenso, wie sie war, gewesen sein würde, wenn sie gleich nimmermehr gehört hätte, daß es Götter gebe.

Man wird vielleicht sagen, ich gebe mir unnötig Mühe, weil ich das zu erweisen suchte, was niemand in Zweifel zieht, daß nämlich die Gottesleugnung dem Menschen das Verlangen, gelobt zu werden, nicht nehme. Was soll ich daher tun? Soll ich erweisen, die Atheisterei hindere die Menschen nicht, den Begriff der Ehrbarkeit mit dem, was wahrhaftig ehrbar ist, zu verknüpfen, in einer Gesellschaft von Gottesleugnern z.B. würde man niemals den Ruhm des Frauenzimmers in der Unkeuschheit setzen? Wenn man nichts mehr als dieses will, so brauche ich keine neuen Schlüsse anzuführen. Ich darf nur sagen, daß man zu Rom die Ehre eines Frauenzimmers in der Keuschheit gesucht hat, obgleich die Religion ihnen ganz natürlich Anlaß geben konnte, die Blutschande und den Ehebruch als göttliche Handlungen anzusehen. Wenn man es unter den Heiden, allen Eingebungen ihrer Religion zuwider, als einen Grundsatz angenommen hat, daß die Keuschheit für das Frauenzimmer löblich und rühmlich sei, wieviel mehr würde man diesen Grundsatz unter den Atheisten festsetzen können? Und wie es dem Menschen ebenso natürlich ist, wenn er Sachen hochschätzt, nachdem sie etwas kosten, wie er es gern sieht, wenn man ihm einen Vorzug vor anderen gibt, so würde die Natur allein die Einwohner einer Stadt bald gelehrt haben, daß es einem Frauenzimmer rühmlich ist, wenn es ihre Gunstbezeigungen nicht verschwendet. Und solchergestalt gelangen die Sachen ganz natürlich und unvermerkt in die Verfassung, darin wir sie beinahe in allen Republiken gesehen haben.

181. Neue Anmerkung, daraus man ersehen kann, daß die Menschen nicht nach ihren Grundsätzen handeln

Man mag sich drehen, wie man will, man muß mir allemal zugeben, daß die Menschen gegen ihre Grundsätze handeln. Denn sagt man mir, daß die alten Götzendiener gewisse Begriffe von ihren Göttern gehabt, daraus sie erlernt haben, daß sie die Tugend belohnen und das Laster bestrafen, so frage ich: Woher kam es doch, daß die Götzendiener so gottlos lebten? Spricht man, sie hätten deswegen gottlos gelebt, weil ihre verdammenswerte Theologie ihnen die Götter voller Lastertaten vorstellten, so frage ich wiederum: Woher kommt es doch, daß unter den Heiden so viel ehrbare Leute waren, unter den Christen aber, wo dieser Grund nicht gilt, so viel ruchlose

Gemüter gefunden werden? Niemals wird man mir antworten, daß man nicht zugestehen sollte, die wahre Triebfeder der menschlichen Handlungen sei von der Religion sehr unterschieden. Demungeachtet kann man gar wohl sagen, daß die Religion diese Triebfeder sehr oft in Bewegung setzt und ihr in Dingen, dazu uns das Temperament anreizt, große Stärke gibt. Zum Beispiel ein Jähzorniger gerät bald in Eifer gegen diejenigen, die nicht zu seiner Sekte gehören. Der Glaube, sagt man, ist Ursache davon. Sprecht lieber: Die natürliche Begierde und das Vergnügen, welches wir empfinden, wenn wir unsere Mitbuhler übertreffen und uns an denjenigen rächen, welche unser Verhalten verdammen.

Der Verfasser des Traktats von der Religion gegen die Atheisten, Deisten und neuen Pyrrhonier, das im Jahr 1677 gedruckt worden, hat tausenderlei schöne Sachen mit großer Beredsamkeit angeführt. Unter anderen Gedanken hat er auch diese mit angebracht[340]: Wenn die Gottesleugnung oder die Deisterei in den ersten Jahrhunderten geherrscht hätte, so würde die Welt lange Zeit zugrunde gegangen sein, anstatt daß sie dieser Meinung nach eine völlige Ewigkeit hätte dauern können. Dieses zu erweisen, dichtet er ein Gespräch[341] zwischen zwei Gottesleugnern, darin man sieht, daß ihren Sätzen nach die Vernunft, die natürlichen und bürgerlichen Gesetze, die Gerechtigkeit und Tugend leere Worte sind, die keinen Verstand haben. Er beweist es auf eine sehr verständige Art. Da er aber das nicht in acht genommen hat, was ich meinem Bedünken nach unumstößlich erwiesen habe, daß nämlich die Menschen ihrer Einsicht nicht gemäß leben, so kann man ihm billig den Einwand machen, er habe an diesem Ort nichts erwiesen. Das, was er einer von den erdichteten Personen in den Mund legt, kann in einer gesunden Theologie nicht in Zweifel gezogen werden, daß nämlich die Heiden, so zu reden, alle die herrschende Neigung ihrer Natur vergöttert und auf diesen Schlag sich selbst Tugenden und Glückseligkeiten geschmiedet haben, daß bei schweren Handlungen das Hirngespinst der Ehre sie unterstützt und sie aufgemuntert habe, Taten zu verrichten, die zu einem Beispiel dienen, das man nicht nachahmen kann, die Verzweiflung, darein sie alle ihre Zuschauer gestürzt, sei ihnen ein vortreffliches Vergnügen gewesen, das ihnen alle angewandte Mühe reichlich bezahlt habe. Manlius Torquatus, der sein Vaterland und die Ehre fast göttlich verehrt, habe diesem Götzen seinen Sohn aufgeopfert.

L'amour de la patrie et l'amour de la gloire
Sur la nature même emportent la victoire.
Wer Land und Ehre liebt, besiegt selbst die Natur.

Alexander habe ein wallendes Geblüt, einen hohen Geist, eine große und herrschsüchtige Seele gehabt, und dieses alles miteinander vermischt habe bei ihm dasjenige zuwege gebracht, was man Großmut nennt. Titus hingegen habe von Natur einen Abscheu vor Blutvergießen und Metzeln gehabt, er habe darin ein Vergnügen gesucht, daß er von dem Volk geliebt worden ist, und in dieser Eigenliebe ein Verdienst gefunden. Epikur habe die Lust der Sinne geliebt und darin seine Glückseligkeit gesucht, Seneca hingegen, der darin weniger Geschmack gefunden, habe sich alles dasjenige, was der Natur widerlich war, zur Tugend gemacht, und Cato, da er hart und phlegmatisch gesinnt gewesen, seine Unempfindlichkeit in Weisheit verwandelt. Ist dieses nicht ebendas, was ich so oft gesagt habe, daß die Heiden nur der Neigung ihres Temperaments und des Geschmacks gefolgt sind, den sie sich in Ansehung einer gewissen Ehre gemacht hatten? Da sie nun auf dieser Bahn, darauf sie gingen, zuweilen eine Tugend ausgeübt haben, was hat man wohl für Grund zu verneinen, daß die Gottesleugner es nicht auch tun könnten?

Vielleicht haben sie nur ein schwaches Bestreben nach Ruhm und Ehre? Allein, kann man wohl mehr tun, als Spinoza kurz vor seinem Ende getan hat?[342] Die Sache ist nur kürzlich geschehen, und ich habe es von einem großen Mann, der es von guter Hand weiß. Spinoza war der größte Atheist, den man jemals gesehen hat. Er hatte sich von gewissen philosophischen Grundsätzen auf eine so närrische Art einnehmen lassen, daß er, um denselben desto besser nachzusinnen, sich in die Einsamkeit begab, allem demjenigen absagte, was man Vergnügungen und Eitelkeiten der Welt nennt, und sich nur mit diesen versteckten Betrachtungen beschäftigte. Als er sein Ende merkte, ließ er seine Wirtin zu sich kommen und bat sie, sie möchte doch keinen Prediger in solchen Umständen zu ihm kommen lassen. Die Ursache davon war, wie man es von seinen Freunden erfahren hat, weil er ohne Streit sterben wollte und besorgte, er möchte aus Schwachheit des Verstandes etwas sagen, dessen man sich, seinen Grundsätzen zuwider, zum Vorteil bedienen könnte. Das heißt, er befürchtete, man möchte in der Welt ausbreiten, sein Gewissen sei bei Annäherung des Todes aufgewacht, darüber er seine Unerschrockenheit verloren und seine Meinung widerrufen hätte. Kann man sich eine lächerlichere und größere Eitelkeit, als diese war, und eine abgeschmacktere Neigung zu dem falschen Begriff, den man sich von seiner Beständigkeit gemacht hat, einbilden? Wir werden bald einige Exempel von ebender Art zu sehen bekommen.

182. Da die Gottesleugnung ihre Märtyrer gehabt hat, so ist dieses ein unzweifelhaftes Merkmal, daß sie nicht die Begriffe der Ehre und Ehrbarkeit ausschließt. Betrachtung über das Verhalten des Vanini

Wenn ich betrachte, daß die Atheisterei ihre Märtyrer gehabt hat, so zweifle ich gar nicht mehr, daß nicht die Gottesleugner sich einen Begriff von Ehrbarkeit machen sollten, der über ihr Gemüt mehr Vermögen hat als das Nutzbare und Angenehme. Denn wie wäre es möglich gewesen, daß Vanini, ohne sich in acht zu nehmen, in Gegenwart solcher Personen seine Lehren hat vortragen können, die es der Obrigkeit melden konnten? Wenn er seinen besonderen Nutzen gesucht hätte, so würde er die vollkommene Ruhe des Gewissens für sich allein genossen und sich nicht darum bekümmert haben, wie er Schüler bekommen möchte. Er muß daher Lust gehabt haben, deren einige zu bekommen, entweder, damit er das Oberhaupt einer Sekte würde oder um die Menschen von einem Joch zu befreien, das, seiner Meinung nach, sie verhinderte, sich nach Gefallen zu erlustigen. Hat er sich zum Haupt einer Partei machen wollen, so ist es ein Zeichen, daß er die Vergnügungen des Leibes und die Reichtümer nicht als seinen letzten Endzweck angesehen, sondern nur für die Ehre gearbeitet hat. Ist er willens gewesen, die Menschen von der Furcht der Hölle zu befreien, weil er glaubte, daß man sie ohne Grund damit schreckte, so ist es ein Zeichen, daß er sich verbunden erachtet hat, seinem Nächsten Dienste zu leisten, und daß er dafürgehalten hat, ein rechtschaffener Mann müsse für seinesgleichen nicht nur mit seinem Schaden, sondern auch mit Gefahr seines Lebens arbeiten. Denn Vanini konnte leicht ermessen, daß ein Gottesleugner, der nur seinen eigenen Nutzen sucht, seine Rechnung vielmehr unter frommen als gottlosen Leuten finden würde. Denn ein Frommer schadet niemanden durch listige Ränke und Streiche und besitzt so wenig Neigung, jemanden zu betrügen oder eines fremden Gutes sich zu bemächtigen, daß er lieber sein Recht fahrenläßt, ehe er gegen einen solchen streitet, den er völlig entschlossen sieht, mehr als einen falschen Eid zu schwören; dahingegen ein gottloser Mensch der erste ist, der sich des Betrugs und Meineides bedient und die Absichten seiner Mitbuhler durch allerhand Gottlosigkeiten rückgängig zu machen sucht. Solchergestalt ist es einem Gottesleugner, der sein Glück machen will, vorteilhaft, wenn lauter fromme Seelen auf der Welt sind, und Vanini ist einfältig gewesen, sofern er durch Ausbreitung der Atheisterei im trüben zu fischen gedacht hat; er hätte vielmehr dafür arbeiten sollen, die Welt fromm zu machen. Überdies wußte er noch, daß die Todesstrafe solchen Leuten zuerkannt wird, welche die Gottesleugnung öffentlich lehren. Da er also bemüht war, seine Gottlosigkeit bekanntzumachen, so verscherzte er sich nicht allein die Gelegenheiten, das gute Gewissen anderer Menschen sich zunutze zu machen, sondern setzte zugleich sein eigenes Leben in Gefahr. Er muß sich also durch einen falschen Begriff der Ehrbarkeit haben überreden lassen, daß er verbunden sei, seinen eigenen Nutzen dem Vorteil des Nächsten aufzuopfern.

Wie kam es aber, daß er seine Richter nicht hintergangen hat und daß er viel lieber mitten in den größten Schmerzen sterben als seine Meinung hat widerrufen wollen, da dieses, seinen Grundsätzen zufolge, ihm in jener Welt nichts schaden konnte? Warum stellt er sich nicht, als ob er seine Gottlosigkeiten einsehe, da er nicht glaubte, daß die Heuchelei von Gott verboten sei? Man muß hierbei gestehen, daß er entweder den Vorsatz gehabt hat, die Leute dahin zu bringen, daß sie von ihm reden sollten, wie etwa jener nichtswürdige Mensch, der den Tempel der Diana in Brand steckte, oder daß er sich einen Begriff von Ehrbarkeit gemacht, demzufolge er geurteilt, es sei eine dem Menschen unanständige Niederträchtigkeit, wenn er seine Meinungen aus Furcht vor dem Tod verbergen wollte. Man kann daher nicht leugnen, daß nicht die Vernunft ohne ausdrückliche Erkenntnis Gottes den Menschen auf die Seite der Ehrbarkeit lenken könne, die er zuweilen richtig, zuweilen fälschlich einsieht. Und endlich, das Exempel des Vanini ist ein unleugbarer Beweis dessen, was ich so oft gesagt habe, daß nämlich die Menschen demjenigen, was sie glauben, nicht gemäß handeln. Denn hätte dieser Narr auf diese Art gehandelt, so hätte er einen jeden bei seiner Meinung gelassen oder würde vielmehr gewünscht haben, überall fromme Seelen anzutreffen, die sich von einem Heuchler mit leichter Mühe betrügen ließen. Was lag ihm daran, wenn ein rechtschaffener Christ sich der Vergnügungen der Welt beraubte? Ging es ihm nahe, so wich er von seinem Lehrgebäude ab, denn dieses verbindet ihn in Ansehung eines andern zu nichts. Ich will nicht sagen, daß er sich gröblich dabei verging, denn es befindet sich keine Annehmlichkeit in der Sünde, welche dem Vergnügen beikommen sollte, das eine fromme Seele schon in dieser Welt genießt. Was die übrigen Christen betrifft, so hatte er nicht Ursache, sie zu beklagen. Sie lassen sich an ihren Vergnügungen nichts abgehen, ebenso als ob sie ohne Religion lebten. Und da er so unüberlegt seine Lehrsätze öffentlich vorgetragen hatte, so hätte er wenigstens mit einem Schwur bekräftigen können, daß er seine Irrtümer nunmehr eingesehen und, müßte er sterben, alle Artikel unseres Glaubens mit seinem Blut versiegeln würde. Statt dessen suchte er eine lächerliche Ehre darin, daß er bei allen Martern sich unempfindlich zeigte. Daraus kann man sehen, daß er bei einer solchen Hartnäckigkeit geschickt gewesen, für die Atheisterei zu sterben, gesetzt, daß er von dem Dasein Gottes sehr wohl überzeugt gewesen wäre.

Man kann zu diesem Exempel des Vanini noch ein anderes von einem gewissen Mahomet Effendi[343] hinzusetzen, der vor kurzem in Konstantinopel hingerichtet worden ist, weil er gegen das Dasein Gottes öffentlich gelehrt hatte. Er konnte sein Leben retten, er durfte nur seinen Irrtum bekennen und versprechen, denselben inskünftig fahrenzulassen. Allein, er ging von seinen Gotteslästerungen nicht ab, sondern sagte: Ob er gleich keine Belohnung zu erwarten hätte, so verbände ihn doch die Liebe zur Wahrheit, den Märtyrertod auszustehen, um dieselbe zu behaupten. Ein Mensch, der also redet, muß notwendig einen Begriff von Ehrbarkeit haben, und treibt er seine Hartnäckigkeit so hoch, daß er für die Gottesleugnung stirbt, so muß er eine so unsinnige Begierde, ein Märtyrer derselben zu werden, besitzen, daß er sich ebendiesen Martern aussetzen würde, wenn er gleich nicht ein Atheist wäre.

183. Untersuchung des Einwurfs, von der Schwierigkeit, einen Atheisten zu bekehren, hergenommen

Ich verlange keine andere Antwort für diejenigen, welche sagen, daß, da die Gottesleugnung unter allen Gemütsbeschaffenheiten am schwersten auszurotten ist, so notwendig schlimmer sein müsse als die Abgötterei. Ein Götzenverehrer, sprechen sie, den man zur wahren Religion bringen will, gibt unzählige Dinge zu. Man darf keine Zeit verlieren, um ihm zu erweisen, daß ein Gott ist, und eben davon muß man bei einem Gottesleugner anfangen, und dessen Hartnäckigkeit geht so weit, daß man während des Streites alt wird und dennoch mit diesem Artikel nicht zustande kommt. Als daher Origenes an der Bekehrung zweier junger heidnischer Edelleute, von denen der eine hernach der heilige Gregorius Thaumaturgus geworden, arbeitete, so erlaubte er ihnen, alle Philosophen und Dichter zu lesen, ausgenommen diejenigen, welche zur Gottesleugnung verleiteten. Denn er hielt dafür, es sei unendlich weit gefährlicher, wenn man auf die Gedanken gerät, es sei kein Gott, als wenn man die verschiedenen Begriffe der Weltweisen, ihre Götter betreffend, erwägt, weil die Verehrung dieser Götter die Menschen zur wahren Religion um desto fähiger macht, je ungereimter sie ist.[344]

Ich bitte diejenigen, welche also denken, zu betrachten: 1. Daß für einen Atheisten, der in seinen Gottlosigkeiten so hartnäckig geworden ist, daß er lieber sterben als denselben entsagen will, es Millionen Götzenverehrer gibt, die ebenso hartnäckig sind. 2. Daß die Hartnäckigkeit dieser kleinen Anzahl von Atheisten nicht aus ihrer Gottesleugnung entspringt, denn nach meiner schon gemachten Anmerkung müßten sie, ihren Grundsätzen zufolge, sich zu der eingeführten Religion bequemen. Da nun aber dieses nicht geschieht, so muß man folgern, daß sie, vermöge ihres Temperaments, hartnäckig und von einem unsinnigen Ehrgeiz, sich durch außerordentliche Wege hervorzutun, eingenommen sind. Und dieses ist eine Gemütsverfassung, die einen Menschen, der überhaupt von einer Religion überzeugt ist, dahin bringen könnte, daß er sich so gut wie ein Atheist könnte verbrennen lassen. Und da sich solches also verhält, so folgt, daß, wenn Vanini ein Götzenverehrer oder ein Jude oder ein Türke gewesen wäre, er ebensowenig Neigung zu einer wahren Bekehrung wie der hartnäckigste Gottesleugner gehabt haben würde.

184. Woher die Schwierigkeiten zu glauben entspringen

3. Überdies möchte ich gern, daß man aufmerksam betrachtete, woher die Schwierigkeit, die Menschen zum Evangelium zu bekehren, entspringt. Die meisten,

welche hiervon ihre Gedanken an den Tag gelegt haben, scheinen überzeugt zu sein, daß diese Schwierigkeit nicht daher kommt, weil man von den Menschen verlangt, daß sie unbegreifliche Geheimnisse glauben sollen, sondern weil man haben will, daß sie ihren Leidenschaften entsagen sollen. So sagt man etwa bei diesen Gedanken.

Wenn zu einem Christen nichts mehr gehörte, als im Herzen zu sagen: Ich glaube alles, was man mir von dem Geheimnis der Dreieinigkeit, der Menschwerdung und anderen Geheimnissen vorsagt, die ich glauben soll, ohne daß ich sie begreifen darf, so würde es leicht sein, sich zum Evangelium zu bekennen. Ein jeder würde gern alles glauben, was man nur wollte, sofern man nur nicht von ihm verlangte, daß er es entweder begreifen oder anders als nach seinem Gefallen leben sollte. Es ist nicht die Meinung, als ob das Glauben eine so leichte Sache wäre, wie man wohl sagen möchte. Man bildet sich nur ein, es sei nichts leichter, und untersucht nicht, was es heißt.[345] Einige wollen die Welt bereden, daß sie glauben, was sie doch nicht glauben; andere, und zwar in größerer Anzahl, überreden sich's selber, indem sie nicht einsehen können, was das heißt: *glauben*. Dem sei, wie ihm wolle, ein jeder denkt, er könne sich mit gutem Recht zum Christentum bekennen, weil, wie er meint, man ein Gläubiger sein könne, wenn man nur kaltsinnig sagt, man sei überzeugt[346], daß man jenen Hirnglauben besitze, der unsere Geheimnisse für wahr hält, weil man nichts dabei einbüßt, und jenen flüchtigen Glauben, der nur die Spitze des Verstandes berührt und ohne alle Wirkung verbleibt. Sieht er aber, und wird es ihm vorgestellt, daß, um dem Evangelium auf gehörige Art zu glauben, es nötig ist, sich wehe zu tun, Schmach und Verachtung mit Freuden zu erdulden, seine Feinde zu lieben; mit einem Wort, gegen den Strom seiner sinnlichen Neigungen zu schwimmen, alsdann werden Vernunft und Natur zugleich rebellisch, und man mag von der christlichen Religion nichts mehr reden hören.

Die Vernunft, welche vordem bereit war, sich hinter die Wolken eines Köhlerglaubens zu verstecken, die da gegen die Leichtgläubigkeit eines Götzendieners nichts einzuwenden pflegte, die sich Lehrsätze gefallen ließ, welche nicht nur weit unbegreiflicher waren als unsere Geheimnisse, sondern auch so viel Ungereimtheiten, Niederträchtigkeiten und offenbare Widersprüche in sich begriffen; die Vernunft, sage ich, will nun nicht mehr leiden, daß man Sachen glaube, die sie nicht einsieht. Es ist dieses ein lauterer Betrug, den man sich erweckt, oder ein Vorwand, den man sucht, um die wahre Ursache des Unglaubens zu bemänteln. Man hat nicht das Herz, zu bekennen, daß der Grund, warum das Evangelium uns mißfällt, dieser sei, weil es tugendhaft zu leben anbefiehlt, obgleich dieses die beständige Klage ist. Man sucht daher eine Entschuldigung und unterfängt sich, gegen theoretische Lehrsätze zu streiten. Das Gemüt will sich nicht ergeben und veranlaßt den Verstand, der gemeiniglich durch jenes betrogen wird, daß er Waffen sucht, um sich zu beschützen. Der heilige

Chrysostomus[347] hat hierbei vortreffliche Gedanken, und ihm haben wir folgenden Satz zu danken: Daß man den Geboten Gottes keinen Glauben beimißt, das kommt daher, weil man so nachlässig ist und sie nicht erfüllen will.[348]

Ist dieser Satz wahr, so folgt daraus, daß die Götzendiener, so gewohnt sie auch sind, unbegreifliche Sachen für wahr zu halten, doch nicht geneigter sind, sich zu bekehren, als die Gottesleugner, weil nach diesem Satz die einzige Quelle des Widerstandes, den das menschliche Herz dem Heiligen Geist bezeugt, in dem Verderben des Temperaments, in der Unordnung der Leidenschaften, in der Neigung zu sinnlichen Dingen seinen Grund hat, welches alles Sachen sind, die sich bei einem Götzendiener sowohl als bei Gottesleugnern befinden. Man irrt demnach, wenn man glaubt, daß das Schwerste vorbei ist, wenn Personen, die man zum Evangelium bekehren will, bereits überzeugt sind, daß ein Gott ist, denn die größten Hindernisse sind noch alle rückständig.

Was das Ansehen des Origenes betrifft, welches man uns einwendet, so muß man antworten, daß sein Schluß aufs höchste bloß wahrscheinlich ist. Man kann nicht leugnen, er ist sehr wahrscheinlich, wenn man ihn in einem gewissen Sinn ansieht, aber sehen Sie ihn auf einer anderen Seite an, so werden Sie befinden, daß er dieselbe Stärke nicht mehr hat. Und in der Tat, der Herr Erzbischof von Condom, der so viel Richtigkeit im Verstand und Gründlichkeit im Urteilen besitzt, hat kein Bedenken getragen, gerade das Widerspiel vom Origenes zu behaupten, denn er hat geschlossen, daß die Abgötterei schwerer zu bestreiten sei, weil sie so ungereimt gewesen. Unserm Bedünken nach, spricht er[349], scheint uns die Abgötterei die Schwäche selbst zu sein, und man kann kaum begreifen, warum so viel Stärke nötig gewesen, dieselbe übern Haufen zu werfen; allein ihre Torheit erweist im Gegenteil die Schwierigkeit, sie zu besiegen, und ein so großer Verfall der gesunden Vernunft zeigt sattsam, wie verdorben die Erkenntnis gewesen ist. Ich behaupte nicht, daß dieser Prälat den Götzendienst mit der Atheisterei habe vergleichen wollen, allein, es ist unstreitig, da er erwiesen, daß die Abgötterei schwer zu bestreiten sei, er zugleich erwiesen, daß sie schwerer zu widerlegen sei als die Gottesleugnung. Alle Sinne, spricht er[350], alle Leidenschaften, alle Vorteile stritten für die Götzenverehrung. Sie war zum Vergnügen erfunden worden. Die Belustigungen, die Schauspiele und endlich die Frechheit selbst machten einen Teil des Gottesdienstes aus. Die Festtage waren nichts als Spiele, und es war kein Platz im menschlichen Leben, von dem die Schamhaftigkeit mit größerer Sorgfalt war verbannt worden, als es bei den Geheimnissen der Religion geschah. Wie sollte man so verdorbene Gemüter zur Ordnung der wahren, keuschen, strengen Religion gewöhnen, die eine so starke Feindin der Sinne und einzig und allein unsichtbaren Gütern ergeben war? Er zeigt im folgenden, daß der Eigennutz, das ist der Gewinn und die Pracht, welche die Gebräuche der Religion verschiedenen Städten verschafften, das entsetzliche Vorurteil, welches man für das Altertum in Religionssachen hat, und die Staatsmaximen gemeinschaftlich die Beibehaltung der Abgötterei stark beförderten. Wer sieht aber nicht, daß alle diese wichtigen Triebfedern unter den Atheisten von keiner Stärke gewesen sein würden?

Wir werden ein wenig besser unten sehen, ob nicht eine andere Ursache von der Schwierigkeit, die Menschen zu Gott zu bekehren, zu finden sei, als diese ist, von der wir zu Anfang dieses Artikels geredet haben.

185. Betrachtung über das Verhalten Jesu Christi gegen die Sadduzäer und Pharisäer

Es scheint, als ob unser Herr Jesus Christus durch sein Verhalten in Ansehung der Pharisäer und Sadduzäer uns habe lehren wollen, daß das hauptsächlichste Hindernis unserer Bekehrung in der üblen Beschaffenheit unseres Herzens bestehe. Die Pharisäer waren weit richtiger in der Lehre als die Sadduzäer; sie nahmen die ganze Schrift des Alten Testamentes für wahr an, sie rühmten sich eines großen Eifers für das göttliche Gesetz und glaubten sogar, es sei nicht genug, dasselbe zu beobachten, man müsse auch noch einen Haufen Erklärungen, Gebote und Zeremonien halten, die sie jenem an die Seite gesetzt hatten. Die Sadduzäer waren weit gefälliger; sie ließen tausenderlei Sachen weg, welche ihnen überflüssig zu sein schienen, ihr ganzer Glaube ging nicht weiter, als daß sie die fünf Bücher Mosis annahmen und glaubten, Gott sei das allervollkommenste Wesen. Im übrigen glaubten sie nicht, daß es Geister gäbe und daß die Seele nach dem Tod wirklich bleibe und daß die Körper dermaleinst wiederauferstehen würden. Das sind Lehrsätze, die die äußerste Gottlosigkeit zum Grunde setzen. Indessen findet man nicht, daß der Hohepriester bei den Juden oder die Synode jemals gegen die Sadduzäer übel verfahren sei oder daß sie jemals von der Gemeinschaft der jüdischen Kirche ausgeschlossen worden, welches man unfehlbar würde getan haben, wenn sie Götzendiener geworden wären.

186. Von dem Abscheu der Juden vor Abgötterei

In Wahrheit, die erschrecklichen Strafen, welche Gott den Juden wegen ihrer Abgötterei zugeschickt hatte, hatten ihnen den Abscheu, welchen man vor einem solchen Verbrechen haben muß, dergestalt ins Gemüt eingedrückt, daß sie sich kaum enthalten konnten, daß sie nicht gegen ihren furchtbaren Tyrannen Herodes einen Aufstand gemacht hätten, als er in Judäa dem Augustus zu Ehren einen Tempel aufbauen ließ. Als ebendieser Wüterich einen goldenen Adler über die große Pforte des Tempels hatte setzen lassen, so mußte er vor seinem Ende sehen, daß ein großer Haufe junger Leute[351], die sich auf Aufwiegelung einiger Lehrer des Gesetzes zusammengerottet hatten, denselben am hellen lichten Tag mit Äxten herunter schlug. Da einige Zeit darauf Pilatus die Bildnisse des Kaisers des Nachts in den Tempel zu Jerusalem hatte tragen lassen, so machte das eine so starke Bewegung unter den Juden, daß sie augenblicklich nach Cäsarien liefen und den Pilatus demütigst baten, dieselben wieder wegzunehmen. Es hielt schwer, ehe sie es erlangten, sie mußten fünf Tage und fünf Nächte hintereinander in der Stellung fußfälliger Leute um seinen Palast herum liegen bleiben und ihren Hals dem bloßen Degen der Soldaten hinreichen, dem Pilatus sie zu überliefern drohte, sofern sie sich nicht entschließen würden, die Bilder des Kaisers in die Stadt zu nehmen. Sie wiederholten kurz darauf ebendieses Verhalten und erklärten sich gegen den Statthalter Petronius mit einer unglaublichen Beständigkeit: Sie wollten sich lieber in Stücke zerhauen lassen, ehe sie zugeben würden, daß man die Bildsäule des Caligula in den Tempel zu Jerusalem setzen sollte. Vordem hatten sie durch ihr Bitten erlangt, nicht zwar, wie es ein berühmter Prälat[352] erzählt, daß die Völker des Vitellius ohne Fahnen durch Judäa marschierten, sondern daß sie einen andern Weg nahmen, damit nicht die jüdische Nation einen Anstoß nähme, die in dem Umfang des Gelobten Landes keinen Gegenstand der Abgötterei dulden konnte.

Sie glaubten, daß die Gegenwart eines Götzendieners die Heiligkeit ihrer Geheimnisse entheiligte, und konnten es durchaus nicht leiden, daß ein Heide während des Gottesdienstes sich unter sie mengte. Ihr Gewissen ging so weit, daß sie verboten, sich unter dem Schatten eines Baumes niederzusetzen, unter dem ein Götzenbild gestanden hatte, oder unter diesem Baum wegzugehen, wenn man einen anderen Weg nehmen konnte, und war kein anderer Weg zu finden, so wollten sie, man sollte nicht anders als im vollen Lauf unter dem Baum fortgehen. Dieses erzählt uns der gelehrte Maimonides[353] nebst anderen noch wichtigeren Sachen. Zufolge dieser Anmerkung wird man leicht begreifen können, daß die Juden, welche vordem die wahre Religion gehabt haben und die Verwahrer des göttlichen Willens gewesen sind, die Götzenverehrung für ein weit abscheulicheres Verbrechen, als die Ketzerei derjenigen ist, welche das Paradies leugnen, gehalten haben. Doch dieses ist nicht das Hauptwerk, was ich sagen wollte. Ich wollte erinnern, daß unser Heiland mehr Verachtung gegen die Pharisäer als gegen die Sadduzäer bezeugt hat. In allem und überall hat er mit den Pharisäern zu tun, ihnen deckt er ihre Fehler auf das schärfste auf, sie sucht er bei aller Gelegenheit zu bestrafen. Die Ursache ist diese: Sie waren zwar in der Lehre richtiger, allein ihr Herz war durch Scheinheiligkeit und Hochmut verdorbener, und deswegen waren sie unfähiger, sich zum Evangelium zu bekehren.

187. Ob noch eine andere Ursache des Unglaubens zu finden als die Neigung zum Bösen

Alle diejenigen aber, welche ihre Gedanken von der Schwierigkeit, die Menschen zum Evangelium zu bekehren, eröffnen, sagen nicht so überhaupt, daß sie in der Bosheit des Herzens bestehen. Sie befinden es nicht für unmöglich, daß sie nicht zuweilen aus einer Dunkelheit in ihrer Seele, die sie wider Willen hegen, entspringen sollten. Und wie es Gegenstände gibt, welche man nicht erblicken kann, so gern man auch immer wollte, also gebe es auch Wahrheiten, die uns niemals Wahrheiten zu sein scheinen, so große Mühe und Lust wir auch haben mögen, dieselben zu erkennen. Man mag sagen, was man will, unsere Kräfte wirken niemals, wenn die Gegenstände nicht in einem richtigen Verhältnis mit ihnen stehen. Sind die Gegenstände des Gesichts allzu klein oder allzu entfernt oder im Finstern, so mögen wir noch so viele Wünsche haben, dieselben zu sehen, wir müssen es uns gefallen lassen, daß wir sie nicht sehen, wir mögen noch so gute Augen haben. Haben wir auf der anderen Seite ein schwaches Gesicht, so mag man die Gegenstände so weit setzen, wie gute Augen sehen können, wir werden sie nicht erkennen. Und wer hat es gesagt, daß die Gegenstände des Verstandes nicht ebenfalls ein gewisses Verhältnis erfordern, wenn wir sie wahrnehmen sollen? Wer hat es uns gesagt, daß man nur wünschen dürfe, dieselben für wahr zu halten, sogleich würden sie uns als wahr vorkommen? Wer hat es gesagt, daß die innerliche Einsicht unserer Seele allemal so hell und deutlich ist, daß sie die Gegenstände, die man ihr vorhält, erkennen kann, man mag sie entfernen und verwickeln, wie man will? Ich meines Orts leugne gar nicht, daß es unzählige Menschen gibt, welche sich mit Wissen und Willen verblenden, allein, ich halte mich doch daran, was ich sonst schon gesagt habe, daß Gott allein weiß und kennt, wer diejenigen sind, die boshafterweise die Geheimnisse seines Wortes nicht wissen. Und da es Leute gibt, welche die Stärke des Einwurfes besser einsehen als die Stärke der Antwort, obgleich die Antwort besser ist und man weder von dem Einwurf noch von der Antwort Nutzen hat, so kann es auch Leute geben, welche sich durch die schwächsten Gründe überwinden lassen, ohne dabei der Neigung einer ausschweifenden Leidenschaft zu folgen. Die gesunde Weltweisheit lehrt uns heutzutage auf eine sehr überzeugende Art, daß unsere Seele von dem Körper unterschieden und folglich unsterblich ist; allein, wieviel gibt es nicht Leute, welche den Nachdruck und die Stärke aller dieser festen Gründe nicht einsehen. Und man sage ja nicht, daß es Leute wären, welche wünschten, daß die Seele mit dem Körper unterginge. Es sind im Gegenteil Personen, welche ihre Ewigkeit wünschen. Ich nehme deswegen den Cicero[354] zum Zeugen, welcher uns versichert, er wünsche erstlich, daß die Seele unsterblich sei, und fürs andere, wenn dieses nicht wahr wäre, daß man es ihm wenigstens einreden solle. Er setzt hinzu:

Wenn er die Abhandlung des Plato von der Seele lese, so habe er an seinen Gründen nichts auszusetzen, sobald er aber das Buch zumache und der Sache nachdenke, so verschwinde seine gehabte Meinung. Ich nehme auch den Seneca[355] zum Zeugen, der so viel zu verstehen gibt, er habe gern von der Ewigkeit der Seele philosophiert oder vielmehr sie geglaubt, und er sei mit vielen großen Männern leicht eines Sinnes geworden, welche eine so angenehme Lehre nicht sowohl beweisen als vielmehr versprechen. Ich überließ mich, fährt er fort, dieser süßen Hoffnung. Hier sieht man die zwei vortrefflichsten Köpfe des Altertums, wie sie alles mögliche tun, um sich von der Unsterblichkeit der Seelen zu überzeugen, und doch nicht vollkommen davon überführt werden können. Es gibt hinwiederum andere, welche nach der Anmerkung des Minutius Felix, die ich an einem anderen Ort angeführt habe, wünschen, daß die Seele mit dem Körper untergehen möge, und können es doch nicht glauben. Mehr als tausend Personen ärgern sich alle Tage, daß sie an hundert Dingen, die sie so gern nicht wissen möchten, nicht zweifeln können, und bemühen sich vergeblich, blind zu werden, damit sie nur die Verdienste ihrer Feinde nicht sehen möchten. Es ist daher nicht wahr, daß allemal unsere Leidenschaften die Richtschnur unsrer Meinungen sind. Man hat daher unrecht, wenn man sich einbildet, daß, sobald man in der Religion eine wichtige Wahrheit erblickt hat, eine heimliche Neigung sich rege, der viel daran gelegen sei, wenn wir in Unwissenheit verbleiben.

Jedoch mir liegt bei meinem Beweis wenig daran, die Menschen mögen entweder deswegen dem Evangelium widerstehen, weil ihr Verstand mit Finsternissen, die durch die Verderbnis des Herzens verursacht worden sind, angefüllt ist oder weil sie wider Willen in einen Abgrund von Vorurteilen gestürzt sind; mir, sage ich, liegt wenig daran, man mag es erklären, wie man will, ich kann allemal mit Grund behaupten, daß die Atheisten nicht schwerer zu bekehren sind als die Götzenverehrer. Will man, daß die Menschen dem Evangelium widerstehen, weil es uns befiehlt, unsere Neigungen zu bekriegen? Ich behaupte und habe es erwiesen, daß die Götzendiener nicht mehr Stärke besitzen, ihren Leidenschaften Widerstand zu tun, als die Gottesleugner. Will man, daß die Menschen dem Evangelium widerstreben, weil es unbegreifliche Sachen zu glauben befiehlt? Ich behaupte und habe es erwiesen, daß die Götzendiener ihren Verstand ebensowohl wie die Atheisten mit Finsternis, mit lächerlichen und ungereimten Vorurteilen angefüllt haben.

188. Wie geschickt die heidnische Religion gewesen, Atheisten zu machen

Wenn ich der Sache mit Fleiß nachdenke, so scheint es, daß zwar ein Atheist nicht geschickt gewesen ist, den Aberglauben des Heidentums anzunehmen, allein ich finde nicht, daß man größere Schwierigkeiten haben würde, ihn zu dem wahren Gott zu bekehren als bei einem Götzendiener. Die heidnische Religion lehrte, die Gottheit betreffend, so lächerliche Dinge, daß kein Atheist in der Welt sein konnte, der, wenn er nur gesunde Vernunft hatte, nicht hätte weit lieber bei seinen Gedanken beharren sollen, als daß es ihm möglich gewesen wäre, solche Götter, wie der Heiden ihre waren, anzunehmen. Sonst war es auch eine Religion, welche die abscheulichsten Verbrechen bestätigte, und daher kam die Verachtung und der Abscheu, den die Gottesleugner vor ihr bezeugten, als vor der Erfindung einer sowohl gewaltsamen als betrügerischen Staatskunst.[356] Daher kam es, daß sie sagten, wenn die Religion den Menschen von den Göttern wäre gegeben worden, so müßte man sie vielmehr für eine Wirkung ihres Zorns als ihrer Gewogenheit ansehen. Und das war endlich die Ursache, warum gewisse Personen sich in die Gottesleugnung stürzten. Wir wollen einmal den Plutarch[357] reden hören:

Der Aberglaube ist es, der die Gottesleugnung in die Welt gebracht hat und der ihr noch alle Tage Mittel in die Hand gibt, sich zu rechtfertigen und zu verteidigen, wenn nicht rechtmäßigerweise, so doch wenigstens mit viel Schein und Vorwand. Denn die allerersten, welche die Atheisterei ergriffen, haben es nicht deswegen getan, weil sie an dem Himmel was auszusetzen gefunden oder an den Sternen oder an den Jahreszeiten oder an den Umdrehungen der Sonne, die durch ihre Bewegung Tag und Nacht macht; auch nicht deswegen, weil sie einige Unordnung oder irgendeinen Mangel in der Nahrung der Tiere oder in dem Wachstum derselben angemerkt, keineswegs. Der Aberglaube war schuld daran. Seine wunderlichen Handlungen, seine lächerlichen Neigungen, seine Worte, seine Bewegungen, seine Hexereien, seine Bezauberungen, seine Streiche und Gegenstreiche, seine unreinen und abscheulichen Reinigungen, seine Dreifüße, seine unkeusche und garstige Eingezogenheit, seine unmenschlichen Peinigungen und der Überlast, den er sich selber in den Tempeln verursacht hat; alles dieses sind die schönen Dinge, welche einige veranlaßt haben zu sagen, es wäre weit besser, die Menschen hätten gar keine Götter, als daß sie solche haben müßten, welche dergleichen Dinge guthießen, welche an einem so wunderlichen Dienst einen Gefallen hätten, welche mit ihren Verehrern übel umgingen, welche sich über nichtswürdige Dinge ärgerten und welche über Kleinigkeiten verdrießlich würden. In der Tat, würden die Gallier und Skythen nicht glücklicher gewesen sein, wenn sie nimmermehr von den Göttern was gehört oder nie an sie gedacht oder nicht den geringsten Begriff von ihnen gehabt hätten; als da sie geglaubt, daß es Götter gebe, die aber an Menschenblut einen Gefallen trügen, das man vergießen und ihre Altäre damit benetzen müßte, und die dergleichen barbarische und unmenschliche Opfer als die angenehmste Sache von der Welt ansähen, und die sich für ihre Hoheit am besten schickten? Und wieweit besser würde es für die Karthaginenser gewesen sein, wenn sie zu ihren ersten

Gesetzgebern einen Kritias und einen Diagoras gehabt hätten, welche weder Götter noch Geister glaubten, als daß sie dem Saturn ihre gewöhnlichen Opfer brachten.

Da nun die Religion der Götzendiener also beschaffen gewesen, so ist keine Wahrscheinlichkeit, daß jemals ein Atheist seine Partei habe verlassen und an einem so lächerlichen und strafbaren Gottesdienste teilnehmen wollen. Man verkündige ihm aber die christliche Religion, die uns nichts von Gott offenbart, das nicht groß, heilig und erhaben sein sollte, die uns solche Tugenden auszuüben anbefiehlt, welche höchst rein und der Einsicht der wahren Vernunft höchst gemäß sind: er wird dergleichen Schwierigkeiten nicht machen können. Und wofern die herrschende Neigung eines Menschen, nach den Lüsten seines Herzens zu leben, oder eine entsetzliche Dummheit diesen Atheisten nicht abhalten, sich zum Evangelium zu bekennen, so wird er sehen, daß es eine ungleich vernünftigere Partei ist als diese, mit der er es bisher gehalten.

189. Obgleich der Mensch sehr verdorben ist, so will er doch nicht, daß die Religion das Laster gebiete

Ich kann nicht umhin, hier eine kleine Betrachtung über das wunderliche Wesen des menschlichen Verstandes anzustellen. Ob er gleich das Laster liebt, so ist es ihm doch nicht recht, wenn es durch die Gesetze der Religion bestätigt wird. Ebendieselben Personen, welche das Evangelium wegen seiner strengen Moral verwerfen, würden mit noch größerm Abscheu eine Religion von sich stoßen, die ihnen geböte, sich in den allerschändlichsten Unordnungen herumzuwälzen, wenn man ihnen dieselbe zu einer Zeit vor Augen stellte, da sie imstande sind zu schließen, und bevor sie von den Vorurteilen der Jugend eingeschläfert worden. Es ist keine liederliche Manns- oder Weibsperson in Paris, die nicht einen Prediger mit Steinen werfen sollte, wenn er die Frechheit hätte zu predigen, daß Gott verbotene Wollüste guthieße. So lasterhaft das Leben der meisten Christen ist, so ist es doch wahrscheinlich, wenn ein Ketzer aufstünde und freiheraus und ohne Umstände lehrte, das Evangelium erlaube uns alles, was unser Herz wünscht, er würde gar nicht fortkommen oder doch nicht so gut, als wenn er eine strenge Art annähme und mit einer ausnehmenden Freimütigkeit gegen die Sitten der vornehmsten Personen eiferte. Sogar die Heiden haben sich gesorgt, sie möchten ein Ärgernis geben, wenn sie eine Lehre bekanntmachten, die, dem Ansehen nach, der Freiheit zu sündigen das Tor öffnete. Als daher Lukrez gleich zu Anfang seines Buches angeführt hat, er wolle nach den Grundsätzen Epikurs, dieses ruhmwürdigen Bezwingers der Religion, philosophieren, so setzt er sehr geschickt hinzu, nicht um die Welt böse zu machen. Man dürfe sich nicht einbilden, daß er dadurch den Lastern behilflich sein wolle, weil im Gegenteil die Religion zu den allerabscheulichsten Gottlosigkeiten Anlaß gegeben habe.[358]

Es kommt einem fremd vor, daß man mit dem Menschen auf diese Art verfahren muß, und es gehört dieses mit unter die Widersprüche, welche unser Geschlecht verstellen. Zufolge der Neigung, die wir haben, unserer Natur ein Genüge zu leisten, sollten wir denjenigen nachlaufen, welche uns predigen, daß alles erlaubt sei, und indessen verabscheuen wir sie. Weil eine gelinde Sittenlehre uns abscheulich vorkommt, so sollten wir uns zu der allerstrengsten Moral halten, und indessen fliehen wir vor ihr. Vielleicht wollen wir also ein gewisses Mittel halten, dabei man uns etwas zuläßt, nicht aber alles erlaubt? Allein, man erwäge es genau, so wird man sehen, daß auch dieses Mittel uns nicht ansteht, denn wir tun entweder alles, ob wir gleich nicht wollen, daß man es uns erlaube, oder wir tun wenigstens mehr, als uns von denjenigen erlaubt worden ist, welche uns, wie wir wollten, etwas zugelassen haben.

Die Staatsverständigen haben einen ähnlichen Widerspruch in dem Gemüt des Menschen in Ansehung des Verlangens nach der Freiheit angemerkt. Die Menschen sind sehr begierig danach, und doch können sie sie nicht vertragen. Dulden sie daher die Sklaverei? Auch dieses nicht.[359] Sie können es nicht ertragen, weder daß sie gänzlich in Sklaverei noch gänzlich frei sein sollten.

[360]*Pour avoir du public, ce qu'on peut souhaiter,*
Il ne faut le trop bien, ni le trop maltraiter.
Vom Volke, was man wünscht zu haben und genießen,
Wird man ihm nicht zu sanft, auch nicht zu hart sein müssen.

Sie werden sich wenigstens eine Vermischung von Freiheit und Sklaverei gefallen lassen. Sie können sie nicht finden noch sich dabei erhalten.[361] Es ist eine Eigenschaft des Pöbels, daß er entweder niederträchtig dient oder trotzig herrscht. Was die Freiheit anlangt, welche das Mittel hält, so kann er dieselbe weder entbehren noch behalten.

190. Was die Ursache davon ist

Fragen Sie mich, warum die Menschen weder eine Religion, die nichts erlaubt, noch eine Religion, die alles zuläßt, haben wollen, so gebe ich Ihnen zur Antwort: Die Ursache ist diese: Einerseits veranlaßt sie ihre Neigung zu fleischlichen Wollüsten, daß sie eine gemächliche Religion wünschen, andererseits sagt ihnen die gesunde Vernunft, eine Religion, wenn sie gut und des Gehorsams würdig sein sollte, müsse von Gott herkommen, Gott aber befehle dem Menschen niemals, das Böse auszuüben. Wenn daher ein Mensch eine Religion wählen will und in dem Forschen frei und aufrichtig verfährt, so wird er niemals eine Religion ergreifen, welche die Ausübung der Sünde lehrt, weil daraus augenscheinlich erhellt, daß sie nicht von Gott herkommt und daß es eine Erfindung eines Menschen ist, dem man sein Gewissen zu unterwerfen nicht verbunden ist. Findet er aber eine Religion, welche die Ausübung aller Tugenden auf die reinste Art verordnet, was wird er sagen? Er wird darin die Merkmale der Gottheit erkennen, wenn er sie auf gehörige Art untersucht ; und wenn ihn die Liebe zum Laster nicht abschreckt, so wird er sich vorbereiten, dieselbe zu ergreifen. Daraus erhellt, daß, obgleich die Atheisten gegen falsche Religionen Verachtung und Abscheu bezeugt haben, man doch nicht schließen dürfe, daß sie davon für die wahre Religion mehr eingenommen sein müssen als die Götzendiener. Im Gegenteil scheinen sie mehr imstande zu sein, ihre Gottheit zu erkennen, als ein Heide, weil ein Heide nicht mit den Gedanken umgeht, sich eine Religion zu erwählen. Man hat ihm schon eine gegeben, ehe er geschickt war, sein Urteil zu gebrauchen. Er ist zufrieden damit und will nicht einmal untersuchen, ob nicht vielleicht ein Fehler darin sein könnte.

Dem sei, wie ihm wolle, man kann behaupten, daß die Gottesleugner und Götzendiener gleich schwer zurechtzubringen sind, wenn man die Beschaffenheit ihres Herzens ansieht, welches bei beiden gleich böse und gleich geschickt ist, durch die Eindrücke der Gewohnheit, der Erziehung, der Fertigkeiten und des angenommenen Geschmackes sich entweder zu verschlimmern oder zu verbessern. Da es nun aber sonst ausgemacht ist, daß ein durch eine Religion schon eingenommenes Gemüt schwerer aus dem Irrtum zu bringen ist als ein anderes, das davon leer ist, so kann man auch, wenn man alles wohl zusammen nimmt, nicht leugnen, daß ein Gottesleugner nicht leichter sollte zu dem wahren Gott können bekehrt werden als der Götzendiener.

191. Ob das äußerliche Bekenntnis der Religion, das die Atheisten tun, ihnen einigen Vorteil verschaffen kann

Man könnte noch hinzusetzen, daß ein Atheist, weil er kein Bedenken trägt, das Christentum von außen zu bekennen, mehr imstande sei, daran einen Geschmack zu finden, als ein Götzendiener, der ihr Bekenntnis verabscheut, weil er von falschen Grundsätzen eingenommen ist. Allein dieser Grund kann durch die Erfahrung der spanischen und portugiesischen Inquisition widerlegt werden, da man täglich verschiedene ganze jüdische Familien entdeckt und zum Feuer verurteilt hat, ob sie gleich seit undenklichen Zeiten sich zur christlichen Religion bekannt und, um ihre Nachbarn desto füglicher zu betrügen, die äußerlichen Übungen der katholischen Religion sehr ordentlich mitgemacht haben. Überdies bekennen sich die Gottesleugner gemeiniglich zu der Religion, die im Schwange geht; daraus folgt, daß für einen, der von außen ein Christ zu sein scheint, es deren hundert gibt, die das nicht zu sein scheinen. Ich habe gesagt, gemeiniglich; denn es ist gewiß, daß es Personen ohne Religion gibt, welche, was das äußerliche Bekenntnis anbelangt, in der Gesellschaft, darin sie sind erzogen worden, verbleiben, ob diese gleich nicht irdische Vorteile zur Seite hat, weil sie entweder keinen Ehrgeiz besitzen oder weil sie in der Religion, darin sie sich befinden, den äußerlichen Schein leichter beobachten können, oder weil sie sich mit ihrer Beständigkeit und Verachtung des Glücks großmachen wollen, oder weil sie ihre Eltern und Freunde nicht betrüben wollen, oder weil sie besorgen, man möchte sie beschuldigen, als ob sie die Religion des Nutzens halber geändert hätten, oder anderer Ursachen halber,

192. Warum man sich bei dieser Materie so weitläufig erklärt hat

Dieses hier, mein Herr, ist ein Teil derjenigen Gründe, wovon ich vor kurzem gehört habe, daß ein sowohl seiner Frömmigkeit als Wissenschaft halber berühmter Mann beweisen wollte, daß der Götzendienst schlimmer sei als die Gottesleugnung. Ich besorge, ich werde sie allzu weitläufig vorgestellt haben, und ich gestehe sogar, daß ich mich allzutief in eine Sache eingelassen habe, die mich oft von meiner Hauptsache abführte. Doch da mich diese Moral sehr lebhaft rührte und mir mehr Gelegenheit gab, als wohl eine Predigt hätte tun können, daß ich mich selber kennenlernen und mich überführen konnte, daß das wenige Gute, das sich in mir befinden mag, sehr unvollkommen ist wegen der vielen menschlichen Beweggründe, die sich nur allzuoft mit einschleichen, so habe ich wissen wollen, was Sie bei diesem Lehrsatz denken. Und ebendeswegen habe ich Ihnen denselben so weitläufig auseinandergesetzt, zudem hat er seinen großen Nutzen bei der Geschichte von dem Fall Adams und ist den Pelagianern sehr zuwider. Es scheint anfänglich, als ob er die Abscheulichkeit der Atheisterei verringere. Allein, wenn Sie die Absicht des Verfassers nur ein wenig einsehen, so werden Sie sehen, daß er zugibt, die Gottesleugnung sei an und für sich ein Stand des Fluches und der Verwerfung, darüber man erschrecken muß, ob er gleich glaubt, daß sie nicht die äußerste Stufe der Verwerfung sei, wenn er sie mit den Gottlosigkeiten des Heidentums vergleicht.

193. Betrachtung über ein Traktat des Plutarchus von dem Aberglauben

Wenn Sie diese Abhandlung mit derjenigen vergleichen, welche Plutarch über eine ähnliche Materie aufgesetzt hat, so weiß ich gewiß. Sie werden befinden, daß das Älteste darum nicht das Beste ist. Sie mögen nun entweder die Sache selber oder die Art und Weise betrachten, wie sie ausgeführt worden ist. Man erlaube mir dasjenige zu loben, woran ich nicht viel Anteil habe, und zu zeigen, worin jener es einem der vornehmsten Männer des Altertums zuvorgetan habe.

Plutarch setzt sich den Zweck, daß er zeigen will, der Aberglaube sei schlimmer als die Gottesleugnung. Da es nun ganz gewiß ist, daß die Abgötterei ungleich verdammenswerter ist als der Aberglaube, so ist außer Zweifel, daß jener Verfasser eine weit verhaßtere, gefährlichere und unglaublichere Materie ausgearbeitet hat, als diese sein kann, die in der Abhandlung, welche ich Ihnen zuschicke, enthalten ist. Was die Art der Ausarbeitung anbelangt, so weist es der Augenschein, daß hier mehr Weitläufigkeit und Stärke in den Gründen zu finden ist als in dem Traktat Plutarchs, und daß eine Menge von Gedanken angebracht sind, die wohl jener allem Ansehen nach nimmermehr mag gehabt haben. Der Grund, darauf er am meisten dringt und in dem er, wie es scheint, die größte Stärke zu finden vermeint, ist so schwach, wie nur möglich ist. Er vergleicht die Unruhe eines Abergläubischen mit dem ruhigen Zustand eines Gottesleugners und behauptet, daß die Atheisterei den Menschen eine große Stille genießen lasse, dahingegen der Aberglaube ihn aus einer Unruhe in die andere stürze, und daher sei dieser schlimmer als jene. Allein mit Erlaubnis dieses großen Mannes, er hat weder die Sache wohl eingesehen noch richtig geschlossen. Es soll nicht das physikalische Gute der Gottesleugnung mit dem physikalischen Guten des Aberglaubens, sondern beide in Absicht auf die Sittenlehre miteinander verglichen werden. Nun ist es gewiß, es gibt Sachen, die moralisch besser sind als andere, die doch nicht so viel Unempfindlichkeit und fleischliche Sicherheit zuwege bringen wie die andern. Wer zweifelt, daß es nicht Leute geben sollte, welche der Wichtigkeit ihrer Seligkeit so stark nachdenken, daß sie dabei nicht einschlafen können, da inzwischen Trunkene in sehr tiefem Schlaf liegen? Wird man deswegen sagen müssen, es sei besser, wenn man so lange trinkt, bis man trunken wird, als wenn man über die vier letzten Dinge des Menschen tiefsinnige Betrachtungen anstellt? Nach der Schlußrede Plutarchs würde man erweisen können, es sei besser, in dem Schoß der Wollust ohne irgendeinen Kummer zu leben, als Tag und Nacht zu arbeiten, wie ein rechtschaffener Advokat tut, um der Unschuld aufzuhelfen. Man würde auch erweisen können, daß die verfolgte Tugend schlimmer sei als ein Laster, das niemanden stört. Er hat daher an diesem Ort seht unglücklich geschlossen.

Ich gestehe indessen, daß dieses Traktat Plutarchs aller Lobeserhebungen nicht unwürdig ist, welche ihm von Tanaquil Faber, dem Vater der berühmten Frau Dacier, welche die Welt mit so viel gelehrten Büchern bereichert hat sind beigelegt worden. (Erlauben Sie, daß ich sie loben darf, ob sie gleich Hugenottin ist, und seien Sie nicht so verdrießlich wie jene unfreundlichen und sauertöpfischen Katholiken, welche den ehrlichsten Leuten von der Welt – einem *Pasquier*, einem *Thuan*, einem *Servin* – es als ein Verbrechen anrechnen, daß sie gegen einige Ketzer, die sich in der Welt berühmt gemacht haben, Hochachtung bezeugt haben.)[362] Ja, ich gebe auch noch zu, daß Plutarch an den Orten, wo er die hauptsächlichsten Gottlosigkeiten des alten Götzendienstes betrachtet, sehr gründlich erweist, daß sie schlimmer sind als die Gottesverleugnung, und dieses gesteht auch der gelehrte Bischof von Auxerre[363], welcher ihn ins Französische übersetzt hat, indem er öffentlich seine Partei gegen diejenigen nimmt, welche diese Lehre verdammen. Er ist darin mit dem Arnobius einerlei Meinung. Hier haben Sie eine Stelle aus seinen Schriften, die meinem Bedünken nach von großem Verstand zeugt.[364] Ich wundere mich, spricht er zu den Heiden, seit langer Zeit, da ich die Mißgeburt eurer Theologie betrachtet habe, wie ihr euch unterstehen könnt, diejenigen Gottesleugner Gottlose und Kirchenräuber zu nennen, welche schlechterdings leugnen, daß es Götter gibt, oder welche daran zweifeln, oder die behaupten, daß die Götter Menschen gewesen. Denn wenn man die Sache genau erwägt, so verdient kein Mensch diese Namen mehr als ihr, weil, unter dem Vorwand, sie zu verehren, ihr ihnen mehr Schimpfreden anhängt, als wenn ihr sie öffentlich beschimpftet. Wer an dem Dasein der Götter zweifelt oder es schlechterdings leugnet, hat zwar das Ansehen, als ob er sich in Meinungen stürzte, die von der äußersten Verwegenheit und Gottlosigkeit sind, aber er greift doch niemanden persönlich an. Er will nur nicht glauben, was er nicht begreift... Ihr aber usf. Bedenken Sie es wohl, mein Herr. Sie können meinen Doktor nicht verdammen, ohne daß Sie nicht zugleich einen Kirchenlehrer verdammen sollten.

Hat dieser geschickte Mann recht, so ist nichts mehr einzuwenden. Man muß notwendig leugnen, daß die Kometen nicht Zeichen des göttlichen Zorns sind, die durch ein Wunderwerk hervorgebracht worden sind, weil sie so geschickt sind, die Menschen in dem allergottlosesten Zustand, den man nur erdenken kann, zu erhalten. Lassen Sie mich nach dieser Abschweifung, die so viel Mühe erfordert hat, ein wenig ausruhen, ob ich gleich den Einwurf nicht völlig beantwortet habe. Das übrige soll bald nachkommen.

A..., den 2. August 1681

194. Fünfte Antwort: Man kann kein Exempel anführen, das da erweist, Gott habe zur vermeintlichen Bekehrung eines und des anderen zur Abgötterei durch ein Wunderwerk Wunderzeichen erscheinen lassen

Damit ich den ersten Einwurf vollends beantworte, so sage ich, mein Herr, daß das Exempel des Horaz, welches man darin anführt, gegen mich keine Stärke besitzt. Denn fürs erste ist es sehr ungewiß, ob dergleichen Donner und Blitze bei heiterem Himmel, davon man in den alten Registern der Wunderzeichen so viel Redens macht, jemals gewesen sind. Wenn man dergleichen so oft gesehen hätte, so würde Lukrez nicht das Herz gehabt haben, in einer öffentlichen Schrift zu behaupten, daß man deren niemals sehe; er würde vielmehr sich Mühe gegeben haben, davon eine natürliche Ursache durch Hilfe seiner Sonnenstäubchen herauszufinden. Überdies findet man nicht, soviel ich mich erinnern kann, daß diejenigen bei uns, welche Wunderzeichen erzählen, so genau und ordentlich sie sonst sind, ein solches Zeichen, wie das obige ist, anführen sollten. Ferner, wenn man vor diesem dergleichen Wunderzeichen gesehen hätte, so würde das für die Kometen nichts erweisen, weil es nicht erwiese, daß Gott diese Donnerschläge durch ein Wunderwerk hervorgebracht hätte, um die Menschen zu überführen, daß es eine Vorsorge gibt, wie man behauptet, daß Gott auf ebendiese Art Kometen hervorbringe, um die Menschen ihrer bevorstehenden Unglücksfälle halber im voraus zu warnen. Wie soll man glauben, daß Gott Wunder tue, die auf der einen Seite so unnötig und auf der andern der Abgötterei so behilflich sind, wie z.B. die Donnerschläge bei heiterem Himmel waren?

195. Wie behilflich zur Abgötterei und wie unnötig die Wunderwerke unter den Heiden gewesen sein würden

Ich sage, sie waren der Abgötterei förderlich, weil sie die Menschen auf die Gedanken brachten, Gott verlange Opfer und neue Ehrenbezeigungen, und weil sie selbige durch Furcht der Strafe nur sinnreich machten, neue abergläubische und abgöttische Zeremonien zu erfinden. Ich sage auch, sie waren unnötig, denn die ganze Welt, nur einige wenige Leute ausgenommen, war voller Tempel oder Religionen, und diese wenigen Leute, welche der Lehre Epikurs anhingen, waren nicht von der Art, daß sie sich bei einem Donnerschlag, den sie bei heiterem Himmel gehört, viel mehr als bei dem ordentlichen Donner und bei so vielen andern wundernswürdigen Wirkungen, die man in der Welt sieht, hätten bekehren sollen. Und sofern es wahr ist, daß Horaz sich nicht eher als nach diesem Donnerschlag bekehrt hat, so hat er sich gewiß aus Eigensinn oder von ungefähr bekehrt, wie jener Jude, der alle die Stellen der Heiligen

Schrift, welche die Dreieinigkeit erweisen, nichts achtete und endlich glaubte, er habe den unumstößlichen Beweis davon in einem Vers gefunden, wo er ich weiß nicht was für eine Zusammensetzung der Buchstabe bemerkte, die er für geheimnisvoll hielt.

196. Vergeblichkeit der Bekehrung eines Epikureers zur Abgötterei

Und endlich ist die Bekehrung des Horaz so was weniges gewesen, daß es sich nicht der Mühe verlohnte, ein Wunder deswegen zu tun. Er war ein Epikureer und ward ein Götzendiener. Meinen Sie wohl, daß er dadurch dem Himmelreich näher gekommen? Meinen Sie wohl, daß dieses ein großer Schritt gewesen, um in den Schoß der Kirche einzugehen? Meinen Sie wohl, daß dieses Wundergut bezahlt worden ist, da es eine Bekehrung zum Götzendienst gewirkt hat? Denn bilden Sie sich nur nicht ein, daß Horaz dadurch ein rechtschaffenerer Mann geworden ist, als er vorher war, und daß er das mindeste von seinen schändlichsten Wollüsten sich entzogen habe. Alles, was er getan hat, besteht darin, daß er zu glauben angefangen, die Götter regierten die Welt, anstatt daß er vorher glaubte[365], sie führten ein ganz glückliches Leben, ohne den geringsten Kummer, und daß er nunmehr, nebst den anderen abgöttischen Römern, den Jupiter und die anderen römischen Gottheiten angebetet hat. Übrigens ist er seinen Lüsten nachgegangen wie sonst und dadurch in einen ebenso irrigen und den Göttern schimpflichen Irrtum verfallen, wie derjenige war, dem er abgeschworen hatte; denn er hat geglaubt, es sei ebensowohl erlaubt, seine Leidenschaften zu vergnügen, wenn man solche Götter verehre, welche die Welt regieren, als wenn man dergleichen anbetet, die sie nicht regieren; und daß folglich die Götter die Reinheit des Herzens nicht von uns verlangen, und wenn sie dieselbe auch verlangen, daß man dennoch seine Lebensart nicht verlassen dürfe, welches weit anstößiger ist, als wenn man glaubt, daß sie keine Aufsicht über die Welt haben. Wenn man also alles genau überrechnet, so wird man befinden, daß Horaz, nachdem er durch das vorgegebene Wunder von der epikureischen Sekte bekehrt war, weit gottloser geworden ist, als er vordem gewesen (denn die Überzeugung, daß es eine Vorsorge gibt, vergrößert die Schändlichkeit der Laster), und die göttliche Natur weniger kennengelernt hat, als er sie vorher gekannt. Denn man würde sehr irren, wenn man dafürhielte, daß der größte Irrtum, darin man in Ansehung der göttlichen Natur stecken könne, dieser sei, wenn man die Vorsorge leugnet. Ich gebe zu, daß es ein sehr grober Irrtum ist und der wider alle Begriffe der gesunden Vernunft läuft, allein, ich behaupte, daß es noch ungereimtere Irrtümer gibt.

197. Daß es Irrtümer gibt, die noch gröber sind, als wenn man die Vorsehung leugnet

I. Hierher gehören z.B. die Irrtümer der Griechen und Römer, da sie der Kybele als der Mutter der Götter, dem Jupiter als dem Ehemann seiner Schwester Juno, dem Phöbus und der Diana als den Kindern des Jupiters Tempel erbaut. Feste und Opfer verordnet haben. Von dem Romulus, der die Stadt Rom erbaut hat und der einer von ihren vornehmsten Göttern war, will ich nicht einmal reden, denn es ist bekannt, daß er für einen Sohn des Gottes Mars und der Rhea Sylvia, die von der unkeuschen Liebe der Göttin Venus entsprossen war, ist gehalten worden. Wer sich also nach dem Geschlechtsregister des Romulus erkundigte, der mußte zugleich erfahren, daß eine Göttin den ehrlichen Anchises verleitet hat, bei ihr zu schlafen, und daß ein Gott eine Jungfrau geschändet habe, deren Jungfrauschaft der Göttin Vesta gewidmet war, eine Handlung, um derentwillen man einen Menschen zum Tode verurteilen würde, gesetzt, daß man die Laster der Unkeuschheit noch sosehr duldete. Wer sieht nicht, daß dieses ein für die Götter weit niederträchtigerer und unanständigerer Begriff ist, als wenn man ihnen die Regierung der Welt nimmt?

II. Hierher gehören die rasenden Meinungen, wel che diejenigen von der göttlichen Natur sich gemacht haben, die, wie ich schon angemerkt habe, die Tempel der Götter niederrissen, wenn sie glaubten, daß ihnen diese nicht recht aufgewartet hätten. Es gehören auch diejenigen hierher, welche zwar überzeugt waren, daß die Götter die Welt regierten, ihren Leidenschaften aber nichts versagt haben, denn sie müssen entweder geglaubt haben, die Götter wären damit zufrieden, oder man habe nicht Ursache, sich darum zu bekümmern, die Götter möchten damit zufrieden sein oder nicht. Ein verdammenswerter Gedanke, und der Gott tausendmal schimpflicher ist, als wenn man mit dem Epikur glaubt, die Götter genössen ihrer Ruhe und bekümmerten sich nicht um die Händel anderer, weil es tausendmal schimpflicher ist, wenn sich jemand unterfängt, eine Stadt zu regieren und alle Arten der Unordnungen darin duldet, als wenn er sich dessen gar nicht unterfängt. Man kann daraus die Abscheulichkeit des Urteils ersehen, welches die Christen abfassen, wenn sie nach vorhergegangener reiflicher Überlegung sich beratschlagen, wie sie ein Verbrechen begehen könnten, und man kann erkennen, daß, ohne die Bosheit des Herzens zu rechnen, die Verblendung ihres Verstandes ebenso abscheulich und ungeheuer ist wie bei einem Ketzer.

III. Hierher gehören auch die Alfanzereien, welche man in dem Talmud und in dem Koran findet, deren einige der Herr Marquis de Pianezze und der gelehrte Grotius in ihren Abhandlungen von der Wahrheit der christlichen Religion angeführt haben.

IV. Hierher gehören ferner die Meinungen der heutigen Juden, welche glauben, wie man sagt, es sei ein gutes und verdienstliches Werk vor Gott, wenn sie die Christen betrügen, nicht nur, wenn sie mit großen Kennzeichen des Eifers in die Messen gehen, um die Inquisition zu hintergehn, sondern auch, wenn sie sie in Handel und Wandel bestehlen. Judenzins nehmen und ihr Wort nicht halten. Leo von Modena, ein venezianischer Rabbiner, bemüht sich, dieselben in seinem Buch von den Zeremonien und Gebräuchen der Juden[366], welches der gelehrte Simon zum anderen Mal übersetzt hat, zu verteidigen. Der Rabbiner versichert, daß diejenigen, welche sagen und schreiben, daß die Juden durch einen Schwur sich anheischig machten, alle Tage in ihrem Leben einen Christen zu betrügen, und daß sie dabei dächten, es wäre eine gute Handlung, sie verleumden, um sie desto verhaßter zu machen. Hat er unrecht, daß er sich darüber beschwert, so haben die Juden hier einen Lehrsatz, der schlimmer ist, als die Irrtümer Epikurs sein können; hat er aber recht, so folgen ihre Verleumder einem Grundsatz, der weit verdammenswerter ist, als Epikur seiner war. Denn nichts ist ketzerischer, als wenn man glaubt, man könne Gott gefallen, indem man die all gemeinen Begriffe der Billigkeit verletzt. Daher kann ich mich nicht genug verwundern, daß wir in Frankreich so verblendete Missionsgesellschaften haben, welche die Obrigkeiten überreden, sie würden Gott durch die unterdrückte Unschuld der Hugenotten einen angenehmen Dienst erweisen, sofern nur daraus die Niederreißung irgendeines Tempels, die Vertreibung eines Predigers, die Bekehrung einiger Religionsverwandter entspränge, oder daß so viele Obrigkeiten so eingenommen sind, daß sie sich dergleichen unglückliche Grundsätze selber in den Kopf setzen können. Es wäre tausendmal besser, wenn sie gegen alle Sekten der christlichen Religion gleichgültig gesinnt wären, als daß sie für die wahre einen Eifer, der voller Gottlosigkeiten ist, haben.

V. Auch gehören hierher die Gedanken des Kaisers Marcus Aurelius, der sich einbildete, die Götter hätten Körper, welche sich von den Ausdunstungen unterhalten müßten, wie etwa die Stoiker sagten, daß die Sonne sich von den Dünsten des großen Weltmeeres nähre, welches die Ursache wäre, warum sie sich allemal in dem Tierkreis aufhielte, weil sie nicht gern von ihren Provianthäusern entfernt sein wollte.[367] Der Kaiser Julianus, welcher diese Meinung des M. Aurelius anführt, erklärt sich nicht, was für Ausdunstungen die Götter seinem Bedünken nach nötig hätten. Allein, es kommt mir sehr wahrscheinlich vor, daß er den Dampf und Rauch von den Opfern darunter verstanden hat, denn man glaubte nicht allein unter den Heiden, daß die Seelen der Verstorbenen sich an den Gewässern, welche man auf ihre Gräber goß, indem man ihnen opferte, sich erfrischten; sondern es erhellt auch aus einigen Stellen der Kirchenlehrer, daß die Götzen des Heidentums sehr naschhaft gewesen und mit einer ungemeinen Begierde nach dem Geruch der Opfer gegangen wären. Hat nun M. Aurelius geglaubt, die Götter brauchten dergleichen Unterhalt, so hat er auch notwendig glauben müssen, es beruhe nur auf Menschen, wenn man den Göttern das harte Schicksal widerfahren und sie vor Hunger bersten lassen wollte.

VI. Hierher gehören noch die wunderlichen Begriffe vieler abergläubischer Menschen, welche sich die Gottheit als unversöhnlich vorstellen, sofern man nicht hundert lächerliche Kleinigkeiten beobachte, oder aber, sofern man nicht ihr zu Ehren Verbrechen begehe, wie z.B. die Karthaginenser[368], deren schon gedacht worden ist, welche ihre leiblichen Kinder aufopferten, bei welcher Gelegenheit ein gewisser Autor sehr wohl ausruft: Ihr armen Sterblichen! Eure Unwissenheit von der Natur der Götter ist die erste Ursache eurer Verbrechen.[369]

VII. Endlich gehören hierher verschiedene Lehren, welche von berühmten Männern in der Christenheit mit großer Hitze sind behauptet worden: Man müsse einem Ketzer das gegebene Wort nicht halten, man würde zu einem Märtyrer, wenn man in einer Verschwörung umkäme, die gegen einen ketzerischen König entsponnen worden ist. Es sei erlaubt, seinen Feind umzubringen, über den Tod seines Vaters Freude zu haben, ein Kind abzutreiben, damit man der üblen Nachrede entgehen möge, man sei nicht verbunden, Gott zu lieben, noch dasjenige wieder zu ersetzen, was man nach und nach jedesmal ein wenig gestohlen, und noch viele andere Dinge, die man, ohne Verdruß zu erwecken, nicht anführen könnte. Man kann nicht leugnen, daß es für einen Heiden nicht ein geringerer Irrtum sein sollte, wenn er glaubt, Gott regiere die Welt nicht, als für einen katholischen Gottesgelehrten, wenn er die gemeldeten Lehrsätze vorträgt. Jener bildet sich ein, Gott gebe keine Gesetze, und dieser denkt, entweder Gott gebe ungereimte und gottlose Gesetze, oder es stehe in eines Menschen Macht, die Gesetze Gottes aufzuheben und ihre ganze Heiligkeit durch seine Auslegungen zu verkehren, welches tausendmal anstößiger ist, als wenn man in den Gedanken steht, Gott ließe die Dinge gehen, wie sie gehen.

198. Betrachtung dessen, was bei Gelegenheit der fünfundsechzig von dem Papst verdammten Sätze vorgegangen

Ich erfuhr vor zwei Jahren zu meiner großen Beruhigung, daß Seine päpstliche Heiligkeit auf Anregung eines großen Eifers für die Ehre Gottes und auf Ansuchen einiger orthodoxer Gottesgelehrter fünfundsechzig verdammenswerte Lehrsätze verdammt hätten, die in veschiedenen Schriften erschienen oder in Disputationen öffentlich behauptet worden sind. Das Verlangen, die Akten dieser Verdammung zu sehen, veranlaßte mich, verschiedene von meinen Freunden zugleich zu bitten, mir dieselben zuzuschicken. Sie gaben mir zur Antwort, das Parlament zu Paris hätte eine so ernstliche Verordnung gegen dieses arme Dekret ergehen lassen[370], daß man sich nicht getraute, es ferner zu verkaufen. Darüber wunderte ich mich herzlich und konnte gar nicht begreifen, daß es wahr wäre. Kurz darauf erhielt ich Zuspruch von einem Herrn von Adel, der nur neulich aus Paris angekommen war. Dieser behauptete gegen uns, die wir fünf oder sechs ausmachten, die Verdammung des Dekrets sei sehr billig oder wenigstens wohl zu entschuldigen. Man habe wohl darauf zu sehen, sagte er, daß eine so berühmte Gesellschaft, welche eine der stärksten Stützen von der katholischen Religion abgibt, nicht mittelbarerweise um ihr Ansehen komme, wie solches durch die Verdammung der fünfundsechzig Sätze geschehen. Diesem Unheil hätten die Herren des Parlaments abgeholfen, indem sie hinwiederum die Akten der Inquisition entkräftet, welche die Herren Jesuiten um ihr Ansehen gebracht haben. Und überhaupt wäre diese Gesellschaft so furchtbar geworden, daß die Herren des Parlaments wohl hätten müssen die Gefälligkeit gegen sie bezeugen, die sie ihr erwiesen, damit sie nur die bösen Wirkungen ihres Ansehens sich nicht zuziehen möchten. Hier ließ ich ihn innehalten und sagte zu ihm: Er wolle zwar ein guter Franzose sein, allein dadurch behaupte er Dinge, die im Grunde sowohl der Religion als auch der Nation schimpflich wären. Er habe eben nicht nötig gehabt zu berühren, daß die Sachen in der Verwirrung so hoch gestiegen wären, daß eine Gesellschaft von Geistlichen, welche seit einem Jahrhundert aufgerichtet worden ist, um einzig und allein dasjenige zu besorgen, was die allerhöchste Ehre Gottes betrifft, sich in einem Staat so furchtbar gemacht habe, daß die allerdurchlauchtigste und vornehmste Gesellschaft des Königreichs, die sich vordem so herzhaft erwiesen, ebendiese Gesellschaft in Ordnung und gehörige Pflicht zu bringen, nunmehr genötigt sei, um nur nicht in Streit mit ihr zu geraten, auf eine anstößige Art sich gegen sie gefällig zu erweisen. Nein, mein Herr, sagte ich zu ihm, das muß man nicht glauben, und vielleicht reden Sie nur so, damit Sie eine berühmte Gesellschaft, die Ihnen etwa in einer Sache zuwider gewesen ist, dem öffentlichen Neid und Haß aussetzen möchten. Damit Sie sich rächen könnten, wollten Sie uns gar artig überreden, daß sie die verdammenswerten Lehrsätze, welche durch unseren Heiligen Vater Papst verdammt worden sind, in hohen Schutz genommen. Und ohne ihm Zeit zu lassen, mir darauf zu antworten, lenkte ich das Gespräch auf einen Gedanken, damit, wie ich mich erinnere, ich Sie einmal unterhalten habe.

199. Betrachtung über die verschiedenen Arten, wie man mit den Lastern und Irrtümern verfährt

Ich sagte, es wäre mir schon längst wunderlich vorgekommen, daß man zwischen den Irrtümern und Lastern einen Unterschied gemacht habe und daß der Geist der katholischen Religion gegen die Lehren, welche mit ihren Kirchensatzungen nicht übereinkommen, mehr eifere als gegen das unordentliche Leben. Man trägt kein Bedenken, einen Menschen, der im Zweikampf geblieben ist, in den Kirchen zu beerdigen, ob es gleich bekannt ist, daß er sich tausenderlei Unordnungen schuldig gemacht hat. Ein vornehmer Herr, der bei Nacht in das Haus eines anderen vornehmen Herrn geschlichen ist, um bei seiner Frau zu schlafen, mag von den Bedienten ganz kaltsinnig ums Leben gebracht werden, man wird ihn doch in einer prächtigen Kapelle und mit einem Ehrengedächtnis beehrt sehen. Wenn aber ein Gottesgelehrter, der seiner Aufführung halber sehr gelobt worden ist, in seiner letzten Krankheit das Unglück gehabt hätte, daß er die Beichte ausgeschlagen und behauptet, es wäre genug, wenn er Reue und Leid über seine Sünden hätte und sie Gott bekennte, so würde man ihn mit Abscheu ansehen und wohl gar nach seinem Tode auf den Schindanger führen lassen. Jansenius, dessen Sittenlehre so streng war und der der Kirche alle nötige Unterwerfung erwiesen, hat die Lobeserhebungen seines Grabmales nicht mit Frieden genießen können, weil man vorgab, er habe die Lehre von der Vorherverordnung nicht recht erklärt. Es sage ein Mensch in der Beichte, er glaube nicht, daß es erlaubt sei, die Heiligen anzurufen, er wird mehr Gefahr laufen, ohne Beichte zurückgeschickt zu werden, als wenn er einen Totschlag oder Straßenraub oder Ehebruch gebeichtet hätte. Noch mehr: Diejenigen Irrtümer, welche keinen Einfluß auf die Sitten haben, werden weit nachdrücklicher geahndet als diejenigen, welche sich darauf beziehen. Wenn ein Doktor in der Sorbonne die Kühnheit hätte, nur ein klein wenig in dem Geheimnis von der Menschwerdung Christi zu wanken, nicht was das Wesentliche der Lehre betrifft, sondern nur was die Arten, dasselbe zu erklären, anbelangt, wenn er z.B. sagte, daß die menschliche Natur Jesu Christi eine Person ist, ohne daß er im geringsten der Vollgültigkeit seines Leidens etwas absprechen wollte, oder aber, wenn er sagte, die menschliche Natur wäre dergestalt mit der göttlichen vereinigt, daß der Wille der einen der Wille der anderen geworden wäre, so würde man alsbald schreien: *ein Nestorianer, ein Monothelite*, seine Bedienungen würden an andere vergeben werden, und er würde zu tun haben, daß er nicht auf öffentlichem Markt verbrannt würde. Trüge er aber nur einige Lehrsätze der gelinden Sittenlehre vor, wie etwa der berühmte *Escobar*, so würde man nur sagen, es sei nicht gut, und vielleicht würde man erst nach vielen Unterhandlungen das Urteil über sein Buch zu sehen bekommen. Ich bin gewiß, daß, wenn in Spanien, wo man ungestraft eine Menge ärgerlicher Lehrsätze, und die dem Geist des Evangeliums gänzlich zuwider sind, bekanntgemacht hat, ein Mensch als einen Lehrsatz vortrüge: Der Leichnam des heiligen Jacobus ruhe nicht in Galizien, die Jungfrau Maria sei nicht die Königin der Welt und nicht mit Leib und Seele gen Himmel gefahren, er würde augenblicklich in das Gefängnis des heiligen Ketzergerichtes geschleppt werden und nimmermehr wieder herauskommen.

Wüßte man zu Rom, daß einige Hugenotten daselbst versammelt wären, welche Gott nach ihren Lehrsätzen verehrten, so würde man mit aller möglichen Strenge sowohl gegen sie wie gegen den Ort der Versammlung verfahren. Indessen sagt man den liederlichen Weibspersonen nichts, welche seit so vielen Jahrhunderten ihre unkeusche Hantierung in dieser Hauptstadt der Welt treiben. Die Versammlung der Kardinäle und Bischöfe, welche einen Entwurf der Reformation auf Befehl des Papstes Paul des Dritten kurz vor dem Konzil zu Trident aufgesetzt hatte[371], verlangte unter anderm, man sollte doch den Mißbrauch abschaffen, der sich in Rom eingeschlichen hätte, daß nämlich unzüchtige Weibspersonen zu Fuß oder zu Pferd unter ansehnlicher Begleitung auf den Gassen gehen und in so prächtigen Häusern ungehindert wohnen dürften. Nach vielem Streiten[372] aber der Kardinäle in öffentlicher Versammlung wurde endlich beschlossen, man wollte die Sache auf ein andermal verschieben, und also blieb es, wie es gewesen war. Dieses gibt uns Gelegenheit, zwei wichtige Einwürfe zu machen. Der erste ist: daß man nicht sieht, warum man bei einem Verbrechen mehr Nachsicht hat als bei der Ketzerei. Der andere: daß man nicht sieht, warum, wenn die Ketzerei eines römischen Bürgers, der ein Hugenotte ist, gestraft wird, die Ketzerei einer liederlichen Weibsperson aber nicht auch für straffällig erkannt wird. Ich sage, die Ketzerei einer liederlichen Weibsperson, denn es ist gewiß, daß eine solche, wenn sie dreißig, vierzig Jahre hintereinander bei ihrer schändlichen Hantierung bleibt, sie mag noch soviel Unterwürfigkeit und Glauben gegen die Lehre der Kirche in ihren allgemeinen Urteilen bezeugen, alle Tage besondere Urteile fällt, dadurch sie in ihrem Kopf bejaht, es sei besser, Gott nicht zu gehorchen, als ihm gehorsam zu sein. Wer wollte leugnen, daß diese so oft wiederholten Bejahungen eine Seele nicht höchst ketzerisch machen sollten? Warum bestraft man denn also nicht eine liederliche Weibsperson als eine Ketzerin, da man ihr als einer Hure Gnade widerfahren läßt? Die Ursache ist diese, wird man sagen, weil sie nicht gegen die Entscheidungen der Kirchenversammlungen öffentlich lehrt. Und heißt das nicht öffentlich gegen die Kirchenordnungen lehren, wenn man eine offene Schule hält, um die Unkeuschheit in der Tat auszuüben?[373] Macht man nicht mehr Schüler, wenn man in einer solchen Sache mit dem Exempel predigt, als wenn man theologische Lehrstunden hält? Und überdies, wenn ein römischer Betrüger niemals in die Messe ginge und auf protestantische Art seine Andacht auf der Stube hätte, würde er dadurch öffentlich lehren? Gar nicht. Würde man ihn aber demungeachtet dulden?

Ich gestehe es Ihnen, das sind Sachen, die mir allemal sehr fremd vorgekommen sind, und Sie wissen wohl, daß der selige Herr Abt de Villars Sie in meiner Gegenwart einstmals hierüber erschrecklich in die Enge trieb. Wie ich mich erinnere, so sagte er Ihnen sehr artig, es nehme ihn nicht wunder, daß der Pöbel unter den Schriftgelehrten mit den Lastern und Irrtümern in den Lehrsätzen der Sittenlehrer weit gelinder verfährt als mit den Ketzereien, weil er wohl merkt, daß er weit geschickter ist, das menschliche Geschlecht und das Laster fortzupflanzen, als die Ketzereien zu vermehren. Über Sie aber, sagte er zu Ihnen, die Sie sonst so vernünftig und geschickt sind, über Sie wundere ich mich, daß Sie nicht vielmehr für die Ausschweifungen des Verstandes als für die Unreinigkeit der Sitten eine Gelindigkeit verlangen.

200. Daß es Irrtümer gibt, welche nicht strafbar sind

Wir hatten das Vergnügen, über alles dieses unsere Gedanken mit derjenigen Freiheit auszulassen, welche rechtschaffenen Leuten so angenehm ist und die sie sich alsdann nehmen, wenn sie weder durch die Gegenwart des gemeinen Mannes noch abergläubischer Lehrer gestört werden, zwei Arten von Leuten, vor denen man sich sorgfältig in acht zu nehmen hat. Vor den ersteren, um sie nicht in ihrem Glauben irrezumachen, und vor den anderen, um nicht der Gegenstand ihrer hitzigen Verfolgungen zu werden. Bei unserer ersten Zusammenkunft werde ich Ihnen die Betrachtungen mitteilen können, welche wir in unserem Garten angestellt haben, und vielleicht werde ich finden, daß Sie deren schon einige werden erraten haben, denn es braucht nicht viel Nachsinnens, wenn man mutmaßen will, daß Leute, welche auf diese Art, wie ich Ihnen zu verstehen gegeben habe, über diese Materie ihre Gedanken entdecken, sich stark darauf gründen werden, daß es dem Menschen niemals erlaubt ist, lasterhaft zu werden, da es hingegen unzählige Irrtümer gibt, darein man sich ungestraft stürzen kann. Ich rede hier nicht von den Irrtümern in der Philosophie, davon alle unsere Schulen voll sind, indessen man öffentliche Befehle auswirkt, um den allervernünftigsten Weltweisen das Maul zu verbieten, denn es ist klar genug, daß vor Gott nichts unschuldiger ist, als wenn man mit den Scholastikern in der Natur des *Universalis a parte rei* oder in den wesentlichen Formen usf. irrt. Ich rede von den Irrtümern in der Gottesgelahrtheit und behaupte, daß wir insgesamt von der Natur Gottes sowohl als von seinen Ratschlüssen tausend Urteile abfassen, die so falsch sind wie möglich. Ich behaupte, daß alle unsere gemeinen Leute *Anthropomorphyten* und *Nestorianer* sind und daß kein Bauer zu finden ist, der, wenn er auswendig gelernt hat, daß Gott ein Geist und Jesus Christus in einer Person Gott und Mensch zugleich ist, sich nicht Begriffe machen sollte, die demjenigen, was er als ein Papagei nachsagt, ganz zuwider sind.

Da also die Irrtümer in den Urteilen des Verstandes bestehen, so kann ein Mensch noch so orthodox in den Kunstwörtern sein, die er auswendig hersagt, er ist doch eine Nestorianer, wenn er glaubt, daß Jesus Christus als ein Mensch ebensowohl eine eigentliche und vollkommene Person ist wie er. Nun aber hat der gemeine Mann in der Tat keinen Begriff davon als diesen, denn er wird nimmermehr den gehörigen Unterschied zu machen wissen. Welch eine Menge von Irrtümern gibt es nicht von der Natur der Engel und vernünftigen Seelen! Der Kardinal Cajetanus hat in diesen letzten Zeiten kein Bedenken getragen zu lehren, daß die Engel materiell sind, und sich wenig um das Ansehen der lateranensischen Kirchenversammlung, die unter Innocenz III. gehalten worden ist, bekümmert, wo, nach dem Ausspruch vieler berühmter Gottesgelehrter, die Geistlichkeit der Engel ist festgesetzt worden.[374] Man ist sogar so weit gegangen, daß man gesagt hat, Gott sei körperlich. Dieses sind so grobe Irrtümer, daß, wenn man gegen die Fehler in der Weltweisheit Strafen eingeführt hätte, wie man deren gegen die Fehler in der Syntax austeilt, man einem Schüler, der auf dergleichen Meinungen verfiele, die Rute mit besserem Recht geben könnte als einem solchen, der gegen die Regel anstößt: *Mobile cum fixo.* Indessen, mein Herr, ist es gewiß, daß unsere Anthropomorphiten und Nestorianer unter dem gemeinen Volk, daß diejenigen, welche glauben, daß alle Geister eine Ausdehnung haben, daß die Weltweisen, welche von der Natur Gottes so unvollkommene Begriffe sich machen, daß die Gottesgelehrten, welche so vielerlei Arten des Willens, der Erkenntnis und der Ratschlüsse in Gott unterscheiden, daß, sage ich, alle diese irren, ohne Gott zu beleidigen, und es ist keine so geringe Verleumdung anzutreffen, welche nicht ein weit größeres Verbrechen als alle jene Unwahrheiten sein sollte. Der Grund davon ist dieser: Alle diese Irrtümer begeht man wider Willen, und man faßt dergleichen dunkle Urteile sowohl ohne Bosheit als auch ohne Freiheit ab. Hingegen aber ist kein moralisches Laster von dem kleinsten an bis zu dem größten anzutreffen, darein man sich nicht mit Freiheit und mit Kenntnis des Übels, das man begehen will, stürzen sollte.

Wenn Sie etwa mutmaßen, daß wir diese Betrachtung werden gemacht haben, so irren Sie nicht, denn es ist wahr, daß wir sie sehr weit getrieben. Unseren Edelmann aber konnten wir doch nicht überführen. Er mochte wohl wie viele andere denken, der Mensch sündige nur dann, wenn er das nicht glauben will, was die Kirche glaubt. Er wollte uns nur dadurch widerlegen, daß er sagte, wenn er von der Inquisition sollte eingezogen werden, so wollte er lieber, daß man ihn beschuldigte, er hätte mehr uneheliche Kinder gezeugt als Karl der Große, als daß er wie Galiläus gelehrt, die Erde bewege sich um die Sonne. Er hatte nicht unrecht, denn hätte Galiläus verschiedene Beischläferinnen gehalten, nicht aber sich für einen Kopernikaner ausgegeben, es würde ihn kein Mensch beunruhigt haben.

201. Woher ein Irrtum schlimmer wird als der andere

Ich komme nun wieder zur Hauptsache und behaupte, daß die Verblendung des Epikurs, welche ihm nicht hinderlich war, die Götter zu verehren und auf eine sehr gereinigte Art zu leben, beinahe nicht so verdammenswert ist, wie die Irrtümer sind, von denen ich Ihnen einige Proben gegeben habe. Denn woher kommt es, daß ein Irrtum schlimmer ist als der andere? 1. Daher, weil der eine von der Wahrheit sich weiter verirrt als der andere und seinem Gegenstand mehr Unbilligkeit erweist als der andere; 2. weil der eine Irrtum mehr Verbrechen veranlaßt als der andere, und hierin besteht hauptsächlich das Gift der Irrtümer. Nun behaupte ich, daß die Irrtümer, welche ich angeführt habe, wenigstens ebenso entfernt von der Wahrheit und dem höchsten Wesen ebenso zuwider sind wie die Lehre Epikurs und daß sie verdammenswertere Laster gezeugt haben als des Epikurs seine. Und also werden Sie, mein Herr, mir erlauben, daß ich glauben darf: Horaz, nachdem er von der epikurischen Sekte bekehrt worden, habe mehr Irrtümer hegen können als vorher.

202. Hätte Gott Wunderwerke getan, um seine Güte den Heiden zu erkennen zu geben, so hätte er für die falschen Götter sich Mühe gegeben

Doch es ist mir wenig daran gelegen, Horaz mag wohl sehr vernünftige Gedanken von der Natur des Jupiters angenommen haben, er mag seine Geduld und seine Gütigkeit bewundert oder angebetet haben, ja er mag gar fromm gewesen sein. Denn da Gott durch die Ehre, welche den falschen Gottheiten erwiesen wird, nicht kann verherrlicht werden, da im Gegenteil alle Empfindungen der Liebe und der Furcht, welche man gegen sie hegt, Stücke der Abgötterei ausmachen, so ist augenscheinlich wahr, daß dasjenige Wunderzeichen, wodurch Epikur bekehrt worden, nichts hat zuwege bringen können, was Gott angenehm gewesen wäre, daraus folgt, daß Gott nimmermehr weder dieses Wunderzeichen noch irgendeinen Kometen durch ein Wunderwerk hervorgebracht hat, um die Heiden zu überführen, daß er gütig, geduldig und fruchtbar sei, denn das wäre ebensoviel gewesen, als ob er für den Jupiter und die anderen falschen Götter, nicht aber für sich gearbeitet hätte. Und hier haben Sie endlich einmal die völlige Antwort auf die Schwierigkeit, die ich mir gemacht hatte.

203. Zweiter Einwurf: Die Kometen erfolgen ohne ein Wunderwerk. Gott kann bei den Ungläubigen auch Wunder tun. Gott will sich vermittels der Kometen den Menschen zu erkennen geben. Die Ausübungen der Abgötterei, die durch die Kometen verursacht worden sind, nehmen den Menschen alle Entschuldigungen

Ich zweifle gar nicht, mein Herr, es wird sich eine Menge Schwierigkeiten, die Sie mir machen können, in Dero Verstand blicken lassen, sobald Sie meine Beantwortung lesen werden; meinem Bedünken nach wird man sie auf vier bringen können. Sie können sagen: 1. Die Stärke aller meiner Gründe bestehe darin, daß ich annehme, die Kometen wären durch ein Wunderwerk hervorgebracht worden, und dieses könne man mir leugnen. 2. Es folge aus meinen Gründen, daß Gott unter den Ungläubigen keineswegs Wunder tun würde, denn meinen Sätzen nach würden diese Wunder die Ungläubigen anreizen, die Übungen ihrer falschen Andacht zu verdoppeln. 3, Ich nehme an, daß die Absicht Gottes bei Hervorbringen der Kometen sei, die falsche Andacht der Götzendiener anzufeuern, und das hieße etwas Falsches annehmen, denn Gott habe im Gegenteil den Vorsatz, sich als den wahren Gott zu offenbaren. 4. Und daß endlich alle Folgen der erschienenen Kometen, davon ich so großes Lärmen gemacht habe, nur ein Mißbrauch der göttlichen Gnade sei, der dazu dienen werde, daß die Heiden desto weniger Entschuldigungen haben würden.

204. I. Antwort: Sollten die Kometen dasjenige, was nach ihrer Erscheinung erfolgen soll, vorbedeuten, so müßten sie notwendig durch ein Wunderwerk hervorgebracht werden

Ich antworte auf die erste Schwierigkeit: Die Kometen können unmöglich Zeichen derjenigen Begebenheiten abgeben, welche in der Welt erfolgen sollen, wenn sie nicht durch ein Wunderwerk sind hervorgebracht worden. Hier haben Sie den Beweis davon. Da die Kometen nicht die physikalische Ursache der Veränderungen sind, welche darauf erfolgen, wie ich es schon erwiesen habe und wie aus dem Verfolgen meiner Schrift weiter erhellen wird, so muß eine notwendige Verknüpfung zwischen den Kometen und diesen Veränderungen dasein, sofern sie diese Begebenheit richtig vorbedeuten sollen. Nun ist aber diese Verknüpfung schlechterdings unmöglich, wenn die Kometen nur ein Werk der Natur sind. Folglich bedeuten sie entweder das Darauffolgende nicht vor, oder aber sie sind durch ein Wunderwerk hervorgebracht worden.

205. Verzeichnis verschiedener angenommener Meinungen, denen man folgen kann, wenn man seine Gedanken von den Kometen eröffnen will

Damit Sie sehen, daß diese Verknüpfung unmöglich ist, so belieben Sie einmal die verschiedenen Meinungen, die die Weltweisen von der Natur der Kometen angenommen haben, mit mir durchzugehen, 1. Einige sagen uns, daß die Kometen trockene Ausdunstungen sind, die leicht anbrennen, und wenn sie einmal Feuer gefaßt haben, so lange vor unseren Augen erscheinen, wie sie Nahrung finden. Das ist des Aristoteles Meinung. Diejenigen, welche nicht ganz und gar von ihm haben abgehen wollen, seitdem man aus der Parallaxe ersehen, daß die Kometen über dem Mond stehen, haben bei dieser Meinung nur die Quelle der Ausdunstungen geändert, denn da Aristoteles sagt, daß sie von der Erde entspringen, so sprechen diese, die Planeten geben das Benötigte dazu her. 2. Andere Philosophen behaupten, daß die Kometen ein Haufen vieler kleiner Sterne sind, welche, wenn man jeden allein nimmt, unsichtbar sind, sobald sie aber miteinander vereinigt werden, einen großen lichten Körper ausmachen. 3. Es gibt auch Weltweise, welche glauben, daß die Kometen ein Stück von der Materie des Himmels sind, welche hart geworden und sich zusammengegeben, daß das Licht, welches von der Sonne darauf fällt, in unsere Augen zurückprallt. 4. Viele glauben, die Kometen seien Sterne, die ebenso alt wie die Welt wären und die einen so ordentlichen Lauf wie die Sonne hätten, weil aber die Linie, welche sie beschreiben, unsere Welt nur an gewissen Orten berührt, so müßten wir sie nur alsdann sehen, wenn sie diese Orte durchlaufen. 5. Die Cartesianer sind der Meinung, der Himmel sei in verschiedene Wirbel eingeteilt, deren jeder eine Sonne in seinem Mittelpunkt habe. Nun geschehe es zuweilen, daß einer von diesen Wirbeln von denen, die um ihn herum sind, verschlungen würde, weil, wenn die Sonne, die den Mittelpunkt davon eingenommen hat, durch eine sehr dicke Rinde bedeckt worden ist, sie die Kraft verlöre, ein gewisses Stück Materie um sich herum zu bewegen und einen Wirbel zuwege zu bringen. Da in der Natur nichts verloren wird, so machen sich die anderen Wirbel den Untergang des erstem zunutze, je nachdem, ob sie entweder viel oder wenig Kraft besitzen. Die Sonne, da sie zu einem dunklen Körper geworden, ist ebendemselben Schicksal unterworfen und wird von den anderen Wirbeln fortgetrieben. Kommt sie unseren Wirbeln nahe, so macht sie einen Kometen darinnen, solange sie sich hier aufhält.

206. Keine von diesen angenommenen Meinungen setzt eine natürliche Verknüpfung zwischen den Kometen und demjenigen, was nach ihrer Erscheinung auf dem Erdboden vorgeht, voraus

Alle diese angenommenen Meinungen haben unauflösliche Schwierigkeiten. Doch weil davon hier die Rede nicht ist, so sage ich nur so viel, man mag eine Meinung annehmen, was für eine man will, es ist durchgehend unmöglich, daß eine natürliche Verknüpfung zwischen dem Erscheinen eines Kometen und demjenigen, was nach seinem Erscheinen bei den Menschen erfolgt, stattfinden sollte. Denn sollte diese Verknüpfung stattfinden, so müßte z.B. so oft, wie die Wirkung der natürlichen Ursachen trockene und brennbare Ausdunstungen verschiedener Planeten in einen Körper zusammengebracht hätte, die Erde gleichfalls in Bereitschaft stehen, die Materie der Pest, der Unfruchtbarkeit, der unterirdischen Feuer, der Sturmwinde usf. herzugeben; die Menschen müßten sich geneigt finden, gegen ihre Beherrscher einen Aufstand zu machen, Feuer in die Städte zu legen, gegen das Leben ihrer Herren sich zusammen zu verschwören, Erfindungen zu machen, die eingeführte Religion auszurotten, Sekten und Trennungen anzurichten, der Nachbarn Länder sich zu bemächtigen, durch ihren Übermut sich den gerechten Unwillen eines mächtigen Fürsten auf den Hals zu laden und übel eroberte Ländereien gegen alles Recht zurückzubehalten. In der Tat, da wir annehmen, daß die Kometen nicht die Ursache der erschrecklichen Unglücksfälle sind, die sie nach der gemeinen Sage vorbedeuten sollen, so muß wohl die Ursache dieser Unglücksfälle in der Beschaffenheit des menschlichen Herzens liegen. Nun läßt sich's unmöglich begreifen, daß alle diese Einrichtungen sich eben zu der Zeit auf der Erde und in dem Herzen des Menschen befinden sollten, wenn am Himmel eine Menge brennbarer Ausdunstungen sich zusammengefunden haben. Folglich ist es unmöglich, diese vorgegebene Verknüpfung, welche wir hier untersuchen, zu begreifen.

Ich sage, es ist unmöglich zu begreifen, wie die Erde und das menschliche Herz so eingerichtet sein könnten, wie es nötig ist, wenn die Wirkung, von der die Rede ist, erfolgen soll. Denn die Veränderungen, welche auf der Erde sich ereignen, entstehen aus vielerlei Ursachen, welche von denjenigen, die den Himmel verändern, ganz unterschieden sind, und die Wirkung, vermöge welcher unsere Elemente ineinander wirken, richtet sich nicht nach der Bewegung der Planeten, dadurch sie erhitzt oder abgekühlt werden. Zum Exempel: Die Mittagswinde, welche in gewissen Ländern alle Hoffnung des Landmannes verderben, warten nicht so lange, wenn sie blasen wollen, bis der Saturn verschiedene rußige Materien von sich fortgetrieben hat, es mag auf diesem Planeten kalt oder warm sein, es mögen Ausdunstungen von diesem Planeten geschehen oder nicht, der Mittagswind bläst auf der Erde, wenn die Sonne oder eine innerliche Hitze gewisse Stücke der Erde verdünnen; dieses aber rührt keineswegs von dem Zustand, darin sich Saturn, Jupiter und andere beliebige Planeten befinden. Was die Menschen anbelangt, so werden sie manchmal durch die Herrschsucht einer Privatperson zum Aufstand angetrieben, ein andermal geschieht es, weil etwa einer, der unter dem gemeinen Pöbel in Ansehen steht, übel ist gehalten worden. Die Kriege unter hohen Häuptern entstehen aus vielerlei Staatsgründen oder aus gewissen Neigungen, welche der geringsten Ursache halber sich ändern. Und wann wollte man mit Erzählung der unzähligen Ursachen fertig werden, daraus innere und auswärtige Kriege, Trennungen und Verschwörungen entspringen? So viel aber kann man sagen, daß nichts von alledem sich danach richte, was in der Gegend des Saturns oder des Jupiters vorgeht. Es ist daher klar, daß nach den Gesetzen der Natur keine Verknüpfung zwischen dem, was hier unten nach dem Erscheinen der Kometen vorgeht, und zwischen dem Erscheinen des Kometen selbst stattfindet.

207. In was für Sinn die natürlichen Ursachen einander entweder untergeordnet sind oder nicht

Ich weiß wohl, daß alle natürlichen Ursachen, sowohl diejenigen, welche die Ausdunstungen in den Himmelsgegenden zusammenbringen und anzünden, als auch diejenigen, welche die Witterung der Luft, den Regen und die Dürre verursachen, einer allgemeinen Ursache untergeordnet sind, die sie alle in einer bewunderungswürdigen Übereinstimmung in Bewegung setzt. Allein, ich sage demungeachtet, daß die Wirkungen, welche auf der Erde entstehen, sich nicht ändern, wenn diejenigen, welche am Himmel vorgehen, ihre Ordnung wechseln, weil die allgemeine und erste Ursache, die alle anderen in Bewegung setzt, sich nach der Notdurft einer jeden insbesondere richtet, nicht aber die Wirkung der einen erfolgen läßt, wie es die Notdurft der anderen erfordert. Zum Beispiel soll Feuer ins Holz kommen, so betrachtet die allgemeine Ursache nur die Kraft des Feuers, das man dazu anwendet. Die anderen Ursachen mögen eingerichtet sein, wie sie wollen, die Sonne mag verfinstert sein, ein Nordwind mag alle Flüsse mit Eis bedecken, es mag regnen, es mögen Schlachten geliefert werden: das Feuer brennt deshalb nicht weniger und nicht stärker. Die erstere Ursache läßt es mit seiner Kraft fortwirken, ebenso als ob keine Sonnenfinsternis da wäre usf. Ich nehme nur diejenigen Ursachen aus, welche unmittelbar in das Holz wirken, wie z.B. Wasser sein würde, wenn man es darauf fallen ließe; denn in dem Fall würde das Feuer nicht mit demselben Fortgang wirken, ja, es würde auslöschen, wenn die Kraft zu wirken bei dem Wasser stärker wäre als bei dem Feuer. Außerdem aber ist das Feuer den anderen Körpern nicht untergeordnet, und folglich stimmen die Wirkungen, welche auf der Erde erfolgen, mit denjenigen nicht überein, welche am Himmel vorgehen. Und also ist nichts ungereimter, als wenn man sagt, die unteren Körper befänden sich eben zu der Zeit bereit, uns mit Pest oder Hungersnot zu ängstigen, wenn die Planeten viele Ausdunstungen aus ihrem Schoß gestoßen, die sogleich Feuer gefangen haben, nachdem sie sich auf dem allgemeinen Sammelplatz eingefunden haben.

Dieses ist um so viel ungereimter, je mehr wir aus der Erfahrung wissen, daß diejenigen Körper, welche die Erde umgeben, sich nicht nach einander richten. Wir können z.B. nicht sagen, wenn in einer gewissen Gegend schönes Wetter ist, daß in einer anderen vierzig Meilen davon das Wetter so oder anders sein werde. Wir sehen zwar, daß, wenn eine Provinz mit großer Dürre heimgesucht wird, der allzu große Regen in einer anderen Nässe verursacht, doch ohne daß man dieses als eine ordentliche Regel annehmen könnte; denn vielleicht wird es nimmermehr geschehen, daß eine von diesen zwei Provinzen ein Unheil wird ausstehen müssen, welches demjenigen Unglück, das die andere zu gleicher Zeit betroffen, gerade entgegengesetzt ist. Wie kann man daher begreifen, daß Ursachen, die so entfernt sind wie Himmel und Erde, deren Eigenschaften so unterschieden sind, welche, ohne einander untergeordnet zu sein, wirken, ob sie gleich alle von einer allgemeinen Ursache geleitet werden, ein so wohlgetroffenes Verhältnis der Wirkung haben sollten, daß, wenn die einen sechs Jahre zubringen, ehe sie ihre Wirkung tun, die anderen nicht mehr noch weniger Jahre zubringen dürfen, wenn die einen in ihrer Wirkung entweder gestört oder gefördert werden, bei den anderen ebendieses geschehen müsse? Man müßte seiner Vernunft absagen, wenn man sich dergleichen Unwahrscheinlichkeiten wollte überreden lassen.

Geben Sie wohl acht, mein Herr. Ich nehme an, daß die Kometen nicht als physikalische Ursachen bei demjenigen, was auf der Erde sich zuträgt, wirken, denn darauf beruht die Stärke meines Schlusses. Ich weiß es sehr wohl, wenn verschiedene Ursachen zu einer gewissen Handlung gebraucht werden, daß derjenige, der sie anbringen will, die Kräfte der einen dergestalt nach den Kräften der anderen einrichtet, daß sie entweder fortwirken oder nicht, je nachdem es nötig ist, um den gefaßten Endzweck zu erreichen. Ein König z.B., der vier bis fünf Armeen ins Feld stellt und seine Absicht keinem von seinen Generälen entdeckt, sie aber doch insgesamt zu seinem Zweck handeln läßt, richtet die Verfassungen der einen Armee nach dem Zustand der übrigen so wohl ein, daß man sagen kann, die eine Armee ist Ursache, warum die anderen tun, was sie tun. Mit den Planeten und der Erde ist es nicht so beschaffen. Denn wir nehmen an, daß Gott sich derselben nicht bediene, durch die Übereinstimmung und Vereinigung ihrer Kräfte eine gewisse Wirkung hervorzubringen, in welchem Fall die Planeten zu gleicher Zeit, wenn die Erde das Ihrige gäbe, auch dasjenige fertig haben würden, was sie dazu beitragen mußten. Wir nehmen an, daß die Planeten ohne Mitwirkung der Erde einen Kometen hervorbringen und daß hinwiederum die Erde ohne Mitwirkung der Planeten oder des Kometen eine Menge von Unglücksfällen verursache: In diesem letzteren Fall ist es klar, daß keine notwendige Übereinstimmung in ihren Wirkungen möglich ist, welche verursacht, daß, sobald wir sehen, daß die Planeten das Ihrige verrichtet haben, wir versichert sein könnten, daß die Erde das Ihrige auch bald geben werde. Sind also die Kometen ein Zeichen irgendeines zukünftigen Übels, so muß sie Gott ausdrücklich hervorbringen, wenn er sieht, daß die Erde geneigt ist, dieses Übel auszubrüten; denn nach den Gesetzen der Natur würde es vielleicht nimmermehr geschehen, daß, wenn die Erde in einem solchen Zustand sich befände, sich so ganz zu gelegener Zeit am Himmel eine brennbare Materie finden sollte, daraus ein Komet könnte gemacht werden.

208. Erläuterung dieser Lehre

Ich bin von der Meinung eines der größten Weltweisen[375] unserer Zeit nicht sehr weit entfernt, welcher glaubt, daß Gott alle Körper durch sehr einfache, sehr allgemeine und sehr einförmige Regeln bewege, so daß ebendasselbe Gesetz, welches die Bewegung der Flamme auf der Erde macht, auch die Bewegung oder die Ruhe der allerentferntesten Materie, die wir uns nur einbilden können, verursache. Allein, ich sage dennoch, daß die Veränderungen, welche auf der Erde erfolgen, nicht von dem Zustand abhängen, darin sich die Körper sonst überall befinden. Wir wollen setzen, eine gewisse Menge Wasser wird durch die Begegnung der umstehenden Körper und kraft der allgemeinen Regeln bestimmt, sich in Zirkeln mitten im Rhein zu bewegen, da mittlerweile ebendiese Ursachen ein Haus, das an dem Fluß steht, umreißen. Wir begreifen sehr deutlich, daß, obgleich diese zwei Bewegungen die Wirkung von einerlei Gesetz sind, doch eine von der anderen nicht herrührt, und das kann man daraus augenscheinlich ersehen, weil, wenn die eine aufhört, die andere deswegen dennoch fortfährt. Der Wirbel, den ich mitten in dem Rhein annehme, ändert seine Natur nicht, obgleich das Haus nicht mehr steht. Man verbrenne alle Wälder ringsherum, man reiße alle Weinstöcke aus, dem Wirbel wird man nichts ansehen. Das wird die Witterung der dortigen Gegend und verschiedne besondere Dinge verändern können, einige andere aber werden beständig diejenigen, die sie waren, verbleiben. Also haben wir Grund zu glauben, daß die allgemeinen Regeln in Ansehung eines gewissen Körpers ebendieselbe Wirkung hervorbringen würden, die sie wirklich hervorbringen, wenn gleich an sonst tausend Orten die Beschaffenheiten der Materie ganz anders eingerichtet wären, als sie es in der Tat sind. Daher muß die Erde nicht notwendig viel mehr diese Veränderung als eine andere erdulden, weil die allgemeinen Gesetze in dem Wirbel des Saturns eine gewisse Veränderung viel mehr als eine andere zuwege bringen. Sonst würde man sagen müssen, daß, weil ein gewisser Mensch heut um 8 Uhr und nicht um 6 aufgestanden ist, alle Körper auf hundert Meilen im Umkreis auf eine gewisse Art wären eingerichtet worden, was nicht geschehen sein würde, wenn er um 6 Uhr aufgestanden wäre. Da nun dieses abgeschmackt sein würde, wenn es jemand sagen wollte, so ist es gewiß, daß, obgleich ebendieselben Gesetze, welche die Kometen an den Ort bringen, da wir sie sehen, alle die Veränderungen auf der Erde veranlassen, die sie auszustehen hat, so werden doch diese Veränderungen, weil ein Komet erscheint, nicht anders, als sie sein würden, wenn keiner erschienen wäre. Und folglich muß man zugeben, daß die Erde nicht zu einer gewissen Veränderung, z.B. zur Pest, zur Hungersnot zubereitet sein müsse, weil die Himmelsgegend eine andere gewisse Veränderung hat erleiden müssen.

209. Eine andere Erläuterung durch das System des Malebranche

Die wahre Ursache alles dessen ist, weil die allgemeinen Gesetze der Bewegung, so einfach und einförmig man sie auch immer annimmt, dennoch durch den Zusammenlauf unzähliger Gelegenheitsursachen[376] ausgeübt werden, deren unendliche Verschiedenheit die allgemeine Ursache gewissermaßen in unzählige besondere Ursachen verteilt, die dem Schein nach nicht mehr voneinander abhängen. Denn, wenn z.B. der Urheber aller Dinge dieses allgemeine Gesetz gesetzt hat: Die Bewegung soll verschiedenen Teilen der Materie mitgeteilt werden, je nachdem sie einander anstoßen werden, und die Größe der Bewegung, welche jedes Teil bekommt, der Große der Teile, die einander stoßen, sich gemäß verhalten wird; so ist es unvermeidlich, daß dieses Gesetz, so schlecht und einförmig es ist, sich bei der Ausübung nicht in eine unzählige Menge von besonderen Gründen verändern sollte, davon der eine hier etwas, der andere an einem anderen Ort ganz was Unterschiedliches hervorbringen wird. Ich will nicht sagen, daß die Ursache der Bewegung, an und für sich selbst betrachtet, ihre Einförmigkeit verliere, ich will so viel sagen, sie vereinigt sich an einem Ort mit einer gewissen Gelegenheitsursache und an einem anderen Ort mit einer andern; daher müssen ihre Wirkungen ebenso verschieden sein und ebensowenig eine von der anderen herrühren, als ob sie aus zwei verschiedenen Quellen entsprungen wären. Und in der Tat, da die Gelegenheitsursache einer jeden besonderen Bewegung die Lage und das bestimmte Maß der Größe eines gewissen Körpers ist, und da die Lage und Größe eines gewissen Steines, den man auf ein Dach geworfen hat, weder von der Lage noch Größe der Steine, die man am Ufer gelassen, abhängt, auch nicht davon, daß es warm ist oder regnet usf., so ist augenscheinlich wahr, daß die Kraft, welche alle Körper bewegt, wenn sie angewendet wird, einen Stein aufs Dach zu werfen, nur insofern zur Ausübung gelangt, als es die Lage und Ausdehnung dieses Steines erfordert. Sie bewegt wohl, es ist wahr, zu gleicher Zeit verschiedene andere Teile des Weltgebäudes, allein ihre Wirkung richtet sich nicht nach dem, was sie in dem Stein zuwege bringt. Sie findet an jedem Ort Gelegenheit, sich auf eine gewisse Art zu bestimmen, und folglich erlangt dieser Stein nicht vielmehr diese als eine andere Veränderung, kraft der Bewegungen, welche sonst überall erfolgen. Und man darf sich nicht wundern, warum die Wirkungen der Natur eine von der anderen nicht abhängen, ob sie gleich alle von einerlei Ursache durch einerlei Wirkung entstehen, da wir sehen, daß der Fall des Wassers auf ein Rad tausenderlei Arten der Wirkungen in einer Maschine hervorbringt, welche so wenig eine von der anderen abhängen, daß, ob man gleich deren einige hemmt, die anderen dennoch ihren Lauf fortgehen.

210. Bekräftigung dieser Lehre durch das, was erfolgt, wenn Wunderwerke geschehen

Dieses kann man durch die Betrachtung der Wunderwerke bestärken, welche man in der Schrift liest. Man müßte seine Vernunft verloren haben, wenn man sich einbilden wollte, daß, weil Gott die Materie in Ägypten anders als nach dem allgemeinen Gesetz bewegte, alle übrige Materie ihre Beschaffenheit verändert habe. Das war es gar nicht. Alle Dinge waren in diesem Lande z.B. ebendieselben, wie sie würden gewesen sein, wenn Gott in Ansehung seines Volkes nichts Außerordentliches getan hätte, ebendieselbe Ernte, ebendieselbe Kälte, ebendieselben Winde, ebenderselbe Regen usf. Folglich verursachen die Veränderungen, welche in einem Teil der Materie erfolgen, gar nicht die Veränderung in allen übrigen Stücken. Und folglich ist es nicht möglich zu begreifen, daß die Veränderungen, welche Pest und Hungersnot auf der Erde zuwege bringen, ebendie Bahn beständig gehen sollten, welche diejenigen Veränderungen beschreiten, die da einen Kometen am Himmel verursachen.

Es würde nicht nötig sein, mich hier so weit einzulassen, wie ich tue, wenn ich nur nach den gewöhnlichen Grundsätzen zu streiten hätte, weil sie nicht eine so große Verknüpfung aller Begebenheiten voraussetzen wie die Grundsätze des Herrn Descartes.

211. Anwendung dessen, was von der ersten angenommenen Meinung gesagt worden, auf die drei übrigen

Es ist leicht, alles dieses auf die andere, dritte und fünfte angenommene Meinung von den Kometen zu ziehen und zu sehen, daß allemal ebendieselbe Schwierigkeit sich ereignet, weil die Begegnung verschiedener kleiner Sterne die Wirkung, welche einen Teil der Himmelsluft verdickt, und diejenige, welche eine Sonne zum Untergang eines ganzen Wirbels in einen Planeten verwandelt, nach den Gesetzen der Natur mit der Wirkung der Körper, welche unsere Drangsale hervorbringen, unmöglich so wohl abgemessen sein können, daß jene mit diesen beständig einerlei Bahn verfolgen könnten.

212. Daß die vierte angenommene Meinung die Verknüpfung, davon man hier redet, nicht zugibt

Was die vierte Meinung betrifft, so habe ich sonst schon gesagt, daß es gegen alle Vernunft ist, daß diejenigen Körper, welche unsere Elemente verderben, gleich zu derselben Zeit mit der Zubereitung der Pest oder Hungersnot fertig sein sollten, wenn die Kometen auf ebendenselben Punkt der Linie, die sie beschreiben, zurückkommen. Denn entweder die Kometen brauchen einerlei Zeit, diese Linie durchzulaufen, oder sie vollenden ihren Umlauf bald mit größerer Geschwindigkeit, bald mit mehr Langsamkeit. Wählen Sie von dem, was ich hier vorausgesetzt habe, welches Sie wollen, ich will Sie gleich widerlegen.

Das erste, was ich angenommen hatte, ist heutzutage sehr gewöhnlich. Man redet immer davon, daß ebendieselben Kometen in einer gewissen Zeit wiederkommen sollen.[377] Einige eignen ihnen einen Zeitlauf von sechsundvierzig Jahren zu. Andere[378] glauben, wie es scheint, daß derjenige Komet, welcher vor kurzem erschienen, ebenderselbe ist, welcher im Jahr 1577 erschien und daß er 1784 wohl wieder erscheinen möchte. Andere glauben bei einer anderen Zeitrechnung sicherer zu gehen. Alle zusammen können sich auf das Zeugnis des Diodorus von Sizilien berufen[379], welcher erzählt, daß vor alters die ägyptischen und chaldäischen Sternseher die Ankunft der Kometen vorhergesagt. Sie mögen tun, was Sie wollen, Sie werden zu tun haben, ehe Sie mit diesen Lufterscheinungen zurechtkommen. Und das Ansehen des sizilianischen Diodorus wird Ihnen nicht viel helfen, weil wir schon von dem Eudoxus wissen[380], der zuallererst die Griechen dasjenige gelehrt, was er in Ägypten, die Bewegung der Gestirne betreffend, erlernt hat, daß er in Ansehung der Kometen nichts gesagt hat, daraus leicht zu schließen ist, daß die Ägypter damals noch keine Entdeckungen hiervon gehabt haben. Man kann es auch daraus schließen, weil Conon, der nach ihm gekommen ist, von den Ägyptern in Ansehung der Kometen nichts hat erfahren können, so sorgfältig er auch gewesen war, die Entdeckungen zu sammeln, welche sie von den Verfinsterungen gemacht hatten. Was die Chaldäer betrifft, so ist es wohl war, daß Apollonius Myndius, der sich rühmte, bei ihnen studiert zu haben, versicherte, sie rechneten die Kometen unter die Wandelsterne und wüßten ihren Lauf. Allein Epigen, der sich auch rühmte, daß er bei ihnen studiert hätte, und der so geschickt war wie jener, behauptete, sie hätten von dem Kometen nichts Gewisses gewußt, sondern gemutmaßt, daß er durch einen Wirbelwind angezündet würde.

Wir wollen aber setzen, mein angenommener Satz sei wahr, und so sage ich: Es sei gar nicht wahrscheinlich, daß die Kometen und Körper, welche durch Verschlimmerung unserer Elemente Pest und Hungersnot, Sturmwinde und Erdbeben verursachen, vielmal hintereinander mit ebendem Erfolg sollten wirken können, weil die Einrichtungen, welche bei diesen großen Unordnungen mit da sein müssen, sich unaufhörlich auf der Erdfläche ändern. Man sieht Städte, wo vordem Schafe weideten, und verfallene Mauern, wo vordem herrliche Städte standen. An einem Ort trocknet man Moräste aus, da man an anderen Orten die allerfruchtbarsten Flächen unbebaut liegenläßt.

Man haut Wälder um, die Erde öffnet sich an gewissen Orten und verschluckt Berge, welche das ganze Land ringsherum kühl machten. Einige Flüsse sind ganz und gar verschluckt oder in andere Gänge geleitet worden. Das Meer überschwemmt ein gewisses Land. Es wachsen sozusagen große Länder mitten im Wasser, wie wir es von Plinius[381], Seneca[382], Pythagoras[383] und vielen anderen Naturverständigen erfahren. Ich weiß nicht, ob man glauben darf, was Ovid ebendiesem Pythagoras in den Mund legt: Daß es Flüsse gegeben hat, die salzig geworden sind. Ich zweifle aber gar nicht, daß es heutzutage einige gibt, welche diejenigen Eigenschaften, die sie vor alters hatten, nicht mehr haben, und daß also unsere Reisenden unrecht tun, wenn sie schreien: Betrug!, nachdem sie Entdeckungen gemacht haben, welche mit dem Zeugnis der Alten nicht übereinkommen. Ich wollte, daß Herr Guillet dieses in der Schutzschrift, die er für den Pausanias gegen den Herrn Spon verfertigt hat, mit angeführt hätte, da nämlich dieser letztere gefunden hat, daß der Fluß Haies nicht so kalt sei, wie die alten Naturkündiger es ihn hatten überreden wollen. Ich wollte auch, daß man dergleichen Dinge denjenigen zur Antwort gäbe, welche sich rühmen, daß Ägypten größeren Überfluß an Regen hätte, als wohl die Alten gesagt hätten. Dieses aber will ich denjenigen nicht zum Nachteil gesagt haben, welche behaupten, daß die Alten in ihren Schriften nicht allemal gute Nachrichten zum Grund gelegt haben.

Dem sei, wie ihm wolle, man kann nicht leugnen, daß die Veränderungen, die ich berührt habe, nicht in den Witterungen eine Verschiedenheit sollten verursacht haben. Und wenn uns auch das nicht überzeugte, so können wir die tägliche Erfahrung nicht übern Haufen werfen. Niemals hat man, wenn man auch noch solange gelebt hat, zwei Winter, zwei Sommer, zwei Frühlinge, zwei Herbste gesehen, die einander vollkommen gleich gewesen. Ist wohl ein Mensch, der sich rühmen kann, daß er nur zweimal die Zeit erlebt, da Tag und Nacht gleich gewesen, wo er ebendieselben Winde, einerlei Witterung und einerlei Beschaffenheit, was alles übrige anbelangt, angetroffen? Kann man wohl vernünftigerweise dasjenige in Zweifel ziehen, was Solon[384] zum Krösus sagte: In siebzig Jahren finde sich nicht ein einziger Tag, der den übrigen in allem und durchgehend gleich sei. Ich glaube nicht, daß, solange die Welt Welt ist, zwei Tage gewesen, die einander in allem ähnlich gewesen sind, nicht nur in Ansehung der ganzen Erde, sondern auch in Ansehung eines Stückes davon, wie z.B. Frankreich. Wie wäre es daher möglich, daß diejenigen Ursachen, welche vierzig Jahre gebraucht worden sind, um eine Pest oder eine Dürre zu Mosis Zeiten hervorzubringen, dieselbe ebenfalls binnen vierzig Jahren in gegenwärtigem Jahrhundert hervorbringen sollten, wo die Erde von dem, was sie sonst war, so unterschieden ist, daß man sagen kann: Von hundert besonderen Ursachen, welche zu Mosis Zeiten mitwirkten, um ein Königreich mit Seuchen anzustecken, wären ihrer nicht zehn, die bis jetzt dieselben geblieben sind. Dieses aber muß notwendig eine Verschiedenheit in den Wirkungen zuwege bringen und sie außer alle Ordnung setzen und folglich den Kometen alle bedeutende Kraft auf das Zukünftige benehmen, sofern mein zuerst angenommener Satz wahr ist.

Von dem anderen will ich nichts sagen, weil er ebenden Schwierigkeiten der andern vier Meinungen unterworfen ist.

213. Bestätigung dieser Anmerkungen durch die Zufälligkeit der menschlichen Handlungen

Damit ich meinen Gründen ein desto größeres Gewicht geben möge, so belieben Sie nur anzumerken, mein Herr, es sei noch weit unmöglicher, daß die Unglücksfälle, die ein Mensch dem anderen zuzieht, die nach dem Urteil des Königs David[385] weit schrecklicher sind als Hungersnot oder Pestilenz, allemal gerade um die Zeit erfolgen sollten, wenn der Lauf der Natur Kometen hervorbringt, wie es unmöglich ist, daß das Unheil, daran der Mensch keinen Anteil hat, z.B. Sterben und Teurung, mit dieser Übereinstimmung sich zutragen sollten. Die Ursache ist, weil die Unordnungen des Krieges von tausenderlei nicht vorhergesehenen Zufällen und von dem Willen des Menschen abhängen, der solchen Leidenschaften unterworfen ist, welche sich zwischen Abend und Morgen vielfältig verändern. Daher kommt es, daß kein Zustand oder irgendeine Wirkung natürlicher Ursachen anzutreffen ist, welche mit dem, was von dem Willen des Menschen herrührt, ein ordentliches Verständnis haben sollte.

Wie will man z.B. erweisen, daß der Komet, welcher im ersten Jahr der Regierung Alexanders des Großen erschienen ist, nach den Gesetzen der Natur einiges Verhältnis mit allem demjenigen Unheil gehabt habe, das dieser Herr in der Welt verursacht hat? Ist es nicht wahr, daß, wenn die Kometen ohne Wunder erschienen, dieser auch durch eine natürliche Folge der Wirkung der himmlischen Körper hat erscheinen müssen?

Und da dem also ist, folgt es nicht daraus, daß er würde erschienen sein, wenn es gleich sich zugetragen hätte (welches sehr möglich war), daß entweder Alexander krank geworden oder daß er bei dem ersten Anfall wäre erschlagen worden, oder daß Darius ebenso tapfer gewesen wäre wie Cyrus. Indessen, wenn eines von diesen drei Dingen erfolgt wäre, so würde viel Unglück sein erspart worden, und folglich würde dieser Komet doch erschienen sein, wenngleich die Welt eben keine sonderliche Verheerung hätte ausstehen müssen. Und also war kein natürliches Verhältnis zwischen diesem Kometen und den darauffolgenden Begebenheiten.

Jedermann sieht, daß, wenn Alexander gleich den vierten Tag, seitdem er seinen Marsch angetreten, wäre gefährlich krank geworden, seine Armee über den Hellespont nicht gegangen sein würde. Seine gefährliche Krankheit hätte also nur in einen Schlagfluß sich verändern dürfen, so wäre der Krieg zu Ende gewesen, ehe er noch angefangen worden. Wäre Alexander bei der Überfahrt an dem Fluß Granicum erschlagen worden, so wäre der Krieg ausgewesen; seine Generäle würden jeder gedacht haben, wie sie wieder nach Hause kämen. Hätte der König in Persien die Geschwindigkeit des Cyrus besessen, so würde Alexander Zeit zum Sterben gehabt haben, bevor er nur zwanzig Meilen in das feindliche Land hätte dringen können; der Übergang über den Hellespont würde ihm zwanzig Treffen gekostet haben, die seine Armee ziemlich aufgerieben haben würden, welches ihm vielleicht sein Unternehmen würde verekelt haben. Wäre er also gestorben, ohne etwas erobert zu haben, so hätte er keine Nachfolger gelassen, welche die Erde mit Verbrechen, mit Blut, mit Feuer, mit Metzelungen angefüllt haben. Sie werden vielleicht angemerkt haben, da Sie die Historie gelesen haben, daß, wenn zwei Prinzen, die einander an Macht, an Herzhaftigkeit und guter Anführung fast gleich sind, miteinander Krieg führen, sie sich tapfer herumschlagen, Plätze erobern und die genommenen wieder einnehmen, ihre Armeen aufreiben und wechselweise das feindliche Land verwüsten. Was geschieht darauf? Sie werden müde, sie erschöpfen sich und gehen endlich einen Frieden ein, nachdem beide wenig oder nichts gewonnen haben. So würde es, allem Ansehen nach, dem Cyrus und Alexander gegangen sein, wenn sie beide zu gleicher Zeit gelebt hätten. Und so ging's Franziskus dem Ersten und Karl dem Fünften. Wenn die eine von beiden Parteien in dem Friedensschluß etwas zurückbehält, so kann man wohl sagen, daß es teurer gekauft worden ist, als es wert war, wie solches Hannibal, da er den Scipio anredet, sehr wohl anmerkt: Es wäre zu wünschen, spricht er zu ihm, daß die Götter unseren Vätern ein solches Gemüt gegeben hätten, daß ihr mit der Herrschaft in Italien und wir mit der Herrschaft in Afrika zufrieden gewesen wären. Euch Römern ist durch die Eroberung Siziliens und Sardiniens der Verlust so vieler Flotten, so vieler Armeen und so vieler wackerer Generäle noch lange nicht nach Würden ersetzt worden.[386]

214. Es liegt an nur sehr wenigem, daß die allergrößten Begebenheiten nicht verändert werden

Alles dieses veranlaßt mich zu sagen, daß die wichtigen Begebenheiten, welche das menschliche Geschlecht umkehren, auf so zufälligen Umständen beruhen, daß es unmöglich ist, daß der Lauf der Natur uns davon eine gewisse Vorbedeutung sollte geben können. Wenn daher der Komet, der zu Anfang der Regierung Alexanders erschienen ist, alles dasjenige hat vorbedeuten sollen, was sowohl durch ihn als seine Nachfolger geschehen, so muß ihn Gott notwendig bloß dazu erschaffen haben. Denn, wie gesagt, es brauchte nichts mehr, als daß der Bucephalus einmal aufgebäumt hätte (wozu er seiner Art nach sehr geneigt war), so wären alle Vorbedeutungen des Kometen umsonst gewesen. Ein einziger Pferdeschlag, der bei anderen Umständen zu nichts gedient hätte, würde hier Millionen Menschen das Leben erhalten haben, die des Alexanders halber umgekommen sind, und hätte der Welt eine unzählige Menge Elend ersparen können, das sie bei Gelegenheit dieses Prinzen betroffen hat, denn man muß ihm alles zurechnen, was nur Gewaltsames und Unglückliches durch den Lysimachus, durch den Ptolomäus, durch den Antigonus, Demetrius, Seleucus, Cassander und durch seine anderen Nachfolger ist verübt worden. Denn außer seinem Ehrgeiz würden sie bei etlichen tausend Talenten Einkünften und in einer Bedienung in Makedonien ganz glücklich gelebt haben, anstatt daß sie so große Lust kriegten, die bei der Teilung der Eroberungen des Alexanders ihnen zugefallenen Königreiche zu besitzen, daß sie alles mit Feuer und Schwert verheerten, um nur groß zu werden. Man kann also nicht in Abrede sein, soll dieser Komet all das Unglück vorbedeutet haben, so muß er von einer Ursache sein erschaffen worden, welche gewußt, daß Alexander einen unersättlichen Ehrgeiz besitzen würde, daß er mit einem Feind zu tun haben würde, mit dem er leicht auskommen könnte, daß keine Krankheit, keine Wunde ihn aufhalten würde usf. Da überdies, wenn alles drüber und drunter gehen soll, oft nur eine einzige Person erfordert wird, die sich in gewissen Umständen befinden muß, die natürlichen Ursachen aber, welche Kometen hervorbringen, nicht geschickt sind, die gelegene Zeit zu wählen und mit dem Hervorbringen eines Kometen so lange zu warten, bis ein Cyrus, ein Cäsar, ein Mahomet, ein Alexander soll geboren werden, so ist es klar, daß entweder die Kometen nichts bedeuten oder daß sie nicht durch die Kraft der natürlichen Ursachen, sondern durch Gott selber hervorgebracht worden. Man mag nun entweder sagen, Gott gebe einer gewissen Materie die Gestalt eines Kometen, ohne auf die Beschaffenheit noch Wirksamkeit der umstehenden Körper achtzuhaben (das ist für Sie, denn Sie sind ein Peripatetiker), oder er gebe ebenderselben Materie die Figur der Teile, die Lage, die Dicke und Bewegung, die ein Komet haben muß, bediene sich aber dabei nicht der Bewegung, die bereits den benachbarten Körpern eingedrückt worden ist, und richte sich auch nicht nach den Gesetzen der Mitteilung der Bewegung, die er festgesetzt hat (dieses ist nach den Grundsätzen des Herrn Descartes). Gott mag, sage ich, wirken, auf was für eine von beiden Arten er will, so kommt allemal ein eigentlich sogenanntes Wunderwerk heraus.

215. Ein Mittel, wie man sich etwa einbilden könnte, daß die Kometen ordentlicherweise Vorbedeutungen abgeben

Damit Sie mich nicht beschuldigen, als ob ich mich geschont hätte, so will ich Ihnen wohl sagen, daß ich ein Mittel weiß, wie man etwa machen könnte, daß die Kometen üble Vorbedeutungen würden, ohne daß sie Wunderwerke sein dürften. Wissen Sie wohl wie? Man darf nur annehmen, daß allemal, wenn die natürlichen Ursachen einen Kometen hervorbringen, Gott den Schluß fasse, die Menschen zu strafen. Nimmt man nun an, daß Gott sich selber diese Losung gegeben habe, so folgt daraus, daß eine notwendige Verknüpfung zwischen den Kometen und den Strafruten der göttlichen Gerechtigkeit stattfindet und daß also die Kometen eine Vorbedeutung der göttlichen Gerichte sind. Wäre ich mit meiner Antwort nicht schon fertig, so würde der vorhergehende Satz Ihres Einwurfes eine unüberwindliche Schwierigkeit sein.

216. Widerlegung dieses Mittels

Allein, ich gebe zur Antwort: In dem angenommenen Fall müßte Gott die Pest, den Krieg, die Hungersnot und was daraus folgt, durch ein Wunderwerk hervorbringen, weil es nicht möglich ist, wie ich schon erwiesen habe, daß allemal, wenn die himmlischen Körper einen Kometen zuwege bringen, die irdischen Körper auch schon bereit sein sollten, ein großes Sterben, eine Unfruchtbarkeit und alle Unordnungen des Krieges zu verursachen. Das kann sich wohl zuweilen so zutragen, wie es manchmal geschieht, daß es hagelt, wenn eine Königin mit einem Prinzen niederkommt. Allein, man kann nicht eine allgemeine Regel daraus machen, wenn man die natürlichen Ursachen in ihrem ordentlichen Lauf fortgehen läßt. Solchergestalt würde Gott die meiste Zeit hier auf der Welt keine Einrichtung zur Pest oder zum Krieg oder zur Hungersnot antreffen, wenn die Natur am Himmel einen Kometen hervorgebracht hätte. Folglich müßte Gott durch ein Wunderwerk ansteckende Seuchen in die Städte schicken, er müßte auf dem Land alle Saaten verderben; er müßte in dem Herzen der Menschen eine Begierde, sich einander ohne Barmherzigkeit zu bekriegen, erwecken, er müßte ihnen einen Geist des Aufruhrs und der Trennung eingeben, er müßte in dem Eingeweide des Erdbodens Feuer erschaffen, welches denselben erschütterte, Landschaften verschlänge und, nachdem es durch entsetzliche Abgründe hervorgebrochen wäre, in alle herumliegenden Gegenden Schrecken und Elend hinbringen müßte. Allein, wer sieht nicht, wie unanständig alles dieses der Weisheit Gottes sein würde.

Ich frage fürs erste: Was gewinnt man, wenn man leugnet, daß Gott durch Wunderwerke Kometen hervorbringe, weil, indem man solches leugnet, man gezwungen wird zuzugeben, daß er durch ein Wunderwerk die Unglücksfälle zuwege bringe, welche auf den Kometen erfolgen? Ferner, ist es nicht eine himmelschreiende Gottlosigkeit und Gotteslästerung, wenn man sagt, Gott reize die Menschen an, sich einander zu bekriegen, wenn er sie nicht geneigt findet, alle die Unordnungen zu verursachen, welche er mit dem Hervorbringen der Kometen hat verknüpfen wollen? Noch mehr, heißt das nicht Gott die Wahl der Zeit nehmen, darin die Reichsveränderungen und Bestrafungen der Gottlosigkeit der Menschen erfolgen? Denn solchergestalt würde nicht mehr die Gottlosigkeit des Menschen und der entsetzliche Mißbrauch der Gnade des Himmels Gott bewegen, daß er die Länder strafte. Gott müßte es deswegen tun, weil die Zusammenkunft gewisser Ursachen, die ihren ordentlichen Lauf fortgegangen, einen Kometen auf unseren Horizont gebracht hätte. Man weiß, daß diese Ursachen nach ihrem völligen Vermögen wirken und daß sie ihre Kräfte nicht nach dem Anwachsen der Bosheit unter den Menschen einrichten. Daher können die Kometen sozusagen aus ihren Händen kommen, ebensowohl, wenn die Menschen sich bessern, wie wenn sie in Lastern am allerverstocktesten sind. Demzufolge würde sich Gott genötigt sehen, die Menschen zu strafen, nicht, wenn seine Weisheit es am bequemsten hielte, sondern wenn der Lauf der Natur Kometen hervorgebracht hätte, denn sobald sich nur ein Komet blicken ließe, müßten sie entweder durch ein Wunderwerk oder auf eine andere Art mit den allerschrecklichsten Drangsalen heimgesucht werden. Wer sieht nicht, daß man solchergestalt Gott schuld gibt, als täte er etwas zu ungelegener Zeit, und daß man seiner Vorsorge die Augenblicke und Gelegenheiten wegnimmt, welche sie sich ganz besonders vorbehalten hat? Wer sieht nicht, daß man dadurch der Erklärung widerspricht, welche Gott selbst dem Abraham getan hat: Er wolle ihm das Land der Amoriter noch nicht geben, weil ihre Gottlosigkeit ihr Maß noch nicht erfüllt hätte? Der allerkürzeste Weg für Sie, mein Herr, wenn Sie bei ihrer Meinung bleiben, ist also dieser: Sagen Sie nur, Gott schaffe Kometen, wenn er willens ist, die Menschen zu strafen, und wenn er sieht, daß ihre Neigungen, die er nicht ersticken will, bereit sind, die Ruhe der Welt durch unzählige Gewalttätigkeiten zu stören. Ich habe daher Ursache, zu behaupten, daß, wenn die Kometen Vorbedeutungen sind, sie durch ein Wunderwerk sind hervorgebracht worden.

217. II. Antwort: Wenn die Kometen Wunderwerke wären, so gehörten sie in eine gewisse Klasse solcher Wunder, die Gott in dem Land der Ungläubigen nimmermehr tut

Damit ich auf die zweite Schwierigkeit antworte, welche darin bestand, daß meine Gründe erwiesen, Gott könne in dem Land der Ungläubigen keine Wunder verrichten, so unterscheide ich zwei Arten der Wunderwerke. Einige sind sozusagen redend und unterscheiden ganz deutlich den wahren Gott von den falschen Gottheiten. Die andern aber geben nur zu verstehen, es sei über dem Menschen ein Wesen, welches große Macht besitzt. Ich sehe nicht, was für ein Übel daraus entstehen sollte, wenn ich behaupte, daß Gott niemals Wunderwerke von der anderen Art unter den Ungläubigen tue, denn diese Wunderwerke enthalten nichts in sich, das einem Götzenverehrer seinen Irrtum nehmen könnte, und bringen ihn nur auf die Gedanken, die Götter, welche er anbetet, wären mächtig und furchtbar, und dadurch wird er angereizt, sie mit desto größerem Eifer anzubeten. Tut er es nicht, so bezeugt er noch augenscheinlicher, daß er dasjenige, was er für den wahren Gott hält, verachtet, weil er in seinem Verhalten nichts ändert, ob er gleich neue Merkmale seiner Macht und seines Zornes gespürt hat. Er mag tun, was er will, so steigt sein Verbrechen. Denn verdoppelt er seine falsche Andacht, so begeht er desto mehr Stücke der Abgötterei, tut er gar nichts, so ist seine Gottlosigkeit noch strafbarer. Da also dergleichen Wunderwerke nur dazu dienen können, daß die Ungläubigen gottloser werden, so finde ich nicht, daß es mit der Güte Gottes übereinkommen sollte, dieselben unter ihnen zu tun, und meinem Bedünken nach hieße das ihnen Schlingen legen, wobei ich meine anderen Gründe noch hinzufüge. Ich rechne unter diese Art Wunderwerke einen Kometen, einen Sturmwind, ein Erdbeben, Lufterscheinungen und fürchterliche Wunderzeichen, die Gott allein gegen die Ordnung der Natur tun soll.

218. Was das für Wunder sind, die Gott unter den Ungläubigen tut

Die andere Art Wunder versteht diejenigen unter sich, welche Gott durch diejenigen wirkt, die mit seinem Geist erfüllt sind und die er unter die Ungläubigen sendet, um ihnen seine Offenbarung zu predigen und damit er sie durch einen deutlichen und verständlichen Unterricht von der Falschheit ihres Glaubens überführen möchte. Es kommt mit der Güte und Weisheit Gottes überein, dergleichen Wunder vor den Augen der Ungläubigen zu tun, wenn er sie zu seiner Erkenntnis berufen will. Er schickt ihnen auch alsdann seine Diener, welche ihnen bekanntmachen, was man von der Natur Gottes wissen muß, welche ihnen die Eitelkeit ihres falschen Gottesdienstes vor Augen legen und ihnen die Art, Gott seinem Willen gemäß zu verehren, vortragen. Da aber Reden ohne Wunder nicht überzeugen würden, so rüstet Gott seine Diener mit der Kraft aus, vielerlei wunderbare Sachen auszurichten. Auf ihr Wort verliert das Feuer seine Wirksamkeit, die Bäche teilen sich, die Toten gehen aus ihren Gräbern, und die allerunheilbarsten Krankheiten werden geheilt. Das nenne ich redende Wunder, weil sie die Predigt eines Apostels bekräftigen und auf eine sehr deutliche Art bezeugen, dasjenige, was er verkündigt, sei wahr. Man hat keine Entschuldigung, warum man in der Religion der falschen Götter länger verharren wollte, weil diejenigen, welche geradeheraus und ausdrücklich sagen, daß Jupiter nicht Gott ist, daß der Gott der Christen einzig und allein der wahre Gott ist, uns durch herrliche Wunder die Wahrheit dessen, was sie predigen, bestärken. Man kann sich nicht mehr einbilden, daß die Götter, welche man anbetet, die Wunder verrichten, welche man tun sieht, weil diejenigen, die sie verrichten, mit deutlichen Worten versichern, daß es falsche Götter sind, deren Tempel und Altäre man ungesäumt niederreißen solle. Hier sehen Sie, mein Herr, die Wunderwerke, welche Gott in dem Land der Ungläubigen tut; ich kenne deren keine anderen, welche nach dem Zustand eines Sünders eingerichtet sein sollten.

Geben Sie mir nicht zu, daß, wenn die Apostel nur Lahme und Blinde geheilt. Tote auferweckt hätten usf., niemand nichts von ihrem Amt würde verstanden haben, niemand würde darauf verfallen sein, daß er deswegen an der Gültigkeit seiner Religion gezweifelt und geglaubt hätte, Jesus Christus sei Gott. Aller Vorteil, den etwa die Apostel von diesen Wundern hätten haben können, würde darin bestanden haben, daß man sie unter die Götter gezählt oder für solche angesehen hätte, die von den Göttern auf die Erde herabgekommen wären, so wie solches in Ansehung des Paulus und Barnabas in einer Stadt von Lykaonien geschah. Sie mußten daher reden und deutlich und klar erklären, wem zu Gefallen sie alle diese Wunder täten. Ich behaupte ein Gleiches vom Moses. Hätte er nur Wunder vor dem Pharao getan und in sein Königreich viele Plagen kommen lassen, so hätte dieser König nimmermehr erraten können, auf wen alles dieses gehen sollte, nimmermehr hätte er begreifen können, daß die so gewaltsame Staatskunst, der er sich gegen die Hebräer bediente, demjenigen, der die Welt regiert, mißfalle, und daß kein anderer Gott sei, als den die Hebräer anbeteten. Daher sieht man auch, daß Gott dem Moses befiehlt, er solle von dem großen Namen Gottes anfangen und dem König Pharao von selten Gottes verkündigen, daß er die Kinder Israels solle ziehen lassen. Um diese Sendung zu bekräftigen, gibt Gott Moses Gewalt, erstaunliche Wunder zu tun, welche weit über das Vermögen aller Zauberer Pharaos gingen, und bringt diesen König so weit, daß er bekennen muß, der Hebräer Gott sei der wahre Gott. Daraus erhellt, daß bei den Wundern Reden und bei den Reden Wunder sein müssen, wenn der wahre Gott den Ungläubigen soll bekanntgemacht werden, und daß also Gott in dem Land der Heiden nicht Wunder vom ersten Rang geschehen läßt. Bringen sie nicht ihre gehörige Wirkung hervor, desto schlimmer ist es für diejenigen, welche sich wie Pharao verstecken, nicht nur, weil sie sich nicht bekehren, sondern auch, weil sie einer Berufung widerstreben, die sie so leicht verstehen konnten und die ihnen keine Entschuldigung übrigläßt. Sie haben auf das deutlichste gesehen und auch gehört, was Gott von ihnen verlangte, anstatt daß sie von einem Kometen, der ihnen durch ein Wunderwerk zugeschickt worden, hätten sagen können, sie wüßten nicht, ob ihnen Jupiter oder Diana oder Merkur oder der Gott der Hebräer solchen zugeschickt hätte und welcher von diesen Göttern der einzige wahre Gott sei.

219. III. Antwort: Es ist falsch, daß Gott die Absicht gehabt hat, sich den Heiden als der wahre Gott zu erkennen zu geben, indem er Kometen hat erscheinen lassen

Hier haben Sie, mein Herr, meine Antwort auf den dritten Einwurf. Ich begreife es nicht, ich gestehe es Ihnen, wie Gott die Absicht haben könne, wenn er bei abgöttischen Völkern einen Kometen leuchten läßt, sie zu überzeugen, daß er der wahre Gott ist und daß Jupiter und die anderen Gottheiten nichts sind als Holz und Steine. Denn stellen Sie sich einmal einen Heiden vor, der redlich gesinnt ist, der Vernunft, Verstand und Wissenschaft besitzt. Lassen Sie ihn, so lange Sie wollen, seinen Gedanken über das Erscheinen eines Kometen nachhängen, leiten Sie seinen Verstand auf alle nur möglichen Betrachtungen, welche beim Erblicken dieses Gestirns in seiner Seele entstehen können. Ich bin gewiß, Sie werden keine richtige Reihe von Folgerungen bei ihm finden, dadurch er dahin gebracht würde, daß er erkennen werde, der Gott Israels oder der Gott der Christen sei der wahre Gott, alle anderen Götter aber, die er anbetet, wären falsche Gottheiten.

Ich gestehe es, wenn die Betrachtung des Kometen ihn dahin brächte, daß er anfinge, die Werke der Schöpfung zu betrachten, so würde er durch diesen Weg zur Erkenntnis eines unendlich weisen und unendlich mächtigen Wesens gelangen, sofern er nur seine Wissenschaft gehörig gebrauchen wollte. Ich bin überzeugt, daß niemand in einer unüberwindlichen Unwissenheit einer ersteren Ursache steht, welche die Welt regiert. Ich bin mit dem Propheten David eines Sinnes, daß die Himmel, so stumm sie sind, dennoch die Ehre Gottes von einem Ende der Welt bis zum anderen verkündigen, wegen der bewundernswürdigen Symmetrie ihres Baues und der Ordnung ihrer Bewegungen. Ich bekenne mit Paulus, daß dasjenige, was in Gott unsichtbar ist, durch die Schöpfung der Welt denjenigen sichtbar geworden ist, welche seine Werke betrachten. Allein, ich sage zu gleicher Zeit, daß, wenn dieser Götzendiener durch dieses Mittel sich zur Erkenntnis eines höchstvollkommenen Wesens erhübe, er solches gar nicht dem Kometen zu danken haben würde, denn nicht des Kometen halber würde er seinem Jupiter mehr Größe und mehr Macht, als er sonst getan hat, zuschreiben, sondern wegen der Schönheit der Kreaturen. Eine jede andere Sache konnte ihm ebensowohl wie der Komet Gelegenheit geben, den Bau der Welt vernünftig zu überdenken. Er durfte nur die Sonne oder eine von jenen Erscheinungen der Natur betrachten, welche wegen ihrer Seltenheit die Aufmerksamkeit desto mehr erwecken, und er würde ebensoweit gekommen sein, als da er den Kometen betrachtete. Ich behaupte daher, daß, da ein Komet nicht für sich selbst die Menschen zur Kenntnis des wahren Gottes leiten kann, indem er kein besonderes Verhältnis mit dem Verstand des Menschen hat, daß er ihm dieses Geheimnis beibringen könnte, weil er unendlich weniger dazu geschickt ist als die Welt selber, es gar nicht wahrscheinlich sei, daß Gott durch diesen Weg sich dem Menschen habe offenbaren wollen und daß er in dieser Absicht Wunderwerke von dergleichen Art sollte getan haben.

220. Das Anschauen eines Kometen macht uns nicht geschickter, die Natur Gottes kennenzulernen

Wir wollen billig miteinander umgehen, mein Herr. Erkennen wir wohl in den Kräften unserer Seele ein besonderes Vermögen, dadurch wir uns geschickt befinden sollten, Entdeckungen in der göttlichen Natur zu machen, sobald wir einen Kometen gewahr werden ? Wir wollen aufrichtig reden und gestehen, daß wir bleiben, wie wir waren. Es ist wahr, es ist eine Erscheinung, die allen Menschen zu schaffen macht. Die Naturverständigen wissen nicht gewiß und richtig, wie er entsteht. Die Sternseher bewundern seine Bewegung und Größe weit mehr, als sie sie erkennen. Andere Menschen fürchten sich vor ihm als vor einem Vorboten des Unglücks. Bringt aber dieses alles so viel zuwege, daß man die Natur Gottes besser erkennt? Gar nicht. Ein Naturverständiger wußte ohnedem schon zur Genüge, daß die Werke Gottes von einer solchen Tiefe sind, daß sie von unserem Verstand nimmermehr gefaßt werden können. Man darf den Versuch hiervon nicht zuallererst in den Wundern tun, wenn man von dieser Wahrheit überzeugt werden will. Man darf nur die Untersuchung des geringsten Strohhalmes oder einer Fliege vornehmen, so wird man empfinden, daß es mehr Geheimnisse gibt, als die ganze Naturlehre nimmermehr entdecken wird. Ein Sternseher wußte gleichfalls ohne Hilfe des Kometen, daß die Bewegungen des Himmels bewundernswürdig sind. Diejenigen, welche sich vor den Kometen fürchten, wissen auch schon, daß Gott ein Feind des Lasters ist und das Böse bestraft. Wenn wir solchergestalt den Kometen viele Monate hintereinander angesehen haben, so erlangen wir dennoch keine andere Kenntnis von Gott, als wir sonst hatten, und glauben auch nicht, daß wir deswegen Tadel verdienten. Macht uns das Gewissen hierbei einen Vorwurf, so betrifft es nur dieses, daß wir unser Leben nicht gebessert haben. Da nun die Christen durch Hilfe der Kometen nichts Neues, die göttliche Natur betreffend, erlernen, warum wollen Sie denn, daß die Heiden verbunden sein sollen, mehr davon zu erkennen? Wenn wir, was die Erkenntnis betrifft, ungestraft da bleiben können, wo wir waren, sofern wir nur im übrigen in der Liebe Gottes unaufhörlich fortgehen, wie können Sie sich einbilden, daß Gott von den Heiden habe fordern können, daß sie ihn besser erkennen sollten, als es vor dem Erblicken des Kometen geschehen?

221. Es gab heidnische Völker, welche eine fremde Religion nicht zugaben

Ich für meine Person gestehe es ganz gern, ich kann es mir nicht einbilden. Meinem Bedünken nach war ein heidnischer Weltweiser, der die Natur untersucht hatte, ohne an der Gottheit des Jupiters und des Mars zu zweifeln, im geringsten nicht imstande, sich zu bekehren, wenn er einen Kometen sah. Denn wie hätte er dieser Lufterscheinung zu Gefallen einen neuen Gott suchen sollen, da er für die Welt selbst keinen gesucht hatte? Ist Jupiter der Herr der Welt, regiert er im Himmel, hat er über die Sterne zu gebieten, wird er nicht über den Kometen auch gebieten können? Aber der Komet droht der Welt den Zorn Gottes. Es sei so. Daraus folgt noch nicht, daß Jupiter und Saturn von ihrer Stelle sollten vertrieben werden, es folgt vielmehr dieses daraus: Ein Heide, wenn er nach seiner Einbildung leben will, solle diese Götter mehr als sonst verehren. Der Anblick des Kometen führt ihn durch eine natürliche Folge dahin. Jedes Volk sieht ihn an als ein Zeichen seines Unglücks. Jedes Volk glaubt, daß sein Wohl und Weh von seinen Göttern herkomme und daß, wenn man dem befürchteten Unglück entgehen wolle, man seine Götter und nicht die Götter anderer Nationen versöhnen müsse. Folglich haben die Kometen jedes Volk angetrieben, seine eigenen Götter zu verehren, und anstatt daß sie ihnen ein Verlangen, ihre Gottheiten zu wechseln, hätten beibringen sollen, so konnten sie vielmehr gewisse Völker auf die Gedanken bringen, man müsse untersuchen, ob sich nicht einige fremde Zeremonien in den Gottesdienst eingeschlichen hätten. Denn man hat Götzenverehrer gefunden, welche diese Vermischung als eine Art der Gottlosigkeit verabscheut haben. Als Anacharsis[387] nach seiner Zurückkunft in Skythien nach Art der Griechen hatte opfern wollen, so wurde er von seinem leiblichen Bruder erschlagen, der in Skythien als König regierte. Andere[388] sagen, Anacharsis habe einen Skythen erschlagen, der bei seiner Wiederkunft aus Griechenland den Gottesdienst der Mutter der Götter auf griechische Art hätte halten wollen, das aber, allem Ansehen nach, ein Versehen von dem Clemens von Alexandrien ist. Indem die Römer zwar ihre alten Gottheiten beibehielten, aber doch auch neue annahmen, sonderlich bei öffentlichen Drangsalen, so gingen sie darin von ihrer alten Gewohnheit sehr ab, welche ihnen allen fremden Gottesdienst untersagte, wie es aus einer Stelle des T. Livius erhellt, die ich oben angeführt habe, und noch aus einer anderen in dem neunten Buch der vierten Dekade.[389]

222. Kurze Vorstellung dessen, was man aus den vorhergehenden Anmerkungen schließen kann

Man mag es nehmen, wie man will, so sehe ich doch nicht, daß man sagen könne, das Erscheinen eines Kometen habe entweder den Glauben der Völker von ihren Göttern oder die Zeremonien der eingeführten Religion in sonst etwas geändert, als daß man einige abergläubische Dinge an gewissen Stellen eingeflickt hat. Und also komme ich immer wieder auf meinen obigen Satz zurück, daß die Kometen einerseits sehr vergebliche, andernteils aber dem Aberglauben beförderliche Wunderwerke gewesen sein würden und daß es endlich mit der Weisheit Gottes nicht übereinkäme, wenn er ein Mittel zur Bekehrung der Götzendiener gebraucht hätte, welches die Heiden nicht allein nicht bekehrt hat, sondern auch nicht einmal hat bekehren können. Daraus folgt, daß es falsch ist, daß Gott eine besondere und ausdrücklichere Absicht sollte gehabt haben, sich durch Hilfe der Kometen, mehr als anderer Kreaturen, als den wahren Gott bekanntzumachen. Und da dem also ist, so bleibt mein Satz noch immer wahr, nämlich daß, wenn Gott zu derselben Zeit, als das Heidentum die ganze Erde bedeckte, durch ein Wunderwerk Kometen hervorgebracht hätte, so würde er zum Zweck gehabt haben, den Eifer eines jeden Volkes auf der ganzen Erde für seine Religion anzufeuern. Da nun dieses ohne Gottlosigkeit nicht kann gesagt werden, so bleibt nichts übrig, als daß die Kometen schlechterdings Werke der Natur sind, die nichts bedeuten.

223. Ob man sagen dürfe: Gott tut eine Sache nicht, wenn man nicht siebht, daß sie einigen Nutzen hat

Allein, es scheint mir, als ob Sie mir hier einfallen und sagen würden: Die Verwegenheit sei bei mir ziemlich strafbar, indem ich leugnete, daß Gott etwas tue, weil meine schwache Vernunft den Nutzen davon nicht entdecke, vielmehr im Gegenteil allerhand grobe Mißbräuche zeigte, die daraus entsprungen wären. Hierbei gestehe ich Ihnen frei, mein Herr, daß ich völlig überzeugt bin, Gott könne nichts tun, das nicht von unendlicher Weisheit ist. Es ist genug für mich, wenn ich weiß, daß Gott etwas getan hat, denn da kann ich gewiß glauben, daß es mit der allerhöchsten Vernunft gemacht worden ist. Ich verlange nichts mehr. Meine geringe Erkenntnis mag den Nutzen davon entdecken oder nicht einsehen, es ist nichts daran gelegen. Ich glaube dennoch, daß es ein der unendlichen Größe Gottes angemessenes Werk ist. Könnte man mir also entweder durch notwendige Gründe oder durch ein untrügliches Zeugnis erweisen, daß Gott die Kometen durch ein Wunderwerk hervorbringe, damit sie Zeichen seines Zorns abgeben möchten, so würde ich herzlich gern dabei beruhen, ob ich gleich einzusehen glaubte, daß nichts vergeblicher und den Absichten des Teufels zuträglicher sei als Wunder von dieser Art.

Allein das sind nicht die Umstände, darin wir uns befinden. Wir wollen wissen, ob die Kometen ein von Gott zugeschicktes Zeichen sind oder nicht. Wir haben davon keine Versicherung, wir müssen durch Schlüsse ausmachen, was man davon denken soll, und es hindert nichts, daß wir unter anderen Gründen nicht auch die Ehre der Weisheit, der Gerechtigkeit und der Heiligkeit Gottes zur Verneinung dieses Satzes anführen könnten, wenn wir befinden, daß die Bejahung desselben mit diesen göttlichen Eigenschaften nicht übereinstimmt.

Wir lernen in den Schulen der Gottesgelehrten und Weltweisen, daß man weder die Dinge noch auch die Wunder ohne Not vervielfältigen soll. Dadurch geben sie uns das Recht, alle diejenigen angenommenen Meinungen zu verwerfen, welche keinen Nutzen haben, ob sie gleich nichts Böses nach sich ziehen. Nach diesem Grundsatz muß man niemals seine Zuflucht zu einem Wunderwerk nehmen, wenn sich Sachen natürlich erklären lassen. Man darf nicht annehmen, daß Gott beim Hervorbringen einer Wirkung auf eine ganz besondere Art dazwischengekommen sei, wenn diese Dazwischenkunft uns schlechterdings vergeblich oder wohl gar seiner Heiligkeit zuwider zu sein scheint. Man hat nicht unbillig die Poeten und zuallererst Homer lächerlich gemacht, weil sie die Götter überall mit einflochten und bei der Auflösung einer Verwirrung, die wenig zu sagen hatte, sich ihrer Hilfe bedienten, das doch gegen die Regel ist. Wieviel mehr würden wir Tadel verdienen, wenn wir ohne Not dasjenige der außerordentlichen Kraft zuschreiben wollten, was wir in der Natur erfolgen sehen. Wenn es ein ausgemachter Satz ist: Dieses oder jenes ist ein Wunder, so würde es freilich lächerlich sein, wenn man es verdrehen wollte unter dem Vorwand: Man sähe ja nicht, wozu ein solches Wunder diene, und man würde im Gegenteil vieler Mißbräuche gewahr, die daraus entstehen könnten. Allein alsdann sind es keine Verdrehungen mehr, wenn das Dasein des Wunders auf übelgegründete Mutmaßungen beruht.

224. Betrachtung über den Ausspruch des Stadtrichters Cassius: Cui bono?

Cicero rühmt einen Prätor mit Namen Cassius, der in Kriminalprozessen den Ankläger, wenn seine Beweise schwach waren, fragte: Was für ein Vorteil den Beklagten bewegen hätte, das Verbrechen, davon die Rede war, zu begehen – *cui bono?* Was hatte er für Nutzen davon? Dieser setzte als ein verständiger Mann voraus, daß man um nichts kein Verbrechen ausübt und daß man ohne augenscheinliche Überführung keinen Menschen verdammen sollte, der angeklagt wird, daß er ohne den geringsten Vorteil etwas Böses begangen habe. Allein, es würde bei diesem Spruch lächerlich sein, wenn man einen Ankläger, der seine Anklage gründlich ausgeführt hat, auch fragen wollte: *Cui bono?* Das kann nur bei Ungewissen Fällen stattfinden. Wenn ich jemand einen Totschlag hätte begehen sehen, so möchte man mir sagen, wie man wollte, der Mörder würde dadurch sein Glück verscherzt haben, und er hätte es ja voraussehen müssen, daß er es verscherzen würde. Ich würde dennoch meinen Sinnen mehr zutrauen und viel eher glauben, daß der Mensch zuweilen gegen seinen Nutzen handelt, als daß ich mich bereden ließe, derjenige sei unschuldig, den ich den Totschlag hätte begehen sehen. So wollen wir auch sagen, wenn wir gewiß sind, daß Gott etwas getan hat, so wäre es eine Gottlosigkeit, wenn wir denken wollten, daß es vergeblich sei. Will man uns aber auf der anderen Seite ohne den geringsten Schatten der Wahrheit ein Wunderwerk aufdrängen, so wollen wir allemal fragen: *Cui bono?* Was soll es helfen?

225. Betrachtung über die Art und Weise, wie die Verstockung des Pharao ausgelegt wird

Damit ich mich bei Ihnen, da Sie ein Gottesgelehrter sind, mit noch etwas Stärkerem rechtfertigen könne, so belieben Sie nur, mein Herr, sich zu erinnern, daß die Kirchenlehrer und Kirchenversammlungen von den Worten der Schrift: *Ich will das Herz Pharaos verstocken*, eine Auslegung gegeben haben, die von dem Wortverstand sehr abgeht, und dieses deswegen, weil der Wortverstand gegen die Vollkommenheiten Gottes laufen würde. Denn hätte Gott das Herz dieses Herrn ausdrücklich verstockt, nachdem er ihm durch Moses hat befehlen lassen, den Kindern Israels den Auszug zu gestatten, und sich ihm durch unleugbare Proben als den Herrn der Welt zu erkennen gegeben, um seinen Gehorsam gegen Moses Worte zu verhindern und nur Gelegenheit zu haben, seine Macht gegen einen ungehorsamen König zu erweisen, so würde jedermann sehen, daß ein solches Verfahren der Aufrichtigkeit, Gerechtigkeit und Heiligkeit sehr zuwiderlaufe. Könnte man aber eine ausdrückliche Offenbarung aufweisen, durch welche man versichert würde, die Absicht des Heiligen Geistes sei gewesen, daß man diese Worte in ihrem eigentlichen Sinn nehmen sollte, so würde die Kirche davon nicht abgehen, sie würde der Vernunft ein Stillschweigen auflegen und ihr vorstellen, daß, da Gott, der die Richtschnur und der Quell aller Heiligkeit und Gerechtigkeit ist, uns zu wissen tun lasse, er habe das Herz Pharaos im eigentlichen Wortverstand verstockt, solche Verstockung eine Handlung sein müsse, welche weder seiner Aufrichtigkeit noch Gerechtigkeit, noch Heiligkeit zuwiderlaufe. Ich mache die Anwendung hiervon auf den Streit, der unter uns ist, und sage: Da uns weder ein augenscheinlicher Beweisgrund noch irgendeine Offenbarung die Versicherung gibt, daß Gott Kometen hervorbringe, um seine Züchtigung vorzubedeuten, so können wir nicht anders urteilen, als daß diese Meinung falsch sein müsse, weil Gott keine Wunder tut, die nicht allein vergeblich sind, sondern auch seiner Heiligkeit, seiner Gerechtigkeit und Güte zuwiderlaufen. Denn wenn nach dem Sinn der Kirche jede Auslegung der Schrift falsch ist, wenn sie Gott Handlungen zuschreibt, welche den Begriff aufheben, den wir von seinen Eigenschaften haben, und man sich nicht darauf berufen darf, daß Gott gewisse uns unbekannte Vorrechte besitze, die mit seinen anderen Eigenschaften auf eine uns unbekannte Art und Weise übereinstimmten: das Recht z.B., den Pharao dem Wortverstand nach zu verhärten; wenn, sage ich, dem also ist, so kann man behaupten, daß ein jedes Wunderwerk falsch ist, wenn es unserem von den Eigenschaften Gottes gefaßten Begriff augenscheinlich zuwiderläuft, ohne daß man seine Gedanken auf verborgene Absichten oder auf unbekannte Vorrechte, die Gott haben könne, richten darf, solange man nicht dessen ist versichert worden. Denn wäre es notwendig, auf dergleichen Dinge seine Gedanken zu richten, so würde man in Zweifel geraten, ob dergleichen immermehr gefunden worden ist. Ich will also warten, mein Herr, bis Sie mir zeigen, daß die Kometen nicht ein Antrieb zum Götzendienst noch ein Fallstrick für den Sünder auf dem Erdboden gewesen, und unterdessen glauben, daß sie Gott nicht außerordentlicherweise hervorgebracht hat, um seinen Unwillen im voraus zu verkündigen.

226. IV. Antwort: Es ist falsch, daß die Heiden außer Verantwortung gesetzt wurden, indem sie sich bei Erblicken der Kometen nicht zu dem wahren Gott bekehrt

Ich komme zur vierten Schwierigkeit, die nichts mehr auf sich hat, nachdem ich die dritte beantwortet habe. Denn da ich gezeigt habe, daß die Götzendiener keine neue Vollkommenheit in der göttlichen Natur durch Hilfe der Kometen haben entdecken können, ohne nur, daß die Götter beleidigt sein müßten und daß sie die Menschen bedrohten, so ist es klar, daß die Opferungen, die Anbetungen und die anderen Ehrenbezeigungen, welche sie ihren falschen Gottheiten mit einem bei dieser

Gelegenheit verstärkten Eifer erwiesen, nicht für einen Mißbrauch der besonderen Gnade können angesehen werden, die, wie man vorgibt, ihnen erzeigt worden, um sie vor seinem Zorn zu warnen. Ich habe gezeigt, daß die Kometen nicht ein Wunderwerk sind, das sich für den Verstand eines Heiden schicke und dadurch er aus seinen Vorurteilen könne gezogen werden. Die ganze Schrift lehrt, daß, wenn Gott gewollt, daß die benachbarten Völker erkennen sollten, der Gott Israels sei allein der wahre Gott, der alle Dinge regiere, er sich allemal solcher Wunderwerke bedient, daraus man dieses ganz deut lich abnehmen konnte und welche diesen Gott von allen anderen Göttern unterschieden haben. Da hingegen die Kometen, wenn es viel ist, nur den Zorn des Himmels bedeuten, und diesen Zorn vermeint ein jedes Volk bei den Göttern zu finden, welche es anbetet.

Wir wissen überdies, daß allemal, wenn die Zeit gekommen ist, darin Gott beschlossen, sich denjenigen zu offenbaren, welche ihn nicht kannten, er ihnen sein Wort durch solche Personen verkündigen lassen hat, welche wegen der Gabe, Wunder zu tun, und anderer vortrefflicher Gaben halber, so augenscheinliche Merkmale ihrer Sendung aufweisen konnten, daß niemand in Unwissenheit bleiben können, als wer vorsätzlich hat blind sein wollen. Und wieviel Jahrhunderte, wieviel Märtyrer, wieviel Wunderwerke sind nicht nötig gewesen, den Götzendienst übern Haufen zu werfen. Konnte die Blindheit der Menschen nicht anders geheilt werden als durch viele Lehren, die mit unzähligen Wundern unterstützt worden sind, und hat man drei- oder vierhundert Jahre streiten müssen, um das Heidentum mit Waffen von solcher Stärke zu Boden zu werfen, wie ist es wahrscheinlich, daß Gott durch einen einzigen Kometen alle falschen Götter der Heiden in die Flucht habe jagen wollen? Er hätte es tun können, wenn er gewollt hätte, allein seine Vorsorge hatte die Absicht, die Heiden durch die Predigt des Evangeliums zu bekehren, und nicht durch ein stummes Feuer, welches ordentlicherweise nichts mehr als eine Empfindung von Furcht erregen kann.

227. Die Kometen sind nicht geschickt, die Menschen zur Erkenntnis des wahren Gottes zu bringen

Hat nun Gott durch Hervorbringen der Kometen nicht die Bekehrung der Ungläubigen wirken wollen, so folgt, daß er sie nur hat wissen lassen wollen: Die Menschen würden in kurzem ihrer Verbrechen halber gezüchtigt werden, sofern sie ihrer Strafe nicht durch Religionshandlungen zuvorkämen. Ist aber dem also, wie können Sie sagen, daß die Heiden, welche bei dieser Gelegenheit ihren Eifer sonderlich haben blicken lassen, beschuldigt werden könnten, als ob sie die Warnung des Himmels auf eine unverantwortliche Weise mißbraucht hätten? Haben sie nicht alles getan, was sie nur wußten und was man von ihnen als Menschen erwarten konnte? Haben sie nicht Opfer dargebracht, welche ihnen ihre Religion vorschrieb, und alle Zeremonien dabei beobachtet, die ihrem Bedünken nach am geschicktesten waren, den Unwillen des Himmels zu besänftigen? Konnten sie es dem Kometen ansehen, daß dieses nicht die rechte Art wäre, Gott zu versöhnen, und daß man aus dem Innersten China z.B. nach Jerusalem laufen, daselbst ein Jude werden und Versöhnungsopfer nach den Gebräuchen der Juden darbringen müßte, wenn man dem Verderben entrinnen wollte? Deswegen also werden sie nicht ohne Entschuldigung sein, sondern deswegen, daß sie ihre Vernunft nicht gut angewendet haben, um den wahren Gott in der Ordnung, Schönheit und Größe zu erkennen, welche in allen Teilen des Weltgebäudes so herrlich erscheinen. Den Finger Gottes in einem Kometen nicht erkannt zu haben, das ist nichts gegen das, wenn man ihn in der ganzen Weltmaschine nicht kennenlernt. Und wie man nimmermehr einen Menschen für dumm ausgeben würde, weil er die Pracht eines großen Monarchen in Zweifel gezogen, indem er nur einen von seinen Edelknaben zu sehen bekommen hat, sondern vielmehr alsdann, wenn er es in Zweifel gezogen, nachdem er seinen ganzen Hof, alle seine Schätze, sein gesamtes Gerät und alle seine Paläste gesehen hat, also werden auch die Heiden des Irrtums überführt werden, nicht, daß sie beim Erblicken eines Kometen den wahren Gott nicht erkannt haben, sondern weil sie darin bei ihrer Unwissenheit geblieben, nachdem sie alle seine Werke betrachtet haben, welche ihn so kenntlich machen. Ich gebe es zu, daß die Kometen auch ihren Platz unter denjenigen Dingen behaupten, welche die Güte und Größe Gottes zu er kennen geben, wie z.B. Regen, fruchtbare Witterungen, Lufterscheinungen und Planeten sind; aber ich kann nicht glauben, daß die Heiden hauptsächlich deswegen sollten verdammt werden, weil sie geurteilt haben, die Kometen wären vielmehr ein Merkmal des Zorns ihrer Götter als des Gottes der Juden; und noch viel weniger kann ich mir einbilden, daß Gott den Heiden bei ihren damaligen Umständen Wunder hat erscheinen lassen, welche ihnen nur den Zorn des Himmels überhaupt eröffnen konnten, und sie veranlaßten, die abscheulichsten Dinge vorzunehmen.

228. III. Einwurf: Die Kometen sind eine natürliche Wirkung und die natürliche Ursache der Unglücksfälle, welche man nach ihrer Erscheinung duldet

Ich sehe vorher, mein Herr, Sie werden aus Eifer für die Rechte der Heiligkeit und Güte Gottes, vermöge deren er keineswegs durch herrliche Wunder fast den ganzen Erdkreis in der schändlichen Verehrung der falschen Gottheiten bestätigen kann, eine andere Partei ergreifen und behaupten, daß die Kometen wahre Ursachen der darauffolgenden Unglücksfälle sind und daß es in ganz natürlicher Ordnung zugeht, wenn zuweilen Kometen erscheinen, welche tausend betrübliche Zufälle nach sich ziehen, so wie es ganz natürlich ist, wenn auf dem Weltmeer oftmals Stürme sich erheben, welche tausend Schiffbrüche verursachen.

229. Antwort: Es ist unmöglich, daß die Kometen die wirkende Ursache der Unglücksfälle sein können, welche sie, wie man sagt, vorbedeuten sollen

Es ist wahr, auf solche Art setzen siedle göttliche Vorsorge außer alle Schuld. Die Menschen mögen die Wirkungen der Natur mißbrauchen, wie sie wollen, Gott ist deswegen nicht verbunden, die natürlichen Ursachen in ihrem Lauf zu hemmen; und erschrecken sie, wenn ein Hund mit zwei Köpfen geboren wird, und opfern sie deswegen der Diana oder der Proserpina, so ist der Schaden ihrer. Gott, der darin nichts mehr getan, als was er beim Hervorbringen eines ordentlichen Hundes tut, verlangte von ihnen nichts Besonderes.

230. Der Größe Gottes steht nichts besser an, als beständig nach allgemeinen Regeln zu geben

Dieser Umstand, daß die Mißgeburten nichts anderes sind als Wirkungen der allgemeinen Vorsorge, nimmt denjenigen alle Entschuldigung, welche auf abgöttische Handlungen verfallen, sobald sie gesehen, daß Mißgeburten von Tieren geboren worden sind. Es müßte ein sehr abgeschmackter Mensch sein, der da sagen wollte, Gott sollte es nicht zulassen, daß Mißgeburten zum Vorschein kämen, da er vorhersähe, daß das Erblicken dieser Mißgeburten zu Götzenopfern Anlaß geben würde. Einer allgemeinen Ursache, welche alle anderen durch ein einfaches und einförmiges Gesetz wirksam macht, würde es sehr unanständig sein, wenn sie alle Augenblicke dieses Gesetz aufheben wollte, um dem Murren und Aberglauben zuvorzukommen, darein sich schwache und unwissende Menschen stürzen lassen. Nichts kann uns von einem Monarchen einen höheren Begriff beibringen, als wenn man sieht, daß er ein Gesetz weislich eingeführt hat und es gegen alle und wider alle bei Kräften erhält, ohne zuzugeben, daß der Schaden einer Privatperson oder die gewinnsüchtigen Vorstellungen eines Ministers dasselbe gewissermaßen einschränken. Und unter allen Dingen, welche einen Staat in die äußerste Verwirrung stürzen können, ist ohne Zweifel das schleunigste Hilfsmittel dazu dieses, daß man die Gesetze abschaffe, sie verändere, sie verstümmele, sie dehne und verkürze, je nachdem es Privatpersonen gibt, deren häuslichen Absichten alle dergleichen Veränderungen gar gemäß sind. Sie haben ohne Zweifel gelesen, wie die Versammlung der Kardinäle und Bischöfe, welche kurz vor dem Konzil zu Trident einen Entwurf zur Reformation aufsetzten[390], dem Papst Paul III. vorgestellt haben, daß, weil die vorigen Päpste so willig gewesen, schmeichlerische Anschläge anzuhören und die Kirchensätze abzuschaffen, solches ein Quell gewesen, daraus wie aus dem Trojanischen Pferd alle die Mißbräuche entsprungen, welche die Kirche überschwemmt hätten. Man hatte bereits dem Papst Innocenz IV. einige Jahrhunderte vorher die Vorstellung getan, daß das *non obstanibus*, mittels dessen man die Gesetze abschafft, eine Sintflut der Unbeständigkeit, einen Mangel des Glaubens und ein Hindernis der Ruhe in der Christenheit abgebe. So ist es auch ausgemacht, daß, wenn Staatsverständige ihre Gesetze durch Erläuterungen, durch Erörterungen verbessern müssen, wenn sie Anhänge dazu machen, die das erstere gewissermaßen entkräften, und sie wohl gar gänzlich abschaffen müssen, solches bei ihnen eine Einschränkung des Verstandes voraussetzt, und daß sie die Ungelegenheiten nicht haben vorher sehen können, welche aus der Handhabung dieser Gesetze erfolgen mußten. Je weniger ein Gesetz darf verändert werden, desto mehr gibt es den großen Verstand und die weit voraussehenden Absichten desjenigen zu erkennen, der es gemacht hat. Daher kommt das Sprichwort der Italiener, wenn sie eine reife Klugheit ausdrücken wollen: *Capo da far statuti*, ein Kopf eines Gesetzgebers.

231. Betrachtung über die Unbilligkeit derjenigen, welche sich über die Glückseligkeit der Gottlosen beklagen

Hierbei trage ich kein Bedenken zu sagen, daß alle diejenigen, welchen das Glück der Gottlosen wunderlich vorkommt, der Natur Gottes wenig nachgedacht und die Schuldigkeit einer Ursache, welche alle Dinge regiert, nach dem Maß einer gänzlich unterwürfigen Vorsorge eingerichtet haben, welches einen kleinen Geist anzeigt. Wie? Sollte Gott, da er freie und notwendige Ursachen eingeführt und dieselben so unendlich untereinander vermischt hat, daß man die Wunder seiner unendlichen Weisheit auf das herrlichste erkennen kann, sollte Gott, sage ich, Gesetze eingeführt haben, welche der Natur freier Ursachen gemäß, aber so unbeständig wären, daß der geringste Verdruß, der einem Menschen begegnete, dieselben gänzlich aufheben und also die menschliche Freiheit zugrunde gehen müßte? Ein schlechter Stadthauptmann würde sich zum Gelächter machen, wenn er allemal seine Verordnungen und Anstalten ändern wollte, sooft es einem oder dem andern gefällt, gegen ihn zu murren; und Gott, dessen Gesetze ein so allgemeines Wohl zur Absicht haben, daß alles, was uns sichtbar ist, vielleicht nur als ein kleiner Anhang davon anzusehen ist, soll gehalten sein, seine Gesetze zu entkräften, weil sie heute dem einen und morgen dem andern nicht gefallen;

weil bald ein Abergläubischer fälschlich urteilt, eine Mißgeburt prophezeie etwas Ungückliches, und von seinem Irrtum auf ein sträfliches Opfer verfällt; bald eine redliche Seele, die aber doch die Tugend nicht so hoch schätzt, daß sie glauben sollte, man sei gestraft genug, wenn man sie nicht besitzt, sich daran ärgert, wenn ein gottloser Mensch reich wird und eine gute Gesundheit genießt. Kann man sich wohl unrichtigere Begriffe von einer allgemeinen Vorsorge machen? Und da jedermann zugibt, daß dieses Gesetz der Natur: Das Schwächere muß dem Stärkeren weichen, sehr weise ist festgestellt worden, und daß es lächerlich sein würde, wenn man haben wollte, daß, wenn ein Stein auf ein zerbrechliches Gefäß, welches seinem Herrn ungemein lieb ist, fiele, Gott dieses Gesetz entkräften sollte, um diesem Herrn den Verdruß zu ersparen, ist es nicht ebenso lächerlich, wenn man behauptet, Gott solle eben diesem Gesetz eine Kraft benehmen, damit nicht ein gottloser Mensch durch Beraubung eines Frommen sich bereitem möge? Je mehr ein gottloser Mensch die Eingebungen des Gewissens und der Ehre beiseite setzt, desto mehr übertrifft er an Stärke den Frommen. Und überfällt ein solcher den Frommen, so kann es nach dem Lauf der Natur nicht anders geschehen, er muß ihn zugrunde richten. Haben aber beide mit öffentlichen Geldern zu tun, so muß nach ebendiesem Lauf der Natur der Gottlose sich mehr bereichern als der Fromme, ebenso wie ein gewaltiges Feuer mehr Holz verzehrt als ein anderes, das nur lodert. Diejenigen, die da wollen, daß ein gottloser Mensch krank werde, sind zuweilen ebenso ungerecht wie diejenigen, welche verlangen, daß ein Stein, der auf ein Glas fällt, solches nicht zerbrechen soll; denn vermöge der Beschaffenheit seiner Gliedmaßen, der Speisen, die er zu sich nimmt, und der Luft, die er einatmet, ist es nach den natürlichen Gesetzen gar nicht möglich, daß seine Gesundheit Schaden leiden sollte. Diejenigen also, welche sich über seine Gesundheit beklagen, beklagen sich darüber, daß Gott die einmal festgestellten Gesetze nicht aufhebt. Und darin ist ihr Verfahren um desto ungerechter, je mehr es vermöge der Verbindungen und Verknüpfungen, die Gott nur allein machen kann, oft zu geschehen pflegt, daß der Lauf der Natur die Strafe der Sünden mit sich bringt.

232. Von dem Unterschied, der zwischen den Wunderwerken und den Wirkungen der Natur, im Hinblick auf uns, anzutreffen ist

Alles dieses, mein Herr, geht dahin, daß Sie erkennen sollen, daß, obgleich die Menschen entweder aus Schwachheit oder aus Bosheit die Werke der Natur gottloserweise mißbrauchen, Gott dennoch den Lauf der natürlichen Ursachen unverletzt erhalten könne, ohne daß seine Gerechtigkeit, seine Weisheit oder seine Güte das Geringste darunter leiden dürfe. Hemmt er diesen Lauf manchmal dem

Menschen zum Besten, so ist es lauter Gnade, lauter Barmherzigkeit. Mit den Wunderwerken hat es eine andere Bewandtnis; denn da diese die von Gott beliebte Ordnung der Natur unterbrechen, so ist es unserer Vernunft unbegreiflich, daß Gott dieselben tun würde, wenn er vorhersieht, daß sie die Menschen in den Götzendienst verstricken würden. Die gesunde Vernunft bringt uns auf die Gedanken, daß Gott den natürlichen Ursachen keine Gewalt antut, außer wenn seine Ehre in dem Heil derjenigen, die sich bekehren, und in der gerechten Strafe derjenigen, welche die außerordentlichen Wirkungen seiner Güte verachten, soll offenbart werden. Dem Ansehen nach greift Gott nicht eher zu einem Wunder, als wenn seine Liebe gegen uns so ungemein groß ist, daß er ein noch kräftigeres Mittel in Ansehung unserer anwenden will als die ganze Natur und als alles dasjenige, was er unserthalben schon getan hat, wenn er nämlich sieht, daß alles dieses nicht stark genug ist, entweder unseren Glauben zu befestigen oder uns aus unserem Verderben herauszureißen. Im übrigen ist es Gott allein, der Wunder tut, ohne sich nach der Notdurft oder Einrichtung der natürlichen Ursachen zu richten. Nichts bestimmt ihm, wie bei den Wirkungen der Natur, vielmehr diese als jene zu tun. Es scheint daher: 1. daß er, vermöge seiner Güte, allemal diejenigen wählen werde, welche die Wahrheit am besten bekräftigen, die Lügen aber am besten zuschanden machen können, damit die Menschen, welche sich durch dieses Mittel nicht bekehren lassen, nichts als ihrer eigenen Verhärtung die Schuld geben dürfen; 2. daß seine Heiligkeit ihm niemals erlaubt, solche Wunder zu wählen, welche unendlich geschickter sind, die Götzenverehrung zu fördern, als die wahre Religion, die Sünder zu entschuldigen, als sie ohne Entschuldigung zu machen.

233. Daß die Merkmale der wahren Wunder den Kometen nicht zukommen

Das erste Merkmal finde ich bei den Wundern Mosis, Jesu Christi, der Apostel usw., und das andere bei den Kometen. Denn, wie ich schon gesagt habe, die natürliche und ordentliche Wirkung der Kometen, wenn man annimmt, daß Gott dieselben außerordentlicherweise hervorgebracht hat, um die Menschen in Furcht zu jagen, hat müssen die Juden antreiben, dem Gesetz Mosis besser zu gehorchen, alle anderen Völker des Erdbodens aber dem abscheulichen Dienst der falschen Götter mit mehr Eifer obzuliegen. Hat also gleich die Erscheinung der Kometen auf dem Erdboden eine Handlung der wahren Gottesfurcht verursacht, so hat sie dagegen wieder tausend Handlungen der Abgötterei veranlaßt. Man sage mir nicht, die Wirkung des Kometen habe sein sollen, die Heiden zur wahren Religion zu bekehren; denn, daß ich es noch einmal sage, das gehörte für die andere Art der Wunder. Dieses hingegen sollte in der Lehre eines jeden Volkes nichts ändern, sondern nur zu verstehen geben, der Gott, den ein jedes Volk anbete, sei zornig, und man müsse ihn zu versöhnen suchen, entweder durch eine sorgfältigere Ausübung der Religionshandlungen, welche bereits in Gewohnheit waren, oder durch Einsetzung eines neuen Festes ihm zu Ehren.

Was die Mittel betrifft, sich zu entschuldigen, so sind sie so augenscheinlich wie möglich. Denn wenn Gott durch ein Wunderwerk Kometen hervorbringt, um die Menschen zu warnen, daß, wenn sie seinen Grimm nicht aussöhnen, er sie mit unzähligen Übeln heimsuchen werde, so haben alle Völker, welche beim Erblicken der Kometen ihre Andacht verdoppelt, sich zu den Füßen der Altäre niedergeworfen, unzählige Opfer schlachten lassen, neue Tempel erbauen lassen; so haben alle diese Völker, sage ich, sich der Absicht Gottes, soviel wie möglich war, gemäß gezeigt. Und wollte man sie fragen: Warum so viele Opfer?, so würden sie antworten können: Weil der Himmel durch außerordentliche Feuer uns erinnerte, daß man andächtiger als sonst sein sollte.

234. Ob Gott den Heiden Böses und Gutes hat widerfahren lassen, um sie zu bekehren

Seien Sie doch so gütig, mein Herr, und bemerken Sie den Unterschied, welchen ich zwischen den Wirkungen der Natur und den wunderbaren Handlungen Gottes mache, denn daraus kann eine Schwierigkeit aufgelöst werden, welche sich dem Verstand, gegen meinen behaupteten Lehrsatz, ganz natürlich darstellt. Fast jedermann wird mir den Einwurf machen können, es folge aus dieser Lehre, daß Gott die Götzendiener weder durch die Ruten seines Zorns erschrecken noch ihnen Zeugnisse von seiner Güte geben könne; denn meiner Meinung nach würden die Züchtigungen und Wohltaten Gottes nur geschickt sein, die Ungläubigen entweder gottloser oder abergläubischer zu machen. Gottloser, wenn sie ihren Eifer für ihre falschen Gottheiten nicht verstärkten, und abergläubischer, wenn sie ihren Eifer wirklich verdoppelten. Und doch ist es wahr, daß Gott zu allen Zeiten die Götzendiener die Wirkungen seines Unwillens hat spüren lassen, und daß er sie, um ihre Verbrechen zu bestrafen, oft mit Pest, Krieg und Hunger heimgesucht hat. Ferner ist es wahr nach der ausdrücklichen Erklärung des heiligen Paulus, daß Gott den Menschen sich nicht unbezeugt gelassen hat, daß er ihnen viel Gutes getan und vom Himmel Regen und fruchtbare Zeiten gegeben hat, daß er ihre Herzen mit Speise und Freuden erfüllt und daß die Menschen haben denken sollen, Gottes Güte leite sie zur Buße. Ohne Zweifel ist dieses ein Einwurf, der zu vielen Betrachtungen Gelegenheit gibt. Ich will es demjenigen überlassen, der sich darein vertiefen will, und ich hoffe, Sie werden Ihre gründliche Theologie dabei sehr wohl sehen lassen. In Erwartung dessen will ich Ihnen nur so viel beweisen, daß alles Gute und alles Böse, welches Gott den Heiden zuschickt, in der Ordnung seiner allgemeinen Vorsorge enthalten und als eine ununterbrochene Folge der Gesetze der mitgeteilten Bewegung anzusehen ist. Wo Sie die Abhandlung von der Natur und Gnade, welche der P. Malebranche vor kurzem herausgegeben hat, gelesen haben, so werden Sie darin gefunden haben, daß die Begebenheiten, welche aus der Ausübung der allgemeinen Gesetze der Natur entspringen, nicht der Gegenstand eines besonderen göttlichen Willens sind. Daraus folgt, daß Gott die alten Heiden nicht aus einer besonderen Verordnung mit Pestilenz oder mit Hunger bestraft habe, sondern einzig und allein, weil dieses mit den allgemeinen Gesetzen verknüpft war. Ich weiß wohl, daß, wenn man eine Sache will, man auch alles dasjenige wolle, was notwendigerweise damit verknüpft ist, und daß folglich Gott die allgemeinen Gesetze nicht wollen kann, ohne zugleich alle die besonderen Wirkungen zu wollen, welche notwendigerweise daraus entstehen sollen. Ich weiß das sehr wohl, mein Herr, allein ich weiß auch, daß es Sachen gibt, welche wir wollen, nicht ihretwegen, sondern weil sie mit einigen andern verknüpft sind; und alsdann kann man sehr wohl sagen, daß wir sie nicht mit einem besonderen und eigentlichen[391] Willen wollen. Wenn es uns erlaubt ist, von den Handlungen Gottes zu urteilen, so können wir sagen, daß er nicht alle besonderen Begebenheiten der dabei befindlichen Vollkommenheit halber wolle, sondern nur, weil sie mit den allgemeinen Gesetzen verknüpft sind, welche er zur Regel seiner Wirkungen erwählt hat. Es ist kein Zweifel, daß, wenn Gott beschlossen hat, etwas außer sich zu wirken, er nicht eine solche Art und Weise sollte erwählt haben, welche sich für das allerweiseste Wesen schickt, das ist, welche überaus einfach und einförmig und doch ungemein fruchtbar ist. Man kann sich auch einbilden, daß die einfache und einförmige Art zu wirken, die aber mit unendlicher Fruchtbarkeit verknüpft ist, ihm besser geschienen, obgleich einige überflüssige Begebenheiten daraus entspringen mußten, als eine andere Art zu wirken, die zusammengesetzter und ordentlicher war. Nichts ist bequemer als dieser angenommene Satz, tausenderlei Schwierigkeiten aufzulösen, welche man gegen die göttliche Vorsorge macht; man darf ihn daher nicht verdammen, ohne ihn genau untersucht zu haben. Nun aber folgt aus diesem Grundsatz, daß Gott nur deswegen jede besondere Begebenheit gewollt hat, weil sie in dem allgemeinen Entwurf, den er erwählt hatte, enthalten war, und daß folglich er keine besondere Absicht gefaßt hat, als er die Götzendiener mit Pest und Hunger verheert hat. Und also würde es unrecht sein, wenn man fragen wollte, warum Gott Dinge getan hat, welche die Menschen gottloser machen. Denn das wäre soviel, als wenn man fragte, warum Gott seinen Entwurf, der doch unendlich schön sein muß, durch die einfachsten und einförmigsten Mittel ausgeführt hat und warum er nicht durch eine Verbindung der Ratschlüsse, da immer einer den anderen aufhebt, den üblen Gebrauch des freien Willens bei dem Menschen verhindere. Die Frage aber findet statt, wenn man voraussetzt, daß die Pest und der Hunger durch ein Wunderwerk erfolgen, weil bei den Wundern Gott einen besonderen Willen hat. Man kann sehr wohl fragen, wie es möglich sei, daß Gott einen besonderen Willen habe, dessen Zweck sei, die Menschen gottloser zu machen. Und man kann sogar behaupten, daß Gott unmöglich Ratschlüsse von dergleichen Art machen könne. Sie sehen daher, mein Herr, daß, da die Wunder in dem besonderen Willen Gottes gegründet sind, sie eine Gott angemessene Absicht haben müssen, das heißt, sie müssen dem Menschen den wahren Gott so klar und deutlich zu verstehen geben, daß man nicht Ursache habe zu zweifeln, ob es nicht vielmehr Jupiter sei, der da wirke, oder der Schöpfer aller Dinge. Daraus folgt, daß ein ungeheurer Unterschied unter denjenigen zu machen ist, welche sagen: daß Gott die Völker durch wunderbare Zeichen erschreckt hat, und zwischen denjenigen, welche sprechen: er erschrecke und züchtige sie durch die natürliche Handlung der Körper. Ohne Zweifel wird man gegen den P. Malebranche schreiben und ihm Gelegenheit geben, dieses neue Lehrgebäude auseinanderzusetzen, daraus man meines Erachtens große Vorteile ziehen könnte.

Was die Stellen des heiligen Paulus betrifft, daß nämlich alle Völker zu allen Zeiten die Wirkungen der Gnade Gottes empfunden haben, so sage ich, daß nichts so wahr ist wie dieses. Die Gesetze der Natur, wie ich nur angemerkt habe, sind so fruchtbar, ob sie gleich sehr einfach sind, daß sie tausenderlei Gutes hervorbringen und überall Spuren einer unendlich weisen Ursache hinterlassen; und man hat allerdings recht, diejenigen zu tadeln, welche sich des Lichtes ihrer Vernunft nicht bedient haben, um den wahren Gott in den Kreaturen zu erkennen. Da aber die Heilige Schrift nirgends diejenigen bestraft, welche an den Kometen den wahren Gott nicht erkannt haben, so schickt es sich ganz und gar nicht, daß man davon wie von etwas Besonderem rede und daß man sie zu außerordentlichen Zeichen irgendeines göttlichen Willens mache.

235. Neue Anmerkungen, welche erweisen, daß die Kometen nicht die Ursachen des zukünftigen Unglücks sind, und die man von den zufälligen Abwechslungen der menschlichen Dinge hergenommen

Sie werden daher wohl tun, mein Herr, wenn Sie behaupten, daß die Kometen als Ursachen vorbedeuten, allein rechtfertigen Sie gleich dadurch die Vorsorge, so werden Sie sich doch nicht ebenso gut aus den Schwierigkeiten herauswickeln können.

Denn daß ich nicht alles wiederholen darf, was ich Ihnen bereits von der Freiheit des Menschen gesagt habe, und das zulänglich sein wird, unsere Frage zu entscheiden, wie kann man sich noch einbilden, ein Komet sei die Ursache derjenigen Kriege, welche sich ein oder zwei Jahre darauf entspinnen, nachdem er verschwunden ist. Wie will man behaupten, die Kometen seien die Ursache dieser so ungeheuren Verschiedenheit der Begebenheiten, welche sich in dem Verlauf eines langwierigen Krieges ereignen? Weiß man nicht, daß ein aufgefangenes Schreiben zuweilen den ganzen Entwurf eines Feldzuges zuschanden macht, daß eine Ordre, welche eine Stunde später ausgeführt worden ist, hunderterlei Absichten vernichtet, da immer eine auf die andere gebaut war, daß das Absterben eines einzigen Menschen die ganze Gestalt der Dinge verändert und daß es zuweilen nur an einer Kleinigkeit liegt, die sich so über alles Vermuten ereignet, wie nur möglich ist, daß man Schlachten gewinnt, deren Verlust unzählige Drangsale nach sich zieht? Wie will man sagen, daß die in der Luft herumfliegenden Stäubchen des Kometen alle diese Dinge hervorbringen? Müßte nicht ein jedes von denselben Verstand besitzen, dergleichen Dinge anzugeben? Müßte es nicht mit allen übrigen Absprache gehalten haben, daß, sobald z.B. man hören würde, daß der Kardinal Richelieu tot sei oder daß der Fürst von Bayern mit dem Haus Österreich nicht zufrieden sei, an alle Stäubchen, welche ihren angewiesenen Platz im Norden haben, Befehl ergehen sollte, sie sollten nunmehr anders als sonst auf die Körper und Geister wirken? Trägt es sich nicht vielmals zu, daß zwei Fürsten gegeneinander zu Felde liegen, jeder hat seine Bundesgenossen, und viele andere Fürsten, welche sich neutral halten, ungeachtet man sie stark ersucht hat, eine Partei zu ergreifen, wollen sich endlich einmal erklären. Ein Treffen aber, welches während dieser Unterhandlungen der einen Partei von beiden zum gänzlichen Untergang geliefert wird, trennt alle gefaßten Anschläge, und da es die Vorteile verschiedener Nachbarn verändert, so müssen diese sich in ganz andere Verbindungen einlassen. Im Ernst, kann man wohl sagen, daß dieses die Wirkung eines Kometen sei, es wäre denn, daß man behaupten wollte, die Stäubchen, welche in Deutschland zu tun hätten, um dasselbe zu bewegen, Partei zu nehmen, wären von denjenigen, welche die zwei Armeen zum Schlagen gebracht haben, benachrichtigt worden, daß die eine hätte fliehen müssen, und gleich auf die erhaltene Nachricht hätten sie ihre Stärke auf eine neue Art angewendet? Und ist dem also, gibt man denn nicht den Ausdünstungen des Kometen diejenige Freiheit, welche man dem Menschen genommen hat? Macht man sie nicht zur Hauptursache der Begebenheiten, da man dem Menschen nichts mehr übrigläßt als einzig und allein die Mühe, unter ihrer Anführung zu handeln?

236. Wie klein und gering manchmal die Ursachen der größten Begebenheiten zu sein pflegen

Diese Schwierigkeiten, welche die Sterndeuterkunst gänzlich übern Haufen werfen, lassen sich um desto weniger auflösen, je gewisser es ist, daß die Ursache großer

Zurüstungen und wichtiger Kriege zuweilen nichts ist als ein Eigensinn, ein Verdruß, eine Liebessache, ein Nichts, anstatt daß man sich einbildet, die ganze Natur habe schon seit vielen Jahren daran gearbeitet, der Sache den ersten Schwung zu geben. Diejenigen, welche die Handlungen der Fürsten mit großen Flüssen verglichen haben, deren Quelle von wenig Personen gesehen worden ist, obgleich viele Leute ihren Lauf und Anwachs sehen können, haben nicht alles gesagt. Sie hätten noch hinzusetzen sollen, wie jene großen Flüsse, welche ihr Wasser in einem tiefen und breiten Gang so prächtig fortgehen lassen und deren entsetzliche Überschwemmungen manchmal viele Provinzen verheeren, in ihrem ersten Ursprung nur einen Strahl von Wasser ausmachen, also haben auch jene berühmten Feldzüge, welche einen Teil der Welt in Zweifel halten und die das Schicksal vieler Völker ändern, manchmal nur eine Kleinigkeit zur Ursache.

Was meinen Sie wohl, welches die erste Triebfeder des Krieges Xerxes'[392] gegen die Griechen, das ist der allerentsetzlichsten Kriegszurüstung, gewesen ist, die man nur in der Geschichte finden kann? Ein griechischer Arzt, ein Bedienter der Königin, hatte Lust, sein Vaterland wiederzusehen, redete daher diesen großen Feldzug seiner Liebhaberin ein und endlich dem König selbst durch Hilfe der Königin. Was war es, das ganz Griechenland Anlaß gab, das blühende Königreich des Priamus zugrunde zu stürzen? Ein unzüchtiges Weib, das sich von einem jungen Prinzen, in den sie sich verliebt hatte, entführen ließ, und die Leichtgläubigkeit eines Ehemannes, der so gutwillig war, wie gemeiniglich Männer von seiner Art zu sein pflegen, daß er sich einbildete, sein liebes Eheweib wäre ihm mit Gewalt entführt worden. War nicht einmal ein mazedonischer König in Gefahr, in einem bürgerlichen Krieg zu unterliegen, und zwar auf Anstiften einer Dame, die es nicht verschmerzen konnte, daß man ihre Gunst sich nicht zunutze machen hat wollen, ob man gleich erkannt hat, daß sie gar nicht grausam sei? Hat man nicht geglaubt, der Einfall der Engländer in die Insel de Re sei ein Werk der Politik und eine Wirkung des Religionseifers, dazu man durch die Hoffnung, den Ruhm aller Kreuzzüge der alten englischen Könige zu verdunkeln, angereizt worden? Indessen war es ein Krieg, der nichts als ein Liebesverhältnis und verliebte Einbildungen eines vertrauten Ministers zum Grunde hatte. Welches war wohl, ich bitte Sie, die erste Ursache des Einbruchs der Sarazenen in Spanien? Die Tochter des Grafen Julian, die es nicht für gut befand, bei den verliebten Reden ihres Prinzen die Ohren zu verstopfen und ihm alle Proben einer gegenseitigen Zuneigung, die er nur verlangte, zu versagen. Als nach diesen die Sarazenen sich bis in das Herz von Frankreich ausgebreitet hatten und daselbst tausenderlei Verheerungen vornahmen, bevor sie von dem tapferen Karl Martell zum Lande herausgetrieben wurden, so sagte man doch, der Komet, der im Jahr 726 erschienen, habe alle diese Unglücksfälle verursacht. Welch ein Irrtum! Das allzu gutwillige spanische Frauenzimmer war es, was daran schuld hatte; dieses allein hätte man als einen Kometen ansehen und ihm die Worte des Lucan, damit man sich so breitmacht, beilegen sollen:

Et terris mutantem regna Cometen.
Ein Stern, der Länder stürzt und ihre Grenzen ändert.

Denn da die Mohren ihre Eroberungen durch die Gelegenheit, die sie ihnen dazu verschaffte, bis an die pyrenäischen Gebirge getrieben hatten, so war es diesen siegenden Völkern ganz bequem, daß sie Lust bekamen, sich in einem der schönsten Länder von der Welt auszubreiten, ohne daß ein Komet ihnen dieselbe erst beibringen durfte. Lesen Sie die 21. Unterredung des Herrn Balzac, so werden Sie finden, daß ein nicht ehrerbietig genug geschriebener Brief und das Auslassen zweier Silben mehr als zweihunderttausend Menschen das Leben gekostet hat. Weil der Graf Duc d'Olivarez in der Unterschrift eines Briefes an einen Prinzen *bien-humble et très-affectionnè* fand anstatt *très-humble et très-obéïssant*, welches seiner Meinung nach für ihn gehörte, so ward er so zornig, daß er den Brief zerriß und schwur, daß diese Unhöflichkeit ihm den Untergang seines Landeskosten sollte.

Wenn es sich für Sie schickte, den Brantôme zu lesen, so würden Sie vielleicht die Stelle angemerkt haben, wo er spricht:[393]Daß der einzige Admiral de Bonnivet dem Franziskus 1. den Rat gegeben hat, über das Gebirge zu gehen, nicht sowohl zum Besten und Dienst seines Herrn, als damit er eine vornehme Dame in Mailand wieder besuchen möchte, die sehr schön war, die er vor einigen Jahren zu seiner Mätresse gehabt und viel Vergnügen bei ihr genossen hatte und die er nunmehr wieder sprechen wollte. Ich habe mir dieses, fährt er fort, von einer vornehmen Dame unserer Zeit erzählen lassen, und daß er sogar bei dem König von dieser Dame (die Signora Clerice soll geheißen haben und unter den damaligen Schönen in Italien die vornehmste gewesen sein soll) so viel Rühmens gemacht hat, daß dieser dadurch bewogen worden ist, sie zu sich kommen zu lassen und bei ihr zu schlafen. Und das ist die Hauptursache, warum der König diesen Feldzug vorgenommen hat und die nicht jedermann bekannt ist. So weiß die eine Hälfte der Welt nicht, wie die andere lebt, denn wir bilden uns eine Sache so ein, die doch ganz anders ist. So muß Gott, der alle Dinge weiß, wohl manchmal über uns lachen. Ist es nicht eine entsetzliche Sache, daß ein Feldzug, welcher Frankreich durch Gefangennahme seines Königs an den Rand des Abgrundes gebracht hat, zur Hauptursache nichts als eine verliebte Einbildung gehabt hat, die man hätte können loswerden, ohne so weit zu gehen?

Was Ihr sagt, ist wahr, wird man mir antworten. Die allergrößten Unternehmungen haben manchmal nur den Verdruß oder die Eifersucht einer unzüchtigen Weibsperson zur ersten Ursache. Die großen Begebenheiten, sie mögen gut oder übel ablaufen, welche aufmerksame Köpfe zu so vielen Gedanken veranlassen und welche denjenigen so viel Lob oder Schimpf zuziehen, die, dem Ansehen nach, Urheber davon gewesen, beruhen mehr als zu oft auf gewissen kleinen verborgenen Triebfedern, welche durch den Neid oder Eigennutz, durch die Liebe oder eine andere geheime Leidenschaft in Bewegung gesetzt werden. Und wüßte man solches alles, so würde man den Tadel bald in eine Schutzrede und das Lob in Verachtung verändern. Man würde erkennen, daß die allerpreiswürdigsten Taten von den schlimmen Streichen gekommen sind, welche man dem General der feindlichen Armee unter der Hand gespielt, und daß der Kardinal Richelieu mit Recht gesagt hat: Sechs Fuß Erde (darunter er die Kabinettsachen verstand) machten ihm mehr zu schaffen als sonst ganz Europa. Allein, wer hat es euch gesagt, daß die Kometen sich nicht in alles dieses mit einmengen?

237. Daß die Kometen an all den Leidenschaften, welche die Verschiedenheit der Begebenheiten verursachen, nicht Anteil haben können

Wer es mir gesagt hat? Ein wenig gesunde Vernunft, die ich von der Natur bekommen habe, durch deren Hilfe ich überzeugt bin: 1. daß die Kometen nicht alle die Leidenschaften erregen können, welche die Begebenheiten verändern, es sei denn, daß man allen den Körperchen, welche sie in der Luft ausbreiten, einen Verstand beilegen wollte. Denn wenn man annimmt, daß ein Komet alle die Leidenschaften erregt habe, welche den trojanischen Krieg verursacht haben, so muß man auch annehmen, daß einigen seiner Teilchen die eben nicht beschwerliche Mühwaltung aufgetragen worden ist, den Paris in die Helena und die Helena in den Paris verliebt zu machen; daß die anderen Teilchen die Sorge auf sich genommen haben, den ehrlichen Menelaos aufzuhetzen und ihn zu überreden, ob es gleich nicht an dem war, daß seiner lieben Frau die Zeit entsetzlich lang würde, seitdem sie ihn nicht mehr sähe, und daß sie gegen ihren Liebhaber eine unerbittliche Grausamkeit besäße; daß andere Teilchen Befehl erhalten, dem Agamemnon vorzustellen, man müsse dergleichen Schandfleck in seiner Familie nicht dulden und ihm mit der Hoffnung, oberster Befehlshaber zu werden, zu schmeicheln; daß wiederum noch andere Teilchen in unzähliger Menge durch alle Flecken, Städte und Dörfer Griechenlands gehen und die Leute insgesamt, die Waffen zu ergreifen, anfrischen sollten; daß endlich andere an den Hof des Königs Priam gebracht worden, welche ihn auf den Entschluß bringen sollten, die Helena nicht auszuliefern usw. Ist es nicht wahr, sollen die Teilchen, welche in den Ehemann der Helena wirken sollen, ihre Rolle spielen, so müssen sie wissen, daß ihre Kameraden die ihrige bei der Helena schon gespielt haben? Und ist es wohl möglich, daß eine Kriegsausrüstung, die man so oft geändert, weil ein Teil der Fürsten sich nach dem Verhalten der andern richtete und den Sinn änderte, nachdem das Verfahren der anderen ihm gefiel oder nicht, wie es allemal zu geschehen pflegt, daß diese Kriegsausrüstungen, sage ich, durch solche Teilchen von Kometen hervorgebracht worden, welche den Fortgang ihres Einflusses einander nicht mitgeteilt haben, noch ihren Stand der Zeit und dem Ort nach verändert haben? Wie es nun lächerlich sein würde, die geringste Kenntnis den Stäubchen der Kometen zuzuschreiben, also ist es auch lächerlich, wenn man sie in die Händel und Leidenschaften mit einmischen wollte, daraus die Begebenheiten entspringen, weil diese Leidenschaften immer eine aus der anderen entstehen und vielmehr diese als jene, je nach Beschaffenheit der Zeiten, der Orte und je nachdem, was die Sachen für einen Ausgang haben, gewinnen. Es ist gewiß, je mehr die Dinge auf dem Eigensinn und den Leidenschaften beruhen, desto unmöglicher ist es, daß sie dem Einfluß einer notwendigen und blinden Ursache, wie die Gestirne sind, unterworfen sein sollten.

2. Das wenige von gesunder Vernunft, welches mir die Natur gegeben hat, überzeugt mich ferner, daß, wenn auch nimmermehr ein Komet am Himmel erschiene, so würde doch auf der Erde Buhlschaft, Eifersucht, Hochmut, Neid, Liebe und Haß genug gefunden werden. Ein verbuhltes Weib mag daher sagen, wie es will, ihr Stern reize sie zur Liebe an, ich werde es nimmermehr glauben und bin gänzlich überzeugt, daß, wenn auch alle Sterne vom Himmel fielen, sie ihr Tun nicht mehr noch weniger treiben werde. Wenn Sie also, mein Herr, für die Kometen kein anderes Ämtchen haben, als daß sie den Leuten Zärtlichkeit, den Geist verwirrter Händel, allzu starke Liebeshändel, Eifersucht und Eitelkeit beibringen sollten, so verlohnte es sich nicht der Mühe, daß Sie davon reden. Ich sage es noch einmal, es ist nichts vergeblicher als die Kometen. Wir werden dergleichen Dinge genug haben, ohne daß sie was dazu beitragen.

238. Der Mensch braucht niemanden als sich selbst, um von allerhand Arten der Leidenschaften beunruhigt zu werden. Wie abergläubisch die Juden gewesen sind

Ich wiederhole dasjenige, was ich bereits von dem Aberglauben gesagt habe: Wenn auch der Teufel sich darein nicht vermengt hätte, so würden die Menschen dennoch darein verfallen sein, so geneigt sind sie dazu von Natur. Hat jemals ein Volk von diesem Fehler befreit sein sollen, so sind es gewiß die Juden gewesen, denen Gott seinen Willen durch untrügliche göttliche Aussprüche, durch Propheten und durch beständige Wunder zu erkennen gegeben. Indessen waren sie doch so lächerlich geworden[394], daß sie glaubten, die Versöhnung ginge nicht vonstatten, wenn die Opferpriester beim Anlegen der priesterlichen Kleidung dieselbe nicht nach ihrer Ordnung nähmen, und es sei etwas Wesentliches bei dem Opfer, daß die Priester, die das Amt hielten, ihre

Füße bloß auf die Erde setzten und keine andere Kleidung trügen, als die ihnen von Gott verordnet worden; und wenn es sich zutrüge, daß sie den einen Fuß auf den anderen oder auf das Fell eines Opferviehs oder auf etwas anderes setzten, so könne die Versöhnung nicht vor sich gehen, und wenn sie eine Wunde und auf derselben ein Pflaster liegen hatten, so gab man vor, ihre Ankleidung wäre ganz und gar nichtig und vergeblich usf.

Was ich eben jetzt von dem Aberglauben gesagt habe, muß sich auch von den andern Lastern verstehen. Es liegt in der Seele des Menschen eine Wurzel der Verderbnis, welche mit einem Feuer, das an eine brennbare Materie gelegt worden ist, sehr wohl kann verglichen werden. Stößt ein starker Wind in dieses Feuer, so greift es entsetzlich um sich, es greift aber doch auch um sich, wenn es gleich durch keinen Wind angefacht wird. Der ganze Unterschied besteht darin, daß seine Wirksamkeit sich schneller und weiter ausbreitet, wenn der Wind darein stößt, als wenn solches nicht geschieht. Der Teufel ist sozusagen der Wind, welcher in das Feuer unserer Begierden bläst, und der in der Tat die Ursache ist, daß sie ihre üblen Früchte eher und häufiger zum Vorschein bringen. Demungeachtet aber würden sie aus eigenen Kräften fruchtbar genug sein. Daraus erhellt die irrige Meinung derjenigen, welche sich einbilden, sie hätten niemals einen üblen Gedanken, der nicht von dem Teufel ihnen eingegeben worden ist, und die also nicht erwägen, daß sie in ihnen selbst den Grund ihrer Bosheit haben, wie solches der Apostel Jakobus[395] sehr wohl angemerkt hat. Demungeachtet bleibt es doch wahr, daß der Teufel uns zum Bösen anreizt, ob wir gleich wenigstens zugeben müssen, daß die Gestirne keineswegs die Ursache unserer Leidenschaften sind. Es sind dieses Hirngespinste, auf welche die Menschen mit ebensowenig Grund ihre Fehler zu schieben suchen, wie wenn sie dem Glück diejenigen üblen Zufälle zurechnen, welche lediglich von ihrer Unvorsichtigkeit herrühren.

A..., den 31. August 1681

239. Anmerkungen, welche erweisen, daß es unnötig ist, auf den Kometen achtzuhaben, wenn man an die folgen desselben Mutmaßungen knüpfen will, und daß man nur auf die Beschaffenheit der allgemeinen Händel, auf die Leidenschaften und Vorteile der Fürsten achthaben muß. Eine Probe von diesem Grundsatz, im Hinblick auf den Kometen 1618 und 1681

Ich fange an, müde zu werden, mein Herr, und ich glaube, daß ich bald aufhören werde, Ihnen meine Gedanken mitzuteilen. Ich hatte beinahe vergessen, wie weit ich gekommen war, und ich mußte mich erst eine Weile besinnen, bis ich wahrnahm, daß, wenn ich dasjenige, was ich Ihnen jetzt schreibe, mit demjenigen, was ich Ihnen letztlich aufgesetzt habe, verbinden sollte, ich folgenderweise anfangen müßte.

Wenn man die Quelle der Eitelkeit, des Hochmuts, des Neides, des Geizes, der Liebe und der übrigen Unordnungen, welche der menschlichen Gesellschaft so viel Übles zufügen, entdecken will, so darf man sie nicht so weit suchen. Wenn es Sterne sind, die dieselben verursachen, so sind es gewiß jene Sterne, von denen uns die Dichter so vieles vorsingen, und nicht diejenigen, welche an dem Himmel glänzen. Wenigstens ist es gewiß, daß niemand geschickter sei, die Veränderungen in der Welt vorherzusagen, als diejenigen, welche die Gemütsart der Fürsten, ihre Vorteile und Kräfte kennen. Ein verständiger Mensch, der weit zurückdenkt, der aus den Geschichten und der Kenntnis der Welt die Grundsätze erlernt hat, auf welche sich die allgemeinen Händel beziehen, und der überdies benachrichtigt ist, was für eine Art man in einem jeden Land beobachtet, macht oftmals ohne Beihilfe der Sterndeuterkunst so richtige Mutmaßungen, daß, wenn alle Sterndeuter in der Welt ihre Kräfte vereinigen sollten, um dasjenige zu entdecken, was die Gestirne von der Veränderung der Staaten vorhersagen, sie nichts Erhebliches in Ansehung des ersteren sagen würden. Daraus erhellt, daß es schlechterdings vergeblich ist, die Sterne zu Rate zu ziehen, wenn man das Zukünftige erkennen will, und daß man eine Sache viel eher erraten kann, wenn man die Neigungen und die Gemütsart der Menschen zu Rate zieht.

240. Beispiele einiger Staatsverständiger, welche gewisse Begebenheiten erraten haben

Unfehlbar hat Cicero durch dieses Mittel den Untergang der römischen Republik erraten und der Siegelverwahrer du Vair dasjenige, was dem Staat widerfahren sollte, vorhergesehen. Einer von diesen großen Männern drückt sich folgendermaßen aus[396]: Ich tröste mich, sagt der erste, mit dem guten Zeugnis meines Gewissens. Ich weiß, daß ich meinem Vaterland große Dienste erwiesen habe, sooft ich gekonnt habe; wenigstens habe ich seine Händel allemal als ein guter Wahrsager beurteilt, und die Unterdrückung der Republik ist durch dasjenige Ungewitter erfolgt, welches ich vierzehn Jahre vorhergesehen hatte. Wir wollen den Herrn du Vair anhören. Meine Gesundheit war sehr schwach, ich hatte einen Körper und einen Geist, der zur Arbeit nicht sehr aufgelegt war, und ein sehr schwaches Gedächtnis, indessen hatte ich der Natur eine so große Wahrsagekraft zu danken, daß ich mich nicht erinnern kann, daß, seitdem ich das männliche Alter erreicht habe, weder dem Staat noch dem gemeinen Wesen, noch mir insbesondere etwas begegnet, das ich nicht vorhergesehen haben sollte. Ich habe diese zwei Stellen dem gelehrten Menage[397] zu danken, dem Varro unserer Zeiten, wie ihn der P. Maimbourg in seiner Geschichte der Trennung der Griechen sehr verständig genannt hat.

Man darf indessen nicht denken, daß Cicero die Gabe gehabt hat, zukünftige Dinge zu erraten, weil er sich selbst das Zeugnis davon gibt. Man weiß es auch aus der Nachricht eines berühmten römischen Geschichtsschreibers, welcher gesagt hat[398]: Man dürfe nur die Briefe des Cicero an den Pomponius Atticus lesen, so könne man die Geschichte dieser Zeiten entbehren, weil man darinnen die Leidenschaften der Fürsten, die Fehler der Oberhäupter und die Veränderungen der Republik so genau beschrieben findet, daß das übrige ganz klar daraus erhelle und man mit leichter Mühe daraus schließen könne[399], daß die Klugheit eine Art der Ahnung sei, weil Cicero nicht allein Sachen vorhergesagt hat, die bei seinem Leben erfolgen sollten, sondern auch, was einige Zeit darauf geschehen sollte. Dieses Zeugnis macht uns eine andere Stelle Ciceros glaubwürdiger, wo er versichert, daß die Kunst zu prophezeien, welche er sich durch Fleiß und Verwaltung öffentlicher Händel erworben, ihn niemals betrogen habe, und daß er solches leicht durch Exempel erweisen könnte, wenn er nicht befürchten müßte, man möchte ihm schuld geben, als ob er Dinge prophezeien wollte, die schon geschehen wären, ob es ihm gleich an verschiedenen Zeugen nicht fehle. Ich prophezeie, spricht er, weder aus dem Flug noch Gesang der Vögel, noch aus anderen dergleichen Anmerkungen, welche in der Vogeldeuterkunst enthalten sind, ich bediene mich einiger anderer Zeichen, die zwar ebenso untrüglich, doch aber klarer und nicht so betrügerisch sind; ich betrachte einesteils die Gemütsart und das Naturell des Cäsars und anderenteils die Art und Beschaffenheit der Bürgerkriege.

Auf gleiche Art mutmaßte der berühmte Stephan Pasquier, daß große Unglücksfälle in Frankreich erfolgen würden, als er bei Eröffnung des Parlaments von St-Martin 1587 wahrgenommen hatte, daß der Priester, welcher in Gegenwart der Präsidenten und Räte, die in ihren scharlachenen Röcken gingen und die gefütterten Mützen trugen, Messe las, ihnen nicht das Kreuz zu küssen reichte, wie solches beständig zu geschehen pflegte. Habt ihr nicht bemerkt, sagte er an demselben Tag zu einem seiner Freunde, daß das Kruzifix den Herren nicht ist überreicht worden? Ich sterbe, wenn das ich weiß nicht was für ein Unglück für Frankreich zu bedeuten hat.

241. Widerlegung der Prophezeiung des Pasquier

Man durfte eben kein großer Hexenmeister sein, wenn man die Prophezeiung machen wollte, die dieser Verfasser der *Recherches de la France* machte. Es war alles zu einem großen Lärmen so wohl eingerichtet, daß es moralischerweise unmöglich war, daß dieses Königreich so leicht durchkommen sollte. Der Fehler des Priesters trug also bei den Mutmaßungen des Pasquier nichts mehr bei, als daß er ihm Anlaß gab, den gegenwärtigen Zustand der Sache zu erwägen. Und ich bin gut dafür, wenn er heute leben sollte und ebendiesen Fehler bei Eröffnung des Parlaments begehen sähe, er würde keine Vorbedeutung daraus machen. So wahr ist es, daß das Verhalten dieses Priesters eine ganz ungefähre Sache gewesen ist, die nichts bedeutete. Denn wie wäre es möglich gewesen, daß die Unterlassung einer alten Zeremonie die Kraft hätte haben können, die Drangsale Frankreichs zu prophezeien? Gott hätte den Priester mit Unachtsamkeit schlagen müssen, in der Absicht, dem Pasquier zu offenbaren, daß Frankreich was zu besorgen habe, und das wäre ungereimt, wenn man solches sagen wollte; denn erstlich wußte Pasquier sehr wohl, daß die Sachen in Frankreich nicht wohl liefen, und fürs andere war es für Frankreich schlechterdings vergeblich, daß Pasquier geglaubt hat, es würde ein Unglück zu besorgen haben. Denn was hat es diesem Königreich geholfen, daß Pasquier geglaubt hat, es sei solches eine Vorbedeutung? Was half es den Freunden des Pasquier, welchen er seine Mutmaßung anvertraute? Was half es ihm selber? Seine Prophezeiung gefiel ihm. Er machte sich breit damit. Er gedachte wohl hundertmal gegen seine Freunde, nachdem das Unglück eingebrochen war, daß er's ihnen wohl gesagt hätte. Er hat es der Republik der Gelehrten in einem Kapitel seines Buches wissen lassen, und das war es alles. Es verlohnt sich wohl der Mühe, daß Gott deswegen den Lauf der Natur unterbrechen hat sollen und dem Priester andere Gedanken hätte geben sollen, als er sonst würde gehabt haben, wenn es nicht der Vorsorge gefallen hat, ihn diesmal nicht an alle Zeremonien denken zu lassen. Und gleichwohl hätte es so sein müssen. Denn wenn der Priester diesen Umstand ausgelassen hat, weil er ihn entweder nicht gewußt oder sich nicht danach richten gewollt hat oder weil er zerstreut gewesen ist, daß er bald auf dieses, bald auf jenes mit seinen Gedanken gefallen ist und also nicht Zeit genug gehabt hat, sich darauf zu besinnen, daß er das Kruzifix den Herren des Parlaments zu küssen reichen müßte, so ist klar, daß die Unterlassung dessen keineswegs eine Vorbedeutung sein könne, weil niemand als Gott eine Sache zur Vorbedeutung ma chen kann, die es ihrer Natur nach nicht ist. Nun lehrt aber die gesunde Vernunft, daß, wenn es Gott täte, er sich deutlicher und mit solchen Umständen erklären würde, daß diese Vorbedeutung auch einigen Nutzen haben könnte.

Ich erinnere mich eines anderen Mannes, der in seinen politischen und militärischen Diskursen sich auch für einen Unglückspropheten, fast mit dem Pasquier zu gleicher Zeit, ausgibt. In dem ersten Kapitel seines Buches will er erweisen, Frankreich könne von einer unglücklichen Veränderung nicht weit entfernt sein, wegen der abscheulichen Laster, die darin herrschten: der Atheisterei, der Ruchlosigkeit, der Gotteslästerung, der Zauberei, der Hexerei, der Pracht, der Trunkenheit, der Unkeuschheit und Ungerechtigkeit halber. Was er noch hinzusetzt: Man habe bereits Kometen,

Verfinsterungen, Gespenster gesehen, man habe fürchterliche Stimmen in der Luft gehört usf. Das würde mich bei ihm als einem Kriegsmann wundernehmen, wenn ich nicht wüßte, daß unter allen Reichen keines sich so weit erstreckt wie das Reich der Leichtgläubigkeit in Ansehung der Vorbedeutungen. Was er aber sagt, es sei schon von anderen angemerkt worden, und darauf er, wie es scheint, nicht viel hält, daß nämlich der Staat ein Stufenjahr erlangt habe, und daß alle Plätze, die man in dem Palast in Paris ausdrücklich dazu angebracht, daß die Bildsäulen unserer Könige hingesetzt werden sollten, sich angefüllt befänden; das, sage ich, ist zwar ein ganz gemeiner, aber auch sehr kindischer Aberglaube. Herr Noue würde allem Ansehen nach nicht einen Propheten abgegeben haben, wenn er nicht jene politischen Ahnungen vor Augen gehabt hätte, die weit gewisser sind als die Prophezeiungen des Aberglaubens.

Wenn Sie die Stellen, die ich Ihnen anführe, nachschlagen, so werden Sie vielleicht finden, daß ich die letztere übel angeführt habe; denn ich gestehe es Ihnen, daß ich sie nur aus dem Kopf anführe. Wenigstens kann mein Versehen nicht so groß sein, wie des Herrn Naude seines gewesen ist, eines Mannes, der in Frankreich an Belesenheit seinesgleichen nicht hatte, welcher dem Herrn la Noue schuld gibt, er habe Frankreich ein großes Unglück prophezeit, weil alle Plätze, die man ganz besonders dazu gemacht hatte, daß die Bildsäulen unserer Könige hingesetzt werden sollten, sich angefüllt befunden haben. Das heißt, ihm schuld geben, als ob er statt seines Beweisgrundes angeführt habe, was er nur als eine Anmerkung zu Ende des Kapitels mit einiger Verachtung einfließen läßt. Alle Skribenten sind voll von dergleichen Fehlern, und seitdem ich angefangen habe, an Sie zu schreiben, habe ich mehr als hundertmal den Verdruß gehabt, daß ich habe Stellen fahrenlassen müssen, welche sich nach der Art, wie ich sie bei den neuen Skribenten antraf, ungemein zu meiner Sache schickten; wenn ich aber zur Quelle kam, so fand ich nichts, was mir hätte anständig sein können.

242. Es war leicht, im Jahr 1618 einen großen Krieg in Europa vorherzusehen

Bloß nach politischen Weissagungen war es leicht, im Jahr 1618 vorherzusehen, daß Europa auf eine erschreckliche Art würde erschüttert werden. Der Komet, welcher zu dieser Zeit sich sehen ließ, war das einzige, was man als eine Prophezeiung ansah. Allein das war nicht ein Umstand, darauf man die Augen hätte richten sollen. Es konnte nach den elenden Regeln der Astrologie, von denen ich Ihnen einen kleinen Entwurf gemacht habe, ebensoleicht erwiesen werden, daß er was Glückliches vorbedeutete, als daß er Unglück prophezeien sollte. Worauf hätte man also sehen müssen? Auf die Bemühungen des Hauses Osterreich um die allgemeine Monarchie, auf den unerträglichen Übermut, welchen die Minister des Kaisers und des Königs in Spanien überall blicken ließen, und auf den wütenden Eifer, den dieses Haus so unzeitig bezeigte, alle neuen Religionen auszurotten. Man brauchte nur ein klein wenig Verstand, so konnte man abnehmen, den Leuten würde endlich die Geduld reißen und man würde mächtige Bündnisse aufrichten, um die ehrsüchtigen Absichten eines Hauses aufzuhalten, welches so übermütig nicht allein über den Leib, sondern auch über die Gewissen in ganz Europa herrschen wollte. Wie war es wahrscheinlich, daß man solchen Unternehmungen, die der allgemeinen Ruhe so nachteilig waren, sich nicht widersetzen würde? Da aber dieses Haus noch sehr mächtig war, obgleich die so hitzigen Anstalten, aller Welt in Religionssachen Zwang anzulegen, es sehr entkräftet hatten, und da es gute Völker und gute Generäle hatte, welche die Befehle des Hofes ausführen konnten, mittlerweile daß die anderen Fürsten von abergläubischen Mönchen sozusagen belagert waren und sich aus ihren Palästen nicht rührten, so war es leicht zu vermuten, daß die Bemühungen der Potentaten in Europa, ihre Freiheit zu erhalten, auf das nachdrücklichste würden zurückgetrieben werden und daß es also ein langwieriger Krieg werden würde.

243. Langsamkeit und abergläubisches Wesen in der Politik des Hauses Österreich

Einerseits sah man voraus, daß der Kaiser und König in Spanien sich einer sehr großen Stärke bedienen werde, die Christenheit zu unterdrücken; andererseits aber sah man auch voraus, daß sie nimmermehr imstande sein würden, dieses zuwege zu bringen, weil die Langsamkeit und die langweiligen Beratschlagungen[400], welche allemal bei diesen Herren zu finden gewesen sind, ein Umstand sind, dabei allzu viele gute Gelegenheiten verlorengehen. Sie wissen die Gedanken des Malherbe hierüber. Wenn es wahr ist, spricht er in einem seiner Briefe, daß Spanien nach der allgemeinen Monarchie trachtet, so wollte ich wohl raten, Gott zu bitten, daß er das Ende der Welt aufschiebe. In der Tat, wie es sich dazu schickte, da es ebendieselbe Sache tausendmal bald so, bald anders überdachte, so war es unmöglich, daß es mit den Eroberungen hätte zu Rande kommen können, die es, der Beschuldigung nach, im Sinn hatte. Die großen Weltbezwinger haben allemal mehr ausgerichtet, wenn sie sich dem Glück überlassen, als wenn sie alles mit der äußersten Behutsamkeit erwogen haben, was sie im Begriff waren vorzunehmen. Deswegen hat Machiavelli[401] das Glück mit einer Weibsperson verglichen, und da Karl V. das Glück Heinrichs II. sah, so sagte er, es hätte einen Frauenzimmersinn, dem junge Leute allemal angenehmer wären. Der florentinische Politikus gibt diesen Grund an: Junge Leute wagten eher etwas und hielten nichts von einer ehrerbietigen Furchtsamkeit, die im Umgang mit Frauenzimmern nicht viel taugt. Die Vergleichung mag sein, wie sie will, so viel ist gewiß, ohne viel Kühnheit wird man kein Weltbezwinger, und nichts fördert die Sachen eines ehrsüchtigen[402] Fürsten mehr als Hurtigkeit und Fertigkeit, und also konnte ganz Europa aus der sorgsamen und vorsichtigen Langsamkeit des spanischen Staatsrates leicht schließen, daß die Absicht der allgemeinen Monarchie noch lange Zeit erfordern würde.

Überdies waren die zwei Zweige von dem Haus Österreich durch die Beamten der Inquisition so stark eingenommen, daß es gar nicht wahrscheinlich war, daß sie würden Europa bezwingen können. Das heißt, zwei widrige Dinge vereinigen wollen, wenn man zugleich Weltbezwinger und Verfolger der anderen Religionen sein will; denn die Völker, welche man sich unterwerfen will, widerstehen wie die Löwen, wenn sie wissen, daß man sie zu einem Gottesdienst zwingen will, den sie für unrecht halten.

244. Daß die Weltbezwinger den Titel der Verfolger nicht haben haben wollen

Das ist unfehlbar die Ursache, warum Mohammed, da er willens war, ein großes Reich und eine neue Religion zugleich zu stiften, tausenderlei Arten[403] der Milde in Ansehung der Christen angenommen hat und an allen Orten, wo er den meisten Anhang hatte, bekanntmachen lassen hat: er wolle alle Arten der Religionen und hauptsächlich die christliche dulden. Er gibt es in seinem Koran mit sehr nachdrücklichen Worten zu verstehen: O ihr Ungläubigen! spricht er, was ihr anbetet, bete ich nicht an, und ich verehre nicht, was ihr verehrt. Haltet ihr euer Gesetz, und ich will das meinige halten. Man sagt, er habe ein Bündnis mit den Christen gemacht, kraft dessen er für sich und alle seine Nachfolger sich auf das feierlichste anheischig macht, sie zu schützen und sie eine große Anzahl herrlicher Freiheiten genießen zu lassen. Das Original von diesem Bündnis will man in einem Kloster des Berges Karmel gefunden haben. Salmasius hält es für kein untergeschobenes Werk und gründet sich auf eine Stelle des El-Macin in dem Leben des Mohammed, wo von seiner Milde gegen die christliche Religion geredet wird. Wollte man auch gleich mit Grotius[404] mutmaßen, es sei solches ein heiliger Betrug der Christen, so würde man doch sonst sehen können, daß dieser falsche Prophet das Christentum geduldet hat und daß das Kapitel im Koran von dem Schwert, so viel Gewalttätigkeit es gegen diejenigen zuläßt, welche sich dem Joch nicht unterwerfen wollen, dennoch diejenigen zu dulden anbefiehlt, welche die Waffen niederlegen. Dieses ist von den ersten Nachfolgern des Mohammed auf eine sehr leutselige Art beobachtet worden, wie solches der P. Maimbourg in seiner *Histoire des Iconoclastes* gestehen muß, wo er anführt, daß die Kalifen den Christen nicht allein freie Religionsausübung gestatten, sondern sie auch zu vornehmen Ämtern erhoben haben. Sie trugen kein Bedenken, dem Vater des heiligen Johannes Damaszenus die vornehmsten Bedienungen des Reichs anzuvertrauen, mit der Versicherung, daß sein Sohn sie nach ihm haben und er überdies das Haupt des Rates und Hauptmann in der Hauptstadt sein sollte. Noch heutzutage werden die Christen in der Türkei geduldet und haben sich mehr vor der List als der Gewalt der Ungläubigen in acht zu nehmen.[405] Denn wenn sie gegen die Religion des Mohammed reden oder wenn sie trunken sind und unbedachtsamerweise versprechen, Türken zu werden, oder wenn sie mit einer Türkin verbotenen Umgang pflegen, so ist zwischen dem Tod oder dem Abfall kein Mittel. Wird ein Christ ein Türke, so müssen alle diejenigen in seiner Familie, welche das vierzehnte Jahr nicht erreicht haben, dem Christentum abschwören. Man erlaubt ihnen wohl, die Dächer und Lücken der Kirchen, die sie seit undenklichen Zeiten innehaben, auszubessern, aber es steht ihnen nicht frei, neue Kirchen aufzubauen oder eine zu vergrößern oder diejenigen wieder aufzubauen, welche eingefallen sind, wie etwa bei uns die Hugenotten gezwungen sind, mit denjenigen Tempeln zufrieden zu sein, welche sie unter der Regierung Heinrichs des Großen hatten. Das sind Verfolgungen, wenn Sie es so haben wollen, allein, es ist doch auch wahr, daß die Arglist darin mehr herrscht als die Gewalt, und diejenigen, welche an dem Untergang der Calvinisten arbeiten, werden es nicht in Abrede stellen, denn sonst würden sie sich selbst verurteilen. Und endlich, die Türken mögen das Christentum verfolgen oder nicht, so bleibt es dennoch wahr, daß Mohammed, als er hat Länder einnehmen wollen, sich sehr in acht nahm, die Völker der Religion halber schüchtern zu machen.

Die Weltbezwinger, die vor ihm gelebt, haben es noch weniger getan. Niemals hat man gesehen, daß Cyrus, Alexander und Cäsar Nachricht eingezogen haben, was die Völker, die sie überwunden haben, für eine Religion hätten, damit sie sie zwingen könnten, dieselbe zu verlassen, sofern sie von der Religion ihres neuen Herrn unterschieden wäre. Wenn ein Offizier verdient hatte, höher zu steigen, so fragten sie ihn nicht, ob er der Religion des Fürsten zugetan sei. Sie hielten niemals die Belohnung so lange zurück, bis er sich bekehrt hatte. Und wann würden sie die Welt überwunden haben, wenn sie sich in so kleine Umstände hätten einlassen wollen? Sie sehen auch, wie sehr das Haus Österreich sich der allgemeinen Monarchie genähert hat. Seiner großen Neigung zur katholischen Religion halber nähert es sich derselben mit sehr großen Schritten, wie man es sieht. In Deutschland kann es sich kaum gegen eine Handvoll Rebellen verteidigen, in Spanien kann es nicht einmal verhindern, wie ich sonst schon gesagt habe, daß die wenigen Soldaten, die es auf den Beinen hat, den Reisenden nicht aus dem Beutel nehmen, was man ihnen am Sold schuldig ist.

245. Wie sehr das Haus Österreich durch die Religionsverfolgungen entkräftet worden ist

Wenn es wahr ist, wie man sagt, daß die Höhe, welche dieses Haus erreicht hat, eine Belohnung der wundersamen Gottesfurcht des Kaisers Rudolph gewesen, der einmal einen Priester angetroffen, welcher das heilige Sakrament zu Fuße getragen hat, ihn auf sein Pferd hat steigen lassen und alsdann mit großer Andacht zu Fuß hinter ihm drein gegangen ist, so kann man wohl sagen, daß seine Abkömmlinge in der unüberwindlichen Bemühung, die Ketzerei durch Feuer und Schwert auszurotten, nicht gleiches Glück gehabt haben. Und man darf sich darüber nicht verwundern. Die Handlung Kaiser Rudolphs kam aus einer Seele, die von wahrer Ehrfurcht eingenommen war. Die Verfolgungen aber, die Galeeren, die Galgen und überhaupt alle Gewalttätigkeit, die man der wahren Religion zum Besten anwendet, sind ein strafbarer Eifer, den Gott nimmermehr segnen wird. *Fallit te incautum pietas tua* (deine Frömmigkeit hintergeht dich, weil du nicht behutsam bist), kann man zu demjenigen sagen, der von einem so abscheulichen Eifer gerührt ist, dabei diejenigen in ihrer Atheisterei gestärkt werden, welche mit der Religion überhaupt ihren Spott treiben und sprechen:

Tantum Religio potuit suadere malorum! Lucrez.
So vieles Unglück hat die Religion veranlassen können.

Ich würde nicht so frei reden, wenn ich mich nicht erinnerte, wie Sie diejenigen verdammten, welche den Fürsten raten, gottlose Mittel zur Ausrottung der Ketzereien anzuwenden. Dem sei, wie ihm wolle, wo das Haus Österreich, seines Eifers halber gegen die falschen Religionen, ist belohnt worden, so ist es gewiß in zeitlichen Dingen nicht geschehen. Denn es hat ihm eine der schönsten Blumen an seinen Kronen gekostet. Ich verstehe darunter nicht die Länder, welche es bei dieser Gelegenheit verloren hat, sondern das Ansehen, den Ruhm, den furchtbaren Namen, welchen es einige Zeit besessen hat. Es ist so schwach, daß es ganz Europa wegen des übermütigen Benehmens, weswegen es vordem so unleidlich gewesen, eine Ehrenerklärung gegeben hat, die es nicht einmal verlangte. Den Siegen Frankreichs hat man es hauptsächlich zu danken, daß Europa ist gerächt und der Stolz der Spanier mit Füßen getreten worden, *calco Platonis fastum*, das übrige ist Ihnen bekannt, und Sie werden mir zugeben, daß die ungezähmte Herrschsucht des Hauses Osterreich, nebst dem Eifer, überall die Unmenschlichkeit und Sklaverei der Inquisition aufzurichten, daß seine Gewalt, nebst der Langsamkeit in ihren Anschlägen, gar wohl Gelegenheit gegeben hat, im Jahr 1618, als ein Komet am Himmel stand, einen langwierigen und blutigen Krieg zwischen den Fürsten in Europa vorherzusehen.

246. Was das für Prophezeiungen sind, die man jetzt ausbreitet. Herrliche Vorteile für Frankreich, Länder einzunehmen

Was ich von dem Jahr 1618 behaupte, wird durch die Dinge bestärkt, die ich alle Tage sagen höre. Leute, die sich am wenigsten in öffentlichen Staatshändeln umgesehen haben, glauben doch, sie wüßten so viel, daß sie Prophezeiungen von dem, was auf unseren Kometen erfolgen wird, machen könnten, und ich habe angemerkt, wenn sie solche Prophezeiungen machen, so bekümmern sie sich nicht darum, durch was für Zeichen derselbe laufe. Sie erwägen nur die Umstände, darin sich die Sachen in Europa befinden. Und das ist auch in der Tat der Ort, auf den man sehen muß. Und daraus, gesetzt, daß kein Wunderzeichen erschienen ist, glaubt man schließen zu können, daß Europa einer entsetzlichen Erschütterung ganz nahe sei und daß die Umstände niemals so bequem gewesen, Länder einzunehmen.

I. Auf der einen Seite sieht man in Frankreich einen König herrschen, dessen große Taten, die er mit so viel Geschicklichkeit wie Tapferkeit und mit der glücklichsten Fähigkeit ausgerichtet hat, die Gemüter dergestalt eingenommen haben, daß man sich einbildet, er unternehme nichts, bevor er alles zubereitet, was die Unternehmung unfehlbar macht, und daher kommt es, daß man nicht einmal denkt, wie man sich verteidigen soll. Des Königs Name ist ein Kopf der Medusa, der seine Feinde zu Bildsäulen macht. Er überwältigt sie oft, weil er ihnen den Mut nimmt, ihm zu widerstehen. Ich werde bald mehr davon sagen.

247. Die vorteilhaften Umstände Frankreichs in gewissen Stücken

II. Über dieses große Vorurteil, welches allein soviel gilt wie eine Armee von hunderttausend Mann, hat der König eine Menge sehr erfahrener Völker, und die zu siegen gewohnt sind, und verschiedene gute Generale, die so viel Eifer für die Ehre ihres Herrn wie Fähigkeiten zu großen Unternehmungen besitzen. Er hat eine sehr große Anzahl geschickter Unterhändler, welche überall Verbindungen haben, verschmitzt, geschickt, hurtig sind, die auf das beste entweder schmeicheln oder drohen, je nachdem es die Gelegenheit erfordert, die die Fähigkeit besitzen, Trennungen zu machen, Argwohn und Eifersucht bald auf der einen, bald auf der anderen Seite zu erregen, die der Sache einen guten Schein geben können; mit einem Wort, die die

Fürsten zu überreden vermögen, sie dürften nur in Ruhe schlafen. Wollen Sie sie aus ihren Wirkungen besser kennenlernen, so lesen Sie dasjenige, was die Sybille des Virgils getan hat. Die Stelle ist etwas lang, aber schön. Man sollte beinahe sagen, daß Virgil die Tripleallianz in Gedanken gehabt hätte, welche zur Beobachtung der Spanier als eine Schildwacht ausgestellt worden ist:

[406]*Cerberus haec ingens latratu regna trifauci*
Personat, adverso recubans immanis in antro.
Cui vates horrere videns iam colla colubris
Melle soporatam et medicatis frugibus offam
Obiicit. Ille fame rabida tria guttura pandens
Corriptt obiectam atque immania terga resolvit
Fusus humi, totoque ingens extenditur antro.
Occupat Aeneas aditum, custode sepulto.
Hier liegt nun Cerberus mit dreifach offnem Rachen
Und füllt das Höllenreich aus seiner Kluft, mit Bellen.
Die Priesterin sieht, wie schon sein Hals von Schlangen starrt,
Und wirft ihm Speise vor, die Kraut und Honig würzt.
Aus Hunger öffnet er die drei ergrimmten Kehlen,
Verschlingt den Bissen gar und streckt den Rücken hin.
Sein Körper dehnt sich aus und füllt die ganze Kluft,
Aenas dringt hinein, sobald der Wächter schnarcht.

III. Was das Geld betrifft, diese Spannader des Krieges, welches alle Dinge zuwege bringt und vor dem sich keine Festung halten kann, so hat Seine Majestät dessen mehr als alle seine Nachbarn zusammen und ist noch so glücklich, daß sie Minister findet, welche in neuen Erfindungen, Geld zu schaffen, unerschöpflich sind, und solche Untertanen hat, deren Geduld ebenfalls unerschöpflich ist.

IV. Muß man nicht vergessen, daß wir an allen Höfen in Europa französische Damen haben, welches kein geringer Vorteil ist, denn was bringen sie nicht zuwege, da sie von Natur viel Reizendes besitzen, sich mit großer Geschicklichkeit in die Gemüter einschmeicheln können und aus allen Vorteilen ihrer Nation sich eine große Ehre machen, weil sie zur Kunst, Verwirrungen anzurichten, beizeiten sind abgerichtet worden, und wenn sie nicht fortkommen können, nur die französischen Minister um Rat fragen brauchen. Diejenigen, die da wissen, was der Herr de Mezerai[407] in dem Leben Heinrichs IV. anmerkt: daß die Verständnisse der Damen und Hofleute seit der Regierung Franziskus' I. die wichtigsten Begebenheiten für den Hof in Frankreich verursacht haben, zweifeln gar nicht an der Geschicklichkeit unserer Französinnen.

Und das mag vielleicht die Ursache sein, warum einer einmal gesagt hat, es sei unseren Königen vorteilhafter, wenn in Frankreich Prinzessinnen als wenn Prinzen geboren würden, denn wenn die Prinzessinnen an auswärtige Herren vermählt werden, so macht man vorteilhafte Allianzen und hat unter den Nachbarn Kreaturen, auf die man sich verlassen kann und die was zu sagen haben. Daher kommt es, daß sie Opfer genannt werden, welche man zum Besten des Staates gegen ihre innerlichen Neigungen aufopfert. Allein, man gedenkt nicht an diese geringe Gewalttätigkeit und arbeitet bloß fürs Vaterland.

V. Man verknüpfe hiermit die großen Vorteile, welche der König in seiner eigenen Person findet. Er befindet sich in einem Alter, wo der Leib und das Gemüt, der Mut und die Klugheit ihren Kräften nach in einem Gleichgewicht stehen. Er ist ein Herr, der zu seinem Charakter die Eigenschaften des Alexanders und Philippus hat, da immer die eine die andere verbessert. Statt der falschen Herzhaftigkeit des Alexanders hat er den Geist der Unterhandlungen, welchen Philippus besaß, und mit dieser geheimen Staatskunst, darauf Philippus sich so wohl verstand, hat er dasjenige vereinigt, was Alexander an wahrer Tapferkeit besessen. Denn was die gewissenhafte Zärtlichkeit anbelangt, da er seine Feinde nicht überfallen wollte, so kann man sagen, daß ein Held die Sache so hoch nicht treiben dürfe, ohne seiner Ehre dadurch einen Schandfleck anzuhängen. Das heißt, die Tapferkeit allzu hoch treiben, wenn man die Dunkelheit der Nacht nicht brauchen will, um einen Sieg zu erhalten, auf den alles ankommt. Es ist eine bloße Eitelkeit, wenn man besorgt, die Ehre des Triumphs würde vermindert werden, wenn man seinen Feinden nicht Zeit genug läßt, sich zur tapfern Gegenwehr vorzubereiten. Unser Held hat sich über dergleichen eitle Spitzfindigkeiten emporgeschwungen. Wenn er in Flandern eine Stadt belagern will, so marschiert er gegen Lothringen zu, und es würde ihn sehr verdrießen, wenn die Feinde seine Absicht errieten und denselben durch ihre großen Zurüstungen Schwierigkeiten in den Weg legten. Daraus erhellt, daß die Wege zur Ehre ganz widrig sind. Wenn ein Weltbezwinger seinen Feinden wissen ließe, er sei willens, einen gewissen Platz zu belagern, und er nähme ihn demungeachtet weg, so würde er entsetzlich deswegen gelobt werden. Die Antwort des Alexanders, welche er dem Polypercon gab und die man so stark bewundert hat, ist ein Beweis davon. Wenn unser König eine Stadt wegnimmt, nachdem er alles Mögliche getan hat, um zu verhindern, daß man die Belagerung nicht errate, die er im Sinne hat, so wird er auch entsetzlich deshalb gelobt. Man lobt ihn täglich, daß er ein Kriegsunternehmen unter dem Vorwand einer Lustbarkeit oder Reise zu verbergen gewußt hat, daß die Musterung bei Vincennes zur Zubereitung des Krieges in Flandern gedient und daß die Eroberung der Franche-Comté nur als eine Reise nach Bourgogne zu sein geschienen hat. Man lernt die Devise auswendig, welche bei dieser Gelegenheit gemacht worden ist. Es wurde eine mit Wolken bedeckte Sonne gemalt, mit den Worten:

Tegiturque, parat dum fulmina.
Sie versteckt sich, wenn sie die Blitze zubereitet.

Dieser letzte Weg führt besser zum Sieg als der erste. Man gebe daher immer zu, daß, da der König den Charakter des Philippus mit dem, was in der Herzhaftigkeit des Alexanders gründlich war, vereinigt, er sehr geschickt sei, große Dinge vorzunehmen, und gar nicht aufgelegt ist, die Vorteile seines Glücks durch verwegene Streiche zu verderben. Ich setze diese letzten Worte hinzu, weil ich mich erinnere, daß ich gesagt habe, die Weltbezwinger müßten sich dem Glück überlassen und nicht sehr auf die Eingebungen der Klugheit hören. Ich gestehe es, die meisten unter den großen Weltbezwingern haben es getan, allein, da es viele unter ihnen gegeben hat, welche deswegen umgekommen sind, weil sie unbesonnen gehandelt haben, so ist es sicherer, wenn man die Anschläge der Klugheit mit den Eingebungen der Herzhaftigkeit verbindet.

Alles dieses aber ist nicht zulänglich, daß man folgern könnte, die Zeit, große Kriegssachen vorzunehmen, sei gekommen. Europa muß überdies nicht imstande sein, dieser großen Stärke des Königs zu widerstehen, denn, wie ich schon gesagt habe, Cyrus und Alexander würden sich lange in einer Provinz herumgeschlagen haben. Große Eroberungen lassen sich alsdann zuwege bringen, wenn ein kriegerischer Herr, der mit allen nötigen Vorteilen versehen ist, niemanden findet, der ihm allzu großen Widerstand leistet. Wenn man alle Augenblicke kämpfen muß, daß man Platz behält und, hat man eine Stadt eingenommen, eine Meile davon eine andere belagern muß, so wird man in zwanzig Jahren nicht weit kommen. So weit muß man es bringen, daß man die Gemüter in einen solchen Schrecken setzt, daß sie die Schlüssel von Städten entgegenbringen, wenn man noch drei oder vier Tagereisen davon entfernt ist.

280. Betrachtung über den gegenwärtigen Zustand in Europa

VI. Man betrachte also den Zustand, darin sich jetzt Europa unter dem Schatten unzähliger Souveräner oder solcher, die sich dafür ausgeben, befindet. Man wird deren einige sehen, welche nicht vermögend sind, ihre unumschränkte Herrschaft zu behaupten und sich nicht zu einem herzhaften Unternehmen entschließen können, weil sie vielleicht ihre bewilligte Pension verlieren möchten. Andere wird man in Vergnügungen vertieft finden, welche nur darin Ruhm und Ehre suchen, daß sie in dem Schoß der Wollust gemächlich ruhen können. Es gibt noch andere, welche ein Teil von ihren Ländern verkaufen, damit sie dem Karneval in Venedig beiwohnen können, die an nichts Großes denken und gar keine Geschicklichkeit besitzen, für die Ehre zu arbeiten. Andere sind verstrickt in den Banden eines niederträchtigen abergläubischen Wesens und sind völlige Sklaven irgendeines Mönches, dahingegen andere die Furcht abhält, sie möchten zuallererst verschlungen werden, wenn sie nur sich zu rühren anfingen. Diejenigen, welche Mut und Geschicklichkeit besitzen, um sich auf eine furchtbare Art zu widersetzen, haben nicht die Kräfte in der Hand, die sie sich wohl wünschten.

VII. Ich weiß Franzosen, welche zu dem breits angeführten hinzusetzen: *Alle unsere Nachbarn bewunderten unsern großen Monarchen und strebten nach der Ehre, seine Untertanen zu werden*, und ich habe es, ich weiß nicht in wievielen Büchern gelesen, die mit königlicher Freiheit gedruckt worden sind. Ich versichere Sie aber, mein Herr, *daß es lächerliche Schmeichelreden sind.* Ich bin durch Orte gereist, die am ersten werden weggenommen werden, wenn es noch so weit kommt, und habe daselbst eine erschreckliche Furcht vor der französischen Herrschaft angemerkt, und daß man sie als eine traurige Zukunft angesehen, die man sich durch seine Sünden zugezogen. Nichts ist angenehmer, spricht man an diesen Orten, als mit Franzosen zu tun haben, wenn man in ihrem Land auf Reisen ist, allein, es ist was Erschreckliches, in ihre Hände zu fallen, wenn sie als Überwinder an einen Ort kommen. Sie üben allen Mutwillen aus, sie plündern, sie sind der Schrecken der Mütter und Männer, sie erfüllen alles mit Gerichtsherren und Schatzungseinforderern, die ebenso arg sind wie die Soldaten usf. Ich sagte zu ihnen, sie machten aus ihrer eingebildeten Freiheit einen Abgott, und daß sie, alles zusammengenommen, größere Sklaven wären als wir, allein, sie wollten es nicht glauben. Man rechne daher die Begierde, ein Franzose zu werden, nicht mit unter die glücklichen Umstände, die wir hier untersuchen.

249. Was vor diesem die Republiken den Monarchien für Herzeleid angerichtet

VIII. Diejenigen, welche sagen, unser König werde nur mit Republiken zu tun haben, haben gewissermaßen recht, denn, die Wahrheit zu sagen, ich weiß in unserer Nachbarschaft keinen monarchischen Staat außer Spanien, von dem der Widerstand gewißlich nicht zu besorgen ist. Allein, Sie irren, wenn Sie glauben, daß ein Monarch vor einem republikanischen Staat sich nicht zu fürchten habe. Denn wer weiß nicht, daß die römische Republik eine Geißel unzähliger Monarchen gewesen ist und daß gekrönte Häupter niemals so sehr sind gekränkt worden, wie es durch diese Republik geschehen ist. Man machte sie zum Gelächter des Volkes, wenn sie im Triumph vorgeführt wurden, man warf sie mit Ketten und Banden ins Gefängnis, man verlangte, daß ein schlechter römischer Bürger, wenn er mit der Würde eines Konsuls prangte, den Rang vor den größten Monarchen haben sollte, und behauptete, daß man ihnen eine große Ehre erwiese, wenn man sie zu Freunden des römischen Volkes erklärte.[408] Kann man etwas Trotzigeres sich vorstellen, als was Popilius gesagt hat, das Haupt der Gesandtschaft, welche die Römer zum Antiochus abfertigten, um ihn zu nötigen, daß er mit Ptolomäus, König in Ägypten, Frieden machen sollte? Dieser Monarch, einer der mächtigsten Fürsten in Asien, reichte dem Abgesandten auf das höflichste die Hand, jener tat nichts mehr, als daß er ihm das Schreiben vom Rat überreichte. Als es Antiochus durchgelesen, so versprach er, die ihm vorgeschlagene Sache in Erwägung zu ziehen. Popilius wollte keinen Aufschub haben, machte mit seinem Stab einen Kreis um den König und forderte von ihm eine richtige Antwort, bevor er aus dem gemachten Bezirk träte. Als dieser Fürst sah, daß er so in die Enge getrieben wäre, so antwortete er auf eine den Absichten des Rats gemäße Art, und alsdann trug der Abgesandte keine Bedenken mehr, ihm die Hand zu reichen. Einige Zeit darauf schickte Antiochus Abgesandte nach Rom, die dem Rat sagen sollten, er habe den Befehlen der römischen Abgesandten auf ebendie Art gehorcht, wie er dem Gebot der Götter gehorchen würde. Was soll man von Griechenland sagen, das doch nicht wie Rom eine einzige Republik ausmachte, sondern aus vielen Republiken bestand, deren eine die andere beneidete und die durch tausenderlei Parteien zerrüttet wurden? Indessen hat doch Griechenland die mächtige Monarchie der Perser mit Schimpf und Schande bedeckt und, nachdem es die entsetzlichen Armeen, welche die Perser nach Europa übergesetzt, um es unter ihre Herrschaft zu bringen, aus dem Lande getrieben, den Krieg nach Asien gespielt und ihnen Verschiedenes weggenommen. Mußte nicht der mächtige König Darius, nachdem er das Ärgernis gehabt hat, zu erfahren, die Athenienser hätten die Hauptstadt in Lydien, wo sein leiblicher Bruder ordentlicherweise seinen Sitz hatte, mit Feuer verbrannt, weswegen ihn ein Edelknabe alle Morgen dieses Schimpfes halber erinnern mußte; mußte nicht, sage ich, Darius allein sterben, bevor er diese Schmach gerächt, sondern auch erleben, daß er in der marathonischen Ebene so übel empfangen worden ist? Deswegen also hat Frankreich gar nicht zu glauben, daß es schwachen Widerstand finden werde, weil es ringsherum mit Republiken umgeben ist, sondern das möchte vielmehr die Ursache davon sein, weil unsere Nachbarn weder eine Republik noch Monarchie ausmachen. Sie leben in einer gewissen vermischten Regierungsform, welche zu den Absichten, die etwa unser König haben möchte, sehr bequem ist, weil, wenn dasjenige, was unter ihnen monarchisch ist, etwas haben will, solches von dem, was republikanisch gesinnt ist, verworfen wird.

Jedermann weiß, daß der König in England sich im Jahr 1672 von der Triple-Allianz zum großen Verdruß seiner Untertanen losgerissen hat und daß er nach zwei Feldzügen gegen Holland, in denen die Engländer nichts als Schläge bekommen haben, durch das Murren seines Parlaments gezwungen worden ist, Frieden zu machen. Was hat dieser König getan, um sich an seinem Parlament zu rächen? Er hat niemals mit Frankreich brechen wollen, so stark seine Untertanen ihn darum angelegen und eine Vorstellung nach der anderen gemacht haben, die Erhaltung von England und der Religion im Lande wären in augenscheinlicher Gefahr, sofern man sich nicht den Franzosen mit größerem Nachdruck widersetzte, als es die Alliierten täten. Er lachte über alle dergleichen Vorstellungen und verwarf sie im Zorn. Endlich schien es, als ob er im Jahre 1678 zum Krieg entschlossen wäre, und da war es eben der republikanischen Partei in England nicht gelegen, weil sie sich einbildete, man wolle, unter dem Vorwand, furchtbare Kriegszurüstungen gegen Frankreich zu machen, versuchen, die willkürliche Gewalt und das Papsttum in die drei Königreiche einzuführen. Diese Uneinigkeit, welche, allem Ansehen nach, ein unaufhörlicher Quell der Verschwörungen und Parteien sein wird, weil die Religion, diese große Maschine, womit man den Pöbel in Bewegung zu setzen gewohnt ist, damit vermengt ist, wird mit der Zeit Frankreich zu seinen Absichten, welche es etwa haben möchte, sehr beförderlich sein und ist auch schon behilflich gewesen, den Niemägischen Friedensschluß zu schließen, der den Konföderierten so schimpflich, für unsere Nation aber so rühmlich gewesen ist, daß man schwerlich etwas dem Ähnliches in der Historie finden wird.

250. Wie vorteilhaft der Niemägische Friede für Frankreich gewesen

Der König machte den Frieden, ohne von einem einzigen Artikel des Vorschlages abzugehen, welchen er viele Monate vorher hat drucken lassen, anstatt daß man sonst gemeiniglich tausend Dinge verlangt, um eines davon zu erhalten. Schweden mußte alles wiedergegeben werden, was es verloren hatte, und Deutschland machte er den Verdruß, daß es einen Prinzen nicht hatte kränken können, der unsere Vorteile so frei unterstützt hatte. Dadurch machte er allen Fürsten des Reichs die Hoffnung, wenn sie einmal mit Frankreich in ein Bündnis treten wollten, würden sie es ungestraft tun können. Was der Kurfürst von Brandenburg in Pommern erobert hatte, riß er ihm auf eine solche Art aus den Händen, daß ganz Europa wahrnehmen konnte, die Ehre dieses Kurfürsten sei den vornehmsten Häuptern in Deutschland ein Dorn in den Augen, und wenn man das wohl anzuwenden weiß, so wird es zu vielen Dingen gut sein können. Endlich zwang er die Bundesgenossen, daß jeder sei nen besonderen Friedenstraktat machte, dadurch sie so erbittert gegeneinander gemacht wurden, daß immer einer dem anderen alles Unglück auf den Hals wünschte. Noch jetzt haben einige ihren Zorn nicht können fahrenlassen und sind geneigter, mit Frankreich als gegen dasselbe sich zu vereinigen, weil manchmal die Menschen zum Possen gegen ihre wahren Vorteile zu handeln gewohnt sind. Daraus kann man erkennen, wie vorteilhaft für den König es ist, daß er Nachbarn hat, die weder eine Republik noch eine Monarchie ausmachen, obgleich einige darunter sind, die sich einen Namen geben, der weit monarchischer klingt als der Name eines Königs.

251. Betrachtung über die Regimentsverfassung in Deutschland

Ich werde zeitlebens an den Eigensinn des Rechtsgelehrten denken, den Sie gar wohl kennen und der sich einmal über den Mißbrauch des Wortes Reich, das man Deutschland beilegt, sehr ereiferte, und es ist wahr, niemals hat man eine Benennung übler angebracht als diese. Es ist dieses wohl das größte Ungeheuer von einer Regierung, wie solches der Herr Pufendorf unter dem Namen des Monzambanus erwiesen hat. Und wenn ich bedenke, daß es doch seit langer Zeit unter einer unzähligen Menge Regenten bestanden hat, welche wegen der Ordnung, wie sie sitzen sollen, noch nicht einig geworden sind, und welche die allernötigsten Beratschlagungen für die öffentliche Ruhe aufschieben, um auszumachen, wieviel Anteil jeder Abgeordnete an einer Sache nehmen solle; wenn ich, sage ich, diese Zänkereien und die langweiligen und unendlichen Beratschlagungen des Reichstages zu Regensburg bedenke, so sehe ich, daß Papst Urban VIII. nicht unrecht gehabt hat, wenn er gesagt[409]: Die Welt müsse sich gewissermaßen selber regieren. Ich will es so verstanden haben, die Menschen mögen manchmal alles mögliche tun, um ein Sache zu verderben, so ist doch eine höhere[410] Vorsorge zugegen, die sie aufrechterhält. Haben Sie nicht die zweideutige Redensart gehört, daß, wenn die Franzosen am Rhein und die Türken in Ungarn sich einen guten Tag machen, so halten die Deutschen in Regensburg ihren Reichstag. Der Sinn davon ist mehr als zu wahr[411], und die betrübliche Erfahrung hat es in dem letzten Krieg der Türken mit dem Kaiser gewiesen. Neuheusel war schon weg, die Ungläubigen hatten schon verschiedene Provinzen verwüstet, Ihre Kaiserliche Majestät war aus Wien mit allen Kostbarkeiten und allen öffentlichen Briefschaften nach Linz geflüchtet, mittlerweile daß auf dem Reichstag zu Regensburg die Zeit mit unnötigen Wortwechseln, verdächtigen und eifersüchtigen Vorstellungen, mit lauter Nebendingen zugebracht wurde, dergestalt, daß die Frucht so vieler Beratschlagungen keine andere war, als daß jeder aus der Versammlung erbitterter und eifriger davonging.

252. Bemühungen der Jesuiten, die Vorteile Frankreichs zu befördern

IX. Unter die Vorteile von Frankreich setzt man noch das Bestreben der Jesuiten, ihren Nutzen zu befördern. Solange Spanien unter allen Potentaten in Europa das meiste Ansehen hatte, waren alle Jesuiten spanisch, sie mochten in Paris, in Rom oder in Kastilien geboren sein. Seit dem Verfall des Hauses Österreich und Aufkommen Ludwigs des Großen sind sie alle Franzosen geworden, zu Rom, in Wien und in Madrid, so gut, als wenn sie in dem Jesuitenkolleg zu Clermont wären. Vor diesem schienen ihnen die Freiheiten der französischen Kirche übel gegründet zu sein, sie verteidigten beständig in Schriften die Rechte der Päpste gegen die Rechte der Könige. Man könnte eine Bibliothek von den Schriften aufrichten, welche die Sozietät hat ausgehen lassen und die von dem Parlament in Paris und der Sorbonne sind verboten worden. Heutzutage hat unser König keine getreueren Federn als die Jesuiten in seinen Streitigkeiten mit dem Papst. Jetzt ist der römische Hof mit den Büchern der Herren Jesuiten nicht zufrieden. Es scheint, als ob das Glück des Königs ihnen ein Licht gegeben hat, welches sie vor diesem in ihren Bibliotheken nicht fanden, und daß es, wie etwa jene Gerichtsverordnungen, von denen der P. Maimbourg sagt[412], daß sie die Erkenntnis der wahren Religion in die Herzen der Hugenotten ausgießen, ihren Verstand so stark aufgeklärt hat, daß sie nunmehr Wahrheiten begreifen können, welche ihnen so dunkel zu sein schienen. Man hätte unrecht, wenn man sie deswegen der Unbeständigkeit beschuldigen wollte, denn nicht die Gesellschaft ändert ihren Sinn, sondern das Glück ändert den Gönner. Und wer sieht nicht endlich, daß solches ein Gehorsam ist, den sie der Schrift erzeigen, die nicht haben will, daß wir eine bleibende Stätte auf der Welt haben sollen? Nun aber ist das kein geringer Vorteil für den König, daß er die Jesuiten auf solche Art aus ganz Europa an sich gezogen hat; sie stehen an mehr als einem Hof in Ansehen und können durch ihre Geschicklichkeit ungemein viel beitragen, solche Beratschlagungen zu hintertreiben, welche den Absichten Seiner Majestät zuwiderlaufen. Die Begierde, an allen denjenigen Orten, welche durch die Franzosen werden eingenommen werden, zu herrschen und daselbst einen so mächtigen und freundschaftlich gesinnten Beschützer zu haben, wie unser König ist, der ihren Orden, ungeachtet der Eifersucht ihrer Feinde, in einen weit blühenderen und prächtigeren Stand setzen kann als alle Fürsten, die jetzt regieren, diese Begierde, sage ich, ist vermögend, sie zu allerhand Verwirrungen anzustiften, die uns vorteilhaft sein können. Soll man darin der ärgerlichen Chronik glauben, so sind sie in dem letzten Krieg für uns nicht unbrauchbar gewesen, und sie haben vielleicht zu unseren Siegen mehr beigetragen als die Fertigkeit unserer Generale. Man sagt, daß sie große Staatsverständige abgeben, und eine von den drei Predigten, welche auf den heiligen Ignatius im Jahr 1609 gehalten worden, da er kanonisiert wurde, gibt ihrer Kompanie das Lob[413], sie zähle mehr als 10580 Geistliche, die die Regierung so wohl verstünden, daß unter ihren Laienbrüdern sich Leute fänden, welche den Kanzlern in Granada, zu Valladolid und also dem Staatsrat des Königs etwas zu raten aufgeben könnten. Und man behauptet, daß ihr General, da er sich einmal mit einem französischen Herrn unterredet hat, zu ihm gesagt: Aus seiner Kammer regiere er nicht allein Paris, sondern auch China, nicht allein China, sondern auch die ganze Welt, ohne daß jemand wisse, wie es zugehe. *Veda il Signor D. di questa camera*, und wiederholte es zweimal, *io governo, non dico Parigi, ma la Cina: non già la Cina, ma tutto il mondo, senza che nissuno sappia, come si fa*. Es könnte indessen wohl sein, daß alles, was man von ihrer Geschicklichkeit, von ihrem Ansehen bekanntmacht, nicht wahr ist. Es gibt wenig Sachen in der Welt, die man nicht vergrößert.

253. Von einigen Prophezeiungen, welche, wie man sagt, dem König große Eroberungen versprechen

X. Endlich rechnet man unter die vorteilhaften Umstände, welche dem König den Weg zur allgemeinen Monarchie bahnen, verschiedene Prophezeiungen, welche einem König in Frankreich die Herrschaft über die ganze Welt versprechen. Eine von diesen Prophezeiungen befindet sich in dem neunten Band der Werke des Augustinus, in der Abhandlung von dem Antichrist, welche, wie man vorgibt, entweder Augustinus selbst oder Rabanus Maurus, Erzbischof zu Mainz, soll gemacht haben. Man findet noch eine andere in einem Kommentar über die Offenbarung Johannis, den ein protestantischer Theologe, David Pareus, gemacht hat, welche er in dem Haus eines Propstes in Deutschland gefunden zu haben vorgibt. Es ist eine alte Sage unter uns, daß die Türken eine alte Tradition haben, welche ihr Reich bedroht, es werde von den Franzosen zerstört werden. Die großen Eigenschaften unseres Monarchen überreden so viele Leute, daß alle diese Prophezeiungen auf ihn gehen, und sogar[414]Mathematikverständige haben solches vorgegeben, ja viele Leute glauben, daß es nicht einmal erlaubt sei, daran zu zweifeln, nachdem sie die Offenbarungen des berühmten Drabicius gehört haben, welcher in Siebenbürgen so vieles gegen den Kaiser und für Frankreich prophezeit hat. Nun gibt es aber keine vorteilhafteren Umstände, etwas zu unternehmen, als wenn man Versicherungen und Offenbarungen von oben herab erlangt. Und also scheinen alle Dinge den König anzureizen, daß er den Krieg wieder von neuem anfangen solle.

254. Vorwand, den der König nehmen könnte, um sich der vorteilhaften Umstände zu bedienen, welche ihm das Glück anbietet

Es war dieser Tage ein Mann bei mir, der, indem er alle diese glücklichen Umstände betrachtete, sich höchlich darüber verwunderte, daß der König sie sich nicht zunutze macht. Wer hindert ihn, sagte er, daß er das übrige von den spanischen Niederlanden nicht wegnimmt und, ohne viel Umstände zu machen, sich alles dessen bemächtigt, was ihm in Deutschland anständig ist? Will er etwa niemanden Gelegenheit zu klagen geben? Allein, wie kommt es, daß er Plätze blockiert und wegnimmt, die so vorteilhaft lagen, daß sie uns zu Kriegszeiten nur im Wege hätten stehen können? Woher kommen so viele alte Anforderungen, darin sich der König sein Recht selber nimmt, erstlich durch Richter, die dazu abgeordnet werden, und dann durch Soldaten? Man beklagt sich darüber in ganz Europa. Sollte es also einmal an ein Klagen gehen, so wäre es ja besser, man gebe ihnen viel als wenig Ursache dazu. Will der König nicht, daß man sich über ihn beklagen soll, so tut er zuviel. Fragt er aber nach den Klagen nichts, so tut er zuwenig. Will er etwa nicht der erste sein, der den Niemägischen Frieden bricht, und wartet er vielleicht, daß die Spanier ihn brechen sollen? Wenn das ist, so werden wir den längsten Frieden von der Welt haben, denn die Spanier werden viel eher tausend Beschimpfungen einfressen, als daß sie uns den Krieg ankündigen sollten, weil sie wohl wissen, daß ein Feldzug in öffentlichem Krieg ihnen schädlicher sein würde als hundert Befehle aus der Reunionskammer und als alle der Überlast, dadurch man ihre Geduld aufheben und sie zum Krieg anreizen will. Erwarten Seine Majestät etwa einen scheinbaren Vorwand, um den Nachbarn den Krieg ankündigen zu können? Hier ist schon einer, und zwar der scheinbarste von der Welt. Die Spanier beklagen sich bei allen Höfen in Europa und sogar in gedruckten Schriften, daß Frankreich den zu Niemägen geschlossenen Frieden auf verschiedene Art gebrochen hat. Das ist eine der größten Beschimpfungen von der Welt. Wenn eine Privatperson beschuldigt wird, daß sie ihren Schwur gebrochen hat, so wartet sie nicht einen Tag, um sich zu rächen, und jedermann hält es ihr für übel an, wenn sie nicht auf die Ehrenerklärung wegen einer solchen Beschimpfung dringt. Wieviel mehr ist nicht ein Fürst, dem man schuld gibt, daß er einen feierlich beschworenen Frieden gebrochen hat, berechtigt, auf Rache wegen einer solchen Beleidigung, durch Hilfe der Waffen, zu dringen, welche das einzige Mittel sind, dessen große Herren sich bedienen können. Fehlt also Ihro Majestät nichts als ein vernünftiger Vorwand, um den Krieg wieder anzufangen, so ist er ja schon da, und ein so schlechter Mensch, wie ich bin, so getraue ich mir doch binnen zwei Tagen das schönste Manifest aufzusetzen, das man jemals gesehen hat. Zum allerwenigsten sollte es besser geraten als das Manifest im Jahr 1672, welches nur auf den Undank der Holländer gegründet war. Es ist gewiß, daß undankbare Leute unsere

Ehre lange nicht so sehr beleidigen als solche, die uns Lügen strafen. Es ist wahr, der Undank ist ein schändliches Laster, doch aber haben die Gesetze keine Strafe darauf gesetzt, ausgenommen bei den Meden[415], wenn mir recht ist. Und wozu sollten doch die Gesetze gegen die Undankbaren dienen, weil niemand seine Zuflucht zu denselben nehmen könnte, ohne das Lob der Wohltat zu verlieren?[416] Man macht sich gehässig, wenn man jemanden die erzeigten Wohltaten vorwirft, denn das sind Sachen, deren sich wohl derjenige erinnern muß, der sie erhalten hat, die aber der Urheber nicht erwähnen darf.[417] Die einzige Strafe des Undanks ist diese: Man schilt überall auf die Undankbaren und überläßt sie dem Haß der Menschen und dem göttlichen Gericht. Das ist die ganze Strafe, die sie auszustehen haben. Doch das hindert nichts, daß nicht Potentaten, welche Rechte haben, die anderen Leuten unbekannt sind, einen Nachbar wegen seines Undanks mit Recht sollten zur Rede stellen können, wie man solches in dem Krieg 1672 gesehen hat. Und da dem also ist, ist es nicht weit vernünftiger, wenn Ihro Majestät wegen der von den Spaniern gemachten Beschuldigung, daß sie bundbrüchig geworden, auf Rache dringen, da solches eine Beschimpfung ist, die selbst Privatpersonen den Gesetzen nach nicht leiden dürfen?

255. Ursachen, warum man sich dieser vorteilhaften Umstände nicht bedient

Ihr habt gut reden, antwortete ich diesem aufgeweckten Kopf, weil Ihr weder die Kriegsankündigung noch die Unordnungen, die daraus entstehen, bei Gott verantworten dürft. Wenn aber ein Fürst, wie der unsrige, bei voller Frömmigkeit und Liebe zu Gott ist, die Gesetze der Religion betrachtet, so sieht er nicht darauf, ob es ihm leicht sein würde, sich der benachbarten Staaten zu bemächtigen und ein Manifest aufzusetzen, es möge geraten, wie es wolle, sondern er erwägt, ob er es auch mit gutem Gewissen tun kann, und macht den Schluß, es sei besser, einen jeden in dem Besitz dessen zu lassen, was ihm zugehört, als einen Gott zum Zorn zu reizen, der die Könige[418], wenn sie ihre Gewalt mißbrauchen, auf eine unendlich härtere Art bestraft, als etwa die Könige schlechte Edelleute züchtigen, wenn sie gegen ihre Untertanen tyrannisch sind. So vorteilhaft also alle die Umstände sind, welche Seine Majestät anreizen können, die Eroberung von ganz Europa vorzunehmen, so wollte ich doch nicht eines gegen zehn wetten, daß der Krieg in kurzem allgemein werden wird und daß Frankreich alle die Vorteile erhalten sollte, welche ihm das Glück zu versprechen scheint. Denn außer dem, was ich von der Gottesfurcht unseres Monarchen gesagt habe, so zweifle ich gar nicht, daß sein großer Verstand und seine Kenntnis der Geschichte ihm nicht die Unbeständigkeit des Glücks vorstellen sollte. Was die Szythen dem Alexander zu bedenken gaben, ist sehr vernünftig, und hätte der Tod diesen Weltbezwinger nicht in der Blüte seiner Jahre weggerissen, vielleicht hätte er rufen müssen: O ihr Szythen! wie Krösus rief: O Solon! Das Glück, welches so vielen Sachen ist verglichen worden, kann meinem Bedünken nach einer ruhigen Meeresstille, die aber indessen alles zu einem entsetzlichen Ungewitter[419] veranstaltet, sehr wohl verglichen werden. Der ist ein Tor, der sich darauf verläßt.

[420] *Mene salis placidi vultum, fluctusque quietos*
Ignorare iubes? Mene huic confidere monstro?
Aeneam credam quid enim fallacibus Austris
Et coeli toties deceptus fraude sereni?
Soll ich das stille Salz und die so sanften Wellen
Nicht kennen, und mich gar dem Scheusal überlassen?
Soll ich dem falschen Süd Aeneen anvertraun,
Da mich der Himmel oft bei heitrer Luft betrog?

Ich weiß wohl, daß der König darin noch nicht ist hintergangen worden. Es gibt aber so viel andere Fürsten, die zum Teil früh, zum Teil spät erfahren, daß das Glück ihnen den Rücken zugekehrt, daß es also in Wahrheit am sichersten ist, man unternehme nichts auf die bloße Wahrscheinlichkeit, die Sache werde gut ablaufen. Denn ist man unglücklich, so wird man von niemanden weder gelobt noch beklagt, man hat überdies den Vorwurf seines Gewissens, das Murren der Untertanen und die Spöttereien der Fremden zu gewärtigen. Ganz Europa hat es mit Freuden angesehen, daß die ehrsüchtigen Unternehmungen des Hauses Österreich übel abgelaufen sind. (Ich komme immer wieder darauf, so sehr wünschte ich, daß wir ein so frisches Exempel uns zunutze machen möchten.) Gustavs Siege, die Triumphe der Franzosen, die Empörung in Katalonien, der Aufstand in Portugal und andere dergleichen unglückliche Dinge auf spanischer Seite gaben Anlaß, daß jedermann mit lachendem Mund sagte: Sie haben es verdient. Man sah das Wachstum der Holländer mit Vergnügen, welche, da sie den Anfang gemacht, diese furchtbare Partei zu erschüttern, dieselbe durch Wegnahme vieler Städte, durch verschiedene Siege zur See, durch ihren Handel, den sie in allen Teilen der Welt aufgerichtet haben, durch die unvergleichliche Tapferkeit der Fürsten, welche ihre Armeen kommandierten, und durch die seltene Klugheit ihrer Generalstäbe von Tag zu Tag schwächten. Und hätte man gewußt, daß diese Republik mit der Zeit die stärkste Stütze des wankenden Spaniens abgeben und zeigen würde, daß sie den Krieg nicht aus Herrschsucht geführt hat, sondern einzig und allein, um die Freiheit und das Gleichgewicht der Potentaten in Europa zu sichern, hätte man, sage ich, alles dieses gewußt, ich weiß nicht, ob man damit zufrieden gewesen sein würde, denn man sieht es nicht gern voraus, daß diejenigen, deren gegenwärtige

Glückseligkeit zum Schrecken dient, in ihrem Unglück einige Linderung und Hilfe finden sollen. Man ist alsdann nicht imstande, seinen Beifall denjenigen zu geben, welche gleich geneigt sind, ebendieselbe Partei entweder zu unterstützen oder zu schwächen, nachdem sie entweder allzu schwach oder allzu furchtbar geworden. Mit einem Wort: Wer sich sein Unglück selber zuzieht, der wird nicht beklagt, ist man aber unglücklich, wenn man sich rechtmäßigerweise verteidigt, so hat man noch tausenderlei Trost und Hoffnung. Warum sollten wir nicht glauben, daß Seine Majestät dergleichen Gedanken oft hegen?

Warum sollten wir nicht glauben, daß sie durch die Stärke ihres Verstandes einsehe, man müsse sich mit der einmal erlangten Ehre begnügen und sie nicht auf die Spitze setzen. Die Menschen sind so gesinnt, daß sie allemal einen Helden nach denjenigen Taten beurteilen, welche er zuletzt getan hat. Hat er vorher viele Siege erhalten, und er verliert nun einige Schlachten, so redet man nicht mehr von seinem Glück, man denkt nur an sein Unglück. Das war unfehlbar die Ursache, warum Cäsar[421] desto furchtsamer war, sich in eine Schlacht einzulassen, je öfter er glücklich gewesen war, weil er mit vielem Grund denken mochte, ein neuer Sieg, den er zu soviel anderen hinzusetzte, würde ihm nicht so viel Glück bringen, als es ihm Schaden zufügen würde, wenn er eine Schlacht verlieren sollte. Das ist eine Arbeit für junge Leute, die noch keinen Ruhm erlangt haben, und für die Ehrbedürftigen (*bisognosi d'honore*, wie man sie in Italien nennt), daß sie Gelegenheit suchen, sich hervorzutun. Diese mögen sich ohne Not Feinde machen, damit sie ihre Kräfte können sehen lassen. Wenn man aber einen großen Namen schon erlangt hat, wie gut tut man, wenn man es dabei bewenden läßt.

Warum[422] sollte man nicht glauben, da Seine Majestät so viel Verstand besitzen und so oft zu erkennen gegeben haben, was deroselben Großmut und Kriegstapferkeit zuwege bringen könne, daß sie auf eine ganz andere Art sich unsterblich machen werde, dabei sie im Grunde mehr Lob verdienen wird, als wenn sie gesiegt und triumphiert hätte? Diese ganz neue Art, diese Bahn zu der gründlichsten Ehre ist: *Ganz Europa in Ruhe zu lassen, wenn man nr="516"/> es gleich mit leichter Mühe überwältigen könnte.* Das heißt einen Triumph über sich selbst erhalten, der rühmlicher ist als die Eroberung eines Königreiches, und das allerseltenste und größte Exempel der Tugend abgeben. Von wem sollte man aber dieses große Exempel billiger erwarten als von einem König, wie der unsrige ist, den Gott durch so viel wunderbare Sachen vor anderen unterschieden hat? Sollte nicht dem erstgeborenen Sohn der Kirche, der durch das Erbrecht den rühmlichen Titel des allerchristlichsten trägt, der Vorzug aufbehalten sein, der Welt zu zeigen, was für ein Unterschied zwischen einem Fürsten, der den wahren Gott anbetet, und zwischen ungläubigen Regenten anzutreffen ist? Jener muß lediglich der Vernunft, die durch den Glauben aufgeklärt worden ist, Gehör geben, diese aber handeln bloß nach dem Trieb ihrer Leidenschaften. Aber leider! Die christlichen Fürsten folgen, zur Schande des Christentums, beinahe keinem anderen Trieb als diesem, und die christliche Religion bringt schon seit langer Zeit nicht viel Herrliches bei ihnen zuwege. Es wäre Zeit, daß sie sich einmal recht sehen ließe. Nichts würde es herrlicher zeigen, als wenn man sähe, daß Ludwig der Große allen Triumphen entsagt, die ihm das Glück anbietet. Warum sollten wir nicht glauben, daß Seine Majestät den Vorsatz habe, auf dieser Bahn zur Ehre zu schreiten? Was für Segen, was für Lobeserhebungen wird sie nicht von allen ihren Nachbarn und von der spätesten Nachwelt erhalten, wenn sie sich weder die Schwäche der Spanier noch die Parteilichkeit der Engländer, noch die Rotten, welche England zerrütten, noch das unschlüssige Wesen der Deutschen, noch die Unordnungen in Ungarn, deren sich der Türke gewiß bedienen wird, zunutze macht, sondern es geschehen läßt, daß alle Staaten in Europa ruhig nach ihren Gesetzen leben. Dann würden alle die schönen Gedanken, welche unsere sinnreichen Köpfe zum Lob der Mäßigung unseres unüberwindlichen Monarchen ersonnen haben, von aller Welt gutgeheißen werden. Bis jetzt sind es nur französische Wahrheiten, die unsere Nachbarn nicht zugeben.

Man sage, wie man will, in Frankreich, der akische und niemägische Friedensschluß sei ein lauteres Werk der Mäßigung Seiner Majestät. Sie selbst habe den Lauf ihrer Siege aufgehalten, den nur sie allein habe hemmen können. Jenseits der Alpen, des Meeres, des Rheins und der pyrenäischen Gebirge will man davon nichts wissen. Indessen sollte man hauptsächlich danach trachten, daß man in diesen Ländern gelobt würde, denn man mag tun, was man will, so kann man fast allezeit versichert sein, daß man, wenigstens solange man lebt, von einigen Untertanen wird gelobt werden. Der wahre Ruhm eines Fürsten ist also dieser, den selbst die Feinde bekanntzumachen gezwungen sind, und als daher der berühmte Herr Balzac[423] an einen Gelehrten in Holland schrieb und ihm seinen Eifer für den Prinzen von Oranien, Friedrich Heinrich, bezeugen wollte, so glaubte er alles in diesen wenigen Worten zu sagen: Ich wünsche ihm einen Ruhm, den der Feind zugeben muß und der ihm selbst in der spanischen Geschichte nicht abgesprochen wird.

256. Betrachtung über dasjenige, was von gewissen Prophezeiungen erzählt wurde, die Frankreich zum Vorteil ausgesprengt wurden

Was die alten Erzählungen oder Prophezeiungen betrifft, welche, wie man sagt, einem von unseren Königen die Eroberung der ganzen Welt versprechen, so müßte man einen sehr üblen Begriff von Ludwig XIV. haben, wenn man denken wollte, er würde nur das geringste auf einen so schlechten Grund hin unternehmen. Er besitzt einen allzu gründlichen Verstand, als daß er alle diese vermeintlichen Offenbarungen nicht für Hirngespinste und Einbildungen halten sollte, und er weiß wohl, daß, wenn ein Prinz gefunden worden ist, der sich auf dergleichen Hoffnung mit großem Vorteil geschlagen hat, zehn andere gewesen sind, welche dadurch Unternehmungen vorgenommen haben, die so verwegen gewesen wie unglücklich ausgefallen sind. Ich erinnere mich, daß ich in der Beschreibung der Kreuzzüge gelesen[424], daß man bei der Belagerung von Jerusalem sehr unglücklich gewesen, da man auf Anraten eines Einsiedlers einen Sturm wagte, der in einem großen Ruf der Heiligkeit in einer Höhle des Ölberges lebte und von selten Gottes den Christen auf diesen Tag Sieg versprach, ob ihm gleich vorgestellt wurde, daß man zu einer dergleichen Unternehmung nichts in Bereitschaft hätte. Allein, man erfuhr bald, wie es der P. Maimbourg sehr wohl anmerkt, daß es in allen Händeln und sonderlich im Krieg gefährlich ist, die Regeln der Kunst und Klugheit zu verlassen, um blindlings den Weg der Offenbarungen zu erwählen. Man dürfe sich nicht, spricht er, allzusehr darauf verlassen, denn sehr oft wären sie falsch, und wenn sie auch wahr wären, so sei man nicht verbunden, dieselben zu glauben, ohne unumstößliche Beweisgründe davon zu haben. Außerdem sei man allezeit verbunden, mehr dem Verstand und der gesunden Vernunft zu folgen, welche Gott dem Menschen nebst seinem göttlichen Wort gegeben hat, damit sie die Regel unseres Verhaltens sein möchte. Der Schimpf, den Gottfried von Bouillon davon hatte, daß er diesen Fehler begangen hat und die Erscheinungen eines elenden Einsiedlers den Regeln der Kriegskunst vorgezogen hat, machte ihn auf ein andermal klüger.

Es ist nicht nötig, die Historie der Kreuzzüge zu verlassen und viele andere Exempel von Prophezeiungen aufzusuchen, welche diejenigen auf eine sehr unglückliche Art betrogen haben, die ihnen Glauben beigemessen haben. Wir wollen nur noch dasjenige betrachten, was dem heiligen Bernard widerfahren ist. Als dieser große Mann von dem Papst Eugenius III. Befehl erhalten hat, den anderen Kreuzzug im Jahr 1145 zu predigen, so unterließ er nicht, denjenigen Fürsten, welche einen so heiligen Feldzug unternehmen würden, tausendfaches Glück zu versprechen. Weil er sich durch seine Heiligkeit einen großen Namen erworben hatte, so nahm man alle diese Versprechungen als göttliche Eingebungen an, und es geschah, daß niemals mehr Volk zu der Wallfahrt nach Jerusalem sich einschreiben lassen hat als dieses Mal. Einige sagen sogar, er habe seine Versprechungen durch verschiedene herrliche Wunder bestärkt. Allein der P. Maimbourg ist es gar wohl zufrieden[425], wenn man davon nichts glaubt, und es ist sehr wahrscheinlich, daß es falsch ist, weil niemals ein Feldzug unternommen worden ist, der unglücklicher abgelaufen als dieser, von dem der heilige Bernard so viel Gutes versprochen hatte. Es beklagten sich auch die armen unglücklichen Leute darüber, daß er sie durch seine falschen Prophezeiungen in solch Elend gestürzt habe. Was antwortete er darauf? Ich tue es nicht gerne, mein Herr, daß ich hier offenherzig mit Ihnen rede, doch ich will es immer tun. Anstatt daß er aufrichtig hätte gestehen sollen, er sei zuerst betrogen worden, so rettete er sich damit, daß er seine Versprechungen bedingungsweise getan, und wenn er ihnen prophezeit gehabt, daß der Kreuzzug glücklich sein würde, so sei als eine notwendige Bedingung darunter zu verstehen, die Leute, die denselben unternähmen, müßten Gott durch Unordnungen in ihrem Wandel nicht beleidigen. Heißt das nicht, die Welt zum besten haben, wenn man sich zum Propheten aufwirft, um dasjenige vorherzusagen, was nimmermehr geschehen wird, und daran nicht mit einem Wort gedenkt, was wirklich geschehen soll? Der heilige Bernard hätte entweder gar nicht sich unterfangen sollen, das Zukünftige vorherzusagen, oder er hätte die wirklichen Unordnungen prophezeien sollen, darein die Kreuzfahrer verfallen sind, anstatt daß er ihnen eingebildete Siege versprach, die niemals erfolgen sollten. Was ich hier sage, geschieht hauptsächlich darum, daß ich denjenigen antworten möchte, welche sich auf die Abhandlung vom Antichrist berufen, die unter die Werke des heiligen Augustinus mit eingeschoben worden ist, und einer herrlichen Prophezeiung halber, die, zum Vorteil eines von unseren Königen geschehen, merkwürdig ist. Denn sind die von dem heiligen Bernard gepredigten Prophezeiungen für die Christenheit schädliche Betrügereien gewesen, was wäre es nicht für eine Torheit, wenn man sich die Herrschaft der Welt aufs Wort des Rabanus Maurus oder selbst des heiligen Augustins versprechen wollte.

Aber, sagt man, die Türken haben eine alte Prophezeiung, darin sie mit dem französischen Degen bedroht werden. Ein anderes Hirngespinst. Es ist wohl wahr, daß seit dem 10. Jahrhundert unter anderen Prophezeiungen des Bischofs Hippolytus auch diese bekannt gewesen, daß nämlich die Ungläubigen nicht durch die Griechen, sondern durch die Franzosen sollten ausgerottet werden. Es ist ferner wahr, daß wir diese Prophezeiung dem klugen und gelehrten Bischof zu Cremona, Luitprand, in der Beschreibung seiner anderen Gesandtschaft nach Konstantinopel zu danken haben. Auch dieses ist wahr, daß die Sarazenen durch diese Prophezeiung in dem Treffen, das sie im Jahr 963 über die Völker des Nicephorus, Kaisers zu Konstantinopel, gewonnen haben, ungemein sind beherzt gemacht worden. Es ist wahr endlich, daß der P. Maimbourg[426], auf dessen Wort ich alle diese Dinge anführe, sagt, es gebe ohne Zweifel viele andere dergleichen Prophezeiungen. Die Zeit würde es lehren müssen, ob sie wahr seien, und es werde nur alsdann eintreffen, wenn die Franzosen, die bei ihrer großen Einigkeit, darin sie jetzt unter einem der größten Könige stehen, ganz allein vermögend sind, eine so glückliche Unternehmung zustande zu bringen, nicht durch auswärtige Kriege, durch unrechtmäßige Bündnisse, die sie damals, da der Jesuit dieses schrieb, um sich auf eine gerechte Art zu verteidigen, von einem so rühmlichen Unterfangen abhielten, würden verhindert werden. Ich gebe es zu, daß alles dieses wahr sei, ich leugne aber, daß man die Prophezeiung für wahr erkennen müsse.

Denn fürs erste ist es ausgemacht, daß die Ungläubigen, von denen in der Prophezeiung die Rede ist, nicht Türken, sondern Sarazenen sind. Im 10. Jahrhundert kannte man im Okzident die Türken noch nicht, von den Sarazenen aber wurde man wohl geplagt. Daher fanden sich gutherzige Seelen, welche den Christen, um sie zu trösten, versprachen, daß das abendländische Reich, das von einem König in Frankreich würde gestiftet werden, diese Nation der Ungläubigen ausrotten werde, oder es mochten sich's auch wohl viele durch eine allzusehr erhitzte Einbildungskraft selber so einbilden. Da nun der Ausgang die Unrichtigkeit dieser schönen Prophezeiung gezeigt hat, weil es gewiß ist, daß das sarazenische Reich weder durch Franzosen noch durch die abendländischen Kaiser, sondern durch die Türken und Tataren ist übern Haufen geworfen worden, wie kann man sich nur mit einem Schein der Vernunft einbilden, daß die Prophezeiung von den Muselmännern werde erfüllt werden? Und müßte man nicht verrückt sein, wenn man ihnen kraft dieses Versprechens den Krieg ankündigen wollte?

Fürs andere ist es so gewiß nicht, daß die Türken eine Prophezeiung haben, vermöge der sie sich von den Franzosen nicht viel Gutes zu versprechen hätten. Denn verhielte sich's also, wie wäre es möglich, daß die Griechen eine für unsere Nation so vorteilhafte Weissagung nicht sollten gewußt haben, da sie dem Herrn Spon erzählt haben[427], die Türken trügen sich mit einer Prophezeiung, daß ihr Reich durch eine Nation Chrysogenos, das heißt durch eine weiße Nation, sollte zerstört werden? Das war eine Gelegenheit, dabei es sich ungemein schickte, davon zu reden, und da also Herr Spon kein Wort davon sagt, so kann man schließen, daß er auf seiner Reise in die Türkei nichts davon erfahren hat, welches ein Zeichen ist, daß diese vermeintliche Tradition nur unter unseren Leuten bekannt ist. Übrigens ist es klar genug, daß diese dem türkischen Reich fatale weiße Nation nicht die unsrige ist. Herr Spon glaubt, es wären die Moskowiter. Ich erlaube es ihm.

Aber, wird man einwenden, weil Ihr ein so redlicher Franzose seid und nicht wollt, daß wir auf Anreizung geneigter Prophezeiungen die Türken mit Krieg überziehen, so werdet Ihr doch wenigstens dulden, daß Drabicius ein guter Prophet gewesen ist, da er uns verschiedene Siege im Römischen Reich versprochen hat. Ich antwortete: Ob ich gleich unseren Dichtern und Rednern nicht nachahmen will, die seit undenklichen Zeiten alle unsere Könige abschicken, Konstantinopel einzunehmen, so wünsche ich dennoch, daß es unserem großen Monarchen belieben möchte, dieses große Werk zu unternehmen. Ich sage nur, daß es ungereimt wäre, wenn man sich auf vermeintliche Traditionen, die uns einen glücklichen Erfolg versprechen, gründen wollte. Und, was den Drabicius betrifft, so ist leicht zu sehen, daß es nur Feinde von Frankreich sein müssen, die sich einbilden können, man sehe ihn hier als einen Mann an, der wahrhaftig Eingebungen gehabt hat, oder Frankreich werde etwas unternehmen, um dasjenige auszuführen, was er vorhergesagt hat. Denn kann man wohl gut katholisch sein, so wie der Rat des Königes ist, und glauben, daß ein protestantischer Prediger die Sendung eines außerordentlichen Propheten von Gott erhalten habe? Kann man so viel Neigung besitzen, wie der Rat des Königs hat, die dem Papst gehässigen Sekten auszurotten, und sich doch zur Ausführung der Prophezeiungen des Drabicius rüsten, deren Inhalt dieser sein soll: Derjenige König in Frankreich, welcher das Haus Österreich zerstören werde, werde auch den Papst zugrunde stürzen? Man kann dergleichen Gedanken nicht hegen, ohne eine strafbare Beleidigung, nicht allein in Ansehung des Verstandes des Königes und seiner Minister, sondern auch ihrer Religion, zu begehen.

Selbst die Protestanten glauben es nicht sehr, daß Drabicius einen Propheten abgegeben hat. Es gibt viele unter ihnen, die ihn für einen Schwärmer halten, dem das viele Lesen der Erklärungen über die Propheten des Alten Testaments und die Offenbarung Johannis die Einbildungskraft verwirrt gemacht hat, daß, nachdem er dergleichen Begriffe sich in den Kopf gesetzt, er die deutschen Kaiser als Pharaonen, Sennacheribs, Nebukadnezars und Abgeordnete der großen Hure, die von dem Wein ihrer Hurerei trunken worden ist, angesehen, bis er sich endlich eingebildet hat, Gott habe ihn bestimmt, verschiedenen Fürsten Befehl zu erteilen, diese Verfolger auszurotten.

Diejenigen, welche diese Verfolgungen ausgestanden hatten und sich einbildeten, die göttliche Vorsorge würde die Urheber eines so barbarischen Verfahrens über lang oder kurz züchtigen, hätten allem Ansehen nach diesen Erscheinungen des Drabicius trauen sollen. Indessen haben sie meistenteils wenig Rechnung darauf gemacht, da sie nämlich erfahren haben, daß er sich geirrt und sich sehr oft auf eine so sichtbare Art widersprochen, daß man sich nicht helfen kann, ohne seine Zuflucht zu einem Haufen Glossen zu nehmen, darüber die Spötter mehr lachen, als wenn man die Irrtümer dieses Mannes aufrichtig gesteht. Denn wenn man überall, wo es die Not erfordert, Glossen machen wollte, so könnte man einen jeden falschen Propheten verteidigen. Welch eine elende Sache ist es nicht, mein Herr, sich auf Offenbarungen zu verlassen, gesetzt, daß sie von der heiligen Hildegard, der heiligen Gertrud, der heiligen Brigitta herkämen. Und Sie wissen wohl, daß sehr gute Katholiken[428] und, was noch mehr ist, Geistliche die Prophezeiungen dieser Heiligen mit sehr bündigen Gründen öffentlich bestritten haben. Wie schön würde es sein, wenn Frankreich, das so weislich beherrscht wird, sich in einen Krieg gegen Deutschland einlassen wollte, weil Drabicius deshalb Erscheinungen gehabt? Die vorteilhaften Umstände, welche man in den Prophezeiungen zu finden vermeint, werden mich also wohl nicht überreden, daß wir bald wieder zu siegen anfangen werden.

257. Ob Europa jetzt mehr Ursache haben möchte, sich in Bündnisse einzulassen, als sonst

Zudem, wer hat es uns gesagt, daß Europa allezeit in dem tiefen Schlummer liegen werde, darin es jetzt liegt? Es ist wahr, es fürchtet sich vor Frankreich. Es glaubt in seinem Betragen etwas zu bemerken, das demjenigen sehr ähnlich ist, was wir von den vormaligen Spaniern gesagt haben. Indessen hält sich ein jeder still, niemand will die erste Gefahr ausstehen. Dabei fällt mir die Fabel ein von den Mäusen und der Katze. Dieser Schlummer ist um so viel mehr zu bewundern, weil man gar wohl einsieht, daß es unserem König weit leichter ist, das große und weitläufige Vorhaben von der allgemeinen Monarchie zustande zu bringen, als es dem Kaiser und König in Spanien war. Alle Stärke von Frankreich ist unter einem Haupt vereinigt. Der König geht selbst mit zu Felde. Er ist glücklich, tapfer und geschickt. Alle seine Länder stoßen aneinander, und er darf sich nicht vor einem so furchtbaren Staat fürchten, als unser Königreich in Ansehung der Spanier zur Zeit ihres großen Wohlstandes gewesen ist. Das sind Vorteile, welche dem Hause Österreich allemal entweder gänzlich oder zum Teil gefehlt haben. Da fast alle seine Kräfte in der Person Karls des Fünften, eines Herrn von außerordentlicher Tapferkeit und Geschicklichkeit, vereinigt waren, so lagen doch seine Staaten so weit auseinander, daß sie einander nicht leicht gegenseitige Hilfe leisten konnten. Zudem hatte damals Europa an Franzisko I. einen streitbaren Held, der Karl den Fünften für seine Person beinahe so viel zu schaffen machte, wie er nötig hatte. Auf der anderen Seite war Soliman, der Türken Kaiser, ein fürchterlicher Nachbar für die Erbländer. Und die protestantischen Fürsten in Deutschland, die von einem hitzigen Eifer eingenommen waren, den man allemal für eine Religion hat, wenn sie sozusagen noch ganz glühend ist, waren dem Kaiser Karl ein empfindlicher Dorn im Auge. Nachdem der Kaiser die Ruhe erwählt hat, ward es noch schlimmer. Seine Länder wurden geteilt, ihre Besitzer lebten lange Zeit in einem gewissen Mißverständnis, das sie sehr schwächte. Die Entfernung von Madrid und Wien gestattete nicht, daß man jede Sache mit derjenigen Geschwindigkeit ausfertigte, die bei wichtigen Unternehmungen erforderlich ist; und, unter uns geredet, die Nachfolger Karls V. sind nichts weniger als streitbar gewesen. Unterdessen ist Europa in Bewegung geraten, Europa hat Bündnisse geschlossen, Europa hat endlich sie mit Grimm angefallen, indem es sie für allzu herrschsüchtig angesehen hat, bis es sie endlich zurechtgebracht. Und jetzt, da es einsieht, daß die Gefahr weit größer ist, begnügt es sich damit, daß es solches eingesehen hat. Es ist alles dieses wahr, mein Herr. Demungeachtet wette ich nichts, daß wir was erobern werden. Die Völker sind wie das Meer, welches nach der größten Windstille in ein schreckliches Brausen gerät. Oft kann nur ein einziger Mensch der halben Welt Mut machen und einer Partei Glück verschaffen.[429]

258. Ob man sich vor Bündnissen zu fürchten hat

Ei was, werden Sie sagen. Man verbinde sich, wie man wolle. Bündnisse haben nicht viel zu bedeuten. Es sind Körper mit hunderttausend Armen, die keinen Kopf haben, weil sie deren viele haben. Die Fabel des türkischen Abgesandten ist Ihnen bekannt, und wie wenig er zusammen verbundene Truppen schätzte, wenn er sie gegen Völker hielt, die nur ein einziges Oberhaupt erkennen. Es ist wahr, mein Herr, es ist ein unschätzbarer Vorteil für eine Armee, wenn nur einer das Kommando führt. Und das ist auch ein vorteilhafter Umstand für die Absichten unseres Königs, den ich vergessen hatte. Diejenigen nämlich, welche sich ihm widersetzen werden, werden eine Menge Völker sein, darüber verschiedene Personen, welche verschiedene Absichten und entgegengesetzte Vorteile haben, das Kommando führen. Es ist uns ganz wohl bekommen, daß wir in dem letzten Krieg mit dergleichen Leuten zu streiten gehabt haben, denn unerachtet der guten Anführung des Königs und der Herzhaftigkeit unserer Truppen würde es übel für uns abgelaufen sein, wenn sich die Alliierten wohl verstanden hätten. Allein das Glück von Frankreich hat es so zu machen gewußt, daß sie niemals haben übereinstimmen können. Ihr Kriegsrat stellte den allergrößten Kampfplatz vor, darauf sie sich jemals befunden haben. Da war nichts als Mißtrauen, als gegenseitiges Klagen, als Neid, als Eigensinn. Es waren einige darunter, denen ein größerer Gefallen geschah, wenn sie geschlagen wurden, als wenn sie sehen mußten, daß der Gewinn einer Schlacht einem General, den sie nicht liebten, zugeschrieben ward. Andere wollten doch auch ihre Gnadengelder verdienen und rieten daher allemal zum Schlimmsten. Das mußte nun alles so sein, mein Herr, wenn wir so glücklich sein sollten, wie wir gewesen. Denn, wie ich schon zu verschiedenen Malen gesagt habe, ist unter den Kräften zweier Feinde nicht ein großer Unterschied anzutreffen, so sind die Siege, welche der eine über den anderen erhält, nicht von Wichtigkeit. Diesen Unterschied aber macht nicht allemal die Anzahl der Truppen; er besteht oft darin, daß eine Partei viele Fehler, die andere aber keinen begeht. Auf diese Art sind die Alliierten schwächer geworden als wir. Die Menge ihrer eignen Vorteile und Absichten veranlaßte sie zu unzähligen Fehlern, da mittlerweile unser König die Sachen mit einem erhabenen Verstand betrachtete und keinen Fehler beging. Sie haben zwei- oder dreimal den großen Hauptfehler begangen, der dem Hannibal vorgeworfen wurde[430], daß sie nämlich nicht gewußt haben, sich den Sieg zunutze zu machen.

259. Fehler der Alliierten in dem letzten Krieg

In Wahrheit, der Herr de Montecuculi erhielt im Jahre 1673 ohne Schwertschlag einen so großen Vorteil über den Herrn von Turenne, daß man sich an dem französischen Hof für sehr glücklich schätzte, daß man mit dem Verlust des Kölner Landes und der meisten Plätze, die wir in Holland innehatten, noch so davonkam; so gut sah man ein, daß man uns noch größeren Schaden zufügen könne. Es bekam uns ganz gut, daß die Deutschen ein wenig allzusehr in die Winterquartiere in ihrem Land eilten und der Hitze und dem Heldenmut des Prinzen von Oranien nicht beistehen wollten, welche zu der Eroberung Bonns so vieles beigetragen. Zwei Jahre darauf hatte Herr de Montecuculi den Ruhm, daß er sah, wie sein Verstand den Verstand des Herrn Turenne übertraf und wie er unsere Völker bei unserem Zurückweichen übel an ließ. Allein, er wußte sich seines Vorteils nicht zu bedienen, weil entweder sein Alter ihn etwas träge machte oder weil sich dienstfertige Personen zu Wien finden mochten, die an uns dachten. Dem sei, wie ihm wolle, er war zufrieden, daß er seine Armee diesseits des Rheins erfrischen konnte[431], da mittlerweile der Prinz eine Person spielte, die seinem feurigen Charakter gar nicht gemäß war, daß er nämlich mit dem Überrest einer Armee hinter seinen Verschanzungen zusah, wie die Kaiserlichen nach ihrem Gefallen im Elsaß spazierengingen. Das war auch der Fehler derjenigen, welche den Herrn von Crequi zu Konsarbrik schlugen, denn anstatt daß sie sich unsern erschrockenen Grenzen hätten nähern sollen, so brachten sie die übrige Zeit des Feldzuges damit zu, daß sie eine Stadt wieder wegnahmen, die wir gar wohl entbehren konnten. Die Franzosen machten dergleichen Schnitzer nicht. Man darf sich daher nicht wundern, wenn die Sachen der Alliierten nicht glücklich abgelaufen sind, denn durch ihr übles Betragen schwächten sie sich, und der Feind half ihnen durch ein übles Verhalten nicht wieder auf. Solches geschieht zwar gemeiniglich, wie es der Herr de la Rochefoucaut in Ansehung unserer letzten inneren Kriege sehr wohl anmerkt. Jede Partei hat zuletzt erfahren, daß sie beide ihren wahren Nutzen nicht eingesehen. Der Hof selbst, den das Glück einzig und allein erhalten, hat wichtige Fehler begangen, und im folgenden hat man gesehen, daß dieser oder jener Anhang sich mehr durch das Versehen der entgegengesetzten Partei als durch sein gutes Betragen erhalten hat.

260. Wichtige Folgen einiger Bündnisse

Glauben Sie aber deswegen nicht, mein Herr, als ob man sich vor den Bündnissen nicht zu fürchten habe. Ich könnte Sie lange Zeit unterhalten, wenn ich Ihnen alle die herrlichen Unternehmungen erzählen wollte, die sie veranlaßt haben. Kam nicht der vortreffliche Sieg bei Lepanto von einem Bündnis her, das man gegen die Türken geschlossen hatte? Der Sultan achtet die Bündnisse nicht so gering, wie es uns sein Abgesandter mit der Fabel von einer Schlange, die viel Köpfe oder viel Schwänze hat, überreden wollte. Da es wegen der Liga am gefährlichsten aussah, bot der türkische Kaiser Heinrich IV. Hilfsvölker an, hauptsächlich darum, weil er vor dem Wort Liga einen natürlichen Abscheu hatte. Und woher kam dieser Abscheu? Weil seine Einbildungskraft bei Gelegenheit dieses Wortes ihm alle die Zurüstungen wieder vorstellte, welche man gegen ihn gemacht und mit diesem Namen belegt hatte. Diese verdrießliche Idee machte ihm alles dasjenige verhaßt, was diesen Namen führte, wie solches ein scharfsinniger Kopf[432] in einer kleinen Abhandlung von dem Nutzen der Geschichte, die voller trefflicher Betrachtungen ist, anmerkt. Behielt nicht die Liga, von der ich geredet habe und die man in diesem Königreich gemacht hatte, um einen König, der ein Hugenotte war, von der Krone auszuschließen, die Oberhand? Diente sie nicht dazu, nicht allein die Macht Heinrichs des Dritten, sondern auch sogar *Heinrichs des Großen*, eines der größten Fürsten auf der Erden, zu schwächen? Mußte er nicht ihretwegen der Religion abschwören? Und würde er nicht außerdem ein flüchtiger König in seinem Königreich gewesen sein? Würde er nicht seine ganze Lebenszeit in demjenigen Zustand haben bleiben müssen, darin er vor Amiens gewesen und den er in einem Schreiben an den Marquis de Rosni[433] mit folgenden Worten beschreibt: *Ich will Ihnen wohl den Zustand entdecken, darein ich bin gebracht worden. Ich bin ganz nahe bei meinen feinden und habe fast nicht ein Pferd, auf dem ich streiten könnte, noch eine völlige Rüstung, die ich anlegen könnte. Meine Hemden sind alle zerrissen, ich trage ein Wams mit zerrissenen Ärmeln, meine Küche ist oft leer, und seit zwei Tagen speise ich bald bei diesem, bald bei jenem, weil nr="529"/> meine Küchenmeister sagen, es sei ihnen nicht mehr möglich, etwas auf meine Tafel zu schaffen, indem sie schon seit mehr als einem halben Jahr kein Geld erhalten.* Indessen war diese Liga ein Mischmasch von tausenderlei unterschiedlichen Neigungen, und die Herren von Guise waren nicht einmal untereinander eines Sinnes. Thuanus[434] wird Ihnen sagen, daß die Hinrichtung des Herzogs von Guise dadurch am meisten befördert worden ist, weil der Herzog von Maine, sein Bruder, dem Dornane die weit voraussehenden Absichten des Herzogs vertraut und demselben aufgetragen hat, Heinrich III. davon Nachricht zu geben. Diese beiden Brüder veruneinigten sich eines Frauenzimmers halber dergestalt, daß sie auf einer Wiese zum Degengriffen. Der Herzog von Maine aber dachte der Sache besser nach, und da er sah, daß er entweder seinen Bruder oder sein Bruder ihn niederstoßen könnte, so ließ er das Frauenzimmer fahren. Nach dem gewaltsamen Tod des Herzogs und des Kardinals hätte man meinen sollen, die Liga würde ein Ende nehmen, allein der Herzog von Maine erhielt sie doch, obgleich viele Personen, die ihre Absichten hatten, ihm zuwider waren, und Heinrich

IV. mußte sich unterwerfen. Dieses ist desto merkwürdiger, weil dieser große König in Ansehung seines Naturells ungleich hurtiger war als der Herzog von Maine und in seinen Vergnügungen mehr Glück hatte als dieser. Denn da dieser arme Herzog aus seinen wichtigsten Verrichtungen sich in ein[435] verdächtiges Wirtshaus hatte schleppen lassen, darin vier oder fünf gute Freunde von ihm mit liederlichen Weibspersonen sich lustig machten, so bekam es ihm so übel, daß er viele Wochen das Bett hüten mußte. Da er aber nicht Zeit genug hatte, solche Mittel zu brauchen, die das Übel aus dem Grund hätten heben können, so behielt er das Gift immer bei sich, das ihn noch träger, schwermütiger und verdrießlicher machte, und solchergestalt erstarrte in seiner Person die Lebhaftigkeit seiner ganzen Partei.

Wurden nicht überdies der Kaiser und der König in Spanien durch ein Bündnis genötigt, in den münsterischen Friedensschluß zu willigen, dabei sie so vieles verschmerzen mußten? Und hätte Frankreich in Ansehung des Herzogs von Bayern nicht nachgegeben, würden sie nicht sein gezwungen worden, die Mitteilung des Kurfürstentums mit Schimpf und Schande zu widerrufen, welche zum Nachteil des Königs in Böhmen geschehen, der in ein Bündnis gegen das Haus Österreich getreten war? Um noch was Bündigeres zu sagen, wissen wir nicht, daß unser unüberwindlicher Monarch nichts geschont hat, um die letztere Liga zu trennen? Welches ein Zeichen ist, daß er sich vor ihr fürchtete. Seien Sie versichert, mein Herr, der Friede zu Niemägen 1678 wurde zu rechter Zeit geschlossen. Und hätte der Feind seine Bündnisse gehabt, so zweifle ich sehr, daß der Feldzug von 1679 und 1680 so glücklich würde gewesen sein wie die vorigen.

Die da sagen, Ihro Majestät habe Europa den Frieden geschenkt, haben mehr Grund, als sie vermeinen. Sie wollen nur so viel sagen, der König habe mit seinen Feinden Mitleid gehabt, die ihn um Friede gebeten, und habe ihnen denselben zum Nachteil der großen Siege bewilligt, die er hätte erhalten können, wenn er nur gewollt hätte. Soviel wollen sie zu verstehen geben, und das ist der einzige Grund, weswegen sie die Mäßigung des Siegers mit so herrlichen Lobsprüchen beehren. Es ist aber noch ein Grund, den diese Herren nicht sehen und den man doch leicht einsehen kann, weswegen man verbunden ist, den Niemägischen Frieden als ein königliches Werk anzusehen. Unter allen Potentaten, welche in Krieg verwickelt waren, wünschte niemand das Ende desselben, ohne allein Frankreich. Das Haus Österreich trennte die Unterhandlungen zu Köln auf eine sehr unhöfliche Art und bediente sich tausenderlei Weitläufigkeiten und tausenderlei Schwierigkeiten, um die Versammlung zu Niemägen zu verhindern. Frankreich aber, welches man müde machen wollte, war so geduldig, daß es tausend geringe Zwischenfälle überging, welche man von Tag zu Tag in den Weg legte. Wer hätte nicht geglaubt, daß der Friede nach dem Treffen bei St-Denys gänzlich gebrochen würde, wo der Prinz von Oranien unsere Armee so beherzt und mit so wichtigem

Vorteil angriff? Wer hätte gedacht, daß wir so viel Mäßigung und Kaltsinnigkeit bezeugen würden? Die Alliierten bildeten sich nichts weniger ein als dieses. Sie schmeichelten sich mit der Hoffnung, daß sie den Krieg, wie sie eifrig wünschten, würden fortsetzen, doch aber auch sagen können, Frankreich allein verhindere den Friedensschluß. Sie erstaunten recht, da sie erfuhren, daß, ungeachtet der erhaltenen Schlappe des Herrn von Luxemburg, alles dasjenige völlig bestehen sollte, was zu Niemägen geschlossen worden ist. Wo kam das anders her, mein Herr, als von der großen Begierde des Königs, das Bündnis zu trennen, gegen welches er seit langer Zeit den Krieg geführt hat? Anstatt daß dieses letztere Treffen diese Begierde hätte vermindern sollen, so verstärkte es dieselbe, weil es besser zu erkennen gab, wie nötig es sei, daß man nicht alle Jahre einen so tapferen und großen Feldherrn, wie der Prinz von Oranien war, auf der Grenze habe, und der, unerachtet ihm die Alliierten nicht zum besten beistanden, ja wohl gar öfters zuwider waren, dennoch zur Erhaltung von Flandern alle Unerschrockenheit und möglichste Wachsamkeit anwandte. Überlegen Sie nunmehr, ob man Bündnisse verachten darf. Da Seine Majestät dieselben gescheut haben, da sie nichts verabsäumen, um zu verhindern, daß mäh nicht etwa eines ihr zum Nachteil aufrichte, und da sie vielmehr bedacht ist, zu ihrem Vorteil Bündnisse zu schließen, so müssen sie doch wohl etwas zu bedeuten haben.

261. Daß man sich auf den gegenwärtigen Zustand der Sachen nicht verlassen muß

Was daher unsere Hoffnung erheben und stärken kann, das ist die Gelassenheit von Europa. Ich sage: die Gelassenheit; denn aus der Geduld, welche es merken läßt, kann man schließen, daß es völlig zufrieden ist, wie etwa Gott sein Schicksal verordnen werde, und daß es nicht willens ist, sich in Bündnisse einzulassen. Aber auch dieses ist eine Sache, darauf man nicht lange bauen darf. Ich sage es noch einmal: Es darf nur ein geschickter und geschäftiger Geist sich finden, so können hundert verschiedene Völker veranlaßt werden, die Waffen zu ergreifen. Wer hätte sich eingebildet, daß, da ganz Europa sich vor dem Hause Österreich fürchtete, da der Rat unserer Könige voll solcher Leute war, die sich mit Geld bestechen ließen, ein junger Schüler in der Sorbonne wäre, welcher dieses große Reich untergraben und es mit so vielen Leuten in ein Handgemenge bringen würde, ja, daß es endlich den kürzeren ziehen würde? Dennoch ist es wahr gewesen, wie es sich an dem großen Kardinal Richelieu, eines der mächtigsten Geister in der Welt, ausgewiesen hat. Und was wissen wir, ob nicht zu der Stunde ein junger Herr noch in dem Schulstaub steckt, der bestimmt ist, eine Geißel für Frankreich abzugeben, bevor zwanzig Jahre verstreichen?

[436]*Dii prohibete minus, Dii talem avertite casum,*
Et placidi servate pios!
Ihr Götter gebt's nicht zu! Verhindert solchen Fall
Und schützt die Frömmigkeit.

262. Beschluß des Werkes

Hier bleibe ich stehen und wundere mich über mich selber, wenn ich meine Augen auf die übermäßige Weitläufigkeit dieser Schrift richte, noch mehr aber, wenn ich bedenke, was für ein wundersamer Mischmasch darinnen herrscht. Denn wovon habe ich nicht geredet? Was für eine seltsame Menge Gedanken habe ich aufeinandergehäuft, indem ich alles zusammengerafft habe, bald was ich in einem Buch gelesen, bald was ich in Gesellschaft erzählen gehört, bald was etwa mein geringer Vorrat mir an die gegeben. Sie werden in diesem Werk das unordentliche Wesen, welches sich in einer Stadt befindet, ganz leicht bemerken. Weil man in einer Stadt zu verschiedener Zeit baut und bald an einem Ort, bald an einem anderen bessert, so sieht man oft ein kleines Haus bei einem großen, ein altes neben einem neuen stehen. So ist diese Menge verschiedener Gedanken zusammengekommen. Ich bin oft zurückgekehrt, damit ich bald hier, bald dort Zusätze machen möchte. Sie würden dieses schon von sich selber erraten, wenn Sie den ersten Entwurf dieser Schrift sehen sollten. Sie werden es aber desto besser empfinden, wenn Sie folgenden Entwurf untersuchen und sich danach zu richten belieben wollen. Ich bin auf die Gedanken geraten, es würde Ihnen bequemer fallen, mich zu lesen, wenn ich meine Schrift in verschiedene Abteilungen verteile, und daher habe ich diesen anderen Entwurf ohne Verzug ausgearbeitet. Ich habe noch unterschiedliche Sachen hinzugefügt, und ich hätte mehr dazu tun können, aber es ist besser, ich erwarte Ihre gelehrten Anmerkungen. Es soll mich nicht wundern, wenn Sie mir schuld geben, daß ich viele unausgearbeitete und übel verdaute Gedanken angebracht habe; denn ich kann Ihnen auf das aufrichtigste versichern, daß, da ich anfing, an Sie zu schreiben, ich nicht wußte, was ich Ihnen auf dem dritten Blatt sagen würde, und daß fast alles, was ich Ihnen gesagt habe, mir während des Schreibens eingefallen ist, ohne daß ich in meinem Leben daran nur gedacht gehabt. Unerachtet ich aber Sie gleich anfangs zu diesem unordentlichen Mischmasch der Gedanken vorbereitet habe, so versichere ich Sie doch, daß ich nicht glaubte, daß ich mein Wort so gut würde halten können, wie ich es getan habe. Vielleicht geschieht Ihnen ein Gefallen, wenn ich zeige, wie dieses Werk aussehen würde, wenn man die Abschweifungen davon wegließe. Richten Sie Ihre Augen auf das, was jetzt folgt, so werden Sie sehen, daß ich so höflich gewesen und aus Liebe zu Ihnen diesen Auszug gemacht habe.

263. Kurzer Entwurf des ganzen Werkes

Um meine ganze Streitschrift ins kurze zu ziehen, so sage ich, daß, wenn die Kometen einige Unglücksfälle vorbedeuten sollten, solches geschehen müßte, entweder weil sie die wirkende Ursache dieser unglücklichen Begebenheiten oder ein Zeichen derselben sind. Niemand wird solches in Zweifel ziehen können.

Nun aber geschieht solches nicht, weil sie weder die wirkende Ursache dieser Unglücksfälle noch derselben Zeichen sind. Den Schlußsatz wird man leicht daraus ziehen können, sofern ich die zwei Teile dieses Satzes erwiesen habe. Den ersten Teil erweise ich mit vier Gründen:

1. Weil, wenn man behauptet, daß die Kometen die wirkende Ursache der Kriege, der neuen Religionen, die entstehen, der Verschwörungen und anderer Verderbnisse der Gesellschaft sind, welche von dem freien Willen des Menschen und von der Zusammenkunft tausend zufälliger Dinge abhängen, solches nicht allein eine Ketzerei, sondern auch die allergrößte Ungereimtheit ist, wie ich gezeigt habe.

2. Weil man keinen Grund aus der Vernunft *a priori* hat, wie die Weltweisen zu reden pflegen, daraus man erweisen kann, daß die Kometen die Kraft haben, physikalischerweise Hunger, Sterben und dergleichen zu verursachen.

3. Weil es falsch ist, daß man es mit Gründen *a posteriori*, das ist mit Beweisen aus der Erfahrung hergenommen, bestärken könne. Denn aufs höchste läuft alles, was sich hierinnen aus der Erfahrung erweisen läßt, dahin: Man habe allemal, sooft Kometen erschienen sind, wahrgenommen, daß sich große Unglücksfälle in der Welt ereignet haben. Dieses aber kann ebensowenig erweisen, daß die Kometen diese Unglücksfälle verursachen, wie wenn man sagen wollte, der Ausgang eines Mannes aus einem Hause sei Ursache, warum so viele Leute den ganzen Tag über die Gasse gegangen sind. Mit einem Wort: Es ist ein elender Schluß, wenn man folgert, zwei Dinge würden voneinander verursacht, weil sie beständig aufeinander folgen. Der Niederfall eines Steines, den man in die Luft geworfen, folgt beständig und notwendigerweise auf die Wirkung desjenigen, der ihn in die Höhe geworfen hat, und dennoch ist diese Wirkung nicht die wirkende Ursache des Falles dieses Steines. Noch mehr: Die Erfahrung erweist nicht einmal, daß man nach Erscheinen der Kometen mehr Unglück als zu einer anderen Zeit gesehen hat, und das Gegenteil behaupten, ist schlechterdings ein Betrug und eine Unwissenheit dessen, was vorgeht. Man darf nur die Jahrbücher der Welt ohne Vorurteil zu Rate ziehen, so wird man von dem, was ich sage, überzeugt werden.

4. Weil, wenn die Kometen die Kraft hätten, Pest und Hungersnot zu verursachen, und solches Ursachen wären, die notwendig und ohne Ansehen der Person wirkten, sie ja alle Teile der Welt, welche sie durchstreichen oder denen sie sichtbar werden, wenn sie die Welt umlaufen, verheeren müßten, welches aber falsch ist. Sagt man, sie fänden nicht überall die erforderliche Einrichtung zum Hervorbringen dieser Wirkungen, so antworte ich, daß sie daher nichts Gewisses vorbedeuten können. Weiß man denn, wenn man sie sieht, ob irgendwo in der Welt ein Ort so eingerichtet ist, wie die Kometen es verlangen? Man hat nicht Grund zu glauben, sie warteten so lange mit ihrer Erscheinung, bis die Ursachen, welche mit ihren Einflüssen zugleich wirken sollen, in irgendeinem Teil der Welt fertig wären.

Der andere Teil des Satzes, nämlich daß die Kometen nicht deswegen Unglücksfälle vorbedeuten, weil sie etwa Zeichen dieser Unglücksfälle abgeben, läßt sich durch folgende Gründe erweisen:

1. Weil die Kometen weder ein natürliches noch geordnetes Zeichen einiger Unglücksfälle sein können. Denn wenn sie ein natürliches Zeichen einiger Unglücksfälle wären, so müßten sie entweder die natürliche Ursache derselben sein, und daß dieses falsch sei, haben wir erwiesen, oder es müßte wenigstens eine notwendige Verknüpfung zwischen den Kometen und diesen Unglücksfällen stattfinden, welches ebenfalls nicht wahr ist, weil die Erfahrung als das einzige Mittel, diese vermeintliche Verknüpfung gegen alle Gründe, die sie bestreiten, zu behaupten, nichts weniger als das erweist. Jedermann kann sich leicht davon überführen und zugleich durch dieses Mittel erfahren, wie wenig man Ursache habe, sich der Vernunft zu rühmen, die wir so wenig brauchen, daß fast alle Menschen einer gewissen Meinung zugetan sind, davon sie keine Gründe angeben können, weder ob die Sache sein kann noch auch, daß sie wirklich ist. Daß die Kometen kein geordnetes Zeichen gewisser Unglücksfälle sind, erhellt von sich selber, indem uns Gott nicht geoffenbart, wie er es in Ansehung des Regenbogens getan, daß er am Himmel wolle Kometen leuchten lassen, um uns seiner Gerichte halber im vor aus zu warnen.

2. Weil, wenn die Kometen ein gewisses von natürlichen und geordneten Zeichen unterschiedenes Zeichen verschiedener Unglücksfälle sein sollten, Gott ihnen in Ermangelung einer ausdrücklichen Offenbarung gewisse ganz besondere Merkmale eindrücken müßte, die sie bedeutend machten und das Urteil derjenigen rechtfertigten, welche behaupten, daß es schlimme Vorbedeutungen sind, und welche denjenigen alle Entschuldigungen benähmen, die davon nichts glauben. Nun aber hat Gott das nicht getan. Er hat im Gegenteil dieselben aller wahren Merkmale eines bedeutenden Wunderzeichens dergestalt beraubt, daß es scheint, als ob er unserer natürlichen Leichtgläubigkeit habe zuvorkommen wollen. Er hat sie der Botmäßigkeit der Sonne unterworfen, welche den Stand ihres Schweifes verändert, wie sie bei dem geringsten

Wölkchen zu tun pflegt, imgleichen der Botmäßigkeit der Nebel oder der Wolken, welche uns den Anblick derselben die halbe Zeit über rauben. Er gibt ihnen zuweilen eine Bewegung, dadurch er sie stracks zur Sonne bringt, wo sie unsichtbar werden. Er gibt ihnen auch manchmal eine so geringe Größe oder eine solche Größe, daß sie von niemanden gesehen werden, ausgenommen von irgendeinem Sternseher, der alle Nächte mit einem guten Fernglas die Sterne betrachtet und dabei Frost und Kälte aussteht. Überdies läßt er sie so oft erscheinen und so lange Zeit am Himmel stehen, als ob wir sie gewohnt werden sollten und als ob er uns die Erlaubnis gäbe, ihre Bahn auszuspüren. Überhaupt aber gibt er ihnen ein Merkmal der Allgemeinheit, welches allein zulänglich ist, ihnen die Eigenschaft eines Zeichens zu nehmen; denn da Gott niemals den Vorsatz gehabt hat, die ganze Erdfläche auf einmal mit einer entsetzlichen Überschwemmung außerordentlicher Übel zu bedecken, so hat er auch unfehlbar niemals Zeichen eines solchen Vorsatzes hervorgebracht. Indessen müßten doch die Kometen unter die Klasse dieser Zeichen gehören, wenn sie wirklich Zeichen wären, weil sie durchgehend die ganze Welt bedrohen, und daraus erhellt klar, daß, wenn die Menschen ihre Vernunft brauchten, sie begreifen würden, daß solches keineswegs Drohungen sind, weil es unwahrscheinlich ist, daß alle Völker, welche die Kometen sehen, unglücklich sein sollten, und weil die Ordnung, welche allemal in der Welt beobachtet worden ist, erfordert, daß, wenn eine Nation zugrunde geht, die andere vom Raub derselben zu Kräften kommt. Überdies will Gott seine Gerichte in den Jahren, welche kurz auf das Erscheinen der Kometen folgen, nicht mehr ergehen lassen als zu anderen Zeiten, welches doch ein Umstand ist, ohne welchen die Kometen unmöglich ein gegründetes Recht haben können, zukünftige Übel vorzubedeuten. Es kann wohl sein, daß eine Nation zu dieser Zeit unglücklicher ist als zu einer anderen, wie es Frankreich widerfuhr, als unter Heinrich III. und mit Antritt der Regierung seines Nachfolgers so viele Kometen sich sehen ließen. Allein, es folgt nicht daraus, daß alle Nationen zusammengenommen mehr Unglück auszustehen gehabt haben; es wäre denn, daß man nach der Vernunft jener kleinen Geister folgern wollte, die das Schicksal aller Dinge nach dem Schicksal des kleinen Stückes Landes, das ihnen bekannt ist, abmessen, und die allemal, wenn es in ihrem Dorf hagelt, bereit sind auszurufen: *Solange die Welt Welt sei, habe man nicht ein unglücklicheres, schrecklicheres und betrübteres Jahr erlebt.* Man betrachte einmal den Zustand, darin sich Spanien unter den Kometen befand, welche, wie man sagt, unsere Bürgerkriege verursachten. Man wird sehen, daß es zu seinen weitläufigen Monarchien Portugal und Ostindien hinzugefügt hat, daß das Glück es mit Vorteilen überschüttet und daß man gesagt hat, der König regiere mit seiner Feder die ganze Welt.

3. Weil, wenn die Kometen, unerachtet alles dessen, was gesagt worden, dennoch Zeichen wären, sie ein von Gott durch ein Wunderwerk hervorgebrachtes Zeichen

sein müßten, um allen Menschen anzubefehlen, daß sie sich in den Stand setzen sollten, den Zorn des Himmels auszusöhnen, das ist, Gott müßte Wunder getan haben und noch tun, um hunderttausend abgöttische Handlungen zu veranlassen, welches ohne Gotteslästerung nicht kann gesagt werden.

Nachdem ich nun die zwei Teile meines Satzes erwiesen und dargetan habe, daß die Kometen dasjenige nicht sind, was man sich von ihnen einbildet, so schließe ich, mein Herr, daß es Körper sind, die ebenso alt sind, wie die Welt ist, die vermöge der Gesetze der Bewegung, nach welchen Gott die ungeheure Maschine der Welt regiert, bestimmt sind, von Zeit zu Zeit unserem Gesicht nahe zu kommen und uns das Sonnenlicht dergestalt gebrochen zuzusenden, daß wir einen langen Schweif von Strahlen entweder vorne an der Spitze oder von hinten gewahr werden, worüber man die Herren der königlichen Akademie der Wissenschaften zu Rate ziehen kann. Übrigens ist ihr Übergang in unsere Welt von keiner Folge, weder im guten noch bösen, nicht mehr, als wenn ein Indianer eine Reise nach Europa tut. Indessen steht es jedem frei, nach den Bewegungen seiner Frömmigkeit bei dem Anblick dieser Erscheinung sich zu ängstigen, wie er will.

Sie werden bei diesem Schluß ein leichtes Mittel finden, die Einsicht der Weltweisheit mit dem Licht des Gewissens zu vereinigen. Ich unterwerfe diese ganze Schrift Dero Einsicht; und ob ich mir's gleich zutraue, auf die Einwürfe zu antworten, die Sie mir machen werden, so erkenne ich Sie dennoch für meinen Meister und Lehrer. Ich bin usf.

Den II. Oktober 1681

Fußnoten
Anmerkungen des Verfassers

1 Quidam incredibilium relatu commendationem parant, et lectorem aliud acturum, si per quotidiana duceretur, miraculo excitant. Quidam creduli, quidam negligentes sunt, quibusdam mendacium obrepit, quibusdam placet. Illi non evitant, hi appetunt, et hoc in commune de tota natione, quae approbare opus suum et fieri populare non putat posse, nisi illud mendacio aspersit (Seneca, Natur. quaest., l. 7, c. 16).

2 Siehe Vossius, De Histor. latin., p. 98.

3 Le P. Le Moine, Discours de l'histoire, chap. 1.

4 Agathias, In princip. Histor.

5 Ammian. Marcell., Histor., l. 17.

6 Ammian. Marcell., Histor., l. 20.

7 Unusquisque mavult credere quam iudicare: nunquam de vita iudicatur, semper creditur versatque nos et praecipitat traditus per manus error alienisque peri mus exemplis. Sanabimur si modo separemur a coetu. Nunc vero stat contra rationem defensor mali sui populus (Seneca, De vita beata, c, 1).

8 Pensées de M. Pascal, chap. 5.

9 Et positas ut glaciet nives puro numine Iupiter (Horat., Od. 3, 10, 7 f.).

10 Bernier, Relat. du Mogol.

11 Siehe Petit, Dissertat. sur les Comètes, p. 95.

12 L. 2, c. 25.

13 Astraea Virgo, siderum magnum decus (Seneca in Octav.).

14 Haec serio quemquam dixisse, summa hominum contemptio est, et intoleranda mendaciorum impunitas (l. 37, c. 2).

15 Toties taurum non ferire, difficile est (Trebell. Poll. in vit. Gall.).

16 Venaturque aliturque avibus volucresque petendo, Debita Troianis exercet spicula fatis (Ovid., Metam., 13).

17 Morin. Siehe Bernier, Abrégé de Gassendi, t. 4, p. 489.

18 Jesaias, c. 44; 47.

19 Genus hominum potentibus infidum, sperantibus fallax, quod in civitate nostra et vetabitur semper et retinebitur (Tacit., Histor., l.1).

20 Patere Mathematicos aliquando verum dicere, qui illum postquam Princeps factus est, omnibus annis, omnibus mensibus, efferunt (De morte Claud. Caesar.),

21 Siehe das Journal du Maréchal de Bassompierre, p. m. 241.

22 Euseb., Praeparat. Evangel. (l. 5, c. 10).

23 Quam multa ego Pompeio, quam multa Crasso, quam multa huic ipsi Caesari a Chaldaeis dicta memini, neminem eorum, nisi senectute, nisi domi, nisi cum claritate esse moriturum: ut mihi permirum videatur, quemquam exstare qui etiam nunc credat iis quoruna praedicta quotidie videat re et eventis refelli (Cicero, De divinat., l. 2).

24 Part. I, l. 5, chap. 14.

25 Ibid., chap. 1.

26 Pietro della Valle, lettre 6.

27 Siehe L'Ambassad. de la compagn. holland., part, 2, chap. 2.

28 Iulius Schillerus Augustanus I. C. in Coelo stellato Christiano.

29 Etiamne urbis natalis dies ad vim stellarum et lunae pertinebat? Fac in puero referre, ex qua affectione coeli primum spiritum duxerit: num hoc in latere aut in caemento, ex quibus urbs effecta est, potuit valere? (Cicero, De divinat., l. 2).

30 Siehe Les nouvell, Relat. de Tavernier.

31 Cicero, De divinat., l. 2.

32 Bonfinius, Decad. 4, Rerum hungar., l. 8.

33 Cardan. in Ptol, de Astror, iud., l. 1, tex. 14.

34 Disquisit, Magic., part. 2, quaest. 4, sect, 6.

35 Siehe Thiers, Traité des superst., chap. 22.

36 De Republic., l. 4, c. 2.

37 Ammian Marcell., l. 26, c. 1.

38 Cornel. Nepos in eius vita.

39 Du Verdier, Hist. des Turcs.

40 Plutarch in eius vita.

41 Femmes galantes, t. 1.

42 Festus.

43 Cicero, De divinat., l. 1 – Plinius, l. 28, c. 2.

44 Posse dicitis ad res venereas sumpta de mari spuria et fascina propter nominum similitudinem, qui minus possit ex eodem litore calculus ad vesicam, testa ad testamentum, cancer ad ulcera? (Apulei., Apolog, 1.).

45 Quod eam putarent facile foetum alvo egerere.

46 Merc. François, tom. 4, ad annum 1616.

47 C. 38.

48 Sechster Tag.

49 Unter dem Wort: acariâtre.

50 L. J. D. ad S. C. Trebell.

51 Quod si nomina in foro venderentur, deberent parentes pulcherrima emere quae filiis imponerent (Ioh. Andr. in Cap. cum secundum, extra de praebend.).

52 Quarum quidem rerum eventa magis arbitror, quam causas quaeri oportere... observata sunt haec tempore immenso et significatione eventus animadversa et notata... hoc sum contentus, quod etiamsi quomodo quidque fiat ignorem, quid fiat intelligo (De divinat., l, 1).

53 In Capricor.

54 Lukas, c. 19, v. 29.

55 Antiochus Magnus ille rex Asiae, cum posteaquam a Scipione devictus, Tauro tenus regnare iussus esset; omnemque hanc Asiam, quae est nunc nostra Provincia, amisisset, dicere est solitus: benigne sibi a populo Romano esse factum, quod nimis magna procuratione liberatus, modicis regni terminis uteretur (Cicero, Orat. pro Deiot.).

56 Siehe Poésies latines de Balsac, p. 43,

57 Vol. 1, p, 17.

58
Casus multis hic cognitus, ac iam
Tritus et e medio fortunae ductus acervo

(Juvenal, Satir. 13).

59 Am 5. Mai 1646.

60 Am 26. Juli 1648.

61 Am 9. Februar 1649.

62 Am 13. September 1651.

63 Maius erat imperium Romanum, quam ut illis externis viribus extingui posset etc. (Florus, l. 4, c. 2).

64 Siehe Histoire des Cosaques, par le Sr. Chevalier.

65 Im Jahr 1648.

66 Siehe L'Etat de l'Empire Ottoman., par le Sr. Ricaut.

67 Am 17. August 1648.

68 Vol. 1, p. 116.

69 In libello de comet.

70 Origines, Contra Celsum, l, 1.

71 Canones.

72 Non est veritas in eo, cum loquitur mendacium, ex propriis loquitur, quia mendax est et pater eius (Evangel. sec. Joh., c. 8, v. 44).

73 Defendo unum hoc: nunquam illud Oraculum Delphis tam celebre et tam clarum fuisset; neque tantis donis refertum omnium populorum atque regum, nisi omnis aetas oraculorum illorum veritatem esset experta (Cicero, De divinat., l. 1).

74 Rohault, Phys., 2ᵉpart., chap. 27. – L'Art de penser, chap. 18, part. 3.

75 Pluris est oculatus testis unus, quam auriti decem (Plaut.).

76 Ut enim rationem Plato nullam afferret, vide quid homini tribuam, ipsa autoritate me frangeret (Tusculan., 1).

77 Sed hoc pluribus visum est, numerantur enim sententiae non ponderantur, nec aliud in publico consilio potest fieri, in quo nihil est tam inaequale, quam aequalitas ipsa, nam cum sit impar prudentia, par omnium ius est (Plinius, Epist. 12, l. 2).

78 An quicquam stultius quam quos singulos, sicut operatios barbarosque contemnas, eos aliquid putare esse universos? (Tusculan. Quaest. 5).

79 Siehe Essais de Montaigne, l. 2, chap. 12, wo es dem Demokrit ein wenig anders zugeschrieben wird.

80 Part. 3, chap. 18.

81 Natural. quaest., l. 4, c, 7.

82 Quanto expeditius erat dicere, mendacium et fabula est.

83 In L'Art de penser, 3ᵉpatt., chap. 19.

84 Essais, l. 3, chap. 11.

85 *Pôrountai men gar ô beltistoi, kai hymeis houtôs este lêrôdeis, hôste tôn ouk ontôn legein aitiaz*(Galen. *Method. therap*, 1.6).

86 Plutarch in eius vita.

87 Justin., Hist., l. 22.

88 Dissertat. sur les comètes, p. 113.

89 In vita Periclis.

90 Sextus ab Heminga.

91 Siehe den Traité von Comiers, De la nouvelle science des comètes.

92 Multos Cometas non videmus, quod obscurantur radiis solis, quo deficiente, quemdam Cometen apparuisse quem sol vicinus obtexerat, Possidonius tradit (Seneca, Natural. quaest., l. 7, c. 20).

93 Apostelgesch., c. 14, v. 15.

94 Cicero, De divinat., l. 1.

95 L. 1.

96 Siehe Peucer, De divination. generibus, p. 15.

97 Im Jahr der Stadt Rom 461, Livius, l. 10.

98 Im Jahr der Stadt Rom 548, Livius, l. 9, dec. 3.

99 Vidimus flavum Tiberim retortis, etc. (Horat., Od. l, 2, 13).

100
Proluit insano contorquens vortice silvas,
Fluviorum rex Eridanus, etc.
(Virgil., Georgic., l.1).
101 In vita Othonis.

102 Annal., l.1.

103 L. 5; 7; 30.

104 Cicero, De divinat., l. 1.

105 In vita Coriolani.

106 Idem Plutarch in vita Marceli.

107 In caerimoniis vestris rebusque divinis postulationibus locus est, et piaculi dicitur
contracta esse commissio, si per imprudentiae lapsum, aut in verbo quispiam, aut
simpuvio deerrarit, aut si cursu in solemnibus ludis, curriculisque divinis: commissum
omnes statim in religiones clamatis sacras, si ludius constitit, aut Tibicen repente
conticuit, aut si patrimus ille qui vocatur puer omisit per ignorantiam lorum, aut terram
tenere non potuit (Arnob., Advers. Gentes, l. 4).

108 Concurrite omnes Augures, Aruspices. Portentum inusitatum conflatum est recens.
Nam mulos qui fricabat, Consul factus est.

109 Mirari se aiebat quod non rideret aruspex, aruspicem cum vidisset (Cicero, De
divinat., l. 2),

110 Applicando activa passivis.

111 Romae autem et circa urbem multa ea hieme prodigia facta, aut, quod evenire solet, motis semel in religionem animis, multa nunciata et temere credita sunt... Prodigia eo anno multa nunciata sunt, quae quo magis credebant simplices ac religiosi homines, eo etiam plura nunciabantur (Tit. Liv., l. 1, dec. 3).

112 Utque semel patuit monstris iter, omnia tempus nacta suum properant nasci (Claud., In Eutrop., l. 2).

113 Denys d'Halicarnass., l. l.

114 Lactant., De falsa relig., l. 1, c. 21.

115 Apologet., c. 9.

116 Silius Italicus, l. 4.

117 Hist. Eccles., l. 9, c. 7.

118 Apud Eusebium de Praepar. Evangel.

119 Sigebert. Gemblac. in Coron. ad ann. 407.

120 Epist. 54, l. 10.

121 Histor. tripart., l. 9, c. 42.

122 Apostelgesch., c. 7, v. 41.

123 Siehe Vigenere, annotat, sur César, p. 317; Essais de Montaigne, l.1, chap. 29.

124 Siehe Relat. du Japon par la Compagn. hollandaise.

125 Cum feriant unum, non unum fulmina terrent (Ovid., Epist. de Pont. eleg., 2).

126 Statuerunt ita maiores nostri, ut si a multis esset flagitium rei militaris admissum, sortitione in quosdam animadverteretur, ut metus videlicet ad omnes, poena ad paucos perveniret (Cicero, Pro Cluent,).

127 De civitate Dei.

128 C. 27, v. 5 ff.

129 Lukas, c. 13.

130 Peucer, De praec. divinat. generibus, p. 30.

131 Exod., c. 47.

132 Epist. 54, l. 10.

133 Quid iuvat saluti publicae castum corpus dicare, et imperii aeternitatem coelestibus fulcire praesidiis, armis vestris, aquilis vestris amicas applicare virtutes, pro omnibus efficacia vota suscipere, et ius cum omnibus non habere? (Symmach., ebenda.)

134 Siehe Euseb., Praepar, evangel., l. 6, c. 9.

135 Legi in tabulis coeli, quaecunque contingent vobis et filiis vestris.

136 Nec corpora modo affecta tabo, sed animos quoque multiplex religio, et pleraque externa invasit, novos ritus sacrificando, vaticinandoque, inferentibus in domos, quibus quaestui sunt capti superstitione animi (Livius, l. 4, dec. 1).

137 Tacit., Annal., l. 1.

138 L. 4, c. 10.

139 Plutarch in eius vita.

140 Xiphilin. Aur. Victor in epit.

141 Georg., l.1.

142 Sueton. in Caes., c. 88.

143 Cui male si palpere, recalcitrat undique tutus (Horat: Satir. 2, 1, 20).

144 Plinius, l. 2, c. 25.

145 De 4. consul. Honor.

146 Justin., Histor., l. 37.

147 Dion Cassius, l. 53.

148 Adeo vel summis in malis fastum et pompam amamus, quasi mortales mori non possint, nisi retum natura perturbetur, ac coelum ipsum luctuosam funeri facem accendat (Guinisius).

149 Quamquam maius illis propositum sit maiorque actus sui fructus, quam servare mortalia; tamen in nostras quoque utilitates, a principio rerum praemissa mens est et is ordo mundo datus, ut appareat curam nostri non inter ultima habitam (Seneca, De benef., l. 6, c. 23).

150 Non enim nos causa mundo sumus: nimis nos suspicimus, si digni nobis videmur, propter quos tanta moveantur (Id., De ira, l. 2, c. 27).

151 Vol. l, traité 4, 1ère partie, n°42.

152 Fieri malunt alieni erroris accessio, quam sibi credere (Minucius Felix).

153 Mémoires de M. de Marolles, part. 2, p. 209; Du Boulay, Théatre des antiqu. rom., p. 581, 587, etc.

154 2. Buch der Kön., Kap. 12.

155 Deut. 21, v. 12.

156 Itidem in multis aliis Gentilium institutis contigit ut superstitionis eorum usus sacris ritibus expiatus, ac sacrosanctus redditus, in Dei Ecclesiam laudabiliter introductus sit (Not. in Maryrol., Rom, 2. Februar).

157 Abrégé chronol. Anno 1562.

158 *Ou mantê tou diôkein apekeito diôgmon de legô to hopôsoun tarattein tous hêsychazontas*(Hist. eccles., l. 3, c. 12, 13).

159 Siehe Iac. Windet de vita functorum statu, p. 256.

160 Ricaut, Etat de l'Empir. ottom., l. 2, chap. 12.

161 2. Buch Mosis, Kap. 12, v. 38; Nomb., chap. 11, v. 4.

162 Siehe Thiers, Traité des superstitions, chap. 23.

163
Et patitur cantu tantos depressa labores,
Donec suppositas propior despumet in herbas

(Lucan., l. 6).

164 Siehe Les nouv. relat. de M. Tavernier,

165 Ovidius, Fast. 5.

166 Apollonius, l. 2; Valerius Flaccus, l. 1.

167 Non sit nobis religio in phantasmatibus nostris, melius est enim qualecunque verum; quam quicquid pro arbitrio fingi potest (De ver. relig., c. 55).

168 Ier. X. 2.

169 In vita Periclis.

170 Cum in omnibus rebus temeritas in assentiendo, errorque turpis est, tum in eo loco maxime, in quo iudicandum est, quantum auspiciis rebusque divinis, religionique tribuamus. Est enim periculum, ne aut neglectis iis impia fraude, aut susceptis, anili superstitione obligemur (Cicero, De divinat., l. 1).

171 Dicit de religionibus loquens, multa esse vera, quae non modo vulgo scite non sit utile, sed etiam, tametsi falsa sint, aliter exestimare populum expediat (Varro apud D. August, de civit. Dei, l. 4, c. 31).

172 Subiit cupido Principem percurrere Martium Campum, et sanguine Condeano tinctam planitiem, quam inequitanti ensis balteo elapsus excidit, omine non fausto, apud vana mirantes.

173 Siehe seine Schrift De praecip. divinat. generibus; und insbesondere: De teratoscopia.

174
Si libet ulcisci deletae funera gentis,
Hunc, Cimbri, servate senem. Non ille favore
Numinis, ingenti Superum protectus ab ira

(De bell. civil., l. 2).

175 Siehe das Journal du régne de Henri III ad ann. 1577.

176 Despréaux, Satire 8,

177 De Caillère, Fortune des Gens de Qualité, 2ᵉpart., chap. 10.

178 Histoire du Luthéranisme.

179 Histoire du Luthér., l. 4.

180 Siehe den Thresor chronol. de Pierre de St-Romuald ad ann. 508.

181 Racine und Boileau.

182 Pelisson.

183 La politique du Clergé de France.

184 Mézeray, Abrégé chronol. ad ann. 1610.

185 Tanta iam stultitia oppressit miserum mundum, ut nunc sic absurde res credantur a Christianis, quales nunquam antea ad credendum poterat quisquam suadere Paganis.

186 Pitseus in Galfredo Monimetensi.

187 Hoc erat antiquorum plurium vitium, vel potius quaedam sine iudicio simplicitas, ut in clarorum virorum gestis scribendis, se minus existimarent elegantes, nisi ad ornatum, ut putabant, sermonis poëticas fictiones, vel aliquid eorum simile admiscerent, et consequenter vera falsis committerent.

188 Hist. des Croisades, l. 5.

189 Rhetori concessum est sententiis uti falsis, audacibus, subdolis, captiosis, si modo verisimiles sunt et possunt ad movendos hominum animos qualicunque astu irrepere (A. Gellius, Noct. Attic., l. 1, c. 6).

190 Omnia in rebus humanis dubia, incerta, suspensa: magisque omnia verisimilia, quam veras quo magis mirum est, nonnullos taedio investigandae penitus veritatis cuilibet opinioni temere potius succumbere, quam in explorando pertinaci diligentia perseverare (einige Exemplare haben: Quo minus mirum).

191 Part. 3, chap. 19., n°6.

192 Jes. 41.

193
Somnia quae mentes ludunt volitantibus umbris,
Non delubra Deum, nec ab aethere numina mittunt,
Sed sibi quisque facit.

194 Siehe Abbé Lancelot de Perouse in seinem Hoggidi disinganno, 49, 50. Part. 1.

195 *Deinôs tina polypragmona hêgê ton Theon kai periergon, kai euêthê, kai mêden tôn en tois kyklois ageirontôn, diapheronta hoi dyoin oboloin tô prostychonti apothesôtzousi*
(Max. Tyrius, Orat, 3, p. m.29).

196
– – – Cur hanc tibi, rector Olympi,
Sollicitis visum mortalibus addere curam,
Noscant venturas ut dira per omina clades?
– – – – – – – – Sit caeca futuri

Mens hominum fati: liceat sperare timenti

(Phars., l. 2).

197 Od. 1, 34.

198 indirecte.

199
Roma triumphantis quoties ducis inclita currum
Plausibus excepit, toties altaria Divum
Addidit et spoliis sibimet nova numina fecit

(Prudence).

200
– – – – – – – – – Nec turba Deorum
Talis, ut est hodie, contentaque Sidera paucis
Numinibus miserum urgebant Atlanta minori
Pondere

(Satir.; 13).

201 Vossius, De Idololatr., l. 3, c. 20.

202 Brissonius, De Princip. Persarum, l. 1.

203 Sueton., In Iul. Caesar, c. 76.

204 Apud Quintil., l. 6, c. 4.

205 Eutropius, 1.10.

206 Cicero, De divinat., l. 1.

207 Ne ars tanta propter tenuitatem hominum a Religionis auctoritate abduceretur ad quaestum (ibid.).

208 In vita Nicaei.

209

Multa duces errore serunt... penitus latet exitus ingens.
Monstratumque nefas, Uni remeabile bellum, etc.
(Theb., l. 6, sub fin.).
210 Rex Anius, Rex indem hominum, Phoebique Sacerdos.

211 Dion Cassius, l. 2, c. 75.

212 Plutarch in vita Numae.

213 Im Jahr der Stadt Rom 531.

214 Im Jahr der Stadt Rom 536.

215 Im Jahr der Stadt Rom 537.

216 Valer. Maxim, l. 1, c. 1.

217 I. ad Corinth., c. 10, vers. 20. – Deuteron, c. 32, vers. 17. – Tertullian., De Idolol., c. 15.

218 De la vérité de la Rel. Chrét.

219 Deus si non unus est, non est, quia dignius credimus non esse quodcunque non ita fuerit, ut esse debebit (Tertull. contra Marc., l. 1, c. 3).

220 Principale crimen generis humani, summus saeculi reatus (Tertull., De Idolol., c. 1).

221 Summum delictum (Cyprian., Epist. 10).

222 Gregor. Nazianz., Orat. 38.

223 In peccatis quae contra Deum committuntur, quae tamen sunt maxima, gravissimum esse videtur, quod aliquis divinum honorem creaturae impendat, quia quantum est in se facit alium Deum in mundo, minuens principatum divinum (Secund. 2, quaest. 94, art. 3).

224 Epicurum verbo Deos possuisse, revera sustulisse (Cicero, De nat. deor. 3).

225 Epist. ad Roman., c. 1.

226 Epist. ad Ephes., c, 2.

227 Cum parentem omnium, et omnium dominum non minoris sceleris sit ignorare, quam laedere.

228 Dion Cassius, l. 58; Seneca, de ira, l. 1, c. 21.

229 Bonum ex integra causa, malum ex quolibet defectu.

230 Foi des derniers siècles, p. 141.

231 Tullius Hostilius. »Ipse quoque longinquo morbo est implicitus, Tunc adeo fracti, simul cum corpore, sunt spiritus illi feroces, ut qui nihil ante ratus esset minus regium, quam sacris dedere animum, repente omnibus magnis parvisque superstitionibus obnoxius degeret, religionibusque etiam populum impleret.« Siehe Plutarch., In N. Pompon.

232 Iulianus superstitiosus magis, quam sacrorum legitimus observator, innumeras sine parsimonia pecudes mactans, ut aestimaretur si revertisset de Parthis, boves iam defuturos; Marci illius similis Caesaris, in quem id accepimus, *hoi leukoi boes Markô tô kaisari; an sy nikêsês, hêmeis apôlometha* (Ammian. Marcellin., l. 25).

233 Sed iam pudet me ista refellere, cum eos non puduerit ista sentire. Cum vero ausi sint etiam defendere, non iam eorum, sed ipsius generis humani me pudet, cuius aures haec ferre potuerunt (D. August., Epist. 56).

234 Prudent., Praef. contra Symm., l. 2.

235 Nullam unquam rem defendisse, quam non pro barit; nullam oppugnasse quam non everterit (Cicero, De orat., l. 2).

236 Aelian., Variar. histor., l. 3, c. 17.

237 Quod Carneade argumentante, quid veri esset haud facile discerni posset (Plinius, l. 7, c. 30).

238 Nec inter postrema corrupti saeculi testimonia recensebantur Poetae Galli, quorum proventu regnum Henrici abundavit, qui ingenio suo abusi, per foedas adulationes ambitiosae foeminae blandiebantur iuventute interim corrupta, puerisque a veris studiis ita abductis, ac postremo ex Virginum animis pudore et verecundia per lascivarum cantionum illecebras eliminata (Thuan., Hist., l. 22, ad. ann. 1559).

239 Abrégé chronol. ad ann. 1559.

240
Vos magis Historicis, Lectores, credite de me,
Quam qui furta Deum concubitusque canunt,
Falsidici vates, temerant qui carmine verum,
Humanisque Deos assimilant vitiis

(Dido apud Ausonium).

241 Cum de religione agitur, T. Coruncanum, P. Scipionem, P. Scaevolam, Pontifices maximos, non Zenonem, aut Cleanthem aut Chrysippum sequor; habeoque C. Laelium augurem, eundemque sapientem, quem potius audiam de religione dicentem in illa oratione nobili, quam quemquam principem Stoicorum... A te Philosopho rationem accipere debeo religionis; maioribus autem nostris, etiam nulla ratione reddita, credere (Cicero, De nat. deorum, l. 3).

242 Divinar. Institut., l. 2, c. 6.

243 Balzac, Entret. 37; Ménage, Observat. sur Malherbe, p. 556.

244 Cum igitur aut fortuna certa, aut incerta natura fit, quanto venerabilius ac melius antistitem veritatis maiorum excipere disciplinam, religiones traditas colere, Deos, quos a parentibus ante imbutus es timere quam nosse familiarius, adorare, nec de numinibus ferre sententiam, sed prioribus credere, qui adhuc rudi saeculo in ipsis mundi natalibus, meruerunt Deos vel faciles habere, vel Reges.

245 Disc. sur l'Hist. univers., 2ᵉpart., chap. 5.

246 Peregrinatione quidem Graecii Eleusiniis sacris, quorum initiatione impii et scelerati voce praeconis submoventur, interesse non ausus est (In Ner., c. 34).

247 C.46.

248 C.56.

249 Quam venerari ad caedem proficiscens solebas, a cuius altaribus saepe istam dextram impiam ad necem civium transtulisti (Cicer., Orat. 1 in Catil.).

250 Lampridius in eius vita.

251 Siehe Coëffeteau, Hist. rom., 14.

252 Omne denique Magorum genus aderat illi, operabaturque quotidie, hortante illo et gratias agente, quod amicos eorum invenisset, cum inspiceret extra puerilia, et excutetet hostias ad ritum genrilem suum (Lampridius Heliogab.).

253 Lib. de immortalitate animae,

254 Summus utrinque Inde furor vulgo, quod numina vicinorum, Odit uterque locus, etc. (Iuvenal, Satir. 15).

255 Siehe Muret., Orat. 4, l. 2.

256 Arrian., l. 7, c. 3.

257 Ambassade de la Compagnie des Indes des Provinces Unies.

258 Maffei, Hist. Indicar., l. 6.

259 In Caesaribus.

260 Plutarch., in Demetr. Clemens Alex, in protrept, ad Oentes.

261 Turpius eiicitur, quam non admittitur hospes.

262
Si genus humanum et mortalia temnitis arma,
At sperate Deos memores fandi atque nefandi

(Virgil., Aen. I).

263 Siehe Balzac, Entret. 34, chap. 3.

264 Nam et vera esse et apte ad repraesentandam iram Deum ficta, possunt (Dec. 1, l. 8).

265 Gellius, Noct. Attic., l. 47, c. 18.

266 Cicero, De arusp, respons.

267 Apud Euseb. praepar. Evang., l. 6, c. 8.

268
Duas tantum res anxius optat,
Panem et Circenses

(Iuvenal, Satir. 10).

269 Mémoir. de Brantôme, patt. 4.

270 Part. III, artide des Courtis.

271 Ibid., article des mariag. des Nobles.

272 Mobilis et varia est ferme natura malorum, etc. (Iuvenal, Satir. 13).

273 Filesac.

274 Ex Graecorum intemperantia.

275 Relation de Venise ubi supra.

276 Méthode pour servir la S. Vierge, Privilége 3.

277 Ibid., Privil. 5.

278 Essais, l. 1, chap. 56.

279 De Sanctorum, et praecipue Beat. Virg. cultu, Tract. 3, art. 5, 40.

280 Ibid., Tract. 3, art. 62.

281 La Foi des dern. siècles, p. 102 et suiv.

282 Matthieu, Hist. de Louis XI, l. II, chap. 2.

283 Du Haillon, Traité des affaires de France.

284 Chronique scandaleuse.

285 Brantôme, Vie de Charles VIII.

286 Matthieu, Hist. de Louis XI, l. 10.

287 Claude de Seyssel, Hist. de Louis XI.

288 Sallust., De bello Catilin.

289 Lentulum autem sibi confirmasse ex fatis Sibyllinis, Haruspicumque responsis, se esse tertium illum Cornelium, ad quem regnum huius urbis atque Imperium pervenire esset necesse (Cicero, In Catilin. orat. 3).

290 Qui post Darium victum ariolos et vates consulere desierat, rursus ad superstitionem humanarum gentium ludibria revolutus, Aristandrum, cui crudelitatem suam addierat, explorare eventum rerum sacreficiis iubet (Quint. Curtius, l. 7, c. 7).

291 Das geschah 1472. Matthieu, Hist. de Louis XI, l. II, chap. 2.

292 Mézeray, Abrég. chronolog. sur la fin de la vie de Charles IX.

293 Brantôme, Mémoir., t. 3.

294 Abreg. chronol. ad ann. 1605.

295 Part. 3, chap. 16,

296 P. 80.

297 P. 85.

298 P. Rapin, Foi des derniers siècles, p. 106, 151.

299 In Psal. 52.

300 1. Könige, XIX, 18.

301
Esto, aegram nulli quondam flexere mariti,
Non Libyae, non ante Tyro despectus Iarbas
– – – – – – placitone etiam pugnabis amori?

(Virgil., Aen. 4).

302 Etat de l'Empire ottom., l. 2., chap. 21.

303 Athen. anc. et nouvelle, p. 47.

304 Camerarius, Meditat. Histor., vol. 3, l. 3, c. 19.

305
– – – – – – – – – – – Mirum
Ut neque calce lupus quemquam, neque dente petit bos

(Horat., Satir. 2, l, 55).

306 Alieni appetens, sui profusus

(Sallust., De Catilina).

307
Populus me sibilat: at mihi plaudo
Ipse domi, simul ac nummos contemplor in arca

(Horat., Satir. 1, l. 1).

308 Er starb an einer Wunde, die er bei der Belagerung von Dünkirchen im Jahre 1658 empfangen hatte.

309 In protreptico.

310 Cicero, De natura deorum, l. 1.

311 In vita Aristippi.

312 De nat. deor., l. 1.

313 De placit. Philosoph.

314 De falso relig., l. 1, c. 5.

315 Variar. lect., l. 10, c. 17.

316 *sôphronôs bebiôkotas*, qui modenter et continenter vixerunt (Clem. Alexandr. in Protrept.).

317 Siehe Plinii iun., Epist. 5, l. 3.

318 Non ab Epicuro impulsi luxuriantur, sed vitiis dediti luxuriam suam in Philosophiae sinu abscondunt, et eo concurrunt, ubi audiunt laudari voluptatem. Nec aestimatur voluptas illa Epicuri: ita enim mehercules sentio, cum sobria et sicca sit; sed ad nomen ipsum advolant quaerentes libidinibus suis patrocinium aliquod ac velamentum (De vit, beat., c. 12).

319 L. 2, contr, Iovinian., c. 8.

320 Siehe P. Garasse, Doctr. curieuse, l. 2, sect. 6.

321 Etat prés. de l'Empire Ottoman, l. 2, chap. 12.

322 Homo quidem doctus, sed nullius Religionis, aut ut vere dicam, *atheos* (Commentar. rerum Gallic., l. 28, n. 57).

323 Duos solos e notioribus venia donatos constat, qui se quo facilius expertes culpae ostenderent, impudicos probaverant (Sueton. in Domit., c. 10). Cesoninus vitiis protectus est, tanquam in illo foedissimo coetu passus muliebria (Tacit., Annal., l. II). Vid. Sueton., In Nerone, c. 29.

324 Plut., In Iul. Caes.

325 Despréaux, Epîtr. à Mr. de Guill,

326 Sueton., In Iul. Caes., c. 53.

327 Plutarch., In Iul. Caes.

328 De finibus, l. 2.

329 Nec ignoro plerosque conscientia meritorum, nihil se esse post mortem magis optare quam credere (Minuc. Felix).

330 L'Evêque de Tournay, Mémoir. touchant la Religion, p. 12.

331 Satis enim nobis (si modo in Philosophia aliquid profecimus) persuasum esse debet, si omnes Deos, hominesque celare possemus nihil tamen avare, nihil iniuste, nihil libidinose, nihil incontinenter esse faciendum. Hinc ille Gyges, etc. (Cicero, De offic., l. 3) Siehe Horat., Epist. 1, 17.

332 Cicero, De nat. Deor., l. 1.

333 Habet venerationem iutam quicquid excellit (Cicero, De natur. Deor., l.1).

334 His terroribus ab Epicuro soluti et in libertatem vindicati, nec metuimus eos quos intelligimus, nec sibi fingere ullam molestiam, nec alteri quaerere et pie sancteque colimus naturam excellentem atque praestantem (Cicero, ibid.).

335 Cur colis? Propter Maiestatem, inquis, eius eximiam, singularemque naturam. Ut concedam tibi, nempe hoc facis nulla spe, nullo pretio inductus. Est aliquid per se expetendum, cuius te ipsa dignitas ducit. Id est honestum (De benef., l. 4, c. 18).

336
Quippe ubi se multi per somnia saepe loquentes,
Aut morbo delirantes protraxe ferantur,
Et celata diu in medium peccata dedisse.

337 De immortal. animae, c. 33.

338 Appius Claudius Decemvir, im Jahre der Stadt Rom 304.

339 Appius amore ardens, pretio ac spe pellicere adortus, postquam omnia pudore septa animadverterat, ad crudelem superbamque vim animum convertit (Livius, l. 3, dec. 1).

340 Chap. 11, p. 238.

341 Chap. 12.

342 Er starb im Haag am 21. Januar 1677.

343 Etat de l'Empire Ottom., l. 2, chap. 12.

344 Siehe La Motte, La vie de Tertull. et d'Origène, p. 543

345 Montaigne, Ess., l. 2, chap. 12.

346 Rapin, Foi des derniers siècles, p. 115.

347 In I. ad Corinth., c. 3.

348 *To apistein tais entolais ek tou pros tên ekplêrôsin eklelysthai tôn entolôn gignetai.* Idem ad Demetrium.

349 Disc. sur l'hist. univers., 2ᵉpart., chap. 12.

350 Ibid.

351 Ioseph., Antiqu. Iud., l. 17, c. 8 et l. 18, c. 4 et 11.

352 De Condom, Disc. sur l'Hist. ex Iosepho, l. 18, chap. 7.

353 Lib. de Idol., c. 7, sect. 16.

354 Me vero delectat, idque primum ita esse, deinde etiamsi non sit, mihi tamen persuaderi velim (Tuscul., I).

355 Iuvabat de aeternitate animarurn quaerere, imo me Hercule credere. Credebam enim facile opinionibus magnorum virorum rem gratissimam promittentium magis quam probandum. Dabam me spei tantae (Epist. 102).

356
Relligio peperit scelerosa atque impia facta,
Aulide quo pacto, etc.
Tantuim relligio potuit suadere malorum

(Lucret., l.1).

357 Traité de la superstition, übersetzt von Le Fèvre.

358 Vereor ne forte rearis impiae rationis inire elementa, viamque indugredi sceleris. etc.

359 Nec totam servitutem pati possunt, nec totam libertatem (Tacit., Hist., l.1).

360 Solon apud Plutarch. in parall. Solon. et Public.

361 Haec natura multitudinis est, aut servit humiliter, aut superbe dominatur. Libertatem quae media est, nec spernere modice, nec habere sciunt (Tit. Livius, l. 1, dec. 3).

362 Siehe Possevini iudicium de 4 Scriptor. Observat. de Richeome sur les Plaidoy. de Servin, etc.

363 Amiot, im Sommaire du Traité de la Superstition.

364 Iam dudum me fateor reputantem mecum in animo rerum huiuscemodi monstra, solitum esse mirari, audere vos dicere quemquam ex his Atheum, irreligiosum, sacrilegum, qui Deos esse omnino aut negent, aut dubitent, aut qui eos homines fuisse contendant, et potestatis alicuius, et meriti causa Deorum in numerum relatos, cum si rerum fiat atque habeatur examen, nullos quam vos magis eiusmodi par sit appellationibus nuncupari, qui sub specie cultionis plus in eos ingeratis maledictionem et criminum quam si aperte hoc facere confessis maledictionibus combibissetis. Deos esse qui dubitat, aut esse omnino qui negat, quamvis sequi sententias immanes opinionum videatur audacia, sine ullius tamen insectatione personae, fidem rebus non accomodat involutis... Vos vero, etc. (L. 5, advers. Gentes.).

365 Immortali aevo summa cum pace potiti.

366 L. 2, chap. 5.

367 Ne longius discederet a cibo (Cicero, De nat. Deor., l. 3). Ut omnis latitudo, qua sol. cum quinque Vagis et luna ultro citroque discurrunt, habeat subiech humoris alimoniam (Macrob., In somn. Scip.).

368
Mos fuit in populis quos condidit advena Dido
Poscere caede Deos veniam, ac flagrantibus aris
Infandum dictu! parvos imponere natos

(Silius Italic., l. 4).

369
Heu primae scelerum causae mortalibus aegris
Naturam nescire Deum!

(Id., ibid.).

370 Das Dekret wurde am 2. März 1679 herausgegeben.

371 In hac urbe meretrices incedunt ut matronae per urbem, seu mula vehuntur, quas assectantur de media die nobiles, familiares Cardinalium, Clericique... habitant etiam insignes aedes: corrigendus etiam hic turpis abusus.

372 Fra-Paolo, Hist. du Conc. de Trente, l. 1, ad ann. 1537.

373 Siehe den Dialogue de Socrate et de la Courtisane Callisto, in: Elien, l. 13, chap. 32.

374 Gregor, de Valent., in I, disput. 4, quaest. 2. – Vasquès, disput. 78.

375 Malebranche.

376 Causae occasionales.

377 Petit, Intendant des Fortif.

378 Cassini.

379 Biblioth. Univers., l. 1, 2, 15.

380 Senec. Natur. quaest., l. 6, c. 3.

381 L. 2, c. 86, 87.

382 Natur, quaest., l. 2, c. 26.

383 Apud Ovidium, Metam. 15.

384 Apud Herodotum, l. 1, c. 32.

385 2. Buch der Könige, 24. Kap.

386 Optimum quidem fuerat eam patribus nostris mentem datam ab Diis esse, ut et vos Italiae, et nos Africae imperio contenti essemus. Neque enim ne vobis quidem Sicilia atque Sardinia satis digna pretia sunt pro tot classibus, tot exercitibus, tot tamque egregiis amissis Ducibus (Livius, l, 10, dec. 3).

387 Herodot., l. 4. Diog. Laërt., In Anachar,

388 Clem. Alex., In protrept. ad Graec.

389 Quoties hoc patrum avorumque aetate negotium est magistratibus datum, ut sacra externa fieri vetarent? Sacrificulos vatesque foro, circo, urbe prohiberent? Vaticinos libros conquirerent, comburerentque? Omnem disciplinam sacrificandi, praeterquam more Romano abolerent? Iudicabant enim prudentissimi viri omnis divini humanique iuris, nihil aeque dis-solvendae religionis esse, quam ubi non patrio, sed externo ritu sacrificaretur.

390 Siehe Fra-Paolo, Hist. du Conc. de Trente, l. 1, ad ann. 1537.

391 Directe.

392 Siehe Balzac, Aristippe.

393 Mémoir., t. I, disc. de l'Amiral de Bonnivet.

394 Siehe Braunium de Vestib. Sacerdotum.

395 D. Iacob., Epist. (c. 1, v. 14).

396 Praeclara igitur conscientia sustentor, cum cogito me de Republica aut meruisse optime, cum potuerim; aut certe nunquam, nisi divine cogitasse; eaque ipsa tempestate eversam esse Rempublicam, quam ego 14 annis ante prospexeram (Ad Attic., l. X, Epist. 4).

397 Observat. sur la lang. franç., 2ᵉpart., p. 110.

398 Facili existimari possit, prudentiam quodam modo esse divinationem; non enim Cicero ea solum quae vivo se acciderunt futura praedixit, sed etiam, quae nunc usu veniunt, cecinit, ut vates (Cornel. Nepos, In vita Attici).

399 Ne nos quidem nostra divinatio fallet, quam turn sapientissimorum virorum monumentis atque praeceptis, plurimoque, ut scis, doctrinae studio, tum magno etiam usu tractandae reipublicae, magnaque nostrorum temporum varietate consecuti sumus, cui quidem divinationi hoc plus confidimus, quod ea nos nihil in his tam obscuris rebus tanquam perturbatis unquam omnino fefellit, etc. (Cicero, Epist. famil., l. 6, epist. 6).

400 Cethegus semper quaerebatur de ignovia sociorum: illos dubitando et dies prolatando magnas opportunitates corrumpere (Sallust., De bell. Catilin.).

401 In Tract. de Principe, c. 25.

402 Natura ferox, vehemens, manu promptus erat, maxumum bonum in celeritate putabat (Sallust., ubi supr.).

403 Ricaut, Etat de l'Empir. ottoman, l. 2, chap. 2.

404 Siehe Hotting., Hist. Orient., l. 2, c, 2.

405 Ricaut, l. c.

406 Aeneid., l. VI.

407 Abrégé chronol. ad ann. 1605.

408 Pacem illi prius petendam a Pop. Rom. esse, quam ut Rex, sociusque et amicus appelletur: nominis eius honorem pro magnis erga se regum meritis dare Populum Romanum consuesse (Livius, l. 1, dec. 4).

409 A dominare non bisogna altrimente tanto ingegno, perché il mondo si governa in certa maniera da se stesso (La M. le Vayer, lettre 140).

410
Scilicet est aliquid quod nos cogatque regatque
Maius et in proprias ducat mortalia leges

(Manil., Astron., l. 4).

411 Siehe Ricaut, Histoire des trois derniers Sultans, zum Jahr 1663.

412 Hist. du Luthér. Epître dédicatoire.

413 Siehe La Morale pratique des Jésuites, gedruckt in Köln, 1669, S. 50, 51.

414 Siehe Comiers in La nouvelle science des Comètes, gedruckt im Jahr 1665.

415 Xenophon, Cyrop., l. 1; Sencca, De benef., l. 3, c. 6.

416 Odiosum sane genus hominum officia exprobrantium, quae meminisse debet is, in quem collata sunt, non commemorare, qui contulit (Cicero, De Laelio).

417 Hoc frequentissimum crimen nunquam punitur, ubique improbatur, Neque absolvimus illud, sed cum difficilis esset incertae rei aestimatio, tantum odio damnavimus et inter ea reliquimus, quae ad vindices Deos mittimus (Seneca, ibid.).

418
Vos quibus rector maris atque terrae,
Ius dedit magnum necis atque vitae,
Ponite inflatos tumidosque vultus.
Quidquid a vobis minor extimescit,

Maior hoc vobis Dominus minatur.
Omne sub regno graviere regnum est

(Seneca, In Thyest., act. 3, sc. ult.).

419 Ubi luserunt navigia, ibi sorbentur.

420 Virg., Aeneid. 5.

421 Non nisi tempore extremo ad dimicandum cunctantior factus est, quo saepius vicisset, hoc minus experiendos casus opinam, nihilque se tantum acquisiturum victoria, quantum auferre calamitas posset (Sueton., In Caes., c. 60).

422 Omni acto triumpho depositus triumphus clarior fuit; adeo spreta in tempore gloria, interdum cumula tior redit (Livius, l. 2, decad. 2). Magnum delata potestas, maiorem contemta probat (Claud.).

423 Lettres chois., livre I, lettre 24 à Mr. de Zuilichem.

424 P. Maimbourg, Hist. des Croisad., l. 2,

425 Hist. des Croisad., l. 3.

426 Hist. du Schisme des Grecs, l. 3.

427 Voyage du Levant, I[er]vol., p. 270 (holländische Ausgabe).

428 Henricus de Hassia, Sibyllanus, Franc. Picus Mirandulanus apud M. Delrio, disqu. Magie., l. 4, c. 1, quaest. 3, sect. 4.

429 Tantum in uno viro fuit momenti, ut maximi imperii subversi et rursum recepti auctor esset et unde stetisset, eo se victoria transferret, fieretque cum eo mira quaedam fortunae inclinatio (Iustinus, De Alcibiade, l. 5).

430 Florus, l. 2, c. 6.

431 Cum victoria posset, uti, frui maluit (Flor. ib.).

432 L'Abbé de St. Réal.

433 Mémoir. de Rosni, t. I, p. 345.

434 Hist., l. 92.

435 Mézeray, Abrégé chronol., ad ann. 1589.

436 Virgil., Aeneid. 3.